Viaje de Turquía

(La odisea de Pedro de Urdemalas)

Letras Hispánicas

Viaje de Turquía

(La odisea de Pedro de Urdemalas)

Edición,
de
Fernando G. Salinero

CÁTEDRA

EDICIONES CÁTEDRA, S. A. Madrid

Ilustración de cubierta: Fernando G. Salinero

© Ediciones Cátedra, S. A., 1980
Don Ramón de la Cruz, 67. Madrid-1
Depósito legal: M. 25.020.—1980
ISBN: 84-376-0248-3
Printed in Spain
Impreso en Artes Gráficas Benzal, S. A. - Virtudes, 7 - Madrid-3
Papel: Torras Hostench, S. A.

Justificación

La empresa de comentar y analizar la obra que sigue editándose bajo el título de *Viaje de Turquía,* no está al alcance de cualquier aficionado a la investigación y crítica literarias. La extraña originalidad de este coloquio, la variedad de temas que se exponen al lector, las lenguas y costumbres de las gentes que desfilan por sus páginas, el enigma de su autoría y, en una palabra, su interpretación proporcionan materia suficiente para poner a prueba la preparación y paciencia del más riguroso investigador. Por esta razón es procedente que me justifique ante el posible lector «porque esta empresa, buen rey, para mí *no* estaba guardada». Por esto, lector amable, la encontrarás colmada de lagunas, a pesar de la generosa ayuda que me han prestado voces autorizadas que me han ayudado a superar obstáculos que parecían insuperables.

Desde que don Manuel Serrano y Sanz dio a la imprenta uno de los manuscritos de la obra adjudicando la paternidad de la misma a Cristóbal de Villalón, el *Viaje* sigue reeditándose bajo el nombre del autor de *El Scholástico.* Fue Marcel Bataillon el primero que rechazó la atribución al vallisoletano a la vez que mostraba su extrañeza ante el hecho de que los historiadores de la literatura españoles no hubieran destacado en mayor medida los valores de este diálogo erasmiano. Al mismo tiempo Bataillon presentaba, en su *Erasme et l'Espagne,* al autor que en su opinión, podría haber escrito tan sabroso coloquio: el médico y humanista segoviano Andrés Laguna. El ilustre hispanista francés encontró sin embargo un distinguido plantel de impugnadores de esta tesis desde la publicación, en 1937, de su *magnum opus.*

Bataillon dedicó gran parte de su actividad de investigador y de maestro a demostrar y consolidar su tesis. Cursos, conferencias, artículos y recensiones que componen ya un buen caudal bibliográfico, es el gran legado que nos dejó a los que como él hemos sentido y seguimos sintiendo admiración por este fascinante coloquio. Dondequiera que vayamos a roturar cualquier parcela de esta obra sapiente —*sapiente, digo, por sabor y saber*—, cualquier aspecto con que nos enfrentemos, sean manuscritos, temática, fuentes, caracteres o autor, siempre encontraremos surcos trabajados por la poderosa reja inquisitiva del que fue ilustre adelantado del hispanismo.

Pero se echaba de menos una edición que explicase al lector español tantas incógnitas que surgen de su lectura. Que le ayudara en la tarea de recorrer *in mente* el periplo de Pedro de Urdemalas. Que le remitiera con más conocimiento de causa a los problemas espirituales de la España del siglo XVI, en la vida y en la historia. Que, en una palabra, le hiciera saborear mejor tan genial mezcla de autobiografía, reportaje, sátira y ficción. Por esto hago mías las palabras de la dedicatoria del *Viaje,* «que no ha de ser juzgada la imperfección de la obra, sino el perfecto ánimo del autor».

Hace ya más de un año, hallándome sentado frente a la estatua del doctor Laguna, que Florentino Trapero esculpió por iniciativa de sus entusiastas paisanos en la plaza segoviana de Los Huertos (y ahora de Andrés Laguna), a la sombra de la casa torreada de sus amigos los Arias Dávila, me preguntaba si no serían ya suficientes los argumentos de Bataillon para atribuir al humanista y humanitario doctor, médico regio y papal, botánico, políglota comentador de Galeno, Dioscórides, Aristóteles y Cicerón, peregrino por una Europa desolada y asolada por las guerras, tan sustancioso diálogo. Sin embargo... rondaban en mi mente reparos, cabos sueltos, puntos desconcertantes, que se levantaban como obstáculos serios para conceder a Laguna la paternidad de la obra, a pesar de la autoridad de tan ilustre valedor.

En septiembre de 1974 recibí una carta de puño y letra de Bataillon en la que me anunciaba «no continuar, por ahora, la edición comenzada del *dichoso o desdichado Viaje*». Ante esta noticia decidí emprender la tarea de publicarla con el subtítulo de *Odisea de Pedro de Urdemalas,* pero dejando en la penumbra del anónimo al autor. Por ello, quisiera disculparme ante el espíritu de Bataillon por haberme adelantado a su propósito de publicar, bajo el nombre de Andrés Laguna, la obra áurea que tanto le fascinó en vida. Marcado ya por el puntero de maligna enfermedad, el egregio investigador falleció en junio de 1977.

Pero no hubiera podido llevar a cabo este trabajo de varios años si no me hubieran ayudado tan generosamente personas y entidades, a las que envío por estas líneas mi cordial agradecimiento. A la Universidad de Washington, Seattle (EE. UU.), por su ayuda material que me permitió alejarme de las tareas docentes; a la señora Brey de Rodríguez-Moñino, que puso a mi disposición el Ms. 512 del *Viaje;* a mi colega de Mesina, Giovanna Altadonna, por su valiosa información; al doctor H. de Schepper, del Algemeen Rijksarchief (Bruselas); a Franco Meregalli, que me envió uno de sus valiosos artículos sobre el tema; a los profesores del Departamento de *Near East* de la universidad donde trabajo; a don Hilario Sanz y a don José Navarro por su ayuda en las investigaciones en Segovia y Toro, respectivamente; a mis condiscípulos A. M.ª Vigón y F. García Graviotto, que me facilitaron el acceso a legajos y manuscritos, y, en fin, a los buenos oficios de los funcionarios y empleados de la Biblioteca Nacional, de la Real Academia, de la Biblioteca de Santa Cruz de Toledo, de Palacio, de El Escorial, del Archivo Histórico Nacional, del de Villa y Hemeroteca debo mi reconocimiento por haber hecho más llana y expedita mi investigación.

FERNANDO G. SALINERO

Siglas utilizadas con más frecuencia

ACF	= Annuaire du Collège de France
AGS	= Archivo General de Simancas
AHN	= Archivo Histórico Nacional
BAC	= Biblioteca de Autores Cristianos
BH	= Bulletin Hispanique
BNM	= Biblioteca Nacional de Madrid
BRAE	= Boletín de la Real Academia Española
CSIC	= Consejo Superior de Investigaciones Científicas
DCE, BDELC	= Breve Diccionario Crítico-Etimológico de la Lengua Castellana
EE	= Enciclopedia Espasa
EI	= Enciclopedia Italiana
ES	= Estudios Segovianos
HR	= Hispanic Review
IE	= Instituto de España
NBAE	= Nueva Biblioteca de Autores Españoles
NRFH	= Nueva Revista de Filología Hispánica
RABM	= Revista de Archivos, Bibliotecas y Museos
RF	= Romanische Forschungen
RFE	= Revista de Filología Española
RH	= Revue Hispanique
RPh	= Romance Philology
SBE	= Sociedad de Bibliófilos Españoles

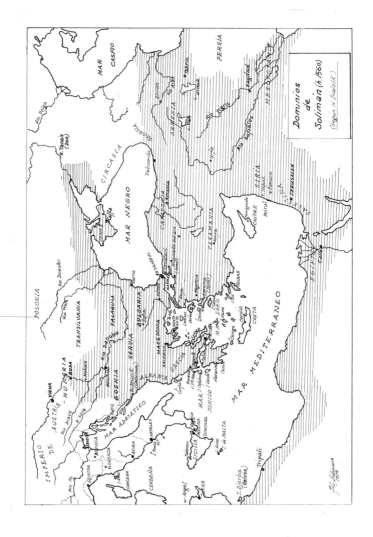

Dominios de Solimán (h. 1560)
(según H. Inalcik)

MAR CASPIO

POLONIA

Río Volga

Río Tanaís (Don)

CIRCASIA

MAR NEGRO

PERSIA

ARMENIA

Río Tigris

Río Éufrates

Bagdad

MESOPOTAMIA

Tabriz

Río Araxes

Trebisonda

CAPADOCIA

SIRIA

CHIPRE

JERUSALÉN

EGIPTO

Cairo

IMPERIO DE AUSTRIA-HUNGRÍA

VIENA

BUDA

Río Danubio

TRANSILVANIA

VALAQUIA

BULGARIA

SERVIA

BOSNIA

ALBANIA

MACEDONIA

ESTAMBUL

MAR ADRIÁTICO

MAR EGEO

CRETA

MAR MEDITERRÁNEO

RODAS

CARAMANIA

SICILIA

NÁPOLES

ROMA

CERDEÑA

MALTA

I. Dierba (Gelves)

Trípoli

H. Gómez 1974

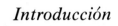

Introducción

El Viaje de Turquía *es, sin contradicción, la obra maestra de la literatura a la vez seria y de pasatiempo que España debe a sus humanistas erasmianos.*

BATAILLON

Al ejemplar que sigue ofreciéndose en el mercado librero con el título de *Viaje de Turquía* y bajo el nombre de autor de Cristóbal de Villalón, debería añadírsele entre paréntesis un signo de interrogación, porque ni el título abarca por completo todo su contenido, ni la obra es atribuible con fundamento a uno de tantos Villalones. El manuscrito que descubrió B. J. Gallardo[1] recibió el mencionado título quizá por iniciativa de su primer editor, don Manuel Serrano y Sanz; y a Serrano se debe también la atribución a Villalón, pero ninguna autoridad crítica pondrá hoy la mano en el fuego en favor del preceptor vallisoletano de los hijos del conde de Lemos, sobre todo después que Λ. G. Solalinde escribió, al frente de su edición de la colección Universal Calpe, que «convendría no regalar tantas hazañas notables a un señor que pudo no moverse en esos años, 1552 a 1557, de la aldea donde escribió su *Gramática Castellana*»[2]. En su también edición de la *Ingeniosa compara-*

---

[1] B. J. Gallardo, *Ensayo de una biblioteca de libros raros y curiosos,* I, Madrid, Rivadeneyra, 1863, págs. 726a-727a. Gallardo dice haber tomado el título de un Ms., quizá el que se indica con la sigla *Mo* (véase *Manuscritos,* pág. 25).

[2] Recientemente, J. J. Kincaid, en su estudio titulado *Cristóbal de Villalón* (Nueva York, Twayne, 1973), vuelve a la tesis de Serrano y Sanz, dando por segura la autoría del vallisoletano, a la vez que refuta la de Bataillon, los ensayos de Alonso Cortés y el juicio de J. Hurtado y A. González Palencia (caps. V, VI y VII).

ción entre lo antiguo y lo presente [3] y en la biografía de Villa-lón que precede a la transcripción de algunos pasajes, Serrano endosó al vallisoletano la paternidad de nuestra obra y la de *El Crótalon.*

Si Villalón es o no el autor de esta original pieza literaria se examinará más adelante, en el apartado correspondiente de esta Introducción. Ahora procede examinar las circunstancias históricas en que debió de ser escrita la obra, según el Ms. 3871 de la B. N. Después se irán analizando las premisas que han dejado sentadas los críticos que me han precedido en este estudio.

La fecha de 1557 de la dedicatoria del Ms., o la de 1558 de uno de los folios finales, nos sitúan en una década crucial en la evolución de la política y de las relaciones internacionales por haberse quebrado la unidad de la fe católica entre las naciones del Occidente europeo. Entre los años de 1550 y 1560 abdica Carlos V. Su imperio bicéfalo se reparte entre Felipe, «Rey de España, Inglaterra y Nápoles», y Fernando, Rey de Romanos. Prosiguen las tareas del Concilio de Trento y se consolida la Reforma por el Centro y Norte de Europa, mientras en Inglaterra aumenta la tensión entre las distintas confesiones religiosas. Continúa la lucha entre Francia y los Habsburgos con el telón de fondo de las guerras de religión. Y, sobre todo, el turco y el Gran Turco Solimán el Magnífico, el Grande, el Justo, sigue siendo la pesadilla de los príncipes cristianos. En todo este ambiente y cuando más caldean las hogueras inquisitoriales, un anónimo súbdito de «Su Magestad Cathólica» dedica al monarca un relato autobiográfico que, sin pelos en la lengua o en la pluma, expresa su disidencia y desacuerdo con el catolicismo oficial y las prácticas de los pastores de la Iglesia.

Parecían ya lejanos los días del fervor erasmista, pero la antorcha de la heterodoxia estaba ya ahora en las manos más peligrosas de la herejía luterana. Escribe Henry Kamen estas palabras (que traduzco), en su *The Spanish Inquisition:*

---

[3] M. Serrano y Sanz, *Ingeniosa comparación entre lo antiguo y lo presente,* Madrid, S. B. E., 1898, pág. 8, y *Autobiografías y memorias,* Madrid, N. B. A. E., 1905, págs. XCI y ss. Serrano afirmó en la primera de estas obras que el *Viaje* y *El Crótalon* son de un mismo autor «con toda certeza». Probablemente creyó que se trataba de un relato sincero por la extraordinaria verosimilitud que supo dar a su narración el autor y adjudicó e insertó toda esa serie de peripecias en el *hueco* de la biografía de Villalón cuya documentación desconocía.

La tempestad descargó sobre el protestantismo español en 1557. En octubre de aquel año fue arrestado, junto con otros, Juan Ponce de León, de la Casa del Duque de Arcos, por haber introducido literatura herética desde Ginebra. Su cómplice principal era Julián Hernández, hombre que había pasado largo tiempo entre las iglesias reformadas... A continuación, fue detenido Augusto Constantino y el grupo protestante. Hacia 1558 y por descuido de sus miembros, el núcleo vallisoletano fue destruido por la Inquisición (...). El Emperador, ahora en su retiro de Yuste, después de tantos años pasados en lucha por conservar sus dominios y evitar el peligro luterano, veía en la presencia de herejes dentro de las fronteras españolas un nuevo conflicto como aquél que había escindido a Alemania[4].

Y en consecuencia, Carlos V escribe a su hija Juana, a la sazón regente de España mientras su hermano viajaba por los Países Bajos, instándola a tomar medidas para *atajar el mal sin distinción de personas.*

En este año de 1557 (ó 1558 de las páginas finales del Ms. 3871) y bajo estas circunstancias se escribe el *Viaje*, del cual dijo Gallardo «... que sin duda ha de dar luz para ilustrar la historia de aquellos tiempos y la vida de varios sujetos célebres, empezando por Cervantes». Estas palabras parece que escandalizaron a Serrano y Sanz, quien tomando al pie de la letra esta afirmación, pensó que Gallardo incluía a Cervantes, niño de diez años en 1557, entre los coetáneos del autor del manuscrito. Sin embargo, Gallardo tenía razón porque el *Viaje* es un documento vivo, por su veracidad y su valiente declaración de principios, de lo que pensaban y sentían muchos españoles de aquel siglo, sometidos a las rígidas presiones de una política filipina erigida en brazo ejecutor de los cánones tridentinos.

En todo este ambiente, repetimos, se escribe un manuscrito destinado a permanecer apócrifo e inédito por espacio de más de tres siglos, que consiste esencialmente en un diálogo que sostienen tres personajes, de nombres simbólicos y familiares a todos los habitantes de la geografía hispana: Pedro de Urdemalas, Juan de Voto a Dios y Mátalascallando, a los cuales se intenta encubrir, en un arreglo posterior del manuscrito, bajo

---

[4] Véase Henry Kamen, *The Spanish Inquisition*, Nueva York, reprint, 1971, pág. 84.

los nombres de Polítropo, Apatilo y Panurgo. Esta suplanta-
ción no pasó de los trece primeros folios y la narración dialogada se volvió a poner en boca de los apelativos originales.
Además, ningún lector español de antaño u hogaño puede tragarse el hecho de que tres hombres que hablan «a lo sano de
Castilla la Vieja», atiendan por unos nombres tan cultipedan-
tescos como los curas y patronos vallisoletanos del canto XVII
de *El Crótalon,* que reciben los nombres de Aristeneto, Zeno-
temo y Alcidamas.

Se comprende, pues, que una novela de aventuras o pseudo-
biografía que contiene material tan sospechoso no pudiera ser
publicada a mediados de este siglo. Es cierto que el *Lazarillo*
ve la luz en estos años (1554), pero su contenido no es tan pe-
ligrosamente heterodoxo y pese a todo el libro fue incluido en
el Índice y no se volvió a publicar hasta veinte años después.
Sin embargo, había una pequeña coyuntura favorable a la
publicación del *Viaje,* especialmente en lo que se refiere a la
materia turca del mismo por lo que tenía de elogio para el Imperio Otomano, y era que el Rey de Romanos, Fernando de
Austria-Hungría, buscaba una alianza o al menos una tregua
con Solimán. Su mismo embajador Busbecq, que había sido
nombrado embajador para reemplazar a Malvezzi cerca de la
Sublime Puerta[5], nos lo dice en las *Cartas* que dejó escritas
sobre su itinerario a Constantinopla y Amasia. Es, pues, posible que el autor juzgara propicio el momento para dar su
escrito a la estampa; pero esta conjetura es difícil de probar.
Si, además, atribuimos al doctor Laguna la paternidad de la
obra, tendremos que echar en la balanza la cautela que había

[5] Véase en Selección bibliográfica, pág. 80, bajo las siglas *Busb,
Fors-Dan* y *BusbR,* e *infra,* nota 34. De Ogier o Augerio Ghislain de
Busbecq (o Busbeek, en ediciones alemanas) hay en la B. N. M. hasta
12 obras, 10 en latín, otra en francés *(Lettres du Baron de Busbecq,*
París, 1748) y la traducción española de Esteban L. de Reta (Pamplo-
na, 1610; sign. R-14324). Para cotejo con el *Viaje* y notas de pie de
página, seguimos la traducción de Forster y Daniell o la *Omnia quae
extant opera,* de Graz (1968), con incidentales citas de la de López
de Reta.
Sobre la vida e ideario de este culto embajador de Fernando de
Austria, defensor del irenismo erasmista, he consultado la obra de
H. de Vocht *(Henriquus Goclenius), History of the Foundation and the
Raise of the Collegium Trilingue Lovaniense,* Lovaina, 1954), ejemplar
que ha tenido a bien enviarme mi amigo el doctor H. de Schepper, del
Rijksarchief de Bruselas.

de tener un descendiente de conversos que pretendía realizar un viaje a los dominios de Solimán por los años en que tantos cristianos nuevos de la Península emigraban a Constantinopla.

Por todo lo que antecede y expuestas las circunstancias históricas en que fue concebida la obra, procederé a examinar las peculiares características de la misma siguiendo este orden: *a*) manuscritos; *b*) análisis literario, y *c*) hipótesis sobre su autor.

Manuscritos [6]

Como se indica más adelante al reseñar los textos básicos del libro (pág. 76), disponemos hoy de cinco manuscritos. Del primero de ellos, *M-1*, Serrano y Sanz afirmó tajantemente que era el borrador[7]; yo le llamaré, en principio, *original*, es decir, el más antiguo de los cinco existentes, sea autógrafo, apógrafo o escrito al dictado.

Este *M-1* de la Biblioteca Nacional, registrado con el número 3871, antiguo 529, es un tomo en pergamino de 150 folios numerados de doble manera: por planas y páginas interrumpidamente, y por folios correlativos sin interrupción. La numeración por planas parece haberse hecho en primer lugar, comenzando en el folio 13r, se interrumpe en la página 182 y de ahí salta a la 218. Se perdió la correspondiente al folio 59 y continúa hasta el 150v, pág. 315. Esto quiere decir que el autor o corrector añadió 13 folios para incluir una tabla de materias o «cuentos», más tres folios en blanco, de los que hablo a continuación. En resumen, este *M-1* presenta las características siguientes:

---

[6] Sobre los manuscritos en general, véase su reseña en pág. 76 y ss. Para el análisis de cada uno de ellos debe consultarse el artículo de Bataillón, «Les manuscrits du *Viaje de Turquía*», en *Actele celui-de-al XII Lea Congress International de Lingvisţicâ si Filologie Romanicâ,* Bucarest, 1971, págs. 37-41, y el reseñado en primer lugar de los de F. Meregalli (Sel. bibliog., pág. 82).

Respecto a don Diego Sarmiento de Acuña, su gestión como embajador cerca de la Corte de Saint James, su biblioteca, su interés y gustos de bibliófilo, véase Pascual de Gayangos, *Cinco cartas político-literarias de D. Diego Sarmiento de Acuña,* Madrid, SBE, 1869, páginas VII-XXIII.

[7] *Sanz, Ingeniosa comparación entre lo antiguo y lo presente,* Madrid, SBE, 1898, pág. 96, nota 5.

a) Es el único que lleva un índice o *tabla muy copiosa de todas las cosas que en el libro se contienen* (fs. 4r a 10v).

b) La numeración por planas comienza en media hoja en blanco que sirve de separación, y no hay ninguna referencia en la tabla a la materia contenida en las planas 3 y 4.

c) La fecha que figura al final de la dedicatoria, 1 de marzo de 1557, tiene tachado el año, probablemente porque el escriba añadió párrafos donde figura otra fecha posterior, 1558 (f. 138v). Evidentemente, son también adiciones en la tabla *Preste Juan de las Indias* y los tres renglones de recopia, como digo más adelante.

d) M-1 lleva varias indicaciones marginales, como *ojo* (a veces triplicada en el mismo folio) y *p.ºarias / pedrarias* (fs. 35v, 36v, 47v y 50r), así como la de *para el mi Alonsito* (f. 47v). Sobre estas acotaciones al margen hablaré al tratar del problema de la autoría[8].

Abundan las frases subrayadas en línea con las notas marginales, por ejemplo, al f. 37r, *como algunas damas q(ue) dan vozes y dizen q(ue) las fuerzan y huelgan dello.*

e) La materia propia del *Viaje* termina en el f. 138v. A continuación, como digo más adelante, comienza la historia de los turcos, *Turcarum origo.* Hay una adición al f. 133r, en tinta más intensa y con el grafismo *h* distinto al del cuerpo de la obra, que dice *huic descriptioni lege sebastianũ,* referencia indudable a Sebastián Münster y a su obra *Cosmographie Universalis libri VI*[9].

Todas estas características nos llevan a la conclusión de que *M-1* no es un borrador, sino un escrito corregido y listo para la imprenta, llevado a cabo por algún poseedor del mismo, quien lo conseguiría como un legado del autor. Si el Ms. fuera autógrafo las tachaduras y rectificaciones serían más extensas, pero aquí parece se trata de las mínimas enmiendas de un copista. Pero es indudable que alguien, quizá el propio autor, intentó una rectificación permutando los nombres que originalmente adoptó para sus personajes por los apelativos helénicos que he señalado más arriba; pero apenas terminados dos

---

[8] Véase en pág. 62. Para Bataillon, estas indicaciones suponen la posesión de este Ms. en manos segovianas.

[9] Esta misma referencia se copia —por cierto, torpemente— en *M-2,* y en *Mo.* Indudablemente, la obra de Sebastian Münster —*auctor damnatus*—, *Cosmographiae Universalis libri VI* (1.ª ed., Basilea, 1544) es, sin duda, otra de las obras de que echó mano el autor.

folios (11v-13v) se cansó de la rectificación o decidió introducir de nuevo los primitivos, sea por iniciativa propia, sea por algún avisado consejero (Polítropo no llega a aparecer en escena como tal). Serrano y Sanz no debió de caer en la cuenta de este trueque y pensó que los nombres de los personajes que abren el diálogo eran los originales. En este mismo error le siguieron Markrich, Dubler y, según sus palabras al frente de la edición de la colección Calpe, A. G. Solalinde [10].

Además hay errores que se deben atribuir a un copista apresurado más que a un autor bien informado: *muradal* por 'muladar' (f. 29r), *Arbealo* por 'Arévalo' (f. 31r), *amán* por 'amín' (f. 36v), y la repetida confusión de *Babilonia* por Capadocia (fs. 30r y 135v).

Las planas 182 a 218 que faltan en *M-1* han sido pospuestas tras el f. 138 y forman como una adición postiza a la materia propia del *Viaje* con el título ya indicado de *Turcarum origo* [11]. Trata esta parte de la historia de Bizancio desde Constantino hasta la caída de Constantinopla. Conocemos sus temas por la tabla y, excepto alguna plana no mencionada en la misma, puede reconstruirse su contenido. Franco Meregalli ha dedicado un artículo a esta laguna (véase Selección bibliográfica, página 82). Entre los títulos que hacen referencia a la historia de los imperios bizantino y otomano hay enunciados heterogéneos, especialmente en las llamadas a las planas 211 a 217: «Más crueles hombres hay agora que nunca», «mejores escriptores habría agora si fuese(n) pagados», «juan de mena no supo mucho», «libros de caballerías abían de ser bedados por la inquisición», «las castañas no son buenas», «el juego es la cosa más vil del mundo», «las buenas letras son para quien tiene bien de comer» y «los Reyes y pri(n)cipes solían saber las buenas letras». La única página que queda sin aludir en la tabla, la 215, es con toda seguridad una plana perdida. Según Meregalli, debía de insistir en la misma materia

---

[10] En la cuarta edición de la colección Austral (1965) que tengo a la vista, dice A. G. Solalinde: «Los personajes comienzan por tener en el manuscrito mejor, el 3871, los nombres griegos de Apatilo, Panurgo y Polítropo, respectivamente; pero inmediatamente *son cambiados* (la cursiva, mía), por los que arriba se indican.» (Pág. 17.)

[11] En la mayoría de los textos, *Turcarum;* en otros, *Turcorum.* Parece que en latín se entendía como femenino, al igual que en castellano los gentilicios *escitas, gálatas, persas,* pero acabó prevaleciendo el masculino.

que la anterior 214, es decir, la censura contra los libros de caballerías,

M-2 BNM, sign. M-6395) es una copia del anterior y sin deterioro alguno. En la contratapa lleva la indicación «Bibliª Conde de Gondomar. Muñoz, tomo 93, fol. 38». Consta de 162 folios numerados correlativamente, sin lagunas. No trae índice y dedica los 22 últimos folios a la *Turcarum origo* (en el original, *Turcã Sorigo,* f. 140v). Según Bataillon, se trata de una copia hecha a principios del siglo XVII, pero su grafía o transcripción fonética de los vocablos del original es errática y no puede inferirse de la misma qué tendencia o línea ortográfica ha seguido el amanuense (por ejemplo, escribe el mismo vocablo con *ç, c* o *z* indistintamente). La negligencia de la copia indica, en la página 138, la incongruencia siguiente:

> ... como lo había de pasar sino muy bien, que me habéis dado una cama con sábanas de que quiere dezir Salomón, Soltán, Selim príncipe de paz, Murat deseado...

y las abundantes diferencias ortográficas respecto de su modelo (*M-1: pinctores, Migel, razonan, la rectórica, elegantia...; M-2: pintores, miguel, rraçonan, larretórica, elegançia...*). Los versos griegos están torpemente imitados.

Este último Ms. permite colmar las lagunas existentes en el anterior y prolonga la *Turcarum origo,* permitiéndonos saber el contenido de las págs. 195 y 196.

El Ms. escurialense, que hemos llamado *E* (sign. J-II-23), fue descrito por J. Zarco Cuevas en la obra indicada más adelante (Manuscritos). Consta de 70 folios, numerados correlativamente del 1 al 70 en lápiz. Zarco señala que «han sido cortadas varias hojas entre los f. 60 y 61». Termina con la frase *y otras fieras muchas ansí en florençia como en las ciudades grandes de Italia y françia.*

Parece que a Zarco se le pasó por alto un detalle que pudiera tener importancia para la datación de esta copia. Los folios que faltan y que fueron arrancados después de cosidos (a juzgar por los fragmentos), son 18, es decir, 36 páginas que debían de contener, presumiblemente, toda la materia restante del *VT* propiamente dicha más los primeros capítulos de la vida y costumbres de los turcos, comenzando por la religión y, en primer lugar, por la circuncisión. Puede presuponerse, pues, que la mutilación se debió a que el poseedor o amanuense juzgó el contenido materia peligrosa o censurable. Pero los diez folios restantes que se cosieron con los del *VT* tratan de una materia muy dispar respecto de la de éste. En resumen, es una relación de los Grandes de España, casas solares y linajes y rentas que perciben, terminando con las palabras «...las quales saqué yo p.º núñez de s.º (?) a gloria de n(uestr)o s(seño)r y de su-benditissima madre la birgen sin mançilla y de todos los cortesanos celestiales este año de 97 años por un memorial que bino a mis manos de madrid por cossa mui cierta y uerdadera». Al final (f. 61v), figura el año de 1597.

Si este Pedro Núñez fue o no el copista de todo el Ms. es cosa difícil de probar, pero hay una gran coincidencia en las grafías de una y otra escritura. Por ejemplo, los barbarismos de dicción *(cebiles, erudicto, expirençia, profectías,* etc.), la *s* inicial por *es-* y, sobre todo, la frecuencia de *rr* y *ss* en voces que ya se escribían sin ellas fuera de Castilla la Vieja, son rasgos comunes a una y otra escritura[12], por lo que puede afirmarse que una y otra copia son aproximadamente de la misma época, finales del siglo XVI, y que, además, el poseedor era consciente del riesgo que llevaba consigo no ya la impresión, sino la simple posesión del escrito[13].

El Ms. toledano, *T,* de la Biblioteca Pública de Santa Cruz de Toledo, sign. 259, consta de 201 folios en 4.º, cubierta en pergamino y caja de escritura 200 por 143 mm. Lleva por título *Tetrálogo / entre Pedro de Urdemalas / Juan de Vota-Dios, i Ma / talas Callando / Discurriendo sobre las Cos / tumbres y Ceremonias de / los Turcos, y otras Nacio / nes, Trabajos de los cauti / vos, Descripción de Constan / tinopla, y otras cosas cu / riosas, y dignas de / saberse.* Es el Ms. que

---

12 En el *VT, cassa, cossa, esse, anssí, passado;* en la Relación, *cassa, cossa, cortessano, possehe.*

13 Esta fecha de 1597 parece contradecir la hipótesis de Bataillon, quien opina que el erudito Palomares descubrió uno de los Mss. del *Viaje* (véase *infra* Ms. 259) en la Casa del Sol de Valladolid y... «là sans doute que Campomanes, proche ami et protecteur de Muñoz, cronista de Indias, fit exécuter la copie que possède aujourd'hui Moñino, et dont se servit le copiste du Ms. de l' Escorial». Es cierto que los folios 4, 5 y algunos siguientes de *E* muestran una caligrafía que nos remite a Palomares, quizá colmando una laguna, pero el resto me parece, por las grafías y los rasgos caligráficos, más de acuerdo con *M-1* y *M-2,* por lo que creo que Zarco no se equivocó al datarlo en un siglo XVI tardío (cfr. Bataillon, *Actas,* página 41).

presenta mayores divergencias con los anteriores y, según Bataillon, deriva de *M-2*.

El extraño título de *Tetrálogo* difícilmente puede tenerse por una mala lectura de la palabra *diálogo:* yo más bien creo que es un producto intencionado de la obsesión cultista de los eruditos del siglo XVIII —puesto que la portada es sin duda de este siglo— y que su poseedor, probablemente el calígrafo y paleógrafo Francisco Javier de Santiago Palomares, consideró que debía titularlo así por alguna razón relacionada con el número cuatro, bien porque la materia puede dividirse en cuatro temas, a saber, *a)* hospitales y peregrinos; *b)* cautiverio en Turquía; *c)* informe sobre Turquía y los turcos, y *d) Turcarum origo,* o bien porque son cuatro los países de que se habla en la obra. Que Palomares fuera el autor material o pendolista que revisara esta copia es todavía problemático, pero no cabe duda que la bella y límpida caligrafía (o *calografía,* en términos de Palomares)[14] sigue las directrices de su *Arte de escribir inventada por el insigne Maestro Pedro Díaz Morante* (Madrid, B. N., sign. 3-16541).

Presenta *T* rasgos muy peculiares respecto de los restantes Mss. En la dedicatoria se deja en blanco el nombre del soberano, pero se añadió posteriormente (en otro tipo de letra) *felipe segundo.* Los versos de Homero se copian en grafismos mayúsculos y minúsculos y al margen se escribe el verso de Horacio (*Ars Poetica,* 142) que es más próximo a la traducción castellana. La profecía en turco es diferente de la de *M-1* en su grafía, sin duda porque el escriba o dictante copió a Georgievits con más fidelidad.

Presenta también *T* rasgos lexicales típicos de un castellano más avanzado, como la sustitución de la *ç* por *c* en el sonido interdental fricativo en las sílabas *ce, ci,* y la adopción de *j* por *x* en los pretéritos. Sin embargo, quizá por fidelidad al original, mantuvo ciertos arcaísmos y doble *ss* en voces que ya no la llevaban, y altera otras turcas o foráneas por ultracorrección, como en los ejemplos siguientes tomados de calas hechas al azar: *M-1: metoxia, spritado, santjaques, chalma; T: metosila, espiritado, sanjaco, calma.*

---

[14] Véase edición Sancha, sigla citada. En la pág. y lám. 34, escribe Palomares: «Las partes de la Escritura son tres: Ortología, Calografía y Ortografía. La primera enseña a conocer las letras por su figura, y a pronunciarlas; la segunda, a dibuxar, delinear, o sea, escribir; la tercera, a escribir con verdadera puntuación.»

La variante principal se halla en el f. 143v en la que Pedro comienza con una descripción de la ceremonia de circuncisión entre los turcos, terminando con las palabras «... y del día que se circuncida no paga más tributo al Rey» (f. 144r)[15].

Otra de las características de *T* es la no repetición de las palabras finales de la dedicatoria (véase pág. 94, nota 19), demostrando así que copiaba con más cuidado y atención que su predecesor del *M-2*. El Ms. toledano termina con las palabras siguientes: «... a quien se da toda alabança i en quien está nuestra vida i salud i la gloria a la qual se digne de conducirnos por su misericordia infinita para que lo goçemos en compañía de los vien aventurados por todos los siglos de los siglos amen». Hay una firma abreviada ilegible y rubricada.

El *Mo,* propiedad hoy de doña María Brey, lleva el número 512 y su título, probablemente debido a algún secretario de Gondomar y copiado en fecha reciente, reza *Diálogo entre Pedro de Hurdimalas y Juan de voto a Dios y Matalas callando / Que trata de las / miserias de los cautivos de Turcos / y / de las costumbres de los mismos / haciendo la descripción de Turquía* («Hacia 1556»). En el f. 85r comienza la segunda parte «... que trata de las costumbres y secta de / los turcos y de otras cosas / de aquellas partes sigui / ente (s)». Esta segunda parte fue, probablemente, la que inspiró a Serrano su título de *Viaje de Turquía.*

Este último *Mo* reproduce —como dijo Bataillon[16]— de una manera poco cuidadosa *M-2,* pero es una copia completa, incluyendo el anexo *Turcarum origo.* No reproduce los versos

____

[15] Los primeros párrafos de la narración de Pedro coinciden casi literalmente con los de Vicente Rocca, lib. II, f. 129r, b (véase Selección bibliográfica, pág. 82):

Ms. T-259	*V. Rocca*
para atraher Mahoma a su vana secta a los simples que le siguieron ordenó su Alcorán tomando de la ley de Moysén y de la nuestra sancta de cada una lo que conoció ser más apacible y agradable a la gente, de los judíos tomó el circuncidar a los niños, pero con esta diferencia...	Para atraer el falso Mahometo a su vana secta el simple y perplexo pueblo Arábico, ordenó su Alcorán de la ley Judayca, y de la nuestra sancta de gracia, tomando de cada una lo que conoscía ser apacible a la ge(n)te. De los obstinados judíos tomó el circumcidar a los niños, saluo que...

[16] Bataillon, *Actas,* Introducción, nota 6.

homéricos en griego ni la profecía en turco. Está muy próximo en grafía y grafismos a *E* en los fs. 4, 5 y 6 de éste, pero difiere en los restantes por su caligrafía, por lo que se acerca más a *T* y, como éste, altera algunos vocablos (*potramédicos,* por «protomédicos»; *metosila,* por «metoxia»; islas de *Ponte,* por «Ponça», entre otras).

Análisis literario

Al enfrentarnos con la tarea de analizar el *Viaje de Turquía* surge el ya tan debatido interrogante: ¿qué es en síntesis la obra? ¿Autobiografía novelada y fantaseada? ¿Estupenda novela realista, como dijo Bataillon? ¿Diálogo satírico de intención moralizante y al servicio de una ideología política? ¿O es una combinación habilidosa de ficción, filosofía y realidad? Además, al tratar de bucear en sus enigmas —manuscritos, fuentes, autoría, perspectiva—, éstos vienen tan interferidos que no es posible hacer abstracción de uno de ellos dejando a un lado los restantes.

En principio, y ateniéndonos estrictamente a su título y contenido, el *Viaje* es un coloquio cuyo objetivo final es informar sobre Turquía y los turcos por medio de tres interlocutores y en dos días. En el primer día, uno de los dialogantes, excautivo de los turcos, refiere a los otros dos las peripecias del cautiverio y su fuga desde Constantinopla hasta una ciudad castellana. En el segundo día, después de una noche de reposo, el fugitivo explica en detalle la vida y costumbres de los otomanos, su organización social, política, militar y judicial, sus prácticas religiosas, indumentaria, comidas y ocupaciones, las relaciones diplomáticas con el Gran Señor, los dominios de éste y sus rentas, y la descripción de Santa Sofía y Constantinopla. Como apéndice se añade la historia del imperio otomano, *Turcarum origo.* Así pues, el *Viaje* consta de tres partes: prisión y fuga del protagonista, reportaje sobre los turcos y origen y expansión de Turquía desde Bizancio hasta Estambul.

El porqué Turquía es el tema central ha quedado ya sugerido en las páginas precedentes. Desde la caída de Constantinopla en poder de Mahomet II, los cristianos vivían con la pesadilla constante de la amenaza turca, del poderoso heredero de la secta mahomética que entraba a saco en las tierras consagradas a Cristo. La cimitarra implacable del Islam ascendía por el Danubio, surcaba el Mediterráneo, amenazaba las tierras del

Sofí de Persia y se iba enseñoreando de los puertos norteafricanos. Los ejércitos imperiales, a pesar de sus resonantes pero pasajeras victorias, no habían conseguido detener su avance y los más poderosos monarcas buscaban ahora, hacia mediados del siglo XVI, una tregua. Por otra parte, los relatos que llegaban a las ciudades europeas, sobre todo a aquellas que tenían relaciones comerciales con el Oriente próximo, y los que recogían los traficantes en las islas del Egeo, despertaban el horror y la compasión por las miserias que pasaban los cautivos, junto con la curiosidad por conocer las extrañas costumbres de un país lejano, exótico y prohibido. No es extraño que el tema *Turquía* ocupase el primer lugar en la imaginación y deseos de los occidentales. A mayor abundamiento, el recuerdo no extinguido del fracaso de las Cruzadas y la idea insufrible de ver holladas por el infiel las tierras que recibieran la semilla del Evangelio y la predicación del apóstol Pablo —Galacia, Cilicia, Capadocia, Grecia entera, Rodas, Samos, Chipre— y que además contenían la huella de fecundas civilizaciones, hacía hervir la sangre a los cristianos. No es extraño, pues, que los libros y opúsculos sobre Turquía y el Islam en general sobrepasasen entre 1500 y 1600 los dos millares de títulos [17].

Pero el contenido o materia del *Viaje de Turquía* y que en síntesis es el relato de una odisea de Pedro de Urdemalas más un informe sobre el país otomano, no se ciñe estrictamente a esta temática. El personaje que preferentemente habla a los otros dos oyentes, mete entre col y col una lechuga. De ahí que después de unas páginas a modo de pórtico que tratan del encuentro de Pedro con sus interlocutores y de sus opiniones sobre hospitales y peregrinaciones, el relato va salpicándose de alusiones y puntadas a la soberbia de sus compatriotas, a la impericia de los galenos, a la vesania de los renegados y soplones, a los defectos de nuestro sistema de enseñanza, al desconocimiento por parte del mismo Rey de los servicios de sus súbditos y, sobre todo, a la credulidad irracional del vulgo y la hipocresía de sus prácticas religiosas, hipocresía fomentada por unos pastores de la grey de Cristo que demostraban no tener ningún interés en desterrar ni el culto de las falsas reli-

---

[17] C. Göllner, *Turcica: Die europäischen Türkendrucke des XVI. Jahrhunderts,* I y II, Berlín-Bucarest, 1961-1968. Esta recopilación de bibliografía comentada sobre el Islam y Turquía recoge 901 títulos entre 1501 y 1551.

quias, ni el lujo de las ceremonias, ni la vivencia de las supersticiones. Todo ello vertido con un desparpajo y un humor que nos remiten a Luciano, Erasmo y Juan de Valdés, con el correspondiente adobo de adagios, sentencias y refranes.

El carácter de autobiografía parece, a primera vista, innegable. En este sentido se pronunciaron García Villoslada, W. Markrich en su tesis doctoral y, al parecer, J. J. Kincaid [18]. Los dos últimos no hacen sino seguir los pasos de Serrano y Sanz y R. Schevill. Sin perjuicio de volver a hablar de sus tesis al tratar de la paternidad de la obra, adelantaremos que el primero de los críticos citados acepta como argumentos en favor de su hipótesis el hecho de que «la dedicatoria a Felipe II es emocionada y sincera» y «lo admirable de la precisión con que nos cuenta el día en que cayó cautivo, 4 de agosto de 1552...» y «la exactitud con que se describe el trato que se da a los cautivos, las costumbres orientales, el comercio, el vestir, el dormir, la vida íntima y social de los turcos, su religión, su ejército, sus leyes, sus bodas, sus ceremonias, los monumentos y las calles de Constantinopla... en lo cual no miente, pues a cada paso aduce expresiones en lengua turquesca» (páginas 382-383). A esto se puede responder que si el P. Villoslada se ha detenido a cotejar pasajes enteros del VT con textos de Menavino, Spandugino, Belons du Mans, Busbecq, Münster, Georgievits y Vicente Rocca, habrá descubierto párrafos copiados literalmente, como han demostrado Bataillon y Meregalli. Es cierto, sin embargo, que al autor le cabe el mérito indiscutible de haber ensamblado magistralmente las piezas de esta taracea libresca con recuerdos personales e incluso hechos análogos tomados de su misma vida, por lo que podría aceptarse la característica de autobiografía en la primera parte de la obra, cautiverio y fuga; pero en la segunda parte, vida y costumbres de los turcos, decididamente su información no es toda de primera mano. He aquí por qué nacen fundadas sospechas de que todo sea una superchería literaria digna de codearse con nuestras novelas realistas de primera fila, por más que Villoslada se asombre, al rechazar la tesis de la autoría de Laguna (al que erróneamente llama «zamorano») y diga que «si el Doctor Laguna compuso esta obra maestra no con recuerdos y experiencias de su vida, sino a base de lecturas curiosas, estamos ante el mayor prodigio de todas las literaturas,

---

[18] Consúltese en *Selección bibliográfica* (siglas *D-Lag, Mark, Kinc* y *Vilda;* en lo sucesivo citaré por sigla y página).

pues que tenemos delante una creación genial hecha con trozos de librillos *insignificantes y obscuros* (la cursiva, mía)»[19]. A estos argumentos parece también adherirse César E. Dubler al rechazar la atribución a Laguna[20].

En la tesis de Markrich hay notables observaciones respecto de las fuentes utilizadas por el autor del *Viaje,* pero a veces incurre en verdaderas ingenuidades cuando toma al pie de la letra las afirmaciones de Pedro de Urdemalas. Por no citar más que una de ellas, Markrich juzga que sería una blasfemia la afirmación del autor declarándose testigo ocular en la dedicatoria, apoyándola con la cita de San Juan, 18, 16, *discipulus autem ille erat notus pontifici et introivit cum Iesu in atrium pontificis, Petrus autem stabat ad ostium foris*[21]. Pero el doctor americano fue más lejos que el propio Serrano y Sanz, rechazando la hipótesis de que el *Viaje* fuera tan sólo una especie de novela dialogada sin fundamento alguno en la realidad.

Aceptando, pues, provisionalmente el carácter de *autobiografía novelesca y dialogada,* paso a examinar otro punto de nuestro análisis vinculado estrechamente a la esencia misma de la obra: los personajes.

Pedro de Urdemalas, Juan de Voto a Dios (o Bota-a-Dios), *Mátalascallando...* con mención de *mi madre Maricastaña* y *mi tía Celestina* (fs. 15r y 62v, respectivamente). ¿Quién puede negar la postura humorística *a priori* en que se coloca el autor antes de empezar a deslizar la péñola? ¿Qué motivos tuvo el autor o el dictante para elegir estos arquetipos simbólicos del folklore español? Porque es indudable que el burdo trueque de nombres llevado a cabo por el autor o uno de los copistas, se debió a un riesgo olfateado en momentos difíciles para libertades literarias. Y afortunadamente se cansó pronto y quizá cuando ya otras cuatro copias pasaban de mano en mano con los nombres originales.

Pedro de Urdemalas o «Pedro de malas artes»[22] es el protagonista y narrador. Pero es un narrador excepcional que cuenta a sus dos compinches, en una prosa de lo más castizo de

---

[19] *Vilda,* págs. 379-380.

[20] *D-Lag,* IV, pág. 346. Dubler, sin embargo, parece dudar a veces de la autobiografía e inclinarse por la tesis de una novela de aventuras (págs. 346-348; *B-DL,* págs. 95-96).

[21] N. B. A. E., II, pág. 2b. En el texto, *hostium.*

[22] Así le llama P. Hurtado de la Vera en *La Dolería del Sueño del Mundo,* Amberes, 1572; III, 2.

nuestra literatura y con calculado detallismo, toda una serie de peripecias de las que sale airoso porque *urde y trama* («ahí no era menester urdir, pero tejer», dice Mátalas) y usa ardides «por cierto, como de Pedro de Urdemalas, que ni aun el diablo no los urdiera». No es exactamente el personaje cervantino, porque según la espontánea definición de Mátalas «... todo aquéllo que no podía dejar de saber, siendo hijo de partera, primo de barbero y sobrino de boticario» (f. 37v). Tampoco estas notas coinciden enteramente con las personales del doctor Laguna. En la comedia de Cervantes, dice Pedro:

> ¡Ensúziome en Catón y en Justiniano,
> o Pedro de Urde, montañés famoso!
> . . . .
> Yo soy hijo de la piedra
> que padre no conocí:
> desdicha de las mayores
> que a un hombre pueden venir.
> No sé dónde me criaron;
> pero sé dezir que fuy
> destos niños de dotrina
> sarnosos que ay por ahí[23].

Por el contrario, este Urdemalas o Urdimalas de nuestro coloquio es un hombre astuto, sí, pero también un observador de pupila bien abierta y hombre de letras que entiende de herborizaciones y de farmacia galénica; experto en técnicas de la construcción cuando habla de la manera de echar fundamentos en la mar, de la atauxía y de la obra mosaica; documentado en liturgia, en arte militar, en didáctica de las lenguas (las cuales ha adquirido con fluencia y facilidad en poco tiempo) y, sobre todo, se convierte en un médico con tan buen ojo clínico y ex-

---

[23] Véase Cervantes, *Obras,* III (Comedias y entremeses), edición de Schevill y Bonilla, Madrid, 1918, pág. 246, nota 117. En cuanto a la primera mención del personaje, J. M. Blecua dice haberla hallado en un pasaje del *Libro del passo honroso, defendido por el excelente caballero Suero de Quiñones* (se supone escrito hacia 1439-40; *Anales Cervantinos,* I [1951], pág. 344), rectificando así la mención de Schevill y Bonilla de Lucas Fernández, *La farsa del nascimiento de nuestro redemptor* (1514). (Véase también mi comunicación al I Congreso Internacional sobre Cervantes [julio de 1978], «Dos perfiles paralelos de Pedro de Urdemalas».)

perta mano que llega a *épater* y a superar a los médicos judíos profesionales[24]. En una palabra, este Urdemalas no es el simple «tretero, taimado y bellaco», como le define Correas, sino un «Ulises cristiano» que sólo «urde ardides que cumplen a la salvación del camino», como dice Bataillon copiando las propias palabras del excautivo.

Los otros dos participantes reciben los nombres de Juan de Voto a Dios y Mátalascallando, luego rectificados y trocados en los de Apatilo y Panurgo[25]. Ambos abren el diálogo disputando sobre la hipocresía de los falsos peregrinos y criticando los mismos defectos de falta de devoción y de caridad que ellos tienen. Juan de Voto a Dios se hace pasar por un peregrino que regresa de los Santos Lugares, que posee el don de lenguas y que colecta dinero para erigir hospitales; como clérigo escucha en confesión a una numerosa y a veces distinguida clientela. Pero este Juan es el Judío Errante, el llamado en obras diversas de nuestra literatura y folklore Juan de Espera en Dios, Juan de los Tiempos y Juan Guarismas. En uno de los manuscritos, el toledano, se rectifica la denominación en *Juan de Votadiós*, el zapatero que ofendió a Cristo en su camino del Calvario[26]. Su compañero de plática, que sabe que Juan presume de lo que carece, le reprocha su falta de caridad y le recuerda que «por ser de la Casa de Voto a Dios (pensáis que) sois libre de hacer bien, como quien tiene ya ganado lo que espera...», indicación que es una referencia sin duda a la recién fundada Orden de San Juan de Dios.

---

[24] *B-DL,* pág. 53. Aunque demos por descontado que la actividad principal de Pedro era la práctica de la medicina, sorprende la abundancia de léxico al describir técnicas de la construcción (fs. 32r, 40v, 41r y 115v), muy semejante al que usa Villalón, pese a lo que afirma Solalinde *(ob. cit.).* Uno y otro hablan como capataces o alarifes, no como arquitectos (véase mi *Léxico de Alarifes de los Siglos de Oro,* Madrid, R. A. E., 1968, Introducción, pág. 13).

[25] El hecho de que uno de los personajes se llame Panurgo, como el rabelesiano y sea también un excautivo de los turcos, de los que huye escapándose de un asador *(Rab.,* cap. XIV), no tiene al parecer influencia alguna en la elección del nombre del protagonista. Rabelais, como nuestro autor, puede haberlo tomado de Luciano, en uno de cuyos diálogos se llama al Amor γέρων καὶ πανοῦργος, «viejo, astuto y engañador». (Ed. L. Moland, París, Garnier, s.f., y nota 30.)

[26] Bataillon, «Pérégrinations espagnoles du juif errant», en *BH,* XLIII, 2, 1944, págs. 81-122.

Cuando están disputando en una localidad del camino francés[27] viene hacia ellos un extraño caminante con «una barbaza llena de pajas y cabellazos hasta la cinta, en hábito de fraire peregrino», que se descubre como su viejo camarada Pedro. La escena está descrita en términos tales de emoción y comicidad difícilmente superados en otra obra de la época. Pedro, que recibe en la rectificación el nombre de Polítropo, no tiene ocasión de entrar en escena como tal, porque antes de su aparición e[l] autor decidió mantener los nombres originales[28].

El tercero de los dialogantes, Mátalascallando, es un socarrón de una pieza y, sin duda, el carácter que más congruentemente sigue la línea que desde el principio le ha trazado el autor. Covarrubias define al arquetípico personaje como «el que a lo disimulado sabe hacer su negocio»; Correas da la misma definición y Quevedo, en *El sueño de la muerte,* le perfila como «hombre triste, entre calavera y malanueva... del que nadie sabe por qué le llaman así»[29]. Pero el Mátalas de nuestro coloquio presenta el rasgo original de figurar como un preguntador escéptico y burlón, un tipo que siempre está *tongue-inckeek* —como dicen los ingleses—, pronto a disparar su sorna y su ironía. Conoce a fondo a su compinche Juan y se burla de su autosuficiencia; ante las noticias de Pedro se muestra siempre entre ingenuo y desconfiado, acogiéndolas con mirada maliciosa y en un tono reservado y como contrastándolas con los datos suministrados por su personal experiencia. Por debajo de su epidermis hay una intimidad epicúrea, de *bon vivant,* de quien se burla de los tontos, y que se regodea con lo saneado del negocio que les proporciona su profesión de embauca-

---

[27] El escriba de *M-l* escribió *real,* lo tachó y a continuación escribió *francés.*

[28] La palabra πολύτροπον se escribe correctamente en griego en la dedicatoria, pero en caracteres latinos se lee *pollitropo* en el reparto de la cabecera del diálogo. *SSanz,* lo traduce por *multiforme.* En realidad los tres apelativos son nombres rebuscados que vienen a sign'ficar lo mismo (véase en A. Bailly, *Dictionnaire grec-français,* 16ª ed., París, 1960, s. v. πολύτροπος y πανοῦργος, según *Od.*, 4, 455. De igual modo, D. Dimitrakos nos da también la clave para englobar los tres nombres de Apatilo, Panurgo y Politropo en el mismo concepto [s. v. πολύτροπος]. Ver su Μέγα λέξικον ὅλης ἐλληνικης γλόσσης, Atenas, 1958). El primer editor del *Viaje, SSanz,* copió la lección incorrecta del copista.

[29] Quevedo, *Sueños y discursos,* edición de F. Maldonado, Madrid, Castalia, 1973, pág. 239, nota 132.

dores. Mátalas aprecia también la buena mesa que les depara su ingenua clientela:

> pues como comemos tan bien que no queda capón ni trucha... lo asado se pierda; manda tomar esta silla y ruin sea quien dejare bocado de esta perdiz...
> (una penca de cardo castellana): eso será después; agora, si no queréis nada, comed de aquella cabeza de puerco salvaje.
> (vino) de Sant Martín y a nueve reales y medio el cántaro... pues probaréis el tinto de Ribadavia...

Su escepticismo es bien patente en ocasiones:

> ...no os dejaría de preguntar qué tanto mérito es ir de romería, porque yo, por decir verdad, no la tengo por la más obra pía de todas.

Mátalas desde un principio duda de que Pedro venga de Turquía: «...alguna matraca nos debe de dar»; «en qué lengua?»; «¿pues no le podiais morder... (si os metían el dedo en la boca)?». Sus rasgos de irónico y guasón son los que dan al diálogo, en mayor medida que los de sus compañeros, la vis cómica. Algunos tienen cierto tinte irreverente:

> no nos falta sino plumas de las alas del arcángel San Gabriel...
> (Del palo de la Cruz): Buen pedazo. No cabe en el cofrecillo...
> pues tierra santa harta teníamos en una talega, que se podría hacer un huerto de ello.
> si el oficio del médico es matar... ¿no lo hará mejor cuanto menos estudiare?

Mátalas es también el que usa más de refranes y sentencias:

> La verdad es hija de Dios y yo soy libre.
>
> Pobreza no es vileza.
>
> Más preguntará un necio que responderán mil sabios.
>
> Bien podría tocarse la bigüela sin segunda.
>
> Dad el cómo sin que os lo pidan.
>
> No era mala cabeza de lobo la gera pliega...

Las canas con buenas letras y(más) trabajo más saben.

Quien no tiene vergüenza, todo el mundo es suyo.

Eso es hablar *ad efeseos.*

Con sólo un jubón habéis vestido a la mayor parte de la corte.

Mátalas las caza al vuelo y se burla de la parsimonia de su camarada:

> PEDRO.—Tras esto, cada uno se desnudó y comenzamos de matar gente de cada golpe, no uno, sino cuantos cabían en la prensa.
> JUAN.—¿Qué prensa?
> MATA.—¿No eres más bobo que eso? ¡Las uñas de los pulgares!

Pero Mátalas es un pragmático; su óptica particular es la de un hombre que sabe bien que vivir es remar en la frágil barquilla de la vida, evitando los escollos para llegar decorosamente al bajío inevitable de la muerte. Por eso, los dos zarlos[30] revelan cínicamente al lector la gran lección que han aprendido de Pedro: el perfeccionamiento de sus técnicas de persuasión, la posesión de los conocimientos casi *de visu* que acaban de adquirir por los valiosos informes de su viejo compañero. Lo que queda en limpio del coloquio no es la compasión emocionada por las penalidades del cautiverio de éste, sino la fruición por la mayor ganancia que van a obtener en el futuro.

Estructura

Uno de los atractivos del *Viaje de Turquía,* a juicio de los que lo han leído, es su modernidad o, si se quiere, su *contemporaneidad.* Quiero decir con esto que la novela ofrece la posibili-

---

[30] Mátalas recuerda a su compañero que también algunos bellacos españoles practicaban el timo y el engaño. Estos son los zarlos o espineles de que habla *El Crótalon,* IV: «... comenzaba la zarlería cantándoles el espinela, que es un género de divinanza, a manera de decir la buenaventura.» (Véase también en Colmenares, «Vida de Fray Domingo de Soto», las «Órdenes contra mendigos y bordoneros», *Historia de Segovia,* IV, ed. de T. Baeza, Segovia, 1847, pág. 64.)

dad de ser leída con la misma comprensión y placer con que se lee otra buena narrativa de hoy día, salvo, claro está, que en una obra del siglo XVI no vamos a encontrar técnicas novelísticas o escarceos literarios en boga, llámense *flashback,* extorsión de la sintaxis, complejos freudianos o caracteres extrasociales que hablan o actúan como sonámbulos. Pero es evidente que en la obra se proyecta en extensión y profundidad la personalidad del protagonista-narrador, y el lector es llevado suavemente en su interés por un relato dotado a veces de un realismo proustiano que casi nunca fatiga, que nos sitúa en un plano naturalista de la vida y que se colma en ocasiones de *suspense* en cada una de las peripecias de Pedro, su captura, su prisión, la actuación de médico improvisado, su presencia de ánimo, su escapada, naufragio, etc.; todo salpimentado con un humor inigualable.

Este *tempo* o andadura narrativa por medio del cual el narrador condensa sabiamente cuatro años de su experiencia vital, coloca al *VT* en un nivel literario mayor que el del *Crótalon.*

Sin perjuicio de volver a ocuparme de un cotejo de ambas obras al tratar más adelante del problema de la autoría, diremos que el *Viaje* está concebido y planeado sobre un diálogo sabiamente mantenido entre tres participantes, en el cual el protagonista-narrador va exponiendo los episodios, momentos y anécdotas más destacados de su cautiverio. La narración se interrumpe incidentalmente cuando un episodio llama la atención de los otros dos oyentes por su inverosimilitud o cuando un término nunca oído despierta su curiosidad y surge la pregunta. Estas preguntas dan pie al narrador para divagar ocasionalmente sobre temas y problemas que abarcan o tocan casi todas las zonas de la vida y el saber, la práctica de la medicina y la formación de los médicos, la palabrería de los predicadores, la fanfarronería de los compatriotas, los procedimientos y técnicas de la construcción, el comentario de refranes y sentencias, en una palabra, todo lo que pudiera constituir otra «silva de varia lección». Pero el protagonista no es un ingenio lego ni un hombre falto del sentido del humor, sino por el contrario y como ya he dicho, es un hombre de letras muy experimentado en los azares de la existencia y en el trato con sus semejantes y que, en consecuencia, procede en la lucha por la vida según la máxima de Gracián «contra malicia, milicia».

Frente a esa andadura lenta, calculada y realista que se percibe en la lectura del *Viaje,* se opone la desbaratada y arrítmica

organización de *El Crótalon,* donde podríamos decir, en términos del mismo Pedro, que «se mezclan caldos con berzas» en los
interminables cantos del Gallo de la misma. No es extraño que
la fina sensibilidad de Bataillon percibiera la profunda diferencia entre ambos libros y llegara a escribir que el Viaje es «obra
tan sabrosamente española, como *El Crótalon* lo es poco...»
(*B-EE,* pág. 669), y «cuyo protagonista —quienquiera que sea el
autor— es tan Pedro de Urdemalas como es Lazarillo de Tormes el héroe de otra genial novela publicada pocos años antes
de escribirse ésta» (*B-D1,* pág. 105).

Con toda esta sabia combinación de realismo, miscelánea do-
sificada y filosofía nacida de la experiencia vital común a todos
los tiempos y a todos los ámbitos de la humanidad, no es extraño que el *Viaje* sea una obra *actual,* a la manera que lo es el
Quijote como perenne lección de sabiduría mundana y guía
moral.

Fuentes[31]

Está fuera de duda que el autor de la obra imitó, copió y
transcribió párrafos enteros de diversas obras que tratan de
Turquía y los turcos. Siendo esto así, procede ahora examinar
los manantiales literarios en que bebió el autor, a la vez que
consideramos los posibles elementos biográficos que hacen posible la identificación de protagonista y narrador.

El apartado de las fuentes es tan amplio que haría desorbitado
este preámbulo y, además, ya ha sido examinado con morosa y
rigurosa dedicación por otros destacados críticos ya mencionados anteriormente. En principio, hay que admitir que el relato se
nos presenta como una sabia mezcla de realidad y de ficción.
Y que si no es una biografía sincera en todas sus partes, al menos no se infiere, como sostenía Bataillon, que el narrador no
haya estado en Turquía, salvo que admitamos que Urdemalas
sea el doctor Laguna en persona. Por ello decía Schevill que

---

31 Sobre el extenso capítulo de las fuentes, evitamos reproducir los
títulos de los textos cuyos autores se mencionan. El lector puede en-
contrarlos en la selección bibliográfica reproducida al final de esta
Introducción. Debe consultarse lo escrito ya por Bataillon, Meregalli, L. y J. Gil y el reciente ensayo de A. Corsi Prosperi, «Sulle fonti
del *Viaje de Tuquìa»,* en *Critica Storica,* XIV: I, Florencia-Mesina,
1977, págs. 66-90, donde se reproduce y sustenta la tesis de Bataillon.

the fact that some of the material of the *Viaje* is similar to that in the other books concerned with Turkey and printed in those days certainly does not prove that the author was never in Turkey... The passages which may be indebted to literary sources could have been introduced by the author as a kind of Leitfaden to corroborate his own fading memories[32].

A estas palabras respondía el investigador galo con estas otras:

Réciproquement, le fait que le livre contienne sur la Turquie de nombreux détails vrais non mentionnés par ces sources ne prouve nullement que l'auteur ait fait dans ce pays le voyage qu'il raconte ou un voyage quelconque (*B-DL,* 73).

Es evidente también que la tesis biográfica de Serrano dando a Villalón como protagonista no tiene hoy críticos autorizados en su favor, pero los sucesos de la pequeña historia presenciados por el hipotético protagonista, los detalles que nos proporciona sobre la vida y costumbres de las gentes por donde pasa, las noticias sobre Chíos, el Monte Athos, la administración de hospitales, los nombres de corsarios y arraeces de segunda categoría, las incidencias del derrotero, el conocimiento de la vida de a bordo, los informes de embajadores y otros que no se hallan en parte alguna en letra impresa, nos hacen pensar que el narrador se identifica con el protagonista de los sucesos y dialogante en carne y hueso, encubierto bajo el seudónimo de Urdemalas.

Sin embargo, el autor tiene que recurrir a los libros sobre Turquía y el Levante en general, porque escribe de memoria y sus recuerdos se van disolviendo en el olvido. Además, porque el libro es principalmente un informe sobre Turquía, tosco y proteico si se quiere, pero al fin y al cabo una extensa noticia sobre el enemigo obsesionante. Y el autor, de vuelta a su patria y a su casa, encuentra en la biblioteca familiar el *Trattato* de Menavino, las relaciones de Spandugino, Bassano y Georgievits, las *Observations* de Belon, la *Cosmografía* de Münster y quién sabe

---

[32] Traduzco: «El hecho de que parte de la materia del *Viaje* sea similar a la de otros libros relacionados con Turquía e impresos en aquellos días en verdad no demuestra que el autor no haya estado en Turquía... Los pasajes que pueden deberse a fuentes literarias podrían haber sido introducidos como una especie de *Leitfaden* (o hilo de Ariadna) para reasegurar sus borrosas memorias» *(HR,* VII (1939), págs. 93-116; en particular, pág. 109).

si hasta la historia de Vicente Rocca, contemporáneo suyo. Más problemático es el préstamo de las *Cartas* de Busbecq, de las que hablaremos más adelante.

Es evidente la copia literal de párrafos enteros, en la Dedicatoria, del prólogo de L. Domenichi a los *Commentari* de Spandugino (Florencia, 1551), como ya demostró Bataillon y ha confirmado F. Meregalli (*B-DL,* 109, notas 12, 13 y 14; *FMer,* páginas 198 y ss.). En la misma dedicatoria, el autor traduce simplemente de Georgievits en su *Prophetia* y *Miseria,* publicadas como apéndice al tratado de Menavino, publicado en su versión italiana por el citado Domenichi, en 1548 (*B-DL,* 111 y 112, notas 19-22), y del mismo Menavino.

En la cita de este último autor como fuente, C. Dubler y Markrich no están de acuerdo. Para el primero, las descripciones de Urdemalas están calcadas de las de Menavino (Dubler, IV, 349-355); para Markrich se trata de un «purely accidental parallelism between stories told by Menavino y Pedro de Urdemalas» (*Mark,* pág. 124), y nos recuerda que el italiano narra hechos y suministra datos de 1504, cuando fue hecho prisionero.

Otra de las fuentes objeto de controversia es el texto de Belons du Mans citado antes. Bataillon y Markrich no dudan del manejo por el autor del texto del abate francés (*B-DL,* págs. 88-89; *Mark,* fs. 114-119), pero los Gil se muestran escépticos (páginas 103-105) ante los errores del *Viaje* respecto a la topografía de lugares del Egeo, según las descripciones de Belon[33].

---

[33] A propósito de la refutación por *Gil* de Belon du Mans como fuente indiscutible del *Viaje,* llamamos la atención del lector sobre su documentado artículo, «Ficción y realidad en el *VT*» (Selección bibliográfica, pág. 80). Con gran aparato crítico-bibliográfico los dos profesores de Humanidades van desmenuzando, en 70 páginas, en primer lugar el derrotero de Pedro y a continuación las voces y expresiones en romaico del protagonista. A *Gil* he recurrido para colmar lagunas bibliográficas que no me han sido asequibles. Sin embargo, me ha sorprendido su extrañeza por las voces *hundir* y *antigualias* que Pedro emplea (f. 68v; fs. 83r y 85r; *Gil,* págs. 105 y 130). *Hundir* por «fundir» lo emplea Miguel de Urrea, traductor de Vitrubio: «... para sacar de allí cosas vaciadas, y assi destas piedras que tienen para *hundir* saca(n) grandes prouechos». (Véase F. G. Salinero, *Léxico de alarifes de los siglos de Oro,* Madrid, R. A. E., 1968, s. v. *fundir.)*

Para *antigualla,* que usa con profusión Alonso de Contreras, BAE, 90, remito al *Diccionario de Autoridades,* s. v. *ídem,* 1.ª acepción: «Monumentos, ruinas, vestigios y señales que quedan de la Antigüedad»,

También puede afirmarse con seguridad que el autor utilizó la obra de Münster, cuya primera edición apareció en Basilea en 1544. La extraña indicación escrita al comienzo de la descripción de Constantinopla (*huic descriptioni lege Sebastianu [m]*, f. 133r) tiene las características de un consejo o sugerencia que una tercera persona —intermediario entre el escriba y el posible lector, o el protagonista dictando a un narrador— está invitando al lector a respaldar la veracidad con el texto del germano.

En lo que respecta a refranes, apotegmas y anécdotas, es probable que utilizara los de Santillana, las obras de fray Antonio de Guevara y la *Silva* de Pero Mexía: unos y otras se indicarán en el lugar correspondiente. Respecto al obispo de Mondoñedo como fuente de algunos pasajes del *Viaje,* resulta evidente la utilización del mismo en la anécdota del príncipe Aníbal (f. 125v) y en la de Vasco Figueira (f. 76v), habida cuenta de que las obras de Guevara se publicaron en Valladolid, por Juan de Villaquirán, en 1545. En este mismo año se publicaba, en Roma, la obra de Luigi Bassano, *I costumi e i modi particolari de la vita de Turchi,* de donde el autor pudo tomar la información sobre la costumbre turca de sellar las cartas mensajeras con un anillo en tinta (f. 24r). Los apotegmas erasmianos sobre Terámenes, Filipo y Simónides pueden

con referencias de Ambrosio de Morales, Ovalle *(Historia de Chile)* y *La pícara Justina.* Anteriormente, M. Denis (1540) escribe *De la pintura antigua de Francisco de Holanda,* donde se lee: «Qué pintura de estuque o grutesco se descubre por esas grutas o antiguallas, ansí de Roma como de Puzol» (cit. en F. J. Sánchez-Cantón, *Fuentes literarias para la Historia del Arte español,* Madrid, 1923, pág. 45).

Sobre los errores reales o aparentes de la derrota por el Egeo de Pedro de Urdemalas, la localización de puntos como Siderocapsa y la peregrina idea del reino de Troya, los atlas de Ortelius y J. Blaeus nos dan una explicación de lo que parecen disparates de Pedro (véanse págs. 270-329 y nota 34; para *caramusalides* y *escorchapines,* X, nota 35).

Tampoco nos sorprende que el innominado autor no describa en términos laudatorios y específicos de las artes cada una de las grandes maravillas de las ciudades por donde pasa; sencillamente relata y describe lo que ha visto, y se detiene con mayor morosidad en los monumentos destacables que ha contemplado por más tiempo, como Santa Sofía. Sentada la premisa de que no es un helenista, no se le puede pedir familiaridad con la Antigüedad ática o helenística, ni que nos brinde los documentados informes que nos da, por ejemplo, Ogier de Busbecq.

identificarse en la obra de Guilelmu Thibout (París, 1555), en los libros VI, 38; IV, 2, y VI, 101, respectivamente [34].

Es posible también que el autor hubiera conocido el libro de Vicente Rocca (Sel. bibliog., 82) quien, como Vasco Díaz Tanco (*Palinodia...*, 1547), nunca estuvo en Turquía. Aunque la narración de la captura en aguas de Ponza no tiene en ambos textos una correspondencia literal, las analogías son evidentes: El texto de Vicente Rocca dice así:

> Tenía por general de la armada Sinam baxá, hermano de Rustham, como era venido el año atrás (1551)... Aquella noche enuistieron los turcos a la galera Marquesa del Príncipe, y a la Bárbara de Nápoles, y tomarò las a entrambas; y por la mañana tomarò la Leona de Nápoles, y la Leona de Antonio Doria, con otra llamada la Doria. Después la Perra de Antonio Doria, con la Esperanza del Príncipe, y no pudiendo la Bárbara de España seguir su Capitana, fue enuestida de una galera de Drogut, y combatieron entrambas valerosamente; (...) Fue grande la pérdida de aquellas siete galeras, y en mucha desreputación de quien tuvo la culpa, con las quales voluieron los Turcos a la ysla de Ponça...
>
> (Rocca, II, f. 122r).

La relación de nuestro Urdemalas es más escueta, pero concordante:

> Víspera de Nuestra Señora de las Niebes, por cumplir vuestro mandado, que es a quatro de agosto, yendo de Génova para Nápoles con la armada del Emperador, cuyo general es el príncipe Doria, salió a nosotros la armada del turco que estaba en las islas de Ponza esperándonos por la nueba que de nosotros tenía, y dionos de noche la caza y alcanzónos y tomó siete galeras, las más llenas de jente y más de lustre que sobre la mar se tomaron después que se navega. El capitán de la armada turquesca se llamaba Zinán Baxá, el qual traía ciento y çinquenta velas bien en orden.
>
> (*Viaje,* f. 15v).

---

[34] Véase la advertencia de *Gil* respecto a los apotegmas de Erasmo en la traducción del Marqués de Tarifa, Zaragoza, 1552, edición improbablemente empleada por el autor. *(Gil,* pág. 135, nota 2.)

Aún es más evidente la copia de Rocca (III, 129v) en la descripción de la ceremonia de la circuncisión que no se recoge en el Ms. 3871, pero que está contenida en el toledano (f. 143r y v).

Consideración especial merecen dos fuentes no italianas: el *Diario* o *Tagebuch* de Hans Dernschwam y las *Cartas* del ya mencionado Busbecq. Dernschwam formaba parte de la embajada especial de F. Zay y A. Wranzy a Constantinopla; en su diario se relatan dos anécdotas que parecen haber sido copiadas por el autor del *Viaje* [35] y que se examinarán en el lugar correspondiente. Las descripciones del alemán sobre la vida de los judíos en Constantinopla pueden haber sido aprovechadas por nuestro anónimo autor.

De Ogier o Augerio G. de Busbecq encontrará el lector abundante información en la obra de Forster y Daniell, ya citada (Sel. bibliog., pág. 80), y a sus *Cartas* se refieren las notas en las últimas páginas de esta edición. Este culto embajador de Fernando de Austria escribe a su amigo Micault unas cartas que, según la costumbre de los estudiantes de Lovaina, van desde lo confidencial hasta la información publicable del género epistolar. En estas cuatro cartas escritas entre 1555 y 1562, se descubren veintitantos paralelismos con el *Viaje* que inducen a la sospecha de que nuestro autor se sirvió de ellas, a pesar de que uno y otro autor tenían, al parecer, diferentes intereses: Busbecq se interesa por la arqueología, la botánica, la zoología y la numismática; Pedro de Urdemalas insiste más en la religión y la liturgia, la filosofía, la medicina y la navegación [36]. El

---

[35] Las dos anécdotas a que se refiere Dernschwam son las del húngaro cautivo que sufrió muerte de cruz (f. 59r) y la del matrimonio judío apaleado por el poco aseo mostrado en su atuendo (f. 109r), que en el *Viaje* sólo lo es la mujer. Sobre el *Tagebuch* de Dernschwam, cfr. *B-DL,* págs. 122-126 y nota (ref. a F. Babinger, *Hans Dernschwam's Tagebuch einer Reise nach Konstantinopel und Kleinasien, 1553-1555)* (Ms. en Fugger Archiv, Munich-Leipzig, 1923).

[36] Las cuatro *Cartas* de Busbecq están fechadas en 1555, 1556, 1560 y 1562, pero no se publicaron las dos primeras hasta 1581 y 1582, según H. de Vocht (véase Introducción, nota 5). (Por cierto, Vocht o Goclenius también se pierde en la geografía de Anatolia, confundiendo Amasya con Ankara; *ob. cit.* en la misma nota, pág. 500.) También se equivocaron los traductores de Busbecq, Forster y Daniell al tratar de corregir al flamenco respecto de la ciudad de Eregli, tomando el meridional por el del norte al cual se refiere el embajador. *(Fors-Dan,* I, pág. 116, nota 1).

problema es que el Ms. del *Viaje* da como fecha más avanzada la de 1558, mientras que la carta última de Busbecq data del 62. En este conflicto de fechas, cabe plantearse un dilema: o el *Viaje* fue redactado en varias etapas y terminado después de 1562, o la sustancia epistolar fue comunicada a colegas y amigos antes de darse a la estampa. Bataillon se pronuncia por este último extremo (*B-DL,* pág. 74). Desde luego no es improbable que el autor tuviese noticias de estas cartas o referencias donde se barajarían nombres y fechas más o menos trascendentes que ayudarían a Urdemalas a disponer en el telar de la ficción la trama y urdimbre de su fantasía novelesca[37].

La lengua, el léxico y el estilo

En una de sus respuestas a Schevill decía Bataillon que «todos debemos sumarnos a su deseo de que se analicen lingüística y estilísticamente estas y otras obras del siglo XVI» y «¡ojalá salga de allí la identificación definitiva del autor del Viaje!». Buen deseo, pero la tarea es difícil por lo que se refiere a la lengua. En cuanto al estilo podría ser más viable siempre que se tenga en cuenta que el *Viaje* refleja tanto un habla *(parole)* como una lengua *(langue)*[38].

Partiendo de la hipótesis de que *M-1* sea el Ms. más próximo al *sentir* lingüístico del autor, podemos proceder al análisis del mismo y tratar de inferir algunas tendencias o casos de frecuencia gramaticales que nos permitan encuadrarle en una región geográfica determinada o en un estadio de la evolución de la lengua castellana. Pero existe el inconveniente de que los amanuenses o copistas no son muy escrupulosos en su ortografía y

---

[37] Las contradicciones sobre el recorrido del itinerario y la duración de la odisea se harán ver en el lugar oportuno. Sobre el cómputo del tiempo transcurrido, véanse Bataillon *(B-DL,* pág. 90) y F. Meregalli («L'Italia nel *Viaje de Turquía»,* págs. 358-360, nota 20).

[38] Tomo estos términos en el sentido en que se definen en lingüística general, cualquiera que sea su escuela, a partir de la delimitación que señaló ya F. de Saussure en su *Cours de Linguistique générale* (1916). Tomo al azar el tratado de E. Alarcos Llorach, *Fonología española,* Madrid, 1961, pág. 24, donde se definen dichos términos de *langue* y *parole* como «lengua» y «habla», así como la de A. Martinet, *Elements de linguistique* (traducción de J. Calonge, Madrid, Gredos, 1965, página 34) identificándolos como *código* y *mensaje.*

presentan grafías distintas de un mismo vocablo, voces mal interpretadas, palabras trabadas e incluso veleidosas construcciones de oraciones y periodos. Para empezar por las grafías y sin pasar de los quince primeros folios, encontramos formas de *haber* con *h* y sin ella; *escriptor* y *escriptura* frente a *escrito; intención* y *salutación* frente a *imperfectión, elegantia, devoçión, merçedes* y *merced.* Es cierto que en el *Diálogo de la Lengua* también encontramos variantes de un mismo vocablo, pero hay más uniformidad que en el *Viaje*[39]. Lo mismo podemos decir en cuanto a la uniformidad de la prosa castellana de Laguna, sea su carta autógrafa (pág. 505, apéndice I), sea su versión del *Dioscórides.*

El método que me parece más provechoso para llegar a un mínimo de conclusiones respecto a la interpretación por el autor de su sistema fonológico es establecer un parangón entre el Ms. original 3871 y los textos de una fecha aproximada, digamos, por ejemplo, de 1525 a 1560, que se refieren principalmente al uso de la lengua y a normas gramaticales (el *Diálogo* de Juan Valdés, la *Gramática* de Villalón) o son sensiblemente similares por su género, asunto o ideario: el *Lactancio* de Alfonso de Valdés, *El Scholástico, El Crótalon,* la *Silva* de Pero Mexía y la *Ingeniosa comparación...* de C. de Villalón[40].

Comenzando por la fonética y en lo que se refiere al vocalismo, hay vacilaciones en las palatales *e/i,* inclinándose por esta última forma en formas verbales, como *imbían, hinchían, pidían, rindían* y *rindido, sirvían, tinían* y *vían,* algunas de ellas vigentes aún en hablantes de Castilla la Vieja[41]. Abundan también vacilaciones y dobletes de *e/i* en formas coloquiales que iban cayendo en desuso y sólo se advierten con alguna frecuencia en las obras de Alfonso de Valdés y en la *Ingeniosa comparación.* Tales son *aceitunas* y *acitunas, genovés* y *ginovés, car-*

---

[39] Sigo la edición de J. M. Lope Blanch, Madrid, Castalia, 1969. Para el índice de nombres, he consultado el de la edición de J. F. Montesinos, Clásicos Castellanos, 1928.
Respecto a la responsabilidad de los impresores por las frecuentes erratas en textos de estos dos siglos, el mismo Laguna se lamenta en su *Annotation al Dioscórides:* «... toda vía serán forçados a confessarme, que los capitales errores, que por culpa del impressor a cada paso se hallan en las composiciones que los antiguos...» *(ALag.,* II, pág. 7).

[40] Véanse págs. 82-83 de la selección bibliográfica. Para los Mss. de *El Crótalon, infra,* nota 52.

[41] Zamora Vicente, *Dialectología española,* Madrid, 1960, páginas 274-75.

pentero, cerimonia, negromancia, con *teulogía, portogués, aila-gas,* etc.

En cuanto al sistema consonántico nuestro escriba no distingue entre *b* y *v,* como buen castellano viejo y de acuerdo con lo que dice Villalón en su *Gramática* («ningún castellano viejo las distingue»), y se usa en Juan de Valdés, Antonio de Torquemada y Bernabé Busto (año 1552)[42]. Este último teorizante concreta que son los burgaleses quienes las confunden: así encontramos en el *VT* la doble grafía *vizcocho* y *bizcocho, vanco* y *banquillo, bivir* y *vivir, bota* y *vota, cautibo* y *cautivo, salba* y *salva.* El consonantismo de dentales y palatales no nos permite llegar a conclusión alguna, por su inseguridad. Hay también indicios del ensordecimiento extendido desde Castilla y Aragón de que habla Lapesa[43], especialmente por la frecuencia con que *s* sustituye a *ss,* en contra de las grafías de los Valdés, Laguna y Villalón.

Un indicio de procedencia del escriba de Castilla la Vieja es el uso frecuente de *ç* por *z,* esta última más usada entre los hablantes del reino de Toledo[44], pero no se puede llegar a establecer una regla general, como antes he dicho, porque voces de procedencia latina de idéntica estructura fonológica tienen una solución *-tion, -çion, -cion* y *zion* (esta última menos frecuente). Igual variedad se encuentra en *El Crótalon* y, aunque menos, en el *Dioscórides.* Juan de Valdés es más específico en cuanto al uso de la *ç,* relegando su empleo a las sílabas *ça, ço, çu* (pág. 110); también en el *Dioscórides* (3.ª ed., 1570) la *ç* acompaña siempre a vocal abierta o velar *(cabeça, baço, ponçoña, fuerça, Puçol).* Respecto al grupo *-tion,* Villalón se opone a este uso: «los Latinos muchas vezes ponen la T en lugar de la C. Como en estos vocablos, conditio, amicitia, justitia. Esto, tomaron los Latinos del Griego que lo vsa ansí: lo qual no se sufrirá en el Castellano» (pág. 68). Esta pequeña indicación de su teoría fonológica está en oposición a las grafías consonánticas del *VT* y puede aceptarse como prueba de que el autor de la *Gramática castellana* no es el mismo que escribió aquél, a menos que el copista o el que escribía al dictado pasase por alto las indicaciones del autor.

Tampoco sigue Pedro la norma valdesiana de escribir sin *e*

---

[42] A. Alonso, *De la pronunciación medieval a la moderna en español,* especialmente caps. I y II, Madrid, Gredos, 1955, págs. 23-49 y 93-146.

[43] R. Lapesa, *Historia de la lengua española,* 6.ª ed., Madrid, 1965, págs. 246-247.

[44] Lapesa, pág. 253.

inicial las palabras que comienzan por -es: los casos de *spíritu* y *scriptura* no son abundantes. En esto coincide con Villalón, Laguna y Pero Mexía.

Respecto a los grupos consonánticos de origen latino -bd, -ct, -sc, -pt, el escriba los mantiene e incluso, por analogía, refuerza alguno de ellos: *cibdad, fructo, rectórica, sancto, pinctores, cognoscer, parescer, rescibir,* frente a los raros casos de *Madalena, seta* (por 'secta'), *vila* (en contraste con *illustre, excellente, Hellesponto, Pollitropo*). Esto está en oposición al *dino, manífico* y *sinifico* que preconiza Juan de Valdés y que da a la lengua de los interlocutores un aire arcaizante y rústico. Pero lo que está clara y manifiestamente en oposición a la lengua de Laguna, sea en su carta o en las obras científicas, es la ausencia casi total de las consonantes duplicadas (excepto la *ss* de los superlativos e imperfectos de subjuntivo) en el *Viaje*. En la prosa del segoviano se hallan, solo en el autógrafo, voces como *offrecido, opprimir, effectos, confessar, supplicando, dissimular, assediadas, aquessos, ossos,* entre otras.

Otros rasgos consonánticos del *VT* son: el uso inveterado de *ansí* frente al *assí* de Juan de Valdés, pero coincidente con los restantes escritos citados; la conservación del grupo -nt en *cient* y *sant* y la duplicación de *l* en *mill,* casi sin excepciones; el uso frecuente del apóstrofo en *d'escribir, d'España, d'esclabo, d'Oria* (alternando con *De-Oria;* la asimilación o disimilación en *fraire, albañir, fratriquera, fandulario;* la frecuencia de *qu-* en numerales y adverbios *quando, quanto, quarto* frente a *cuerpo* y *cuartillo,* como en Valdés; los grupos consonánticos latinos en cultismos y nombres propios, *philósopho, theólogo, Eschines, Demósthenes;* la i latina en nombres, verbos y adverbios, *hai, soi, estoi, doi, lei* (por 'ley'), *hoi, rei,* etc. En cambio, sigue a Valdés nuestro escriba en el uso de *s* por *x* y en las formas del imperativo con pronombre enclítico *(miradlo, comedlo-)* siendo raros los en *-aldo* o en *-allo* o *-ello.* El amanuense imita también a los Valdés, Villalón, Mexía y Laguna en la preferencia de *h* por *f (hundir* por 'fundir', *hebrero* por 'febrero'), pero escribe invariablemente *fasta* por 'hasta'. El *hundir* ha sido responsable de la confusión de algún crítico del *Viaje* (véase nota 32). Otras posibles características son más esporádicas o se trata de voces comunes y frecuentes en los siglos XVI y XVII.

En resumen, puede aventurarse la hipótesis de que el escriba es un castellano viejo que «escribe como habla» (Juan de Valdés) y no se amolda a los usos del habla de Toledo.

La morfología presenta también rasgos singulares que apartan al escriba del habla cortesana. Entre otros comunes a los escritores de este siglo, cabe destacar los siguientes: *a)* abundancia de la contracción y aglutinación del artículo, preposición, pronombre y adverbio: *destas, dello, sobrello, nos* (por 'no os'), *yos* (por 'yo os'); *b)* la elisión de las preposiciones: *encima las paredes, debajo la subjeción; c)* la preposición *en* por *a* para indicar la dirección, como *fuime en Santiago* (¿rasgo galicista?); *d)* la escasez de superlativos en *-íssimo,* de los que dice Lapesa que se naturalizan en este siglo[45]. En cambio, abundan los aumentativos en *-aza, -azo (salaza, cabellazos, barbaza, anguilazo),* coincidiendo con Laguna en este aspecto.

En cuanto a las formas verbales, son frecuentes los imperativos *mirá, escuchá,* en contraste con J. de Valdés, Laguna y Villalón, pero en cambio, en las formas que iban cayendo en desuso como *terná, ternía, verná, pornía* coincide con los hermanos Valdés y *El Crótalon.* Es frecuente también en el *VT* el uso de la segunda persona del plural en *-stes (vistes, mirastes,* «como me *dejastes* en Alcalá»), que no abundan en la prosa de Juan de Valdés y Laguna. Tampoco faltan formas verbales ya superadas por otros coetáneos, como *reyeron, sonreyeron* («ríyase» en Juan de Valdés), *endreza, acudiciar, deprender* y *escalentar* (f. 21r).

El copista de este Ms. emplea con preferencia las voces *ansí, agora, estonces* (que rechaza J. de Valdés) y *quasi; luego* —común con los de su época— en la significación de 'pronto', 'a continuación', y *después que* en lugar de *desde que.* Abunda también *como* en diferentes funciones: conjunción subordinante temporal («*como* me dejaste en Alcalá»), comparativa («*como* casa por cárcel») y final («dándoles sus raciones suficientes *como* se pudiesen substentar»). El *porque* suple —como es corriente en estos dos siglos— a la final *para que* y la preposición *de* reemplaza al *que* comparativo en varios contextos («... más autoridad del dizque», «... más *de* para el substentamiento...»). Son voces igualmente características del *VT* por su abundancia, *hombre* como indefinido, *cale, qué* ponderativo y el adjetivo *cierto* en función adverbial.

De *hombre* dice Lapesa (pág. 258) que «la extensión del *se* impersonal y la de *uno* destierran el empleo de *hombre* como indefinido... y se ve gradualmente desplazado más tarde, caracteriza el habla plebeya o rústica, y desaparece a lo largo del siglo XVII». Al lado del *hombre* se encuentra el arcaico *cale*

[45] Lapesa, *íd.*

46

(J. de Mena, «mas al presente fablar non me cale», *Lab.*, copla 137; *Lozana andaluza,* pág. 257), en la significación de 'convenir', 'importar' y 'servir' («no cale irme a la mano», f. 15v, «¿a dónde me cale parar?», f. 20r). El *qué* con *tanto* y *tantos* sustituye al *cuánto* y *cuántos,* rasgo éste que no abunda en otros autores; finalmente, el giro *cierto es que...* es común a los autores que he indicado antes.

Respecto a la sintaxis se puede decir que no hay muchos rasgos peculiares que coloquen al *Viaje* fuera del conjunto de caracteres generales de la prosa castellana de la primera mitad del siglo XVI. Tanto el estilo más formalista de la dedicatoria como el más llano del coloquio muestran una sintaxis en evolución, patente en rasgos y giros que expone Lapesa (págs. 255 y ss.). Podrían destacarse como características más salientes el abuso del hipérbaton y de la frase intercalada entre el auxiliar y el participio o entre el verbo determinante y el determinado («vanles dando cuando van cargados palos», f. 32v; «una caldera grande como de tinte hacían cada día de acelgas», f. 30v; «ninguna palabra oyen de los superiores buena», f. 37r). En el conjunto, ni en los Valdés, Mexía o Laguna se registran con tanta frecuencia los casos de construcción figurada, especialmente en el uso y abuso del hipérbaton.

En algunos pasajes se usa la forma en decadencia del futuro perifrástico, como en «plantará viñas y *cercarlas ha*» (*Dedicatoria,* profecía turquesca), sintiendo el infinitivo y el verbo *haber* no como una unidad significativa. Se usa también el verbo *ser* para indicar situación temporal («ser mi habitación en...»), como en *El Crótalon,* («que es en las riberas y costa de Túnez...»), o en el *Dioscórides,* («somos en obligación...»), persistiendo también como auxiliar en los perfectos de los verbos intransitivos y reflexivos («que soy venido a enmendar todos los errores..., f. 45r; «m'espanto cómo no es muerta, f. *íd.*). También se halla en los hermanos Valdés, pero no con tanta frecuencia.

El autor es decididamente leísta, distinguiendo bien el *le, la* para personas del *lo* para cosas y hechos en el complemento directo; pero en el indirecto, y a diferencia de Laguna, sigue siendo *leísta* y los casos de laísmo son esporádicos[46]. También

---

[46] Meregalli subraya el laísmo de Laguna (*FMer-2,* 352, nota 6); sin embargo he anotado algunos casos de leísmo en el *Dioscórides* («[a las mujeres] se *les* seca la leche...», «... se *les* cuaje», II, cap. 65), así como la inversa, aunque muy raros, en el *Viaje* («... [a la sultana] *la* habían dado muchas purgas», f. 45r).

abundan las frases de infinitivo concertado («...porque le conoscen *ser* fortíssimo», «lo que dice todo *ser* mucha verdad»). Son muy abundantes los casos de complemento directo sin preposición *a* («comenzaron a poner *todos* los que tenían oficios...», «a vencer *todos los enemigos*»), formas que Valdés reprueba (Valdés, 156; Lapesa, págs. 259-260). En contra también de Valdés, el escriba abusa del *que* después de cada inciso («para los casos de romería... *que* lo he visto», «*que* piensan *que* por ser su vecino, *que* ya se le tienen ganado por amigo, como vos, *que* por tener el nombre...»). Con frecuencia da a éste valor causal, vigente en el habla de todos los tiempos del castellano («cáese la sortija... en la mar, *que* estábamos entonces en Sancta Maura»). Estos rasgos dan a la lengua del *Viaje* un tono coloquial.

En cuanto a la cláusula condicional, hay casos de imperfecto en *-ara, -era* en la prótasis, y condicional o imperfecto en la apódosis, en lugar del pluscuamperfecto de subjuntivo para los casos de hipótesis más dudosa e irreal: «cient azotes que merescía el corregidor si lo *supiera* hazer» (f. 12v); «...y aun si los capitanes de las que cazaron *fueran* hombres de bien y *tuvieran* buenos oficiales, no *tomaran* ninguna, porque *huyeran* también como las otras...» (f. 21v); «pluguiera a Dios... que las Pascuas de cuatro años enteros, *hubiera* otro tanto» (f. 22r). Este tipo de cláusula no es tan frecuente en Laguna quien, además de usar más el indicativo y el condicional correctamente (en lugar de 'ternía', 'vernía'), emplea el pluscuamperfecto (*Diosc.,* Annotation: «*hobiesse* afirmado, notado, etc.»)[47].

Léxico

Si el uso de ciertas formas gramaticales no fuera suficiente para caracterizar la prosa del *Viaje de Turquía,* éstas, junto con voces específicas circunscritas a ciertas regiones geográficas, y giros y modismos que aún hoy día son genuinamente populares y propios del habla coloquial, perfilan el estilo de la obra y le dan un vigor y lozanía de especial singularidad, pudiendo decir con Juan de Valdés que «va bien acomodado a las personas que hablan» y que no cae en los defectos que señala a continuación,

---

[47] Valdés: «no me suena bien *viniera* por *avía venido,* ni *passara* por *avía passado*» (pág. 270; Lapesa, págs. 258-259).

como «el amontonar vocablos algunas veces fuera de propósito... y poner algunos vocablos tan latinos que no s'entienden en castellano» [48].

Son muy castellanos, en efecto, *recio* y *modorro,* en uso hoy día en las regiones centrales de la Península. Del primero dice Valdés *«raudo* por *rezio* es vocablo grosero».* Populares debían de ser también *hedentina,* de 'hedor'; *desabahar,* de 'baho' (vaho), *cabemaestro* por el reciente *sobrestante,* que usa con frecuencia el padre Sigüenza; *cantonera* por 'cortesana', *geometrear* por 'calcular', *desencalabazar* por 'quitar de la cabeza', *fandulario,* de 'faida', entre otros.

Y en cuanto a términos específicos de una profesión o quehacer determinados es útil formar repertorios que nos lleven a ciertas conclusiones sobre la condición y personalidad del narrador, especialmente aquellos que se refieren a zonas de conocimiento que éste trata con más extensión, descartando, por supuesto, aquellas voces que se refieren a Turquía y los turcos y que el autor pudo haber tomado de entre más de un millar de libros sobre el Islam y el Imperio Otomano. Son particularmente extensos los referentes a la religión y culto de los cristianos ortodoxos y de los musulmanes, la medicina, el quehacer de artesanos y la navegación.

Es obvio que recordemos al lector el interés que Pedro de Urdemalas tiene por informar al posible lector por medio de sus dos interlocutores de las buenas y malas prácticas de la religión de sus conciudadanos, que suscribe con sus abundantes citas de los Salmos o de las Epístolas, así como el minucioso detallismo con que describe, enumera o reproduce fŕmulas litúrgicas, clases de sacerdotes, culto y creencias de los popes de Monte Santo y de los seguidores del Islam.

El repertorio de medicina, actividad principal del médico improvisado Pedro de Urdemalas durante el cautiverio, no constituye prueba suficiente de que el protagonista fuera un físico profesional, a pesar de su «doctorado en Bolonia». La terminología y fraseología de medicina y farmacia galénica que emplea el autor del *Viaje* no es sino una mínima parte del *Glosario médico del siglo XVI* que nos da C. Dubler[49]; y R. Sche-

---

[48] J. de Valdés a propósito de *La Celestina,* págs. 175-176.

[49] Dubler, *ob. cit.* Se han recopilado voces de unos 30 autores de obras científicas y literarias en textos comprendidos entre 1493 y 1611. Sobre este *Glosario médico,* véase la recensión de Bataillon en *BH,* LVIII, 2 (1956).

vill, por su parte, añade que Pedro «no menciona remedios específicos de su profesión en detalle, a menos que sean tan bien conocidos como la laxativa escamonea» (*Sch.*, 109-110). Es posible y hasta probable que el autor haya adquirido su léxico en el trato y experiencia con enfermos y en hospitales, como él mismo confiesa al principio de su narración (fs. 16 y 17).

Pero no anda escaso Urdemalas de términos específicos relacionados con la actividad de artesanos. Algunos de ellos dan pie para pensar que el supuesto Pedro tenía ciencia y experiencia que añadir a sus conocimientos de médico de fortuna. Sin perjuicio de insistir en el momento oportuno, juzgue el lector por toda esta terminología de constructores, al f. 40v y siguiente: *horno, amasar, angarillas, argamasa, ripia, maza, cerner, albañires, canteros, cerrajeros, carpentero, entallador, labrar de tosco, obra gruesa, obra prima, cal, garrucha, bisagras, tejas, lodo, herrada, alar del tejado,* entre otras. El f. 115v es aún más pródigo en esta terminología.

Concretándonos a la experiencia marinera del autor, consustancial con la temática de su narración, he reunido hasta noventa y dos voces. He aquí una selección de las que considero más específicas de la *gente de mar,* como la llama Pedro:

a) *La nave en sus variedades:* bajel, bastarda, batel, bergantín, capitana, caramuzal, (es)corchapín, fragata, fusta, galera; armada.

b) *La nave en sus partes:* áncora, antena, árbol, ballestera, banco, banda, cámara, fogón, popa, proa, remo, timón, trinquete, velas.

c) *Mandos y tripulación:* almirante, arráez, beglerbey, cómitre, cómitre real, corsario, chacal, chusma, levente, morlaco, patrón, piloto, remador, sotacómitre.

d) *Acciones:* agotar, alivianar, amainar, amarrar, armar, dar careña, dar caza, dar al través, desarmar, despalmar, echar al remo, echar áncoras, empegar, tomar tierra; presa.

e) *Avituallamiento:* bastimento, bizcocho, galleta, mazamorra; barril, chipichape, gabeta, pipa.

f) *Artillería:* artillero, bombardero, botafogo, cañón, carretón, culebrina, escopeta, esmeril; lombardero, salva (de artillería), serpentín.

g) *En la marina:* escala, maestranza, magacén, muelle, tarazanal, pasaje.

h) *Medidas:* braza, palmo.

i)   *Accidentes geográficos y temporal:* seno, sirte, mar muerta, fortuna.

La suma total de voces excede sensiblemente al número de las que podrían agruparse entresacadas de las autobiografías de Alonso de Contreras o de Diego Duque de Estrada[50] y sobrepasa en mucho al repertorio marinero de Cervantes en *El amante liberal* o en la historia del Cautivo. Algunas de ellas, como *maestranza* y *muelle,* deben considerarse recién llegadas a la lengua castellana en 1557, si damos por válida la primera documentación que registra Corominas (BDELC), lo cual supone el uso de las mismas por un hombre que ha navegado con marineros foráneos. El autor se vale del artificio de la pregunta por Mátalas para recordarnos que ciertas voces eran novedad en el léxico castellano para los hablantes de tierra firme: «¿Qué quiere dezir cómit(r)e?», «¿Qué es mazamorra?», «¿Qué llamáis bajel?», o es el mismo Urdemalas quien aclara los términos: «... una pequeñita (vela) ... que llaman trinquete».

Abundantes son también los giros y modismos propios del habla conversacional: «irse a la mano», «no me ayude Dios», «pasar sobre peine», «en achaque de», «a la mi fe», «tragarse la píldora», «a mazo y escoplo», «como gato por brasas», «como sardinas en cesto», «hacer de tripas corazón», «mezclar caldo con berzas» y otras de actualidad indiscutible.

No podían faltar tampoco en el *Viaje* los refranes, adagios y sentencias que colman de savia filosófica nuestras letras desde *El Libro del Buen Amor* y *La Celestina* hasta nuestros días, y que eran tan queridos a todos los seguidores de Erasmo. Aunque en realidad, dada la extensión de la obra, no son tan abundantes como en el *Diálogo de la Lengua,* pueden leerse hasta dos docenas de ellos recogidos después en el *Tesoro* de Covarrubias y en Correas. Al lado de los refranes hay toda una serie de dichos sentenciosos con los que Pedro y Mátalas van resumiendo su filosofía vital («quien no tiene vergüenza todo el mundo es suyo», «las canas con buenas letras y trabajos, más saben», etcétera). A estas sentencias de mundología en general se añaden específicos latigazos propinados a los clérigos, a los mé-

---

[50] Véase en BAE, 90, *Autobiografías de soldados,* edición de José M.ª de Cossío, Madrid, 1956, págs. 77-24 para Alonso de Contreras; págs. 255-484 para las memorias de Diego Duque de Estrada. Contreras emplea voces comunes con las del *Viaje: caramuzal, magazén, antigualla, bizcocho, ataujia(da).*

dicos, a los administradores de hospitales y a los que detentan cátedras de lenguas seguidores del *Antonio,* apelativo genérico de Nebrija.

Estilo

Hablando del estilo son bien conocidas las palabras de Juan de Valdés que repetimos todos ritualísticamente cuando hablamos de la naturalidad del estilo: «Para deziros la verdad, muy pocas cosas observo, porque el stilo que tengo me es natural, y sin afetación ninguna scrivo como hablo; solamente tengo cuidado de usar vocablos que sinifiquen bien lo que quiero dezir, y dígolo quanto más llanamente me es possible, porque a mi parecer en ninguna lengua stá bien el afetación. Quanto al hazer diferençia en el alçar o abaxar el stilo, según lo que scrivo, o a quien scrivo, guardo lo mesmo que guardáis vosotros el latín»[51].

Después de haber leído estas claras indicaciones, nos extraña el juicio de Dubler —al que concedo que sabe de memoria este pasaje— sobre el estilo del *VT* cuando lo compara con el doctor Laguna, juicio que, aparte del tema que nos ocupa, contiene errores tan notorios como el reproche que hace al autor porque éste confunde·Gálata con Pera (¡!) y hacer suyas las palabras del padre Villoslada respecto de «la finura y delicadeza de alma y un no sé qué aristocrático que no resalta precisamente en el *Viaje de Turquía*»[52].

Doubler escribe que «el estilo es vivo, pero no cultivado» (página 347), aunque luego admite que «con el relato del cautiverio en una galera mejora el estilo...» *(íd);* sin embargo, cuando compara el texto con el de una de las fuentes, Menavino, dice que el de éste, «interesante y de agradable lectura, queda totalmente desarticulado por el autor, cuyo texto resulta monótono y desordenado» (pág. 356). Yo por mi parte confieso que si hay algo de que carece el libro es precisamente de monotonía. Por el contrario, encuentro en el *Dioscórides*

---

[51] Valdés, pág. 154.

[52] Dubler (pág. 346) apoya los argumentos de Villoslada *(Vilda,* 379), entre ellos el de que «no se sabe que Laguna residiera en Burgos». Pero no es improbable que el segoviano saliera a Francia por Burgos. De todos modos no hay «ecos burgaleses» en las obras de Laguna que conozco.

—que supongo eligió Dubler como modelo de comparación—, por su propia índole, párrafos en que la forma de expresión es reiterativa, aunque salpicada incidentalmente de voces, giros y otros rasgos que el propio Dubler, encomiásticamente y con razón, pondera en el doctor segoviano (pág. 337).

En contra de la opinión de Dubler, yo encuentro en el *Viaje* espontaneidad, vis cómica e interés y consecuencia con lo que preceptuaba el decoro, es decir, adecuación del lenguaje al carácter de los personajes que intervienen en el coloquio. La espontaneidad en la narración creo que no debe confundirse con la improvisación de su método, ni autoriza a pensar que se trate de «una obra de un autor joven, de estilo poco cuidado e inmaduro» (pág. 261). Por el contrario, creo que la exposición que hace Pedro no tiene nada que aprender de la de los buenos narradores. Su humor es juvenil, por supuesto, y coincide con Laguna en el uso matizado del diminutivo, en el recurso de los dichos y frases populares, en la hipérbole lograda con aumentativos —tan frecuente hoy día entre castellanos— y en las descripciones no atropelladas ni recargadas de adjetivos innecesarios. A diferencia de *El Crótalon,* de sintaxis trabada y enfadosa, la prosa llana y sin retoques del principal interlocutor se acepta sin fatiga, principalmente porque el papel de Juan y de Mátalas es escuchar y preguntar sobre algún hecho o palabra no bien aclarados, o marcar un inciso en la narración con una exclamación, refrán o una *boutade* o salida intempestiva. En contraste, el libro atribuido a Villalón nos deja en los parlamentos de Micilo, el Gallo y Demofón ahítos con términos tan abstrusos como *charambiles, birlos, verigino, crotones, sarace, argutivo, cogeta, vagaroso, monacino* y otras mil deformidades, sin que ninguno de los sibilinos dialogantes nos aclaren su significado. Podría afirmarse que sólo el vocabulario hace imposible la identificación de un mismo autor para el *Viaje* y la obra atribuida al preceptor vallisoletano.

No puede tacharse de monótona una narración en la que en general no hay periodos hinchados con cláusulas explicativas, divagaciones inútiles o enumeraciones presuntuosas, muy corrientes en la época. Si es cierto que encontramos arcaísmos, voces superadas ya y sintaxis no amoldada a los cánones de la preceptiva, también es cierto que el *Viaje* refleja más un habla que una lengua; hay pocas narraciones de viajeros de la época que puedan igualarse al *Viaje* en aproximación a la realidad, en fresco y colorista naturalismo. Por otra parte, no podemos pedir al libro las explicaciones científicas de un Belon du Mans o los cultos informes de un diplomático como Ogier de Busbecq. La obra debe ser juzgada como «seria y de pasatiempo de un humanista erasmiano» (Bataillon) y, como tal, no tiene rival en la literatura española. Tampoco podemos tachar a la obra de falta de interés y amenidad, puesto que se nos da un texto donde se combinan hábilmente una autobiografía verosímil, un reportaje discreto (*razonable* diría Urdemalas) y un claro reflejo de la sociedad española que hizo posible este tipo de escritor.

En resumen, no es posible inferir una identificación del autor con el doctor Laguna basándonos en coincidencias de lengua, léxico y estilo. El anónimo autor del *Viaje* podría suscribir tranquilamente la única carta conservada del segoviano en cuanto a tono y estilo, pero hay también divergencias en las grafías de ciertas voces; de todos modos, el material analizable es escaso. Análogamente, el doctor Laguna podría rubricar la dedicatoria a Felipe II en el *Viaje,* si bien me parece que las cláusulas y periodos del doctor están construidos en una sintaxis más recta y se mantiene esta característica a lo largo de casi toda la obra.

Por otra parte, los repertorios de voces del mar y de la navegación y de otras actividades, con excepción de la medicina, son escasos en las obras de Laguna. Parece ser que el segoviano era más bien un hombre de tierra firme, mientras que el autor del *VT* experimentó los avatares de la fortuna a bordo de las galeras. Y digo *fortuna* en su doble significación de «suerte» y de «borrasca» o «temporal en el mar», y en este último sentido está empleado en el Ms. en seis o siete ocasiones.

Es cierto que el autor tuvo que escudarse en el anónimo y no dejar asomar su verdadera profesión, pero hay en la obra unas voces y una fraseología que pertenecen a otras actividades y que son indicios de que el narrador, si se convierte en médico improvisado por exigencias literarias y para penetrar imaginativamente en las cámaras de los sultanes, poseía también otros conocimientos que nos llevan a otras deducciones. Si el doctor Laguna era un polifacético humanista y un hábil escritor con la virtud de esconder su lengua y su estilo, podría bien ser el autor, pero ateniéndonos a los textos que nos es dable analizar, el cotejo no conduce a la identificación de Urdemalas con Laguna.

El enigma de la autoría

Todos los interrogantes que suscita nuestra obra, temática, fuentes, intención erasmizante, estilo, se polarizan en torno a una cuestión: ¿quién escribió tan original pieza literaria?, ¿qué era el autor?

Ya he insinuado en las primeras palabras de esta introducción que la polémica sobre quién fue el creador de esta autobiografía novelada arranca desde el momento en que el crítico francés niega la paternidad del *Viaje* a Cristóbal de Villalón y la adjudica al doctor Laguna[53]. Desde el punto y hora en que Bataillon expone su hipótesis en *Erasme et l'Espagne* (1937), la cuestión se simplifica quedando reducido el debate a demostrar que el médico segoviano no pudo ser el autor del manuscrito, negando fundamento a los argumentos que exponía el ilustre investigador.

Pero la génesis de toda esta especulación debe retrotraerse a más de un siglo de antigüedad. En 1871, el marqués de la Fuensanta del Valle publicaba en la Sociedad de Bibliófilos Españoles un Ms. propiedad de don Pascual de Gayangos, con el título de *El Crótalon de Christóforo Gnosopho* (*Gnophoso* en el original)[54]. Preguntado Gayangos sobre el posible autor, respondió que podría tratarse de un tal Cristóbal de Villalón, autor de la *Ingeniosa comparación entre lo antiguo y lo presente*. En 1898 y en el volumen que la misma SBE publicó bajo este título (en realidad la biografía del tal de Villalón), su autor, el infatigable Serrano y Sanz, encontraba similaridades notorias entre *El Crótalon* y el *Viaje de Turquía* y no dudó en atribuir ambas obras al mismo autor (pág. 8). Dice textualmente: «Las ideas que en ambos libros se exponen son idénticas y las tendencias iguales, lo cual acusa una misma paternidad.» Descartando que el autor fuera luterano, como había afirmado en un principio y luego rectificado Menéndez Pelayo en sus *Heterodoxos españoles*[55], Serrano *descubre* en el padre de ambos libros a

---

53 Bataillon en *B-DL*, pág. 15, reafirma su tesis de 1937 *(B-EE*, 670): «Mes recherches récentes ne m'ont certes pas amené à abandonner la candidature de Laguna.»

54 El Ms. que perteneció a don Pascual de Gayangos es el M-18345 de la B. N. de Madrid. Su título completo es *El Crótalon de Christophoro gnophoso, na / tural de la insula Eutrapelia, vna delas / insulas fortunadas. En el qual se contrahace aguda y inge / niosamente el sueño o / gallo de Luciano fa / moso orador grie / go.*
La caligrafía de este Ms., como la del otro existente en la B. N., sign. M-2294, que perteneció al Marqués de la Romana, es distinta de la del *Viaje* y mucho más legible que la de éste.

55 *Heterodoxos*, I, Madrid, B. A. C., 1956, págs. 967-68. Por lo demás, el juicio de Menéndez Pelayo es demasiado benévolo con

un imitador y discípulo de Erasmo que fustiga a clérigos y monjas, reprehende las supersticiones, denuncia a los falsos peregrinos y se burla de ciertas ceremonias religiosas. Abierto ya el camino de la especulación, Serrano reconstruye la biografía de Villalón con los pocos datos fehacientes que se poseían del autor junto a «confesiones» que extrae del propio *Viaje,* cuya paternidad analiza. Es decir, se encierra en un círculo vicioso.

El mismo crítico reafirma sus conclusiones en el tomo II de la NBAE, *Autobiografías y memorias* (Madrid, 1905)[56]. Pero en 1919 aparece la primera edición que pudiéramos llamar «comercial» o de bolsillo del *Viaje,* en la Colección Universal Calpe. El editor, Antonio G. Solalinde, se permite dudar de la atribución al vallisoletano Villalón, basando sus dudas en las palabras que he transcrito al principio de esta introducción y especialmente en la falta de sensibilidad del autor del *Viaje* ante los monumentos y bellezas de la Antigüedad, en contraste con la que demuestra poseer Cristóbal de Villalón.

Aunque no concedo mucha fuerza argumental a este reparo, porque no veo mucha distancia documental entre Villalón y el padre del *Viaje,* si bien los intereses son diferentes, doy a la introducción de Solalinde un relieve de primer orden porque llama la atención del lector sobre dos hechos: primero, que ni aun *El Crótalon* tiene padre conocido, y segundo, que hay un largo espacio de tiempo, de 1545 a 1558, en el que no sabemos nada de la vida de Villalón. Esto último explica por qué Serrano y Sanz *rellenó* este lapsus con un auténtico viaje realizado por el excautivo Villalón de 1552 a 1555 y, después, bajo el nombre Polítropo-Pedro de Urdemalas, lo refiere a dos de sus paisanos, identificados como Alonso del Portillo y el clérigo Granada, fundadores del hospital de la Resurrección, de Valladolid (Juan de Voto a Dios y Mátalascallando, respectivamente).

La atribución a Villalón sigue siendo puesta en tela de juicio por Justo G. Morales, quien escribía en 1946 que «a nuestro juicio, los problemas que entraña la personalidad única o múltiple de Villalón no se hallan lo suficientemente dilucidados por no haberse estudiado todavía con detenimiento el estilo y las

---

El Crótalon: «... el libro es muy interesante para el estudio de la lengua, de las costumbres del tiempo de la invención literaria, y muy ameno y entretenido por la variedad y enredo de las peregrinas historias que en él se relatan.»

[56] Serrano y Sanz, págs. CX-XXIII.

ideas contenidas en los tratados que se le atribuyen»[57]. Sin embargo, García Morales parece adherirse a la tesis de Serrano cuando afirma que «el luego esclavo de Zinán Bajá debió de nacer entre 1510 y 1520 en Valladolid o su comarca (¿acaso el pueblo de Villalón?)» (pág. 14). Parece que mi buen amigo no ha reparado en que la afirmación de Serrano se basa en la aserción de Pedro de Urdemalas «de mi madre Maricastaña, que está a diez leguas de aquí» (f. 15r) y esto, en principio —y como luego demuestro— apunta a varias direcciones. En efecto, esta jocosa afirmación, respaldada con la frase, líneas más adelante, «aun a mi madre, con estar tan cerca...» (f. 15v), tiene un valor positivo para el esclarecimiento de la autoría, pero no apunta a Villalón de Campos o a Valbuena de Duero, sino a Toro o a la Mota del Marqués, localidades situadas más o menos y por los caminos de hoy, a unas diez leguas castellanas[58].

Posteriormente (en 1950 y 1955), N. Alonso Cortés nos suministra en dos documentados artículos datos sobre Cristóbal de Villalón y su patria, respectivamente[59], artículos que en mi opinión personal dejan zanjada la cuestión de la paternidad supuesta del vallisoletano. Escribe Alonso Cortés: «Para querer sostener que Villalón es el autor del *Viaje* habría que admitir una de estas dos cosas: que las aventuras que Pedro de Urdemalas refiere a sus amigos no son auténticas y ni fue doctor ni médico ni cosa por el estilo, o, que siendo ciertas y verdaderas, Villalón quiso encubrir en España su profesión de médico y su doctorado en Bolonia. ¿Puede aceptarse una u otra hipótesis?» (*Miscelánea vallisoletana*, pág. 532). La atribución al vallisoletano es también dudosa para J. Hurtado y A. González-Palencia[60].

No obstante las conclusiones de Alonso Cortés, el crítico norteamericano J. J. Kincaid, en su biografía de Cristóbal de

---

[57] Véase García Morales, J., *Viaje de Turquía*, Madrid, Aguilar, col. Crisol núm. 196, 1946, introducción, pág. 14.

[58] Actualmente, de Valladolid a Toro hay 65 km.; a La Mota del Marqués, 50.

[59] N. Alonso Cortés, «Cristóbal de Villalón», en *BRAE*, XXX, *Acervo bibliográfico* (1950), págs. 221-224, y «La patria de Cristóbal de Villalón», en *Miscelánea Vallisoletana*, I, Valladolid, 1955, páginas 529-534.

[60] J. Hurtado y A. González-Palencia, *Historia de la literatura española*, 2.ª ed., Madrid, 1925, pág. 477.

Villalón [61] discute y refuta la hipótesis de Bataillon (cap. VI) y las que acabo de mencionar y se adhiere a la tesis primigenia de Serrano con estas palabras, que traduzco:

> Un sorprendente paralelismo textual se nos presenta ahora en dos de las obras anónimas. En ambas, el *Diálogo de las Transformaciones* y *El Crótalon,* se menciona a la folklórica figura de Juan de Voto a Dios como la mítica figura del Judío Errante. Aparte del hecho de que uno de los personajes del *Viaje* corresponde a este tipo, en éste y en *El Crótalon* el nombre está asociado con los zarlos, vagabundos hipócritas y sin escrúpulos que se aprovechan de la credulidad de los ignorantes para sus básicos fines. En *El Crótalon* el Gallo dice a Micilo cómo él pretendió ser el Judío Errante.
>
> . . . .
>
> En la escena inicial del *Viaje,* Mátalas describe las mismas actividades de los mendicantes (*wanderers* en el original, I, 5b). Considerando las estrechas analogías entre los dos episodios, y en vista de la incuestionable relación entre *El Crótalon* y *El Scholástico,* el peso de la evidencia indica que Villalón es el autor de todas las obras anónimas. Las razones aducidas por Bataillon son erróneas... (págs. 151-152).

No quiero alargar este comentario para discutir en detalle los puntos principales de esta tesis; baste decir que el hecho de que personajes folklóricos figuren en una o varias obras, no da pie para conceder éstas a la misma pluma, como tampoco es fundamental el hecho de que se critique o se hable de los falsos peregrinos en dos o más libros. Más importante, en mi opinión, es considerar la lengua, el léxico, el estilo y la estructura del *Viaje* en parangón con las de *El Crótalon* («libro poco español en comparación con el *Viaje*», Bataillon) para darse cuenta del abismo que separa a éste de aquél. Y de esta comparación creo haber dicho lo suficiente en las páginas precedentes.

---

[61] Véase *Kinc* en Selección bibliográfica, pág. 81. Las palabras que traduzco son las finales de su estudio. Su autor suscribe íntegramente las objeciones de Schevill y achaca a Bataillon una petición de principio porque da por demostrado —dice— lo que pretende demostrar. Sin embargo, no veo un análisis profundo de la lengua y estilo, camino éste que según los dos hispanistas citados podría llevar a desenmascarar al autor.

La tesis de Bataillon

El hispanista francés concede a Laguna la paternidad del libro basándose en que se dan en el doctor segoviano ciertos rasgos que coinciden con los del autor-narrador: *a)* el autor era un helenista; *b)* era médico de profesión; *c)* persona que se había interesado por los turcos y sus costumbres; *d)* conocía *de visu* Italia; *e)* había sido nombrado doctor por la universidad de Bolonia, y *f)* que poco antes de haber escrito el *Viaje* había hecho preparativos para un viaje científico al Oriente, al cual renunció después. Podría añadirse —dice Bataillon— la circunstancia de que Laguna, si no conocía más que un poco de turco, sabía latín, griego, italiano, francés y alemán[62].

La incesante actividad de Bataillon para fundamentar sólidamente su tesis le llevó a rectificar a Colmenares, el historiador de Segovia que fue el primero en darnos un esbozo biográfico de Andrés Laguna[63]. La fecha de su nacimiento, 1499, que da

---

[62] *B-DL,* pág. 14 y *B-BH,* apartado b. En la lista de V. Busacchi, *Gli studenti spagnoli di medicina e di arti in Bologna dal 1504 al 1575,* se autentifica el doctorado de Laguna en 1545, según Colmenares («... que vimos original en poder del Ldo. Flores de Laguna, su sobrino»). (Ms. en la catedral de Segovia, V, *Escritores segovianos,* s. f.)
Respecto a su interés por Turquía y el Oriente en general, dice el historiador segoviano: «Tomó esta obra con tanto ímpetu —se refiere al *Dioscórides*— que año 1554 fue a veneçia para enbarcar a ejipto, y passar a Berbería a especular la naturaleza de aquellas regiones. Pero don Francisco de Bargas embajador allí por el emperador y otras personas se lo impidieron...» *(ídem, íd.).*
El lector puede encontrar también en la Biblioteca Nacional de Madrid (sig. R-33974) la compilación de A. Torquati, donde figura el breve opúsculo *De Origine rerum Turcarum... perioche,* de Laguna. En la bibliografía de C. Göllner, *Turcica,* II, pág. 16, se cita otra edición de 1543 (véase núm. 803), con el siguiente resumen, que traduzco: «Este pequeño opúsculo comienza con un *avviso* italiano de 15 de julio de 1542 el cual había sido traducido por Laguna al latín. Sigue otra relación de *avvisi* italianos de los extraños prodigios que habían tenido lugar en Constantinopla, como la aparición de langostas, un cometa y un espantoso dragón que se tragó de un bocado el nada despreciable tesoro del Sultán.»
[63] Algunos de los datos que nos da Colmenares hay que ponerlos en tela de juicio; de otros, no está seguro. La ascendencia nobiliaria que

Colmenares, va apostillada con un paréntesis «según tengo entendido»; Bataillon demuestra que la fecha verdadera es la de 1511 como más temprana, según la relación de conversos segovianos de la parroquia de San Miguel[64]. También debe rectificarse la fecha de su muerte, 1560 según Colmenares; 1559, en Guadalajara, según los datos de J. de Vera y G. Escorial, y que copia el doctor T. Hernando, uno de los mejores biógrafos del doctor en su *Vida y labor médica del Doctor Laguna*[65]. Es extraño, pues, que si Laguna fuese el autor del *Viaje* diga a sus cuarenta y cuatro años (1511 a 1555, probable fecha en que redacta las líneas que siguen) «en estos pocos días que tengo de vivir pienso servir a Dios lo mejor que pudiere» (f. 96v).

Pero además —sigue diciendo Bataillon— de estos rasgos personales y profesionales del médico Laguna, hay otros coincidentes entre él y el fingido Urdemalas. Laguna hizo grabar en la laude que iba a cubrir la tumba de su padre Diego y la suya propia un blasón donde campea una navecilla batida por las olas; sobre el blasón, un yelmo que tiene por cimera un peregrino de Santiago o un Santiago o un Santiago peregrino[66] entre

le atribuye a Laguna y de la cual se hace eco Dubler (IV, pág. 53) ha sido desmentida por Bataillon («Compte-rendu de C. Dubler», t. IV, *B-BH,* págs. 237-252, con la referencia a su artículo «Les nouveaux chrétiens de Ségovie [1510]»).

[64] A la tesis de Bataillon citada *supra,* opone Juan de Vera la posibilidad de que el doctor «se encontrara ausente por razón de estudios», y se declara más proclive a la fecha que da Colmenares. No parece que este contraargumento tenga mucho valor, sobre todo porque el mismo Colmenares habla del asombro «ante un hombre tan mozo» (Juan de Vera, «Algo más sobre el Doctor Andrés *de (sic)* Laguna», en *C-Lag.,* pág. 223).

[65] Véase *H-ALag.,* en Selección bibliográfica, pág. 14.

[66] Sobre la tumba de Andrés Laguna puedo añadir algunas observaciones hechas durante mi visita a la segoviana iglesia de San Miguel en el verano de 1975. En la capilla de Santa Bárbara (nada *penumbrosa,* como califica Bataillon a la iglesia en general), con luz de mediodía y gracias a los buenos oficios del párroco Sr. Sastre Martín, pude examinar la laude y su copia en cera que se guarda en la sacristía. Respecto a la inscripción INVENI PORTVM: SPES ET FORTVNA VALETE: NIL MICHI VOBISCVM: LVDETE NVNC ALIO, la última ma O lleva inscrita una S, por lo que la lectura correcta es el acusativo ALIOS: *Ludite nunc alios,* «burlaros ahora de otros».

Respecto a este epigrama tan querido de los humanistas del siglo XVI, y a la vista de las observaciones de H. M. Féret, del propio Bataillon y de P. de Montera *(B-EE,* pág. 681, nota 38), más el artícu-

dos filacterias, cuyas divisas están tomadas de los Salmos 24, 4 y 142, 10, y en caracteres griegos: «Muéstrame tus caminos, Señor» y «Tu espíritu me encaminará» [67]. ¿No es coincidencia sig-

lo de Margit F. Alatorre en *N. R. F. H.,* VI (1952), pág. 56, nota 44, cabe la especulación de que la palabra *fortuna,* pese a la posibilidad de que Laguna la viese en Roma en el sepulcro de Pucci, fuera elegida por su significación de *temporal* que tenía en la *lingua franca;* al menos cuadra bien con la nao batida por las olas y la palabra *portum.* Esta nave de triple arboladura ostenta en el palo mayor un estandarte rectangular con el águila bicéfala explayada. Este signo puede ser tanto una alusión a la armada del Emperador, como una marca de taller (¿Dinant? ¿Yprès? ¿Milán?). Fray Antonio de Guevara reproduce también este epigrama al final de su obra *De los inventores del marear y de los trabajos de la galera* (Obras de__, Valladolid, Juan de Villaquirán, 1545), f. 214r.

[67] La inscripción funeraria grabada sobre este conjunto heráldico y emblemático dice así:

D. O. M. DOCTRINA ET PIETATE CLARISSIMO VIRO, D. IACOBO FERDINANDI A LACVNA, INSIGNI DOCTORI MEDICO: QVI DVM INDVSTRIA ET OPIBVS SVIS, IVRGITER STVDERET SECOVIÉNSIBVS FERRE MANVS AVXILIATRICES, INVIDA TANDEM MORTE INTERCEPTVS, CONCESSIT FATIS VII IDVS MAIAS, 1541: ANDREA LACVNA FILIVS MILES SANCTI PETRI, AC MEDICVS IVLII III PONT*MAX*EX ITALIA ET GERMANIA REDVX, INDVLGENTISSIMO PATRI IAM VITA FVNCTO, SIBIQVE MORITVRO AC SVIS POSVIT. ANNO. 1557.

Las filacterias rezan: a la diestra del peregrino ΤΑΣ ΟΔΟΥΣ ΔΗΙΞΟΝ ΜΕ, ΚΥΡΙΕ; a la espalda de él ΚΑΙ ΠΝΕΥΜΑ ΣΟΥ ΟΔΥΓΕΣΕΙ ΜΕ. El peregrino que tiende la mano hacia Oriente (izquierda de la laude) lleva, como era corriente, chapeo, esclavina o capilla, manto, venera y bordón; junto a la venera prendida en la esclavina hay un aspa de dudosa interpretación: un par de clavos o el aspa de San Andrés. En este último caso aludiría no a un peregrino de Santiago, sino a un Santiago peregrino, por alusión al padre de Laguna, Diego, como afirma Dubler.

(La leyenda de la filacteria izquierda es el mismo *motto* de los caballeros de San Juan: *vias tuas, Domine, demonstra mihi,* Schermerhorn, *ob. cit.,* pág. 234.)

Tampoco debe echarse en saco roto —y esto lo digo en favor de la tesis de la paternidad de Laguna— la semejanza de las palabras ανδϱα πολύτϱοπον del verso homérico de la dedicatoria con su paralelo *Andrés-peregrino,* «que va de aquí para allá», según una de las acepciones (véase pág. 32, nota 28).

nificativa que el *Viaje* se abra con un diálogo entre dos embaucadores y un auténtico peregrino de Santiago?

Bataillon ofrece también a la consideración de sus oponentes otras cinco circunstancias que implican la paternidad de Laguna (B-DL, págs. 99-100):

   a) Pedro refiere sus actividades de herborista aficionado en las ruinas de Nicomedia (f. 45v).

   b) Pedro afirma que «ha pasado por las cortes de los mayores príncipes del mundo» (f. 45v).

   c) Urdemalas se presenta como «hombre que sabe seis lenguas» (f. 84r).

   d) Pedro dice textualmente que «por intercesión de unos colegiales amigos... perdonándome algunos derechos, me dieron con mucha honra el doctorado» (f. 96v).

   e) Pedro piensa vivir pocos días (váse *supra,* pág. 60).

Otro dato para apoyar su tesis lo encuentra Bataillon en las notas marginales de *M-1* con la abreviatura o nombre completo de *Pedrarias* (de ascendencia judía y segoviana), en línea con renglones donde figura la palabra *judíos* («on y voit les Juifs en mauvaise posture», dice Bataillon; fs. 36v, 48v y 50r), más la indicación de *para el mi Alonsito* (f. 47v) al margen de la historieta de la *gerapliega logadion,* droga amarga en grado sumo y que Pedro administraba a las mujeres que tenían ganas de parir. Esto supone —dice Bataillon— una posble primera fase segoviana en la historia del manuscrito. Pero —nos preguntamos—, ¿de qué Pedrarias se trata, y cuándo se escribieron estas notas marginales?

Confieso que alentado por la esperanza de identificar a este Pedrarias y encontrar pruebas fehacientes de la presencia de Laguna entre los testigos de cargo que figuran en un largo pleito sostenido entre miembros de la familia Arias Dávila, he rebuscado entre los oportunos legajos del Archivo Histórico Nacional, especialmente el 43.635 de la sección de Consejos, y no he encontrado el nombre de Andrés Laguna[68]. En el árbol ge-

---

[68] El pleito se debate por la propiedad y posesión del condado de Puñonrostro, creado por Carlos V en la persona de Juan Arias d'Ávila en recompensa por la ayuda prestada al partido imperial en la revuelta de las Comunidades. Juan Arias (distinto de Juan Arias Dávila, obispo de Segovia y tío de Juan) lega el condado a Pedro Arias de Mendoza. Muerto éste, el mayorazgo recae en don Juan Girón, primogénito del

nealógico puesto al frente del legajo se encuentran nada menos que seis Pedrarias o Pedro Arias, desde el primero, acrecentador del mayorazgo que funda su padre Diego, contador de Enrique IV y de origen judío, hasta don Pedro Arias Portocarrero. Tan sólo poseemos el dato de la dedicatoria del *De antidotis* de Galeno (Venecia, 1548), de Laguna al joven Arias Gonzalo[69], en el que el doctor recuerda la amistad tenida con su padre.

En una reciente comunicación que he enviado a la Real Academia Española, expongo mis reparos a la tesis Laguna, y me adhiero a los argumentos de algunos de sus impugnadores, aunque admito coincidencias entre Laguna y el autor del *Viaje*[70]. El lector puede leer en la tesis personal que sigue a estas líneas una implícita refutación de la de Bataillon. En resumen, y para no alargar considerablemente esta introducción, baste decir que la argumentación del ilustre investigador francés no ha encontrado mucho apoyo entre los críticos del *Viaje*. Schevill primero y después G. Villoslada, Dubler, Markrich y más recien-

---

segundo matrimonio de su padre. Al morir Juan Girón sin descendencia, pasa a su hermano Juan Bautista Girón, el cual casa dos veces: la primera con Juana Ortiz, de la que no tiene hijos; la segunda, con Beatriz de Baena, de la que nace Juan Arias Portocarrero. Al pretender Juan Bautista Girón que sea anulado su primer matrimonio para que el título y el mayorazgo pasen al hijo habido en el segundo matrimonio, se opone Arias Gonzalo Dávila, hijo de Pedrarias Dávila, el tristemente célebre gobernador de Castilla del Oro y sobrino de Juan, primer conde de Puñonrostro. Arias Gonzalo consigue ejecutoriales de Roma que declaran nulo el segundo matrimonio de su sobrino y en consecuencia el mayorazgo y el condado quedan vinculados a su persona y casa solar en el nombre de su hijo Francisco Arias Dávila, poseedor del mayorazgo en 1603. (En el catálogo de la biblioteca del quinto Conde de Gondomar, don Enrique Enríquez, del año 1775, existente en la de Palacio de Madrid, se registran hasta 12 memoriales de las incidencias de este pleito.)

[69] En una de las obras de Laguna, *Epitome omnium Galeni operum* (Venecia, 1548), se dedica una de ellas, *De Theriaca,* a uno de los Arias, Arias Gonzalo, hijo del Pedrarias citado arriba *(Gonzalo Arias,* para Bataillon, *B-DL,* 50, nota 6; *Donario Gonzalo,* en *H-ALag.,* 105, por el dativo latino de *Arias).* Laguna se refiere en ésta al pleito en cuestión: «... ex tam longa lite et controversia defatigatum, varia eorum lectione, dulcissimaqu(ue) oblectarem...», así como a la amistad entre las dos familias, la de la Laguna y Pedrarias: «... illius ferventissimi amoris, quo optimus pater meus prosequebatur olim totam familiam vestram.»

[70] «Los pros y los contras de la tesis "Laguna"» (mayo de 1977).

temente Luis y Juan Gil encuentran serios obstáculos para la atribución al doctor Laguna, obstáculos que van desde la recusación de ser un médico el autor a juzgar por el corto caudal léxico de medicina y farmacopea, hasta las serias dudas de sus conocimientos de griego clásico en un nivel de helenista (Gil), insistiendo, aunque con reparos, en el carácter de historia vivida (Villoslada, Markrich) o, finalmente, rechazando similaridades de estilo, ideario y propósito (Dubler). Examen más detenido requiere la tesis de W. L. Markrich, por ser la que me ha servido de base para aceptar la conclusión que entrevió y no llegó a desarrollar por su muerte inesperada. No obstante, repito, debo reconocer que hay una serie de circunstancias que concuerdan con las que el crítico francés señaló en Laguna.

Juan Ulloa Pereira, autor probable del *Viaje de Turquía*

Como acabo de decir en el párrafo precedente y en favor de la tesis de Bataillon, creo en la pericia y habilidad del doctor segoviano para encubrir su personalidad de físico auténtico y presentarse como médico improvisado en la ficción. Se explica por qué no deja entrever sus andanzas por tierras invadidas por la Reforma e incluso su exactitud en el itinerario de Italia a España en contraste con los errores que se descubren en las etapas griegas del mismo. No veo los reparos que se oponen a la lengua del *Viaje* tildándola de ruda, o a su estilo «poco cuidadoso e inmaduro», puesto que como he dicho antes, se refleja tanto un habla como una lengua escrita. En este sentido los dados de la atribución caen en favor de Bataillon.

Pero no veo en el *Viaje* una mínima resonancia de su tierra segoviana, como las que se leen en el *Dioscórides* (la *Oxyacantha* «en el Valle de Tejadilla de mi tierra segoviana»). Y los términos que he subrayado en su léxico son, unos comunes a Burgos, Valladolid y Segovia, y otros inusitados en Laguna. Por otra parte, las cuatro menciones de la primera de estas ciudades y el modo de usarla como término de comparación («la caridad y acogimiento que en Burgos», f. 69r) favorece la hipótesis de un burgalés. Además, su posición de abierto y extremado anticlericalismo rebasa con mucho el nivel satírico de las anécdotas protagonizadas por el tudesco borracho en Roma, el franciscano de las cantáridas (*Diosc.*, II, cap. IV) o el guardián de franciscanos de Orleans (*De articulari morbo...* f. 15r). El ataque a los ministros de la Iglesia es frontal, sin paliativos; el vapuleo al supersticioso culto de las reliquias, la condena de las peregrinaciones a Jerusalén, la manera de fustigar las rutinarias creencias del vulgo, todo ello, en suma, orquestado con abundantes citas de la Biblia y de San Pablo, hace pensar en un clérigo rebelde. Me explico por qué los hermanos Gil se preguntan, al cabo de un minucioso análisis de una extensa porción del *Viaje,* «si sería un clérigo de creencias, ya más que erasmistas, netamente heterodoxas» (pág. 159). No creo que el cauto y experimentado doctor Laguna, documentalmente identificado como un miembro de la comitiva de la reina Isabel de Valois, se colocase en una posición arriesgada por escribir un *Viaje* imaginario que además rebasó, según parece, el secreto círculo de su intimidad.

Markrich opinaba que el *Viaje* es un relato autobiográfico, un autorretrato (*sic,* en español), escrito por el segundón de una casa noble española, estudiante de teología en San Gregorio de Valladolid y que llegó a vestir el hábito de Caballero de la Orden de San Juan de Jerusalén, luego de Malta. Los datos que suministra el autor en cuanto al número de personas, fechas y lugares están documentados en libros y documentos de la época, entre ellos el diario o *Tagebuch* de Hans Dernschwam y las *Cartas* ya citadas de Busbecq, a los que se añaden las *Relazioni degli Ambasciatori Veneti al Senato,* de E. Alberi; las *Négotiations de la France dans le Levant,* de Charrière, y los *Annali d'Italia,* de Muratori. Según el doctorando de Berkeley, el protagonista fue enviado secretamente a Constantinopla para interesarse por el número y condición de los cautivos, cuyo número (en el *Viaje*) está corroborado por Giacomo Bosio en su obra *Della storia della sacra Religione e illma. militia de S. Giovanni, III* (Nápoles, 1681), pág. 305 [71].

El hecho de trabajar en secreto para la Orden no es extraño. González-Palencia da una lista de espías y agentes en su obra *Vida y obras de don Diego Hurtado de Mendoza,* I (Madrid,

---

[71] Transcribo estas referencias bibliográficas del microfilm de la tesis de Markrich, a cuyas investigaciones concedo amplio crédito. Decía en mi comunicación a la Academia. a la cual me refiero en la nota precedente, que el curriculum de Markrich y la dirección de la tesis por J. F. Montesinos eran una garantía del rigor de sus investigaciones. Bataillon alude a «este amigo de Berkeley» (Montesinos) y a su indicación de que «la exactitud histórica en el *Viaje* hace imposible reducirlo todo a *novela de*

1941), pág. 116; lo mismo declara W. Porter en su obra *The Knights of Malta*[72].

Para Markrich el diálogo tiene lugar en Valladolid sin ninguna duda, por las alusiones constantes a la ciudad del Pisuerga (fs. 40r, 42v, 70r, 117r y 135v). Bataillon plantea la duda entre Burgos, Valladolid y Madrid (B-DL, págs. 20 y ss.). Descartando la última de estas ciudades por su falta de referencias, parece que Burgos sería la elegida, porque al comienzo del diálogo se habla del *camino francés,* pero hay que tener en cuenta que el escriba o autor tachó *real* previamente. Además, «nos estamos en la corte tres o cuatro años ha» (f. 16r) no deja lugar a dudas, puesto que la residencia del príncipe Felipe y de la Corte era, en 1557, Valladolid.

Bataillon pone reparos a la tesis y arguye que Markrich ha leído mal la frase *éramos quince entre comendadores y no,* sustituyendo *no* por *yo,* al utilizar alguna de las ediciones comerciales, y creyó que este error fue el fundamento para inferir la condición de caballero de la Orden. En mi opinión, este reparo es insustancial. La salvedad de *caballeros y no* quiere decir, simplemente, que Pedro no era comendador, sino religioso o sirviente, segundo o tercer grado de los tres que se distinguían en ella[73].

Aparte de otras deficiencias achacables a la tesis de Markrich[74], creo que nos pone en la pista del *qué* y *quién era el autor.* He aquí mis conclusiones:

Partiendo de la hipótesis de que era de un lugar cercano a Valladolid por las menciones de esta ciudad, la de Medina del Campo «y su joyería» (pág. 494), la de Toro («como el vino de acá de Toro, pág. 488), la de Fuentesaúco («… de mejor sabor

---

aventuras y aun para que sea posible que todo derive de chismes transmitidos por embajadores venecianos» *(B-DL,* pág. 55, nota 10).

El *Tagebuch* de H. Dernschwam (1553-1555) se cita por la obra de F. Babinger, Hans Dernschwam's *Tagebuch einer Reise nach Konstantinopel und Kleinasien* (Leipzig, 1923); la obra de E. Charrière y las *Relazioni* de Alberi (Florencia, 1840, serie III, vol. 1) confirman las noticias sobre Sinán Bajá.

[72] W. Porter, *The Knights of Malta,* Londres, 1858, pág. 230.

[73] Se distinguían tres grados: comendadores, religiosos y sirvientes. Sólo estos últimos estaban exentos de las pruebas de nobleza al ingresar en la Orden (V. *infra,* pág. 69, nota 79).

[74] Véase lo dicho en las págs. 68 a 73, así como la crítica correspondiente de Bataillon, en las reseñas citadas en la pág. 79, y especialmente en *B-DL,* págs. 80 y ss.

que los melones de Fuente del Saúco», pág. 492), en el camino de Toro a Salamanca, también mencionada, y de que el Ms. mejor está fechado en 1557, en que comienza a descubrirse el cónclave luterano de Valladolid, recurro a Menéndez Pelayo (*Heterodoxos*, III)[75] y, desde él, a Llorente en su *Historia crítica de la Inquisición española*, IV (ed. 1822) para consultar la lista de los procesados por el Santo Oficio y víctimas del primer auto de fe, el 21 de mayo, domingo de la Trinidad de 1559. Entre los condenados figuran penitenciados y reconciliados. Los primeros son, en su mayoría, miembros de la familia Cazalla, entre ellos el famoso doctor Agustín. De los reconciliados extraigo la ficha, extensa por cierto, del que hace el número 6 con el nombre de don Juan Ulloa Pereyra (págs. 198-200):

Don Juan de Ulloa Pereyra, caballero y comendador del Orden de San Juan de Jerusalén, vecino de Toro, hijo y hermano de los señores de la Mota, que luego se titularon Marqueses de la Mota, castigado con sambenito y cárcel perpetuos, confiscación de bienes, nota de infamia, inhabilitado para honores, despojado de los de su Orden y del hábito y cruz y privado de poder estar en la Corte, Valladolid y Toro y de salir de España. Después acudió al Papa en 1565, exponiendo esto mismo y los méritos contraídos anteriormente a favor de la religión católica durante su carrera militar y marítima en las galeras de su Orden, particularmente cuando se apresaron cinco galeras del pirata Caramani, arráez turco, y en las expediciones de Argel, Bugía y África, de cuyas resultas el emperador Carlos le había hecho capitán y después general de un ejército de Tierra, y como tal había servido en Alemania, Hungría y Transilvania y otras partes; que ya el Inquisidor General le había dispensado, en el anterior del 64, la penitencia en todo lo que pendía de su autoridad, pero que él deseaba volver a ser caballero del Orden de San Juan, como anteriormente, porque estaba en edad de poder servir todavía; el Sumo Pontífice libró un breve en su favor el 8 de junio de 1565, restituyendo a don Juan de Ulloa su calidad y honores y habilitóle de caballero profeso de San Juan, mandando que lo pasado no le pudiera obstar para nada en su Orden y carrera militar; entendiéndose todo esto con tal que lo consientan el Inquisidor General de España y el Gran

---

75 *Heterodoxos*, III, pág. 413.

Maestre de Malta. Lo consintieron, y don Juan de Ulloa llegó aún a ser otra vez comendador»[76].

Todos estos informes corroboran suficientemente los datos personales que se infieren del *Viaje de Turquía:*

a) El autor era, si no un clérigo, un antiguo estudiante de teología y de lenguas clásicas en Alcalá; mal estudiante, sin duda, y que probablemente no llegó a tonsurado. Muestra un interés extraordinario por la religión de las gentes que conoce; se extiende en largas consideraciones sobre creencias, ritos y prácticas de culto entre ortodoxos y musulmanes, comenzando su informe sobre los turcos por la religión musulmana; enumera con detalle los distintos grados en la jerarquía de la Iglesia Católica y cita con exactitud los pasajes del Evangelio, de los Salmos y de las Epístolas.

La crítica de las supersticiones, del culto a las falsas reliquias y de las peregrinaciones, su no velado anticlericalismo, etc., le delatan claramente como simpatizante con la herejía tildada entonces de luterana.

b) Llegó a ser caballero —comendador o religioso— de la Orden de San Juan de Jerusalén, llamada luego de Malta. Las menciones directas o indirectas a los comendadores son doce en el *Viaje,* de entre las cuales las más significativas son la auto-confesión del rescate de cuatro comendadores de San Juan y la alusión a una característica exclusiva de las galeras de la Religión. Cuando Juan de Voto a Dios pregunta a Pedro cuántos soldados lleva cada galera, éste responde: «Cuando van bien armadas, cincuenta, y diez o doce gentiles hombres de popa, que llaman, amigos del capitán» (pág. 149). Se trata de la llamada *Scorta di poppa,* según compruebo en la obra de E. Schermerhorn, *Malta of the Knights*[77], cuya misión era defender el pendón con la efigie de Cristo Crucificado, izado en el mástil principal, en el caso de que la galera fuera abordada. Este Juan, hijo de Juan de Ulloa Pereira y de María de Ulloa (véase Apéndice IV), tiene cuatro hermanos, Diego, Gon-

[76] Este Juan de Ulloa Pereira, que lleva el mismo nombre y doble apellido que su padre, puede ser el mismo que menciona M. l'Abbé Vertot en su *Abregé de l'Histoire des Chevaliers de Malte,* Tours, 1864, página 225: «Ce commandeur, suivi de François Guerare *(sic),* de Pereyra et d'autres chevaliers espagnols, sortit par cette ouverture...»

[77] Elizabeth W. Schermerhorn, *Malta of the Knights,* Surrey, 1929, página 217.

zalo, Felipe y Antonio, a los cuales se alude en el *Viaje* («... mi madre tiene otros cuatro hijos mejores que yo», pág. 178), y probablemente tomó el hábito de la Orden al morir su hermano Diego en el combate naval de Preveza, en 1537, hecho que recoge Salvá[78]; Juan figura, junto con su hermano Gonzalo, en el *Indice de pruebas de los Caballeros de San Juan,* existente en el Archivo Histórico Nacional[79].

c) De su condición de comendador o capellán de la Orden de Malta (o simple *donado* cuando escribiera el Ms. o lo mandara escribir) se derivan tres características: haber estado embarcado, ser de sangre limpia y «servir a los Señores pobres enfermos», según la fórmula de ingreso; además, por supuesto, de la defensa de la «Fe Cathólica». De su condición de navegante o de hombre familiarizado con las cosas del mar y de la navegación no se puede dudar, por la descripción de embarcaciones (pág. 50, repertorio), los pormenores de escalas y derroteros (aunque con errores que explico en nota adjunta al lugar oportuno), la mención nominal de capitanes más o menos conocidos, el conocimiento de las costumbres de galeotes, morlacos y leventes, y la datación exacta de hechos históricos ocurridos en el mar y desde el mar. Todo ello en contraste con la parquedad de detalles cuando se trata de las primeras jornadas de su fuga por tierra firme.

Su limpieza de sangre queda explícita en la respuesta que da a Sinán Bajá cuando éste le propone hacerse turco (el «episodio heroico», de Bataillon, *B-DL,* pág. 68 y ss.): «... no me mandase tal cosa ni me hablase sobrello, porque yo era cristiano y mi linaje lo había sido...». Por si fuera poco, nadie puede negar su empecinado antisemitismo.

De su condición de miembro de la Orden de Malta le venía su conocimiento de una medicina y terapéutica vulgares y de una farmacopea galénica, su experiencia en la administración de hospitales, su amistad con Fabrizio Pignatelli, Caballero de la Orden, Bailío de Santa Eufemia y fundador de un hospital

---

[78] J. Salvá, *La Orden de Malta y las acciones navales españolas contra turcos y berberiscos en los siglos XVI y XVII,* Madrid, 1944, pág. 137: «La galera de Malta *El Gallo* recibió cuatro cañonazos que mataron al freire Fernández de Almeida y al *frey* Diego de Ulloa, castellano.»

[79] A. Pardo y Manuel, *Índice de pruebas de los Caballeros de San Juan de Jerusalén (Orden de Malta):* «Órdenes Militares, leg. 1, pág. 33, *pruebas de ingreso»,* Madrid, 1911, pág. 263.

para peregrinos en Nápoles, corroborado por Muratori[80], y de ahí también su crítica de los administradores, mayordomos, escribanos y enfermeros.

De la suntuosidad del hospital de Génova que visita (pág. 113) y en general de la de todos los hospitales de la Orden nos habla también E. Schermerhorn (págs. 194-196). Parece que Génova, así como la isla de Chío, gobernada por genoveses, está presente en el narrador más que Venecia (cuya ciudad vinculó tanto Bataillon a Laguna); de Génova sale para ser hecho prisionero y Génova se describe con prolijidad. Andrea Oria está presente en la narración en tres o cuatro ocasiones. Por el contrario, Urdemalas declara no haber estado en Venecia, y quizá no mienta.

---

[80] L. A. Muratori, *Annali d'Italia,* vol. X, II, pág. 222 (según *Mark,* f. 160, nota 3; en la edición que he tenido a mano, Nápoles, 1755, no he podido verificar esta cita). Según Markrich, Pignatelli (llamado *Pignatelo* en el *Viaje),* luchó en el sitio de Trípoli (1551), donde pudo conocer al autor —si es que damos crédito a las señas de identificación que nos suministra Llorente, o bien en alguno de los hospitales atendidos por miembros de la Orden.

En cuanto a la ascendencia que acabo de mencionar, su identidad queda corroborada por los datos que nos da A. Rumeu de Armas y por unas notas personales que debo a la gentileza de Navarro Talegón, catedrático y documentado historiador de la ciudad de Toro. Rumeu nos habla de dos estirpes desgajadas del tronco común de Ulloa, que pervivían en Toro en los siglos XV y XVI. Una de estas dos estirpes, la de los Ulloa-Pereira, tiene como figura destacada a Juan de Ulloa, esposo de doña María de Ulloa y padre de este Juan, probable autor del *Viaje de Turquía.* Hermano de éste es Diego de Ulloa Pereira, caballero de Santiago en 1528 y probablemente que sucumbe en Preveza en 1537, según nota anterior. (Véase A. Rumeu de Armas, *Alfonso de Ulloa, introductor de la cultura española en Italia,* Madrid, Gredos, 1973, pág. 19, nota 12.)

Navarro me facilita copia del testamento otorgado el 14 de marzo de 1536 por don Juan de Ulloa Pereira (prot.º de Francisco González Valderas, sign. 3049, fs. 81-82). En él se nombran testamentarios a doña María de Ulloa, su mujer, y a su hijo mayor Diego de Ulloa, y como herederos a éste y a los ocho hijos restantes: Gonzalo, *Juan,* Felipe, Antonio, Mencía, Juana, Catalina y Magdalena. Por otra parte, en el mismo *Viaje,* en el folio 38r, cuando se describe la serenidad del autor-protagonista ante la inminente decapitación por negarse a su conversión al islamismo, Sinán Bajá increpa a éste con estas palabras: «Pues, perro traidor, ¿aun de la muerte no tienes miedo?» A lo que Urdemalas responde: «No tengo de qué, porque mi madre tiene otros cuatro hijos mejores que yo con que se consuele.» En el mismo pro-

d) Su línea genealógica parece estar más clara después de haber examinado el protocolo de Francisco de Valderas (Apéndice IV), a que nos hemos referido más arriba. Posiblemente es también hermano de María de Ulloa, marquesa de la Mota por su matrimonio con Francisco Henríquez, heredero también del marquesado de Alcañices y pariente de los Rojas-Sarmiento, marqueses de Poza y encausados por la Inquisición, según Llorente (véase *supra,* nota y Apéndice citado). De ahí las palabras de la *Historia pontifical* de Gonzalo de Illescas (Burgos, 1578, página 451): «Eran todos los presos de Valladolid, Sevilla y Toledo, personas alto calificadas, los nombres de los quales yo quise callarlos aquí para no manzillar con su ruin fama la buena de sus mayores y la generosidad de algunas casas a quien tocó esta ponzoña.»

e) El autor debió de hacer las campañas de Hungría y su aneja Transilvania, quizá hacia 1547. Se menciona a Hungría tres veces en el *Viaje,* una de ellas como quien la ha visto: «... de lo que en Hungría pasa...» (pág. 247).

---

tocolo figura como hijo y heredero de Diego, otro Juan de Ulloa (sobrino de nuestro probable autor) que es el mismo que se menciona en la nota referida de Rumeu de Armas como caballero de la Orden de Alcántara desde 1568.

En el ensayo biográfico titulado *Luis de Ulloa Pereira,* Madrid, C. S. I. C., 1952, del que es autora Josefina García Aráez, se hace a este don Luis hijo del don Juan anterior, «nieto de Diego de Ulloa y de Magdalena de Bazán». La autora confiesa que «no ha podido obtener conocimiento de que existiera por entonces otro toresano que el padre de don Luis» (pág. 21). En consecuencia, cae inevitablemente en la confusión de tomar al sobrino por el tío del mismo nombre y que figura en el protocolo de Francisco de Valderas citado. Y se hace evidente su perplejidad al tener que admitir que este don Juan, hijo de don Diego, tuvo que comparecer en el auto de fe de 1559 a la edad de quince años, y se pregunta: «¿Qué edad contaría cuando realizó sus hazañas militares?» (pág. 22). Evidentemente el don Juan que proponemos como posible autor del *Viaje* no es el padre de don Luis, sino Juan de Ulloa-Pereira y Ulloa-de Santo Domingo.

La cita de Fernández-Duro que reproduzco de esta monografía confirma esta suposición y nos acerca más a la probable actuación como militar en las campañas de Hungría de 1548 y 1549, como capitán del tercio de Bernaldo de Aldana (pág. 23). De ahí la quíntuple cita de este país en la obra y del conocimiento de *lo que en Hungría pasa.*

Además, en las pruebas de ingreso a que me he referido en la nota anterior, figuran los nombres de Gonzalo y de Juan «vecinos de Toro, año de 1537».

En resumen, nada definitivo proponemos en favor de Juan de Ulloa como autor de este Ms., pero en él se dan una serie de características que nos permiten componer una imaginaria pero aproximada biografía. Nacido a principios de siglo en el seno de una familia aristocrática, es iniciado en sus estudios en Valladolid, de donde pasa a oír a Súmmulas y Lógica en Alcalá. Su formación no es lo suficientemente densa como para hacer de él un helenista o poseedor de gran cultura humanística, ni tampoco para escribir castellano de alto rango literario. Entra en el servicio militar y navega con su padre y algún hermano en las galeras de la Religión. Es hecho prisionero y llevado a Constantinopla donde entra en contacto con miembros de la Orden que llevan la misión de interesarse por la suerte y el número de los cautivos. Escapa de Constantinopla, visita algunas metoxias de popes en Monte Santo y se embarca en La Caballa, para entrar en el mar Egeo con rumbo incierto, hasta llegar a Mesina. Recorre Italia, que conoce a la perfección, y atravesando Francia del mediodía, llega a Fuenterrabía, Vitoria y Burgos. Comienza a escribir sus memorias, quizá en Valladolid, y en esta ciudad entra en contacto con personas del círculo de los Vivero-Cazalla, vigilados por la Inquisición. Cuando se descubre el cónclave y se le denuncia, se presenta él mismo al Inquisidor General Valdés, según carta de éste (*Heterodoxos,* III, página 407)[81] y se le traslada a la cárcel de Corte. Condenado por el Santo Oficio en 1559, fija su residencia en Burgos (de ahí las referencias a esta ciudad, a Santo Domingo de la Calzada, a San Juan de Ortega) y continúa escribiendo sus memorias valiéndose de diferentes textos, Belon, Bassano, Menavino, Georgievits, quizá Vicente Rocca..., fantaseando sobre su odisea y especialmente declarándose médico para *penetrar* en los lugares más íntimos y recónditos del Serrallo e influir en la conciencia de los posibles lectores para ganarse su crédito. Rectifica luego su plan original y da a copiar a un amanuense el manuscrito mencionado, en fecha que no puede precisarse. Este manuscrito va a parar, en fechas sucesivas y quizá por transmisión hereditaria, a don Diego Sarmiento de Acuña, conde de Gondomar, y ya en el siglo XVIII a don Enrique Enríquez, heredero del título de Gondomar y emparentado con los Sar-

---

[81] «Cada día —escribe el Inquisidor Valdés— vienen nuevos testigos que se examinan con toda diligencia y secreto. Hase venido a presentar y está preso en la Inquisición un caballero de Toro, que se llama Juan de Ulloa Pereyra...» *(Heterodoxos,* III, Santander, 1947, pág. 413.)

mientos y con los marqueses de Poza, de Alcañices y de la Mota, implicados sus ascendientes en los dos autos de fe de Valladolid de 1559.

Hay varios puntos oscuros en la vida del tal de Ulloa y hay que esperar futuras investigaciones sobre la escasa correspondencia que nos queda de la Orden de Malta en relación con los Ulloa-Pereira, pero estoy seguro de que en esta correspondencia está la clave del enigma de la autoría.

Criterio seguido en la presente edición

Al comenzar la transcripción del Ms. 3871, que sirvió de base a la edición de la NBAE, nos enfrentamos con un dilema: o respetar fielmente el original en una transcripción paleográfica, o modernizar la ortografía y la dicción, respetando exclusivamente la sintaxis. En el primer caso la lectura sería, para la clase de lectores a la que va destinada, fatigosa y confusa. En el segundo caso quedaría sin sentido el estudio de la lengua y del habla del *Viaje* —aun cuando se trate de la copia hecha por un amanuense apresurado— llevado a cabo en el apartado correspondiente de la Introducción (págs. 42-48) y que, como ya he demostrado, es indispensable para inferir conclusiones sobre el problema de la autoría.

Entre las dos opciones, he decidido seguir un criterio intermedio, con las características siguientes:

a)   modernizo acentuación y puntuación, pero conservo sin entrecomillar los fragmentos del diálogo tal como se escriben en el manuscrito. Resuelvo en palabras completas las frecuentes abreviaturas de *que, quando, Vuestra Magestad, merced, christianos* y otras.

b)   respeto las grafías en cada una de sus variantes: *Italia / Ytalia; Çinán / Zinán / Sinán; Génova / Jénoba; Venezia / Veneçia; Hierusalem / Gerusalen; Zaragoza* por 'Siracusa', excepto en los casos que siguen:

1)   escribo con mayúscula los nombres propios.

2)   sustituyo la *v* por *u*, y la *u* por *b* o *v* según la ortografía actual.

3)   sustituyo la *i* por la *y* en nombres, adverbios y desinencias de presente en voces como *rei, lei, hai, hoi, estoi,* etc.

3)   añado o suprimo *h*, según el caso, en las formas de los verbos *ser, estar, haber, hacer, hallar* e *ir* (*hera, avía, azía,*

etcétera) para evitar confusiones, y además en o'ras voces tan frecuentes como *obra* en sentido adverbial ('cosa de', 'aproximadamente').

c) corrijo los errores ortográficos imputables al escriba y que no enmendó Serrano, como *sino* en lugar de *si no, porque* en lugar de *por que*. En cada uno de estos casos llamo la atención del lector en nota de pie de página.

En cuanto al resto de la ortografía y la sintaxis me atengo fielmente al Ms. citado, respetando, por ejemplo, las contracciones y aglutinaciones *qu'está, antél, sobrello, mandós* ('que está', 'ante él', 'sobre ello', 'mandóos').

El texto que falta en el Ms. por deterioro de sus folios, se suple con el correspondiente de *M-2 (M-6395)*, y echo mano del toledano en el texto correspondiente a la circuncisión de los turcos, que no incorporó Serrano y Sanz (págs. 385-389).

Finalmente, y a diferencia de la edición de la NBAE, introduzco las modificaciones siguientes:

a) prescindo de la división en coloquios y la sustituyo por capítulos con arreglo a los temas de conversación, según mi propio criterio.

b) reincorporo desde el comienzo los nombres originales en lugar de los traspuestos de Apatilo, Panurgo y Polítropo. El ajuste y la incorporación se explican en la Introducción y nota de pie de página correspondiente (págs. 20-21, nota 10).

c) llamo la atención del lector en los casos de error manifiesto del escriba, así como de las escasas erratas de la edición de Serrano y Sanz, en nota correspondiente.

Al igual que Serrano prescindo de la farragosa y nada original *Turcarum origo*, así como de la lista de *cuentos* que antepuso el escriba a la materia de la obra (fs. 4-11 del Ms.), a la cual me he referido en la Introducción. Al lector interesado en las partes inéditas y perdidas de ella remito al artículo de F. Meregalli, citado en la selección bibliográfica (pág. 82).

Manuscritos y ediciones del *Viaje de Turquía*[1]

M-1   *Ms. 3871,* Biblioteca Nacional, Madrid.

Procede de la biblioteca de don Diego Sarmiento de Acuña, conde de Gondomar. Tenido por autógrafo por Manuel Serrano y Sanz y discutida esta condición por M. Bataillon, ha sido base fundamental de esta edición y para contrastar el texto establecido en NBAE, II, *Autobiografías y memorias.* A este Ms. me refiero en citas y notas de pie de página.

M-2   *Ms. 6395,* Biblioteca Nacional, Madrid.

Procede, como el anterior, de la biblioteca del conde de Gondomar. Es una copia defectuosa, aunque bastante fiel, de *M-1.* No contiene la tabla o índice alfabético de temas, pormenores o «cuentos». Su escriba ha prescindido de los tres nombres griegos de los personajes con que comienza el *M-1,* reemplazándolos por los que, sin duda, tenían en el Ms. autógrafo o primero de ellos. Reproduce íntegra la historia de los turcos o *Turcarum origo,* la cual se añadió a la materia propia del *Viaje.*

E   *Ms. J-II-23,* Biblioteca del Real Monasterio de El Escorial.

Es una copia incompleta y descuidada de *M-2,* reseñada por J. Zarco Cuevas con el título de *Viaje a Turquía* en el *Catálogo de los manuscritos castellanos de la Biblioteca de El Escorial,* II (1926), pág. 110.

T   *Ms. 259, Biblioteca Pública de Santa Cruz de Toledo.*

Debió de pertenecer a la biblioteca del erudito y calígrafo Francisco Javier de Santiago Palomares. Escrito

---

[1] Para la descripción de estos Mss, véase Introducción, págs. 19-26.

con mayor cuidado y pulcritud que los anteriores, parece enmendar algunas grafías de *M-1*. Contiene además algunas descripciones, como las ceremonias de la circuncisión de los turcos, que faltan en los anteriores. Lleva como *M-1,* algunas notas marginales.

Mo   *Ms. 512,* propiedad de doña María Brey, Madrid.

Parece que procede en última instancia de la biblioteca del conde de Gondomar, según catálogo existente en la de Palacio de Madrid. Debió de ser el que vio Gallardo y reseñó en su *Ensayo* (pág. 726b-727a). Parece ser que también se inspiró en él para sugerir el título abreviado de *Viaje de Turquía.*

Ediciones

1. MANUEL SERRANO Y SANZ, en NBAE, II, Madrid, 1905, páginas 1-149, precedida por una introducción (páginas CX-CXXIII) que reproduce la tesis que ya había sostenido en la *Ingeniosa comparación entre lo antiguo y lo presente sobre Cristóbal de Villalón.* Prescinde de la *Turcarum origo,* divide la materia del *Viaje* en 11 *coloquios* y ha servido de original a las ediciones posteriores.
2. A. G. SOLALINDE, en Colección Universal Calpe núms. 38 y 43, Madrid, 1919. Lleva una breve introducción del editor en la que expone sus dudas sobre la atribución de la obra a C. de Villalón. No lleva notas ni glosario.
3. Reproducción de la anterior en Espasa-Calpe, colección Austral, núm. 246, Madrid, 1942. Contiene, como la anterior, numerosas erratas.
4. J. GARCÍA MORALES, Madrid, Aguilar, Colección Crisol, número 196, 1946. Va precedida por una introducción, lleva notas y glosario al final. Contiene dos índices, onomástico y toponímico.
5, 6, 7. Reproducción de la núm. 2 (Madrid, 1946, 47 y 65). En la última de ellas se han expurgado algunas erratas, pero se ha incurrido en otras nuevas. En ésta los personajes aparecen con los nombres folklóricos originales.
8. F. C. SÁINZ DE ROBLES, *Amigos de la Historia,* Madrid, 1973. Ésta, como todas las anteriores, está encabezada por el nombre de autor de Cristóbal de Villalón. Ninguna de ellas lleva mapas ni ilustraciones.

Hay otra edición de Aguilar, colección El Globo de Colores, adaptada a lectores juveniles, Madrid, 1963.

(Con posterioridad a la entrega del original, llegó a mis manos el enjundioso ensayo de Emilio Garrigues, *Segundo viaje de Turquía,* precedido de un bello prólogo de E. García Gómez, en edición de la Revista de occidente, Madrid, 1976.

La aguda síntesis de Garrigues —en quien se aúnan una vasta cultura y una penetrante visión de diplomático—, no tiene de común con la presente edición más que el título de la obra original. El enfoque y el propósito son distintos, pero sirve de complemento a nuestro trabajo y a los párrafos inéditos de la *Turcarum origo,* y ofrece a los lectores una impresión —«toda impresión es interpretación», según el autor— de entre los seljúcidas y otomanos de ayer y los turcos de hoy.

Merece destacarse el juicio del insigne arabista que le prologa sobre el *Viaje de Turquía:* «Libro áureo sobre el cual queda tanto por decir.»)

Selección bibliográfica[2]

B-EE

M. BATAILLON, *Erasme et l'Espagne,* París, 1937. «Traducción española de A. Alatorre. 2.ª ed. corregida y aumentada, México-Buenos Aires, Fondo de Cultura Económica, 1966.

B-BH

M. BATAILLON, fascículo del *Bulletin Hispanique,* LVIII, 2 (abril-junio, 1956), que contiene: *a)* «Andrés Laguna auteur du *Viaje de Turquía* à la lumière de recherches récentes»; *b)* V. Busacchi, «Gli studenti spagnoli di Medicina e di arti in Bologna dal 1504 al 1575»; *c)* Laguna con[teur à la prémière personne»; *d)* M. Bataillon, «les nou[veaux chrétiens de Segovie en 1510»; *e)* M. Bataillon, «Compte-rendu des t. I, III, IV et V de C. E. Dubler, *La "Materia Médica" de Dioscórides,* Barcelona, 1953-55».

---

[2] Una obra como el *Viaje de Turquía,* relativamente extensa y polifacética, requiere la consulta de una bibliografía diversa que podría clasificarse con arreglo a los apartados siguientes:

a) Manuscritos y fuentes probables de que se sirvió el autor.

b) Ensayos y estudios sobre la obra y paternidad de la misma, entre ellos la copiosa bibliografía de Bataillon, más los de Markrich, Villoslada y Gil, con los textos marginales de C. Dubler y J. J. Kincaid sobre Laguna y Villalón, respectivamente.

c) Obras que abarcan toda una miscelánea de ideas y hechos, por ejemplo, las peregrinaciones, mundo musulmán, erasmismo, actividad naval y comercial en Levante y el Mediterráneo en general, informes diplomáticos, etc.

d) Obras auxiliares como la Biblia, diccionarios y enciclopedias, refraneros, mapas y periplos (como los de Ortelius, Blaeus y D. Homen), relacionados con las etapas turca, griega e italiana del *Viaje.*

En esta selección se incluyen preferentemente las obras de los apartados *a)* y *b)*; las restantes se citan en el lugar oportuno.

B-DL

M. Bataillon, *Le Docteur Laguna auteur du Voyage en Turquie* (París, Editions Espagnoles, 1958). En esta selección de ensayos sobre el *VT* y su autor se incluyen los siguientes: *a*) «Nouvelles recherches sur le *Viaje de Turquía*» (págs. 11-41); *b*) el *a*) de la entrada anterior, páginas 43-102; *c*) *ob. cit.* en pág. 87 (Dedicatoria); *d*) «Quelques notes sur le *Viaje de Turquía*» (págs. 119-127), más el indicado *supra c*) de *B-BH* (págs. 129-139). Añade también entre otros textos la carta de Laguna al embajador Francisco de Vargas (A. G. de Simancas, *Estado,* leg. 2687, 2, f. 87 (*RABM,* XIII, 1905, pág. 135).

Belon

P. Belon du Mans, *Les observations de plusieurs singularitez et de choses memorables trouvées en Grece, Asie, Indes, Egypte, Arabie et autres pays étranges,* París, 1955 (B.N.M. 3-31163).

Brau

F. Braudel, *Le Méditerranée et le Monde Méditerranéen à l'époque de Philippe II,* I et II, París, 1966. Traducción inglesa de Siàn Reynolds, Londres-Nueva York, 1972.

Busb

O. G. de Busbecq, *Omnia quae extant opera,* Graz, 1968.

Fors-Dan

C. T. Forster y F. H. B. Daniell, *The Life and Letters of Ogier Ghiselin de Busbecq,* I y II, Londres, 1881.

BusbR

Augenio Ghislenio Busbequio, *Itinera Constantinopolitanum et Amasianum,* Anvers, 1581. Traducción Española de E. L. de Reta, Pamplona, 1610 (B.N.M., R-14324).

Colm

D. de Colmenares, *Historia de la insigne ciudad de Segovia y compendio de las historias de Castilla* (1640). Nueva edición anotada, Segovia, Academia de San Quirce, 1970.

D-Lag

C. E. Dubler, *La «Materia Médica» de Dioscórides: transmisión medieval y renacentista,* tomos IV y V («Laguna y su época» y «Glosario médico...», Barcelona, Emporium, 1953-1955).

Georg

B. Georgievits, *De Turcarum moribus Epitome.* (Véase G. A. Menavino.)

Gil

LUIS GIL y JUAN GIL, «Ficción y realidad en el *Viaje de Turquía*», en *Revista de Filología Española*, XLV, Madrid, 1962, págs. 89-160.

Giov

PAULO GIOVIO, *Commentarii delle cose de Turchi*, Roma, Vaticano, 1538.

Göll

C. GÖLLNER, TURCICA, *Die europäischen Türkendrucke des XVI. Jahrhunderts I y II*, Berlín-Bucuresti, 1961-1968.

HALag

T. HERNANDO, *Vida y labor médica del doctor Andrés Laguna*, Segovia, *ES*, XII, 1960. Separata del IV centenario del doctor Laguna, 1959, págs. 71-188.

EJar

J. DE JARAVA, *Libros de vidas y dichos graciosos, agudos y sentenciosos de muchos y notables varones Griegos y Romanos...*, Anvers, 1549.

Kah-T

H. y R. KAHANE y A. TIETZE, *The «Lingua Franca» in the Levant*, University of Illinois Press, Urbana, 1958.

Kinc

J. J. KINCAID, *Cristóbal de Villalón*, Nueva York, Twayne, 1973.

ALag

A. LAGUNA, *Pedazio Dioscórides Anazarbeo*, I y II (1555). Edición del Instituto de España, Madrid, 1968. El tomo II es facsimilar.

Lapesa

R. LAPESA, *Historia de la lengua española*, 6.ª ed., Madrid, 1965.

Leunc

J. LEUNCLAVIUS, *Historiae musulmanae Turcorum de monumentis ipsorum exscriptae libri XVIII acces. commentarii duo*, Francoforti, 1951.

Lewis

LEWIS BERNARD, *Islam and the Arab World*, Nueva York, 1976.

Lyb

A. H. LYBYER, *The Government of the Ottoman Empire*, Harvard, Historical Studies, 1913.

Llor
J. A. LLORENTE, *Histoire critique de l'Inquisition espagnole*, t. IV, París, 1818.

Mark
W. L. MARKRICH, *The «Viaje de Turquía»: a Study of its Sources, Authorship and Historical Background* (microfilm de su tesis doctoral, Berkeley, 1955).

PMex
P. MEXÍA, *Silva de varia lección*, Sevilla, 1540. Edición de SBE, I y II, Madrid, 1933-34.

Menav
G. A. MENAVINO, *I Costumi et la Vita de Turchi di - Genovese de Vultri con una Prophetia et altre cose Turchesche* (1548). Reedición de Lodovico Domenichi, con la *Prophetia* y *Miseria* de B. Georgievits, Florencia, 1551.

MPel
M. MENÉNDEZ PELAYO, *Historia de los heterodoxos españoles*, ts. II y III, Madrid, CSIC, 1956.

FMer
F. MEREGALLI, «Partes inéditas y perdidas del *Viaje de Turquía*», en *Boletín de la RAE*, LIV, mayo-agosto, 1974, págs. 194-201.

FMer-2
F. MEREGALLI, «L'Italia nel *Viaje de Turquía*», en *Annali di Ca'Foscari*, XIII: 2, Venecia, 1974, págs. 351-362.

Merr
R. B. MERRIMAN, *Suleiman the Magnificent*, Harvard University Press, Cambridge, Massachusetts, 1944.

Münst
S. MÜNSTER, *Cosmographie Universalis libri VI*, Basilea, 1550. B.N.M., sign. R-33638.

Nicol
N. DE NICOLAI, *Le Navigationi et Viaggi, Fatti Nella Tvrchia*, di__ *del Delfinato*, Venecia, 1580. B.N.M., sign. R-23456.

Olesa
F. F. OLESA MUÑIDO, *La organización naval de los Estados mediterráneos y en especial de España durante los siglos XVI y XVII*, 2 ts., Madrid, Editora Naval, 1968.

Rocca
V. ROCCA, *Historia en la qual se trata de la origen y guerras que han tenido los turcos desde su comienzo...*, Valencia, 1556.

Salvá
J. Salvá, *La Orden de Malta y las acciones navales españolas contra turcos y berberiscos en los siglos XVI y XVII,* Madrid, CSIC, Instituto Histórico de Marina, 1944.

Schev
R. Schevill, recensión de *Erasme et l'Espagne* (en el original, *Erasmus and Spain),* en *Hispanic Review,* VII, abril de 1939, págs. 93-116.

Spand
T. Spandugino Cantacuscino, *Dell'origine de Principi Turchi, et de costumi de quella natione,* Florencia, 1551.

SSanz
M. Serrano y Sanz, *Autobiografías y memorias,* Madrid, NBAE, II, 1905. Introducción, págs. CX-CXXIII; transcripción del Ms. 3871, págs. 1-149).

JVald
J. de Valdés, *Diálogo de la lengua* (1535). Edición de J. M. Lope Blanch, Madrid, Castalia, 1969.

VillC
C. de Villalón, *El Crótalon,* 2.ª ed., por A. Cortina, Madrid, Austral, 264, 1945.

Vill
C. de Villalón, *Gramática Castellana: Arte breue y compendiosa para saber hablar y escreuir en la lengua castellana congrua y deçentemente,* Amberes, 1558. Edición facsimilar y estudio de C. García, Madrid, CSIC, 1971.

Vilda
R. G. Villoslada, «Renacimiento y humanismo», en *Historia general de las literaturas hispánicas,* II, Barcelona, 1951, págs. 317-425.

Viaje de Turquía

(La odisea de Pedro de Urdemalas)

Dedicatoria

AL MUY ALTO Y MUY PODEROSO, CATHÓLICO Y
CHRISTIANÍSSIMO SEÑOR DON PHELIPE, REY D'ESPA-
ÑA, YNGALATERRA Y NÁPOLES

EL AUTOR, SALUD Y DESEO DE SINZERA FELIÇIDAD Y
VICTORIA[1].

Aquel insaçiable y desenfrenado deseo de saber y conosçer
que natura puso en todos los hombres, Çésar invictíssimo, sub-
jetándonos de tal manera que nos fuerza a leer sin fructo ninguno las fábulas y fictiones, no puede mejor executarse que con la
peregrinaçión y ver de tierras estrañas, considerando en quánta
angustia se enzierra el ánimo y entendimiento que está siempre
en un lugar sin poder extenderse a especular la infinita grandeza deste mundo, y por esto Homero, único padre y autor de todos los buenos estudios, habiendo de proponer a su Ulixes por
perfecto dechado de virtud y sabiduría, no sabe de qué manera
se entonar más alto que con estas palabras:

---

[1] Bataillon ha dedicado un extenso comentario a esta dedicatoria en
su artículo «Andrés Laguna: peregrinaciones de Pedro de Urdemalas:
muestra de una edición comentada», en *NRFH,* VI (1952), págs. 121-
137, y reproducida en *B-DL,* págs. 103-118. Contra la opinión de los
que sostienen que ésta era «una sincera y emocionada exhortación del
autor a tomar las armas contra el Turco» *(NBAR,* II, pág. CXV), el
hispanista francés demuestra con los textos de Georgievits que se
contienen en el libro de Giovan Antonio Menavino, *I costumi et la vita
de Turchi* (Florencia, 1551), que se trata de un «plagio deliberado»
(B-DL, pág. 107). El lector puede encontrar estos textos en la versión
italiana de Lodovico Domenichi (B. N. de Madrid, sign. 3-21558).

Ἄνδρα μοι ἔν[ν]επε, Μοῦσα, πολύτροπον, ὅς μάλα πολλὰ
πλάγχ[θ]η².

Ayúdame a cantar ¡o musa! un varón que vio muchas tierras
y diversas costumbres de hombres. Y si para confirmar esto hay
neçesidad de más exemplos, ¿quién puede con mejor título ser
presentado por nuestra parte que Vuestra Magestad como testigo de vista a quien este virtuoso deseo tiene tan rindido, que en
la primera flor de su jubentud (como en un espejo) le ha repre-
sentado y dado a conosçer lo que en millones de años es difíçil
alcanzar, de lo qual España, Ytalia, Flandes y Alemania dan
testimonio?³ Conosçiendo, pues, yo, christianíssimo príncipe, el
ardentíssimo ánimo que Vuestra Magestad tiene de ver y entender las cosas raras del mundo con sólo zelo de defender y aug-
mentar la sancta fe cathólica, siendo el pilar de los pocos que le
han quedado en quien más estriba y se sustenta, y sabiendo que
el mayor contrario y capital enemigo que para cumplir su deseo
Vuestra Magestad tiene (dexados aparte los ladrones de casa y
perros del ortolano)⁴ es el Gran Turco, he querido pintar al bi-

---

² Sobre esta cita de Homero, cfr. *B-DL,* pág. 109, nota 14, y mi
observación, pág. 87, nota 1. En *M-2, Mo* y *E* se ha omitido. En
T, f. 1r, se copia al margen el texto de Horacio *qui mores hominum
multorum vidit et urbes,* de *la Epístola a los Pisones,* v. 142. Ésta
parece haber sido la fuente de inspiración para Domenichi, del cual
procede, al parecer, el verso de Laguna en *Dioscórides,* pág. 5:

> Oh Musa, cuéntame las perfectiones
> del que después de las troyanas clades,
> conoció las costumbres y cyudades
> de muchas gentes y varias naciones.

³ La enumeración de estas naciones incluyendo a Alemania, puede
haberse escrito pensando tanto en Carlos V como en Felipe II. Bataillon se sorprende por el título de *César* dado a Felipe II. A esto se
añade que el nombre del monarca plantea dudas en *T* y en *E:* en este
último está borroso y en aquél está escrito con otro tipo de letra. Sin
embargo, Bataillon especifica que se alude en ello al viaje de Felipe II,
del cual escribió una relación detallada J. C. Calvete de Estrella, *El
felicíssimo viaje del príncipe don Phelipe,* Amberes, 1552. (Véase
B-DL, pág. 109, nota 15.)

⁴ *Los perros* del hortelano «que ni comen berzas ni las dejan comer
al extraño», alude al rey de Francia, perenne enemigo de los Habsburgos. Los *ladrones de casa* es una alusión más problemática: pueden
ser los moriscos o los conversos.

bo en este comentario a manera de diálogo a Vuestra Magestad el poder, vida, origen y costumbres de su enemigo, y la vida que los tristes cautibos pasan, para que conforme a ello siga su buen propósito; para lo qual ninguna cosa me ha dado tanto ánimo como ver que muchos han tomado el trabajo d'escribirlo, y son como los pinctores que pintan a los ángeles con plumas, y a Dios Padre con barba larga, y a Sant Migel con arnés a la marquesota[5], y al diablo con pies de cabra, no dando a su escriptura más autoridad del diz que, y que oyeron dezir a uno que venía de allá; y como hablan de oídas las cosas dignas de consideración, unas se les pasan por alto, otras dexan como casos reservados al Papa. Dize Dido en Virgilio: *Yo que he probado el mal, aprendo a socorrer a los míseros*[6]; porque çierto es cosa natural dolernos de los que padesçen calamidades semejantes a las que por nosotros han pasado. Como los marineros, después de los tempestuosos trabajos, razonan de buena gana entre sí de los peligros pasados, quién el escapar de Scila, quién el salvarse en una tabla, quién el dar al trabés y naufragio de

---

[5] *marquesota:* cuello alto, almidonado y hueco, generalmente blanco, usado por los hombres como adorno, llevado a veces sobre la gorguera de la armadura.

[6] Virgilio, *Eneida,* I, 630: *non ignara mali misera succurrere disco.* Esta cita y lo que sigue está tomado literalmente de B. Georgievits, «peregrinus Hierosymilitanus». Sobre los avatares de fortuna experimentados por este cautivo húngaro, véase *B-DL,* pág. 111, notas 19, 20 y 21, y *SSanz,* en la *Ingeniosa comparación,* págs. 98-99. Del último párrafo de la versión latina, he aquí la traducción:

Despojado de todos mis bienes, sujeto con cadenas, llevado como un borrico en venta de lugar en lugar, de calle en calle y de plaza en plaza por asperezas y resbaladeros de la Tracia y Asia Menor, vendido siete veces en diversas y rústicas transacciones, yaciendo allí bajo el riguroso látigo turquesco y la dura disciplina del hambre y la sed y expuesto al frío en cueros vivos, me fui forzado a apacentar rebaños y ganados, a trabajar en el campo, a cuidar los caballos y a entrenarme en el arte de la guerra. De allí emprendí la fuga y, malviviendo de las hierbas del campo y de las raíces amargas que condimentaba con algo de sal, vime aherrojado en la soledad y vagando por los confines del mundo entre voracísimas fieras. Finalmente, rechazado en venta por mercaderes y negreros fui obligado a experimentar sufrimientos por espacio de trece años bajo el yugo de los turcos y a soportar muchas miserias, calamidades, dolor y persecución por la fe católica.

las sirtes[7], otros de las ballenas y antropófagos que se tragan los hombres[8], otros, el huir de los corsarios que todo lo roban, ansí a mí me ayudará a tornar a la memoria, la cautividad peor que la de Babilonia, la servidumbre llena de crueldad y tormento, las duras prisiones y peligrosos casos de mi huida; y no mire Vuestra Magestad el ruin estilo con que va escrito, porque no como erudito escriptor[9], sino como fiel intérprete y que todo quanto escribo vi, he abraçado antes la obra que la aparençia, supliendo toda la falta de la rectórica y elegantia con la verdad, por lo qual no ha de ser juzgada la imperfectión de la obra, sino el perfecto ánimo del autor; ni es de maravillar si entre todos quantos cautibos los turcos han tenido después que son nombrados me atreba a dezir que yo solo vi todo lo que escribo, porque puedo con gran razón dezir lo que Sant Juan por Sant Pedro en el 18 capítulo de su escriptura: *discipulus autem ille erat notus pontifici et introiuit cum Iesu in atrium pontificis, Petrus autem stabat ad ostium foris*[10]. Dos años enteros después de las prisiones estube en Constantinopla, en los quales entraba como es costumbre de los médicos en todas las partes donde a ninguno otro es líçito entrar, y con saver las lenguas todas que en aquellas partes se hablan y ser mi avitaçión en las cámaras de los mayores prínçipes de aquella tierra, ninguna cosa se me ascondía de quanto pasaba. No hay a quien no mueba risa ver algunos casamenteros[11] que dan en sus escripturas re-

---

[7] *sirte:* bajío de arena. Más adelante (f. 75r) pregunta Juan a Pedro: «¿Qué llamáis dar al través? ¿Por ventura es lo que dice San Pablo padeçer naufragio? —Eso mesmo; ...», responde Pedro. La palabra *trabez,* del griego τραπήζι, «travesaño», está registrada como de la *lingua franca* del Mediterráneo (véase Kahane-Tietze, artículo 862, página 585).

[8] Cfr. Georgievits, *Prophetia,* f. Aiii *recto.*

[9] Cfr. Menavino, *ob. cit.,* pág. 4 (Dedicatoria): «Et non guardate quanto io ho scritto, sia in stilo poco ordinato et rozzo; perciochè non como erudito scrittore, ma como fedel interprete, o vero raccontatore delle cose vedute et imparate, ho dato opera più tosco allo efetto che alla aparenza: perchè dove ho conosciuto la elegantia esser per mancare, ho supplito con la verità.»

La palabra *erudito* en castellano está documentada en Corominas en 1591 (BDELC, Madrid, Gredos, 1961).

[10] San Juan, 18, 15-16. En el original, *hostium.*

[11] *casamentores,* en *E* y *Mo.* En estas líneas se tiene la impresión de que el autor, que escribió el prefacio después de la relación de sus aventuras, se nos descubre como un médico auténtico *que sabe las*

medios y consejos, conforme a las cabezas donde salen, cómo se puede ganar toda aquella tierra del turco, diziendo que se juntasen el Papa y todos los príncipes christianos, y a las dignidades de la Iglesia y a todos los señores quitasen una parte de sus haziendas, y cada reino contribuyese con tanta gente pagada, y paresçiéndoles dezir algo encaresçen el papel, no mirando que el gato y el ratón, y el perro y el lobo no se pueden iunzir para arar con ellos[12]. Ningún otro aviso ni particularidad quiero que sepa Vuestra Magestad de mí más de que si las guerras de acá çibiles[13] diesen lugar a ello y no atajasen al mejor tiempo el firme propósito de servir a Dios, no menos se habría Solimán con Philipo, que Darío con Alexandro, Xerse con Temístocles, Antiocho con Judas Macabeo[14]. Esto he conosçido por la esperiencia de muchos años y desta opinión son los míseros christianos que debaxo la subieçión del turco están, cuyo número exçede en gran quantidad al de los turcos; tienen grande esperança que su deseo ha de haber efecto, esperan que Vuestra Magestad tiene de ser su Esdra y su Josué, porque semejantes profeçías hay no solamente entre los christianos mas aún entre los mesmos turcos, los quales entre muchas tienen ésta: *padixa omoz guieliur chaferum memelequet alur, quizil almaalur capçeiler, iedigil chiaur quelezi isic maze, oniquiil onlarum bigligeder, eue yapar, bagi dequier embaglar, ogli quiezi olur, oniqui gilden zoru, christianon quielechi chicar, turqui cheresine tuscure*[15]. «Verná

---

lenguas todas. Y que «al tener acceso a las cámaras de los príncipes» (f. 45v) debe ser más digno de crédito que sus predecesores Menavino y Georgievits y más aún de copistas como Rocca y Díaz Tanco de Fregenal.

[12] Es evidente en estas líneas la escéptica ironía con que el autor acoge los buenos deseos del mismo a quien está copiando, Georgievits.

[13] Llama el autor *civiles* a las guerras entre los mismos reyes cristianos, específicamente católicos, con desprecio absoluto de los altos intereses de la Cristiandad. Recuerde el lector que la batalla de San Quintín se libró el mismo año que figura en la dedicatoria del *Viaje.*

[14] El texto literal de Georgievits en la traducción de L. Domenichi dice:

> … specialmente con la guida et gouerno d'un tale Imperatore, non più contrastarebbe Solimano a Carlo, che Dario ad Alessandro, Xerse a Themistocle, Antiocho a Giuda Machabeo.
>
> (Georg., f. Dii, r y v.)

[15] Los Mss. *Mo* y escurialense no copian las frases en turco. El toledano presenta notables diferencias en grafías respecto a *M-1* y *M-2*,

nuestro rey y tomará el reino de un prínçipe pagano y una
mançana colorada, la qual reduzirá en su ser, y si dentro de

acercándose más al original de Georgievits (ed. Wittenberg, 1562,
página 192):

Georgievits	T-259
Patissahomoz ghelur, Ciaferun memleketialur kuzul almai alur, kapseiler, iedi Yladegh Giaur keleci esikmasse, on iki Yladegh onlarum begligheder: cusi iapar, baghi diker, bahesai baghlar, egli kezi olur: on iki yldenssora Cristianon keleci esikar, ol Turki gheressine tuskure.	Patissa homoz ghelur Csiaferun memleketi alur kuzul almai alur, iediyladegh Giaur keleci esik mase, on iki yladegh onlarun beghligheder: ensi yapar, baghi diker, babessai baghlar, oglukeci olur on ikil denssora Hristianon Keleci esikar, ol Turki gheressine tuskure.

Se ve que el autor del *Viaje* ha prescindido de las grafías *k* y *gh*, extrañas al castellano, sustituyéndolas por *qu-* y *gu-*, respectivamente.

He consultado el texto de Willi Heffening, *Die türkischen Transkriptionstexte des Bartholomaeus Georgievits aus den Jahren.1544-1548* (Leipzig, Kraus reprint, 1966) y he recurrido también al profesor W. Andrews del Departamento de Near East de la Universidad de Washington (Seattle, EE. UU.), el cual me envía la siguiente nota: «Unfortunately the task (of transcription) is very, very difficult because what Pedro hears is very often quite far from the actuality of what is said and the variables of the 16th century Spanish phonetics only serve to compound the problem.» (Desgraciadamente, la tarea es muy difícil, porque lo que Pedro oye es, muy frecuentemente, lejano de lo que que en realidad se dice y las variantes de la fonética española del siglo XVI no hacen más que complicar el problema.)

El mismo Georgievits nos da la traducción siguiente:

> Verrà l'Imperadore nostro, piglerà il regno d'un prencipe infedele, piglierà anchora un pomo rosso, et lo ridurrà in sua possanza: che se infino al settimo anno non si leverà la spada de Christiani, sarà loro signore fino al duodecimo anno: edificherà case, pianterà uigne, fornirà gli horti di siepi, ingenenerà figliuoli: dopo il duodecimo anno, che egli haurà ridotto il pomo rosso in sua possanza, aparirà la spada de Christiani, la quale metterà in fuga il Turco. (Ed. cit., págs. 192-93.)

A continuación explica la profecía *(Seguita il Commentario,* páginas 192-93). Además, el lector debe considerar que la transcripción del turco osmanlí, escrito en caracteres arábigos, al moderno (desde el régimen de Kemal Atatürk, 1926) de grafismos latinos, nos aleja bastante de las palabras que escribe el supuesto Urdemalas; esto sin contar con las alteraciones morfológicas y lexicales propias de toda evolución lingüística.

siete años no se levantare la espada de los christianos, reinará hasta el duodéçimo, edificará casas, plantará viñas y zercarlas ha, hará hijos; después del duodéçimo año aparesçerá la espada de los christianos, la qual hará huir el turco»[16]. Llamánnos ellos a nosotros paganos y infieles. La mançana colorada entienden por Constantinopla, y por no saver desde quándo se han de comenzar a contar estos doze años y ver ya la cibdad en tanta puxanza y soberbia que no puede subir más, tienen por çierto que el tiempo es venido, y todas las vezes que leen esta profeçía acaban con grandes sospiros y lágrimas, y preguntándoles yo muchas vezes por qué lloraban me dezían la profeçía; y lo que por muy averiguado tienen los modernos es que brevemente y presto el rey christiano los tiene de destruir y ganar todo su imperio, y el Gran Turco con la poca gente que le quedare se tiene de recoger en la Mecha y allí hazerse fuerte, y después tornará sobre los christianos y vençerlos ha, y allí será el fin del mundo. Y no lo tenga Vuestra Magestad a burla, que no hay día que todos los príncipes no hazen leer en sus cámaras todas estas profeçías y se hartan de llorar porque el tiempo se les azerca. Verdadero profeta fue Balam fuera de Israel, y entre los paganos hubo muchas Sibilas que predixeron la verdad[17], y por eso es posible que fuera de los christianos haya quien tenga spíritu profético, quanto más que podría ser la profeçía que éstos tienen de algún sancto y haberla traduzido en su lengua. Yo no lo afirmo, pero querría que fuese verdad y ellos adivinasen su mal. Fuese Dios servido que las cosas de acá dexasen a Vuestra Magestad, y vería cómo todo susçedería tan prósperamente que ninguna edad, ningún seso[18], ningún orden ni naçión desampararía las armas en serviçio de Vuestra Magestad. Cada turco ternía en casa un esclabo que le matase y en el campo que le vendiese y en la batalla que le desamparase. Todos los

---

[16] *hará huir el turco,* como *supra* «que se tragan los hombres», complementos de persona sin preposición, rasgo frecuente en toda la obra.

[17] En punto y aparte sigue Georgievits: «Vero Propheta fu Balam anchora fuori d'Israel; et tra pagani furono molte Sibille, le quali predissero il vero: e per questo è possibile, che fuor di Christiani sia, chi habbia spirito prophetico.»

[18] *seso,* como más arriba *estrañar, esperiencia...* por «sexo», «extrañar», «experiencia», son grafías corrientes en textos y manuscritos de los siglos XVI y XVII; especialmente en casos como *seso* (*s* entre vocales) para evitar la confusión con el sonido velar *x = j* moderna *(dexar, dixeron).*

christianos griegos y armenos estiman en poco la furia del turco, porque le conosçen ser fortíssimo contra quien huye y fugaçíssimo contra quien le muestra resistençia.

Levántese, pues, Dios, y rómpanse sus enemigos, huyan delante dél aquellos que le tienen odio. Falten como falta el humo, y regálense delante la cara de Dios como la zera junto al fuego. Plegue a Dios omnipotente, Çésar invictíssimo, que con el poder de Vuestra Magestad aquel monstruo turquesco, vituperio de la natura humana, sea destruido y anichilado de tal manera, que torne en livertad los tristes christianos oprimidos de grave tiranía, pues çiertamente después de Dios en sólo Vuestra Magestad está fundada toda la esperança de su salud. Hame paresçido dedicar este libro de las fatigas de los christianos cautivos a Vuestra Magestad, que el mundo conosçe ser sólo aquél que puede y quiere dar remedio a estos trabajos, y esperamos que en breve lo hará.

Alegremente rescibió Artaxerxes, rey de Persia, el agua que con entrambas manos le ofresçió un día caminando un pobre labrador, por no tener otra cosa con qué servirle, conosçiendo su voluntad, no estimando en menos resçibir pequeños serviçios que hazer grandes merçedes. Sola la voluntad de mi baxo estilo, con que muestro las fatigas de los pobres cautivos, resciba Vuestra Magestad, a quien conserve Dios por muchos años con au(g)mento de salud para que con felices victorias conquiste la Asia y lo poco que de Europa le queda.

(A primero de março 1557)[19].

---

[19] Como podrá comprobar el lector, el final de esta dedicatoria difiere de la que reprodujo Serrano y Sanz en su edición (pág. 3a) y de la que copian equivocadamente las ediciones posteriores. Está copiada del Ms. toledano, cuyo escriba rehizo inteligentemente el final refundiendo el último párrafo con el apotegma de Artajerjes, el cual forma un cuarteto con los otros tres (de Simónides, Terámenes y Filipo) que se intercalan en el sermón de Juan de Voto a Dios con que termina la obra. He añadido entre paréntesis la fecha de *primero de março de 1557,* con que terminaba la primera redacción, pero al añadirse en fecha posterior la anécdota de Artajerjes con las palabras finales, idénticas a las de la primera, no tenía sentido añadir fecha alguna al quedar el Ms. en su forma definitiva, y sin fecha determinada.

(Sobre los apotegmas de Erasmo, *Gil* cita la traducción del Marqués de Tarifa, de Zaragoza, 1552. Markrich, la edición latina de Guillelmu Thibout, París, 1555. Véase *Gil,* pág. 135, nota 2; *Mark,* pág. 144.)

Evidentemente, Serrano y Sanz consideró una postdata la adición que comienza con la palabra *Alegremente...* y la añadió después del último párrafo: *Conserve Dios a vuestra cesárea Magestad por muchos años con augmento de salud, para que con feliçes victorias conquiste la Asia y África y lo poco que de Europa le queda.* (A continuación, la fecha, de la que el escriba o el que rectificó la terminación, tachó el año.) El escriba toledano suprimió este párrafo y escribió a continuación el apotegma citado, alterando la palabra *servir* en *servirle,* suprimió desde *pues cognosçe el mundo...* hasta *la esperança de su salud,* y acomodó las frases finales alterando su orden, para dar una versión lógica a los dos párrafos.

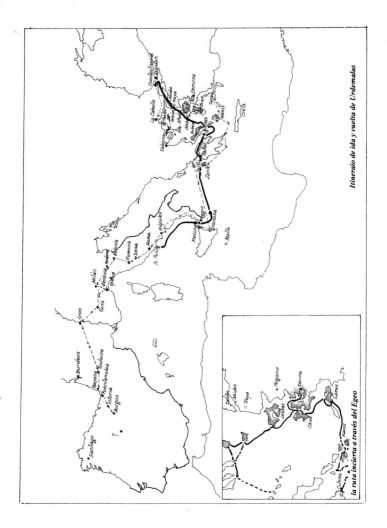

Itinerario de ida y vuelta de Urdemalas

la ruta incierta a través del Egeo

PRIMERA PARTE

La odisea [1] de Pedro de Urdemalas

---

[1] Hemos subtitulado el libro con la palabra *odisea,* porque nuestro héroe Urdemalas es, como dijo Bataillon, «un Ulises cristiano».

CAPÍTULO PRIMERO

El peregrino de Santiago [2]

Initium sapientiae timor Domini [3].

Juan de Voto a Dios, Mátalascallando, Pedro de Urdemalas [4].

JUAN.—La más deleytosa salida y más a mi gusto de toda la çibdad y de mayor recreación es ésta del camino francés [5], ansí por la frescura de las arboledas, como por gozar de la diversidad de las gentes, variedad de naçiones, multitud de lenguas y trajes que Señor Santiago nos da por huéspedes en este su peregrinaje.

MATA.—Como todas las cosas que debaxo de la luna están tienen su haz y embés, tampoco ésta se puede escapar, por donde yo la tengo poco en uso.

---

[2] Véase *supra,* nota 26.

[3] El diálogo comienza con el *Initium sapientiae* (f. 11r) al igual que en los de Luis Vives. Los siete folios anteriores (4r-10v) se dedican a la *Tabla* o índice a que hemos hecho mención al tratar de los manuscritos en la Introducción (pág. 19).

[4] No sigo a *SSanz* en la reproducción de los nombres griegos de los tres personajes, cuya etimología —impresa con deficiencias— explica en la misma página *(Ingeniosa comparación,* pág. 8; nota 30). El editor identifica al primero, *Apatilo* (gr. ἐξαπατάω, 'engañar'), con Alonso del Portillo, rector de la Universidad de Alcalá; al segundo, *Panurgo* (gr. πανοῦργος = astuto), con el clérigo Granada, fundador con el primero del Hospital de la Resurrección de Valladolid, y al tercero, *Polítropo* (gr. πολύτροπος = multiforme), con Cristóbal de Villalón.

[5] *real* fue tachado en este Ms. y sustituido por *francés.*

JUAN.—Al menos es çierto que aunque Dios la criara perfecta, en vuestra boca no le tiene de faltar un *sino*, como es de costumbre; ¿qué tacha ó falta tiene?

MATA.—No me la iréis a pagar en el otro mundo, ansí Dios me ayude.

JUAN.—Si no habláis más alto, este aire que da de cara no me dexa oír.

MATA.—Digo que es gran trabajo que por todo el camino a cada paso no habéis de hablar otra palabra sino *Dios te ayude*. Verdaderamente, como soy corto de bista, aquel árbol gru[e]so y sin ramas questá enmedio del camino todas las vezes que paso junto a él, pensando que me pide, le digo: *Dios te ayude*.

JUAN.—Buen remedio.

MATA.—Eso es lo que deseo saver.

JUAN.—Darles limosna y callar.

MATA.—A sólo vos es posible tal remedio, que como sois de la compañía de Juan de Voto a Dios no pueden faltar, por más que se dé, las cinco blancas en la bolsa[6], pero a mí que soy pobre, mejor m'está demandar que dar.

JUAN.—Nadie es tan pobre que alguna vez no tenga que dar una blanca, o un poco de pan, o al menos un pedazo de compasión de no tener que dar y dolerse del pobre; pero vos sois amigo de beber la tarja que sobra y no acordar que hay mañana.

MATA.—La mayor verdad es que al propósito se puede dezir, y por tal no la contradigo, y pues jugamos el juego de dezirlas, quiero también yo salir con la mía.

JUAN.—No de manera que muerda ni queme.

MATA.—No dexará señal más que un rayo. Veinte y más años ha que nos conosçemos y andamos por el mundo juntos y en todos ellos, por más que lo he advertido, me acuerdo haberos visto dar tres vezes limosna; sino al uno: ¿por qué no sirves un amo?; al otro: gran necesidad tenía Santiago de ti; al otro: en el ospital te darán de cenar; y a bueltas desto, mil consejos airadamente porque piensen que con buen zelo se les dize. Pues el *Dios te ayude,* ¿yo de quién lo aprendí sino de vos, que en mi tierra a solos los que esternudan se les dize esa salutación? Creo

---

[6] «A Juan de Voto a Dios... Dios le ha dado la gracia de hallar cinco blancas cada vez que se hurga en su bolsa» *(Correas).* (Cfr. Bataillon, «Pérégrinations espagnoles du juif errant», en *BH,* XLIII, 1944, 2, págs. 81-122.) Sobre la localización del diálogo, véase *infra,* notas 34 y 39.

que pensáis que por ser de la casa de Voto a Dios[7] sois libres de hazer bien, como quien tiene ya ganado lo que spera; pues mandós[8] yo que a fe no estáis más çerca que los que somos del mundo, aunque más ospitales andéis fabricando. Mas dexado esto aparte, en todo el año podíamos salir a tiempo más a vuestro propósito ¿no miráis quánto bordón y calabaza? ¿cómo campean las plumas de los chapeos? Para mí tengo que se podría hazer un buen cabezal de las plumas del gallo de señor Sancto Domingo[9]. Bien haya gallo que tanto fructo de sí da. Si como es gallo fuera oveja, yo fiador que los paños vaxaran de su preçio. ¿Pensáis que si el clérigo que tiene cargo de rrepartirlas hubiera querido tratar en ellas que no pudiera haber embiado muchas sacas a Flandes?

JUAN.—Mirad aquel otro bellaco tullido qué regozijado va en su caballo y qué gordo le lleba el vellaco; y esta fiesta pasada,

---

[7] Acerca de esta fabuloso personaje el lector debe considerar los matices de *Vota-diós (Crótalon,* cantos IV y XI), *Voto a Dios* y *De-voto a Dios* o Juan de Dios, fundador del hospital *de* Granada *(B-DL,* págs. 24-31). Véase igualmente en la *Silva* de Mexía, *Juan de Espera en Dios* o *Juan de los Tiempos (Silva,* III, *SBE,* II, 1934, página 206).

[8] *mandós* por 'mandó-os': es frecuente en el *Viaje* la aglutinación del verbo con el pronombre.

[9] *El gallo de Santo Domingo de la Calzada,* uno de los hitos en el camino de Santiago. La mención hace referencia al gallo y la gallina que empezaron a cantar en el asador para dar testimonio de la inocencia de un niño que iba en peregrinación con sus padres. El muchacho fue acusado de hurto por una sirvienta que pretendía sus favores y condenado a morir en la horca. Al regreso, sus padres encontraron al niño con vida gracias al testimonio de las aves. Todo ello según el testimonio del señor de Caumont, contenido en *Le Guide du Pélerin* (Ed. J. Vieilliard, pág. 135), reproducido en *Las peregrinaciones a Santiago de Compostela,* de L. Vázquez de Parga, J-M. Lacarra y J. Uría, Madrid, C. S. I. C., 1946-49, páginas 577-579.

Véase también M. Bataillon en *Varia lección de clásicos españoles,* Madrid, Gredos, 1966, págs. 256-258, «La denuncia mentirosa de *La Gitanilla»,* donde se reproduce la relación que el arquero real Henri Cock hace del milagro de Santo Domingo de la Calzada, recogida por A. Morel-Fatio y A. Rodríguez Villa en *La jornada de Tarazona hecha por Felipe II,* Madrid, 1879, pág. 52.

Sobre la polémica *caridad o beneficencia en general,* del s. XVI, y la fundación de hospitales, véanse la obra de Elma M. de Giginta y la de F. Márquez Villanueva, *Espiritualidad y literatura en el siglo XVI,* Madrid, Alfaguara, 1968, págs. 124-135.

quando andaba por las calles a gatas, qué bozes tan dolorosas y qué lamentaziones hazía. El intento del ospital de Granada[10] que hago es por meter todos estos y que no salgan de allí y que se les den sus raziones. Para éstos son propios los ospitales y no los habían de dexar salir dellos sino como casa por cárzel, dándoles sus raziones suficientes como se pudiesen substentar.

MATA.—Si eso ansí fuese, presto habría pocos pobres aplagados.

JUAN.—Claro es que no quedaría ninguno.

MATA.—No lo digo por eso, sino porque en viéndose enzerrados, todos se ahorcarían y buscarían maneras cómo se matar. ¿Luego pensáis que los más si quisiesen no ternían[11] sanas las llagas?

JUAN.—¿Por qué no lo hazen?

MATA.—Porque ternían enfermas las bolsas, las quales agora están bien aforradas. No hay hombres destos quen un librico no traiga por memoria todas las cofradías, memorias, proçesiones, ledanías y fiestas particulares de pueblos para acudir a todo por su orden; dezid, por amor de mí, ¿quántas ferias habéis visto que en la çibdad ni sus derredores se hagan sin ellos?

JUAN.—Opinión es de algunos de nuestros theólogos que son obligados a restitución de todo lo que demandan más de para el substentamiento de aquel día, so pena de malos christianos.

MATA.—Mejor me ayude Dios, que yo [no] los tengo por christianos[12] quanto más por buenos. Ni preçepto de todos los de la ley guardan.

JUAN.—Eso es mal juzgar sin más saber.

MATA.—Ellos, primeramente, no son naturales de ningún pueblo, y jamás los vi confesar, ni oír misa, antes sus bozes ordinarias son a la puerta de la iglesia en la misa mayor y en las menores de persona en persona, que aun de la devoçión que

---

[10] Sobre la distinción de Hospital *de* Granada y Hospital *en* Granada (Mss. *M-2, E* y *Mo)*, véanse *B-DL,* págs. 24 y ss. Esta redacción *de Granada* fue sin duda lo que indujo a Serrano y Sanz a tomar al clérigo Granada, fundador del Hospital de la Resurrección, como un personaje en el *Viaje.*

[11] *terná, ternía,* formas verbales vigentes en el siglo XVI («malo verná que bueno me hará», escribe Juan de Valdés).

[12] Serrano corrigió «no los tengo por cristianos...». He consultado el Ms. *M-1* de nuevo para cerciorarme y no veo la negación. Lo mismo he verificado en los Mss. toledano y escurialense. En *M-1* esta frase viene subrayada. Los subrayados y llamadas de atención se prodigan en el mismo.

quitan tienen bien que restituir, y no me espantan éstos tanto como el no advertir en ello los que tienen cargo, que jamás hubo obispo, ni probisor, ni visitador, ni cura, ni governador, ni corregidor que cayese en la quenta de ver cómo nunca estos que piden por las iglesias oyen misa, y si la oyen quándo; al menos yo en todas las horas que se dizen, mirando en ello todo lo posible, no lo he podido descubrir; aun quando alzan apenas se ponen de rodillas, ni miran allá; en lo que dixistes de la restitución, querría preguntaros, no quánto os han restituido, porque no tienen, que pues tampoco les habéis dado; pero ¿quánto[13] habéis visto u oído que han restituido?

JUAN.—Restituir no les vi jamás, pero vender hartas camisas y pañizuelos que mujeres devotas les dan, infinitas, entre las quales, por no ir lexos, esta semana vendió uno tres, y se andaba con todo el frío que hazía en vivas carnes.

MATA.—¡Qué bien andada tenía la mitad del camino para los çient azotes que meresçía si el corregidor lo supiera[14] hazer! Mas hay algunos ministros destos quel rey tiene para la justiçia, tan ipócritas en estos pequeños negoçios, que pensarían que pecaban gravísimamente en ello, aunque más acostumbrados estén a pasar sobre peine casos más graves.

JUAN.—¿No es poco grabe éste?

MATA.—Llamo casos grabes, como ellos también, los de importançia que hay en qué ganar y de qué sacar las costas; y estos otros bordoneros[15], ¿pensáis que en las aldeas no saben zebar las gallinas con el pan del zurrón y tomarles la cabeza debaxo el pie[16]? Bien podéis creer que no se dexan morir de hambre, ni se cansan de las jornadas muy largas; no hay despensa de señor mejor probeída que su zurrón, ni se come pan

---

[13] El copista escribió *quanto* y así lo transcribió Serrano, pero es indudable que la lección es *quando*, según se desprende del párrafo anterior y de la respuesta siguiente de Juan, con el adverbio *jamás*.

La enumeración de cargos que acumula Mátalas (obispo, provisor, visitador, etc.) y las dos oraciones negativas a continuación están subrayadas en el Ms. hasta el primer *quándo*.

[14] *supiera* por *hubiese sabido* (Introducción, pág. 48).

[15] *bordoneros:* «que llevan el bordón o bastón de peregrinos», equivalente a 'mendigos', 'pordioseros'. (En Juan de Valdés «... bordones de necios».)

[16] *debaxo el pie,* como «cerca los muros», «empacho descubrirse», «enseñan leer»». Los complementos sin preposición son abundantes a lo largo de toda la obra, pero tanto se puede atribuir a una sintaxis defectuosa del autor, como al apresuramiento del amanuense.

con mayor libertad en el mundo; no dexan, como los más son gascones y gabachos, si topan alguna cosa a mal recado, ponerla en cobro, quando entran en las casas a pedir limosna, y quando buelven a sus tierras no van tan pobres que les falten seis piezas de oro y mantenidos[17].

JUAN.—Gran devoçión tienen todas estas naçiones estrangeras; bien en cargo les es Santiago[18].

MATA.—Más que a los españoles, principalmente a los vezinos de Orense y toda Galiçia, que en verdad que tengo por cierto que de mill ánimas no va allá una, ni aun creo que de diez mill.

JUAN.—¿Qué es la causa deso?

MATA.—Que piensan, que por ser su vezino que ya se le tienen ganado por amigo, como vos, que por tener el nombre que tenéis, os pareçe no es menester creer en Dios ni hazer cosa que lo parezca.

JUAN.—Mirá lo que dezís y reportaos, porque salís del punto que a ser yo cristiano debéis.

MATA.—No lo digo por injuriaros ni pensar que no lo sois; pero, como dizen, una palabra saca otra; dexémonos de metrificar; agora sepamos...

---

[17] A partir de este punto desaparecen los nombres de los personajes Apatilo, Panurgo y Polítropo y se *restablecen* (la subrayado mío) los primitivos Juan de Voto a Dios, Mátalascallando y Pedro de Urdemalas (que aún no había aparecido en escena). Además, dice *SSanz* —equivocándose— que el *Viaje* es la primera obra literaria donde figura como protagonista Pedro de Urdemalas (véase nota 25).

El error de Serrano es evidente. Después de *debaxo el pie* se interrumpe lo escrito, viene un medio folio en blanco, como separación, y en el folio que sigue hay 16 renglones tachados y prosigue *bien podéis creer*, pero comienza una nueva numeración por páginas o planas con el número 3 (la media hoja en blanco serían las páginas 1-2) con el propósito de acoplar lo escrito a la tabla de los folios 4-11. Indicación clara, por tanto, de que esta tabla es un añadido a lo sobreescrito con el fin de tener todo el conjunto listo para la imprenta a la vez que se localizaban más específicamente en el diálogo los episodios o peripecias de la narración.

El plural *gascones* y *gabachos* alude a los franceses del Mediodía, vecinos a España, que inundaban por estos dos siglos las ciudades castellanas. La denominación de *gabacho* se originó de Gave, Pirineos, y se extendió a todo habitante de la nación vecina. *Gascón,* como *vascón,* propiamente vecino de Gascuña o Aquitania; así los nombra el Codex Calixtinus (ed. de Vieilliard, cit. en nota 111).

[18] *bien en cargo,* 'tener deuda de gratitud', como en *Celestina,* acto 12: «hijos, en mucho cargo os soy» *(Dicc. Hist.).*

JUAN.—Estos clérigos que aquí ban, en sus tierras no deben de tener benefiçios, que de otra manera no irían pidiendo.

MATA.—También a vueltas destos suele haber algunos vellacos españoles que hazen de las suyas, y se juntan con ellos, entre los quales vi una vez que andaban seis confesando y tomaban el nombre del penitente, y escribían algunos de los pecados y comunicábanselos uno a otro. Después venía uno de los compañeros que se trocaban, y tomábale en secreto diziendo que por qué no se emendaba[19], que Dios le había rebelado que tenía tal y tal vicio, de lo qual quedaba el pobre penitente muy espantado y lo creía, y con esto les sacaban dineros en quantidad.

JUAN.—¿Y a esos qué les hizieron, que dignos eran de grande pena?

MATA.—No nada, porque no los pudieron cojer; que si pudieran, ellos fueran a remar con Iesu Christo y sus Apóstoles y el Nuncio que están en las galeras[20].

JUAN.—También fue la de aquellos solemne vellaquería.

MATA.—Bien solenemente la pagan. Ansí la pagaran estos otros, y quizá no hubiera tantos vellacos.

JUAN.—¿Mas quién se va a confesar con romeros ni forasteros, teniendo sus propios curas y confesores?

MATA.—Las bulas de la Cruzada lo permiten, que antes a todos los forzaban a confesarse con sus curas; mas hay algunos idiotas y malos christianos que no han tenido vergüenza de pecar contra Dios, ni de que Dios lo sepa y lo vea, y temen descubrirse al confesor que conoscen, paresciéndoles que quando le encontraren los ha de mirar de mal ojo, no mirando que es hombre como ellos, y buscan estos tales personas que los confiesen que nunca más las hayan de ver de sus ojos; pues las horas canónicas que estos clérigos rezan, de como salen de sus tierras fasta que buelvan, se vayan por sus ánimas, que yo no les veo traer sino unas horas pequeñas, francesas en la letra y portoguesas por de fuera con tanta grosura[21].

---

[19] en el texto, «*porque* no se emendaba...», evidente error del copista.

[20] en *M-1,* tachado *Iesu Christo y sus Apóstoles.* Sobre este punto, cfr. Bataillon, *B-DL,* págs. 30-41 y notas, con abundante bibliografía; *Crótalon,* canto IV, y P. Rivadeneyra, *Tratado de la tribulación* (NBAE, LX, pág. 435b).

[21] *francesas* por las letras diminutas de los libros de Horas, y *portuguesas* (como *góticas* en *Don Quijote),* por el tamaño desproporcionado de las del título (véase *portuguesada* en *Dicc. de la R. A. E.).*

JUAN.—Pues la mejor invención de toda la comedia está por ver; ya me maravillava que hubiese camino en el mundo sin fraires. ¿Vistes nunca al diablo pintado con ábitos de monje?

MATA.—Hartas vezes y quasi todas las que le pintan es en ese hábito, pero vibo ésta es la primera; ¡maldiga Dios tan mal gesto! ¡valdariedo, saltatrás, Jesús mill vezes![22] El mesmo hábito y barba que en el infierno se tenía debe de haber traído acá, que esto en ninguna orden del mundo se usa[23].

JUAN.—Si hubieses andado tantas partes del mundo como yo, no harías esos milagros. Hágote saber que hay mill quentos de invenciones de fraires fuera d'España, y este es fraire estrangero. Bien puedes aparejar un *Dios te ayude,* que hazia nosotros endreça su camino.

MATA.—Siempre os holgáis de sacar las castañas con la mano ajena. Si sacáis ansí las ánimas de purgatorio, buenas están. *Abran hucia.*

JUAN.—Deogracias, padre.

PEDRO.—*Metania*[24].

MATA.—¿Qué dize?

JUAN.—Si queremos que taña.

MATA.—¿Qué tiene de tañer?

JUAN.—Alguna çinfonía que debe de traer, como suelen otros romeros[25].

MATA.—Antes no creo que entendistes lo que dixo, porque

---

[22] Los personajes ven venir a Pedro. *Valderiedo* por *vade retro,* vulgarismo a lo Sancho Panza, hace pensar en algún pueblo, de nombre similar, de Castilla la Vieja o región cercana (Valderias, Burgos; Valderejo, Álava).

[23] La escena es de gran comicidad. Los dos compinches ven llegar a un *fraire* (más cercano a *freire* de la Orden de San Juan, que *fraile),* en hábito estrafalario, como Lactancio se presenta al Arcediano del Viso en el diálogo de Alfonso de Valdés. El socarrón de Mátalas se asombra, y su cordial enemigo Juan, con aire de autosuficiencia, por «su larga experiencia de peregrino», finge estar acostumbrado a estas apariciones. El *ab renuntio* se convierte en *abran-la-hucha.*

[24] *metania,* del gr. μετάνοια, propiamente 'penitencia', fórmula de saludo. Para ésta y otras frases y todo lo concerniente al léxico griego, debe consultarse *Gil* (véase Selección bibliográfica). Especialmente para esta voz, pág. 141.

[25] Colmenares refiere que vinieron unos flamencos con nombre y traje de peregrinos a Santiago; «traían unos violones que tañían con destreza» (Colm. pág. 284).

no trae aun en el ábito capilla[26] quanto más flauta ni guitarra. ¿Qué dezís, padre?

PEDRO.—*O Theos choresi*[27].

MATA.—Habla aquí con mi compañero, que ha estado en Jerusalem y sabe todas las lenguas.

JUAN.—¿De qué paris estar bos?

PEDRO.—*Ef logite pateres*[28].

JUAN.—Dice que es de las Italias, y que le demos por amor de Dios.

MATA.—Eso también me lo supiera yo preguntar; pues si es de las Italias ¿para qué le habláis negresco? Yo creo que sacáis por discreción lo que quiere, más que por entendimiento. Ahora yo le quiero preguntar: *Dicatis socis latines?*

PEDRO.—*Oisque afendi*[29].

MATA.—¡Oíste a bos! ¿Cómo, puto, pullas me echáis?

PEDRO.—*Grego agio Jacobo.*

MATA.—Mala landre me dé si no tengo ya entendido que dize que es griego y ba a Santiago.

JUAN.—Mas ha de media hora que le tenía yo entendido, sino que disimulaba, por ver lo que vos dixerais.

MATA.—¿Media hora dezís? más creo que ha más de veinte años que lo disimuláis; sois como el tordo del ropavejero nuestro vezino, que le pregunté un día si sabía hablar aquel tordo, y respondióme que también[30] sabía el *Pater noster,* como la *Abe Maria.* Yo para mí tengo que habláis también griego como turquesco.

JUAN.—Quiero que sepáis que es vergüenza pararse hombre en medio el camino a hablar con un pobre.

MATA.—Bien creo que os será harta vergüenza si todas las vezes han de ser como ésta; mas yo reniego del compañero que de quando en quando no atrabiesa un trumpho[31]. Debéis de saber las lenguas en confesión.

---

[26] *capilla:* 'esclavina', parte del atuendo del peregrino, con el balandrán, chapeo, bordón, venera y calabaza.

[27] Ὁ Θέος σχορέσει, «Dios te perdone» (Gil, pág. 148). El Ms. escurialense evita estas primeras fases en griego y salta a la siguiente pregunta de Juan. El adagio *sacar las castañas del fuego* se halla en Correas como *sakar las kastañas kon la mano del gato.* El Ms. toledano transcribe *otheos coresi.*

[28] Ε'υλογειτε, πατέρες, «padres, su bendición» *(Gil,* pág. 155).

[29] ὅίσχε ἐφένδι «no, señor» *(íd.,* pág. 155).

[30] escrito *también* en las dos frases; más lógico es *tan bien.*

[31] *atravesar un triunfo:* apostar alguna cosa fuera de lo que se juega *(Dicc. Hist.).*

JUAN.—¿En qué?

MATA.—En confussión, porque como sabéis tantas, se deben confundir unas con otras.

JUAN.—Es la mayor verdad del mundo.

PEDRO.—*Agapi Christu elemosini.*

JUAN.—Dize qué...

MATA.—Dalde vos, que ya yo entiendo que pide lismosna. ¿Queríais ganar onrra en eso conmigo? Cristo[32], limosna ¿quién no se lo entiende? Las berzeras lo costruirán. Preguntalde si sabe otra lengua.

JUAN.—*¿Saper parlau franches o altra lingua?*

MATA.—Más debe saver de tres, pues se ríe de la grande necedad que le paresce haber vos dicho con tanta ensalada de lenguas.

JUAN.—El aire me da que hemos de reñir, Mátalascallando, antes que volbamos á casa.

MATA.—¡Cómo! ¿Tengo yo la culpa de que esotro no entienda?

JUAN.—Yo juraré en el ara consagrada que no sabe, aunque sepa cient lenguas, otra más elegante que ésta.

MATA.—Eso sin juramento lo creo yo, que él no sabe tal lengua, que por eso no responde.

JUAN.—Pues que estáis hecho un spíritu de contradictión, ¿sabrá ninguno en el mundo, agora que me lo hazéis dezir, hablar donde Juan de Voto a Dios habla?

MATA.—No por cierto, que aun en el mundo no se debe hablar tal lenguaje.

PEDRO.—No pase más adelante la riña, pues Dios por su infinita bondad (el qual sea vendito por siempre jamás) me ha traído a ber lo que mis ojos más han deseado, después de la gloria, ¡Oh mis hermanos y mi bien todo!

JUAN.—Deo gracias, padre, tenéos allá, ¿quién sois?

MATA.—¡Hideputa, el postre![33] ¡Chirieleison, chirieeleison! Bien deçía yo que éste era el diablo. ¡*Per signun crucis* atrás y adelante!

[32] El copista es inconsecuente con sus grafías y usos gramaticales. A veces escribe *Christo;* otras, *Cristo.* En ocasiones escribe *cons—,* otras, *cos-,* como en este caso; emplea superlativos en *íssimo* o en *ísimo, preguntadle* o *preguntalde.* El lector queda advertido de estas variantes que evito anotar en el resto de este comentario.

[33] *¡el postre!,* como hoy decimos «¡lo que faltaba!». Esta naturalidad en el uso de la lengua coloquial da al diálogo un verismo insuperable.

JUAN.—Esperadme, hermano, ¿dónde vais? ¿qué ánimo es ése?

MATA.—No oigo nada; Ruin sea quien volbiere la cabeza; en aquella ermita si quisieres algo.

JUAN.—Tras nosotros se viene; si él es cosa mala, no puede entrar en sagrado; en el humilladero le espero; y si es diablo, ¿cómo dezía cosas de Dios?; acá somos todos.

MATA.—Agora venga si quisiere.

JUAN.—De parte de Dios nos di quién eres o de qué parte somos tus hermanos.

PEDRO.—Soy muy contento si primero me dais sendos abrazos. Nunca yo pensé que tan presto me pusierais en el libro del olvido. Aunque me veis en el ábito de fraire peregrino, no es ésta mi profesión.

MATA.—¡O más que felicíssimo y venturoso día, si es verdad lo que el coraçón me da!

JUAN.—¿Qué es, por ver si estamos entrambos de un parescer?

MATA.—¡O, poderoso Dios! ¿éste no es Pedro de Urdimalas, nuestro hermano? Por el sol que nos alumbra él es. El primer abrazo me tengo yo de ganar. ¡O!, que sea tam bien venido como los buenos años.

PEDRO.—Nos lleguéis tanto a mí, que quizá llevaréis más jente de la que traéis con vosotros.

JUAN.—Aunque pensase ser hecho tajadas, no dexaré de quebraros las costillas a poder de abrazos.

PEDRO,—Esos dádselos vos a esotro compañero.

JUAN.—¡Quán cumplida nos ha hecho Dios, vendito él sea, la tan deseada merced! A mí se me debían de razón todas estas albricias.

MATA.—Es ansí, porque me traxistes por este camino; pero con más justa rraçón las había yo de haber, que con estar tan disimulado le conoscí el primero.

PEDRO.—Ya yo pensé que las hubierais ganado de mi madre Maricastaña[34], que está diez leguas de aquí. Según el correr

_____

[34] *mi madre Maricastaña, que está a diez leguas de aquí.* El empleo de este nombre proverbial del folklore español, como más adelante el de Celestina (62v), unido a los de los tres interlocutores, indica claramente que el autor quiere dar a su obra el tono de un libro de facecias o burlas (cfr. Bataillon, "El sentido del *Lazarillo de Tormes",* París, 1954, y *La vie de Lazarillo de Tormes,* París, Aubier, 1958). Sin embargo, parece que *SSanz* tomó de la afirma-

que denantes llevabais huyendo de mí, no sois bueno para capitán; pues huís de un hombre mejor lo haréis de muchos.

MATA.—No m'espanté yo de vos en quanto hombre, sino, para deziros la verdad, como yo jamás he visto desos trajes otra vez, me parescistes qualque fantasma; y si no lo créis, tomad un espejo y a vos mesmo pongo por testigo.

JUAN.—Pues hermano Pedro, ¿qué tal venís? ¿dónde os preguntaremos? ¿en qué lengua os hablaremos? ¿qué hábito es éste? ¿qué romería? ¿qué ha sido de vos tantos mill años ha?

MATA.—¿Qué diremos desa barbaza ansí llena de pajas? ¿desos cabellazos hasta la cinta, sin peinar? ¿y vestido de d'estameña con el frío que haze? ¿Cómo y tanto tiempo sin haber escrito una letra? más ha de quatro años que os teníamos con los muchos, sin haber ya memoria alguna de vos.

PEDRO.—Una cabeza de yerro que nunca se cansase, con diez lenguas, me paresce que no bastaría a satisfazer a todas esas preguntas. Al menos yo no me atreberé, si primero no vamos a beber, a comenzar a responder a nada.

JUAN.—Tal sea mi vida como tiene razón; mas primero me paresce que será bien que *Mátalas Callando* vaya por un sayo y una capa mía para que no seáis visto en ese ábito, y entre tanto nos quedaremos nosotros aquí.

PEDRO.—¿Mudar hávitos yo? Hasta que los dexe colgados de aquella capilla de Santiago en Compostella, no me los verá hombre despegar de mis carnes[35].

JUAN.—No lo digo sino por el dicho de la jente. ¿Qué dirán si os ven desa manera?

---

ción *que está a diez leguas de aquí,* como más adelante la de *aun a mi madre con estar tan cerca,* la suposición de que el hipotético Villalón debió de ser natural de Villalón de Campos o de Valbuena de Duero, pueblos situados a esta distancia de la capital castellana. Creo que la doble afirmación reiterativa apunta, si, como sospecho la obra puede atribuirse a Juan de Ulloa Pereira, no a Valbuena de Duero, sino a La Mota del Marqués o a Toro, localidades situadas a una distancia de Valladolid sensiblemente igual a diez leguas y relacionadas con los marqueses de igual título, que Llorente menciona (véase *supra*, pág. 67).

[35] Bataillon procede de la misma manera (véase nota anterior) al establecer un paralelismo o coincidencia entre el *peregrino* Pedro de Urdemalas y el que está grabado en la laude del Doctor Laguna. En el supuesto de que Laguna fuera el propio Urdemalas en la ficción, sería interesante averiguar qué móviles le indujeron a llevar a cabo este supuesto viaje (Cfr. *B-DL,* págs. 19-20, notas 21-24; también Introducción, notas 64 y 65).

PEDRO.—Digan, que de Dios dixeron; quien no le paresciere bien, no se case conmigo.

MATA.—Obligados somos a hazer muchas cosas contra nuestra voluntad y probecho por cumplir con el vulgo, el qual jamás disimula ni perdona cosa ninguna.

JUAN.—No se sufre que hombre os vea ansí ¡válame Dios! No eran menester otros toros en la cibdad. Luego los muchachos pensarían que tenían algún duende [en] casa.

PEDRO.—Como dixo Pilatos: *quod scripsi, scripsi* [36], digo lo que dicho tengo.

MATA.—Yos doy mi fe no fuese con vos ansí como vais por la cibdad, aunque me diesen mill ducados. Parescéis capellán de la varca de Charonte

PEDRO.—Lo que yo podré hazer es que, pues ya el sol se quiere poner, esperemos a que sea de noche para no ser visto, y estonces entraremos en vuestra casa, y holgarme he dos días y no más, y éstos estaré secreto sin que hombre sepa que estoy aquí, porque ansí es mi voto. Después de hecha mi romería, y dexado el ábito, haced de mí zera y pabilo; y hasta que esto sea cumplido no cale [37] irme a la mano, porque es excusado. Aun a mi madre, con estar tan zerca, no hablaré hasta la vuelta, ni quiero que sepa que soy venido.

MATA.—Por demás es apartarle de su propósito. Esa fue siempre su condición; mejor es dexarle hazer lo que quiere. Es él amicíssimo de nuebos trajes y invenciones.

PEDRO.—Hablemos en otra cosa, y sobre esto no se dé más puntada. ¿Cómo estáis? ¿Cómo os ha ido estos años? Las personas, buenas las veo, gracias a Dios. Verdaderamente no paresce que ha pasado [38] día ninguno por vosotros. Lo demás vaya y venga.

JUAN.—Si los días son tales como éste de hoy, no es mucho que no hayan pasado por nosotros. ¿Cómo queréis que estemos, sino los más contentos hombres que jamás hubo?

MATA.—Quan contento estaba denantes, estoy agora de descontento, en ver que no nos hemos de olgar más de dos días.

---

[36] San Juan, 19, 19.

[37] en el texto, *junto* está tachado después de *pasado.*

[38] *cale:* verbo arcaico, con la significación de 'importar', 'convenir', del lat. *calere,* 'calentar', y que puede reemplazarse por *cabe.* (Véase en Juan de Mena, *Laberinto,* copla 137: «Mas al presente fablar non me cale», y en *La lozana andaluza,* epístola final [ed. B. Damiani, Madrid, 1957], pág. 257.)

PEDRO.—Más serán de dos mill, con el ayuda de Dios; pero agora tened paçiençia hasta la vuelta, no seáis como el otro que se andubo toda la vida sin sayo y despúes mató al sastre porque no se le hizo el día que se le cortó.

MATA.—Estoy por dezir que tubo la mayor razón del mundo.

JUAN.—¿Por qué?

MATA.—Porque harto bastaba haber sufrido toda su vida sin pasar aquel día también, el qual era mucho mayor que todo el tiempo pasado.

PEDRO.—¿En qué se han pasado todos estos años pasados después que yo estoy fuera d'España, que es lo que haze al caso?

JUAN.—Yo acabé de oír mi curso de Theología, como me dexaste en Alcalá, con la curiosidad que me fue posible, y agora, como veis, nos estamos en la corte tres o quatro años ha, para dar fin, si ser pudiese, a mis ospitales que hago [39].

---

[39] Sobre este pasaje de sintaxis hiperbatónica y arcaizante y su implicación en cuanto a localizar el diálogo, recuérdese lo dicho en la página 68 respecto a una posible biografía de Juan de Ulloa. Creo que el autor trata de desorientar al lector y ocultar el nombre de la ciudad donde dialogan, por más que afirme Juan que *nos estamos en la corte,* es decir, en Valladolid. También es extraño que Juan no puntualice si los años de residencia en la Corte son tres o cuatro. A pesar de todo y en el supuesto de que se trate de una topografía no fingida, la conjetura se inclina en favor de Burgos en unos contextos y de Valladolid en otros.

Burgos se usa con preferencia como término de comparación cualitativa («... de la misma manera que Burgos y más galana», f. 81r; «... pensando hallar la caridad y acogimiento que en Burgos», f. 69r), mientras que la de Valladolid es *cuantitativa* (fs. 42r y 70r). Finalmente, en la frase «... y Álava a Vi(c)toria, y de Vi(c)toria aquí...», está aludida Burgos con mayor probabilidad que la ciudad del Pisuerga. Las menciones del camino de Santiago (Silos, Santo Domingo de la Calzada, San Juan de Ortega), excluyen a Valladolid. Finalmente, como argumento de mayor peso, la voz *salida,* que es indicio —en sus primeras palabras— («La más deleitosa salida...») de marcha *hacia* Santiago (calle de Vitoria-Espolón-Paseo de la Isla-Hospital del Rey-Las Huelgas), con parada en un hospital *de los más sumptuosos de España,* se hubiera trocado en *entrada,* si la marcha fuera hacia Valladolid u otra ciudad de procedencia.

Si, por otra parte, sostenemos la tesis lagunista, quedan las incógnitas de su estudio en Alcalá y su estancia en Burgos.

112

Capítulo II

Los hospitales de Juan de Voto a Dios

PEDRO.—¿Nunca se acabó aquél que estaba quasi hecho?

JUAN.—Han sido los años, con estas guerras[1], tan reçios, y están todos los señores tan alcanzados, que no hay en España quien pueda socorrer con un marabedí.

MATA.—Y también es tanto el gasto que tenemos Juan y yo, que quasi todo lo que nos dan nos comemos y aún no nos basta.

PEDRO.—¿Pues la limosna que los otros dan para obras pías os tomáis para vosotros?

JUAN.—Que no sabe lo que se dize, sino como la obra va tan sumptuosa y los mármoles que traxeron de Génova para la portada costaron tanto, no se paresçe lo que se gasta.

PEDRO.—Desos había bien poca neçesidad. Más quisieran los pobres pan y vino y carne abasto en una casa pagiza.

MATA.—Deso, gracias a Dios y a quien nos lo da, bien abundante tenemos la casa, que antes nos sobre que falte.

PEDRO.—Bien lo creo sin juramento. No digo yo, sino los pobres. ¡O, *vanitas vanitatum et omnia vanitas;* las paredes de mármol y los vientres de viento!

JUAN.—Pues qué ¿decís que es vanidad hazer ospitales?

PEDRO.—La mayor del mundo universo si han de ser como ésos, porque el cimiento es de ambición y soberbia, sobre el qual quanto se armase se caerá. Buen ospital sería mantener cada uno todos los pobres que su posibilidad livianamente pudiese sufrir acuestas, y socorrer a todas sus necesidades, y si no pudiese dar a cuatro, contentásese con uno; si vieseis un

---

[1] Las guerras de que habla Juan son, sin duda, las más recientes contra Francia, tercera y cuarta, comenzadas por Francisco I y continuadas por Enrique II («de Pavía, 1525, a San Quintín, 1557»); la campaña marítima para frenar el corso de Dragut (saqueo de Castellamare, 1540; ocupación de Djerba o Los Gelves al año siguiente y toma de Trípoli en 1551), y las que tienen por escenario los campos de Italia, especialmente la guerra de Siena, de que habla el autor (XIII, nota 69). Todas ellas llevan a Carlos V de bancarrota en bancarrota. (Véase al propósito la interesante introducción de M. Molho y J. F. Reille en su edición de *Romans picaresques espagnoles,* París, Gallimard, 1968.)

hombre caído en un pantano que si no le dabais la mano no se podría levantar, ¿nos paresce que sería grande necedad, dexando aquél, ir dando la mano a quantos topascis en un buen paso, que no han caído ni tienen peligro de caer? ¡Quántos y quántos rricos hay que se andan dando blancas y medios quartos por el pueblo, y repartiendo las vísperas de Pascuas celemines de trigo [a] algunas viejas que saben que lo han de pregonar!; y tienen parientes dentro de segundo y tercero grado, desnudos, muriendo de viva hambre detrás de dos paredes, y si alguno se lo trae a la memoria, luego dize: ¡o, señor!, que es una jente de mala garganta, en quien no cabe hazer ningún bien, que todo lo echa a mal; mill vezes lo he probado y no aprobecha. Y esto es porque allí es menester socorrer por más grueso.

MATA.—En eso, aunque yo no soy letrado, me paresçe que hazen mal, porque no se lo dan por amor dellos, sino de Dios. Después que se les da, que se ahorquen con ello.

JUAN.—Bolvamos a lo de nuestros ospitales, que estoy algo escandalizado.

PEDRO.—Gentil refrigerio es para el pobre que viene de camino, con la nieve hasta la cinta, perdidos los miembros de frío, y el otro que se viene a curar donde le regalen, hallar una salaza desgrimir y otra de juego de pelota, las paredes de mármol y jaspe, que es caliente como el diablo, y un lugar muy sumptuoso donde puede hazer la cama, si trae ropa, con su letrero dorado enzima, como quien dize: *Aquí se vende tinta fina;* y que repartidos entre cinquenta dos panes, se vayan acostar, sin otra cena, sobre un poco de paja bien molida que está en las camas, y a la mañana luego si está sano le hazen una señal en el palo que trae, de como ya cenó allí aquella noche; y para los enfermos tienen un asnillo en que los llevan a otro ospital para descartarse dél, lo qual, para los pasos de romería en que voy, que lo he visto en un ospital de los sumptuosos d'España [2] que no le quiero nombrar; pero sé que es Real.

---

[2] Sobre este pasaje, véase *supra* pág. 112, nota 39. Con toda probabilidad el que se alude es el llamado Hospital del Rey, en Burgos, construido con anterioridad a los otros tres reales de Toledo, Granada y Santiago, debidos a la política sanitaria de los Reyes Católicos. Su fundación se debe al rey Alfonso VIII de Castilla, llamado el Noble o el de las Navas.

Los peregrinos que *iban* a Santiago —y por eso se dice al principio del diálogo «la más deleitosa *salida…*»— entraban en Burgos

JUAN.—Eso es mal hecho y habían de ser visitados muchas vezes. No sé yo cómo se descuidan los que lo pueden hazer.

MATA.—Yo sí.

PEDRO.—¿Cómo?

MATA.—Porque aquellos a quienes incumbe hazer esto no son pobres ni tienen necesidad de ospitales: que de otra manera yo fiador que ellos viesen dónde les daban mejor de zenar las noches y más limpia cama.

JUAN.—Ya para eso probén[3] ellos sus probisores, mayordomos y escribanos y otros oficiales que tengan quenta.

PEDRO.—Eso es como quien dize ya probeen quién coma la renta que el fundador dexó y lo que los pobres habrían de comer, porque no se pierda.

MATA.—Mejor sería probeer sobre probisores y sobre oficiales.

PEDRO.—Vos estáis en lo cierto: pero, bolviendo a lo primero, de todos los ospitales lo mejor es la intención del que le fundó, si fue con solo zelo de hazer limosna: y eso sólo queda, porque las raciones que mandó dar se çiernen desta manera: la mitad se toma el patrón, y lo que queda, parte toma el mayordomo, parte el escribano; al cozinero se le pega un poco, al enfermero otro; el enfermo come sólo el nombre de que le dieron gallina y oro molido si fuese menester. De modo que ciento que estén en una sala comen con dos pollos y un pedazo de carnero; pues al veber cada día hay necesidad de hazer el milagro de architriclinos[4], porque como quando hazen el agua vendita, ansí a un cangilón de agua[5] echan dos copas de vino. Lleváronme un día en Génoba por ver un hospital de los más sump-

---

y seguían el itinerario mencionado en la nota de referencia para llegar al monasterio cisterciense de Las Huelgas o entrar en la umbrosa posesión del Parral, aneja al hospital, donde se recreaban los convalecientes. (Véase L. Huidobro, *Las peregrinaciones jacobeas*, II, Madrid, 1950, págs. 85-90; y J. Uría, *ob. cit.*, t. I, Madrid, 1948, páginas 374-75.)

En *M-1*, f. 16v, se lee: «... los sumptuosos d'España, *el qual...*». (En lo sucesivo no anotaré las tachaduras o rectificaciones, salvo que alteren el sentido del contexto.)

[3] *proveen.*

[4] *architriclinos:* entre griegos y romanos, los encargados de preparar y organizar los banquetes.

[5] *cangilón, canjilón:* cada uno de los vasos o recipientes de la cadena de una noria. Las comparaciones por exageración son comunes a Laguna y al autor del *Viaje.*

tuosos de Italia y de más nombre, y como vi el edificio, que cierto es soberbio, diome gana destar un día a ver comer, por ver qué limosna era la de Italia; y sentados todos en sus camas, que serían hasta trecientos, de dos en dos, y las camas poco o nada limpias, vino un cozinero con un gran caldero de pan cocto[6], que ellos llaman, muy usada cosa en aquellas partes, que no es otra cosa sino pan hecho pedazos y cozido en agua fasta que se haze como engrudo, sazonado con sal y aceite, y comienzan de destribuir a todos los que tenían calentura; y a los que no, luego se siguía otro cozinero con otra caldera de vaca diziendo que era ternera, y daba a sendas tajadas en el caldo y poco pan. El médico, otro día que purgaba al enfermo, le despedía diçiendo que ya no había a qué estar: y como los pobres entonces tenían más necesidad de refrigerio y les faltaba, tornaban a recaer, de lo qual morían muchos. Dicen los philósofos que un semejante ama a otro su semejante. El pobre que toda su vida ha vivido en ruin casa o choza ¿qué necesidad tiene de palacios, sino lo que se gasta en mármoles que sea para mantenimiento, y que la casa sea como aquélla que tenía por suya propia? Mas haya esta diferencia, que en la suya no tenía nada y en ésta no le falte hebilleta[7].

MATA.—Gran ventaja nos tienen los que han visto el mundo a los que nunca salimos de Castilla. ¡Mirad cómo viene filósofo y quán bien habla! Yo por nosotros juzgo lo que dize todo ser mucha verdad, que estamos en una casa, qual presto veréis muy ruin, pero como comemos, tam bien que ni queda perdiz ni capón ni trucha que no comamos, no sentimos la falta de las paredes por de fuera, pues dentro ruin sea yo si la despensa del rey está ansí. Acabad presto vuestro viaje, que aquí nos estaremos todos, y no hayáis miedo que falte la merced de Dios, y bien cumplida. Algunas veces estamos delgados de las limosnas, pero como se confiesan muchos con el señor Juan y comunican casos de conciencia, danle muchas cosas que restituya, de las quales algunas se quedan en casa por ser muerta la persona a quien se ha de dar o por no la hallar.

JUAN.—¡Maldiga Dios tan mala lengua y bestia tan desenfrenada, y a mí porque con tal hombre me junté que no sabrá tener para sí una cosa sin pregonarla a todo el mundo!

---

[6] *cocto:* del lat. *c o c t u m ,* de donde 'cocho' y 'cochura', en castellano actual.

[7] *no faltarle a uno hébilla:* tener todo lo necesario.

PEDRO.—Esa es su condición, que le es tan natural que le tiene de acompañar hasta la sepultura: nos debéis enojar por eso, que aquí todo se sufre, pues ya sé yo de antes de agora las cosas cómo pasan, y aquí somos como dizen los italianos: Padre, Hijo y Spíritu Santo[8].

JUAN.—¿Pensáis que hiziera más si fuera otro qualquiera el que estaba delante?

MATA.—El caso es que la verdad es hija de Dios, y yo soy libre, y nadie me ha de coser la boca, que no la dexaré de deçir donde quiera y en todo tiempo, aunque amargue por Dios agora que acuerda con algo a cabo de mill años. Mejor será que nos vamos[9], que ya haze oscuro, y yo quiero ir delante para que se apareje de zenar; y en verdad que cosa no se traiga de fuera, porque vea Pedro si yo miento. Vosotros idos a entrar por la puerta de Sant Francisco[10], que es menos frequentada de jente.

JUAN.—¿Nos paresce que tengo grande subsidio en tener este diablo acuestas?

PEDRO.—No; pues ya le conoscéis, lo mejor es darle livertad que diga, quiza por eso dirá menos.

JUAN.—Yo quiero tomar vuestro consejo si lo pudiere acabar con mi condición. Esta es la puerta: abajad un poco la cabeza al subir de la escalera.

PEDRO.—Vendito sea Dios por siempre jamás, que ésta es la primera vez que entro en casa hartos días ha. Buena quadra está ésta por cierto.

---

[8] El escriba de *M-1* escribió *Padre, Hijo y Spíritu Santo* (con mayúsculas) pero tachó la última palabra, sin duda porque cayó en cuenta que no iba nada en el dicho con la Santísima Trinidad, y escribió *pregonero*.

[9] *Nos vamos* por 'nos vayamos'. Es frecuente la sustitución del subjuntivo por el indicativo.

La actitud cínica de Mátalas raya en lo inaudito: saca fuera de quicio a su camarada, que es la fuente de ingresos y a expensas del cual vive, pregonando en pago sus tretas. Pedro hace el papel de moderador, como quien está de vuelta de muchas cosas.

[10] *La puerta de Sant Francisco.* La topografía es dudosa. Parece que se trata, no de la salida o puerta de una ciudad, sino de una de las puertas del hospital (?) o casa (?), puesto que poco más adelante se dice «... abajad un poco la cabeza al subir de la escalera». Tampoco tengo noticias de que una de las puertas o accesos al Hospital del Rey se haya denominado así alguna vez, pero parece que los tres *peregrinos* hablan y a la vez caminan *a casa de Juan,* es decir, a un hospital (cfr. *B-DL,* págs. 20-24).

JUAN.—Para en corte, razonable[11].

MATA.—Pues mejor la podríamos tener sino porque no varrunten nada dc lo que pasa.

JUAN.—Badajear[12] y a ello.

CAPÍTULO III

Las peregrinaciones

MATA.—Sus, padre fray Pedro, que ansí os quiero llamar; lo asado se pierde: manda tomar esta silla y ruin sea quien dexare bocado desta perdiz.

PEDRO.—*Agimus tibi gratias, Domine, pro universis donis et beneficiis tuis; qui vivis et regnas per omnia secula seculorum.*

JUAN.—¡Bálame Dios! ¡qué ánimo es ése! ¿Agora os paráis a llorar? ¿Qué más hiziera un niño? Comed y tened buen ánimo, que no ha de faltar la merced de Dios entretanto que las ánimas sustentaren nuestros cuerpos. Bien sabéis que en mi vida yo nos he de faltar.

MATA.—Éstas son lágrimas de plazer; que no es más en sí de detenerlas que a mí las verdades.

PEDRO.—¿Qué más comida para mí de la merced que Dios este día me ha hecho?

JUAN.—Aquel adobado por ventura porná apetito de comer, o si no una pierna de aquel conejo con esta salsa.

PEDRO.—Una penca de cardo me sabrá mejor que todo; con juramento, que ha seis años que no vi otra.

MATA.—Eso será para después; agora, si no queréis nada de lo asado, comed de aquella cabeza de puerco salvaje cozida, y si queréis, a bueltas del cardo o de un rábano.

JUAN.—Ya sabéis que en palacio no se da a beber a quien no lo pide. Blanco y tinto hay: escojed.

PEDRO.—Probarlo hemos todo, y beberemos del que mejor nos supiere: este blanco ¿es baliente?

---

[11] *para en corte, razonable,* expresión que nos pone de nuevo en confusión y perplejidad, pues nos remite de nuevo a Valladolid. No queda otra posibilidad que dar a la palabra *corte* el sentido general de *ciudad que fue corte, aunque no lo sea ahora.*

[12] *badajear* tiene el sentido de «hablar mucho y tontamente» *(Dicc. R. A. E.),* por lo que parecería más correcto entenderlo como «no badajéis y manos a la obra», dicho por Juan al charlatán de su compañero.

MATA.—De Sant Martín y a nuebe reales y medio el cántaro, por las nuebe horas de Dios[2]; pues probaréis el tinto de Ribadabia, y diréis: ¿qué es esto que quasi todo es a un precio?

JUAN.—Ya me paresce que habéis estancado. ¿Qué hazéis?

PEDRO.—Yo no comeré más esta noche; estoy satisfecho.

JUAN.—Una cosa se me acuerda que os quise hoy replicar quando hablábamos de los ospitales, y habíaseme olvidado, y es: si fuese ansí que no hubiese ospitales, ¿qué harían tantos pobres peregrinos que van donde vos agora de Francia, Flandes, Italia y Alemaña? ¿dónde se podrían aposentar?

PEDRO.—El mejor remedio del mundo: los que tubiesen qué gastar, en los mesones, y los que no, que se estubiesen en sus tierras y casas, que aquélla era buena romería, y que de allí tubiesen todas las devociones que quisiesen con Santiago. ¿Qué ganamos nosotros con sus romerías, ni ellos tampoco, según la intención? Que el camino de Hierusalem ningún pobre le puede ir, porque al menos gasta quarenta escudos y más, y por allá maldita la cosa les aprobecha pedir ni importunar.

MATA.—A fe que fray Pedro, que dize esto, que debe de traer aforrada la bolsa.

PEDRO.—Yo no pido, por çierto, limosna; y a trueco de no oír un *Dios te ayude* de quien sé que me puede dar, lo hurtaría si pudiese.

MATA.—Si no fuese porque faboresceréis a los de vuestro oficio, nos dexaría de preguntar qué tanto mérito es ir en romería, porque yo, por dezir la verdad, no la tengo por la más obra pía de todas.

PEDRO.—Por eso no dexaré de dezir lo que siento: porque mi romería va por otros nortes[3]. La romería de Hierusalem, salvo

---

[1] Vino de San Martín de Valdeiglesias (Madrid) y de Ribadavia (C. Real) a nueve reales el cántaro, hoy cántara (unos dieciséis litros) en Castilla. Su fama debía de estar bien establecida, pues los volvemos a encontrar mencionados en Cervantes, en *El licenciado Vidriera* y *El coloquio de los perros*.

[2] *las nueve horas de Dios:* referencia a las horas canónicas que menciona Covarrubias: maitines, laudes, prima, tertia, sexta, nona, vísperas y completas (olvidando una). «En la primitiva Yglesia, quando los maytines se dividían en tres nocturnos, en forma de militar vela, bien se pudieron dividir en más partes.» (Ed. Martín de Riquer, página 698a.)

[3] *mi romería va por otros nortes:* clara afirmación del supuesto Pedro de Urdemalas de que su peregrinaje no estaba motivado por la falsa piedad de ampliar su cuenta corriente en el Cielo.

el mejor juicio, tengo más por incredulidad que por santidad; porque yo tengo de fe que Christo fue crucificado en el monte Calvario y fue muerto y sepultado y que le abrieron el costado con una lança, y todo lo demás que la Iglesia cree y confiesa; pues ¿no tengo de pensar que el monte Calvario es un monte como otros, y la lanza como otras, y la cruz, que era estonces en uso como agora la horca: y que todo esto por sí no es nada, sino por Christo que padesció? Luego si hubiese tantas Hierusalenes, y tantas cruzes, y lanzas y reliquias como estrellas en el cielo, y arenas en la mar, todas ellas no valdrían tanto como una mínima parte de la hostia consagrada, en la qual se enzierra el que hizo los cielos y la tierra, y a Hierusalem, y sus reliquias, y ésta veo cada día que quiero, que es más: ¿qué se me da de lo menos? quanto más que Dios sabe quán poca paçiençia lleban en el camino y quántas vezes se arrepienten y reniegan de quien haze jamás voto que no se pueda salir afuera. Lo mesmo siento de Santiago y las demás romerías.

JUAN.—No tenéis razón de condenar las romerías, que son sanctas y buenas, y de Christo leemos que aparesçió en ese ábito a Lucas y Cleophás.

PEDRO.—Yo no las condeno, ni nunca Dios tal quiera; mas digo lo que me paresce y he visto por la luenga experiençia; y a los que allá van no se les muestra la mitad de lo que diçen: porque el templo de Salomón aunque den mill escudos no se le dexarán ver: ni demás desto a los devotos no faltan algunos fraires modorros que les muestran ciertas piedras con unas pintas coloradas, en el camino del Calvario, las quales dicen que son de la sangre de Christo, que aún se está allí, y ciertas piedrecillas blancas, como de yeso, dizen que es leche de Nuestra Señora, y en una de las espinas está también cierta cosa roja en la punta que dizen que es de la mesma sangre, y otras cosas que no quiero al presente dezir; y éstas cómo las sé antes de muchos días lo sabréis. En lo que dezís de la romería de Christo y los apóstoles es cosa diferente; porque ellos iban la romería brebe, y es que no tenían casa ni hogar, sino andarse tras su buen maestro y deprender el tiempo que les cabía después enseñar y predicar[4]. Marabíllome yo de un theólogo como vos, comparar la una romería con la otra.

---

[4] En el texto falta la preposición *de,* o bien habría que entender la frase con una pausa después de *cabía:* «... el tiempo que les cabía; *después, enseñar y predicar.*»

MATA.—Que tampoco no se mataba mucho para estudiar, sino poco a poco cumplir el curso; para entre nosotros, no sabe tanta Teología como pensáis; mas yo quería saver quál es la mejor romería.

JUAN.—Ninguna si a Pedro de Urdimalas creemos.

PEDRO.—El camino real que lleba al cielo es la mejor de todas, y más breve, que es los diez mandamientos de la ley muy bien guardados a maço y escoplo[5]; y éstos sin caminar ninguna legua se pueden cumplir todos, ¡Quántos peregrinos reniegan y blasfeman, quántos no oyen misa en toda la jornada, quántos toman lo que hallan a mano!

MATA.—De manera que haziendo desde aquí lo que hombre pudiere, según sus fuerzas, en la observancia de la ley de Dios, sin ir a Hierusalem ni Santiago, ¿se puede salvar?

PEDRO.—Muy lindamente.

MATA.—Pues no quería saver más deso para estarme quedo y servir a Dios.

JUAN.—Quítese esta mesa y póngase silencio en las cosas de acá, que poco importa la disputa. Sepamos de la buena venida y de la significación del disfraz y de la ausencia pasada y de la merced que Dios nos ha hecho en dexarnos ver.

PEDRO.—Tiempo habrá para contarlo.

MATA.—Por amor de Dios, no nos tengáis suspensos, ni colgados de los cabellos. Sacadnos de dubda.

PEDRO.—El caso es, en dos palabras, que yo fui cautivo y estube allá tres o cuatro años[6]. Después salvéme en este ábito que aquí veis, y agora voy a cumplir el voto que prometí y dexar los ábitos y tomar los míos propios, en los quales procuraré servir a Dios el tiempo que me diere de vida: esto es en conclusión.

JUAN.—¿Cautivo de moros?

PEDRO.—De turcos, que es lo mesmo.

JUAN.—¿En Berbería?

PEDRO.—No, sino en Turquía.

MATA.—Alguna matraca nos debe de querer dar con esta fictión. ¡Por vida de quien hablare de veras, no nos haga escandalizar!

---

[5] «A mazo y eskoplo, komo pilar de iglesia» (*Correas,* 26a. Cito siempre por la edición de Louis Combet, Burdeos, 1967).

[6] Toda la frase *que yo fui cautivo y estuve allá tres o quatro años* está subrayada con doble línea y al margen la advertencia *ojo.* Es increíble, además, que un excautivo no pueda precisar si son tres o cuatro los años que ha padecido cautiverio.

JUAN.—Aunque sea burlando ni de veras, yo no puedo estar más escandalizado; ni me ha quedado gota de sangre en el cuerpo. No es de buenos amigos dar sobresaltos a quien bien los quiere.

PEDRO.—Nunca de semejantes burlas me pagué. Lo que habéis oído es verdad, sin discrepar un punto.

JUAN.—¡Jesús! pues, ¿dónde o cómo?

PEDRO.—En Constantinopla.

JUAN.—¿Y dónde os prendieron?

PEDRO.—En esos mares de Dios.

JUAN.—¡Qué desgraciadamente lo contáis y qué como gato por brasas![7] Pues ¿quién os prendió, o quándo, o de qué manera, y cómo salistes, y qué nos contáis?

MATA.—Bien os sabrá examinar, que esas tierras mejor creo que las sabe que vos, *Juan de Voto a Dios,* que, como recuero[8], no haze sino ir y venir de aquí a Hierusalem.

JUAN.—No cae hazia allá: nosotros vamos por la mar de Venecia, y esta postrera vez que vine fue por tierra.

PEDRO.—Pues ¿cómo os entendían vuestro lenguaje?

JUAN.—Hablaba yo griego y otras lenguas.

MATA.—¿Como las de hoy?

PEDRO.—¿Quántas leguas hay por tierra de aquí allá?

JUAN.—No sé a fe.

PEDRO.—¿Por qué tierras buenas vinistes? ¿por qué cibdades?

JUAN.—Pasado se me ha de la memoria.

PEDRO.—Y por mar, ¿adónde aportastes?

JUAN.—¿Adónde habíamos de aportar sino a Hierusalem?

PEDRO.—¿Pues entrabais dentro Hierusalem[9] con las naves?

JUAN.—Hasta el mesmo templo de Salomón teníamos las áncoras.

PEDRO.—Y las naves ¿iban por mar o por tierra?

JUAN.—No está mala la pregunta para hombre plático. ¿Por tierra van las naos?

PEDRO.—En Gerusalem[10] no pueden entrar de otra arte, porque no llega allá la mar con veinte leguas.

---

[7] «Komo gato por brasas: pasar aprisa por algo» (*Correas,* 435a).

[8] *recuero,* como 'arriero', es el que conduce una recua de ganado.

[9] dentro *Hierusalem, Hierusalenes...;* complementos con ausencia de la preposición, rasgo frecuente en el manuscrito.

[10] *Gerusalem, Hierusalem, Hierusalenes...;* estas grafías tan variadas indica la negligencia o versatilidad de los amanuenses.

MATA.—Aun el diablo será este examen, quanto y más si Pedro ha estado allá y nos decubre alguna celada de las que yo tanto tiempo ha barrunto. Quizá no fue por ese camino.

JUAN.—Ha tanto tiempo que no lo anduve, que estoy privado de memoria, y tampoco en los caminos no advierto mucho.

MATA.—Agora digo que no es mucho que sepa tanto Pedro de Urdimalas, pues tanto ha peregrinado. En verdad que venís tan trocado, que dubdo si sois vos. Dos horas y más ha que estamos parlando y no se os ha soltado una palabra de las que solíais, sino todo sentencias llenas de philosofía y religión y themor de Dios.

PEDRO.—A la fe, hermanos, Dios, como dicen, consiente y no para siempre, y como la muerte jamás nos dexa de amenazar y el demonio de asechar y cada día del mundo natural tenemos veinticuatro horas de vida menos, y como en el estado que nos tomare la muerte según aquél ha de ser la mayor parte de nuestro juicio, parescióme que valía más la emienda tarde que nunca, y ésa fue la causa porque me determiné a dexar la ociosa y mala vida, de la qual Dios me ha castigado con un tan grande azote que me le dexó señalado hasta que me muera. Dígolo por tanto, *Juan de Voto a Dios* que ya es tiempo de alzar el entendimiento y voluntad destas cosas peresçederas y ponerle en donde nunca ha de haber fin mientra Dios fuere Dios, y desto me habéis de perdonar que doy consejo, siendo un idiota, a un theólogo.

JUAN.—Antes es muy grande merced para mí y consuelo, que para eso no es menester theologías.

PEDRO.—Ansí que, pues aquí estamos los que siempre hemos vivido en una mesma voluntad, y ésta ha de durar hasta que nos echen la tierra acuestas, bien se sufre dezir lo que haze al caso por más secreto que sea[11]. Yo estoy al cabo que vos nunca estubistes en Hierusalem ni en Roma, ni aun salistes d'España, porque *loquela tua te manifestum fecit*[12], ni aun de Castilla; pues ¿qué fructo sacáis de hazer entender al vulgo que venís y

---

[11] En el texto, *acuestas*. Son también incontables los casos de *también* por 'tan bien', *porque* en lugar de 'por qué', *sino* en lugar de 'si no'. En casi todas las ediciones comerciales que he visto, no se corrigen estos errores del copista.

[12] San Mateo, 26, 73: «tus palabras te han descubierto». En todo este diálogo que remata Pedro con la cita evangélica y que ha llevado con tanta ironía socrática, el autor revela su buena escuela de narrador y su habilidad para caracterizar a sus personajes.

vais a Judea, y a Egipto ni a Samaria? Parésceme que ninguno otro, sino que todas las vezes que venga uno, como agora yo, os tome en mentira.

MATA.—Otro mejor fructo se saca.

PEDRO.—¿Quál?

MATA.—El aforro de la volsa, que de otra manera perescería de frío; pero a fe de hombre de bien que lo he dicho yo hartas vezes, entre las quales fue una que nos vimos con tres mill escudos de fábrica para los ospitales, y restitución de unos indianos o peruleros. Jamás quiso escucharme, y ansí y todo se nos ha ido dentro las manos con diez pórfidos y otros tantos azulexos.

JUAN.—Presupuesta la estrecha amistad y unidad de corazones, responderé en dos palabras a todo eso, como las diría al propio confesor. No ha pocos días y años que yo he estado para hazer todo esto, y paresçe que Dios me ha tocado mil vezes convidándome a ello: pero un solo inconviniente ha vastado para estorbármelo hasta hoy y es que como yo he vibido en honra, como sabéis, teniendo tan familiar entrada en todas las casas de illustres y ricos, ¿con qué vergüenza podré agora yo dezir públicamente que es todo burla quanto he dicho, pues aun al confesor tiene hombre empacho descubrirse? pues si me huyo ¿a dónde me cale parar? y ¿qué dirán de mí? ¿quién no querrá antes mill infiernos?

MATA.—Désa te guarda.

PEDRO.—Más vale vergüenza en cara que mançilla en coraçón[13].

MATA.—¿Y qué habíamos de hazer de todo nuestro relicario?

PEDRO.—¿Quál?

MATA.—El que nos da de comer prinçipalmente: ¿luego nunca le habéis visto? Pues en verdad no nos falta reliquia que no tengamos en un cofrecito de marfil; no nos falta sino pluma de las alas del arcángel Sant Gabriel[14].

PEDRO.—Esas dar con ellas en el río.

---

[13] «Más vale verguenza (sic) en Kara ke kuchillada.» «Más vale verguenza en kara ke manzilla en korazón. Ke por cortedad de hablar no se dexe de intentar i pedir i tratar lo ke se desea, no kede esa ansia en el korazón; ke es mexor saber el sí o el no, i no perder por no pasar una poka de verguenza; i en kasos de prestar, valdría mucho pasar esa verguenza negando kortésmente. Dízelo el otro: Mas vale rrostro bermexo ke korazón negro.» (Correas, 542a).

[14] en el Ms. 3871, tachada la frase *solamente falta pluma de las alas del gallo de Sancto Domingo.*

MATA.—¿Las reliquias se han de echar en el río? Grandemente me habéis turbado. Mirad no traiáis alguna punta de luterano desas tierras extrañas[15].

PEDRO.—No digo yo las reliquias, sino esas que yo no las tengo por tales.

MATA.—Por amor de Dios, no hablemos más sobresto, los cabellos de Nuestra Señora, la leche, la espina de Christo, el dinero, las otras reliquias de los sanctos, al río, que dize que lo traxo el mesmo de donde estaba.

PEDRO.—¿Es verdad que traxo un gran pedaço del palo de la cruz?

MATA.—Aun ya el palo de la cruz, vaya, que aquello no lo tengo por tal; por ser tanto, paresce de encina.

PEDRO.—¡Qué! ¿tan grande es?

MATA.—Buen pedazo. No cabe en el cofrecillo.

PEDRO.—Ese tal, garrote será, pues no hay tanto en Sanct Pedro de Roma y Gerusalem.

JUAN.—Todo se traxo de una mesma parte. Dexad hablar a Pedro y callad vos.

MATA.—Pues si todo se traxo de una parte, todo será uno; ¿y el pedazo de la lápida del monumento?; agora yo callo. Pues tierra santa harta teníamos en una talega, que bien se podrá hazer un huerto dello.

JUAN.—El remedio es lo más dificultoso de todo para no ser tomado en mentira del haber estado en aquellas partes. Un libro que hizo un fraire del camino de Hierusalén y las cosas que vio, me ha engañado, que con su peregrinaje ganaba como con cabeza de lobo[16].

PEDRO.—¡Mas de las cosas que no vio![17] ¡tan grande modorro era ese como los otros que hablan lo que no saben, y tantas mentiras diçe en su libro!

---

[15] Cfr. Erasmo, *Elogio de la estulticia,* ed. J. Puyol, Madrid, 1917, páginas 131-134.

Pedro se da cuenta que ha ido muy lejos en juicios, y rectifica. El erasmismo ha pasado a tener el tinte más peligroso de luteranismo. Observe el lector que las *tierras extrañas* donde nació la Reforma no se mencionan—cautelosamente—en el *Viaje.*

[16] *Ganar, como con cabeza de lobo* (Horozco, *Refranero)* y «kon kabeza de lobo, gana el rraposo» *(Correas).*

[17] Es difícil identificar en esta alusión a Bartolomé Georgievits ya que más abajo Juan se declara testigo presencial de sus sermones de Cuaresma.

JUAN.—Toda la corte se traía tras sí quando predicaba la Quaresma cosas de la passión. Luego señalaba cada cosa que deçía: fue Christo a orar en el Huerto, que será como de aquí a tal torre, y entró solo y dexó sus discípulos a tanta distançia como de aquel pilar al altar; lleváronle con la cruz acuestas al monte Calvario, que es de la çibdad como de aquí a tal parte: la casa de Anás de la de Caiphás, es tanto; y otras cosas ansí.

PEDRO.—De manera que en haber dos pulgadas de distancia de más o menos de la una a la otra parte está el creer o no en Dios. Y ¿qué se me da a mí para ser christiano que sean más dos leguas que tres; ni que Pilato y Caiphás viban en una mesma calle? [18].

MATA.—Quien no trae nada de nuebo, no trae tra si la gente; yos prometo, con ayuda de Dios, que vos hagáis hartos corrillos.

PEDRO.—Desos me guardaré yo bien.

MATA.—No será en vuestra mano; y también es bueno tener que contar.

JUAN.—Hablemos en mi remedio, que es lo que importa. ¿Qué haré? ¿cómo bolveré atrás? ¿cómo me desmentiré a mí mesmo en la plaza? Pues qué ¿dexaré mi horden por hazerme teatino [19] ni fraire? No es razón; porque allá dentro los mesmos religiosos me darían más matracas porque entrellos hay más que hayan estado allá que en otra parte ninguna.

PEDRO.—No hay para qué pregonar el haber mentido, porque Dios no quiere que nadie se disfame a sí mesmo, sino que se enmiende.

MATA.—Yo quiero en eso dar un corte con toda mi poca gramática y menos saber, que me paresce que más hará al propósito.

JUAN.—No me haríais este pesar de callar una vez en el año.

PEDRO.—Dexalde [20] diga; nunca desechéis consejo, porque si

[18] En el original, subrayada la frase desde *que sean más...* hasta *Caiphás.*

[19] *Teatinos* equivale a *jesuitas* en este contexto. El padre Araoz escribía a la Corte en 1545: «... algunos nos llaman iñiguistas, otros papistas, otros teatinos.»
El nombre procede de *Teate,* voz latina de Chieti (Abruzzos). Su fundador, el obispo Caraffa, luego papa con el nombre de Paulo IV (1555), les asignó la tarea, entre otras obras de misericordia, de ayudar a los ajusticiados a bien morir.

[20] *dexalde, aposentalde,* formas menos frecuentes que el imperativo con *le, les.*

no es bueno, pase por alto, y si lo es, aposentalde con vos; dezid lo que queríais.

MATA.—Agora me había yo de hazer de rogar, mas no hay para qué; digo yo, que Pedro de Urdimalas nos cuente aquí todo su viaje desde el postrero día que no nos vimos fasta este día que Dios de tanta alegría nos ha dado. De lo qual Juan de Voto a Dios podrá quedar tan docto que pueda hablar donde quiera que le pregunten como testigo de vista[21]; y en lo demás, que nunca en ninguna parte hable de Hierusalem, ni la miente, ni reliquia ni otra cosa alguna, sino dezir que las reliquias están en un altar del ospital, y que nos demos prisa a acabarle, aunque enduremos[22] en el gasto ordinario; y después, allí, con ayuda de Dios, nos recogeremos, y lo que está por hazer sea de obra tosca[23], para que antes se haga; y quien no quiere hablar de tierras estrañas con quatro palabras cerrará la boca a todos los preguntadores. Si el consejo n'os paresce bien, tomadme acuestas.

JUAN.—Loado sea Dios, que habéis dicho una cosa bien dicha en toda vuestra vida. Yo lo acepto ansí.

MATA.—Hartas he dicho, si vos lo hubierais hecho ansí.

PEDRO.—Ansí Dios me dé lo que deseo, que yo no cayera en tanto; bien paresçe un neçio entre dos letrados[24]. El agrabio se me haze a mí porque soy muy enemigo dello, ansí porque es muy largo como por el refrán que dize: los casos de admiración no los cuentes, que no saben todas jentes cómo son.

MATA.—Ello se ha de saver tarde o temprano todo a remiendos; más vale que nos lo digas todo junto, y no os andaremos en cada día amohinando[25] y haréis para vos un probecho, que reduçiréis a la memoria todos los casos particulares.

[21] Véase nota 29 de la Introducción.

[22] *endurar:* «Apretar, escatimar, guardar avaramente; por-que al avaro llamamos duro, según el proverbio: Más da el duro que el desnudo» *(Covarrubias).*

[23] *obra tosca* en contraposición a *obra prima,* muy corriente en el léxico y fraseología de oficiales mecánicos (llamados así) de estos dos siglos (véase F. G. Salinero, *ob. cit.,* s.v. *obra.*

[24] Esta sentencia —que entra más bien en la categoría de adagio, según Sbarbi— se halla entre los del Marqués de Santillana (ed. R. Sánchez, *Proverbios de Íñigo López de Mendoza,* Madrid, 1928, página 70; M. A. Sbarbi, *Monografía sobre los refranes, adagios y proverbios,* Madrid, 1891).

[25] *amohinar:* causar mohina, ponerse mohino (recuérdese el actual y frecuente refrán de «donde no hay harina todo es mohina»).

JUAN.—Paresce que después que éste habla de veras se le escalienta la boca y dize algunas cosas bien dichas, entre las quales ésta es tan bien que yo comienço de aguzar las orejas.

PEDRO.—Yo determino de hazer en todo vuestra voluntad; mas antes que comience os quiero hazer una protesta porque[26] quando contare algo digno de admiración no me cortéis el hilo con el hazer milagros; y es que por la libertad que tengo, que es la cosa que más en este mundo amo[27], sino plegue a Dios que otra vez buelva a la cadena, si cosa de mi casa pusiere ni en nada me alargare, sino antes perder el juego por carta de menos que de más[28]: y las condiciones y costumbres de turcos y griegos os contaré, con aprescibimiento[29] que después[30] que los turcos reinan en el mundo, jamás hubo hombre que mejor lo supiese, ni que allá más privase.

JUAN.—No hemos menester más para creer eso, sino ver el arrepentimiento que de la vida pasada tenéis y hervor de la enmienda[31] y aquel tan trocado de lo que antes erais.

PEDRO.—No sé por dónde me comienze.

---

[26] *porque* en lugar de 'para que' (Introducción, pág. 46).

[27] *sino* en el original. Debe leerse: «...por la libertad que tengo, que es la cosa que más amo en este mundo, que Dios me ponga de nuevo en cadenas si pusiere algo de mi cosecha o en algo me alargase; por el contrario (prefiero) perder el juego por carta de menos que por carta de más.»

[28] *carta de menos* y *carta de más,* como en el *Quijote* (véase Carlos Fernández Gómez, *Vocabulario de Cervantes,* Madrid, R. A. E., 1962, ts. II y III; fs. 64v y 260v).

[29] En el texto, *aprescibimiento.*

[30] *después de,* en lugar de *desde que,* puede tomarse por un galicismo *(depuis).*

[31] *hervor de la e(n)mienda,* por 'favor', como *hundir, hebrero,* en contraste con *fasta, fierro,* son vacilaciones fonéticas todavía existentes hacia mediados del siglo XVI (véase Lapesa, *ob. cit.,* página 244).

En este y otros párrafos anteriores se repite el *que* relativo, enunciativo o causal y la condicional *si,* que no hacen muy palatable la lectura de la narración de Urdemalas, pero dan al relato la característica de un habla espontánea en contraste con la *lengua* escrita tal como se lee en la dedicatoria.

Parece que Juan de Voto a Dios está aludiendo a la vida licenciosa de Pedro en los años pasados. Si —como creyó Bataillon— el autor es el doctor Laguna, hay que admitir que esta afirmación es una superchería y, en consecuencia, no debe darse crédito a otras afirmaciones de Pedro respecto a su autobiografía.

CAPÍTULO IV

Pedro cautivo de los turcos

MATA.—Yo sí: del primer día, que de allí adelante nosotros os iremos preguntando, que ya sabéis que más preguntará un necio que responderán mil sabios[1]. ¿En dónde fuiste preso y qué año? ¿Quién os prendió y adónde os llevó? Responded a estas quatro, que después no faltará, y la respuesta sea por orden.

PEDRO.—Víspera de Nuestra Señora de las Niebes, por cumplir vuestro mandado, que es a quatro de agosto, yendo de Génova para Nápoles con la armada del Emperador, cuyo general es el príncipe Doria, salió a nosotros la armada del turco que estaba en las islas de Ponza[2], esperándonos por la nueba que de nosotros tenía, y dionos de noche la caza y alcanzónos y tomó siete galeras, las más llenas de jente y más de lustre que sobre la mar se tomaron después que se navega. El capitán de la armada turquesca se llamava Zinán Baxá[3], el qual traía ciento y çinquenta velas bien en orden.

---

[1] En Correas, «Más ha de preguntar un necio ke rresponder un kuerdo» (563a).

[2] Véase *supra* la relación detallada de Vicente Rocca (introducción, nota 15).

[3] *Zinán, Çinán, Sinán Baxá.* Sobre este personaje, figura central del *Viaje*, hay muchas nubes que desdibujan su verdadera personalidad. Ya Serrano llamó la atención sobre la confusión existente entre historiadores y comentaristas respecto sobre su vida y hechos *(Ingeniosa comparación,* pág. 27, nota 1) y algunos incluso le ignoran (Aguado y Alcázar, *Historia de España,* II, págs. 460a y b). Otros como Merriman *(ob. cit.,* pág. 275) hablan de *Sinán el Judío,* confundiéndole con un lugarteniente de Barbarroja, llamado así «porque había estudiado Astronomía» *(Mark,* pág. 46, nota 61). Busbecq no le menciona, actitud incomprensible en un atento observador, puesto que la muerte de tan importante gobernador de Constantinopla había ocurrido un mes solamente antes de su llegada al Cuerno de Oro (enero de 1555).

En las enciclopedias (Larousse, Italiana, Espasa) se leen verdaderos disparates sobre su biografía. En alguna de ellas se le confunde con Sinán el Kodjak ('el Maestro'), gran arquitecto de Solimán («nel 1551 conquistò Tripoli; morì il 24 gennaio 1578; fece elevare

JUAN.—¿Y vosotros quántas?

PEDRO.—Treinta y nuebe no más.

MATA.—¿Pues cómo no las tomaron todas, pues había tanto exceso?

PEDRO.—Porque huyeron las otras; y aun si los capitanes de

---

una bella moschea a Constantinopoli», [EL XXXI, Milán, 1934]).
La enciclopedia alemana *Der Grosse Brockhaus,* t. 17, habla sólo
del arquitecto (türk Baumeister), y de su muerte en 1587.

Las fuentes que juzgo más dignas de crédito dan cuenta de su personalidad, influencia y poder durante los años de 1550 a 1554, en
que su hermano Rustán Bajá era el Visir de Solimán y yerno de
éste. He aquí algunos de los testimonios.

> ... fu da lei (Sua Maestà) lasciato per governatore in Constantinopla
> non uno della Pascià ma Sinan capitano del mare e fratello del Sig-
> nore Rustàn (il quale non sebbene non sià nel numero delli pascià
> visiri della Porta, ha pero nome di paschà)...»

>> (Relazioni di Trevisano [1554], en E. Alberi, *Relazioni degli
>> Ambasciatori Veneti al Senato,* Florencia, 1840, III, vol. I,
>> páginas 120-121).

> *La expedición de Senan Pasha.* En 959 (de la Hégira) se hizo a la
> mar con 120 navíos, el mando de los cuales retuvo hasta finales
> del 960. Murió en 961 y fue enterrado en Scutari (...) Para sus
> amigos, Senan fue otro José; para sus enemigos fue un dardo (poeta
> Sahari).

>> Haji Khalifah —Katib Çelebi, para los turcos— *Tuhfetü
>> l-kibari fi esfari l-bihari* ("Regalo para nobles": historia
>> de la campaña sobre los mares). Trad. de J. Mitchel,
>> *The History of the Maritime Wars of the Turks,* Lon-
>> dres, 1881 y Nueva York, 1968, pág. 77.

(Nota· *Sinán* significa «punta de lanza», de ahí lo de *dardo,* de Sahari.)

He aquí también lo que dicen F. Zay y A. Wranzy, enviados especiales de Fernando de Austria para rescatar al embajador J. María
Malvezzi:

> ... *ad fratrem eius ivimus Zynam Passam, ut ei gratularetur de
> Corum Bariano, et de salvo fratris reditu* (fuimos a visitar a Sinán
> Bajá, para felicitarle con motivo de la festividad del Bayram y por el
> regreso feliz de su hermano Rustán).

>> *(Monumenta Hungariae Historica,* serie II, vol. 4, pág. 145.)

las que cazaron fueran hombres de bien y tubieran buenos oficiales, no tomaran ninguna, porque huyeran también como las otras[4]; pero no osaban azotar a los galeotes que remaban, y por eso no se curaban de dar prisa a huir.

JUAN.—¿De qué tenían miedo en castigar la chusma? ¿No está amarrada con cadenas?

PEDRO.—Sí, y bien rezias; pero como son esclabos turcos y moros, temíanse que después que los prendiesen, aquellos habían de ser libres y dezir a los capitanes de los turcos cómo eran crueles para ellos al tiempo que remaban.

MATA.—¿Pues qué, por eso?

PEDRO.—Quando ansí, luego les dan a los tales una muerte muy cruel, para que los que lo oyeren en las otras galeras tengan rienda en el herir. Dos castigaron delante de mí el día que nos prendieron; al uno cortaron los brazos, orejas y narizes y le pusieron un rótulo en la espalda, que decía: Quien tal haze tal halla; y al otro empalaron.

JUAN.—¿Qué es empalar?

PEDRO.—La más rabiosa y abominable de todas las muertes[5]. Toman un palo grande, hecho a manera de asador, agudo por la punta, y pónenle derecho, y en aquél le espetan por el fundamento, que llegue quasi a la boca, y dexánsele ansí vibo, que suele durar dos y tres días.

JUAN.—Quales ellos son, tales muertes dan. En toda mi vida vi tal crueldad; ¿y qué fue del primero que justiciaron?

PEDRO.—Dexáronsele ir para que le viesen los capitanes christianos, y ansí le dio el príncipe Doria quatro escudos de paga cada mes mientras vibiere.

Este último testimonio da cuenta también de la enfermedad de Sinán (pág. 307). Finalmente, según Markrich (pág. 45, nota 56), el regreso de la flota de Sinán a Constantinopla está reseñado en una carta de M. Selve al condestable Montmorency en septiembre de 1552, publicada en la obra de E. Charrière, *Négotiations de la France dans le Levant,* París, 1848-60, II, pág. 239.

[4] *tubieran... huyeran,* imperfectos por pluscuamperfectos en la prótasis y apódosis del perfecto condicional (véase Introducción, página 48).

[5] Todo este periodo, desde *toman un palo grande* hasta *...la boca* está subrayado en M-1 (f. 21v), con la indicación marginal de *almº*, probablemente *alineamiento.*

Este procedimiento de tortura debió de ser, por su crueldad, materia obsesionante para los cristianos. (Véase en Cervantes, *DQ,* I, cap. XL.)

MATA.—¿Peleastes o rindístesos?

PEDRO.—¿Qué habíamos de pelear, que para cada galera nuestra había seis de las otras? Comenzamos, pero luego nos tiraron dos lombardazos que nos hizieron rindir. Saltaron dentro de nuestra galera y comenzaron a despojarnos y dexar a todos en carnes. A mí no me quitaron un sayo que llebaba de cordobán y unas calzas muy acuchilladas, por ser enemigos de aquel traje, y ver que no se podían aprobechar dél, y también porque en la cámara donde yo estaba había tanto que tomar de mucha importancia, que no se les daba nada de lo que yo tenía acuestas: maletas, cofres, baúles llenos de vestidos y dineros, barriles con barras de plata por llevarlo más escondido, y aun de doblones y escudos.

MATA.—¿Qué sentíais quando os vistes preso?

PEDRO.—Eso, como predicador, os lo dexo yo en contemplación: bofetones hartos y puñadas me dieron porque les diese si tenía dineros, y bien me pelaron la barba. Fue tan grande el alboroto que me dio y espanto de verme quál me había la fortuna puesto en un instante, que ni sabía si llorase ni reyese, ni me maravillase, ni dónde estaba, antes dizen mis compañeros, que lloraban bien, que se maravillan de mí que no les paresçía que lo sentía más que si fuese libre[6], y es verdad que de la repentina mudanza por tres días no sentía nada, porque no me lo podía creer a mí mesmo ni persuadir que fuese ansí. Luego el capitán que nos tomó, que se llamaba Sactán Mustafá, nos sentó a su

---

[6] *que ni sabía si llorase ni reyese, ni me maravillase ni dónde estaba, antes dizen...:* periodo, condicional donde alternan imperfectos de indicativo y subjuntivo, seguidos de oraciones donde se escribe en presente histórico. Todo este pasaje que quiere expresar la insensibilidad del reciente cautivo, debe leerse así:

> Fue tan grande el alboroto que me dio y el espanto de verme cómo me había puesto la fortuna en un instante, que no sabía si llorar o reír o asombrarme, ni sabía dónde estaba; por el contrario, decían mis compañeros, que lloraban bien, que se maravillaban de que yo parecía que no lo sentía más que si estuviera libre.

La existencia de Sanctán Mustafá, de quien se habla más adelante, está corroborada, según Markrich (f. 43, nota 53), por L. A. Muratori, *Annali,* X, parte II, pág. 125. He podido comprobar este aserto en la edición de Nápoles (1755), X, pág. 292: «con sessanta Galee, comandate da Mustafá Bassà...». (Sanctán puede ser *Sanjack,* jerarquía otomana).

mesa y dionos de comer de lo que tenía para sí, y algunos bobos de mis compañeros pensaban que el viaje había de ser ansí; pero yo les consolé diziendo: Veis allí, hermanos, como entre tanto que comemos están aparejando cadenas para que dançemos después del vanquete; y era ansí, que el carzelero estaba poniéndolas en horden.

JUAN.—¿Y qué fue la comida?

PEDRO.—Vizcocho remojado y un plato de miel y otro de azitunas y otro chico de queso cortado bien menudo y sutil.

MATA.—No era malo el vanquete; pues ¿no podían tener algo cozinado para el capitán?

PEDRO.—No, porque con la batalla de aquel día no se les acordaba de comer, y pluguiera a Dios, por quien él es, que las Pascuas de quatro años enteros[7] hubiera otro tanto. Llegó luego por fruta de postre, a la popa, donde estábamos con el capitán, un turco cargado de cadenas y grillos, y comenzónos a herrar, y por ser tantos y no traer ellos tan sobradas las cadenas, nos metían a dos en un par de grillos, a cada uno un pie, una de las más vellacas de todas las prisiones, porque cada vez que queréis algo, habéis de traer el compañero, y si él quiere os ha de llevar; de manera que estáis atado a su voluntad aunque os pese. Esta prisión no duró más que dos días, porque luego el capitán era obligado de ir a manifestar al general la presa que había hecho. Llegóse a mí un cautivo que había muchos años que estaba allí, y preguntóme qué hombre era y si ternía con qué rescatar, o si sabía algún ofiçio; yo le dixe que no me faltarían doçientos ducados, el qual me dixo que lo callase, porque si lo dezía me ternían por hombre que podía mucho y ansí nunca de allí saldría; y que si sabía ofiçio sería mejor tratado, a lo qual yo le rogué que me dixese qué ofiçios estimaban en más, y díxome que médicos y barberos y otros artesanos. Como yo vi que ninguno sabía, ni nunca acá le deprendí, ni mis padres lo procuraron, de lo qual tienen gran culpa ellos y todos los que no lo hazen, imaginé quál de aquellos podía yo fingir para ser bien tratado y que no me pudiesen tomar en mentira, y acordé que, pues no sabía ninguno, lo mejor era dezir que era médico, pues todos los errores había de cubrir la tierra, y las culpas de los muertos se habían de echar a Dios. Con dizir Dios lo hizo,

---

[7] *quatro años enteros*. En este punto el autor es más específico (véase pág. 106, nota 141). Para un cálculo de la duración del cautiverio y viaje de Pedro, véase *B-DL*, págs. 90-91, y *F-Me 2*, páginas 358-360.

había yo de quedar libre; de manera que con aquella poca de Lógica que había estudiado podría entender algún libro por donde curase o matase.

MATA.—Pues qué ¿era menester para los turcos tantas cosas, sino matarlos a todos quantos tomarais entre las manos?

PEDRO.—No es buena cuenta esa, que no menos omicida sería quien tal hiziese que a los christianos. Quando fuese en líçita guerra, es verdad; pero, fiándose el otro de mí, sería gran maldad; porque, en fin, es próximo. Al tiempo que nos llevaron a presentar delante el general, comenzaron de poner a una parte todos los que sabían ofiçios, y los que no a otra para echar al remo. Quando vinieron a mi, yo dixe liberalmente que era médico. Preguntándome si me atrebería a curar todos los heridos que en la vatalla pasada había, respondí que no, porque no era zirujano, ni sabía de manos nada hazer[8]. Estaba allí un renegado genovés que se llamaba Darmux Arráez, que era el cómite[9] Real, y dixo al general que mucho mayor cosa era que zirujano, porque era médico de orina y pulso[10], que ansí se llaman, y quiso la fortuna[11] que el general no traía ninguno para que me examinase, y allá aunque hay muchos médicos judíos pero pocos son los buenos.

JUAN.—¿Qué quiere dezir cómite?

PEDRO.—El que goviernа la galera y la rije[12].

---

[8] *no era zirujano ni sabía de manos nada hazer.* Pedro está asociado en su mente la palabra cirujano con su etimología (gr. χέιρ, 'mano') a la vez que declara que no era oficial mecánico u obrero manual.

[9] Todos los nombres propios de autoridades de la mar, turcos o piratas, llevan pospuesto el apelativo *arráez (arráiz,* en V. Rocca), del árabe *ra'is,* 'jefe', 'patrón de barco', doc. en 1293 (Corominas, *BDELC*). (Véase también en C. F. Gómez, *Vocabulario de Cervantes,* s.v. *arráez.* Recuérdese también el título de la novelita española *Abind-arráez* y *Jarifa.)*

[10] *médico de orina y pulso:* médico de medicina general, no cirujano. Estos simples físicos tenían menos estudios que los médicos profesionales y, consiguientemente, menos categoría. (Véase en *El juez de los divorcios,* Cervantes, *Entremeses.* Ed. de M. Herrero García, Clásicos Castellanos, 125, n. 21.)

[11] La palabra *fortuna* en este párrafo se toma en el sentido recto; más adelante se usa reiterativamente como 'temporal', 'tempestad'. (La palabra *pero,* delante de *pocos,* tachada en *M-1* [f. 22v].)

[12] *cómite* o *cómitre,* indistintamente, en textos italianos. El cómitre tenía a su cargo la dirección de la maniobra y propulsión de la galera. En español y portugués se convierten *cómite* en *cómitre* por in-

MATA.—¿Y arráez?

PEDRO.—Capitán de una galera. Quiso también la fortuna que el general se contentó de mí y me escogió para sí. De todas las presas que se hazen por la mar tiene el Gran Turco su quinto; pero los generales toman siempre para sí los mejores y que saben que son de rescate, o que tienen algunos oficios que serán de ganancia. Los soldados, pobres y lacayos de los caballeros dan al rey, pues que nunca los ha de ver.

MATA.—¿Para qué los quiere?

PEDRO.—Métenlos en una torre, y de allí los embían a trabajar en obras de la señoría, que llaman.

JUAN.—¿Qué tantos[13] desos terná?

PEDRO.—Al pie de tres mill.

MATA.—Y quando os tomó el general, ¿vistióos luego?

PEDRO.—No, sino calzóme, y bien.

JUAN.—¿Cómo?

PEDRO.—Lleváronme luego a un banco donde estaban dos remadores y faltaba uno, y pusiéronme una cadena al pie, de doze eslabones y enclabada en el mesmo banco, y mandáronme remar, y como no sabía comenzaron de darme de anguilazos por estas espaldas con un azote diabólico empegado[14].

JUAN.—Ya los he visto, que muchos cautibos que pasan por aquí, que se han escapado, los traen camino de Santiago.

PEDRO.—Otra buena canalla de vagabundos. Todos esos, creed que jamás estubieron allí; porque ¿en qué seso cabe, si se huyen, que han de llevar el azote, que jamás el cómite le dexa de la mano? Ansí engañan a los bobos.

MATA.—Bien pintadas debéis de tener las espaldas.

PEDRO.—Ya se han quitado las más ronchas; pero uno me dieron un día que me ziñó estos riñones, que después acá a

---

fluencia de *maestro* y *mestre,* respectivamente. En las galeras pontificias, venecianas y de Malta, *comito,* «cuya posición era más relevante que la de nuestro cómitre», según Olesa (I, pág. 1102). Según Kahane-Tietze (págs. 527-529), el término pertenece a la *lingua franca,* registrado en turco como *kömi* (pl. *kömiler)* desde 1518, en un registro de marineros de Gelibolu (Gallípoli). Procede del griego bizantino κόμης, tomado a su vez del latín *comes,* «alto funcionario imperial» de Bizancio, donde se emplea desde el siglo V. Su duro oficio se describe en *El amante liberal.*

[13] *qué tantos:* giro frecuente y típico del *Viaje.*

[14] *anguilazos… azote empegado.* Azotes con la anguila o rebenque, por similitud de forma. Estos corbachos se untaban con pez para mayor duración.

tiempos me duele. Quiso Dios que como tomaron tanta jente y tenían bien quien remase, que acordaron, pues yo les parescía delicado y no lo sabía hazer, y era bueno para servir en mi ofiçio, que entrase cada vez en mi lugar un gitano; pero no me quitaron de la cadena, sino allí me metía donde poca menos pena tenía que si remara, porque había de ir metida la cabeza entre las rodillas sentado, y quando la mar estaba algo alvorotada, venía la onda y dábame en estas espaldas y remojábame todo. Llámase aquel lugar en la galera la banda, que es la que sirve de necesaria[15], en cada vanco.

JUAN.—¿Y qué os daban allí de comer?

PEDRO.—Lo que a los otros, que es quando hay bastimento harto, y estábamos en parte, que cada día lo podían tomar. Daban a cada uno 26 onças de vizcocho; pero si estábamos donde no lo podían tomar, que era tierra de enemigos, 20 onças y una almueza de mazamorra[16].

MATA.—¿Qué es vizcocho y mazamorra?

PEDRO.—Toman la harina sin cerner ni nada y házenla pan; después aquello hácenlo quartos y recuézenlo hasta que está duro como piedra y métenlo en la galera; las migajas que se desmoronan de aquello y los suelos donde estubo es mazamorra, y muchas vezes hay tanta necesidad, que dan de sola ésta, que quando habréis apartado a una parte las chinches muertas que están entrello y las pajas y el estiércol de los ratones, lo que queda no es la quinta parte.

JUAN.—¿Quién diablos llevó el ratón á la mar?

PEDRO.—Como se engendran de la bascosidad, más hay que en tierra en ocho días que esté el pan dentro.

MATA.—Y a beber ¿dan vino blanco ó tinto?

PEDRO.—Blanco del río, y aun bien hidiendo y con más tasa que el pan.

---

[15] *necesaria*: «letrina o lugar para las que llaman necesidades corporales, de donde tomó el nombre» *(Autoridades)*. El término se halla ya documentado en el *Universal Vocabulario* de Alonso de Palencia (Sevilla, 1492), como «forina, latrina o tristega.»

[16] *almueza de mazamorra*: 'almueza' o 'almozada' es la cantidad que cabe en el hueco de la mano. *Mazamorra* es también término de la lengua franca panmediterránea, según Kahane-Tietze (núm. 407, página 299), documentado en catalán como *masçamurro* desde el siglo XV (Aguiló-Fuster, *Diccionari Aguiló*, Barcelona, 1915-34): especie de galleta hecha de pasta o, mejor, reducida a pasta *(crumbled biscuit)*.

JUAN.—¿Y qué más dan de razión?

PEDRO.—¿No basta esto? Algunas vezes reparten a media escudilla de vinagre y otra media de azeite y media de lentejas ó arroz para todo un mes; alguna pascua suya dan carne, quanto una libra a cada uno; mas déstas no hay sino dos en el año.

MATA.—¡Mal aventurados dellos; bien parescen turcos!

PEDRO.—¿Pensáis que son mejores las de los christianos? Pues no son sino peores.

JUAN.—Yo reniego desa manera de la mejor. Y la cama ¿era conforme a la comida?

PEDRO.—Tenía por cortinas todo el cielo de la luna, y por frazada el aire. La cama era un banquillo quanto pueden tres hombres caber sentados, y de tal manera tenía de dormir allí, que con estar amarrado al mesmo vanco y no poder subir encima la pierna, sino que había destar colgando, si por malos de mis pecados sonaba tantico la cadena, luego el verdugo estaba enzima con el azote.

MATA.—¿Quién os lavaba la ropa blanca?

PEDRO.—Nosotros mesmos con el sudor que cada día manaba de los cuerpos; que una que yo tube, a pedazos se cayó como ahorcado.

JUAN.—Paresce que me comen las espaldas en ver quál debía estar de jente.

PEDRO.—A eso quiero responder que por la fe de buen christiano, no más ni menos que en un hormigal hormigas los veía en mis pechos quando me miraba, y tomábame una çongoja de ver mis carnes vivamente comidas dellos, y llagadas, ensangrentadas todas, que, como aunque matase veinte pulgaradas no hazía al caso, no tenía otro remedio sino dexarlo y no me mirar; pues en unas votas de cordobán que tenía, por el juramento que tengo hecho y por otro mayor si queréis, que si metía la mano por entre la vota y la pierna hasta la pantorrilla, que era en mi mano sacar un puñado dellos como granos de trigo.

JUAN.—¿Y todos están ansí?

PEDRO.—No, que los que son viejos tienen camisas que mudar; no tienen tantos con gran parte, y laban allí sus camisas con agua de la mar, atándola con un pedazo de soga como quien saca agua de algún pozo, y allí las dejaban remojar un rato: quasi el labar no es más sino remojar y secar, porque como el agua de la mar es tan gruesa, no puede penetrar ni limpia cosa ninguna.

MATA.—Caro cuesta desa manera el ver cosas nuebas y tierras estrañas. En su seso s'está Juan de Voto a Dios de no poner su vida al tablero, sino hablar como testigo de oídas, pues no le vale menos que a los que lo han visto.

PEDRO.—Yos diré quán caro cuesta. Siendo yo cautibo nuebo, que no había sino un mes que lo era, vi que junto a mí estaban unos turcos escribiendo ciertas cartas mensajeras; y ellos, en lugar de firma, usan ciertos sellos en una sortija de plata que traen, en donde está esculpido su nombre o las letras de cifra que quieren y con este, untado con tinta emprimen en el lugar donde habían de firmar, su sello, y cierto queda como de molde[17].

MATA.—Yo apostaré que es verdad sin más, pues no lo puede contar sin lágrimas.

PEDRO.—Mas eché allá quando pasó; y como a mí me paresció cosa nueba, entre tanto que zerraba uno las cartas, como en conversación, tomé en la mano el sello y como vi que no me dezían nada tomé tinta y un poco de papel para ver si sabría yo ansí sellar. De todo esto olgaban ellos sin dárseles nada; yo lo hize como quiera que era çiençia que una vez bastaba verla, y contentéme de mí mesmo haber azertado; torné á poner la sortija donde se estaba, y como de allí a un poco me acordase de lo mesmo, quise tornar a ver si se me había olvidado, y así del papel que estaba debaxo de la sortija, pensando que estaba encima, porque estaba entre dos papeles, y cáese la sortija de la tabla abajo y da consigo en la mar, que estábamos estonces en Sancta Maura[18]. Los turcos, quando me vieron vaxar a bus-

---

[17] Para la narración de todo este episodio de la sortija caída al mar, el autor pudo haberse documentado en el libro de Luigi Bassano di Zara, *I costumi e i modi particolari della vita de Turchi,* Roma, 1545, página 58. Bataillon reproduce el texto de Bassano que copio a continuación *(B-DL,* pág. 119):

> Nel scriversi i Turchi l' un l' altro, non sigillano le lettere, ma le piegano al modo que sogliamo far noi gl'instrumenti e contratti scritti in carta pergamena. E s'ella è d'importanza la serrano con colla di pesce, ne si puo riserrare, aperta ch'ell 'è, che non si riconosca. (...) Il gran Turco, in luogo di sigillo nelle sue patenti, fa usare una cifra, la quale domandano la testa del Signore, e sono lettere, como sono anchor quelle che usano ne loro Ducati. Non usano cera, ma sigillano le lettere i più minore in questo modo...

[18] *Sancta Maura:* una de las islas del mar Jónico, *Lefkas* para los griegos de hoy; *Leucade* o Santo Mauro para los españoles.

138

carla, pensando que no fuese caída, ásenme de las manos presto por pensar que yo la había hecho perdidiza.

JUAN.—¿De qué os reís desto o a qué propósito?

MATA.—Porque voy viendo que según va el quento, al fin todos lloraremos de lástima y para rehazer las lágrimas lo hago.

PEDRO.—Como no la hallaron en las manos, viene uno y méteme el dedo en la boca, quasi hasta el estómago, que me hubiera ahogado, por ver si me la había metido en la boca.

MATA.—¿Pues no le podíais morder?

PEDRO.—Quando esto fue, ya no tenía dientes ni sentido, porque me habían dado dos bofetones de entrambas partes, tan grandes que estaba tonto.

JUAN.—¿No podían mirar que erais hombre de bien y que en el ávito que llebabais no erais ladrón?

PEDRO.—El ávito de los esclabos todo es uno de malos y buenos, como de fraires, y aun las mañas también en ese caso, porque quien no roba no come[19]. Luego llamaron al guardián mayor de los esclabos, que se llamaba Morato Arráez[20], y dieron como ellos quisieron la información de lo pasado, la qual podía ser sentencia y todo, porque yo no tenía quien hablase por mí, ni yo mesmo podía, porque no sabía lengua ninguna. Luego como me cató todo, que presto lo pudo hazer, porque estaba desnudo, y no lo halló, manda luego traer el azote y pusiéronme de la manera que agora diré. Como los bancos estan puestos por orden, como renglones de coplas, pusiéronme la una pierna en un banco, la otra en otro, los brazos en otros dos, y quatro hombres que me tenían de los brazos y piernas, quasi hecho rueda, puesta la cabeza en otro.

JUAN.—Ya me pesa que comenzaste este cuento, porque me toman calofríos de lástima.

PEDRO.—Antes lo digo para que más se manifiesten las obras de Dios. Puesto el guardián el un pie sobre un banco y el otro sobre mi pescuezo, y siendo hombre de razonables fuerzas, comenzó como relox tardío a darme quan largo era, deteniéndose

---

[19] Como se ve por el juicio de Pedro, el excautivo no oculta sus sentimientos anticlericales ni su desdén por los preceptos del Decálogo. Con razón insinúa Mátalas si su amigo «no trae de esas tierras extrañas alguna punta de luterano».

[20] *Morato Arráez,* como en Cervantes, *Agí Morato (DQ,* I, capítulos XL-XLI), es la versión española del turco *Amurates.* En el manuscrito toledano, al hablar de los nombres que se imponen a los niños turcos, traduce *Murathbegh* o Amurates por «señor deseado». (Para *arráez,* véase pág. 134, nota 9.)

de poco en poco, por mayor pena me dar, para que confesase, hasta que Dios quiso que bastase; bien fuera medio quarto de ora lo que se tardó en la justicia.

JUAN.—¿Pues de tanto valor era la sortija que los christianos vuestros compañeros de remo que estaban alderredor no lo pagaban por no ver eso?

PEDRO.—Valdría siete reales quando mucho; pero ellos pagaran otros tantos porque cada día me dieran aquella colación.

MATA.—¿Luego no eran christianos?

PEDRO.—Sí son, y por tales se tienen; pero como el mayor enemigo que el bueno tiene en el mundo es el ruin, ellos, de gracia, como dizen, me querían peor que al diablo, de embidia porque yo no remaba y que hazían algún caso de mí, y porque no los sirbía allí donde estaba amarrado, y lo peor porque no tenía blanca que gastar; últimamente, porque todos eran italianos, de diferentes partes, y entre todas las naciones del mundo somos los españoles los más mal quistos de todos, y con grandíssima razón, por la soberbia, que en dos días que sirbimos queremos luego ser amos, y si nos conbidan una vez a comer, alzámosnos con la posada: tenemos fieros muchos[21], manos no tanto; veréis en el campo[22] del rey y en Ytalia unos ropavejeruelos y oficiales mecánicos[23] que se huyen por ladrones, o por deudas, con unas calzas de terciopelo y un jubón de raso, renegando y descreyendo a cada palabra, jurando de contino puesta la mano sobre el lado del coraçón, a fe de caballero; luego buscan diferencias de nombres: el uno, Basco de las Pallas, el otro, Ruidíaz de las Mendoças[24]; el otro, que echan-

---

[21] *fieros:* bravata y amenaza con que uno intenta aterrar a otro. Úsase más en plural (*Dicc. R. A. E.,* 8.ª acep.).

[22] *campo:* terreno o comarca ocupados por un ejército o parte considerable de él durante las operaciones de guerra; algunas veces (se toma) por el ejército mismo (*Dicc. R. A. E.,* 16.ª y 17.ª).

[23] *oficiales mecánicos:* «se llama regularmente el que trata o exerce algún oficio de manos, con inteligencia y conocimiento, y no ha pasado a ser Maestro» *(Autoridades).*

[24] El autor elige nombres vascongados con la preposición *de* y rebaja a estos vizcaínos fingidos al pesebre de las caballerías. Nos recuerda por contraste al vizcaíno que lucha con don Quijote y al pretendido orgullo de estos descendientes de las casas solares de Vasconia y de la Montaña. Este rasgo satírico se presta a una doble interpretación: o el autor —de ascendencia conversa— se burla de la pretensión de linaje o, consciente de su noble linaje, satiriza a los que pretenden serlo. Me inclino por la segunda interpretación.

do en el mesón de su padre a los machos de los mulateros deprendió, *bai y galagarre* y *goña*[25],luego se pone Machín Artiaga de Mendarozqueta y dice que por la parte de oriente es pariente del rey de Francia Luis, y por la de poniente del conde Fernán González y Acota, con otro su primo Ochoa de Galarreta[26], y otros nombres ansí propios para los libros de Amadís. No ha quatro meses que un amigo mío me hizo su testamentario, y traía fausto como qualquier capitán con tres caballos. Hizo un testamento conforme a lo que el bulgo estaba engañado de creer. Llamábase del nombre de una casada principal d'España. Al cabo murió, y yo, para cumplir el testamento, hize inventario y abrí un cofrecico, donde pensé hallar joyas y dinero, y la mayor que hallé, entre otras semejantes, fue una carta que su padre de acá le había escrito en la qual iba este capítulo: *«En lo que dezís, hijo, que habéis dexado el oficio de tundidor y tomado el de perfumero en Francia, yo huelgo mucho, pues debe de ser de más ganancia.»* Quando éste y otros tales llegaban en la posada del pobre labrador italiano, luego entraban riñendo: ¡Pese a tal con el puto villano: a las 14 me habéis de dar de comer! ¡reniego de tal con el puto villano! ¡cada día me habéis de dar fruta y vitella no más! corre, moço, mátale dos gallinas, y para mañana, por vida de tal, que yo mate el pabón y la pava; no me dexes pollastre ni presuto en casa ni en la estrada[27].

MATA.—¿Qué es estrada? ¿qué es vitela? ¿qué presuto? ¿qué pollastre?

PEDRO.—Como en fin son de baxa suerte y entendimiento, aunque estén allá mill años, no deprenden de la lengua más de aquello que aunque les pese, por oírlo tantas vezes, se les encasqueta de tal manera que por cada bocablo ytaliano que depren-

---

[25] *bai,* 'sí', en euskera. Las otras dos voces vascoides, sin ninguna significación específica, subrayan la intención satírica del narrador. En los nombres propios que siguen, *Acota* debió de ser *Acosta,* de prosapia más conocida. Quizá Pedro quiera indicar aquí que los nombres que citan los que pretenden ser hidalgos están vinculados a unos señoríos con prueba incontestable de una ejecutoria libre de mácula.

[26] Las palabras en italiano recuerdan las que escucha Tomás Rodaja de boca del capitán en *El Licenciado Vidriera,* pero pronunciadas con diferente intención.

[27] A Pedro le parecen estos nombres resonancias de los onomásticos y toponímicos de los libros de caballerías, de sabor gálico o gaélico; quizá *galarreta* y *gala-garre* evoquen en su mente el *Gaula* del *Amadís.*

141

den olvidan otro de su propia lengua. A cabo de tres o quatro años no saben la suya ni la ajena sino por ensaladas como Juan de Voto a Dios quando hablava conmigo. *Estrada* es el camino; *presuto,* el pernil; *pollastre,* el pollo: *vitela,* ternera.

MATA.—No menos me huelgo, por Dios, de saber esto que las cosas de Turquía, porque para quien no lo ha visto tan lexos es Italia como Grecia. ¿No podía saber qué es la causa porque algunos, quando vienen de allá, traen unos vocablos como *barreta, belludo, fudro, estibal, manca*[28], y hablando con nosotros acá, que somos de su propia lengua? Este otro día no hizo más uno de ir de aquí a Aragón, y estubo allá como quatro meses, y volvióse y en llegando en casa tómale un dolor de ijada[29] y començó a dar vozes que le *portasen el menge*[30]. Como la madre ni las hermanas no sabían lo que se dezía, tornábanle a repreguntar qué quería, y a todo dezía: el menge. Por discreción diéronle un jarrillo para que mease, pensando que pedía el orinal, y él a todos quería matar porque no le entendían. Al fin por el dolor que la madre vio que le fatigaba, llamó al médico, y entrando con dos amigos a le visitar, principales y d'entendimiento[31], preguntóle que qué le dolía y [de] dónde venía. Respondió: *Mosén, chi so stata Saragosa;* de lo qual les dio tanta risa y sonó tanto el cuento, que él quisiera más morir que haberlo dicho, porque las mesmas palabras le quedaron de allí adelante por nombre.

---

[28] Con las voces o voquibles que espeta Mátalas, se mezclan símiles de voces italianas, francesas o catalanas, apenas recognoscibles, excepto quizá *velludo (DQ,* I, 1), *foudre* (?), pero tienen ciertas reminiscencias de las variantes o deformaciones de voces de la *lingua franca.*

[29] *dolor o mal de ijada (hijada,* en Cervantes): la pulmonía, según Herrero-García *(ob. cit.,* 6, 6). Laguna, en cambio, dice que «lo que los médicos llaman cólica, llamamos nosotros dolor de yjada» *(Diosc.,* I, XXVIII, pág. 35); hoy litiasis o cálculos renales.

[30] *que le portasen el menge:* «que le portasen la comida», en el catalán de Mátalas. El hecho de que el protagonista de esta anécdota diga más adelante que *ha estado en Zaragoza,* nos hace pensar si Cervantes dijo de Avellaneda «que su lenguaje es aragonés...» *(DQ,* II, LIX), por incluir entre los aragoneses, a catalanes, valencianos y mallorquines (nota en *AC,* XVI, págs. 247-48).

[31] *d'entendimiento,* es decir, de experiencia y graduados en Medicina, por contraposición a los médicos *de pulso y orina* de que habla más arriba. Covarrubias dice, s. v. *Médico:* «Físico, y también se ha alzado con el nombre de Doctor.»

JUAN.—Lo mesmo, aunque parezca contra mí, acontesçió en Logroño; que se fue un muchacho de casa de su madre y entróse por Francia. Ya que llegó a Tolosa, topóse con otro de su tamaño que venía romerillo para Santiago. Tomaron tanta amistad, que, como estaba ya arrepentido, se volvieron juntos, y viniendo por sus pequeñas jornadas llegaron en Logroño, y el muchacho llebó por huésped al compañero [a] casa de su madre. Entrando en casa fue rescibido como de pobre madre, y que otro no tenía. Luego echó mano de una sartén, y toma unos huebos y pregunta al hijo cómo quiere aquellos huebos, y qué tal viene, y si bebe vino. Él respondió, que hasta allí no había hablado: *Mames, parleu bus a Pierres, e Pierres parlara a moi, quo chi non so res d'España.* La madre turbada, dixo: No te digo sino que cómo quieres los huebos. Entonces preguntó al francesillo que qué decía su madre. Ella, fatigándose mucho, dixo: ¡pues, malaventurada de mí, hijo! aun los mesmos çapatos que te llebaste traes, y tan presto se te ha olvidado tu propia lengua. Ansí que tiene mucha razón *Mátalas Callando,* que estos que vienen de Italia nos rompen aquí las cabezas con sus salpicones de lenguas, que al mejor tiempo que os van contando una proeza que hizieron, os mezclan unos bocablos que no entendéis nada de lo que dizen; «Saliendo yo del cuerpo de guardia para ir a mi trinchera, que era manco de media milla, vi que de la muralla asestaban los esmeriles para los que estábamos en campaña; yo calé mi serpentina y llebéle al bonbardero el bota fogo de la mano»; y otras cosas al mesmo tono[32].

PEDRO.—Pues si esos no hiziesen como la zorra, luego serían tomados con el hurto en la mano.

MATA.—¿Qué haze la zorra?

PEDRO.—Quando va huyendo de los perros, como tiene la cola grande, ciega[33] el camino por donde va, porque no hallen los galgos el rastro. Pues mucho mayores necedades dizen en

---

[32] *esmeril:* pieza pequeña de cámara cerrada que lanzaba proyectiles de media a una libra de peso. La pieza pesaba unos tres quintales. (Véase J. Vigón, *Historia de la artillería española,* I, Madrid, 1947, pág. 226.)

Serpentín y *botafuego* o *botafuogo,* voces de origen italiano, eran los instrumentos de hierro y madera, respectivamente, donde se ponía y se llevaba la mecha para las armas de fuego (DHLE, s. v. *botafuego;* 1.º fecha doc.: *Viaje de Turquía).*

[33] «*raposa* quasi *rabosa* porque arrastra el rabo al andar», dice Covarrubias; de ahí la idea entre los cazadores de que el astuto animal va borrando sus huellas.

Italia con su trocar de lenguas, aunque un día castigaron a un bisoño.

JUAN.—¿Cómo?

PEDRO.—Estaba en una posada de un labrador rico y de onrra; y era rezién pasado d'España, y como no entendía la lengua, vio que a la muger llamavan madona, y díxole al huésped: *Madono porta manjar,* pensando que dezía muy bien; que es como quien dixese *mugero.* El otro corrióse, y entre él y dos hijos suyos le pelaron como palomino, y tubo por bien mudar de allí adelante la posada y aun la costumbre.

MATA.—Si el rey los pagase no quitarían a nadie lo suyo[34].

PEDRO.—Ya los paga; pero es como quando en el banquete falta el vino, que siempre hay para los que se sientan en cabezera de mesa, y los otros se van a la fuente. Para los generales y capitanes nunca falta; son como los peces, que los mayores se comen los menores. Conclusión es averiguada que todos los capitanes son como los sastres, que no es en su mano dexar de hurtar, en poniéndoles la pieza de seda en las manos, sino sólo el día que se confiesan.

MATA.—Ese día cortaría yo siempre de bestir; pero ellos ¿cómo hurtan?

PEDRO.—Yo os lo diré como quien ha pasado por ello. Cada capitán tiene de tener tantos soldados, y para tantos se le da la paga. Pongamos por caso 300; él tiene doçientos, y para el día de la reseña busca çiento de otras compañías o de los oficiales del pueblo, y dales el quinto como al rey y tómales lo demás; al alférez da que pueda hazer esto en tantas plazas y al sargento en tantas; lo demás para *nobis.*

JUAN.—Y los generales ¿no lo remedian eso?

PEDRO.—¿Cómo lo han de remediar, que son ellos sus maestros, de los quales deprendieron?; antes éstos disimulaban, porque no los descubran, que ellos hurtan por grueso, diziendo que al rey es lícito urtarle porque no le da lo que ha menester.

MATA.—Y el rey ¿no pone remedio?

PEDRO.—No lo sabe, ¡qué ha de hazer!

JUAN.—¿Pues semejante cosa ignora?

PEDRO.—Sí, porque todos los que hablan con el rey son generales o capitanes, o oficiales a quien toca, que no se para a hablar con pobres soldados; que si eso fuese, él lo sabría y sa-

---

[34] La afirmación de Mátalas es audaz, especialmente porque la obra está dedicada a Felipe II. Quizá por esto Pedro rectifica a continuación.

144

biéndolo lo atajaría; pero ¿queréis que vaya el capitán a dezir: Señor, yo urto de tres partes la una de mis soldados: castígame por ello?

JUAN.—Y el Consejo del rey ¿no lo sabe?

PEDRO.—No lo debe de saber, pues no lo remedia; mas yo reniego del capitán que no ha sido primero muchos años soldado.

MATA.—Esos soldados fieros que deçíais denantes en el escuadrón al arremeter, ¿qué tales son?

PEDRO.—Los postreros al acometer y primeros al retirar.

JUAN.—Buena va la guerra si todos son ansí.

PEDRO.—Nunca Dios tal quiera, ni aún de treinta partes una; antes toda la religión, crianza y bondad está entre los buenos soldados, de los quales hay infinitos que son unos Çésares y andan con su bestido llano y son todos gente noble y illustre; con su pica al hombro, se andan sirviendo al rey como esclavos invierno y verano, de noche y de día, y de muchos se le olvida al rey y de otros no se acuerda, y de los que restan no tiene memoria para gratificarles sus servicios.

JUAN.—Y esos tales, siendo ansí buenos ¿qué comen? ¿tienen cargos?

PEDRO.—Ni tienen cargos, ni cargas en las bolsas. Comen como los que más ruinmente, y visten peor; no tienen otro acuerdo ni fin sino servir a su ley y rey como dizen quando entran en alguna cibdad que han combatido. Todos los ruines son los que quedan ricos, y estos otros más contentos con la victoria.

JUAN.—Harta mala ventura es trabajar tanto y no tener qué gastar y estar subjeto un bueno a otro que sabe que es más astroso que él.

MATA.—La pobreza no es vileza[35].

PEDRO.—Maldiga Dios el primero que tal refrán inventó, y el primero que le tubo por verdadero, que no es posible que no fuese el más tosco entendimiento del mundo y tan groseros y ciegos los que le creen.

MATA.—¿Cómo ansí a cosa tan común queréis contradezir?

PEDRO.—Porque es la mayor mentira que de Adán acá se ha dicho ni formado; antes no hay mayor vileza en el mundo que la pobreza y que más viles haga los hombres: ¿qué hombre hay

[35] Véase en Correas: «La pobreza no es vileza, mas es rramo de pikardía» (pág. 196a); «la pobreza haze al ombre estar en tristeza» *(ídem);* «la pobreza tiene kara de mala muxer: de puta, ladrona, alkagüeta y rraez» *(ídem);* «pobreza nunka alza kabeza» (482b).

en el mundo tan illustre que la pobreza no le haga ser vil y hazer mill quentos de vilezas? y ¿qué hombre hay tan vil que la riqueza no ennoblezca tanto que le haga illustre, que le haga Alexandro, que le haga Çésar y de todos reberenciado?

JUAN.—Parésceme que lleba camino; pero acá bámonos con el hilo de la jente, teniendo por bueno y aprobado aquello que todos han tenido.

PEDRO.—Tan grande necesdad es esa como la otra. ¿Por qué tengo yo de creer cosa que primero no la examine en mi entendimiento[36] ¿qué se me da a mí que los otros lo digan, sino lleba camino?; ¿soy yo obligado porque mi padre y abuelos fueron necios, a sello? ¿pensáis que sirbe nadie al rey sino para que le dé de comer y no ser pobre, por huir de tan grande vileza y mala ventura?

MATA.—Razonablemente nos hemos apartado del propósito a cuya causa se començó.

JUAN.—No hay perdido nada por ello: porque aquí nos estamos para volver, que también esto ha estado excellente.

PEDRO.—¿En qué quedamos, que ya no me acuerdo?

MATA.—En el qüento de la sortija y la enemistad que os tenían los otros mesmos que remaban. Beamos: y allí ¿no curabais o estudiabais?

PEDRO.—Vínome a la mano un buen libro de medicina[37], con el qual me vino Dios a ver, porque aquel contenía todas las curas del cuerpo humano, y nunca hazía sino leer en él; y por aquél comencé a curar unos cautibos que cayeron junto a mí enfermos, y salíame bien lo que experimentaba; y como yo tengo buena memoria, tomélo todo de coro en poco tiempo, y cuando después me vi entre médicos, como les dezía de aquellos textos, pensaban que sabía mucho. En tres meses quasi supe todo el oficio de médico.

MATA.—En menos se puede saber y mejor.

PEDRO.—Eso es imposible. ¿Cómo?

MATA.—Si el oficio del médico, al menos el vuestro, es matar, ¿no lo hará mejor quanto menos estudiare?

---

[36] Esta afirmación de Urdemalas recuerda la de otro rebelde frente a la rutina, Sánchez de las Brozas, quien afirmó durante su proceso inquisitorial que «en materias que no son de fe, no tengo captivado el entendimiento...». («Proceso inquisitorial de F. Sánchez de las Brozas», en *Documentos inéditos para la Historia de España,* Madrid, 1843, pág. 152.)

[37] Pedro no nos dice cómo llegó a su poder este tratadito de medicina.

JUAN.—Dexémonos de disputas. ¿En la galera hay barberos y cirujanos?

PEDRO.—Cada una trae su barbero, ansí de turcos como de christianos, para afeitar y sangrar. Acontescióme un día con un barbero portogués que era cautibo en la galera que yo estaba, muchos años había, no habiendo yo más de cinqüenta días que era esclavo, lo que oiréis: Al banco donde yo estaba al remo me traxeron un turco que mirase, ya muy al cabo[38]; y como le miré el pulso, vi que le faltaba y que estaba ya frío, y díxeles, pensando ganar honrra con mi prognóstico, que se moriría aquella noche. ¿Que qué le querían hazer los compañeros del enfermo? Como bieron la respuesta dixeron: Alguna bestia debe éste de ser; llamen al barbero de la galera que nos le cure, que sabe bien todos nuestros pulsos, el qual vino luego y preguntó qué había yo dicho, y como lo oí dixe: que se morirá esta noche; y comencé a philosofar: ¿No béis qué pulso? ¿qué frío está? ¿qué gesto? ¿qué lengua? ¿y quán undidos los ojos y qué color de muerto? Dixo él: Pues yo digo que no se morirá; y comienza de fregarse las manos y dezir: sus, hermanos, ¿qué me daréis? yo os le daré sano con ayuda de Alá. Ellos dixeron que biese lo que sería justo. Respondió que le diese[n] quinze ásperos, que son tres reales y medio de acá, para ayuda de las medicinas, y que si el enfermo vibiese le habían de dar otros cinco más, que es un real.

JUAN.—¿Pues no ponía más diferençia de muerte a vida de un real?

PEDRO.—Y era harto, según él sabía; luego se los dieron y fuese al fogón, que es el lugar que trae cada galera para guisar de comer, y en una ollica mete un poco de vizcocho y agua, y haze uno como engrudo sazonado con su azeite y sal, y delante de los turcos tomó una pedrezica como de anillo, de azúcar cande, y metióla dentro diziendo: Esta sola me costó a mí lo que vosotros me dais. Fue a dar su comida, y engargantósela metiéndole la cuchar siempre hasta el estómago. Yo a todo esto estaba algo corrido de la desvergüenza que el barbero había usado contra mí; y los que estaban conmigo al remo començaron a tomarme doblado odio porque yo podía haber ganado aquellos dineros para que todos comiéramos y no lo había hecho, y blasfemaban de mí diziendo que era un traidor poltrón y que maldita la cosa yo sabía, sino que por no remar lo hazía

---

[38] *ya muy al cabo* (de la vida): próximo a expirar.

fingido, y otras cosas a este tenor; y de quando en quando, si me podían alcanzar alguna coz o cadenaço con la cadena, no lo dexaban de hazer. El pobre enfermo aquella noche dio el cuerpo a la mar y el ánima al diablo. Este barbero cada día le quitaban la cadena y a la noche se la metían; quando supo que era muerto, dixo que no le desferrasen aquellos dos días porque tenía muchos ungüentos que hazer, que no estaba la galera bien probeída. Como no había quien curase, mandaron que me quitasen a mí la cadena; y como fui donde el barbero estaba, preguntóme cómo me llamaba. Respondí que el licenciado Pedro de Urdimalas. Díxome: Pues noramala tenéis el nombre, tened el hecho. ¿Pensáis que estáis en vuestra tierra que por prognósticos habéis de medrar? Cúmpleos que nunca desauciéis a nadie, sino que a todos prometáis la salud luego de mano; porque quiero que sepáis la condición de los turcos ser muy diferente de la de los christianos, en que jamás echan la culpa de la muerte al médico, sino que cada uno tiene en la frente escrito lo que ha de ser dél, y[39] que es cumplida la hora: y demás desto, sabed que prometen mucho y nada cumplen: dezir os han: si me sanas yo te daré tanto y haré tal y tal; en sanando no se acuerdan de vos más que de la niebe que nunca vieron. Para ayuda de las medicinas cojed siempre lo que pudiéredes, que ansí se usa acá, que no se recepta, sino vos las tenéis de poner, y si tenéis menester quatro demandaz diez. Yo que antes tenía grandíssimo enojo contra él, me quedé tan manso y se lo agradescí tanto que más no pudo ser; y más me dixo: que de miedo no le tornasen a pidir los dineros que le habían dado no había querido que lo desherrasen fasta que se olvidase de allí a dos días. Los turcos que dormían en mi ballestera no dexaron de notar y maravillarse, que nunca habían en su tierra visto tomar pulso, que por tentar en la muñeca dixese lo que estaba dentro y que muriese.

MATA.—¿Qué cosa es ballestera?

PEDRO.—Una tabla como una mesa que tiene cada galera entre banco y banco, donde ban dos soldados de guerra.

JUAN.—¿Pues no tienen más aposento de una tabla?

PEDRO.—Y ese es de los mejores de la galera. ¡Ojalá todos le alcanzasen!

MATA.—¿Y cuántas desas tiene cada galera?

PEDRO.—Una en cada banco.

---

[39] Busbecq habla de esta creencia en su carta IV. (Véase *Fors-Dan,* I, pág. 341.)

MATA.—¿Quántos bancos?

PEDRO.—Veintiçinco de una parte y otros tantos de la otra, y en cada vanco tres hombres al remo amarrados; y algunas capitanas hay, que llaman bastardas[40], que lleban quatro.

MATA.—¿De manera que ha menester 150 hombres de remo?

PEDRO.—Y más diez, para no menester quando los otros caen malos, que nunca faltan, suplir por ello[41].

JUAN.—¿Y soldados quántos?

PEDRO.—Quando van bien armadas, 50 y diez o doze gentiles hombres de popa, que llaman, amigos del capitán[42].

MATA.—¿Y esos han de ser marineros?

PEDRO.—No hay para qué, porque los marineros son otra cosa; que van un patrón y un cómite y otro sota cómite, dos consejeros, dos artilleros y un alguazil con su escribano y otros veinte marineros.

JUAN.—¿Paresçerá al infierno una cosa tan pequeña con tanta jente? ¡Qué confusión y hedentina[43] debe de haber!

PEDRO.—Ansí lo es, verdaderamente infierno abreviado, que son toda esta jente ordinaria que va, quando es menester pasar

---

[40] *Capitana, bastarda,* son términos náuticos de la *lingua franca.* En cierto modo, al enunciarlos unidos, se expresa una redundancia. El término está documentado en catalán desde el siglo XIV (Alcover y Moll, *Diccionari català-valencià-balear,* Palma, 1930). Deriva de *bastardo,* como «barco de varias especies». En la Vida del Capitán Alonso de Contreras (BAE, 91, 96b) se menciona una *bastarda* («... y que había partido Solimán... con su galera bastarda»), que el primer editor, Serrano y Sanz, escribió con mayúscula tomándolo como nombre propio.

[41] La construcción recta sería «y diez más para que no sea menester suplir por ello cuando los otros caen malos, que nunca faltan». Como el lector podrá comprobar, la relación de Pedro es a menudo anfibológica y oscura.

[42] Recordamos al lector en la siguiente respuesta de Pedro lo que se ha dicho a propósito de esta guarnición de a bordo, característica de las naves de la Orden de Malta: «quando bien armados, cincuenta, y diez o doze gentiles hombres de popa, que llaman, amigos del capitán» (f. 28r).

[43] *hedentina,* de 'hedor', 'fetidez'. (Léase en G. Marañón, «La vida en las galeras», en *Vida e historia,* 6.ª ed., Madrid, Austral, 1962, páginas 94-124). Ya escribía fray Antonio de Guevara que *la vida en la galera déla Dios a quien la quiera (De los inventores del marear y de los trabajos de la galera,* en *Obras,* Valladolid, 1545, fs. 203v-214r).

de un reino a otro por mar llebarán cient hombres más cada una con todos sus hatos.

JUAN.—Buenos christianos serán todos csos de buena razón, pues cada hora traen tragada la muerte.

PEDRO.—Antes son los más malos del mundo. Quando en más fortuna y necesidad se ven, comienzan de blasfemar y renegar de quanto hay del cielo de la luna, hasta el más alto, y de la falta de paciencia de los remadores no es de tanta maravilla, porque verdaderamente ellos tienen tanto afán, que cada hora les es dulze la muerte; mas los otros bellacos, que lo tienen por pasatiempo, son en fin marineros, que son la más mala gente del mundo.

JUAN.—¿Pues tan infernal trabajo es remar?

PEDRO.—Bien dixistes infernal, porque acá no hay qué le comparar; para mí tengo que si lo lleban en paciencia que se irán todos al cielo calzados y vestidos, como dizen las viejas.

MATA.—¿Cómo puede un solo hombre tener qüenta con tantos?

PEDRO.—Con un solo chiflito que trae al cuello haze todas las diferencias de mandar que son menester, al qual han de estar tan promptos que en oyéndole en el mesmo punto quando duermen han de estar en pie, con el remo en la mano, sin pararse a despabilar los ojos, so pena que ya está el azote sobre él: dos andan con los azotes, el uno en la mitad de la galera, el otro en la otra, como maestros que enseñan leer [a] niños.

JUAN.—Con todo eso, puede el que quiere hacer del vellaco quando ese buelve las espaldas, y hazer como que rema.

PEDRO.—Ni por pensamiento. ¿Luego pensáis que hay música ni compases en el mundo más acordada que el remar?: engañáisos, que en el punto que eso hiziese, estorba a sus compañeros y suenan un remo con otro y desházese el compás, y como buelve el cómite, si le había de dar uno le da seis.

JUAN.—Y esos mal aventurados ¿cómo viben con tanto trabajo y tan poca comida?

PEDRO.—Ahí veréis cómo se manifiesta la grandeza de Dios, que más gordos y ricos y luçios los veréis y con más fuerzas que estos cortesanos que andan por aquí paseando cada día con sus mulas. Tienen un buen remedio, que todos procuran de saber hazer algunas cosillas de sus manos, como calzas de aguja, almillas[44], palillos de mondar dientes, muy labrados, boneticos, dados, partidores de cabellos de mujeres labrados a las mill ma-

---

[44] *almilla:* palo que mantiene a igual distancia las tapas de algunos instrumentos músicos (*D.R.A.E.,* 1970, 4.ª acep.).

ravillas y otras cosillas, ansí quando hay viento próspero, que no reman, y quando están en el puerto: lo qual todo venden quando llegan en alguna cibdad y a los pasajeros que van dentro, y desto se remedian, y suelen, temporadas hay [tener] que comer mejor que los capitanes; y mira quán grande es Dios, que todos, por la mayor parte, son ricos y hay muy muchos que tienen cient ducados y doçientos, que no los alcanza ningún capitán de Italia, y hombres hay dellos que juegan cient escudos una noche con algún caballero, si pasa, o con quien quisiere; y si el capitán o los oficiales tienen necesidad de dineros, éstos se los prestan sobre sus firmas hasta que les den la paga.

MATA.—¿Nunca se les alzan con ello?

PEDRO.—No, ni pueden aunque quieran; antes lo primero que el pagador haze es satisfaçerles, y tampoco se los prestarán de valde, sino que si le dan 15, que le hagan la cédula de 16. No faltan también inábiles como yo que ni saben oficio ni tienen qué comer; pero éstos sirben a los otros de remojar el bizcocho y cozinar la olla y poner y quitar las mesas y comen con ellos.

JUAN.—¡Y qué tales deben de ser las mesas!

PEDRO.—Una rodilla bien suçia, si la alcanzan, y los capotes debajo; la propia mesa es comer bien; que aunque esté sobre un muladar[45], no se me da nada.

MATA.—¿En qué comen? ¿tienen platos?

PEDRO.—Una escudilla muy grande tienen de palo, que llaman gabeta, y un jarro, de palo también, que se diçe *chipichape;* esto hay en cada banco; y antes que se me olvide os quiero dezir una cosa y es que me vi una vez con quince caballeros comendadores de Sant Juan[46], y entre todos no había sino una

---

[45] En *M-1* se escribió *muradal,* evidente error por 'muladar', y que Serrano no subsanó. El error se reproduce en todas las ediciones.

[46] La Orden Hospitalaria de San Juan de Jerusalén, llamada también de Malta y en ocasiones de los Caballeros de Rodas, fue fundada en 1048. Los miembros de ella se dividían en tres categorías: caballeros o comendadores, capellanes o religiosos y sirvientes o hermanos. Las dos primeras eran privativas de miembros de la nobleza. Según Markrich, el autor era uno de estos caballeros, basando su afirmación principalmente, al parecer, en las propias palabras de Pedro: «... procuré d'estar con la camarada de los caballeros, que eran, entre comendadores y no, quince» (f. 31r; Serrano y Sanz, 24b). Bataillon cree que el norteamericano utilizó una de las ediciones comerciales donde se imprimió *entre comendadores y yo (B-DL,* pág. 86; *Mark,* 162, nota 8), probablemente la 3.ª de Austral (que no he visto); en las demás, así como en la de Aguilar se escribe *no.*

gabeta [47] en la qual comíamos la carne y el caldo y bebíamos en lugar de taza, y orinábamos de noche si era menester.

JUAN.—¿Y no teníais asco?

PEDRO.—De día no, porque con todo eso teníamos gana de bibir; y de noche menos, porque más de tres meses cenamos a escuras, y esto era en tierra en Constantinopla, porque viene a propósito de las gabetas.

JUAN.—¿Nos daban siquiera un candil, ni miraban que fuesen caballeros?

PEDRO.—Antes adrede maltratan más a esos tales, por sacarles más rescate, como a gatos de Algalia [48].

MATA.—No salgamos, por Dios, tan presto de galera. A los soldados y gente de arte ¿qué les dan de comer?

PEDRO.—Sus raçiones tienen en las de los christianos, de atún y pan vizcocho y media zumbre de vino, y a terzer día mudan a darles vaca si están donde la puedan haber, y dos ducados al mes razonablemente pagados.

JUAN.—¿Y pueden sufrir por tan poco sueldo esa vida?

PEDRO.—Y están muy contentos con ella por la grandíssima livertad que tienen sin obedescer rey ni Roque; en los de los turcos no les dan nada a los soldados sino quatro escudos al mes y ellos se juntan de quatro en quatro o seis en seis y meten en la galera arroz y vizcocho, azúcar y miel; que no han menester vino, pues no lo pueden beber.

JUAN.—Y en las de christianos ¿oyen nunca misa y traen quien los confiese?

PEDRO.—Sí, bien cada domingo y fiesta; si no navegan, les dizen misa en tierra donde puedan todos ver, y en cada galera traen un capellán, y los turcos también uno de los suyos.

MATA.—Vamos adelante con la jornada, que la galera ya está bien entendida.

PEDRO.—De Sancta Maura fuimos a otro puerto de una cibdad, cerca, que se llama Lepanto, y Patrás, que está junto donde Sant Andrés fue martirizado [49]. Allí estubimos con esta vida unos veinte días y despalmamos las galeras.

---

[47] gabela en el original, por gaveta, del it. gavvia, 'caja' y 'jaula'.

[48] algalia: del ár. al-galiya, 'perfume del almizcle con ámbar', sustancia untuosa de olor fuerte y sabor acre contenida en un saco que tiene junto al ano el gato de este nombre.

[49] Pedro boga con sus compañeros de fatigas hacia el golfo de Corinto o Lepanto, dejando a la derecha Patrás —Patrai para los griegos— con el recuerdo del apóstol crucificado en aspa, y a la izquierda Lepanto (Patrache y Lepanto en el derrotero de Alonso de Contreras,

JUAN.—¿Qué es despalmar?

PEDRO.—Darles por debaxo con sebo una camisa para que corra bien, y que la yerba que hay en la mar donde no está muy honda y la bascosidad del agua no se pegue en la pez de la galera, porque no podría de otra manera caminar; y esto es menester hazer cada mes, para bien ser, o de dos a dos a lo más. De allí caminamos a Puerto León, que es en Athenas, y llámase ansí porque tiene un grandíssimo león de mármol a la entrada.

JUAN.—¿Llega la cibdad de Athenas a la mar?

PEDRO.—No; pero hay una legua no más.

MATA.—Pues ¿qué nos diréis de Athenas? ¿es gran cosa como dizen?

PEDRO.—No la vi estonces hasta la buelta, que verná a propósito; yo lo diré[50]. De Puerto León fuimos a Negroponto[51], y

---

página 190). En Patrás se dedican a despalmar las galeras y desde allí, después de veinte días, caminan por tierra firme hasta Puerto León (El Pireo), llamado también *Porto Draco* por un león colosal emplazado a la entrada del puerto, donde estuvo hasta finales del siglo XVII en que el dux veneciano Francesco Morosini dispuso su traslado a la Señoría. (Cfr. con la cartografía de los siglos XVI y XVII, especialmente los dos atlas más extendidos entre los occidentales: el *Theatrum Orbis Terrarum,* de Abraham Ortelius [Amberes, 1570], y el de Joan Blaeus, *Atlas Maior sive Cosmographia Blaviana* [Amsterdam, 1659-1672].) De uno y otro se hicieron numerosas ediciones. Del primero hemos tenido a la vista el que lleva la sign. GM-2766 de la B. N. M., lámina 40; del segundo, GM-898-911, vol. II, libro 3-7, lám. 70. Uno y otro presentan una nomenclatura caprichosa y a veces confusa y parecen seguir las descripciones de Belon y de N. de Nicolai; por ellos se justifican los aparentes errores de Urdemalas sobre las ideas de Troya y de su derrotero a través de las islas del Egeo.

[50] Pedro promete a sus camaradas hablarles de Atenas cuando relate su fuga del cautiverio, pero no cumplió su promesa. Por otra parte es dudoso que Pedro tuviera la oportunidad de ver la metrópoli del Ática y «la tierra adentro donde están los estudios con grandes antiguallas», como dice Alonso de Contreras en sus memorias (BAE, 90, pág. 194).

[51] *Negroponto* o *Negroponte,* llamada también Eubea (hoy, gr. *Evia;* Contreras, *Evo),* separada del Ática por el canal de Negroponto. La derrota hasta Constantinopla sería —en el supuesto de que se trate de un auténtico diario de navegación— el paso entre Eubea y Andros, costeando Skiros y atravesando el Egeo hasta dar vista a Gallípoli *(Gelibolu* para los turcos), en los Dardanelos o Helesponto, para llegar a Constantinopla después de atravesar el mar de Mármara. Más adelante informará a sus camaradas sobre Sexto y Abidos, contestando a una pregunta de Mátalas.

de allí pasamos por Sexto y Abido y entramos en la canal de Constantinopla, que es el Hellesponto, y fuimos a Gallipol y a la isla de Mármara, y de allí a Constantinopla, que es metrópoli que llaman, como quien dice cabeza de toda la Turquía, donde reside siempre por la mayor parte el Gran Señor y concurre todo el imperio.

JUAN.—¡Grande sería la solenidad de la entrada!

CAPÍTULO V

La vida en el cautiverio

PEDRO.—Mucho, y de harta lástima [1]. Salió el Gran Turco a un mirador sobre la mar, porque bate en su palacio, y comenzaron de poner en cada galera muchos estandartes, en cada vanco el suyo; en lo más alto las vanderas de Mahoma, y debaxo dellas los pendones que nos habían tomado, puestos los crucifixos y imágenes de Nuestra Señora que venían dibuxados en ellos, las piernas hazia riba, y la canalla toda de los turcos tirándoles con

---

[1] Sobre este punto de la narración se abre un interrogante: ¿de qué retorno de la flota turca se trata? Markrich, que sin duda utilizó la obra de Forster y Daniell, en su investigación sobre las fuentes del *Viaje,* encontró una evidente semejanza entre este relato y el que escribe Busbecq sobre el regreso triunfal de la flota de Pialé Bajá después de la derrota de don Álvaro de Sande *(Sandé* en la obra citada) en la isla de Los Gelves o Djerba, después de haber sido conquistada por los españoles. Pialé Bajá envió como adelantada de la victoria una galera que llevaba arrastrando de la popa un gran pendón con la efigie del Crucificado *(ob. cit.,* pág. 319). Pero este retorno de la flota otomana tuvo lugar en 1560, por consiguiente no pudo servir de fuente de información a nuestro anónimo autor, si es que damos crédito a la fecha de 1557 de la dedicatoria. Más probable es que, si el relato tiene alguna autenticidad, se refiera este hecho a la entrada en Constantinopla de la flota turca después de la conquista de Trípoli de Berbería, llevada a cabo principalmente por Dragut (como se corrobora líneas más adelante por la mención de éste) «con apoyo de la flota de Sinán el Judío», según Merriman, *Suleiman the Magnificent:* 1520-1566, Harvard, Mass., 1944, pág. 275. Como se ve, este personaje llamado Zinán o Sinán continúa siendo motivo de confusión para algunos historiadores (véase también la nota 1 del cap. IV; cfr. igualmente *B-DL,* pág. 74). (Muratori también le llama Sinam Ebreo [X, pág. 217].)

los arcos muchas saetas; luego las banderas del Gran Turco y debaxo dellas también las del Emperador y el príncipe Doria, hazia baxo, al rebés puestas; luego comenzaron de hazer la salba de artillería más soberbia que en el mar jamás se pudo ver, donde estaban ciento y cinquenta galeras con algunas de Françia[2], y más de otras trescientas nabes, entre chicas y grandes, que se estaban en el puerto y nos ayudaban; cada galera soltaba tres tiros y tornaba tam presto a cargar; duró la salva una hora, y metímonos en el puerto y desarmamos nuestras galeras en el taraçanal[3], que es el lugar donde se hazen y están el imbierno, y no tardamos tres horas en desbaratar toda la armada, y el Gran Señor quiso ver la presa de la jente, porque no los había podido ver dentro de las galeras, y ensartáronnos todos, que seríamos al pie de dos mill, con cadenas, todos trabados uno a otro; a los capitanes y oficiales de las galeras echaron las cadenas por las gargantas, y con la música de trompetas y atambores que nosotros nos llebábamos en las galeras, que es cosa de que ellos mucho se ríen, porque no usan sino clarines, nos llebaron con nuestras banderas arrastrando a pasar por el zerraje del Gran Turco, que es su palacio, de donde ya iban señalados los que habían de ser para él, que le cabían de su quinto, y

---

[2] Debido a su rivalidad con Carlos I, Francisco I de Francia buscaba una alianza con la Puerta Otomana. Después de algunas entrevistas, el embajador La Foret firmó el primer tratado oficial con Turquía en 1536. Francia obtuvo inmensas ventajas comerciales e incluso el monopolio de la navegación y comercio, hasta el punto de que cualquier barco cristiano debería enarbolar el pabellón francés para tener acceso a los muelles de Pera. Además de esto se reconoció a los franceses jurisdicción civil y criminal, prioridad de trato entre todos los demás consulados extranjeros y una especie de protectorado sobre todos los cristianos residentes dentro de las fronteras del Imperio Otomano. A estas ventajas comerciales se deben, en parte, el ascendiente de Marsella como puerto mediterráneo. (Véase Merriman, *ob. cit.*, págs. 142-144.)

[3] *taraçanal, atarazana* o *dársena*. Derivado del árabe *dar-sin-a*, 'arsenal', documentado ya en el siglo XIII entre genoveses y de dominio común, como término de la *lingua franca* (turc., *tarsane;* port. *taracena;* adaptada después al persa *tersahane* —de *tersa*, 'cristiano'— como «conjunto de esclavos cristianos que trabajan en el arsenal»).

Líneas más abajo, nuestro Pedro llama *cerraje* o *zerraje* al Serrallo, derivado del it. *serraglio,* que abarcaba el harem y sus numerosas dependencias y estaba situado en la misma extremidad o saliente entre el mar de Mármara y el brazo de mar llamado por Estrabón *Cuerno de Oro* por su forma de cornucopia. (Véase nota siguiente.)

entrellos principalmente los capitanes de las galeras; y éstos llebaron a Gálata[4], a la torre del Gran Señor, donde están
aquellos dos mill que arriba dixe, para sus obras y para remar
al tiempo.

JUAN.—¿Dónde es Gálata? Por ventura es la que San Pablo
dice *ad galatas.*

PEDRO.—Creo que no, porque ésa es junto a Babilonia. Esta
se llamaba otro tiempo Pera, que en griego quiere dezir dese cabo, y llamábanla ansí porque de Constantinopla a ella no hay
más de el puerto de mar en medio, que será un tiro de arcabuz,
el qual cada vez que quisiéredes pasar podréis por una blanca;
y será de tres mill casas, y en esta hay en la muralla muchas
torres, en una de las quales metieron a todos los que éramos
esclabos de Zinan Baxá, el general, que seríamos en todos 700,
de los quales empresentó obra de ciento, puestos todos en un
corral como obejas. Tornaron a repreguntar a cada uno su
nombre y patria, y qué oficio sabía, y ponían a todos los de un
oficio juntos; y repartieron a los más, porque para todos no había,
sendas mantas para dormir y capotes de sayal y zaragüelles de
lo mesmo, de lo qual fue Dios servido que alcanzé mi parte; y
los barberos que habían tomado de las galeras fueron siete, en
el número de los quales fui yo escrito. Diéronnos por superior
un zirujano viejo, hombre de bien y cudicioso de ganar dineros,
por lo qual, como tenía crédito, s'entremetía en curar de
mediçina y todo, y mandáronnos obedescerle en todo lo que él

---

[4] *Gálata* o *Pera,* indistintamente. En contra de la opinión de
Dubler, que considera un error de Urdemalas, la equivalencia se
puede comprobar en Nicolás del Nicolai, en una frase muy similar
a la que emplea Pedro: «... Galata, chiamata Pera, de un uocabolo
Greco, che uol dire, di la...» (II, pág. 67). Münster, III, pág. 940,
también describe «*A Constantinopoli ad Pera(m), quam hodie Galla-
te(m) uocant, est traiectus non magnus, quum bombardae iactus
oppositu(m) littus apprehendere possit ...»;* y el mismo Busbecq lo
corrobora en su carta IV (Fors-Dan., *ob. cit.,* pág. 326).
Nuestro Pedro comete el error garrafal de llamar Babilonia a lo que
propiamente es Capadocia, separadas ambas regiones, al norte de
Anatolia, por el río Halys o Kizil-Irmak. Probablemente semejante
error debe ser achacado al amanuense.
El excelente mapa de la Cosmografía de Münster (pág. 940) indica
bien claramente la topografía de los lugares que cito, el Serrallo,
llamado *Gynoecium (sic)* en el grabado, el suburbio de Gálata o Pera
y el tarazanal. Puede verse también la fortaleza próxima a la dársena,
donde estaban encerrados los cautivos.

mandase. Como éramos los más cautibos nuebos y la vida ruin, comenzó de dar una modorra[5] por nosotros, que cada día se morían muchos, entre los quales yo fui uno[6].

MATA.—¿Qué, os moristes?

PEDRO.—No, sino herido. Dio industria este barbero o médico, o que era, que nos metiesen los enfermos apartados en una gran caballeriza, adonde, por estar fuera de la torre, había buen aparejo para huir, y por eso nos ensartaban a todos por las cadenas que teníamos con una muy larga y delgada cadenilla, y a la mañana entraba el viejo cirujano con los otros barberos a ver qué tales estaban, y probeía conforme a lo que sabía, que era nonada. Traía un jarro grande de agua cozida con pasas y regaliz, que era la mejor cosa que sabía, y dábanos cada dos tragos[7] diziendo que era xarabe, y al tiempo que le parescía, sin mirar orina ni nada, daba unas píldoras o una bebida tal qual, y en sangrar era muy cobarde, por lo qual entre ciento y treinta enfermos que estábamos, cada día había una docena o media al menos de muertos que entresacar.

JUAN.—Allí, pues estabais en tierra, razonables camas tubierais.

PEDRO.—Peores que en galera y menos lugar mill vezes; estábamos como sardinas en cesto pegados unos con otros. No puedo dezir sin lágrimas que una noche, estando muy malo, estaba en medio de otros dos peores que yo, y en menos espacio de tres pies todos tres y ensartado con ellos; y quiso Dios que entrambos se murieron en anocheciendo, y yo estube con todo mi mal toda la noche [con] quan larga era, que el mes era de

---

[5] *modorra:* sueño muy pesado. Es probable que esta voz pasase a la lengua castellana cotidiana desde la acepción de «enfermedad parasitaria del ganado lanar, caracterizada por el aturdimiento». Hoy día es vigente en los medios rurales españoles, donde se emplea el adjetivo *modorro* como sinónimo de 'bobo' y 'aturdido'.

[6] Indudablemente Pedro habla en metáfora, pero Mátalas lo recoge en sentido literal y pregunta con sorna si se murió el que habla. Esta y otras expresiones análogas de Pedro deberían de haber puesto en guardia a los críticos que han tomado al pie de la letra ciertas afirmaciones de Pedro (que son válidas), frente a otras que no están probadas documentalmente. Me estoy refiriendo al fondo de verdad que pueden contener afirmaciones tales como *mi madre Maricastaña que está diez leguas de aquí, hijo de partes y sobrino de boticario, nos estamos en la Corte, me otorgaron el doctorado en Bolonia,* etc. (respectivamente, págs. 109, 177, 112, 368-369).

[7] *cada dos tragos:* entiéndase «a cada uno dos tragos».

noviembre, entre dos muertos; y de tal manera, que no me podía rebolver si no caía sobre uno dellos. Quando a la mañana vinieron los guardianes a entresacar para llebar a enterrar, yo no hazía sino alzar de poco a poco la pierna y sonar con la cadena para que viesen que no era muerto y me llebasen entrellos a enterrar. Y los bellacos de los barberos, con el mayoral, llamabanme el *mato*, que quiere dezir en italiano el loco, porque les hazía que me sangrasen muchas vezes, y eran como dixe tan avarientos, que aun mi propia sangre les dolía. Al fin me hubieron de sangrar quatro vezes y quiso Dios que mejorase, lo qual ellos no debían de querer mucho porque no hubiese quien entendiese sus errores.

JUAN.—Y los muertos ¿dónde los entierran? ¿hay iglesias?

PEDRO.—Si hay, pero en la caba de la zerca, y no muy hondo, los echan.

JUAN.—Esa es grandíssima lástima.

PEDRO.—Antes me paresce la mayor misericordia que ellos con nosotros usan. ¿Qué diablos se me da a mí, después de muerto, que me entierren en la caba o en la horca muriendo buen christiano? Quando la calentura me dexó al seteno[8], quedé muy flaco y debilitado y no tenía la menor cosa del mundo que comer, y no podía dormir, no por falta de gana sino porque no me ayude Dios si no me podían barrer los piojos de acuestas, porque ya había[9] cerca de quatro meses que no me había desnudado la camisa.

JUAN.—No se le es d'agradeçer que se haya trocado y no se acuerde del mundo hombre que semejantes merçedes ha rescibido de Dios.

PEDRO.—De beras lo diréis quando acabare.

MATA.—¿Y qué os daban allí de comer en tan buena enfermería?

PEDRO.—Una caldera grande como de tinte hazían cada día de azelgas sin sal ni azeite, y de aquéllas aun no daban todas las que pudieran comer, y un poquito de pan. Un hidalgo de Arbealo[10], hombre de bien, me fue a visitar un día, que había

[8] *al seteno:* al séptimo día de enfermedad, posiblemente por la idea tan extendida de que la enfermedad hace crisis al quinto o al séptimo día.

[9] *había,* por 'hacía': el empleo del verbo *haber* en frases temporales *a quo* es común hasta el siglo XVIII.

[10] *Arbealo,* por 'Arévalo', posible error del copista. El hidalgo de Arévalo (Ávila), quedó sin identificar.

quince años que era cautibo; al qual le dixe, que bien sabía yo que era imposible y pidir gullurías en golfo, como dicen los marineros, pero que comiera una sopa en vino; el qual luego fue y me traxo un buen pedazo de una torta, y media copa de vino, y comílo; y como ocho días había que no comía bocado, quedé tan consolado y contento, y credlo sin jurarlo, como si me dieran livertad, y otro día siguiente me tornó a dezir si comería dos manos de carnero con vinagre. Respondí que de buena voluntad, aunque pensé que burlava; él me las traxo. Y como estubiese razonable, luego me metieron en la torre con los demás, y el sobrebarbero me mandó que vaxase cada día a servir a los enfermos, de darles de comer; y siempre, como dizen, arrímate a los buenos, procuré tomar buena compañía y procuré d'estar con la camarada de los caballeros, que eran, entre comendadores y no, quince[11]; y como me conoscían algunos, cayó un ginobés allí junto a mí, que tenía dineros, y rogóme que le curase; y quiso Dios que sanó, y diome tres reales, con los quales fui más rico que el rey; porque la bolsa de Dios es tan cumplida, que desde aquel día hasta el que esto hablamos nunca me faltó blanca. El sobrebarbero, como iba por la cibdad y ganaba algunos escudos, y entre esclavos no nada, probó a ver si se podría eximir del trabajo sin probecho, y mandóme que delante dél otro día hiziese una visita general, para probarme, y no le descontenté; descuidóse por seis días, en los quales yo no sabía qué medicina hazer; sino como conoscí que aquél sabía poco o nada y morían tantos, hize al rebés todo lo que él hazía, y comienzo a sangrar liveralmente y purgar poco, y quiere Dios que no murió nadie en toda una semana, por lo qual yo vi ciertamentc al ojo que no hay en el mundo mejor medicina que lo contrario del ruin médico, y lo he probado muchas vezes, y qualquiera que lo probare lo hallará por verdad. Fueron las nuebas a mi amo désto, de lo qual se holgó, y embió su mayordomo mayor a que yo de allí adelante curase a todos, y que no me llebasen al campo a trabajar con los otros. Yo pidí de merced que los barberos me fuesen subjetos, lo qual no querían, antes se me alzaban a mayores. Fueme otorgado, y más hize un razonamiento diciendo que cada christiano valía sesenta escudos, y que si muchos se morían perderían muchos escudos, y uno que se moría, si se pudiera librar, pagaba las medicinas de todos; por tanto, me hiziesen merced de comprarme algunas

---

[11] Véase lo que hemos dicho a propósito de esta frase.

cosas por junto. Parescióles tan bien que me dieron comissión que fuese a una botica y allí tomase hasta quarenta escudos de lo que yo quisiese, y cumpliólo muy bien.

JUAN.—¿Pues hay allá boticas como acá?

PEDRO.—Más y mayores, y aun mejores. En Gálata hay tres muy buenas de christianos venecianos; en Constantinopla bien deben de pasar de mill, que tienen judíos.

MATA.—¡Qué buen clabo[12] debistes de echar en la compra!

PEDRO.—Y aun dos, porque el boticario me dio dos escudos porque lo llebase de su botica; y yo me concerté con él que llebase quarenta escudos por aquello a mi amo, y no montaba sino treinta y seis, y me diese los otros quatro.

MATA.—No era mala entrada de sisa esa; mejor era que la del otro pobre barbero que contastes; buen discípulo sacó en vos.

JUAN.—Harta miseria había pasado el malaventurado antes de cojer eso.

PEDRO.—Pocas noches antes lo vierais; que estábamos quinze caballeros y yo una noche entre muchas sin tener que çenar otra cosa sino media escudilla de vino que un cautibo nos había dado por amor de Dios, y diónos otro un cabo razonable de candela, como tres dedos de largo, que fue la primera que en tres meses habíamos tenido. Tubímosla en tanto que no sabíamos qué hazer della. Fue menester botar entre todos de qué serviria. Yo dezía que zenásemos con él; otro dixo que se guardase para si alguno de nosotros estubiese *in articulo mortis;* otro que hiziésemos para otro día con él y con vizcocho migas en sebo; dixo el que más autoridad tenía y a quien todos obedecíamos, porque era razón que lo merescía, que mejor sería que le gastásemos en espulgarnos, pues de día en la prisión no había suficiente luz para hazerlo. Yo repliqué que, pues la zena era tan liviana, que bien se podría todo junto hazer, y ansí se puso la mesa acostumbrada, y puesta nuestra cena en medio, que ya gracias a Dios teníamos pan fresco, aunque negro[13], pero ciertamente bueno, y destajamos que ninguno metiese dos vezes su sopa en la escudilla de vino, sino que, metidas dentro tantas quantos éramos, cada uno sacase la suya

---

[12] *echar un buen clavo:* «obtener un importante beneficio en una transacción», como en *DQ,* II, XVIII: «¿habrá quien se alabe de haber echado un buen clavo a la fortuna?»

[13] En *M-1*, tachado *aunque poco* y reemplazado por *ciertamente.*

por orden; y luego echábamos un poco de agua para que no se acabase tan presto; y esto duró hasta que ya el vino era hecho agua clara; y con esto hubo fin la cena, que no fue de las peores de aquellos días. Tras esto cada uno se desnudó, y començamos de matar jente, de cada golpe no uno sino quantos cabían en la prensa.

JUAN.—¿Qué prensa?

MATA.—¿No eres más bobo que eso?; las uñas de los pulgares. ¿Y bastó la candela mucho?

PEDRO.—Más de quince horas en tres noches.

MATA.—Esa, hablando con reberencia, de las de Juan de Voto a Dios es; ¿tres dedos de candela quince horas? Venga el cómo; si no, no lo creré. ¡Son las horas tan grandes allá como acá?

PEDRO.—Por tanto como eso soy enemigo de contar nada; más pues lo he comenzado a todo daré razón. Hubo un acuerdo de consentimiento de todos, que cada uno el piojo grueso le pusiese en aquel poco sebo derretido que está junto a la llama para que se quemase. Començó cada uno de poner tantos, que tubo la llama para gastar todo este tiempo que dixe.

MATA.—Desde aquí hago voto y prometo de creer quanto dixéredes, pues tan satisfecho quedo de mi dubda.

JUAN.—Ya quando bullía el dinero de la sisa debíais de comer bien.

PEDRO.—Razonablemente; hizimos un caballero cozinero que lo hazía lindamente.

MATA.—¿Dónde lo había deprendido siendo caballero?

PEDRO.—Había sido paje, y como son golosos, nunca salen de la cozina. Éramos ya señores de sendas cuchares y una calabaza y olla. Comíamos muchas vezes a las noches; entre día no quedaba nadie en casa.

JUAN.—¿Qué se hazían?

PEDRO.—En amanesciendo, los guardianes, que son en aquella torre treinta, dan bozes diziendo: *Baxá bajo tuti,* y abren la puerta de la torre, y todo el mundo baxa por contadero[14] al corral, y en el paso está uno con un costal de pan, dando a cada uno un pan que le basta aquel día; cada ofi-

---

[14] *contadero:* pasillo en los apartaderos de ganado, por donde pasan las reses para ir contándolas.

La frase *baxá bajo tuti,* fácilmente comprendida, la habrían aprendido los guardianes probablemente de los mismos prisioneros.

cio tiene su guardián, que tiene cargo de llebar y traer aquéllos; luego diçen: «Fuera carpenteros»; quien no saliere tan presto siéndolo, llebará veinte palos bien dados; luego, afuera herreros, lo mesmo; y serradores, lo mesmo; y ansí de todos los oficios; estos que se llaman la maestrança van al tarazanal a trabajar en las obras del Gran Turco, y gana cada uno diez ásperos[15] al día, que es dos reales y medio, una muy grande ganancia para quien tiene esclabos. Tenía mi amo cada día de renta desto más de treinta escudos, y con uno hazía la costa a seiscientos esclabos. Los demás que no saben oficio llaman *ergates*[16], los quales van a trabajar en las huertas y jardines, y a cabar y cortar leña y traerla acuestas, y traer cada día agua a la torre, que no es poco traer la que han menester tanta jente; y con los muradores o tapiadores y canteros[17] que van a hazer casas, para abrir cimientos y servir, y por ser en Constantinopla las casas de tanta ganancia, no hay quien tenga esclabos que no emprenda hazer todas las que puede; y con quanta prisa se hagan yo lo contaré quando viniere a propósito de unos palaçios que hizo Zinán Baxá mi amo. Suélense al salir a trabajar muchos esconder debaxo de las tablas y mantas; algunos les aprobecha, a otros no, porque cada mañana con candelas andan a buscarlos como conejos. Un esclabo de los más antiguos es escribano y es obligado a dar quenta cada día de todos; y ansí entrega a cada guardián tantos; y pone por memoria: Fulano llebó tantos a tal obra; y al venir los rescibe por la mesma quenta.

JUAN.—¿Tanto se fían del esclabo que le hazen escribano?

PEDRO.—Más que del turco en caso de guardar christianos;

---

[15] *áspero:* moneda fraccionaria (hoy, *para*), igual a 1/4 de libra. Hoy día en desuso por su valor insignificante (1/40 de kurus, es decir, 1/4000 de lira turca).

[16] *ergates,* tomado del gr. bizantino *argates* (pron. aryates), 'jornalero'. En otra acepción, el gr. ἐργάτης, se traduce por ‘cabestrante’ en Vitrubio; el traductor de éste escribe ἐργάta (M. de Urrea, *De architectura* de Vitruvio; Alcalá, 1569, Vocabulario). Se halla también en los libros de Juanelo Turriano (B. N. M., Ms. 3373, pág. 145) con este nombre. El *Dicc. latino-español* de R. de Miguel (23.ª ed., Madrid, 1943) lo traduce por ‘argano’ y con este nombre debió de pasar a la *lingua franca.* (Véase también Kahane-Tietze, *ob. cit.,* s. v. *argano.)*

[17] *muradores, tapiadores, canteros, cabemaestros...:* la terminología de artesanía y artesanos es extensa en el *Viaje de Turquía.* (Recuérdese lo que he dicho *supra* en Introducción, pág. 31, nota 24.)

antes son de mayor caridad en eso que nuestros generales christianos para con ellos. Ordinariamente hazía Zinán Baxá y cada general, cada pascua suya, siete o ocho los más antiguos, o por mejor dezir los mayores bellacos de dos caras, parleros[18], que entre todos había, guardianes de los mesmos christianos, a los cuales dan livertad. Desta manera permítenles andar solos adonde fueren, y danles una carta de livertad con condición que sirvan lealmente sin traición tres años, y al cabo dellos hagan de sí lo que quisieren; y en estos tres años guardan a los otros, y son bastantes ocho para guardar quatrocientos, lo qual turcos no bastan cinquenta.

JUAN. — ¿Cómo puede eso ser?

PEDRO. — Como ellos han primero sido esclabos, saben todas las mañas y tratos que para huir se buscan, y por allí los guardan, de lo qual el turco está inocente. También, como están escarmentados de la prisión pasada, desbélanse en servir por no bolver a ella.

JUAN. — ¿Cómo lo hazen esos con los christianos?

PEDRO. — Peor mill vezes que los turcos, y más crueles son para ellos; tráenlos quando trabajan ni más ni menos que los aguadores los asnos; vanles dando quando ban cargados palos detrás si no caminan más de lo que pueden, y al tiempo del cargar les hazen tomar mayor carga acuestas de la que sus costillas sufren, y quando pasan cargados por delante el amo, por parescer que sirbe bien, allí comienza a dar bozes arreándolos y dando palos a diestro y a siniestro; y como son ladrón de casa, ya saben, de quando estaban a la cadena, quál esclabo alcanza algunos dinerillos y aquél dan mejores palos y no le dexan hasta que se los hazen gastar en tabernas todos, y después también los maltratan porque no tienen más que dar; si algún pobre entre mercaderes tiene algún crédito para que le probean alguna miseria, éstos los lleban a sus casas para que negocien, pero no los sacarán de la torre si primero no les dan algunos reales, y después de lo que cobran la mitad o las dos partes; ni los dexan hablar con los mercaderes en secreto por saber lo que les dan y que no se les encubra nada; y si ven que tiene buen crédito de rescate, luego se hazen de los consejeros, diziendo que digan que son pobres y que ellos serán buenos terceros con el señor, y que por tal y tal vía se ha de negociar, y banse al señor y

_____

[18] *parleros:* delatores que, al parecer abundaban entre los cautivos y renegados.

congraciándose con él le dizen que mire lo que haze, que aquél es hombre que tiene bien con qué se rescatar.

JUAN,—¿Esos guardianes no se podrían huir si quisiesen con los otros cautibos?

PEDRO.—Facilíssimamente si los bellacos quisiesen; pero no son desos, antes les pesa quando se les acaba el tiempo de los tres años, por no tener ocasión de venirse en livertad.

MATA.—¿Pues quieren más aquella vida de guardar christianos que estar acá?

PEDRO.—Sin comparación, porque acá han de vibir como quienes son, y allá, siendo como son ruines y de ruin suelo, son señores de mandar a muchos buenos que hay cautibos, y libres para emborracharse cada día en las tabernas y andarse de ramera en ramera a costa de los pobres súbditos.

MATA.—¿Hay putas en Constantinopla?

PEDRO.—Desas nunca hay falta donde quiera.

MATA.—¡Mira qué os dize, Juan de Boto a Dios!

JUAN.—Con bos habla y a bos responde.

PEDRO.—Y aun bujarrones [19] son los más, que lo deprenden de los turcos. Finalmente, ¿queréis que os diga? sin información *ni más oír, había el rey, en viniendo alguno que dixese que por su persona le habían dado los turcos livertad y había sido allá guardián de christianos, de mandarle espetar* en un palo y que le asasen bibo; porque aquel cargo no se le dieron sino por bellaco azezinador y malsín de los christianos que nunca hazen quando están entrellos antes que les den livertad sino acusarlos que se quedan a las mañanas escondidos, que son de rescate, que tienen dineros, que tienen parientes ricos; y quando están trabajando con ellos, que ban a andar del cuerpo muchas vezes por holgar, y otras cosas ansina semejantes, por donde se rescatan pocos; porque el pobre que tenía cient escudos ya le han levantado que tiene mill, y que si no los da que no saldrá, y como la pestilencia anda muy común allí, de un año a otro se mueren todos; no se entiende que a todos los que ellos dan livertad sin dineros les habían de hazer esta justicia, porque hay muchos que [20] caen en manos de turcos honrrados particulares que no

---

[19] *bujarrón:* sodomita, homosexual. La voz se deriva de *búlgaro* en la acepción de 'despreciable' y 'cobarde', pasando después a significar 'invertido' en lengua castellana. (Véase Corominas, *BDELC.*)

[20] En el diálogo, Pedro pasa fácilmente del estilo directo al indirecto, por lo que a veces abunda la enunciativa *que*, haciendo monótono el relato.

tienen sino dos o tres y los traen sin cadenas en la Notolia[21], que propiamente es la Asia, junto a Troya, y andan en la labrança, y como les han servido muchos años, danles livertad y dineros para el camino, sino a los que han sido guardianes, pues por parleros les dieron el cargo.

MATA.—A esa quenta cada día habría acá hartas justicias desas si a los malsines y parleros hubiesen de asar; porque no hay señor ninguno que no se deleite de tener en cada pueblo personas tales quales habéis pintado; veo guardianes que les van a dezir qué dixo el otro paseándose en la plaza quando vio el corregidor nuebo, y qué trato trae, y cómo vibe y el trigo que compra para rebender, sin mirar la costa que el otro tiene en su casa; y que le oyó dezir que era tan buen hidalgo como su señoría, no mirando en todo la viga lagar de su ojo sino la mota del ajeno, de donde nascen todas las disensiones y pleitos entre señores y vasallos; porque como creen las parlerías, quando van [a] aquellos pueblos luego mandan: a Fulano echádmele doblados huéspedes, y a Fulano dalde a executar por la resta de la alcabala que me debe, y al otro quitadle el salario que le doy y comienza a no se querer quitar la gorra a nadie y mirarlos de mal rostro y detenerse allí mucho tiempo para más molestar, y traer un juez de residencia[22] que castigue las cosas pasadas y olvidadas y los acusadores que acusaren lleben la mitad de la pena.

PEDRO[23].—Esa les daría yo muy bien; porque a los parleros que fueron la causa daría la pena que los guardianes merescen, y a estotros la mitad della, y aun los señores que se pagan de parleros no se me irían en salbo.

MATA.—No hayáis miedo que se le vayan a Dios tarde o temprano.

JUAN.—Harto los pico yo sobreso en las confesiones, aunque no aprobecha mucho.

PEDRO.—También los confesores servís algunas vezes de pelillo y andáis a sabor de paladar con ellos, por no los desabrir;

[21] Busbecq dice en su Carta I: «cruzamos la Anatolia, que los turcos llaman ahora Asia» (Fors-Dan, I, pág. 133); Münster la llama siempre *Asia Menor*. SSanz habla de una *Anadulia vecina a Persia,* conquistada por Sinán Bajá —uno de tantos Sinán—, en 1515. Sin duda, se trata de la misma entidad geográfica, pero no sé donde ha obtenido *SSanz* la información.

[22] *residencia:* práctica judicial entre los españoles, en virtud de la cual un virrey o gobernador debía dar cuenta de su gestión ante la Audiencia.

[23] *Juan* en el original, luego tachado.

para mi santiguada que si yo los confesara que les hiziera temblar quando llegaran a mis pies; y que si en dos o tres confesiones me confesasen un mesmo pecado, sin emienda, yo los embiase a buscar el Papa que los absolviese, y a los parleros absolvería con condición que fuesen aquel que tienen robada la fama y le dixesen: Señor, pidos perdón que he dicho esto y esto de vos, en lo qual he mentido mal y falsamente; y por no lo ir a hazer otra vez, procurará de enmendar la vida, ya que no mire la ofensa que a Dios haze.

MATA.—¡Por Dios, gentil consejo era ese para tener nosotros de comer! bien podríamos desde luego tomar nuestro hato y caminar al espital, porque podría bien tocarse la vigüela sin segunda[24], que nadie volbería.

PEDRO.—Querría más un quarto; mayor es la bolsa de Dios que me los pagará mejor, y si todos los confesores hiziesen ansí, ellos volverán aunque no quisiesen.

MATA.—¿Quién pensáis que volvería segunda vez?; que andan pretendiendo y echando mill rogadores una infinidad de confesores por quitarle los perrochanos de lustre a Juan de Voto a Dios? ¡Más sobornos traxo el otro día uno para que le diesen un domingo el púlpito de la reina, por procurar alguna entrada como contentar, para si pudiese alcanzar a confesarla, rebolvió toda la corte hasta que lo alcançó, y si fuera con buen zelo no era malo: más creo que lo hazen por estas mitras, que son muy sabroso manjar, y para faborescer a quien quisieren.

PEDRO.—De creer es; porque si por otra vía lo hiziesen no ternían que rogar más a los ricos que a los pobres, y ellos harían que los fuesen a rogar y huirían dellos; pero con su pan se lo coman, que este otro día vi en un lienzo de Flandes el infierno bien pintado[25], y había allí hartas mitras puestas sobre unas muertes y algunas coronas y bastones de reyes sobre otras. Plega Dios que no parezca lo bibo a lo pintado. ¡Más que pensado devía de ir aquel sermón y qué de extremos ternía buscados por no parescer que dezía lo que los otros!

---

[24] *tocar la vihuela sin segunda:* expresión de Mátalas por la que entendemos que si todos fueran al Papa no habría clientes, aunque hicieran el reclamo con vihuela. La palabra *segunda,* por alusión a la cuerda que sigue a la prima, es también 'segunda' intención.

[25] *el infierno bien pintado:* puede tratarse de un cuadro similar al del Bosco, «El jardín de las delicias», una de cuyas tablas del tríptico representa el infierno, hoy en el Prado. Es improbable, por la fecha, que fuera una obra de asunto semejante, de Bruegel el Viejo.

MATA.—En esto lo vierais, que no predicó del Evangelio de aquel día, sino tomó el tema de una lectión que dezía que había reçado a la mañana en las laudes, y entró declarando el Evangelio, y al cabo que le dixo todo en romançe mandó le prestasen atención, porque aquello que había dicho era la corteza del sermón, y entró por unas figuras del Testamento viejo, sin más acordársele de tema ni Evangelio, con ciertas comparaciones, y dio consigo en la passión de Christo, y acabó con unas terribles voces diziendo que se acercaba el día del juicio.

PEDRO.—Buena estaba la ensalada, por mi vida. En Ytalia, donde son gente de grande entendimiento, en viendo el predicador que se mete en qualquiera desas cosas, luego ven que es idiota y trae cosas de cartapacio[26], si no es día que la Iglesia haze mención dellas. ¿Y supo acabar; porque la mayor dificultad que semejantes predicadores tienen es esa?

MATA.—Allá predicó sus dos horas o zerca, por si otra vez no le dieran el púlpito.

PEDRO.—Una cosa veo, hablando con reberençıa de la teulogía de Juan de Boto de Dios, la más reçia del mundo, en los predicadores d'España y es que tienen menester ser los púlpitos de azero, que de otra manera todos los hazen pedazos a bozes; parésçeles que a porradas han de persuadir la fe de Christo.

JUAN.—¿Qué es la causa deso?

PEDRO.—La Retórica que no les deve de sobrar; en tiempo de los romanos los retóricos como Ciçerón y de los griegos Demósthenes y Eschines eran procuradores de causas que iban a dezir en los senados, lo que agora los juristas dan por escritos, y procuraban con su rectórica persuadir, y esta es la cosa que más habían de saver los letrados; de la qual no se hable, porque están llenos como colmenas de letras bárbaras y no saben latín ni romançe, quanto más Rectórica; los médicos algunos hay que la saben, pero no la tienen menester; de manera que toda la necesidad della ha quedado en los theólogos[27], de suerte que no valen nada sin ella, porque su intento es persuadirme que yo

---

[26] *razón de cartapacio* «es la que se dice estudiada y decorada, que muchas veces no hace al propósito» (*Covarrubias*, s. v. *cartapacio*, página 313a).

[27] *teulogía, theólogos,* como *retórica* y *rectórica:* el escriba parece estar copiando sin cuidado ni atención, lo cual corrobora nuestra hipótesis de que el Ms. que comentamos debe atribuirse a un amanuense y no al autor.

sea buen christiano, y para hazer bien esto han de hazer una oración como quien ora en un theatro, airándose a tiempos, amansándose a tiempos, llevando siempre su tono conzertado y muy igual, ansí como lo guardan muy gentilmente en Italia y Francia, y desta manera no se cansarían tanto los predicadores.

JUAN.—Algunos de los que han pasado allá han traído esa costumbre y de dezir la misa rezada a bozes, y todo se lo reprehenden porque dizen que no se usa.

PEDRO.—¿Qué se me da a mí de los usos, si lo que hago es bien hecho? En verdad que lo de dezir alto la misa que es una muy buena cosa; porque el precepto no manda ver misa sino oírla, y es muy bien que aunque haya mucha gente todos participen igualmente.

CAPÍTULO VI

Pedro médico de Sinán Bajá

MATA.—Allá se avengan; determínenselo ellos. ¡Cómos fue después con vuestros enfermos y las medicinas que tomastes?

PEDRO.—Bien, por çierto; que luego di a un barbero la llabe de la caja en donde estaban y que él fuese el boticario, y sabía hazer ungüentos, que era grande alivio; en fin, todos sanaron, y de allí en adelante no caían tantos. Esto duró seis meses, que yo tenía toda la carga y el zirujano viejo curaba los turcos que en casa de Zinán Baxá había, con alguna ganancia, y no tanto trabajo como yo tenía. Al cabo destos seis tenía yo ya algunas letras y experiençia, que podía hablar con quien quiera, y fama que no faltaba, y veníanme a buscar algunos turcos allí, y yo pidía licencia para salir de la torre, al guardián mayor, y éste me la daba con condición que le diese parte de la ganancia, y dábame otro hombre de guardia, que iba conmigo, el qual también quería la suya; y entre muchos curé a un privado de Dargute, el qual me dio un escudo, que vino a buen tiempo porque no había tras qué parar; y los turcos que curaba, como me había dicho el barbero al principio, prometían mucho y después no cumplían nada quando estaban buenos. Zinán Baxá mi patrón tenía una enfermedad que se llama asma, doze años había, el qual no había dexado médico que no provase, y a la sazón estaba puesto en manos de aquel ziruxano viejo, que le daba muy poco remedio, y los açidentes cresçían. Dixéronle que tenía un christiano español médico, que por qué no le probaba; luego me embió a llamar, y andaba siempre con mi cadena al pie, de seis eslabones, rodeada a la pierna, como traen también en tierra todos los cautibos, y quando llegué adonde él estaba, hize aquel acatamiento que acá hiziera a un prícipe, llamándole siempre de Exçelençia, y quando le llegué a tomar el pulso hinquéme de rodillas y veséle el pie y tras él la mano; y mirando el pulso, torné a vesarle la mano y retiréme atrás. Los renegados que estaban presentes refiriéronle todo lo pasado, como entendían la una y la otra lengua y lo que acá y allá se usa; y muy contentos de lo que había hecho tubieron en mucho la buena criança, la qual los otros christianos que hast'allí habían hablado con él no habían usado, pensando que por ser turco no lo entendiera, y no había necesidad dello, o por no lo saber hazer, antes le trataban de tú, y si le daban alguna medi[ci]na, llebábanla sin ninguna reberencia en unas vasijas de a blanca sin hazer más caso. El dixo a los gentiles hombres que estaban con él: Bien paresçe éste haberse criado entre gente noble; y a mí me comenzó a contar su enfermedad por uno de los intérpretes; y díxome si me bastaba el ánimo a sanarle: Yo le respondí que no, porque Dios era el que le había de sanar y otro no; pero que lo que en mí fuese estubiese cierto que no faltaría. Ellos son amigos que luego el médico diga que le dará sanidad, y tornóme a replicar que en quántos días le daría sano. Yo dixe que no sabía y que aplicaría todos los remedios posibles, de tal manera que lo que yo no hiziese no lo haría otro médico, y en lo demás dexase hazer a Dios y él se dispusiese a hazer quanto yo mandasc, porque de otra manera no se podía hazer nada. A esto respondió que a él le paresçía haber hallado hombre a su propósito, y desde luego comenzase. Yo fui presto a la votica y tomé unos xarabes apropiados en un muy galán vidro veneciano, y llebéselos con aquella solemnidad que a tal príncipe se debía, y holgóse en verlos tam bien puestos y preguntóme cómo los había de tomar. Mandé que me traxesen una cuchar y tomé tres cucharadas grandes y comímelas delante dél, y dixe: Señor, ansina. Luego él tomó su cuchar y comenzó a comer, dando gracias a Dios de que le hubiese dado un hombre a su propósito, no estimando en menos la salba[1]

---

[1] La *salva* era la prueba de la comida y bebida que hacía el mayordomo antes de servirla a su señor; de ahí *señores de salva*, los que podían disponer de estos sirvientes catadores o supervisores de viandas, «a salvo de toda traición y engaño», como dice Covarrubias.

que la criança pasada; y echó mano a la faldriquera y sacó un gran puñado de ásperos[2], que serían tres escudos, y diómelos, mandando que prestamente me quitasen los bestidos de sayal y me diesen otros de paño. Diéronme una sotana que ellos usan, que llaman *dolamán*[3], y una ropa enzima hasta en pies; la sotana de paño morado aforrada en vocazí; la otra de paño azul, aforrada en paño colorado; mas no me quitaron la cadena ni la guarda, antes me la dieron doblada de allí adelante. Acabados sus xarabes, dile unas tabletas para la tos, y habiéndole de dar una tarde cinco píldoras, no supe cómo hazer dellas la salba, porque siempre iba con cautela como quien estaba entre enemigos. Hize seis y quando se las di le dixe que había de tomar aquella noche cinco. Preguntado cómo, porque no pensase que la que yo había de tomar llebaba señalada y le daba a él algún veneno, díselas todas seis en la mano y pídele una. Diómela, y traguémela delante dél. Tomólas y obró bien con ellas y hubo mejoría.

MATA.—El ardid fue por cierto como de Pedro de Urdimalas. ¿Y él usaba entonces curarse a fuer de acá, o hay médicos como acá?

PEDRO.—Médicos y voticarios no faltan, principalmente judíos; hay médicos muchos, los quales para ser conoscidos traen por divisa una barreta colorada, alta, como un pan de azúcar[4].

JUAN.—¿Son letrados?

PEDRO.—Muy pocos hay que lo sean, y esos han ido de acá; pero allá no hay estudios, sino unos con otros se andan enseñando, y quasi va por herencia, que el padre dexa la barreta y un libro que dize en romançe: para curar tal enfermedad, tal y

---

[2] *ásperos* (véase cap. V, pág. 162, nota 15).

[3] *dolamán,* 'dolmán': abrigo largo, de paño grueso, «como sotana hasta en pies», según nos dice el propio Urdemalas más adelante (f. 121r), que hacía las veces de manta a la hora de dormir, según atestigua Busbecq.

Bocací o *vocací,* como en *DQ,* I, 1, es «tela falsa de lienço teñido de diversas colores y bruñido; o tomó el nombre donde primero se inventó, o se dixo de bocado, porque puesta debaxo de paño acuchillado, en jubones o calças, se sacan bocados della por las cuchilladas» *(Covarrubias).*

[4] Parece que era distintivo de los judíos el llevar un elevado fez o barretín de color vivo. Recuérdese que en *El retablo de las maravillas* se alude a «esta canalla barretina» *(Entremeses,* ed. Herrero-García, en Clásicos Castellanos, pág. 182, nota 6).

tal remedio; sin poner la causa de donde puede venir; algunos hay que saben arábigo y le[e]n Abizena[5], pero tampoco entienden mucho. Turcos y griegos no saben letras, sino los médicos que hay todos son echizeros y supersticiosos. Era tan bueno mi amo que porque los otros que le habían curado no se desabriesén me deçía: Si te preguntaren a quién curas, di que a un camarero mío; era balientíssimo hombre, de cuerpo como un gigante, colorado y cierto lindo hombre. Yo determiné de sangrarle si él se dispusiese a ello, y fue tan contento, que se dexó sacar de los brazos dos libras de sangre en dos vezes, y aquel día, como lo supo un judío médico que antes llebaba su salario, quedó atónito, porque son cobardes en el sangrar, y vino a la cámara del Baxá, que se holgaba siempre con él, y venía cargado con una alforja, dentro de la qual traía un libro grande como de iglesia, escrito en ebraico, y dixo a mi mano que me quería probar que las sangrías habían sido mal hechas. Yo fui llamado y sentámonos en el suelo sobre una alombra, que ansí se usa, y traxeron un escañico sobre qué poner el libro, y díxome a lo que venía. Yo no dexé de temer un poco, pensando que sabía algo, y preguntéle que en qué lengua. Díxome que en fina castellana, pues era común a entrambos. Yo dixe que no, sino latina o griega. Respondió que no sabía ninguna de aquéllas, de lo qual me holgué mucho y començò de abrir el libro y preguntarme que qué enfermedad era aquella. Yo díxele que me lo dixese él a mí, que había tantos años que la curaba. Dixo que le plaçía, que él me la mostraría allí en el libro. Quiso Dios que yo tenía un librico dorado como unas Horas[6], que havía avido de mediçina y traíale siempre en la fratiquera, y díxele: Si vos sois médico, este libro habéis de leer, que en ebraico ningún autor hay que valga un quarto; más yo reniego del médico que ha d'estudiar cada cosa quando es menester, que mucho mejor sería tomarlo en la cabeza y traerlo dentro; que yo tenía entendido que él no lo sabía, pues nunca le había dado remedio, y porque no se cansase supiese que era asma y la definición era

---

[5] *Avicena* (980-1057), filósofo y médico; su *Kanun* (del gr. χάνον, 'la norma') fue durante varios siglos guía de la práctica medicinal entre los musulmanes.

[6] Los *Libros de Horas* se iluminaban con bellísimas miniaturas sobre pan de oro; algunos, como el del Duque de Berry, son de inestimable valor, y a partir de ellos se desarrolló la gran escuela de los primitivos flamencos. (Véase S. Reinach, *Apollo* [1907], trad. de F. Simmonds, Nueva York, 1921, pág. 217.)

aquélla y se había de curar de tal y tal manera; y comenzé de dezirlo en latín y declarárselo en romance. El Baxá se hazía deçir todo lo que pasava, de los intérpretes, y estava tan regozijado quanto el judío de confuso. Dixo: no busco en este libro sino que le habéis sacado mucha sangre, porque el cuerpo del hombre no tiene sino diez y ocho libras, y comenzó de leer ebraico. Yo quando esto vi dixe ciertos versos griegos que en Alcalá[7] había deprendido de Homero, y declároselos en castellano al propósito contrario de lo que él dezía; y quanto a lo de las sangrías, que ellas estavan muy a propósito y bien; y que lo de las diez y ocho libras de sangre era gran mentira, porque unos tenían poca y otros mucha, según eran gordos o flacos, y la grandeza del cuerpo, y dado que fuese verdad que todos los hombres tenían a diez y ocho libras, que el Baxá tenía çincuenta, porque no era hombre sino gigante. Movióse gran risa en la sala, y sabido el Vaxá de qué se reían les ayudó. El judío acabó los argumentos diçiendo que lo que había hecho era para tentarme si daría razón de mí, y que él hallava que mi amo tenía buen médico, y encargóle al Baxá que no exçediese en nada de lo que yo mandase y despartióse el torneo. Con las sangrías y bever cada día aguamiel, quedó tan sano que no tosió más por aquellos dos años.

JUAN.—¿Nunca os quitó la cadena en sanando?

PEDRO.—Luego, estando un día con sus renegados, les mandó que me tomasen juramento solene, como nosotros usamos, de no me huir ni azerle traiçión y me quitaría la cadena. Hízolo ansí uno que se llamava Amuzabai, valenciano y aún de buena parte, y tomóme sobre una cruz mi juramento bien en forma, a lo qual dixo el Baxá que no estava satisfecho, porque los christianos tenían un papa en Rroma que luego los absolvía de quantos pecados cometían en la ley de Christo; mas que él lo estaría si puesta la mano sobre el lado izquierdo prometía en fe de buen español de no hacer traición. Yo lo hize como él lo mandó y volvióse a sus gentiles hombres y díxoles: Sabed que agora éste está bien ligado, porque el rey d'España todas sus fortalezas fía destos y de ninguna otra nación, y antes se dexarán hazer piezas que haçer cosa contra esta jura; y digo mi pe-

_____

[7] Esta segunda mención de sus estudios en Alcalá por parte de Pedro y al que creemos bajo palabra, nos hace recordar que Laguna no estudió en la famosa universidad. Por otra parte, no hay evidencia de que Pedro fuera un helenista de tomo y lomo, si juzgamos por las pocas muestras de griego clásico que nos ofrece el *Viaje*.

cado, que por aquel buen concepto que de nosotros tenía, yo quedé tan atado que primero me atrebiera a quebrar tres juramentos como el primero, que aquél, aunque fuera más pecado. Llegó de presto el herrero con su martillo y quebrantóme la cadena y dexáronme andar sin ella.

MATA.—¿Sólo y a do quisieseis?

PEDRO.—Solo no; antes traía doblada guarda; pero adonde quisiese sí, con condición que a la noche fuese a dormir a la torre con los otros esclabos y a curarlos; mas del tiempo que me sobraba buscaba de comer para mí y para mis compañeros.

JUAN.—Mucho os debía de querer después que sanó ese Baxá.

PEDRO.—Tanto que me andaba él mesmo acreditando y buscando negocios y aun forzando algunos, por poco mal que tubiesen, porque yo ganase algo, que se curasen conmigo; y muchas vezes me llamaba aparte y me dezía: Mira, christiano, yo de ti estoy muy satisfecho, y no quiero que pierdas onrra; hágote saber que estos turcos son una jente algo de baxa suerte, que unos creen y otros no; quando vieres que la enfermedad es tal que no puedes salir con ella, déxala y no vuelbas más allá aunque yo te lo mande, porque soy muchas vezes molestado.

JUAN.—¡Palabras, por cierto, de grande amor y dignas de tan gran príncipe! Y ese tiempo ¿qué os daban de comer?

PEDRO.—Ninguna cosa más que antes, sino dos panecillos al día, porque sabía[n] que yo me ganaba qué gastar, y él también me daba de quando en quando algunos dineros para vino.

MATA.—¿Y no os pagaban mejor los que curabais después de haber echado fuera los caxcabeles y el pelo malo?

PEDRO.—Todos me tinían ya harto de prometerme libertad si los sanaba, y montes de oro; después no hazían más caso que si nunca me hubieran visto; quando mucho el cozinero mayor del Gran Turco me dio, teniéndome prometida libertad y dos ropas de brocado, quatro reales, de lo qual yo quedé tan corrido y escarmentado, que de allí adelante me valió harto porque comenzé, acordándoseme del consejo del varbero portogués, a hurdir algunas y vínome a la mano un caballero que tenía un gran cargo, que se llamaba el *Amín*[8] y es como probedor de las armadas, y hizo a mi intérprete que yo me traía que me dixese que le sanase y me darían libertad y montes de oro como los pa-

---

8 *Amín*, cast. 'alamín', del ár. *íd.*, era el superintendente, perito o capataz encargado de la carena, mantenimiento y armamento de las naves. Propiamente significa 'fiel'. (Véase mi *Léxico de alarifes, ob. cit.*, págs. 29-30).

sados. Yo le dixe: Dile que no soy esclabo suyo, sino de Zinán Baxá; que me pague y yo le daré sano si Dios quisiere. Preguntáronme quánto quería. Respondí que un escudo al día, y que yo me pornía las medicinas. El dolor que le acusaba me fue faborable a que se le hiçiese poco, y ansí duró una o dos semanas lo que había que gastar con los compañeros.

JUAN.—¿Vuestro patrón os dio intérprete o era menester buscarle cada vez?

PEDRO.—Uno de los que me guardaban sirvía deso y desotro, que por la gracia de Dios y nuestros pecados hartos hay allá que sepan las dos lenguas. No duró muchos días que no entrase Satanás en el corazón del Baxá, con el grande amor que me tenía, para persuadirme que fuese turco, y comenzó de tentarme con el *hec omnia tibi dabo*[9], mostrándome una multitud de dineros y de ropas de brocados y sedas, diziendo que me haría uno de los mayores de su casa y protomédico del Gran Señor, y otras cosas al tono, con las quales a otros venzen; a todo lo qual, y a otros que me echaba que me lo rogasen; Dios, que jamás faltó en tales tiempos si por nosotros no quiebra, particularmente probeyó todo lo que había de responder, fortificándome para que no me derribasen, y díxele que suplicaba a su excelencia no me mandase tal cosa ni me hablase sobrello, porque yo era christiano y mi linaje lo había sido y tal había de morir; y que si me quería para médico, que yo le serviría estando christiano con más fidelidad y amor que de otra manera, como lo había visto por la obra[10] y lo vería de allí adelante, y si fuese turco luego me había de procurar huir; ansí por estonces, vista la osadía, se resfrió por quinçe días que más no se habló sobrello.

MATA[11].—Gran deseo tenía de preguntar sobreso; porque han venido por acá algunos renegados diziendo que por fuerza los han hecho ser moros o turcos; otros que han estado cautibos cuentan milagros de los grandes martirios que les daban porque renegasen; también se dexan dezir otros que al que reniega luego le hazen uno de los principales señores. A todo esto deseo ser satisfecho.

PEDRO.—*No hay más satisfación de que todos mienten como Judas mintió;* porque quanto a lo primero, mi voluntad, con todo su poderío ni todos los tormentos del infierno, no me la

---

[9] *Haec omnia tibi dabo:* palabras con las que Satán tienta a Jesús (San Juan y, literalmente, San Mateo, 4, 9).

[10] En *M-1, onrra,* tachado.

[11] En la primera redacción, *Juan* en lugar de *Mátalas.*

pueden forzar a que diga de sí donde no quiere; y los que dizen que por fuerza se lo hizieron hazer son unos bellacos, que porque les dixeron que los matarían o les dieron cient palos luego dan su sí.

JUAN.—Eso es gran maldad, porque obligados son a morir mill muertes por Christo y rescibir martirio como hizieron tantos mártires como ha habido.

PEDRO.—Quanto más que no lo pueden hazer conforme a su ley; sino que todos esos, por miedo de los otros christianos que están con él, no le corran, avisan a los turcos que le tomen y le aten y le circumciden.

MATA.—Como algunas damas que dan vozes y dizen que las fuerzan y huelgan dello[12].

PEDRO.—Es verdad; yo vi por estos ojos dos casos desos mesmos a dos entalladores muy primos[13], y vinieron a tomar consejo conmigo; yo les dixe que aunque los matasen tubiesen firme, que vien aventurados ellos si aquel día morían; y de allí a quatro horas ya habían usado aquella maña de que por fuerza los habían cortado. La segunda mentira es de los que se rescatan o se huyen, que dizen que resçibían allá porque renegasen muerte y pasión. No pueden, como dicho tengo, hazerles más de persuadírselo tres vezes, y si no quisieren, dexarlos, sino es que algunos los amenaçan; pero estos tales ya van contra su ley. Allende desto no se les da un quarto que sean turcos; antes, porque los han menester dexar andar solos y que no remen más, les pesa que nadie diga que quiere ser turco, y muy muchos vi yo que andaban a rogar que los hiziesen turcos, y no querían, sino echábanlos con el diablo diziendo que lo hazían porque quitándoles la cadena y prisión ternían mejor aparejo para huir, y el Baxá me dixo un día hablando en eso conmigo, que si quisiese abrir tienda a circumcidar todos los que quisiesen, que muy pocos quedarían en las torres que no lo hiciesen por salir dellas, lo qual andando más el tiempo vi claramente ser ansí.

_____

[12] En _M-1_ (f. 37r), subrayada toda la frase. Líneas más arriba (f. 36v) la acotación _Pedrarias_ al margen de la frase _No hay más satisfacción de que todos mienten como Judas mintió._ Probablemente se trata de una alusión velada a personas envueltas en el largo pleito de los Arias Dávila (véase la pág. 62, nota 68, e _infra_).

[13] _entalladores muy primos:_ escultores, tallistas o imagineros, y cortistas o piedrapiqueros de obra _prima,_ es decir, más artistas que artesanos. (Véase _Léxico de alarifes,_ pág. 107.) (En ediciones comerciales se sitúa repitiendo la errata _estalladores._)

JUAN.—Quando esos tales reniegan ¿quedan libres?

PEDRO.—No, sino más esclabos; porque primero tenían solamente el cuerpo y después ánima y todo; acontesçe como acá; si uno tiene un moro que ha comprado y se bautiza en su poder ¿no se queda como de primero por su amo?

MATA.—Ansí se me entiende.

PEDRO.—¿Y házenle acá quando se christiana grande señor?

MATA.—Quanto a Dios sí, si sabe perseverar; mas quanto al mundo con su mesmo sayo y capa se queda.

PEDRO.—Pues no le falta punto a lo de allá: solamente a los que son buenos artesanos, digo que saben algunos buenos ofiçios y pulidos, como son aquellos dos que arriba dixe y algún eminente artillero, o zerrajero, o armero, o médico, o cirujano, o ingeniero. Estos tales son rogados y cásanlos, y danles alguna miseria de paga con que pasen entre tanto que hazen hijos y se ban al infierno. Después que se han hecho turcos ninguna palabra oyen de los superiores buena, sino a dos por tres les llaman hombres sin fe, vellaco, que si tú fueras hombre de bien, no dexaras tu fe, aunque fuera peor, y otras palabras que los lastiman; mas el diablo, con el almagre que los tiene ya señalados por suyos, les tiene amortezidos los sentidos a que no sientan al aguijón. De los muchachos ninguno s'escapa que no çircumçiden sin mirar su sí ni su no. De las mugeres, las viejas, porque no se lo ruegan, no suelen ser turcas; pero las mozas, como hay entrellos hombres como acá, presto las engaña el diablo como ya son amigos de tiempo immemorial acá.

MATA.—¿Tornó a calentarse el rogaros que fueseis turco?

PEDRO.—Pasados aquellos quince días que se calló, tubo el Vaxá neçesidad de ir con diez galeras a Nicomidia, que ahora se llama Ezmite[14], para hazer traer por mar ciertos mármoles que aquella provinçia da de edifiçios antiguos que allí había, para una grande mezquita que el Gran Señor haze[15], lo qual incumbe traer al General de la mar, que es de Constantinopla distancia de treinte leguas. Llebóme consigo y armamos sesenta tiendas en aquel campo, que era por mayo, adonde estubimos un

---

[14] *Nicomidia,* que agora se llama *Ezmite:* es la famosa Nicomedia, hoy *Ismit,* capital de la antigua Bitinia. Busbecq la describe en su carta I *(Fors-Dan, ob. cit.,* 135) y dice que «no encontró nada digno de valor, excepto ruinas y escombros».

[15] La mezquita es la famosa *Suleymania* que compite con Santa Sofía y la de Ahmed en proporciones y esplendor. Fue obra de otro Sinán, el *Kodjak* ('maestro', 'viejo'), muerto en 1582.

mes, y en este tiempo yo conoscía algunas yerbas y tenía un libro donde están dibuxadas, de medicina, que se llama herbario [16] y tomaba algunas dellas y íbame al pabellon del Baxá y mostrábaselas vibas y pintadas juntas, de lo qual estaba el más contento hombre del mundo, por ser cosa que nunca había visto ni allí se usa, y muchas vezes, saliendo por aquellas huertas, cogía quantas no conosçía, y venido a la tienda luego mandaba llamar al christiano y preguntaba de cada una qué cosa fuese, y dezíaselo mostrándosela siempre pintada, el qual se tenía el libro allá para mirar entre sí.

JUAN.—¿Pues qué, tanto sabíais vos de conosçer yerbas?

MATA.—Todo aquello que no podía dexar de saver siendo hijo de partera, primo de barbero y sobrino de boticario [17].

PEDRO.—Mátalas Callando dize bien todo lo que hay.

MATA.—Quanto más que él haría como los herbolarios de por acá, que en no conosçiendo la yerba luego le dan para quien no los entiende un nombre francés: la gerba de Nôtro Señora y la gerba de Sant Juan y de Santhaque, y si entiende francés dize que el griego la llama *alchorchis* y el bocablo latino no se le acuerda.

PEDRO.—Acabaré mi cuento. Ya que estaba contentíssimo de mí, diole alarma Satanás otra vez, y en achaque de que fuésemos a buscar yerbas, tomóme por la mano solo con un intérprete y llebóme un bosque adelante, rogando como solía, que fuese turco. Respondí que no quería. Llegamos a unas matas donde estaban dos renegados amigos suyos. El uno era Amuzabai, aquel balençiano que arriba dixe. El otro, el cómite real Darmuz Arráez [18], con un berdugo. Díxome que aquella era mi hora si no lo quería hazer, porque me haría cortar la cabeza; a lo

---

[16] Quackelbeen, médico de Busbecq, estuvo recogiendo especies botánicas en la región de Nicomedia. Busbecq alude a este hecho en su cuarta misiva (Fors-Dan, I, 410). Menciona también a un médico español, Albacar, a quien envió a la isla de Lemnos para recoger muestras de la llamada tierra *lemnia* o *sigillata*.

[17] Mátalas nos descubre, bromeando, la genealogía de Pedro, cosa que éste confirma por las líneas que siguen. Si tomamos como artículo de fe esta declaración, no podemos asegurar documentalmente lo de *partera* y *boticario* entre miembros de la familia Laguna. (Véase a este respecto lo que dice Juan de Vera en el artículo citado en pagina 60, así como Bataillon, *B-DL*, pág. 99, apt.º 1.º.)

[18] Sobre este personaje, Darmuz, nada dicen las fuentes más inmediatas que pudo tener a mano el autor, a pesar de que su cargo, el de cómitre de la galera real, debía de ser de importancia.

qual yo respondí que era su esclabo y podía hazer de mí lo que quisiese: mas yo no había de hazer lo que él quería en aquel caso; dixo al verdugo: *baxi chiez,* que quiere dezir: córtale la cabeza. El otro desembainó una zimitarra, que es alfange turquesco, y fue para mí. Llegó uno de aquellos dos renegados, y túbole, mandándole esperar, y echáronse entrambos a los pies del Baxá pidiéndole de merced que esperase a que ellos me hablasen. Otorgóselo y comenzaron de predicarme reprehendiéndome, diziendo que para qué quería perderme, un mançebo tan docto como yo, que mirase qué amor tan grande me tenía mi amo y qué mercedes tan soberbias me haría; y el otro dezía: Di de sí, aunque guardes en tu corazón lo que quisieres, que nosotros, aunque nos ves en este hábito, tan christianos somos como tú. Díxeles: ¿No basta, señores, haber perdido vuestras ánimas sin[o] querer perder la mía también? ¿Cómo podéis vosotros servir dos señores? ¿Pensáis engañar a Dios? Sabed que dixo Christo en el Evangelio: *Qui me negaverit coram hominibus, negabo illum coram patre meo, qui in celis est*[19]: El que me negare delante los hombres, negarle he yo delante de mi padre, que está en el cielo. Ansí, que vana es vuestra christiandad, y no me habléis más sobrello. El Baxá preguntó qué dezía, y, referido, con ira dixo otra vez que cortase. Hizieron lo mesmo los renegados, y respondí lo mesmo segunda vez, y volvíme al verdugo, alumbrado del Spíritu Sancto, que ya era la muerte tragada, y díxele: Haz lo que te han mandado. Vino para mí el Vaxá, atribuyéndolo a soberbia, y díxome: Pues, perro traidor, ¿aún de la muerte no tienes miedo? Respondí: No tengo de qué, por que mi madre tiene otros quatro hijos mejores que yo con que se consuele. Entonces escupió sobre mí diziendo: ¡Oh, mal viaje hagas, perro enemigo de Mahoma! espérame un poco, que yo te haré que me vengas a rogar y no querré yo. Y fuese el bosque adelante y el verdugo embainó su espada y llebáronme a la tienda.

MATA.—Con ningún cuento me habéis hecho saltar las lágrimas como con éste.

JUAN.—Grande merced os hiziera Dios en que os mataran entonces, que la muerte no es más del trago que pasastes. ¿Y después en qué paró la amenaza?

PEDRO.—Había determinado de hazer unos palacios muy sumptuosos en una plaza de Constantinopla que se dice *Atmai-*

---

[19] San Lucas, 12, 9: «A quien me negare ante los hombres, también le negaré yo ante mi Padre, que está en los cielos.»

tán [20] que quiere dezir 'plaza de caballos', para lo qual compró tresçientas casas pequeñas que allí había para sitio, y por el quento desta obra entenderéis cómo son los christianos tratados en tierra para refrigerio de la pena que en galera se pasa; y como desta diré entenderéis de todas las otras obras que los otros con el sudor de los pobres cautibos hazen. Todo el mundo pensó que para sólo derribar tantas casas y sacar la tierra, y abrir cimientos serían menester siete o ocho meses, y por Dios os juro que dentro de seis estaban hechos los palacios y era pasado el Baxá a bibir a ellos, que tienen de zerca poco menos de media legua.

MATA.—Si os sabe mal el iros a la mano, dad el cómo sin que os le pidan; porque *a prima façie* no se puede hazer sin negromançia.

PEDRO.—Andaban cada día mill y quinientos hombres entre maestros y quien los sirvía, los quales eran guardados de dozientos guardianes, que los guardaban y los arreaban dando toda la prisa y palos que podían; y porque puedo también hablar de experiencia quiérome meter dentro y hablar como quien lo vio y no de oídas. Aconsejaron al Vaxá ciertos renegados que, pues yo no había querido ser turco, ninguna mejor vengança podía tomar de mí que mandarme echar dos cadenas, en cada pie la suya, y embiarme a trabajar con los otros; porque él sabía que los españoles éramos fantásticos[21], y como antes me había visto en honrra sin cadena, y bien vestido, y como rey de los otros cautibos, sería tanta la afrenta que rescibiría en verme caído de aquello, que de pura vergüença de los otros yo haría lo que él quisiese, y renegaría mil vezes. Tomó el acuerdo de tal manera, que en llegando a Constantinopla mandó fuese todo esto executado, y lleváronme con mis dos cadenas, estando él allí mirando en qué andaba la obra, y en entrando comenzaron aquellos turcos de darme prisa que tomase

---

[20] *Atmaitan* o *Atmaydan,* del turco *at,* 'caballo', es el hipódromo mandado construir por Septimio Severo y rehecho por Constantino. Se halla en las proximidades de Santa Sofía y de la mezquita de Ahmed. Fue escenario de las luchas de verdes y azules en los tiempos de Bizancio.

[21] *fantásticos* por pretenciosos, fanfarrones, de los que se contaban las famosas *rodomontadas,* que se encargó de difundir la literatura de ultrapuertos. Véase, por ejemplo, los *Commentaires de très épouentables, terribles et inuincibles Capitanes, Matamores, Crocodelle et Rajabroqueles,* París, chez Jean Prome, s.f.

una *cofa* [22], que dizen, como espuerta, y acarrease con los demás tierra. Yo lo obedesçí sin mostrar más flaqueza que antes, y para más me molestar tenía el Baxá dado aviso que todos los guardianes tubiesen quenta conmigo, y hazíalos poner en una escalera por donde habíamos de subir tantos a una parte como a otra y quando yo pasase alzasen todos sendos bastones que tenían y cada uno me alcançase, poco o mucho, y más que para que no descansase, entre tanto que se hinchían las espuertas, a mí se me tubiese una siempre aparejada llena, para trocar en llegando.

MATA.—¿Y mudastes el ávito como los otros cautibos, o andabais con vuestros fandularios [23] doctorales?

PEDRO.—No quise dexar la sotana, sino arremanguéla como fraire, y ansí andaba, y mi amo el Baxá estaba en unos corredores mirando y sonreyéndose en verme, y embióme un truhán [24] que me dixese, como que salía dél, que me quitase aquel ábito y le guardase para quando estubiese en gracia. Al qual yo respondí de manera que el Baxá lo oyese: Guarde Dios la cabeza de mi amo, que quando éste se rompiere me dará otro de brocado. Sentí que respondió él, de arriba: "Más sabe este perro de lo que yo le enseñé." Mas no obstante esto, como vio que los primeros días no se me hazía de mal, y quán perdida tenía la vergüença al trabajo dándoseme poco, caíle en desgracia por ver que no pudiese con todo su poder contra un su esclabo, y disimuló el hazerme trabajar, que yo pensaba que lo hazía para tentar, como el cortar de la cabeza, pero hasta el poner de las tejas y el barrer de la casa después de hecha no me dixo ¿qué hazes ahí?, sino siempre trabajaba como el que más.

JUAN.—Con tanta jente, ¿cómo se podían dar manos a la obra? ¿no se confundían unos a otros?

PEDRO.—Antes andaba mejor orden que en un exército. Los principales maestros de cada oficio, que llaman *cabemaestros* [25],

---

[22] *cofa:* en este contexto no se refiere al término náutico, sino al turco *quffe,* lexema turco-árabe, 'cesta de mimbre', préstamo quizá del bajo griego *kófa,* tomado a la vez del italiano, según D. C. Hesseling *(Les mots maritimes empruntés par le grec aux langues romanes,* Amsterdam, 1903, pág. 21).

[23] *fandularios* o faldularios, de 'falda', por la loba o sotana propia de los graduados académicos.

[24] *truhán.* No está claro si en este contexto, la voz adecuada es *truhán* o *trujimán (truhiman* en turco de hoy), como 'intérprete'.

[25] *cabemaestros:* sobrestantes. *Cabe-* (lat. *caput),* 'sobre', por oposición a *sota-* (lat. *subter),* 'bajo', de donde 'sotabarbero' o 'sotacómitre'.

no eran esclabos, sino griegos libres o turcos, y éstos tomaban
a cargo cada uno los esclabos que hay de aquel ofiçio para man-
darles lo que han de hazer. Dormíamos en un establo dozientos, allá en la mesma obra, y los otros venían de la torre del
Gran Turco y la del Baxá, que estaban en Gálata, y era mes de
junio quando el sol está más encumbrado; y dos horas antes
que amanesciese salía una voz como del infierno de un guardián de los christiamos, cuyo nombre no hay para qué traer a la
memoria y dezía: biste ropa, christianos. Desde a un credo
dezía: Toca trompeta. Salía un trompeta, esclabo también, y
sonaba de tal manera que cada día se representaba mill vezes el
día del juicio. Allí vierais el sonar de las cadenas para levantar-
se todos, que dixerais que todo el infierno estaba allí. Terzera
voz del verdugo, digo del guardián, era: Fuera los del barro; los
otros reposá un poco. En saliendo los que hazían el barro deçía:
Fuera todos y no se asconda nadie, que no le aprobecha. Y tenía razón: era tan de mañana, que los maestros no verían trabajar, pero no faltaba qué hazer hasta el día. Llebábannos a la
mar, que estaba de allí un tiro de ballesta, donde descargaban
la madera, piedra y ladrillo y otros materiales que eran menester, y traíamos dos caminos entre tanto que era de día, y no se
permitía tomar acuestas poca carga ni caminar menos de
corriendo, porque iban detrás con los bastones dando a todos
los que no corrían, diciendo: *Yurde, yurde* [26], que quiere dezir:
camina, camina. Quando era hora del trabajo, metíamonos todos dentro de un patio, puestos por orden todos, los que no
sabíamos oficio a una parte, y los oficios todos por sí cada uno.
Subíase el maestro de toda la obra y dezía: Vayan tantos canteros y paredeos a tal parte y tantos a tal. Luego los tomaba un
guardián que había de dar quenta dellos aquel día, y preguntábales: ¿quántos esclabos habrá menester de serviçio?; y los
que pidían les daban del montón donde yo estaba, con otro
guardián que andubiese sobrellos. De cada uno de los otros
ofiçios repartía por esta mesma orden toda la jente que había, y
sobre los mesmos guardianes había otros sobreestantes que les
daban de palos si no arreaban a los christianos para que traba-
jasen mucho.

JUAN.—¿Qué os daban de comer, que con tanto trabajo bien
era menester?

---

[26] *yurde, yurde:* imperativo del verbo actual *yürümek*, 'andar',
'caminar'.

PEDRO.—Sonaba el trompeta a comer, que llaman *faitos*[27], y dábannos por una red cada sendos quarterones de pan.

MATA.—¿No más?

PEDRO.—Y aun esto tan deprisa, que quando los postreros acaban de tomar ya sonaban a manos a labor.

JUAN.—Yo m'estubiera quedo.

PEDRO.—No faltara quien os quebrara la cabeza a palos si no respingabais en oyéndola. Guisaban también una grandíssima caldera de habas o lentejas, pero como dixo Sant Philipo a Christo: *¿Quid inter tantos?*[28]. Por mí digo que maldita la vez las pude alcanzar; todo mi remedio era, que sin él me muriera, copia de agua fresca, que estaba allí zerca una grandíssima fuente y buena, que traxo Ibraim Baxá[29] a unos sus palacios.

JUAN.—¿Nunca les daban nada a esos oficiales, siquiera para que no dixesen: "nunca logres la casa?"[30].

PEDRO.—De quando en quando nos daban a todos sendos reales con que a las noches hazíamos nuestras ollas; mas como el día era tan largo quanto la noche de corta y no tocaban la trompeta a recojer fasta que vían la estrella, cuando llegábamos a la caballeriza donde era nuestro aposento, más queríamos dormir, según andábamos de alcanzados de sueño y molidos de los palos que aquel día habíamos llevado, juntamente con el infernal trabajo. No me ayude Dios si no me acontesçió algunas vezes hallarme quando nos levantábamos al trabajo la tajada de baca en la boca, que ansí me había quedado sentado como çenaba.

MATA.—¿Sin desnudar?

PEDRO.—¿Ya nos tengo dicho la cama de galera?; pues ansí es la de tierra; demás de los piojos, que nos daban de noche y de día música, llebaban los tiples la infinidad de las pulgas, que nos tenían las carnes todas tan aplagadas como si tubiéramos sarampión.

---

[27] *faitos:* probable corrupción del turco *paydos,* 'descanso' (hoy *paydos etmek*), 'dejar el trabajo'.

[28] San Juan, 6, 9: «Qué es esto para tanta gente?»

[29] *Ibrahim Bajá* o *Pashá* (hoy, *Paçá),* favorito de Solimán, luego Gran Visir (1523-1536) y *seraskier* o general en jefe de las fuerzas otomanas en el cerco de Viena (1529). Fue estrangulado en el Serrallo, probablemente por intrigas de la sultana Roxelana, quien persuadió a Solimán de la deslealtad del privado.

[30] *nunca logres la casa:* «Kasa kumplida, en la otra vida» *(Correas).*

JUAN.—No me marabillo si doçientos hombres estabais en solo un establo; y ¡qué hedentina hubiera!

PEDRO.—Peor que en galera, porque como estábamos todos zerrados no estaba desabahado como en la mar; estando zenando unos y otros se sentaban en unos barrilazos grandes que había en lugar de neçesaria y refrescaban el aposento. Para hazer trabaxar mucho a todos los que íbamos a la mar a traer los materiales, usaba desta astuçia: que ponía premio al que más carga trajese acuestas, dos pares de ásperos, que quasi es un real; al que primero llegase en casa, otros quatro. Había unos vellacos que en su bida acá habían sido sino peores y más malhabenturados, que [cuantos] allá estaban, que sin pasión por ganar aquellos dos premios corrían con unas cargas de bestias; y era menester, so pena de palos, siguirlos en la carga y en el paso, diziendo que también teníamos brazos y piernas como ellos.

MATA.—Gran cosa fue con ninguna desas cosas no perder la paçiencia; a Juan de Voto a Dios, yos[31] seguro que no le sobrara.

PEDRO.—Una o dos vezes, a la mi fe, ya tropezé; habíanme hecho un día cargar dos ladrillos que eran de solar aposentos, de un palmo de grueso y como media mesa[32] de ancho, de los quales era uno sufiçiente carga para un hombre como yo; y yendo tan fatigado que no podía atener con los otros, ni vía, porque el grande sudor de la cabeza me caía en los ojos y me zegaba, y los palos iban espesos, alzé los ojos un poco y dixe con un sospiro bien acompañado de lágrimas: ¡Perezca el día en que nasçí! Hallóse zerca de mí un judío; que como yo andaba con barba y bien vestido, y los otros no, traía siempre infinita gente de judíos y griegos tras mí, como maravillándose, diziendo unos a otros: Este algún rey o gran señor debe de ser en su tierra; otros: Hijo o pariente de Andrea de Oria. En fin, como tamboritero andaba[33] muy acompañado y no sé qué me iba a decir.

MATA.—Lo que os dixo el judío quando se acabó la paçiencia.

PEDRO.—¡Ah!, dize; ¡ánimo, ánimo, gentil hombre, que

---

31 *yos* por 'yo os': es frecuente en el *Viaje* la aglutinación de la negación y el pronombre.

32 *mesa:* la superficie más larga y ancha del ladrillo. En términos más específicos, se decía de la meseta o plano horizontal del peldaño de una escalera. (Véase F. G. Salinero, *ob. cit.,* s. v. *ídem.*)

33 En *M-1,* tachada la voz *siempre.*

para tal tiempo se ven los caballeros! Y llegóse a mí y tomóme el un ladrillo y fuese conmigo a ponerle en su lugar. Respondíle: El ánimo de caballero es, hermano, poner la vida al tablero cada y quando que sea menester de buena gana; pero sufrir cada hora mill muertes sin nunca morir y llebar palos y cargas, más es de caballos que de caballeros. Quando los guardianes que estaban en la segunda puerta de la casa vieron dentro el judío, maravillados del ávito, que no [le] habían visto trabajar aquellos días, preguntáronle que qué buscaba; díxoles cómo me había ayudado a traer aquella carga, porque yo no podía; respondieron: ¿Quién te mete a ti donde no te llaman?; ¿somos tan necios que no sabemos si puede o no? Y diziendo y haziendo, con los bastones, entre todos, que eran diez o doze, le dieron tantos que ni él ni otro no osó más llegarse a mí de allí adelante.

MATA.—En verdad que he pensado rebentar por las ijadas de risa, si no templara la falta de paçiencia pasada; pero por lo qué deçíais de barba, ¿los otros cautibos no la traen?

PEDRO.—Ni por más fabor que tenga no se lo consentirán; cada quince días les rapan cabello y barba, ansí por la limpieza como por la insigña d'esclabo que en aquello se ve; y si eso no fuese, muchos se huirían.

JUAN.—¿No es mejor herrarlos en el rostro como nosotros?

PEDRO.—Eso tienen ellos a mal y por pecado grande; también en las galeras de christianos rapan toda la chusma cada semana por la mesma causa.

MATA.—A mí me paresçe que ser esclabo acá es como allá, y ansí son de una manera las galeras, aunque todavía querría yo más remar en las nuestras que en las otras.

PEDRO.—Estáis muy engañado; por mejor ternía yo estar entre turcos quatro años que en éstas uno. La causa es porque en éstas estáis todo el año, y allá no más del verano; en éstas no os dan de comer bizcocho hasta hartar, y aquello todo tierra; en las turquescas muy buen bizcocho, y mucho, si no es algunas vezes que falta; que sobre Bonifaçio[34], en Córzega, quando la tomamos, treinta habas vendían por un áspero, que es un cuartillo; y en Constantinopla, estando en tierra, no falta mucho y buen pan[35] y la merced de Dios, que es grande. Sola una cosa

---

[34] La recuperación de Bonifacio (isla de Córcega) por los turcos tuvo lugar en 1553 por Barbarroja, que llevaba consigo al temible Dragut.

[35] En *M-1, a comprar barato.*

tenéis buena si estáis en las de acá y es el negoçiar, que cada día pasan jentes que os pueden llebar cartas y rogar por vos, que aprovecha bien poco, y aun ¡ojalá!, después de haber cumplido el tiempo por que os echaron, con servir otros dos años de graçia, os dexen salir; pues azotes, yos prometo que no hay menos que en las otras; la ventura del que es esclabo es toda las manos en que cae: si le lleba algún capitán de la mar, hazed quenta que va condenado a las galeras; si en poder de algún caballero o particular, allá lexos de la mar, trátanlos como los que acá los tienen en Valladolid[36], sirviéndose dellos en casa y dándoles bien de comer de lo que en casa sobra, y a éstos también, quando los amos mueren, quedan en los testamentos libres.

MATA.—¿Qué ofiçios os mandaban hazer a vos en ese trabajo?

PEDRO.—Mejor os sabría dezir qué no me mandaban. Los primeros días servimos un capitán y yo a quatro maestros que hazían un horno, de traer la tierra y amasar el varro y servírselo; otros después con unas angarillas, que llaman allá *vayardo*[37], entre otro y yo traíamos la argamasa que gastaban muchos maestros; quando me querían descansar un poco, porque faltaba rripia, con una gran maza de yerro me hazían quebrar cantos grandes, y si me volvía a rascar la oreja, el sobreestante me tocaba con el bastón, que no me comía allí más por aquellos días. Sobre la cabeza, en unas tablas, acarreaba muchos días de la argamasa, que me hazía devilitar mucho el zelebro, fasta tomarlo en costumbre. Un día de Sant Vernabé[38], que es el día que el sol haze quanto puede, me acuerdo que en donde mejor reberberaba nos hizieron a tres capitanes y a mí zerner una montañuela de tierra para amasar barro, y quedaron por aquellos días las caras tan desolladas, que no se les olvidó tan presto.

MATA.—¿Para qué querían tanto barro?

---

[36] *como los que acá los tienen en Valladolid.* La frase puede entenderse de dos maneras: *a)* que el diálogo tiene lugar *acá,* en Valladolid, confirmando lo dicho anteriormente, *nos estamos en la corte* (pág. 112), o *b)* que, precisamente por mencionar la ciudad, se hallan acá en ¿Castilla?, ¿España?, específicamente Valladolid, y no *aquí.*

[37] *vayardo,* 'boyardo', 'boyarte' (Aragón), es una especie de parihuelas.

[38] El día 11 de junio.

PEDRO.—No quieren los turcos hazer perpetuos edificios, sino para su vida[39], y ansí las paredes de la casa son de buena piedra y lodo, y por la una y la otra parte argamasa, que no es mal edificio. Usó el Vaxá con los ofiçiales otra segunda astuçia de premios: puso a los alvañires y canteros, encima las paredes que iban haçiendo, una pieza de diez varas de brocado vaxo, que valdrían çinquenta escudos, diciendo que el que aquel día hiziere más obra, trabajando todos aparte, que fuese suyo el brocado; a los zerrageros: al que más piezas de zerrajas y visagras y esto hiziese, aquel día serían dados treinta escudos, y çinquenta al carpentero que más ventanas y puertas diese a la noche hechas. Ya podéis ver el pobre esclavo cómo se deshiziera por ganar el premio; paresçió hecha mucha obra a la noche, y cumplió muy bien su palabra como quien era; pero dixo al que llebó la pieza de brocado: tomad vuestro premio, y en verdad que sois buen maestro: nos descuidéis de trabajar, porque me quiero pasar presto a la casa; tantos pies de pared habéis hecho hoy; el día que hiziéredes uno menos que hoy, os mandaré dar tantos palos como hilos tiene la ropa que llebastes[40]; y los que no han llebado el premio, a cada uno doy de tarea igualar con la obra de hoy. Un entallador, con solo un aprendiz que labraba lo tosco, hizo doçe ventanas, al qual, uno sobre otro, dio los çinquenta escudos, pero con la mesma salsa; y consiguientemente a todos los demás ofiçiales hizo trabajar executando la pena, de modo que le ahorraron lo que les dio. Si se comenzaban a la mañana los çimientos donde había de haber una sala, a la tarde estaba tan acabada que podían vivir en ella.

MATA.—Dos dedos de testimonio querría ver deso, porque de papel aun paresçe imposible.

PEDRO.—Soy contento dároslo a entender: en el instante que se comenzaba venía el entallador por la medida de la ventana que habían de dexar, y de la puerta, y ponía luego diligençia de hazerla en el aire; llegaba el zerrajero con sus yerros todos que eran menester, y antes que se acabase la pared ya las ventanas y puertas estaban en su lugar; el pedazo de pared que estaba

---

[39] Así lo explica Busbecq en su Carta I *(Fors-Dan,* pág. 90), que traduzco: «(piensan los turcos que) se engaña el hombre que construye casa duradera, pues equivoca mucho su condición, pensando que él y su casa van a durar eternamente».

[40] Recuerda el romance de Abenámar: «... cien doblas ganaba al día, / y el día que no las labra / otras tantas se perdía.»

hecho de obra gruesa iban otros maestros haziendo de obra prima[41]; y ansí venía todo a cumplirse junto.

JUAN.—Dios os guarde de tener muchos ofiçiales y que los podéis mandar a palos. Está Mátalas Callando acostumbrado de las mentiras de los ofiçiales de por acá, que de día en día nos traen todo el año. ¿Quál fue la segunda vez que se quebró la paçiençia?

PEDRO.—Como trataba con la cal, habíame comido todas las yemas de los dedos por dentro y las palmas, que aún el pan no podía tomar sino con los artejos de fuera; y mandáronme un día que se hazía el tejado, para más me fatigar, que subiese con una destas garruchas[42] tejas y lodo, y la soga era de zerdas. ¡Imaginad el trabaxo para las manos que el pan blando no podían tomar! Y después de subidas era menester subir al tejado a darlas a la mano a los retejadores. Hazía razonable sol, y vime tan desesperado, que si no fuera porque sabía çierto irme al infierno, no me dejara de echar allí avajo de cabeza postponiendo toda la ley de natura y orden de no se aborresçer a sí mesmo. Aquella mesma tarde me mandaron en una herrada[43] traer un poco de argamasa para el alar del texado; y quando la hinchí, con el peso, queriéndola cargar, quitósele el suelo y vime el más confuso que podía ser, porque me daban prisa. Tomé el mesmo suelo y llebé un poco, porque no holgasen los maestros. Quando el guardián lo vio, preguntóme: Perro, ¿qué es eso?, y en hablando yo la desculpa, diome tantos palos con su bastón, corriendo tras mí, que se me acuerda hoy dellos para contároslos, y por despecho me hizo ir a traer más en un çesto como de sardinas, para que se me ensuçiase bien la sotana, y caíme quando venía, como era líquido, por las espaldas, y todo lo quemaba por donde pasaba, hasta que me deparó Dios un capacho, el qual me defendía puesto en la cabeza.

MATA.—¿No había en todo ese tiempo nadie de los que habías curado que rogase por vos, siquiera que no os mataran?

PEDRO.—Más holgara yo que alcançaran que me ahorcasen. Todavía uno vino este mesmo día, acarreando yo lodo, que jamás le había visto ni le vi sino aquella vez; creo que debía de ser

---

[41] *obra de tosco* (tachado en *M-1*) o *gruesa y obra prima,* denominaciones de albañiles, canteros y carpinteros.

[42] *garrucha:* polea.

[43] *herrada:* cubo o balde.

muy privado del rey[44], y estando yo hinchendo la espuerta de lodo, púsose detras de mí, mirándome, con una sotana de terçiopelo verde y una juba de brocado enzima, que bien paresçía de arte, y díxome: Di, christiano, aquella philosophía de Aristótil y Platón, y la mediçina del Galeno, y eloquençia de Çiçerón y Demósthenes, ¿qué te han aprobechado? No le pude responder muy de repente, ansí por la prisa del guardián y miedo de los palos como por las lágrimas que de aquella lanzada me saltaron, y en poniéndome la espuerta sobre los hombres, volví los ojos a él y díxele: Hame aprobechado para saber sufrir semejantes días como éste.

JUAN. — ¿Y en qué lengua?

PEDRO. — En esta propia. Santisfízose tanto de la respuesta, que arremetió conmigo y quítame la espuerta y cárgasela sobre sí, y vase a donde estaba el Baxá mirando la obra, y entra diziendo: "Señor, yo y mi muger y hijos queremos ser tus esclabos porque no mates semejante hombre, que hallarás pocos como éste, en lo qual contradiçes a Dios y al Rey." Atónito el Baxá de verle ansí, fue para abrazarle diziendo que se hiziese todo lo que mandase; y mandóme que no trabajase más y me fuese a casa, y aquel turco diome unos no sé quantos ásperos. Ya podéis contemplar el gozo que yo llebaría yéndome a casa libre del trabajo.

MATA. — Como quien sale del infierno, si no duró poco.

PEDRO. — Hasta la mañana quando mucho, que me quedé muy repantigado, quando los otros se fueron, en la cama, y el sobreestante de toda la obra echóme menos, y habiéndole mandado el Baxá que me hiziese bolver al trabajo, embió por mí y diome la estada[45] de la cama y bolvimos al mesmo juego de prinçipio.

JUAN. — ¿No caía alguno malo entre tanto que fuera privado?

MATA. — Buena fuera una poca de asma de quando en quando y no la haber desraigado.

---

[44] Probablemente el autor piensa en Hamón Ugli, protomédico de Solimán y *muy privado,* como autor de esta frase irónica. Se ha especulado sobre la fuente de este episodio *(Mark,* pág. 146, cit. por *BN-DL,* 69). En mi opinión, podría ser válida la que Pero Mexía atribuye a Pítaco: «Que el varón prudente es entender los desastres que pueden venir, y guardarse dellos, y del esforzado espíritu sufrirlos con paciencia si vinieren.» *(Silva,* II, *SBE,* 1933, pág. 310.)

[45] *estada:* 'estadía', *'status',* posición o cargo, en este caso, la de médico.

PEDRO.—Uno cayó y me hizieron irle a ver, que tenía mucha fe conmigo, y dexábanme le ir a ver dos vezes cada día; no dexaba de ser prolixo en la vista[46] y dezir que era menester estar yo viendo lo que el voticario hazía, porque no lo sabría hazer, por halentar siquiera un poco. Gozé tres días razonables, pero en fin no le supe curar.

JUAN.—¿Cómo? ¿Murióse o no le conosçistes la enfermedad?

PEDRO.—No sino que sanó muy presto, que quando menos me caté, queriéndole ir una mañana a ber, le veo pasar a caballo.

MATA.—Tiene razón, que a estos tales era bien alargar la cura, como suelen los médicos hazer a otros.

PEDRO.—Los cirujanos diréis, que el médico es imposible.

MATA.—¿Qué más tiene lo uno que lo otro?

PEDRO.—Mucho, porque el médico es coadjutor de natura y si él se descuida viene naturaleza, dale un sudor, o unas cámaras o sangre de narizes, que le haze dar una higa[47] al médico; mas el zirujano, quando quiere ahonda la llaga; quando quiere la ensuçia, prinçipalmente si no se iguala o no le pagan. Todos son crueles en eso; apenas hallaréis quien haga rectamente su ofiçio; demás deso, son tiranos; al pobre no curan de graçia; los más, como lo tienen jurado, no es más en su mano dexar d'ensuçiar la llaga quando sienten dineros, que en el sastre dexar de hurtar puestas las manos en la masa[48].

MATA.—¿Por qué dezis de hurtar?; buen aparejo teníais siendo médico de hazerlo, pues entrabais donde había qué.

---

[46] *vista:* indudable error del copista, por 'visita'.

[47] *higa:* mueca de desprecio. Dice *Covarrubias:* «... mear claro y una higa para el médico».

[48] Esta larga exposición de Pedro parece ciertamente la diatriba de un profesional contra sus colegas médicos y cirujanos ignorantes; semejantes palabras pueden leerse en la Annotación al *Dioscórides,* de Laguna:

> ... con todo esto los vereys andar por las calles muy entonados, y llenos todos de anillos, como de tropheos y despojos de los tristes que derribaron; los quales, si bien escudriñays debaxo de aquellas ropas, no hallaréis sino desuerguenza y atreuimiento... En esto, pues, en esto querría yo que se desuelassen los Magistrados, y los Gobernadores de las Repúblicas, digo en conocer y reprimir aquellos lobos encarniçados y sedientos de sangre humana...

> (Ed. Salamanca, 1570, pág. 4.)

PEDRO.—No me lo demandará Dios eso, porque jamás me pasó por el pensamiento, como fuese pecado, que si se sabía perdía toda la honrra y crédito. Quando trabajábamos, es la verdad que a la noche quitábamos los mangos a la pala de yerro o azadas que podíamos cojer y rebujábamos con el capote para vender á los judíos que compran por poco dinero; todavía nos daban tres o quatro ásperos por cada una, que había para una olla, y esto hazía quasi por vengarme del trabajo que aquel día pasaba con ello.

MATA.—¿Pues tantas palas y azadas eran que había para todos qué hurtar?

PEDRO.—Donde andaban tantos obreros, menester eran herramientas, quanto más que los herreros no sirbían de otro sino de hazellas, que ya los sobreestantes tenían por cierto que hurtábamos las que podíamos, pero no lo podían remediar, que éramos tantos que no sabía qué hazerse; la maestranza que va al tarazanal a trabajar en las obras del Gran Señor, a la noche siempre trae algo hurtado que vender para su remedio, como los que hazen remos, plomo; los carpinteros, clabos; algunos, ya que otro no pueden, alguna tabla o maderuelos para bancos. Quisiéronles poner grande estrecheza una vez que supieron que había hombres que llevaban valía de su ducado cada noche, y hazíanlos pasar por contadero y catábanlos a todos de manera que al que topaban algo le azotaban y se lo quitaban; pero supiéronles la maña, porque hizieron sendos barrilles como pipotes de azitunas, colgados de una cadenilla, para llebar agua, que otros lo usaban, y el témpano[49] se quitaba y ponía, y al salir metían lo que habían hurtado dentro, y tomaban su barril acuestas y salíanse, que nadie lo imaginava; hasta que un vellaco por imbidia y hazer mal a los compañeros lo descubrió; mas no obstante eso siempre buscan buenas y nuebas invençiones como se remediar. Traen los turcos unas çintas muy galanas a manera de toallas de tafetán muy labrado y largas que les den tres bueltas, que cuesta dos ó tres escudos; hay algunos esclabos que no hazen sino comprar una, la más galana que pueden haver, y métenla dentro de una volsa de lienzo muy cojida; traen juntamente otra bolsa ni más ni menos que aquella con unas rodillas o pedazos de camisa viejos, y quando van por la calle y ven algún turco que les paresçe visoño que viene a comprar algunas cosas, de los quales cada día hay una infinidad, dízenle si

---

[49] *témpano:* tapadera de tonel, del gr. τίμπανον, 'parche de tambor', 'superficie plana que cubre un hueco'.

quiere comprar aquella *cujança*[50], que ansí se llama, y muéstransela con rrezelo, mirando a una parte y a otra, dándole a entender que la trae hurtada y lleba abisado el guardián que le dé prisa y demanda por ella poco, como por cosa que no le costó más de tomarla; como el otro ve que es esclabo y le paresce no la haber podido haber sino hurtándola, luego se acubdiçia y va recatadamente regateando tras él, y el guardián dándole prisa; quando se conçierta dízele quedico que la tome y no la torne a descoger, porque no le vean, y dale sus dineros y el esclabo le da la otra bolsa en que van los pedazos, con que va muy ufano, hasta que ve el engaño en casa.

JUAN.—El mejor quento es que puede ser, pero no se podrá hazer muchas vezes porque ese engañado abisará a otros y quando topare con el esclabo procurará vengarse.

PEDRO.—No se puede hazer eso ni esotro; ¿pensáis que Constantinopla es alguna aldea de España que se conosçen unos a otros?; que no hay día, como tiene buen puerto, que no haya tanta gente forastera, como en Valladolid natural; pues conosçer más el cautibo, vueltas las espaldas, es hablar en lo excusado, porque aun unos compañeros a otros no se conosçen. Lo mesmo suelen hazer con unas vainicas de cuchillos muy galanes, guarnesçidos de plata, que ellos usan; moneda falsa se bate poca menos entre esclabos que en las casas de la moneda; diez pares de ojos habéis menester quando compráis o bendéis; a doze ásperos os darán el ducado falso, que le pasaréis por bueno, que vale 60; ¡tanto es de bien hecho!; y os le venderán por falso.

JUAN.—¿Y eso no se castiga?

PEDRO.—¿Qué les han de hazer? ¿Echarlos a las galeras? Ya ellos s'están; ninguna cosa aventuran a perder.

MATA.—¿Pues quién se los compra?

PEDRO.—Mill gentes, para pasarlos por buenos. Thesoreros de señores, para quando les mandan dar quantidad de dineros de alguna merçed; entre los buenos ducados dan algunos destos, porque saben que a quien dan, como diçe el refrán, no escoje ni han de ir á dezir este es falso. También los pasan los cautibos comprando algunas cosas de comer, y los que más pulidamente lo haçen, son çiertos esclabos fiados que andan sin guardianes y se ban a la calle de los cambiadores, que son judíos los más, y es ofiçio que mucho se corre.

---

[50] *cujança*: 'bolsa', relacionado con el moderno *kutu,* 'caja' o con *kazanç,* 'ganancia' y *çuha,* 'tejido de lana'.

MATA.—¿Pues tanta moneda corre allá?

PEDRO.—Tanta, por çierto de oro, quanta acá falta, que no os trocarán un ducado si no pagáis un áspero; y si queréis comprar el ducado habéis de pagar otro áspero.

MATA.—Vámonos allá, compañero, a haçer hospitales, que lo de acá todo es piojería; mas con todo bien tenemos este año que comer. ¿Y qué haçen esos con los ducados falsos en la calle de los cambiadores? ¿Por ventura engañan a los judíos?

PEDRO.—Deso están bien seguros, que no son jente que se maman el dedo. Tienen uno en la boca y aguardan los visoños que van a trocar algún buen ducado; y como quando no es de peso, el cambiador no le quiere, si no se escalfa lo que pesa menos, base a otra tienda, y estonces el esclabo le llama, haçiéndosele encontradizo, diçiéndole ¿que qué había con aquel puto judío? Luego él diçe: "En verdad, hermano, quiéreme quitar de un ducado bueno tantos ásperos"; responde: "Has de saber que este es un vellaco y muy escrupuloso; ¿el ducado es bueno?" El otro se le da simplemente para que le vea y toma el ducado y llévale a la boca para hincarle el diente, a ber si se doblega, y saca el otro falso que tenía en la boca y dáselo y diçe: Miente, que éste es muy fino y boníssimo ducado; por tanto vete aquél, que es hombre de bien, y él dará todo lo que vale sin pesarle, y señálale uno qualquiera de los cambiadores; y en bolviendo las espaldas, él se va por otro camino y se desaparesçe.

MATA.—¿Pues qué más harían los gitanos?

PEDRO.—Tan hábiles son los esclabos como ellos, porque tienen el mesmo maestro, que es la necesidad, enemiga de la virtud.

CAPÍTULO VII

Pedro cura a la sultana

MATA.—El fin sepamos del trabajo; ¿Cómo se acabó la casa?

PEDRO.—Fue, como tengo contado, fasta que vino la pestilençia y entró en nuestro establo algo enojada y comenzó de diezmarnos de tal manera, que de quatro partes murieron las tres, y yo fui herido entrellos, y fue Dios servido que quedase, habiéndose muerto en tres días de nuebe que comíamos juntos los siete.

JUAN.—Nunca he visto pestilençia tan aguda como es ésa.

PEDRO.—Viene un carbunchico[1] como un garbanço, y tras él una seca a la ingre o al sobaco; a esto susçeden sus açidentes y calentura, de tal suerte que o muere o queda lisiado para siempre de algún miembro menos o tal que cosa; quando viene la seca sin carbunco, es muy pestilencial; por marabilla escapa hombre[2]; y quando es con el grano, muchos escapan. Estaba yo herido en una pierna, y hízeme sacar dos libras de sangre de una vez, abiertos juntamente entrambos brazos, y purguéme sin xaropar[3], y estube çinquenta días malo sobre un pellejo de carnero que por grande limosna había alcançado. Harto peor servido que en la primera enfermedad os conté, porque como tenía la landre[4] todo el muno huía de mí.

JUAN.—Y qué ¿tan contina es allí esta mala cosa?

PEDRO.—Jamás se va en imbierno ni en verano, salbo que menos jente muere en imbierno.

JUAN.—¿Y no la açiertan a curar los médicos de aquella tierra?

PEDRO.—Ni ellos la curan ni la entienden: la mayor cura que le hallé yo allá, que por acá tampoco la había visto, es sangrar mucho y purgar sin xaropar el mesmo día.

MATA.—¿No era mejor poco a poco?

PEDRO.—Si doçe o quinçe horas os descuidabais, luego se pintaba y perdona mucho.

JUAN.—¿Qué llamáis pintar?

PEDRO.—Quando se quieren morir les salen unas pintas leonadas, y quando aquéllas están, aunque le parezca estar bueno, se muere de tal arte que jamás se ha visto hombre escapar después de pintado, si las pintas son leonadas o negras; si son coloradas, algunos escapan.

MATA.—¿Y ésa no podría remediarse que no la hubiese?

PEDRO.—Dificultosamente, porque los turcos no se guardan, diciendo que si de Dios está no hay que huir, y ansí acabado de

---

[1] *carbuncho,* dice Pedro, por 'carbunco' o 'carbunclo', ántrax que aparece en el tejido subcutáneo, y que suele acompañar a fenómenos patológicos graves.

[2] *hombre,* por 'uno', 'alguien', 'nadie'.

[3] *xaropar,* de 'jarope', jarabe o bebida amarga y desagradable.

[4] *landre:* 'peste', propiamente el carbunclo que menciona líneas más arriba, como resultado de la peste. Parece que el médico de fortuna demuestra tener alguna experiencia clínica.

A propósito de la frecuencia de epidemias en Constantinopla, véase F. Braudel, *La Mediterranée...* (trad. inglesa, II, pág. 332).

morir, uno se viste la camisa del muerto, y otro el jubón, y otro las calzas, y luego se pega como tiña[5].

JUAN.—¿La casa se debió de acabar entre tanto que tubistes la enfermedad?

PEDRO.—Es ansí, y no fue mi amo a posar en ella con poco triumpho; porque demás que era General de la mar, el Gran Turco se partió para Persia contra el Sophí, y dexóle por gobernador de Constantinopla y todo el Imperio.

MATA.—¿Llevaba mucha gente el Turco en campo?

JUAN.—No mezclemos, por amor de Dios, caldo con berzas, que después nos dirá la vida y costumbres de los turcos; agora, como ba, acabe de contar la vida suya. ¿Qué fue de vos después de sano de la pestilençia?

PEDRO.—Luego me vino a la mano la cura de la hija del Gran Señor[6], que había dos meses que estaba en hoy se muere, más mañana; y ya que había corrido todos los protomédicos y médicos de su padre, vinieron a mí a falta de hombres buenos en grado de apelaçión; y quiso Dios que sanó.

MATA.—¿Pues una cosa la más notable de todas quantas podéis contar dezís ansí como quien no diçe nada? ¿A la mesma hija del Gran Señor ponían en vuestras manos?

PEDRO.—Y aún que es la cosa que más en este mundo él quiere.

MATA.—¿Pues qué entrada tubistes para eso?

PEDRO.—Yo os lo diré. Su marido era hermano de mi amo, y llamábase Rustán Baxá[7]; y como no aprobechaba lo que los

[5] Busbecq señala en sus cartas I y II este fatalismo de los turcos. Refiere también el caso de unos húngaros que se visten con las ropas de un apestado y a los pocos días la epidemia se extiende por toda la ciudad (Fors-Dan, I, págs. 163 y 188; III, pág. 296).

[6] Esta sultana-hija nació de Solimán y Roxelana, recibió el nombre de Mihrah y fue dada en matrimonio a Rustán Baja; era, por tanto, cuñada de Sinán.

[7] Rustán Bajá (o Roostem Pasha) fue nombrado Gran Visir en 1544. Casó con la hija de Solimán (véase nota anterior) y ganó ascendencia por el favor y ayuda de su suegra. Juntamente con ella planeó la caída y muerte de Mustafá, hijo del Gran Señor y de su primera mujer, la montenegrina Gulbehar (Fors-Dan, I, págs. 116-117; Merriman, páginas 186-187). Poco después cayó en desgracia de Solimán y fue depuesto, pero recuperó el cargo en 1555, detentándolo hasta su muerte, en 1561.

Pedro dice que durante la campaña última de Persia (1553-1555, infra, XVIII, nota 5), Solimán encargó a Sinán Bajá del gobierno de Is-

médicos haçían, mi amo mandóme llamar, que había quatro meses que no le había visto, para pidirme consejo qué le harían, y el que me fue a llamar díxome: "Beato tú si sales con esta empresa, que creo que te llaman para la Sultana, que ansí la llaman." Yo holguéme todo lo posible, aunque iba con mis dos cadenas. Y quando llegué á mi amo Zinán Baxá, que estaba en su trono como rrey, díxome que qué harían a una mujer que tenía tal y tal indisposición. Yo le dixe que viéndola sabríamos dar remedio. Él dixo que no podía ser verla, sino que ansí dixese; a lo cual yo negué poderse por ninguna vía hazer cosa buena, sin vista, por la información, dando por excusa que por ventura la querría sanar y la mataría, y que no permitiese, si era persona de importançia, que yo la dexase de ver, porque de otra manera ningún benefiçio podría resçibir de mí, porque el pulso y orina eran las guías del médico. Como él me vio firme en este propósito y los que estaban allí les paresçía llebar camino lo que yo dezía, que verdaderamente andaba porque me viera para que me hiziera alguna merçed, mandóme sentar junto a sus pies, en una almohada de brocado y dixo a un intérprete que me dixese que por amor de Dios le perdonase lo que me había hecho, que todo iba con zelo de hazerme bien, y con el grande amor que me tenía, y que estubiese çierto que él me tenía sobre su cabeza, y me hazía saber que la enferma era una señora de quien él y su hermano y todos ellos dependían; de tal arte, que si ella moría, todos quedaban perdidos[8]; por tanto me rogaba que, no mirando a nada de lo pasado, yo hiziese todo lo que en mí fuese, que lo de menos que él haría sería darme livertad; a lo qual yo respondí, que besaba los pies de su excelencia por la merced y que mucho mayor merced había sido para mí todo lo que conmigo había usado que darme livertad, porque en más estimaba yo ser querido de un tan gran prínçipe como él que ser libre, pues siendo libre no hallara tal arrimo como tenía siendo esclabo, y en lo demás me dexase el cargo, que en muy poco se había de tener que yo hiziese lo que podía, sino lo que no podía; y ansí me embió a casa del hermano. El qual començó de parlar conmigo, que era hombre de grande enten-

tambul (véase *supra* IV, nota 3); es raro, pues, que ni Busbecq ni otros historiadores hablen de este personaje tan ubicuo en el *Viaje de Turquía.*

[8] Parece ser, según Pedro, que la hija tenía ganada la voluntad de la madre, de quien la *vox populi* decía que con hechizos y encantamientos había logrado mover a su antojo la voluntad del Sultán.

dimiento, para ver si le paresçería neçio, y procuraba, porque son muy celosos, que le diese el paresçer, sin verla, lo qual nunca de mí pudo alcanzar; y, como diré quando hablare de turcos, siempre están marido y mujer cada uno en su casa, embió a decir a la soltana si ternía por bien que la viese el médico esclabo de su hermano, y entre tanto que venía la respuesta començóme de preguntar algunas preguntas de por acá, entre las quales, después de haberme rogado que fuese turco, fue quál era mayor señor, el rey de Françia o el Emperador. Yo respondí a mi gusto, aunque todos los que lo oyeron me lo atribuyeron a neçedad y soberbia, si quería que le dixese verdad o mentira. Díxome que no, sino verdad. Yo le dixe: Pues hago saber a Vuestra Alteza que es mayor señor el Emperador que el rey de Françia y el Gran Turco juntos; porque lo menos que él tiene es España, Alemania, Ytalia y Flandes; y si lo quiere ver al ojo, mande traer un mappa mundi de aquellos que el embaxador de Françia le empresentó, que yo lo mostraré. Espantado dixo: Pues ¿qué gente trae consigo?; no te digo en campo, que mejor lo sé que tú. Yo le respondí: Señor, ¿cómo puedo yo tener quenta con los mayordomos, camareros, pajes, caballerizos, guardas, azemileros de los de lustre? Diré que trae más de mil caballeros y de dos mill; y hombre hay destos que trae consigo otros tantos. Díxome, pensando ser nuestra corte como la suya: ¿Qué, el rey da de comer y salarios a todos? ¿Pues qué bolsa le basta para mantener tantos caballeros? Antes, digo, ellos, señor, le mantienen a él si es menester, y son hombres que por su buena graçia le sirben, y no queriendo se estarán en sus casas, y si el Emperador los enoja le dirán, como no sean traidores, que son tan buenos como él y se saldrán con ello; ni les puede de justiçia quitar nada de lo que tienen, si no hazen por qué. Zerró la plática con la más humilde palabra que a turco jamás oí, diziendo: *bonda hepbiz cular*[9], que quiere dezir: acá todos somos esclavos. Yo le dixe cómo la diferençia que había, porque el Gran Turco era más rico era porque se tenía todos los estados y no tenía cosas de iglesia, y que si el Emperador todos los obispados, ducados y condados tubiese en sí, vería lo que yo digo. En esto vino el mappa y hízele medir con un compás todo lo que el Turco manda, y no es tanto como las Indias, con gran

---

[9] En turco de hoy, *bunda hepimiz kullar*, «en este lugar, todos nosotros (somos) esclavos». De *kul*, 'esclavo', y *hep*, 'todos', con la desinencia *miz* de la primera persona del plural.

parte, de lo que quedó marabillado; y llegó la liçençia de la Soltana que la fuese a ver, y fuimos su marido y yo al palaçio donde ella estaba, con toda la solemnidad que a tal persona se requería, y llegué a su cama, en donde, como tengo dicho, son tan celosos que ninguna otra cosa vi sino una mano sacada, y a ella le habían echado un paño de tela de oro por ençima, que la cubría toda la cabeza. Mandáronme hincar de rodillas, y no osé vesarle la mano por el zelo del marido, el qual, quando hube mirado el pulso, me daba gran prisa, que bastaba y que nos saliésemos; a toda esta prisa yo resistía, por ver si podría hablarla o verla, y sin esperar que el intérprete hablase, que ya yo barbullaba un poco la lengua, díxole: *Obir el vera Zoltana* [10], que quiere dezir: deme Vuestra Alteza la otra mano. Al meter de aquella y sacar la otra, descubrió tantico el paño para mirarme sin que yo la viese, y visto el otro, el marido se levantó y dixo: Anda, [a]cabamos, que aun la una mano bastaba. Yo muy sosegado, tanto por verla como por lo demás, dixe: *Dilinchica Soltana* [11]: Vuestra Alteza me muestre la lengua. Ella, que de muy mala gana estaba tapada, y aun creo que tenía voluntad de hablarme, arrojó el paño quasi enojada y dixo: *¿Ne exium chafir deila?* [12]: *¿qué se me da a mí? ¿no es pagano y de diferente ley?* de los quales no tanto se guardan; y descubre toda la cabeza y braços algo congoxada, y mostróme la lengua; y el marido , conosçiendo su voluntad, no me dio más prisa, sino dexóme interrogar quanto quise y fue menester para saber el origen de su enfermedad, el qual había sido de mal parir de un enojo, y no la habían osado los médicos sangrar, que no había bien purgado, y susçedióle calentura continua. Yo propuse que, si ella quería hazer dos cosas que yo mandaría, estaría buena con ayuda de Dios: la primera, que había de tomar lo que yo le diere; la segunda, que entre tanto que yo hazía algo, ninguna cosa había de hazer de las que de los otros médicos fuesen mandadas, sino que, pues en dos meses no la habían curado, que probase conmigo diez o quince días, y si no hallase mejoría, aí se estaban los médicos; y que esto no lo hazía por no saver delante de todos sustentar lo que había de hazer, sino porque yo era

---

[10] *öbür el ver-a Soltana*, «la otra mano dame, Sultana», de *el*, 'mano', y el verbo *vermek*, 'dar'.

[11] *dilin çikar Soltana*, «tu lengua sácame, Sultana», de *dil*, 'lengua', con el sufijo posesivo *-in* y el imperativo del verbo *çikmak*, 'sacar'.

[12] *Ne exium chafir deila* es en turco moderno *ne isim kafir děgil mi*, «¿qué oigo, no es infiel?».

christiano y ellos judíos, y dos turcos también había, y podíanle dar alguna cosa en que hiziesen traiçión por despecho o por otra cosa, y después dezir que el christiano la había muerto; los judíos ya yo sabía que[13] sin haberme visto, de miedo que si yo entraba descubriría su poca çiençia, andaban diziendo que yo no sabía nada y que era moço y otras calumnias muchas que ellos bien saben hazer, con las quales perdieron más que ganaron, porque me hizieron soltar la maldita[14]; y la Soltana me dixo que lo açeptaba, pero que si se había de poner en mis manos también ella quería sacar otra condiçión, y era que no la había de purgar y sangrar, porque le habían dado muchas purgas, tantas que la habían debilitado, y para la sangría era tarde; yo, como vi çerrados todos los caminos de la mediçina, Señora, digo, yo no soy negromántico que sano por palabras; pero yo quiero que sea ansí, mas al menos un xarabe dulze grande neçesidad hay que Vuestra Alteza le tome. Ella dixo que de aquello era contenta, y se disponía a todo lo que yo hiziese; y fuímonos su marido y yo a su aposento, donde tenía llamados todos los protomédicos y médicos del rey, y como començaron a descoser contra mí tanto en turquesco, y yo les dixese que me diesen quenta de toda la enfermedad, cómo había pasado, tubiéronlo a pundonor, y mofaban todos diçiendo que qué grabedad tenía el rapaz christianillo; y dicen a Rustán Baxá en turquesco, que ya me han tentado y que no sé nada, ni cumple que se haga cosa de lo que yo le dixere, quanto más que soy esclabo y la mataré por ser su enemigo. Un paje del Rustán Baxá, que se me había afiçionado y era hombre de entendimiento, que había estudiado, díxome, llegándose a mí, todo lo que los médicos habían dicho. A los quales, yo, señores, digo, que no pensé, para derribaros en dos palabras de todo vuestro ser y estado, que soy venido a enmendar todos los errores que habéis hecho en esta Reina, que son muchos y grandes; y digo al intérprete: Dezid ahí a Rustán Baxá que los médicos que primero curaron esta señora la han muerto, porque cuanto le han hecho ha sido al rebés y sin tiempo, y la mataron, al prinçipio por no la saber sangrar, y con qualquiera de las purgas que le han dado m'espanto cómo no es muerta. ¡O, por amor de Dios!, señor, tened quedo, no digáis nada, dixeron al in-

---

[13] En *M-1* figuran dos líneas escritas con distinta letra que dicen: «*Mata.* ¿Era hermosa? *Pedro.* Como Diana, no la hay de aquí más allá.» A continuación, *no habéis visto por,* tachado.

[14] La *maldita* es la lengua: «me hicieron hablar».

térprete, que lo crerá Rustán Baxá y nos matará a todos. Dezilde, digo también, que los haga que no se bayan de aquí hasta que les haga conosçer todo lo dicho ser verdad. Esto fue otro *ego sum* para derribarlos en tierra; y muy humilldemente dixeron: Hermano, no pensamos que os habíais de enojar; nosotros haremos todo lo que vos mandáis, y no se le diga nada al Baxá, que sabemos que sois letrado y tenéis toda la raçón del mundo; sabed que pasa esto y esto, y se le ha hecho esto y estotro. Yo lo iba todo contradiçiendo y vençiéndolos.

MATA.—¿Y a los médicos del Rey vençíais vos? Yo ya tenía conosçido lo poco que sabían.

PEDRO.—¿Luego pensáis que los médicos de los reyes son los mejores del mundo?

MATA.—¿Y eso quién lo puede negar que no quiera para sí el Rey el mejor médico de su reino, pues tiene bien con que le pagar?

PEDRO.—Y aun eso es el diablo, que los pagan por buenos sin sello. Si la entrada fuese por examen, como para las cáthedras de las Universidades, yo digo que tenéis razón; pero mirad que van por fabor, y los pribados del Rey le dan médicos por muy buenos, que ellos, si cayesen malos, yo fiador que no se osasen poner en sus manos, no porque no haya algunos buenos, pero muchos ruines, y creedme que lo sé bien como hombre que ha pasado por todas las cortes de los mayores prínçipes del mundo[15]. Ansí como en las cosas de por acá es menester más maña que fuerça, para entrar [en] casa del Rey, más industria que letras, yo me vi, por acortar razones, como el azeite sobre el agua con mis letras, que aunque pocas eran buenas, sobre todos aquellos médicos en poco rato, y prometiéronme de no hablar más contra mí para el Dios de Habraham, sino que hiziese en la cura como letrado que era y ellos me ayudarían si en algo valiesen para lo que yo mandase; y uime a la torre con mis compañeros, que ya me habían quitado as cadenas, y di orden de hazerle un xarabe de mi mano, porque de nadie me fiaba, y llebándosele otro día topé un caballero renegado, muy principal al paresçer y díxome: Yo he sabido,

---

[15] Esta petulancia de Pedro ¿debe tomarse en serio? Si Pedro quiere decir que *ha pasado como médico por todas las cortes...,* entonces, una de dos: o Pedro se olvida de su condición de médico improvisado y revela por descuido su verdadera profesión (doctor Laguna), o Pedro miente y no podemos tomar en serio su pretenciosa afirmación, semejante a la que hace en su dedicatoria (pág. 90).

christiano, quién tú eres y tenido gran deseo de te conosçer y serbir por la buena relaçión que de ti hay. Yo se lo agradesçí todo lo posible. Pasó adelante la plática diziendo cómo sabía que curaba a la Soltana y si quería ganar livertad que él me daría industria. Yo le hize çierto ser la cosa que más deseaba en el mundo. Dize: Pues paresçes prudente, hágote saver que este tu amo Zinán Baxá y su hermano Rustán Baxá son dos tiranos los más malos que ha habido, y dependen desta señora, la qual si muriese éstos no serían más hombres. Yo soy aquí espía del Emperador; si tú le das alguna cosa con que la mates, yo te esconderé en mi casa y te daré 400 escudos con que te vayas, y te porné seguramente en tierra de christianos y darte he una carta para el Emperador, que te haga grandes merçedes por la proheza que has hecho. Fue tan grande la confusión y furor que de repente me cayó, que me paresçía estar borracho; y si tubiera una daga yo arremetía con él, y díxele: No se sirve el Emperador de tan grandes traidores y bellacos, como él debía de ser, y que se me fuese luego delante ni pasase jamás por donde mis ojos le viesen, so pena que quando no le empalase Rustán Baxá yo mesmo lo haría con mis manos, porque mentía una y dos vezes en quanto deçía, y no era yo hombre que por veinte libertades ni otros tantos Emperadores había de hazer cosa que ofendiese a Dios ni al próximo, quanto más contra una tan grande prinçesa.

MATA.—Que me maten si ese no era echado aposta de parte de la mesma Reina para tentaros.

PEDRO.—Ya me pasó a mí por el pensamiento, y conformó con ello que quando llegué con el xarabe entre tanto que habían ido por liçençia para entrar, el Rustán Baxá començó de parlar conmigo y darme quenta de la subjeçión que tenía a su muger, y diziendo que una esclaba que la Soltana mucho quería le ponía siempre en mal con ella, y que deseaba matarla, que le hiziese tanto plazer le dixese con qué lo podría hazer delicadamente; respondíle que mi facultad era medicina, que serbía para sanar los que estaban enfermos y socorrer a los que habían tomado semejantes venenos, y si desta se quería servir yo lo haría, como esclabo que era suyo; pero lo demás no me lo mandase, porque no lo sabía, y los libros de mediçina todos no contenían otra cosa sino cómo se curará tal y tal açidente. No obstante eso, dize: te ruego que pues te conozco que sabes mucho en todo, me digas alguna cosa, que no me va en ello menos que la vida. Concluí diziendo: Señor, la mejor cosa que yo para eso sé, es una pelotica de plomo que pese una drama[16], y hará de presto lo que ha de hazer; él, algo contento, pensando tenerme cojido, preguntóme el cómo; digo: Señor, metido en una escopeta cargada y dándole fuego, y no me pregunte más Vuestra Alteza en eso, que no sé más, por Christo. Y fuímonos a dar el xarabe a la Prinçesa, la qual le tomó de buena gana, creo que por lo que había preçedido.

JUAN.—Por fe tengo que si en aquellos tiempos os moríais, que ibais al cielo, porque en todo esto no se apartaba Dios de vos.

MATA.—Yo lo tengo todo por rebelaçiones.

PEDRO.—Y os diré quánto, para que me ayudéis a loarle que no lo habían apuntado a hazer quando estaba al cabo del negoçio, y de allí adelante me començé a recatar más, y todas las mediçinas que eran menester las hazía delante de Rustán Baxá yo mesmo junto al aposento de la Soltana. Llebándome en la fratiquera los materiales que yo mesmo me compraba en casa de los drogueros; y para más satisfaçión mía, por si muriese, hazía estar allí los médicos y dábales quenta de todo lo que hazía, lo qual siempre aprobaban, ansí por el miedo que me tenían como por no saber si era bueno ni malo; quexáronse una vez a mi amo de mí que era muy fantástico y para ser esclabo no era menester tanta fantasía; que quando se hazía alguna cosa de mediçina para la Soltana, sin más respecto a unos mandaba majar en un mortero raíces o pólvoras; a otros soplar debaxo la vasija que estaba en el fuego, porque no podían deçir de no, estando delante el Baxá, haziéndole entender que era gran parte para la salud ir maxado de mano de médicos, y él no hazía nada sino buscar qué majar y fuesen piedras. Llamóme mi amo y quasi enojado dize: Perro, ¿parésçete bien estimar en tan poco los médicos del Rey que se me han quexado desto y esto, y que tú no hazes nada sino mandar? Mayor trabaxo, digo, señor, es ése que majar; Vuestra Excelençia, aunque no rema en las galeras, ¿no tiene harto trabajo en mandar? Pues manden ellos, que yo majaré, y pues no saben mandar que majen, que yo no soy más de uno y no lo puedo hazer todo. Diose una palmada en la frente y dixo: *Yerchev vera*[17]: verdad diçes; anda

---

[16] *drama* por 'dracma', del gr. *ídem,* medida usada en la farmacia antigua equivalente a un octavo de onza. Laguna suele escribir invariablemente *drama*.

[17] *yerche vera* es el turco de hoy día *gerçek ver-a,* «verdad me dices», de *vermek,* 'dar', 'decir', y *gerçek,* 'verdad'.

vete y abre el ojo, pues sabes quánto nos va. Como vi la calentura continua y la grande neçesidad de sangrar que había, determiné usar de maña y díxele: Señora, entre sangrar y no sangrar hay medio; neçesidad hay de sangría, mas pues Vuestra Alteza no quiere, será bien que atemos el pie y le meta en un bazín de agua muy caliente para que llame la sangre abaxo y esto bastará; y holgó dello, para lo qual mandé venir un barbero viejo y díxele lo que había de hazer, y tubiese muy a punto una lançeta para quando yo le hiziese del ojo, picase. Todo vino bien, y ella, descuidada de la traiçión, quando vi que paresçía bien la vena asíle el pie con la mano, y el barbero hirió diestramente. Dio un grande grito diziendo: *Perro, ¿qué has hecho, que soy muerta?* Consoléla con dezir: *No es más la sangría; desto ni hay de qué temer; si Vuestra Alteza quiere que no sea, tornaremos á zerrar.* Dixo: Ya, pues que es hecho, veamos en qué para, que ansí como ansí te tengo de hazer cortar la cabeza. Sintió mucho alivio aquella noche, y otro día, quando me contó la mejoría, abríle las nuebas diziendo cómo del otro pie se había de sacar otra tanta, por tanto prestase paçiencia, lo qual açeptó de buena voluntad, y mejoró otro pedazo. Había tomado dos xarabes y quedaba que había de tomar otros dos; pero purga era imposible. Yo hize un xarabe que llaman *rosado* [18] de nuebe infusiones, algo agrete, y dile cinco onças que tomase en las dos mañanas que quedaban, el qual, como le supiese mejor que el primero, tomó todo de una vez y alvorotóla de manera que hizo treze cámaras y quedó algo dismayada y con miedo. Rustán Baxá, espantado embióme a llamar y díxome: Perro cornudo, ¿qué tóxico has dado a la Soltana que se va toda? A mí es verdad que me pesó de que lo hubiese tomado todo, y preguntéle quántas había hecho; y quando respondió que treçe consoléle con que yo quisiera que fueran treinta, y fuimos a verlas, y era todo materia, como de una apostema. Llamados allí los médicos díxeles: Señores, esto habíais de haber sacado al prinçipio, y no eran menester tantas purgas, porque no hay para qué sacar otro humor sino el que haze el mal. Quiso Dios aquella noche quitarle la calentura.

MATA.—¿Qué os dieron que es lo que haze al caso, por la cura?

[18] Bataillon destacó, a propósito del jarabe rosado, la coincidencia entre este pasaje y el del *Dioscórides* (I, cap. CXI), como una prueba más de la posible autoría de Laguna *(B-DL,* pág. 83).

PEDRO.—A la mañana, quando fui, antes que llegase sacó el brazo y alzó el dedo pulgar a la françesa, que es el mayor fabor que pueden dar, y díxome: *Aferum hequim Baxá; buen viaje hagas, cabeza de médicos* [19]; y llegó un negro eunucho que la guardaba y echóme una ropa de paño morado, bien fina, aforrada en zebellinas, acuestas. Quando le miré el pulso y la hallé sin calentura alzé los ojos y di graçias a Dios. Díxome que ella era tan grande señora y yo tan bajo, que qualquiera merçed que me hiziese sería poco para ella; que aquella ropa suya traxese por su amor, y que ya sabía que lo que yo más querría era livertad, que ella me la mandaría dar. De manera que dentro de doze días élla sanó con la ayuda de Dios, y embió a dezir a Zinán Baxá que me hiziese turco y me asentase un gran partido, o si no quería que luego me diese livertad. Respondió que lo primero no aprobechaba, porque me lo había harto rogado; que mi propósito era venirme en España [20]; que él me traería quando saliese en junio la armada, y me pornía en livertad.

JUAN.—¿En qué mes la curastes?

PEDRO.—Por Navidad.

MATA.—Y el marido ¿n'os dio nada?

PEDRO.—Todavía me valdría dos dozenas d'escudos; que allá, quando hazen merçed los señores, dan un puñado de ásperos y que sea tan grande que se derramen algunos.

JUAN.—No son muy grandes merçedes ésas.

PEDRO.—No son sino muy demasiado de grandes para esclabos. Bien paresçe que habéis estado poco en galeras de christianos para que vierais qué tales las hazen los señores de acá; que con los que no son cautivos tan largos son en dar como los de acá y más, y aún con los cautibos: plugiese a Dios que acá se hiziese la mitad de bien que allá.

JUAN.—Fama y onrra a lo menos harta se ganaría con la cura.

PEDRO.—Tanta que quando a la mañana iba a bisitar desde la torre en casa de Zinán Baxá, si en todas las casas que me llamaban quisiera entrar, no llegara hasta la noche allá.

MATA.—¡Qué! ¿Tan lexos será?

PEDRO.—Aunque habláis con malicia, será media legua. Yo me deshize luego de curar los cautibos de la torre, remitiéndolos a los otros barberos, si no fuese algún hombre honrrado,

---

[19] Hoy, *aferin Hekim Paça*, «¡Bien hecho!, señor doctor».

[20] *Venirme en España,* como «irme en Santiago», rasgo sintáctico frecuente en el *Viaje,* posible galicismo. No es frecuente en Laguna.

porque quando me hizieron trabajar, con haberles yo hecho mill serviçios y regalos a todos, se holgaron tanto de verme allá como si les dieran livertad; y también como lo más que corría era pestilençia, yo me guardaba quanto podía della. En casa de Zinán Baxá nunca faltaban enfermos; como la casa era grande, y el tiempo que sobraba gastaba en curar gente de estofa, prinçipalmente mugeres de capitanes y mercaderes, que unas querían parir y otras que les viniese su regla, otras de mal de madre viejo, a todos prometía a dos por tres en qualquier enfermedad de darlos sanos, y no bisitaba a hombre más de una vez al día, y aquélla a la hora que yo quisiese, por no los poner en mala costumbre. Al principio siempre coxía para las mediçinas dos o tres ducados, y si no me pagaban, luego les dezía que no iría más allá y siempre daban algo.

MATA.—¿Andabais ya sin guardia?

PEDRO.—Aún no, que si eso fuera, yo fuera rrico, que aquella me destruía. Tenía con un boticario hecho pacto que me había de dar las mediçinas a un preçio bueno, que él ganase, pero no mucho, como con otros, porque yo le gastaba doçientos escudos en dos meses, y algunas también me hazía yo.

MATA.—Çierto hazíais bien en visitar pocas vezes; que yo lo tengo por chocarrería esto d'España visitar dos vezes a todos, aunque no sea de enfermedad peligrosa.

PEDRO.—La mayor del mundo[21], y señal que saben poco.

MATA.—Son como las mugeres, que en no siendo hermosas son virtuosas para suplir lo que naturaleza faltó en hermosura con virtud[22]. Ansí los médicos idiotas suplen con visitar muchas vezes su poca çiencia; pero ¿cómo osabais prometer salud a todos? ¿Todos sanaban? ¿Todas las estériles se empreñaban? ¿A todas las venía su tiempo quantas tomabais entre manos? ¿A todas se les quitaba el mal de madre?

PEDRO.—No por çierto; pero algunas, con hazerles lo que por vía de medizina se sufre, alcanzaban lo que deseaban; a otras era imposible.

MATA.—Y las que no sanaban ¿n'os tomaban a cada paso en mentira? ¿cómo os eximíais? Ahí no solo era menester urdir, pero texer.

PEDRO.—La mejor astuçia del mundo les urdí. Hize una medizina en quantidad, que tenía en un bote, que llaman los me-

21 la mayor chocarrería, se entiende.
22 Toda la frase hasta el primer punto está subrayada en el f. 47v del manuscrito.

dicos *gerapliga logadion*[23], que es compuesta de las cosas más
amargas del mundo; y ella lo es de tal modo, que la yel es dulze
en su comparaçión della; y quando veía que no podía salir con
la cura, habiendo hecho todos los remedios que hallaba escritos, procuraba de rescibir todos los dineros que podía para ayuda de hazer la principal mediçina, que era aquélla, y dábale un
botecito muy labrado lleno della, que serían dos onzas, man-
dándoles cada mañana tomasen una dragma desatada en cozimiento de pasas; y esto habían de tomar 19 mañanas arreo al
salir el sol, de tal arte que no interpolasen ninguna. Ello era tan
amargo[24] que no era posible hombre ni muger pasarlo, y la que

[23] *Gerapliga logadion,* y líneas más adelante, *gera logadion.* De
este purgante dice Covarrubias: «Girapliega, vale tanto como medicina
benedicta amara, y es no(m)bre griego ιεραπίχρα, Hierapicra, y co-
rrompido Girapliega. Esta medicina que se toma por la boca es muy
amarga, porque entre otras cosas lleva el áloe, cuyo jugo es amarguí-
simo; tiene gra(n) virtud para algunas enfermedades del vientre, para
el menstruo, para la orina, para la idropesía, &c. Ay destas diuersas
composiciones, de la más vsada dizen auer sido Antonio Musa Médico
de Tiberio César. Galeno refiere auerse inventado antes del tiempo de
Nerón» *(Cov.,* 374a y b).

Bataillon calificó la *gerapliega logadion* de término técnico *(B-DL,* 82)
y dice no haber conocido más que dos citas en castellano (luego rectificado en tres, nota 24 de la página 82). Sin embargo, parece que
ya se alude a ella en el *Codex Calixtinus,* I, cap. VI, según el texto
de J. Uría, *ob. cit.* («Aspecto médico», IV, pág. 44, nota 12). Parece
que la tal droga (en el Ms. toledano, *jirapliega),* se identifica con la
gera fortissima o *trifera Alexandrina.* Aymeric Picaud afirma que «no
se aplicó a los enfermos la gera fortísima o la trífera alejandrina o
trífera Sarracénica o la trífera magna o la gera pigra o la gera rufina
o apostolicon o *geralogodion* o adriano o alguna otra poción».

Según un recetario veneciano del siglo XVI «la *Hiera Pigra* o *amarga
de Galeno* calienta, atenúa, corta, limpia, seca, diluye, digiere y ex-
pulsa con facilidad todos los humores y los flatos malos, crasos y lentos…
Es más purgante mezclada con áloe, pero fortalece menos el vientre…
Se confecciona con partes iguales de cinamomo, goma, carpobálsamo,
azafrán, canela…» (véase también *Gil,* págs. 144-146).

[24] Al margen de esta línea, una nota dice: *para el mi Alonsito*
(f. 37v). Es indudable que esta acotación, como las de *Pedrarias*
(fs. 35v, 36v, 47v y 50r) al margen de las líneas donde se recrimina o
se ridiculiza a los judíos, implica una relación con el pleito que se
ventila entre los Pedrarias Dávila (véase pág. 62), pero no necesariamente un aspecto o «fase segoviana» en la redacción (o posesión) del
Ms, como opinaba Bataillon *(B-DL,* págs. 49-50, nota 6), puesto que
los escenarios del pleito que se ventilaba en la Chancillería de Valla-

con el deseo de parir porfiaba tomaba algunos días, mas no todos.

MATA.—¿Y si porfiando los tomaba todos o la mayor parte?

PEDRO.—Nunca faltaba achaque: o que dexó uno, o que interpoló alguno, o que no lo tomó siempre a una hora, y que era menester comenzar de principio.

JUAN.—¿Y a todos curábais des'arte en qualquier enfermedad?

PEDRO.—Nunca Dios tal quiera, que los que estaban de peligro curábanse como era raçón; pero los males viejos y incurables han menester maña. Quando me tomaban en la calle algunos que por amistad querían que les curase males viejos, de setiembre adelante, luego les preguntaba para escabullirme dél, quánto tiempo había que tenían aquella enfermedad; en respondiendo tantos años, le dezía: Pues yo quiero muy de propósito curarte, pero es menester que como has sufrido lo más sufras lo menos y tengas paçiençia desde aquí a marzo, que vernán las yerbas buenas y podremos hazer mediçinas a nuestro propósito, y con esto los embiaba muy contentos; y esto acostumbraba tanto, que el guardián mío, que era intérprete, quando me vía que oía de mala gana, luego me deçía: Este, ¿remitirle hemos a las yerbas?; y aun algunas vezes respondía sin darme a mi parte.

MATA.—Y venidas las yerbas ¿nunca os pidían la palabra?

PEDRO.—Hartas vezes; pero para ellos y para los que pidían remedio en verano había otro achaque, que era la luna; aunque fuesen dos días no más de la luna, les dezía que se aparejasen, que a la entrada de la que venía los quería sanar, y como la çibdad es grande no podíamos siempre toparnos.

---

dolid son diversos (AHN, *Consejos,* leg. 43635); sencillamente, puede indicar que uno de los litigantes, poseedor del Ms. 3871, escribió al margen, en una fecha posterior a su redacción, la apostilla dirigida contra uno de sus oponentes, Pedrarias Dávila (¿I, II, III, IV?, según nota *supra,* 66, Introd.), que figura en el árbol genealógico del f. 1 del legajo. Por cierto, allí no hay más Alonso que *un arcediano que fue de Sepúlveda,* hijo de Pedrarias Dávila I y hermano del Pedrarias gobernador de Castilla del Oro. Este Alonso, sin derecho alguno al mayorazgo y condado de Puñonrostro, fue ajeno al pleito y es improbable que sea el Alonsito referido. Es posible también que la nota marginal se deba asimismo a un secretario o chupatintas al servicio del conde de Gondomar y no tenga relación alguna con los pleiteantes ni, por supuesto, con el autor del manuscrito.

JUAN.—¿Pagaban los que sanaban después quando andabais de reputación mejor que antes?

PEDRO.—Todo se iba de un arte. Un mercader turco venía de Alexandría y cayó malo, y viéndose con calentura continua me prometió diez escudos si le sanaba. Yo pidí para las mediçinas dos, y diómelos, y en tres días sanó con sangrarle y purgarle bien; y a tiempo después diome un ducado y díxome que aun le quedaba cierta tos, y en sanando della me daría la resta. Comenzé de hazerle remedios para aquello, que le costaron dos ducados otros. Ya como el vellaco iba engordando [y] no podía disimular la salud, por no me pagar nunca dezía que había mejoría de la tos. Díxome un paje suyo renegado que no estaba muy bien con él: Mira, christiano, no te mates por venir más acá, que en verdad nunca tose sino quanto te siente subir. Fui a él, y preguntado cómo estaba, respondió que malo de su tos. Díxele: ¿Tú quieres sanar de tal manera que jamás padezcas tos ni romadizo aunque bibas mill años? El dixo: Oxalá tú me dieses tal remedio, que no ando tras otro. Digo: Pues hágote saber que para Zinán Baxá he mandado hazer un letuario de mucha costa, y el boticario creo que guardó un poco para sí; hagamos que te lo dé, y embía un paje, que yo seré interçesor; tres escudos le daban por ello para un arráez, mas no lo quiso dar; yo te lo haré dar por lo que fuere justo. De vergüenza de çiertos turcos que estaban con él no pudo dexar de embiar conmigo el paje, el qual traxo el boteçico de la *gera logodion*, más labrado que otros la solían llebar, y fue menester rogar harto al boticario que se lo diere por los tres ducados, de los quales hubo medio y yo la resta.

MATA.—Pues sé que aquel no estaba de parto ni quería parir, ¿para qué le dabais mediçinas de mal de madre?

PEDRO.—Para que pariese aquellos tres ducados y no volver más allá, perdonándole la resta.

MATA.—No había mucho que perdonar, porque me paresçe que os entregastes de todos diez.

JUAN.—¿Qué tanto haría de costa de las mediçinas en todo?

PEDRO.—Más en verdad de medio escudo.

MATA.—No era mala cabeza de lobo la gera pliega, que no costaría toda un escudo.

PEDRO.—Uno y aun dos costó, pero bien se sacaron della.

MATA.—Con pocos botes desos se acabaría nuestro ospital.

CAPÍTULO VIII

Pedro y los médicos de Sinán Bajá

JUAN.—¿Tubistes más conquistas con los médicos del Rey?

PEDRO.—La mayor está por dezir, que fue con Çinán Baxá.

JUAN.—¿De qué estubo malo? ¿Tornóle la asma?

PEDRO.—No, sino como había quedado por gobernador de Constantinopla, de rondar de noche la çibdad, resfrióse y hinchósele el vientre y estómago de ventosidades, que quería rebentar, y los judíos, como son tan entremetidos, fuéronle todos a ber, y yo que fui el primero quísele dezir que tomase una ayuda, y no se lo osaba el intérprete dezir porque lo tienen por medio pulla, y todos, aunque buxarrones, son muy enemigos dellas. Yo pregunté cómo se llamaba y dixéronme que *hocna*[1], y díxeselo, y admitiólo y resçibióla; pero los judíos no dexaron, estando picados, aunque no lo mostraban, de tornar a sembrar zizania, y también por ser hombres de respecto mi amo hazía lo que mandaban, y era todo como una jara derechamente al rebés[2]. Dábanle a comer espinacas, lentejas y muchos caldos de abe y carnero y leche, que la quería mucho, y en fin conçedíanle comer lo que quería para ganarle la boca y tenerle contento. El protomédico principal, que se llamaba Amón Ugli[3] y tenía cada día de salario más de siete escudos, paresçiéndole que había un poco el Baxá mejorado, teniendo presentes los otros médicos y algunos de los pribados que tenían sobornados, dixo que por algunas causas en ninguna manera le cumplía curarse con el espa-

---

[1] *okna:* clíster, lavativa o gaita.

[2] «como una *jara* derechamente al revés»: se refiere al clíster (nota anterior), por comparación con una jara, palo puntiagudo y endurecido al fuego por uno de los extremos.

[3] *Hamón Ugli:* protomédico o médico principal de Solimán. Conocido entre los suyos por Moses Hamón, había nacido en Granada, de donde salió con su padre Joseph para establecerse en Constantinopla; el padre llegó a ser físico de Selim I. Busbecq le menciona en la última de sus *Cartas (Fors-Dan,* I, pág. 417). Su hijo, cuyo nombre no menciona Busbecq, adquirió un manuscrito de Dioscórides que no pudo conseguir el embajador flamenco por lo exorbitante de la suma pedida, 100 ducados. Sobre la vida de Hamón, puede consultarse C. Roth, *The House of Nassi,* I, pág. 56, y H. Gross, «La familia judía de los Hamon», en *Revue des Études Juives,* vol. 56, París, 1908, pág. 4.

ñol christiano: la una porque era moço y podría ser que en su tierra él fuese buen médico, pero que allá eran otras complexiones y otra diversidad de tierras, que yo no podía alcanzar, dando exemplo del durazno que mataba en Persia y no en Egipto; lo otro, porque yo era su esclavo, y por qualquier cosa que algún enemigo suyo me prometiese podría darle con qué muriese, por ser libre, y esto no podía haber habido efecto en la Soltana porque en la muerte della no ganaba como en la suya; a eso ayudaban todos de mala[4], de tal suerte que le persuadieron, y yo veía que andaban muy ufanos dándole mil bebrajes y no haçían caso de mí. Un paje de la cámara, amigo mío, díxome lo que había pasado, y queriendo el Baxá tomar un xarabe díxele que le dexase si no quería morir por ello, hasta que, venidos allí todos los médicos, les probase ser tóxico. Púsele[5] tanto miedo que los embió a llamar, y yo procuré que se hallasen allí turcos prinçipales de mi parte, y venidos comencé con muchas sofísticas razones a dar los inconvenientes dello, diziendo que él estaba lleno de viento y que aquel xarabe era frío y se convertiría todo en puro viento, y el dar de la leche era gran maldad, porque tomado el exemplo acá fuera, quando poca leche cueze en un caldero se alza de tal modo que no cabe, y lo mesmo hazía tocado del calor del estómago; y ya yo comenzaba a hablar turquesco sin intérprete; como ellos vieron que el exemplo era palpable y que tenía razón, dixéronme: Habla la lengua que entendemos. ¿Para qué habláis la que no sabéis? ¿Pensáis por ventura que los turcos os entienden?

MATA.—Porque no lo entendiesen lo hazían: porque dando bozes muy altas y todos contra vos, quien quiera que no entendiera pensara que ellos vençían.

JUAN.—Costumbre y remedio de quien tiene mal pleito.

PEDRO.—Dixe a mi amo y a los otros que estaban allí, en turquesco: Señores ¿entendéis esto? Todos respondieron de sí; y cierto milagrosamente me socorría Dios con bocablos, porque ninguno ignoraba. Satisfízole mucho el exemplo de la leche al Baxá y a los demás que estaban allí, y dixeron que yo tenía razón. Quando vi la mía sobre el ito[6] pidí de merçed me oyesen las satisfaçiones que a çiertas cosas que de mí deçían quería

---

[4] *de mala. Mala* o *malilla* equivale a 'comodín' en ciertos juegos de naipes, de donde *obrar de mala* es 'obrar de acuerdo'.

[5] *puésele,* en el original (f. 48v).

[6] *quando vi la mía (razón) sobre el hito,* es decir, «cuando todos atendieron a mi argumento».

dar. Hízolo el Baxá de buena boluntad y comenzé por la primera. Quanto a lo primero que estos médicos me acusan, que aunque en mi tierra yo sea buen médico acá no es posible ni puedo alcanzar como ellos las complexiones, digo que es al rebés, que yo soy bueno para acá y ellos para España, porque la mediçina que yo sé es de Hippócrates, que fue çient leguas de aquí no más, de una isla que se llama Cóo, y de Galeno, que fue troyano de Pérgamo[7] una çibdad que no es más de treinta o quarenta leguas de aquí, y de Aeçio, y Paulo Egineta[8], no más lexos de Constantinopla que los otros. La que estos señores saben, que es poca o nada, es de Abiçena y Aberroes, que el uno fue cordobés y el otro de Sevilla[9], dos çibdades d'España, ansí que la mía es propia para acá y la suya para allá; y si fuese que Vuestra Exçelencia, para vengarme de mis enemigos los españoles, yo los embiaría allá, porque verdaderamente en pocos años matarán más que todo el exército del Turco; y para probar esto tenía allí un cozinero mayor del Baxá, alemán muy gentil, latino y muy leído, y hízeselo leer en un rimero de libros que allí tenía aposta yo traídos, y otro de junto a Veneçia, que siendo theólogo renegó, también se halló presente.

JUAN.—La satisfaçión estubo muy aguda, como de quien era, y aunque el Baxá fuera un leño no podía dexar de entenderla y quedar satisfecho. ¿Qué dezían los judíos a eso?

PEDRO.—El Baxá reír y ellos callar, y hacerme del ojo que callase; y yo no quería mirar allá por no los ver guiñar. Quanto a lo que era moço y no tenía experiençia, aunque era poca la que yo tenía, era mill vezes más que la suya, porque con letras y entendimiento y advertir las cosas se sabía la experiençia, que no por los años, que a esa quenta, las mulas y asnos que andaban en las norias y tahonas sabrían más que ellos, pues eran

---

[7] Pedro acierta en lo de Hipócrates, natural de la isla de Cos, pero hace troyano a Galeno, según su pintoresca idea del reino de Troya, que expone más adelante (véase XII, pág. 52).

[8] *Aecio de Amida,* médico y cirujano, vivió en los siglos v y vi. Fue autor del *Tetrabilion* sobre materia médica y filosófica. El texto fue impreso por los Aldos de Venecia en 1554.

Paulo de Egina vivía en Alejandría en el siglo viii, poco antes de caer esta ciudad en manos de los árabes. Fue autor de la *Hippommena,* recopilación de la doctrina de Aecio y otros autores.

[9] Pedro adjudica a los dos grandes pensadores árabes una ciudadanía errónea, pues ni Avicena (ibn Sinā) era cordobés, ni Averroes (ibn Rushd) sevillano. Cordobés era el segundo, si bien en un contexto cultural almohade y, por tanto, sevillano.

más viejas, y las comadres y los pescadores viejos; y tras esto una parábola pues la otra les había contentado: Si Vuestra Exçelencia parte en amanesçiendo en una barquilla (que estábamos en la ribera del mar) y para ir de aquí allí, señalando un trecho, y no lleva sino dos remos y desde a dos o tres horas parto yo en un bergantín bien armado con muchos remos, ¿qual llegará primero? Respondió: Tú. Preguntéle el porqué. Dize: Porque llevas mejor varco. Digo: ¿Pues vuestra exçelençia no partió primero tres horas? No haze, dixo, eso al caso. Pues tampoco les haze, digo, al caso, *a estos judíos haber nasçido tantos años antes que yo, porque van caballeros en asnos, que son sus entendimientos,* y yo corriendo a caballo en el mío, y con ver yo una vez la cosa la sé, porque estudio, y ellos, aunque la vean mil vezes, no. Lo mesmo acontesçe en el camino, que uno le va mill vezes y no va advirtiendo, y cada vez ha menester guía, y otro no le ha ido más de una y da mejor cuenta que él y le podría guiar; que no hay senda ni atajo que no sabe, ni casa, ni pueblo en medio que no os diga por nombre.

MATA.—No menos bueno es todo eso que lo primero, y es çierto que también concluiría; exemplos son que cada día veréis acá, que andan unos mediconaços viejos con las chinelas y bonetes de damasco y mangas de terçiopelo raso pegadas al sayo, tomando morçillas y todo si les dan, en unos caballazos de a tres varas de pescueço, y tienen sumidos los buenos letrados y metidos en los rincones, con ir a bisitar sin que los llamen, diçiendo que por amigo le visitan aquella vez; y quando saben que el doctor tal le cura, luego con una risa falsa dize que, aunque es moço, será bonico si bibe; y comiença luego a dar tras los manzebos diziendo que son médicos del templeçillo y amigos de setas nuebas[10]. Y como tienen canas, pensando que saben lo que diçen, los cree el vulgo. Como la verdad sea que si los moços son griegos y los otros bárbaros saben más durmiendo que ellos velando, y tienen más experiençia, verdad es que si el viejo tiene tan buenas letras, lo mejor es, que las canas con buenas letras y trabajo, más saben.

JUAN.—¿N'os acordáis quando fuimos a Santorcaz[11] a holgarnos con el cura, que topamos una mañana un médico de la mesma manera como los habéis pintado y salía de una casa

---

[10] *setas,* por 'sectas', partidarios de novedades y médicos de tres al cuarto.
[11] *Santorcaz* es pueblo de la provincia de Madrid, a corta distancia de Alcalá, en el camino de esta ciudad a Aranzueque.

donde alinearlo bien le habían dado una morçilla que llebaba en la fratiquera?

PEDRO.—Sé que yo también me hallé hay quando le hizimos ir a jugar con nosotros a los bolos; y quando jugaba, un galgo del cura, como olía la morçilla, siempre se andaba tras él, del juego a los bolos y de los bolos al juego, hasta que una vez tomó la bola para sacar siete que le faltaban, y tomó la alda derecha, que como era tan larga l'estorbaba, y púsola sobre la otra, y como acortó, descubrióse la fratiquera; el perro como la vio, pensando que aquella era la morçilla, arremete y haze presa en fratiquera y todo, que todos juntos no le podíamos hazer que la dexase, de lo que quedó el más corrido del mundo.

MATA.—Cada vez que se me acuerda, aunque esté solo me da una risa que no me puedo valer; como dixo después: era una pobre que no tenía qué dar y había matado un lechón, y empresentómela para mi huéspeda, que está preñada y no puede comer cosa del mundo ni verla. La terzera satisfaçión sepamos.

PEDRO.—Quanto a lo que dezían que era esclabo y no guardaría fidelidad, yo era christiano y guardaría mejor mi fe que ellos su ley; desto era el Baxá buen testigo, *y en la fe de Christo tanto pecado era matarle a él como a un príncipe christiano;* y demás desto, los españoles guardamos más fidelidad en ley de hombres de bien que otras naçiones; y ya que todo esto no fuese, ¿á quién importaba más su vida que a mí? ¿dónde hallaría yo otro padre que tanto me regalase ni príncipe que tantas merçedes me hiziese? No había yo de ser omiçida de mí mesmo, ni ganaba yo para Dios en ello, nada más de irme al infierno; ni para mi Rey, pues muerto él, que no era más de un hombre, luego le susçedería otro; y desde entonces començase a rescatarse y traer la barba sobre el hombro, *porque lo que se piensa y negoçia de día es lo que de noche se sueña, y aquellos judíos debían de urdirle alguna muerte; y no se fiase en que era más poderoso que ellos, que a Christo, con ser quien era, ellos le mataron* [12], *porque muy presto se conforman en lo que han de hazer.* Y con esto quedó por mí el campo; mas como habían pasado algunos días que ellos le habían curado y hartado de leche, teníanle quasi hidrópico, y los remedios que yo le comencé a hazer no pudieron sanarle del todo en dos días, y luego tornaron a estudiar, con el grande odio que me tenían, sobre lo de la leche que yo le había quitado, que por aquello no había ya

---

[12] Toda esta frase está subrayada, y al margen de ella, *Pedrarias* (f. 50r). (Véase lo dicho en la Introducción, nota 66.)

sanado. Quisiéronme argüir que la de la camella, al menos, fuese buena[13].

JUAN.—¿Por qué autoridad se guiaban? ¿No les podíais hazer traer allí los autores, que no es posble que hombre del mundo fuera tan neçio que escribiera tal contrariedad?

PEDRO.—No me acotaban otro autor, sino todos los libros. Dizen todos los libros esto; dizen todos los libros estotro. Yo desvivíame acotando del Galeno autoridades y llevándolos libros allí y intérpretes turcos que fuesen juezes. Al cabo concluían con que la del camello era buena. Como no había en aquellos dos días sanado y los turcos son amigos de primera información, que se buelven a cada viento, ni más ni menos que una veleta, acordaron de ponerme perpetuo silençio en que so pena de çient palos en ninguna cosa les contradixese ni hablase con ellos, aunque viese claramente que le mataban, porque él estaba determinado de acudir a la mayor parte de paresçeres.

JUAN.—Pues con quanto os había visto hazer y en él mesmo lo del asma, ¿no se persuadía a creer más a vos que a los otros?

PEDRO.—No, porque el diablo en fin los trae engañados. Sé que más *cosas vieron hazer los judíos a Christo, y con todo siempre estubieron pertinazes* y están; y los turcos no ven, si quieren abrir los ojos, el error en que están. Yo determiné de callar y estar a la mira; y ellos comenzaron de curarle unos días y acabar lo que habían començado, de hazerle del todo hidrópico. Y ensoberbeziéronse tanto, que determinaron pagarme el majar de la Soltana en la mesma moneda; y estábamos en un jardín que se dize *Vegitag,* legua y media de Constantinopla[14], porque era verano, y cada hora me embiaban por unas cosas y por otras; y el pobre Pedro de Urdimalas, algo corrido de las matracas que todos los otros le daban, sin osar hablar, y tambien buscaban cosas que majar a costa de mis brazos.

---

[13] Los médicos judíos ponían en evidencia la bondad de la leche de camella. En el *Dioscórides,* II, 164, no se dice más que lo siguiente: «En dulçor después de la humana, no ay ninguna que se iguale a la del camello.»

[14] *Vegitag.* En la *Silva* de Pero Mexía (I, XVI), se lee el mismo nombre. Desconozco la fuente común a ambos. Hoy en día, el suburbio situado al otro costado del Boğaz o Cuerno de Oro, al norte del Tophane llamado *Besiktaş,* podría identificarse con este lugar, pero es improbable por la distancia o por su emplazamiento.

Es significativo que las grafías *Vegitag, Nicomidia* o *Ezmite Suria* (Siria) y *Çaragoça* (Siracusa), sean las mismas en Pero Mexía y en el *Viaje.*

MATA.—Al menos quando os embiaban por esas cosas ¿no había algo que sisar?

PEDRO.—Más vellacos eran, que tanto que quando se había de tocar dinero ellos enviaban a uno dellos, que partía la ganançia con todos; hizieron un día, por malos de sus pecados, una rezetaza de un pliego, toda de cosas de poca importançia para ayudas y emplastos, muchas redomillas de azeites, manadillas de yerbas secas, taleguillas de simientes y flores secas, y preguntáronles quánto costarían; dixeron que quinze escudos podrían todas valer; mas que era bien que viniese todo junto. Despachábame a mi el *chiaya* [15], que es mayordomo mayor, que fuese por ello; dixo el Amón Ugli: Mejor será que vaya uno destos, que a ése no entenderán, ni lo sabrá escojer; y denle también dineros, que pague lo que ha traído el christiano. Fue tan presto hecho como dicho, y balióles la burla más de diez y siete escudos.

MATA.—¿No podíais descubrir vos esa çelada?

PEDRO.—¿Qué tenía de descubrir, que valía más su mentira estonçes que mi verdad? Era tarde, y el judío que fue por ello no había de venir hasta otro día; yo, como les dolían poco mis pies, fui a traer recado para una ayuda y venir presto; y Rustán Baxá entre tanto vino a visitar a su hermano, que estaba bien fatigado, y de lástima saltáronsele las lágrimas, y a mi amo de miedo, pensando que lo hazía por haberle dicho los médicos que se moría. Retraxósele el calor adentro y desmayóse, y estubo así un rato, hasta que medio tornó en sí. Fuese el Rustán Baxá, porque no usan hazer visitas más largas de preguntar cómo está y salirse.

MATA.—¿Pues cómo siendo hermanos?

PEDRO.—Porque son tan recatados que pensarían, si mucho hablase, que urdían traiçión al Rey. Vierais los judíos huir como no le hallaron pulso, en una barca con todos sus libros, que se estaban ya en el jardín de propósito, y el camino se les hazía bien largo; y topélos y díxeles dónde iban; dixéronme como mi señor era muerto, y que la ayuda bien la podía derramar. En llegando al jardín vi que todos lloraban; y entré de presto á tomarle el pulso, y halléle sin calentura y como un hombre atrancado que no podía hablar, y apretéle la mano diziendo: ¡Qué ánimo es ése! Vuestra Excelençia no tema, que la mejor señal que hay para que no se morirá *es de que los judíos van todos huyendo y le dexan por muerto sin saber la causa del azi-*

---

[15] *chiaya,* hoy *khaya,* 'mozo', 'mayordomo' o 'camarero'.

214

dente. Y mandé traer presto dos cucharadas de aguardiente y hízeselas tomar, y díxele que si desta moría me cortasen la cabeza. Estubo bueno y regozijado aquella noche, que estaba propio para hazer mercedes, y estimó mi consejo en mucho y el ver quán firmemente tenía yo que no era nada. Sabiendo aquella noche los judíos la mala nueba de que por el presente no quería morirse, helos aquí a la mañana con todo su ajuar, ansí de libros como de mediçinas.

MATA.—¿Y osaron paresçer entre jente? Bien dizen que quien no tiene vergüenza todo el mundo es suyo[16].

PEDRO.—Como si no hubiera pasado cosa por ellos; ¡tan hechizado tenían ya a mi amo con su labia!

MATA.—¿De dónde deçían que venía?

PEDRO.—De buscar mill recados que para sanarle traían, y tener acuerdo con los libros que tenían en casa, para mejor le curar.

JUAN.—¿Y creyólos?

PEDRO.—Como de primero.

JUAN.—¿Pues qué diablo de gente es? Mayor pertinaçia me paresçe esa que la de los judíos, pues lo que tantas vezes veían creían menos.

PEDRO.—Siempre quando se quexan dos gana el primero[17], y en cosa destos paresçeres el postrero; y como los vellacos sabían tan bien la lengua, siempre hablaban a la postre; aunque le tubiese de mi parte le mudaban luego. Comienzan de sacar drogas de una talega y mostrar al Baxá, y los manojuelos de poleo y mestranço y calamento[18] y otros; ansí dezían: ¿Ve Vuestra

---

[16] En *Covarrubias*, «Quien vergüenza no tiene, toda la villa es suya». En *Correas*, «Kien no tiene mesura, toda la villa es suia».

[17] Aunque la frase parece sentenciosa, no se halla como adagio en los refraneros de la época; indica, simplemente, que los médicos de Sinán se reservaban la última palabra en cuestiones de diagnóstico y medicación, y por su mayor dominio de la lengua movían en su favor la voluntad del ilustre enfermo. Esto equivale, por parte de Urdemalas, a una confesión del poco dominio de la lengua, a pesar de la afirmación en contrario líneas más abajo. De ahí la pregunta de Mátalas: «¿En qué lengua?»

[18] *poleo, mestranço, calamento*. Del poleo habla *Dioscórides* (III, capítulo 32) afirmando que «es yerva muy conocida...» y Laguna comenta que «... no hay cozinero tan boto que no conozca el poleo... que con su humo mata las pulgas, de donde vino a llamarse en Latín, *Pulegium*.»

El mestranzo o mastranzo, como el calamento, es otra planta herbácea labiada, que despide un olor agradable.

Exçelencia esto? viene de Chipre, estotro de Candía, aquello de tal India, estotro de Damasco; y sin vergüenza ninguna de mí; yo, algo enojado, dixe al Baxá al oído que me hiziese merçed de, pues era cosa que le iba la vida, mandase que yo hablase allí y me diesen atençión; lo qual hizo de buena gana, porque la noche antes había cobrádome un poco de crédito, y díxeles: señores...

MATA.—¿En qué lengua?

PEDRO.—En turquesco, que nunca Dios me faltaba; no por vía de disputa ni de contradezir cosa que haréis sino para saber: ¿esas yerbas no serían mejores y de más virtud frescas que secas? Dixo el Amón: Bien habéis estado atento a lo que hemos dicho. ¿No oístes que ésta viene de doçientas leguas, y estotra de mill; aquélla de Indias, la otra de Judea? ¿Pensáis que estáis en vuestras Españas, que hay déstas? Ya lo tengo, digo, señores, entendido, y no digo sino si las hubiese, por si Dios me lleba en mi tierra, que dezís que las hay, sepa alguna cosa de nuebo. Respondieron todos a una: No hay que dubdar sino que si se hallasen sería mill vezes mejores. Pregunté al Baxá si había entendido lo que dezían, y él dixo que sí; y tornóselo él mesmo a preguntar, y refirmáronse en sus dichos; estonçes yo digo: pues, señor, mande Vuestra Exçelencia poner la caldera en que se han de cozer al fuego, con agua, y si antes que yerba[19] no traxese todas estas yerbas frescas y algunas más, en llegando quiero que se me sea cortada la cabeza; porque vuestra exçelençia vea cómo éstos no saben nada más de robar. Respondió el Amón: Si vos trajéredes ésta, mostrándome un poco de zentabra[20], yo os daré un sayo de brocado, si no vais a España por ella. El Baxá prestamente mandó ser puesto todo por la obra, y voy con mis guardianes y un azadón a una montañuela que estaba del jardin un tiro de vallesta pequeña, donde yo algunas vezes quando curaba a la Soltana había ido por todas las

---

[19] *yerba,* en este contexto, es 'hierva', del verbo 'hervir'.

[20] La *zentabra* es la que se describe en el *Dioscórides* como *centaurea mayor* y *centaurea menor* (lib. III, caps. VI y VII), de donde *Covarrubias,* copió su texto: «*Centavra.* Una yerva, que también se llama chironia, porque fue hallada de Chiron centavro; ... En castellano se llama ruipóntico, *graece* χεντάυριον μέγα, *latine centaurium magnum,* porque ay otra yerva que se llama centavra menor» (fs. 271v. y pág. 405a y b). El mismo Dioscórides asegura que se da en «Lycia, Peloponeso, en Hélide, en Arcadia... y Smyrne», es decir, que no era especie tan rara como pretendía el protomédico judío.

yerbas y raízes que había menester, y donde sabía claramente que estaban todas, y comienzo de arrancarlas con sus raízes y todo, y tomo un grande haz dellas y otras que ellos no habían traído, y entro cargado con mi azadón y todo en la cámara del Baxá, donde estaba toda la congregaçión, y arrojé junto a mi amo el haz, bien sudando, y que no me alcanzaba un huelgo a otro [21], y comencé de tomar un manojuelo de secas y una rama de verdes, y juntábalas y mostrándoselas a mi amo decía: *¿Soltan buhepbir deila?* [22] *¿Señor, esto no es todo uno?* A lo qual respondía, como no lo podía negar: *ierchec: es grande verdad;* y tomaba otra y deçía lo mesmo; hasta que no había más de las secas, y comencé de mostrar otras que también hazían al propósito, y eché la zentaura sobre la cabeza del judío y díxele: Dadme un sayo de brocado, y toma esta yerba.

MATA.—Él os diera dos por no la ver. ¿Y qué dixo a eso? No faltara allí confusión; maravíllome no alegar el testo del Evangelio: *in Belzebut, prínçipe demoniorum ejicit demonia* [23].

PEDRO.—Antes respondieron lo mejor del mundo, que el diablo que los guía, como yo después les dixe, les faltó al tiempo que más era menester. Salió Amón Ugli y dixo: Señor, yo, en nombre de todos te juro por el Dios de Abraham y por nuestra ley embiada del çielo, que tienes en casa al que has menester, y que si ese no te cura, nadie del mundo baste a hazello; y como ya sabe Vuestra Exçelencia, nosotros, por la grande subjeçión que os tenemos, no osamos salir al campo a buscar si hay estas cosas, porque nos matarían por quitarnos las capas; no pensábamos que tal cosa hubiese, y ansí con las nabes que van a esos lugares que dixe, embiamos a probernos [24] de todo. Salidos allá fuera en conversaçión, yo les dixe: Señores, pidos por merçed que n'os toméis conmigo, que maldita la honrra jamás ganéis, porque por virtud del carácter del baptismo sé las lenguas todas que tengo menester para confundiros, y ganaréis conmigo más por bien que por mal [25].

---

[21] *huelgo:* aliento, resuello.

[22] *soltan buhepbir deila:* hoy, «Sultan bu hep bir değil mi?» (Señor, esto es todo uno ¿no?).

[23] Mateo, 12, 24. «En Belcebú, primero de los demonios, arrojé a todos los demonios.»

[24] *proveernos.*

[25] *pidoos.* El «saber las lenguas todas por carácter del baptismo» es una presuposición ingenua por parte de Urdemalas, especialmente dirigida a unos médicos y cirujanos judíos oriundos, como en el caso de Hamón, de España.

JUAN.—Razonablemente de contento quedara vuestro amo.

PEDRO.—Como si le dieran otro estado más como el que tenía; y os diré qué tanto[26], que aquel mesmo día hizo testamento muy solemne y la primera manda es dexarme libre si se muriere; y mandóme venir delante dél con mis guardianes y diome una sotana de muy buen paño, morada, y a ellos sendas otras de un paño razonable y cada quatro escudos[27]; y díxoles: Yo os agradezco mucho la buena guarda que deste christiano me habéis tenido fasta agora; pues Dios le ha hecho libre, de aquí adelante dexadle andar, y vosotros idos a mi torre a guardar los otros christianos, que éste guardado está; y desde aquel día adelante començé de gozar alguna livertad y serbir con tanta afictión y amor, que no me hartaba de correr quando me mandaban algo, y comedíame tanto, que si veía que el Baxá mandaba alguna cosa a uno de sus criados, yo procuraba ganar por la mano y hazerla. Vino la privança a subir tanto de grado y estar todos en casa tan bien conmigo, como ya sabía la lengua, que un día, estando purgado el Baxá algo fatigado, levantóse al serbidor[28], y çierto en aquella tierra ni saben servir ni ser servidos; y como yo vi que ningún regalo hazían a la cama siquiera igualarla, dexo caer mi capa en tierra, y abrazo toda la ropa y quítola de la cama y hago en el aire la cama bien hecha[29], de lo que quedó el Vaxá tan espantado y contento, que mandó que sirbiese yo en la cámara, y dende a pocos días proveyó al camarero un cargo y mandóme que yo fuese camarero suyo, lo qual açepté con grande aplauso de toda la casa; y de tal manera, que no se levantara por ninguna vía ni se rebolviera si yo no lo hazía. Cada mañana había yo de ir a la coçina y ordenarle la comida: y quando quería comer era menester que yo

---

[26] *qué tanto,* por 'cuánto', rasgo lexical invariable en el *Viaje,* como ya queda dicho en la Introducción, pág. 47.

[27] *cada quatro:* 'a cada uno, cuatro'.

[28] *levantóse al servidor.* Según *Covarrubias,* s. v. *íd.,* «estos dos vocablos, seruicio y seruidor, algunas veces se toman por el vaso en que se purga el vientre, q(ue) por otro no(m)bre llamamos vacín» (ed. 1611, f. 27v a). También en Juan de Valdés: «Servidor, allende de su propia sinificación, que es común a las tres lenguas de que platicamos, tiene otra deshonesta.» Pedro juega irónicamente con las voces *servidor, servir* y *ser servidos.*

[29] Puesto que la costumbre oriental era dormir en el suelo, *hacer la cama en el aire* es disponerla al modo nuestro, en un catre o cama. *Espantado* se entiende en estos siglos como 'asombrado'; los ejemplos se hallan por doquier en nuestra literatura.

sirbiese de mastresala, y en ninguna manera se le llebara la comida si yo no iba con una caña de Indias en la mano a dezir que la traxesen; y venía delante della y yo por mi mano se lo cortaba y daba de comer, y me comía delante dél los reliebes [30].

PEDRO.—Más al menos que los judíos.

JUAN.—¿Pues no son liverales en el ordenar la comida?

PEDRO.—Yo os diré: un día que el Baxá se purgaba fueron a la coçina y dixeron al cozinero que coziese media abe y diese del caldo sin sal media escudilla, y después la saçonase porque había de comerla el Vaxá. Yo, como los vi mandar aquello, atestélos de hidesputas, vellacos, y mandé poner quatro ollas delante de mí y en cada una echasen dos aves. En la una se coçiesen sin sal, con garbanços; en la otra, con raízes de perejil y apio; en la otra, con çebollas y lentejas; la última, con muchas yerbas adobadas, y asasen otras dos también por si quisiese asado. Ellos luego dixeron: *¿Ut quid perditio hec?* Digo: porque sepáis que nunca curastes hombre de bien; ¿cómo? ¿a un tan gran señor tratáis como se había de tratar uno de vosotros?; cómanse estas gallinas después los moços de coçina. No dexé de ganar honrra con mi amo quando lo supo.

JUAN.—Con los coçineros creo que no se perdió.

MATA.—¿Pensáis que es mala amistad en casa del señor? No menos la querría yo que la del más prinçipal de casa.

JUAN.—Y de allí adelante, ¿mejoraba o peoraba?

PEDRO.—Oras mejoraba, oras se sentía peor, como la hidropesía estaba ya confirmada.

JUAN.—¿Era subjeto a mediçina? ¿Tomaba bien lo que le dabais?

PEDRO.—Por lo que pasó con el caldo sin sal de la primera purga que le di lo podréis juzgar; porque le dexé un día ordenado, habiendo tomado las píldoras, que media hora antes de comer tomase una escudilla de caldo sin sal; pensando que para cada día se lo mandaba, le duró 40 días, que lo tomaba cada día, fasta que, como le sabía tan mal, un día me rogó que si podía darle otra cosa en trueco de aquello lo hiziese, porque estaba ya fastidiado. Venido a saber qué era, contóme cómo cada día tomaba aquel vebrajo [31]. Yo le desengañé con deçir que era

---

[30] *relieves:* sobras, restos de la comida.

[31] *vebrajo,* por 'brebaje', forma usual en este tiempo. Las metátesis son frecuentes en el habla coloquial de los tres personajes. Las breves recomendaciones que siguen sobre el tratamiento de una enfermedad, dan pie a la sospecha de que bajo la capa de médico improvisado, se oculta un galeno profesional.

muy bien que le hubiese tomado, más que yo no lo había ordenado más de para el día de las píldoras.

JUAN.—En propósito he estado mill vezes de preguntar esto del caldo sin sal a qué propósito es, o si se puede excusar, porque a mí y aun a muchos es peor de tomar que la misma purga. Parésçeme a mí que quatro granos de sal poco hazen ni deshazen.

PEDRO.—Es como la neçedad común del refrán de la pobreza que no es vileza; que se van los médicos al hilo de la jente sin más escudriñar las cosas a qué fin se hazen. No se me da más que sea con sal que sin sal, ni que sea caldo que agua cozida. El fin para que los escrivieron lo dan es para lavar la garganta y tripas y estómago, y en fin todas las partes por donde ha pasado, porque no quede algún poquillo por allí pegado que después haga alguna mordicación[32] y alborote los humores. Esto también lo haze con sal como sin ella.

MATA.—A mí me cuadra eso; y un médico muy grande, francés, que pasó por aquí una vez, curando a çiertos señores les daba el caldo con sal, y agua con azúcar otras vezes.

PEDRO.—Eso mesmo se usa en todo el mundo, sino que muchas cosas se dexan de saver por no les saber buscar el origen; sino porque mi padre lo hizo, yo lo quiero hazer.

MATA.—¿Qué se hizo de los judíos? ¿Nunca más paresçieron?

PEDRO.—Yo hize que los despidiesen a todos, sino a dos los prinçipales que estubiesen allí.

MATA.—¿Para qué?

PEDRO.—Eso mesmo me preguntó mi amo un día; que pues no se hazía más de lo que yo mandaba, ¿para qué tenía allí aquellos médicos a gastar con ellos? Díxele: Señor, esos yo no los tengo para Vuestra Exçelençia, sino para mi satisfaçión; si Dios quisiere llebar de este mundo a Vuestra Exçelençia, no digan que yo le maté, y también para que un prínçipe tan grande se cure con aquella autoridad que conviene, pues tiene, graçias a Dios, bien con qué lo pagar.

JUAN.—¿Contradeçían[v]os en algo?

PEDRO.—Antes estábamos en grande hermandad, y deçían mill bienes de mí en ausençia al Baxá; y quando le venían a ver primero hablaban conmigo, preguntándome cómo había estado, y lo que yo les respondía aquello mesmo deçían dentro.

---

[32] *mordicación*: «dolor parecido al de la mordedura; picor». (Véase Dubler, *ob. cit.*, V, *Glosario*, núm. 681.)

220

JUAN.—No entiendo eso.

PEDRO.—Si yo deçía que tenía calentura, ellos también; si que no la tenía, ni más ni menos; ya no me osaban desabrir[33] ellos.

MATA.—¿Y otros?

PEDRO.—Cada día teníamos médicos nuebos en casa, a la fama que tenía de ser liveral.

MATA.—Sé que ya no los creía.

PEDRO.—Como si no hubiera pasado nada por él; pero eran médicos de las cosas de su ley con palabras y sacrifiçios, a lo qual ni los judíos ni yo osábamos ir a la mano, y ninguno venía que no prometiese dentro de tres días darle sano, y a todos creía. Dixéronle los letrados de la ley de Mahoma[34] que los médicos no entendían aquella enfermedad ni la sabrían curar; que era la causa della que algunos que le querían mal habían leído sobre él, que es una superstiçión que ellos tienen, que si quieren hazer a uno mal leen çierto libro sobre él, y luego le hazen o que no hable y que no ande, o le çiegan, o semejante cosa; y el remedio para esto era que buscase grandes lectores y que leyesen contra aquéllos y deste modo sanaría. Costóle la burla más de siete mill ducados.

MATA.—¿De sólo leer? ¿Marabedís diréis?

PEDRO.—No, sino ducados, y aún de peso[35], porque hizo poner un pabellón muy galán en medio el jardín, que podían caber debaxo dél çinquenta hombres, y de día y noche por muchos días venían allí muchos letrados a leer su *Alcorán* y otros libros, y velaban toda la noche, y a la mañana se iban con cada quatro piezas de oro[36], y venían otros tantos, de manera

---

[33] *desabrir:* disgustar, contrariar, contradecir.

[34] médicos musulmanes, obedientes al Corán en lo que tiene de ley moral, código de derecho positivo y guía para la conservación de la salud, pero es dudoso el sentido que Pedro da a la palabra *sacrificio* en este contexto.

[35] *ducados y aún de peso.* En diferentes ocasiones nuestro autor habla de ásperos, ducados y dracmas. Belon especifica (I, f. 45r) que «les Ducats, Escus, Philippys, Angelots, Portugaloises, sont diversement forgez d'or pur or impur». Spandugino habla en el libro II de «certi ducati d'oro, ch'essi domandano Sultani, i quali e di peso e di bontà son pari al ducato Vinitiano» *(Spand., ob. cit.,* páginas 102-105). Son los que más adelante Pedro llama *ducados soldaninos* (sobre monedas y metales preciosos, véase Braudel, I, traducción inglesa, págs. 471 y 474).

[36] *cada uno con cuatro,* como en *supra,* n. 7.

que nunca se dexase de leer; tras esto mil hechizeros, unos hincando clabos, otros fixando cartas, otros dándole en la taza que bebía una carta para que se deshiziese allí.

JUAN.—¿Y todos esos prometían a tres días la salud?

PEDRO.—Todos, y nadie salía con ella; vino una muger que a mi gusto lo hizo mejor que nadie, y tenía grande fama entrellos, que cada día la primera cosa que venía por la mañana hazía que fuese una cabra negra, y tras esto pasaba tres vezes por debaxo de la tripa de una borrica, con çiertas palabras y çerimonias, y era la cosa que más contra su voluntad hazía, porque era un hombrazo y con una tripa mayor que un tambor, ya podéis ver la fatiga que resçibiría. Entre éstas y éstas le daba un letuario lleno d'escamonea[37], que le hazía echar las tripas. Dixo que era menester hazer un pan en un horno edificado con sus çerimonias, y probeyóse que en un punto fuesen los maestros con ella y la obreriça neçesaria, y que juntamente le llebasen quatro carneros. Yo fui a ver lo que pasaba, por el deseo que de la salud de mi amo tenía, y en una parte de la casa, donde era buen lugar para el horno, tomó una espada, y con çiertas palabras, mirando al çielo, la desembainó y comenzó d'esgrimir a todas las partes, y puso en quadro los carneros maniatados donde el horno había d'estar y dio al cortador el espada para que los degollase con ella, y después de degollados mandólos dar a unas hijas suyas arriba, y sobre la sangre començaron a edificar su horno con toda la prisa posible, de suerte que en un día y una noche estaba el mejor horno que podía en Constantinopla haber, y allí echó un bollo con sus çeremonias y llebósele al Baxá, diçiendo que comiese aquél, con el qual había de ser luego sano, y no dexase para que se cumpliesen los nuebe días hazer lo de la cabra y la asna. Ella se fue a su casa, y dexóse a mi amo peor que nunca.

JUAN.—Ella lo hizo muy avisadamente, porque no quería mas de tener orno y carnero para çeçina, y meresçía muy bien ese Baxá todas esas burletas, pues lo creía todo.

PEDRO.—Vino tras ésta otro que dixo que veinte y quatro ho-

---

[37] *un letuario de escamonea. Letuario,* forma vulgar de 'electuario', es una preparación farmacéutica que tiene la consistencia de la miel, compuesta de ingredientes seleccionados. La *escamonea* es la planta y el líquido que se recoge de su raíz, utilizado en medicina como purgante drástico. Se administraba mezclada con agua o aguamiel. Se halla descrita en el *Dioscórides,* IV, cap. 172, de donde lo copió Covarrubias.

ras podía tener el mal, y no veinte y cinco, si luego le daban recado; y pidió una mesa allí delante y tras esto çinco ducados soldaninos[38] que llaman, que tienen letras arábigas, y que fuesen nuevos. No fue menester, por la graçia de Dios, irlos á buscar fuera de casa. Quando los tubo sobre la mesa dize: Tráiganme aquí un clabo de un ataút de judío, y una mançana de palo que tienen los ataútes de los turcos, en que lleban el tocado del muerto, y la tabla de otro ataút de christianos. Todo fue con brevedad traído, y puso la tabla sobre la mesa y los ducados sobre la tabla, y tomó la mançanilla con una mano y el clabo en la otra; y alzados los ojos arriba, no sé qué se murmuraba y daba un golpe en el ducado y agujerábale, y tornaba a deçir más palabras y daba otro golpe; en fin, los agujeró todos, y dixo que aparejasen el almuerço porque a la mañana no habría más mal en la tripa que si nunca fuera, con lo que había aquella noche de hazer en las letras de los ducados, y tomó sus ducados en la mano y fuese hasta hoy aunque l'esperaban bien.

MATA.—¡Dios, que meresçía ése una corona, porque hizo la cosa mejor hecha que imaginarse puede, porque sepan los bellacos a quién tienen de creer y a quien no!

JUAN.—De allí adelante, al menos, bien escarmentado quedara.

PEDRO.—Maldito; lo más que si ninguna cosa hubiera pasado por él destas; porque otro día siguiente vino otro que le hazía beber cada día media copa de agua de un poco, y cada día leía sobre el poço una hora; y mandó al cabo de ocho días que fuesen a buscar si por ventura hallasen algo dentro; y entró un turco y sacó un esportillo, dentro del cual estaba una calabera de cabrón con sus cuernos, y otra de hombre y muchos cabellos, y valióle un vestido al bellaco del hechizero, no considerando que él lo podía haber echado.

JUAN.—¿Pues qué diçía que significaba?

PEDRO.—Que el que lo echó causó el mal, y había de durar hasta que lo sacase; mas no curó de esperar más fiestas. Diéronle dos ducados, con los quales se fue y sin pelo malo. Tras todo

---

[38] *ducados soldaninos* (véase nota 35). Estos ducados debían de ser los mismos *soltaninos* que menciona el padre Diego de Haedo en su *Topographia e historia general de Argel* (Valladolid, 1612), f. 24r y v. Al parecer estas monedas, como las *doblas* y *sequines turcos* procedían de la plata y oro del antiguo Sudán francés, hoy Malí, llegaban a las cecas de Argel y se extendían por todo el norte de África, cambiando de manos turcas y venecianas.

esto vino un médico judío de quien no reçaba la Iglesia[39], que se llamaba él liçençiado, y prometió si se le dexaban ver, que le sanaría. El Baxá, por ser cosa de mediçina, quando vino remitiómelo a mí rogándome que si yo viese que era cosa que le podría hazer probecho por embidia no lo dexase. Yo se lo prometí, y quando vino el señor liçençiado començó de hablar de tal manera que ponía asco a los que lo entendían. Yo le dixe: Señor, ¿en quántos días le pensáis dar sano? Dixo que con la ayuda del Dío[40] en tres. Repliqué si por vía de mediçina o por otra. Él dize que no, sino de mediçina porque aquello era trópico[41] y le habían de sacar, que era como un gato, y otros dos mill disparates; a lo qual yo le dixe: Señor, el grado de liçençiado que tenéis ¿hubístesle por letras o por herençia? Dixo tan simplemente: No, señor, sino mi agüelo estudió en Salamanca y hízose liçençiado, y como nos echaron d'España, vínose acá, y mi padre fue médico que estudió en sus libros y llamóse ansí liçençiado, y también me lo llamo yo. Digo: ¿Pues a esa quenta también vuestros hijos después de vos muerto se lo llamarán? Dize: Ya, señor, los llaman liçençiaditos. No pude estar sin reírme, y el Baxá preguntó que qué cosa era, si cumplía o no. Respondíle que no sabía; reprehendióme diçiendo que ¿cómo era posible que no lo supiese? Digo: Señor, si digo a Vuestra Exçelençia que no sabe nada, luego me dirán que le destierro quantos médicos hay que le han de sanar; si le digo que sabe algo, será la mayor mentira del mundo, y hanme mandado que no mienta; por eso es mejor callar. Ayudáronme de mala los protomédicos que allí estaban, y tubimos que reir unos días del señor liçençiado con sus liçençiaditos.

JUAN.—De rebentar de risa era razón, quanto más de reír. ¿Y en estos medios hazíaisle algunas mediçinas o dexabais hazer a los negrománticos?

PEDRO.—Siempre en el dar de comer asado y vizcochos y tomar muchos xarabes y letuarios apropiados a la enfermedad continuábamos nuestra cura, hasta que quiso Dios que se le hinchó la bolsa en tanto grado, que estaba mayor que su cabeza, y començé de ponerle mill emplastos y ungüentos, que adelgaçaron el cuero y començó de sudar agua clara como del río, en qué manera, si pensáis que le agujeré la cama para que

---

[39] *de quien no rezaba la Iglesia:* médicos anónimos, sin grados ni titulación; simplemente, curanderos.

[40] *Dío*, en singular, como es habitual entre sefardíes.

[41] *trópico.* Según Dubler, 'hidrópico' *(Glosario* cit., núm. 900).

cayese en una bazía lo que destilaba, y hallé pesándolo que cada hora caían tres onças y media de agua, por manera que si no me fueseis a la mano os diría el agua toda que salió quánto pesó.

MATA.—Como sea cosa de creer, ¿quién os tiene de contradezir?

PEDRO.—Pues no lo creáis si no quisiéredes, mas yo os juro por Dios verdadero que pesó onçe ocas[42].

JUAN.—¿Quánto es cada oca?

PEDRO.—Quarenta onças; en fin quatro libras mediçinales.

MATA.—¿Qué es libra mediçinal?

PEDRO.—De doçe onças.

MATA.—¿De manera que son cuarenta y cuatro libras desas?

PEDRO.—Tantas.

MATA.—Porque vos lo dezís yo lo creo, pero otro me queda dentro.

JUAN.—Yo lo recreo, por el juramento que ha hecho, y sé que no está agora en tiempo de mentir, quanto más que qué le va a él en que sean diez ni çiento.

MATA.—Ello por vía natural, como diçen, ¿podíase convertir el viento en agua?

PEDRO.—Muy bien.

MATA.—Desa manera yo digo que lo creo, que se engendraba cada día más y más.

PEDRO.—No menos inchada quedó siendo salida tanta agua que si no saliera nada, porque la parte sutil salió y quedóse la gruesa, por no haber por donde saliese; lo qual fue causa de romper toda nuestra amistad, porque viendo yo que se tornaba de color de plomo y dolía terriblemente y se cançeraba, fui de paresçer que luego le abriesen, y los protomédicos que no en ninguna manera; ¡tanto es el miedo que aquellos malaventurados tienen de sangrar y abrir postemas! Yo dixe, como era verdad, que si esperaban a la mañana el fuego no se podría atajar; por tanto, luego mandasen hazer junta de todos los çirujanos y médicos que hallasen, los quales vinieron luego, y propuesto y visto el caso no había hombre que se atrebiese sino sólo aquel mi compañero viejo de quien arriba he dicho, y lleguéme a la oreja a un çirujano napolitano judío que había esta-

---

[42] *oca*, hoy *okka:* equivale a un poco más de 2,75 libras (48 onzas según Pedro; 44 actuales).

do en Italia y se llamaba Rabí Ochanán[43], y díxele: Si tú quieres ganar honrra y probecho, ven conmigo en mi opinión, que todos éstos son bestias, y yo haré que quedes aquí en la cura. Él fuese tras el intherese y dixo que estando él con el Marqués del Gasto[44] había curado dos casos ansina y ninguno había peligrado; no sabía por qué aquellos señores contradeçían tanto. Yo hablé el postrero de abtoridad y digo: Contra los que dizen que se abra no tengo qué argüir, porque me paresçe tienen gran razón; pero los que dizen que no, ¿cómo lo piensan curar? Dixo el Amón Ugli: Con emplastos por de fuera y otros ungüentos secretos que yo me sé. Digo: Pues ¿por qué estos días no los habéis aplicado? Respondióme: Porque no han sido menester. Digo: ¿Pues no beis que mañana estará hecho cánçer, y lo que está dentro, que es materia gruesa, si no le hazéis lugar, por dónde ha de salir? El Baxá, visto el dolor mortal, embió a dezir a su hermano Rustán Baxá el consejo de los médicos, y cómo la mayor parte deçía de no y que le paresçía que hiziese. La Soltana le embió su eunucho[45] a mandar expresamente que ninguna otra cosa hiziese sino lo que el christiano español mandase, y lo mesmo el hermano, y a mí que me rogaba que mirase por la salud de mi amo y no consintiese hazerle cosa que a mí no me paresçiese ser buena y probada. Despidieron y pagaron los médicos todos, que no quedó sino uno, yerno del Amón, que se llamaba Jozef, y el çirujano Rabí Oçanán; y otro día por la mañana mandéles a los çirujanos se pusiesen en orden y le abriesen, lo que pusieron por obra, y salió infinita materia; pero porque no se desmayase yo lo hize zerrar y que no saliese más, por sacarlo en otras tres vezes.

JUAN.—¿No era mejor de una, pues era cosa corrompida? ¿Qué mal le tenía de hazer sacarle la materia toda?

---

[43] *Rabi Ochanam*. Bataillon supuso, con fundamento, que es el mismo que Domenico Trevisano juzgaba ineficaz para prestar los servicios requeridos por los occidentales, especialmente porque estaba obligado a vivir en el ghetto y por no prestar servicios el sábado (*B-DL*, págs. 60-61). Markrich opinaba que era Salomón Ascanas(i), de Udine, entendido por Pedro como *Ochanam (Mark,* pág. 69).

[44] *Marqués del Gasto,* propiamente 'del Vasto': Alfonso de Ávalos, jefe de las fuerzas imperiales en el socorro de Viena (1529). En *El Crótalon,* cantos VI y XI, se escribe también *Gasto*.

[45] *eunucho,* como *perrochano, La Mecha,* etc., por imitación de la grafía italiana. Este eunuco es el *chiaya* a que alude líneas más arriba.

PEDRO.—Podíase quedar muerto, porque no menos debilita sacar lo malo que lo bueno.

JUAN.—El por qué.

PEDRO.—No es posible que a bueltas de lo malo salga grande quantidad de bueno; y como iba saliendo, él sentía grandíssima mejoría, y cuanto más iba, más; y de aquella vez quedó muy enemigo con todos los médicos que no le querían abrir, diçiendo que claramente le querían matar.

MATA.—¿Y vos entendíais algo después de abierto de su mal?

PEDRO.—¿Cómo si entendía?

MATA.—Dígolo porque ya era caso de çiruxía y los médicos no la usan.

PEDRO.—No la dexan por eso de saber, antes ellos son los verdaderos çirujanos.

MATA.—Pues acá, en viendo una herida, o llaga, o inchazón, luego lo remiten al çirujano y él comienza a reçetar muy de gravedad.

PEDRO.—Ésa es una gran maldad, y mayor de los que lo consienten; porque ni puede purgar ni sangrar más que un barbero sin liçençia del médico, sino que los malos phísicos han introduçido esa costumbre, como ellos no sabían mediçina, de descartarse; y los confesores no los habían de absolver, porque son omiçidas mill vezes, y pues no escarmientan por el miedo de ofender a Dios, que la justiçia, los castigase.

MATA.—Pues ¿qué es el ofiçio del çirujano, limpia y christianamente usado?

PEDRO.—El mesmo del verdugo.

MATA.—No soy yo çirujano desa manera.

PEDRO.—Hanse el médico y el çirujano como el corregidor y el verdugo, que sentençia: a éste den çient açotes, a éste traigan a la vergüenza, al otro corten las orejas; no lo quiere por sus manos él hazer, mándalo al verdugo, que lo exerçita y lo hará mejor que él por nunca lo haber probado, pero ¿claro no está que el verdugo, pues no ha estudiado, no sabrá qué sentençia se ha de dar a cada uno?[46].

MATA.—Como el christal.

PEDRO.—Pues ansí el médico ha de guiar al çirujano: corta este braço, saxa este otro, muda esta vizma, limpia esta llaga, sangralde porque no corra allí la materia, poned este ungüento,

---

[46] Toda esta tirada es muy semejante a las palabras de la Annotation al *Dioscórides* de Laguna (véase pág. 189, nota 48).

engrosa esa mecha, dalde de comer esto y esto, en lo que mucho consiste la cura.

MATA.—Y si ese tal ha estudiado, ¿no lo puede hazer?

PEDRO.—Ése ya será médico y no querrá ser inferior un grado.

MATA.—Pues muchos conozco yo y quasi todos que se llaman bachilleres y aun liçençiados en çirujía.

PEDRO.—¿Habéis visto nunca· graduado en ahorcar y descuartizar?[47].

MATA.—Yo no.

PEDRO.—Pues tampoco en çirugía hay grados.

MATA.—¿Pues en qué Facultad son éstos que se lo llaman?

PEDRO.—Yo os diré también eso: ¿nunca habéis visto los que tienen bacadas guardar algunos nobillos sin capar, para toros, y después que son de tres años, visto que no valen nada, los capan y los doman para arar, y siempre tienen un resabio de más brabos que los otros bueyes, y tienen algunas puntas de toros que ponen miedo al que los junce?[48].

MATA.—Cada día, y aun capones que les quedan algunas raízes con que cantan como gallos.

PEDRO.—Pues ansí son éstos, que estudiaban Súmulas y Lógica para médicos, y como no valían nada quedáronse bachilleres en artes de *tibi quoque*[49]; sus padres no los quieren más probeer, porque ven que es cojer agua en çesto, y otros aunque los probean, de puros olgaçanes se quedan en medio del camino, y luego compran un estuche, y alto, a emplastar incordios[50], quedándose con aquel encarar a ser médicos.

JUAN.—Está tan bien dicho, que si me hallase con el Rey le pediría de merçed que mandase poner en esto remedio, como en los salteadores, porque deben de matar mucha más gente.

MATA.—Y aun robar más volsas.

PEDRO.—Pues los barberos también tienen sus puntas y collares de çirujanos, paresçiéndoles que en hallándose con una

---

[47] Pedro equipara a los cirujanos con los verdugos a pesar de la salvedad de Mátalas «limpia y cristianamente ejecutado».

[48] *juncir*, por 'uncir', del lat. *iungĕre*, 'unir o emparejar los bueyes a la carreta'.

[49] *bachilleres de tibiquoque:* «se dize el que se graduó después de aver hecho la arenga a otro y díchole las palabras prescriptas con que se da el grado, en virtud de las quales el Doctor que le da, va diziendo a los demás: *tibi quoque.» (Cov.)*

[50] *incordio:* tumor purulento y voluminoso.

lançeta y u a navaja, en aquello sólo consiste el ser çirujano. Una cosa os sé dezir, que donde yo estoy no consiento nada desto, si lo puedo estorbar[51].

JUAN.—Sois obligado, sopena de tan mal christiano como ellos.

PEDRO.—Ansí tenía aquellos çirujanos del Baxá, que ninguna cosa hazían si no la mandaba yo primero. El judío era algo fantástico y quisóseme alçar a mayores porque se vio faboresçido; mas yo luego le derribé tan baxo quan alto quería subir; en fin, determinó mudar costumbre y hízose medio truhán, que deçía algunas graçias.

JUAN.—¿Y era buen ofiçial?

PEDRO.—Todo era palabras, que yo a falta de hombres buenos le tomé. Siempre el otro lo hazía todo, y éste, por paresçer que hazía algo, tenía la candela al curar y estaba tentando y jeometreando[52] porque pensasen que enseñaba al otro viejo; los sábados, comenzando del viernes a la noche, no alumbraba, porque conforme a su ley no podía tener candela en la mano, pero todavía parlaba. Tenía yo un día la candela, y son tan hipócritas, que por ninguna cosa quebrantarán aquello, y hazen otros pecadazos gordos; y fue neçesidad que yo fuese a no sé qué y dábale la candela que tubiese entre tanto, y él huía las manos, y yo íbame tras ellas con la llama y quemábale, lo cual movió al Baxá a grandíssima risa, y más quando supo la çerimonia y la hipocresía de guardarla delante dél. Aquel día habían traído un cesto de moscateles enpresentado de Candia, porque en Constantinopla, aunque hay grande abundançia de ubas, no hay moscateles, y pidió el Baxá que se los mostrasen, y traxeron un plato grande dellos, y tomó unos granos, pidiéndo-

---

[51] «No consiento nada de esto, si lo puedo estorbar»: parece que Pedro habla aquí no como un médico improvisado, sino como director de una clínica o responsable de un equipo quirúrgico que se opone por principio a las sangrías practicadas por colegas desaprensivos, no sólo en Turquía, sino en cualquier otro lugar.

Toda esta manera de hablar nos acerca a la tesis de Bataillon sobre la paternidad de Laguna, pero es posible también poner estas palabras en boca de un administrador o responsable de un hospital de los encomendados a un miembro de la Orden de Malta (véase Introducción, pág. 68).

[52] *geometrear* en este contexto significa 'calcular', 'especular con medidas', tomado del sentido que entre artistas tenía la voz *geometría*, como 'proporción' (véase Manuel Denis, *De la pintura antigua de Francisco de Holanda* (1563), Madrid, 1921).

me liçençia para ello, y después tomó el plato y hizo merced dellos al judío, que no era poco fabor, y diómele a mí que se le diese; cuando se le daba estendió la mano y asió el plato; yo tiré con furia entonces, y no se le di y dixe: *Birmum tut maz emtepzi tutar*[53]: *¡hi de puta! ¿no podéis tomar la candela y tomáis el plato, que pesa como el diablo? a fe que no los comáis*. El Baxá, harto de rreír, mandóme, movido a compasión de cómo había quedado corrido, que se los diese y muy de veras; al qual repondí que no me lo mandase, que por la cabeza del Gran Turco y por la suya grano no comiese, y sentéme allí delante y comíme todas mis ubas, con gran confusión del judío, que siempre me estaba pidiendo dellas quando las comía, y de allí adelante vio que no se habían de guardar todas las çeremonias en todo lugar, y tomaba ya los sábados candela, con propósito de hazer penitençia dello.

JUAN.—¿Y vos, guardabais allí zerimonias?

PEDRO.—Quanto a los diez mandamientos, lo mejor que podía, porque nadie me lo podía impedir; mas las cosas de *jure positivo* ni las guardaba ni podía; porque si el biernes y quaresma no comía carne sentándome a la mesa de los turcos, que siempre la comen, yo no tenía otra cosa que comer, y fuera peor, según el grande trabajo que tenía de dormir en suelo, junto a la cama de mi amo, y aun ojalá dormir, que noventa días se me pasaron sin sueño, dexarme morir, quanto más que se me acordaba de Sant Pablo, que dize que *si quis infidelis vos vocauerit et vultis ire, quidquid apponet edite, nihil interrogantes propter conscientiam; Domini si quidem est terra et plenitudo eius*[54]. No os lo quiero declarar, pues lo entendéis.

MATA.—Yo no[55].

JUAN.—Diçe Sant Pablo que si algún infiel os combidare y queréis ir, comed de quanto delante se os pusiere sin preguntar nada por la conçiençia, que, como dize David, del Señor es la tierra, y quanto en ella hay. Pero mirad, señor, que se entiende quando Sant Pablo predicaba a los judíos para convertirlos, y

---

[53] *birmum tutmaz emtepzi tutar*. Por supuesto, la frase es más extensa en la versión de Pedro que en su significado literal: «¿no sostienes la candela y puedes sostener una bandeja?» Del v. *tutmak*, 'sostener', y la partícula negativa *maz*.

[54] San Pablo, *Corintios*, I, 8, 10, con referencia al Salmo 23.

[55] Es extraño que Mátalas se haga traducir el texto epistolar cuando líneas más arriba es el mismo autor de una cita evangélica. evangélica.

después acá hay muchos Conçilios y Estatutos con quien hemos de tener cuenta, que la Iglesia ha hecho.

PEDRO.—Ya lo sé; pero estando yo como estaba y en donde estaba, me paresçe estar en aquel tiempo de Sant Pablo quando esto dezía, no teniendo qué comer sino lo que el judío o el turco me daban, y mayor pecado fuera dexarme morir. El oír de la missa no lo podía executar, porque con el ofiçio que tenía de camarero no era posible salir un punto de la cámara, y otras obras ansí de misericordia, aunque la de enterrar los muertos bien me la habían hecho executar, haziéndome llebar el muerto acuestas a echar en la caba.

MATA.—¿Pues hay quien diga misas allá?

JUAN.—Eso será para quando hablemos de Constantinopla; agora sepamos en qué paró la cura del Baxá.

PEDRO.—A lo primero respondo, porque Mátalas Callando no quede preñado, que quien tiene livertad oirá misas todas las que quisiere cada día, y todos los ofiçios como en Roma, y desto no más, hasta su tiempo y sazón. Quiso Dios que el Baxá sanó de su enfermedad de hydropesía, y de la abertura de la bolsa, y la pascua suya tienen por costumbre dar de bestir a toda su casa y hazer aquel día reseña de todos, que le vienen uno a uno a vesar la mano; y como aunque sanó estaba flaco en convaleçençia, mandóme que le vistiese como yo quisiese, y púsele todo de tela de plata y brocado blanco y saquéle a una fuente muy rica que tenía en una sala, en donde tardó con grandíssima música gran pieza el besar de la mano; y quando todos se hubieron ya con sus ropas nuebas hecho[56], vino el mayordomo mayor y echóme una ropa de brocado acuestas porque veáis la magnifiçençia de los turcos en el dar, y el thesorero me dio un pañizuelo con çinquenta ducados en oro, y quando me hinqué de rodillas para vesar la mano a mi amo, tenía la carta de livertad hecha y sellada, reboltada como una suplicaçión[57], y púsomela en la mano y començaron de disparar mucha artillería y tocar músicas, y tornando a porfiar para vesarle el pie, asióme

---

[56] La construcción recta es «... y cuando todos se hubieron hecho ya con sus ropas nuevas». Es frecuente en el relato de Pedro este rasgo sintáctico de intercalar los complementos entre el auxiliar y el participio.

[57] *revoltada como una suplicación:* «enrollada como un barquillo». *Suplicaciones,* dice Covarrubias, eran «una oblea plegada, golosina de niños». (Véase en Cervantes, *Pedro de Urdemalas,* I: «Hazía suplicaciones, / suplicaciones vendí...»)

por el brazo y abrazóme, y diome un beso en la frente, diçiendo: *Ningunas gracias tienes que me dar desto, si no a Dios que lo ha hecho, que yo no soy parte para nada. Aunque agora te doy la carta, no te doy liçençia para que te vayas a tu tierra fasta que yo esté en más fuerças; ten paçiençia hasta aquel tiempo, que yo te prometo por la cabeza del Gran Turco de te embiar de manera que no digas allá en cristianidad que has sido esclabo de Zinán Baxá, sino su médico.* Yo le respondí, inclinándome a besarle otra vez el pie y la ropa, que vesaba las manos de su exçelençia y no me tubiese por tan cruel que le había de dexar en semejante tiempo hasta que del todo estubiese sano, antes de[58] en cabo del mundo que me hallara tenía de venir para servirle en la convalesçençia, donde más neçesidad hay del médico.

JUAN.—Estoy tan afiçionado a tan humano prínçipe, que os tengo embidia el haber sido su esclabo, y no dexaría de consultar letrados para ver si es líçito rogar a Dios por él.

PEDRO.—Después de muerto tengo yo el escrúpulo, que en vida ya yo rogaba mill vezes al día que le alumbrase para salir de su error.

MATA.—Y la carta ¿qué la hizistes? ¿traíaisla con vos o confiábaisla de otro?

PEDRO.—El mayordomo mayor, aquel que me dio la ropa de brocado, con temor de que estaba en mi mano y me podría venir quando quisiese, sin que nadie me lo pudiese estorbar, me la pidió para guardármela fasta que me quisiese venir, y entre tanto, para entretenimiento, me dio una póliça por la qual me hazían médico del Gran Turco con un ducado veneçiano de paga cada día, de ayuda de costa.

JUAN.—¿Quánto es el ducado veneçiano?

PEDRO.—Treçe reales.

MATA.—No dexara yo mi carta por çient mill ducados veneçianos del seno.

PEDRO.—Hartos neçios me han dicho esa mesma neçedad. ¿Luego pensáis que si yo no viera que el Vaxá lo mandaba ansí que no la supiera guardar? No puede hazer menos; que si por malos de mis pecados dixera de no o refunfuñeara, luego me le-

---

[58] *antes de* por 'antes que'. La preposición *de* sustituye siempre al *que* comparativo o conjuntivo no sólo con el verbo *tener*, sino con otro verbo cualquiera (véase en *infra*, «dixera de no»).

vantaran que rabiaba, y me quería ir, y fuera todo con el diablo, roçín y mançanas[59].

JUAN.—A usadas, mejor consejo tomastes vos, quanto más que la honrra y probecho de médico del Gran Turco valían poco menos que la livertad. ¿Y qué dio a los judíos?

PEDRO.—Cada çient ducados y sendas ropas de brocado. ¿Mas los triumphos que cada día hazíamos por Constantinopla me decid? El primer día que fue a Duan[60], que es a sentarse en el Consejo Real en lugar del Gran Señor, iba en un bergantín dorado por la mar, todo cubierto de terçiopelo carmesí, y ninguna persona iba dentro con él sino yo, con mi ropa de brocado; y en otro vergantín iban los gentiles hombres, y los médicos judíos, y no había día que no repartiesen dineros para vino a todos, cada tres o quatro escudos. Fue grandíssima confusión para los médicos mis contrarios que al cabo de quatro meses hubiese salido con la hidropesía curada, y de tal manera pesó al Amón Ugli, que cayó malo y dentro de ocho días fue a ser médico de Belzebut, y los que quedaron grandíssima envidia de verme médico del Rey y con más salario del primer salto que ellos a los más en toda su vida.

MATA.—¿Y sabíaislo representar?

PEDRO.—Era como águila entre pájaros yo entre aquellos médicos; todos me temblaban.

MATA.—¿Pues tan para poco eran que no podían un día mataros o hazerlo hazer?

PEDRO.—No podían lo uno ni lo otro, porque mi cabeza era guardada con las suyas; más subjeta jente es que tanto ni aun alçar los ojos a mirarme no osaran, porque no tenían mayor

---

[59] *Rocin i manzanas:* «aventurar i arriskarlo todo» *(Correas).*

[60] El *Divan* equivalía a un Consejo de Ministros. A él concurrían el Gran Visir, el ulema o definidor de la Ley, los *kullar* o agás importantes de palacio y los *kaziasker* o jueces. Hasta el tiempo de Solimán fue presidido por el sultán en persona, pero sus sucesores delegaron las funciones en los visires. Se reunía accidentalmente, incluso en campaña, en la tienda del sultán, pero regularmente sus sesiones se celebraban con gran pompa en el Serrallo todos los lunes, martes, sábados y domingos. Esta cesión de la presidencia por los sultanes fue, en opinión de algunos historiadores, causa de la decadencia del Imperio Otomano (véase A. L. Lybyer, *The Government of the Ottoman Empire in the Time of Suleiman the Magnificent,* Cambridge, Mass., Harvard Historical Studies, 1913, páginas 199-215).

enemigo en el mundo que a mi amo; a ellos y a sus casas y linajes pusiera fuego.

MATA.—Qué, ¿no faltara un bocadillo[61] para que nadie lo supiera?

PEDRO.—Bobo es el moço que tomara colaçión ni cosa de comer en sus casas. Convidábanme hartas vezes, pero yo siempre les deçía que ya sabían que mi fe lo tenía vedado, por tanto no me lo mandasen.

MATA.—Y al cirujano viejo aquel christiano, ¿no le dieron nada o no sirvió?

PEDRO.—También, que todo lo que de cirugía se hizo se había de agradesçer a él, que el judío no estaba más de para lo que os dixe. Le dieron su carta de livertad, y la depositó en la mesma parte diçiendo que nos habíamos de venir juntos. No penséis que no se tornó otra vez de nuebo a perder la amistad de los judíos, que le vino una herisipela que se paró como fuego, y yo, aunque estaba flaco, fui de paresçer de sangrarle, en lo qual fui contradicho de todos los médicos, que no menor copia había mandado venir que al tiempo del abrir, los quales deçían que un hombre que había pasado lo que él, y estaba tan flaco, juntamente con la sangre echaría el ánima. No me aprobechando dar bozes diçiendo que se ençendía en fuego de la gran calentura y mirasen tenía tanta sangre que le venía al cuero, y que por estar flaco no lo dexasen, que quanto más gordo es el animal tiene menos sangre, como claramente vemos en el puerco, que tiene menos que un carnero, entréme dentro en la recámara y díxele el consejo de todos los médicos, y como ni por pensamiento le consentían sangrar; que [si] de la sangre ajena eran tan avarientos ¿qué hizieran de la suya propia? Díxome: ¿pues qué te paresçe a ti? Entonces toméle a solas por la mano y apretándosela como de amistad digo: Señor, por Christo, en quien creo y adoro, que lo que alcanço es que si no te sangras te mueres sin aprobecharte nada tan gran peligro como has huido de la hydropesía, y soy de paresçer que entre tanto que ellos acaban de consultar el cómo te han de matar, entre el çirujano christiano yo çerremos la puerta y saquemos una escudilla de sangre. Él lo açeptó, estendiendo el braço y diçiendo: Más quiero que tú me mates que no ser sano por sus manos; pero ¿qué diremos, que querrán entrar al mejor tiempo? Digo: Señor, para eso buen remedio; deçir que estás en el servidor. Y quedamos a puerta zerrada un gentil hombre que se llamaba

---

[61] Se entiende, 'comida envenenada'.

Perbis Agá[62], thesorero suyo y el más privado de toda la casa, que me tenía tanta y tan estrecha amistad como si fuéramos hermanos y el que jamás se apartó de la cama del Baxá en toda su enfermedad, y el barbero y yo y un paje. A puerta çerrada le saqué zerca de una libra de sangre, la más pestilençial que mis ojos vieron, verde y çenicienta, y abrimos la puerta que entrasen los que quisiesen, escondida la sangre, y allí estubieron en conversaçión una hora, en la qual el Baxá sintió notable mejoría, y muy contento les preguntó el inconveniente de la sangría, çertificándoles estar quasi bueno con haber hecho dos cámaras. Ellos respondieron que no había otro sino que no podía escapar si lo hiziera. No pudo sufrirlo en paçiençia, y airadamente, mostrándoles la sangre, les mandó que se le quitasen delante, llamándolos de omiçidas, y que si más le iban a ver, aunque los llamase, a todos los mandaría ahorcar. Fuéronse, baxas sus cabezas, a quejar al hermano y a la Soltana, y desculparse que si se muriese no les echasen culpa ninguna. El hermano le embió a visitar y reprehender porque hubiese ansí refutado su consejo; y él le embió la sangre que la viese, la qual vio también la Soltana, y andaba entre señores mostrándose como cosa monstruosa; y a la tarde yo le saqué otra tanta, con que quedó sano del todo.

MATA.—¿Qué os deçían después los judíos?

PEDRO.—Que no se maravillaban de que hubiese sanado, pero la temeridad mía los abobaba. Un hombre que había salido con tantas cosas y con victoria y estaba ya libre, y si moría su amo con el paresçer de todos quedaba más libre y con mucha honrra, atreberse a perder todo lo ganado en un punto, ya que si moría en sus manos la mayor merçed que le hizieran fuera atenazarle; lo mesmo me dixo un día el Rustán Baxá, al qual respondí: Señor, quando yo voy camino derecho, a sólo Dios temo, y a otro no; mas quando voy torçiendo, una gallina pienso que me tiene de degollar, aunque esté atada. Y a los judíos dixe también: Sabed que la mejor cosa de la fortuna es seguir la victoria.

MATA.—Al menos hartas cosas había visto, por donde, aunque le pesase, ese vuestro amo os había de creer más que nadie.

PEDRO.—Eso fuera si estubiera bien con Dios; pero como le traía el diablo engañado, habíale de dexar hasta dar con él en el infierno; dos meses más le dio de vida.

---

[62] *Perbis Agá*. Tampoco hay referencia alguna a este personaje, a quien Pedro califica de *çelevi* o gentilhombre.

Capítulo IX

Muerte de Sinán Bajá y liberación de Pedro

JUAN.—¿Cómo?

PEDRO.—Andaba en el mes de diziembre, al prinçipio, con una caña en las manos, como si no tubiera ni hubiera tenido mal, y al cabo que había caminado una legua se me quexaba que le dolían un poco las piernas y que le curase. Yo lo echaba por alto diçiéndole: ¡Señor, un hombre que seis meses ha pasado lo que Vuestra Exçelençia se espanta deso! Las piernas aún están algo débiles y no pueden sustentar como de primero tan grande carga como el cuerpo, sin hazer sentimiento, fasta que tornen del todo en su ser. Guárdese Vuestra Exçelençia del diablo y no haya mediçina ninguna, que le matará. Vino a él un judío boticario que se hazía médico[1] y todo, el más malaventurado que había en Judea y más pobre, que se llamaba Elías, y como sabía que pagaba bien, díxole en secreto: Yo, señor, he sabido que Vuestra Exçelençia ha estado, mucho tiempo ha, malo, y mi ofiçio es solamente de un secreto de hazer a los flacos que por más que anden no se cansen. Podréte servir en ello, pero ha de ser con condiçión que este christiano español no sepa nada, porque luego hará burla y dirá que no sé nada y no quiero que deprenda por mill ducados mi secreto. El Vaxá, que estábamos de camino para Persia al campo del Gran Turco[2], túbolo en mucho, y no sólo le prometió que yo no lo sabría, mas juróle todos los juramentos que en la ley de Mahoma más estrechamente ligan, y luego començó de esconderse de mí y tomar çiertos bocados que aquél le daba, llenos de escamonea[3],

---

[1] *que se hazía médico:* que se hacía pasar por médico. Líneas más arriba, la frase *hacer sentimiento* es propia del habla de alarifes y muradores, indicando la pared o pilar que se desploma o abre por la carga que soporta.

[2] Respecto a la cronología de la guerra turco-persa, el relato de Pedro coincide con las crónicas del Imperio Otomano, pues realmente Solimán emprendía por el año 1553 la campaña contra el Sofí Tahmasp, aprovechando la circunstancia de hallarse en treguas con Carlos de España y Fernando de Austria.

[3] *escamonea* (VIII, nota 37).

que le hazía echar las tripas; purgóle onçe días mañana y noche, que al menos le hizo hazer çiento y ochenta cámaras, y da con él en tierra.

MATA.—¿Pues él no se sentía peor?

PEDRO.—Sí; pero el otro le haçía creer que aquello que salía era de las piernas, y que no debilitaba nada, y que él ponía su cabeza que se la cortasen si no saliese con la cura. Ya que se vio muy decaído acordó de mandarme dar parte de todo lo pasado, y quando lo supe, que aquellos días yo me andaba paseando por la çibdad como no le haçía ninguna mediçina, halléle quasi muerto, devilitado y con una calenturilla, y reñile mucho el error pasado. Y como vino allí el judío, quísele matar, y los pribados del Vaxá, entre los quales era el mayordomo mayor y el thesorero, que debían d'estar conçertados con él que le despachase, no me dexaron que le hablase mal ni le reprehendiese cosa de quantas hazía. Yo vime perdido, y estando la sala llena de caballeros y dos Baxás amigos suyos, que le habían venido a ver, como quien toma por testimonio le protesté y requerí que no hiziese más cosa que aquél le mandase, porque si lo hazía no llegaría a nuestra pascua, que era de allí a veinte días, y me maravillaba de una cabeza como la suya, que gobernaba el imperio todo por mar y por tierra, igualarla con la de un judío el más infame de su ley. Si quería por vía de mediçina judíos, había honrrados y buenos médicos; llamáselos y curásese con ellos, y no les diese aquella higa a todos los médicos. Gran vengança, digo, será, que después de muerto corten la cabeza del judío. Preguntó: ¿Qué gana Vuestra Excelençia por eso? A todos les paresçió bien y de allí en adelante cada día a quantos me preguntaban cómo estaba mi amo les respondía: Muérese. El judío no dexó de perseverar su cura, con dezir que ya él había dicho que yo le había de contradeçir; mas por bozes que diese no deprendería el secreto y que tomase lo que le daba y callase. No dexó de mejorar un poco, porque cesó de darle purgas, y reíase mucho de que yo le dixese quando le tomaba el pulso que se moría. Como no sanaba dentro del plazo constituido, díxole: Señor, yo hallo por mis escrituras que contra el mandado y voluntad de Dios no se puede ir; hágote saber que si no vendes[4] una nabe que tienes, por la qual te ha

---

[4] Con la palabra *vendes* termina el f. 58v. Se perdió una hoja de *M-1*, por lo que seguimos copiando de M-2, Ms. 6395, hasta la frase *de miedo que algúx turco no me diese algo...* En *M-1* se intentó llenar el vacío con unas líneas de diferente letra y varias ta-

benido el mal, que ningún rremedio hay. Manda luego sin ninguna dilaçción se diese por qualquier preçio, porque él se acordaba que del día que aquella nabe se cayó en la mar tenía todo su mal.

JUAN.—¿Qué nabe? ¿qué tenía que haçer el mal con la nao?

PEDRO.—Tenía una muy hermosa nao, la qual un día dentro el puerto, dándole careña, que es çierto baño de pez que le dan por debaxo[5], cargáronla sobre unas pipas, y por no la saber poner se hundió toda en la mar; a sacarla concurrió infinita gente, que casi no quedó esclabo en Constantinopla. Con muchos ingenios[6], en ocho días, a costa de los braços de los christianos, sin lesión ninguna la sacaron. Deçía agora aquel judío que la nabe causaba el mal. Hízosela bender en çinco mil ducados, baliendo ocho mil, con el agonía de sanar.

JUAN.—¿Y no había otra causa más para echar la culpa a la nabe? ¿qué deçíais vos a eso?

PEDRO.—Quando yo lo vi, conçedí con el judío que desde entonçes tenía el mal, y el caherse la nabe había sido la causa de la enfermedad; mas que ni el judío ni él no sabían el por qué como yo, y si me perdonaba yo lo diría. Diome luego liçençia y aseguróme; dixe: ¿Vuestra Exçelençia tiene memoria que aquel día cruçificó un christiano y le tuvo delante de los otros más de quatro horas cruçificado? Pues Dios está enojado deso[7].

JUAN.—¿Cruçificar christiano?

PEDRO.—Sí en verdad.

─────────

chaduras, cortada la última de ellas. El texto de estas líneas añadidas es el siguiente:

> ... si no te buelues christiano y te encomiendas a Dios, yo no te hallo cura, y de hazer esto se te seguirá provecho en el cuerpo y en el alma.»
> «*Mata.*—¿Pues tan indiscreto eras que le deçías cosa con que... aconsejas al pagano lo que le conuiene y si no lo hiziere yrse con sus pecados al infierno?»
> «P.—En fin, él murió y ubo tantas çirimonias y llanto quanto te podré encareçer, de manera que en muriendo, yo estava temblando...»

[5] *dar careña* —dice Pedro— es, propiamente, 'calafatear'.

[6] *ingenios:* máquinas, como grúas, poleas y cabestrantes (que Vitrubio llama *ergates).*

[7] Esta narración remite, según Bataillon, al *Tagebuch* de Hans Dernschwam (pág. 41 y nota 35), que figuró en el séquito de Wranzy y F. Zay a Constantinopla. Los datos de este último sobre Sinán están recogidos en los *Monumenta Hungariae Historica* (serie 2, vol. 4, págs. 145, 210, 278 y 307). En uno de los contextos se dice: «Zynan aegritudinis praetensa causa...» (pág. 278).

JUAN.—¿En cruz?

PEDRO.—En cruz.

JUAN.—¿Bibo?

PEDRO.—Bibo.

JUAN.—¿Y ansí aspado?

PEDRO.—Ni más ni menos que a Christo.

JUAN.—¿Pues cómo o por qué? ¿bos bisteis tan gran crueldad?

PEDRO.—Con estos ojos. Hay dos o tres galeras en Constantinopla que llaman de la piedra.

MATA.—¿Son hechas de argamasa?

PEDRO.—No, si no como las otras; mas porque sirben de traher de contino, inbierno y berano, piedra para las obras del Gran Turco las llaman de la piedra. En rrespecto de la de éstas, es paraíso estar en las otras; traen sin árboles ni belas, salbo una pequeñita que está en la proa, que se dize trinquete, y los que han hecho de los turcos tan graves delitos que mereçen mil muertes, por darles más pena los echan allí, donde cada día han de cargarle antél[8] y descargar, como si también quando faltan malhechores meten christianos cautibos.

JUAN.—¿Por qué no tiene árbol ni velas?

PEDRO.—Porque como es tan infernal la bida, los que aran[9] dentro se irían con la mesma galera, que aun sin velas se huyó tres vezes estando yo allí, entre las quales fue ésta quando un garçonçito destos conçertó con todos los que con él rremaban que matasen los guardianes y se huyesen; vinieron a executar su pensamiento, y lebantáronse contra los que estaban dentro y rindiéronseles, matando alguno, e huyéronse. Aquel úngaro, no contento con esto, ya que estaban rrendidos estaba mal con el arráez, porque le azotaba mucho, y quando se bio suelto arremete a él y dale de puñaladas, y ábrele el pecho y sacó el coraçón, el qual se comió a bocados, y otro compañero suyo tomó al canite[10] y a un hijo del arráez hiço otro tanto. No fue Dios serbido de darles buen biaje. Bolbió el biento contrario, y dieron al través çincuenta leguas de Constantinopla, y fueron descubiertos de la gente de la tierra y presos todos y llebados a Constantinopla quando esta nave se sacaba. Quando se huyen

---

[8] *cargar e antel* en *M-1,* debe entenderse *cargarle ante él...*

[9] *los que aran,* irónicamente, por 'los que reman.'

[10] *canite*, por 'cómite' o 'cómitre'. Toda esta parte, tomada del Ms. 6395, contiene abundantes deformaciones de vocablos, prueba evidente del poco cuidado que puso el amanuense.

christianos, los turcos a los capitanes que los emponen en que se huyan, castigan, que a los demás no los hazen mal, sino dizen que los otros los engañaron y lo han de pagar. Como la bellaquería que aquel úngaro y su compañero habían usado era tan grande, Çinán Bajá, como virrey mandó que aquel día, que todos los cautibos estaban sacando, juntos en la nabe fuesen cruçificados, bibo el que mató al capitán, y el otro enpalado después de cortados braços y horejas y nariçes; éste luego murió, mas el que estaba en la cruz bien alta, entre una nabe y otra, estuvo con gran calor medio día, hasta que yo con mi privanza fui a besar el pie del Bajá, que muchos habían ido y no habían alcançado nada; hízome la merçed de que yo le hiçiese cortar la cabeza, con la qual nueva fui tan contento como si le hiciera la merçed de la vida.

JUAN.—Grande lástima es ésa. En mi bida oí dezir que fuesen tan crueles; por mayor merçed tengo aquélla que el alcançar la vida. ¿Murió christiano?

PEDRO.—Yo no entendí su lengua; pero a lo que dijeron todos los que le oían y entendían, como un mártir.

JUAN.—Bienaventurado él, que no sé qué más martirio del uno y del otro. ¿Y los christianos qué dezían?

PEDRO.—Ayudarle con un pésame. ¿Qué queréis que hiciesen? Lástimas artas; y los mercaderes beneçianos y griegos todos estaban mirándole y animándole.

MATA.—Y el Baxá ¿pesóle lo que le dixisteis? porque yo por fe tengo que esa fue la causa.

JUAN.—¿No os paresçe que era bien sufiçiente?

PEDRO.—Echólo en rrisa y díjome: Mucho caso haze Dios de vuestro christiano en el çielo con toda su mayoría y bender de nao. El día de Santo Tomé[11], pidióme, estando sentado, un espejo y un peine, y preguntóme, estándose mirando, quándo era nuestra pasqua. Yo le rrespondí que de allí a quatro días. Díjome: Gentil pronóstico has echado si no he de bibir más de hasta allá. Con mucha rrisa yo le dixe: Vuestra Exçelençia, que no hay cosa en el mundo que yo más desseo que mentir en tal caso; pero como yo beía el camino que este malabenturado de judío trae, procuraba apartar a Vuestra Excelençia de que no muriese a sus manos. Díjome: Pues si es hora de comer, tráheme la comida y baya el diablo para rruin[12], que yo no he tenido

[11] 21 de diciembre de 1554, fecha del fallecimiento de Sinán Bajá.
[12] «Váiase el diablo para rruin, i kédese en kasa Martín. Dízese akonsexando paz i konkordia.» (Correas, 740b.)

mejor apetito muchos meses ha. Tomé mi caña de Yndias, como tenía de costumbre, y fui a la coçina y mandé que llebasen la comida; yendo yo delante de los que la llebaban, bi un negro que a grande priesa bajaba la escalera diciendo: *Yulco, yulco; agua, agua rrosada.* Salté arriba por ver quién estaba desmayado, y hallé al pobre Çinán Baxá con el espejo en la una mano y el peine en la otra, muerto ya y frío; y por sí o por no, y de miedo que algún turco [13] no me diese algo que no me supiese bien, pues paresçen mal los médicos en las cámaras de los muertos, retrájeme a mi aposento que era baxo del de el Baxá y zerréme por dentro.

MATA.—Yo me huyera.

PEDRO.—Gentil consejo; agora os digo que habéis borrado quanto bueno toda esta noche habéis hablado, ¿Parésçeos que era bueno, donde no tenía culpa, hazerme omiçida y donde era libre tornar a ser cautibo? Antes gané la mayor honrra que en todas las curas ni de Soltana ni prínçipe ninguno; porque con la protesta que le hize y el prognóstico, todos quedaron señalándome con el dedo diçiendo el *vere filius Dei erat iste* [14]. Si a éste creyera, nunca muriera. Desde mi cámara vi toda la solemnidad y pompa del enterramiento, y llantos, y lutos, lo qual, si queréis, os diré agora; si no remitirlo he para su lugar.

MATA.—¿Qué más a propósito lo podéis dezir en ninguna parte que aquí?

JUAN.—Dicho se estará.

PEDRO.—Pues presuponed que en su casa tenía muchos gentiles hombres y criados que se pusieron luto y le lloraban por orden y compases, diciendo uno la voz y respondiendo todos llorando. El luto es sobre la toca blanca que traen, que llaman turbante; se ponen la çinta que traen çiñida de manera que el tocado se cubra y parezca o todo no blanco, sino entreberado, o negro o de otro color como es la çinta. No hay más luto déste ni dura sino tres días; y con éste llevan los vestidos que quieren, que aunque sea brocado es luto. La boz del llanto dezía: *¡Hei, Zinan Baxá! ¡Ei!,* respondían todos. *¡Hei, hei bizum afendi! ¡Hei, hei!* respondían siempre. *¡Hei, denis Beglerbai; hei, hei, Stambol bezir! ¡hei, hei andabulur birguile captan anda!* [15] A esto todos:

---

[13] Como he dicho más arriba (IX, nota 4), después de *que algún turco,* comienza el folio 59r.

[14] San Mateo, 27, 54: «Verdaderamente ése era el Hijo de Dios.»

[15] En el turco de hoy sería *Hey Sinan Paça, hey, hey bizim Efendi! Hey deniz beylerbey! hey, hey Istanbul Vezir! Hey, hey nerde*

¡Vhai, vai, vai! Quiere dezir: *¡Ay! Zinán Baxá, ¡ay! nuestro patrón y señor, almirante de la mar, governador del imperio, ¿dónde se hallará un capitán como éste? ¡Guai. guai, guai!* Yo, çerradas mis ventanas, en mi cámara me eché de hozicos sobre una arca y apretaba los ojos fuerte, y tenía muy a mano un jarro de agua, con que los mojaba, y el pañizuelo también, para si alguno entrase que no paresçiese que no le lloraba; y a la verdad, entre mí holgábame porque Dios le había matado sin que yo tubiese en qué entender con él; y como en la muerte del asno no pierden todos, quedaría libre, y me podría venir; lo qual si viviera, siempre tenía themor que por más cartas de livertad que me diera nunca alcanzara liçençia.

MATA.—No me paresçe que dexó de ser crueldad no os pesar de veras y aun llorar, que en fin, aunque era pagano, os había hecho obras de padre e hijo.

PEDRO.—Yo a él de Spíritu Sancto; bien paresçe que nunca salistes de los tiçones y de comer bodigos [16], que de otra manera veríais quánto pesa la livertad y cómo puesta en una valança y todas las cosas que hay en el mundo, sacada la salud, pesa más que todas juntas. No digo yo Zinán Baxá, pero todo el mundo no se me diera nada que se muriera, por quedar yo libre. No dexé, con todo esto, de meter bastimento para si no pudiese salir aquellos dos días, de una calabaza de vino que siempre tenía, y queso y pan, pasas y almendras. Luego le pusieron sobre una tabla de mesa y con mucha agua caliente y jabón le labaron muy bien todo.

MATA.—¿Para qué?

PEDRO.—Es costumbre suya hazer ansí a todos los turcos. Y metiéronle en un ataút de çiprés, y tomáronle entre quatro Baxás, con toda la pompa que acá harían al Papa, que no creo que era menor señor, y llebáronle a una mezquita que su hermano tenía hecha, que se llama Escutar [17], una legua de Cons-

---

bulur (o *bulunur*) *bir öyle kapudan nerde, vay, vay, vay!* (Debo la confirmación de esta versión a la amabilidad de W. Andrews, del Departamento del Oriente Próximo de la Universidad de Washington, Seattle.)

[16] *bodigo* (del lat. *votivum*) 'pan donado', 'pan regalado', 'hogaza.'

[17] *Escutari,* hoy Üsküdar, en la orilla derecha del Bósforo, donde existe un cementerio de gran extensión que domina el caserío de la ciudad. Es allí donde se hacían enterrar los altos dignatarios de palacio.

tantinopla, y para la buelta había muchos sacrifiçios de carneros, y mucho arroz y carne guisado, para dar por amor de Dios a quantos lo quisiesen. Otro día que le habían enterrado yo salí a la cozina, a requerir si había qué comer, muy del hipócrita, puesto el pañizuelo en los ojos, mojado, con lo qual moví a grandíssima lástima a todos quantos me vieron, y dezíanse unos a otros: ¡Oh, cuitado, mezquino deste christiano, que ha perdido a su padre! En la cozina me dieron un capón asado. Embolvíle en una torta, sin quererle comer allí, por fingir más soledad y dolor, y fuime a la cámara, harto regoçijado dentro. Como informaron al mayordomo mayor y al thesorero de mi gran dolor y tristeza, fueron, que no fue poco fabor, con otros diez o doze gentiles hombres a visitarme a mi cámara, y por hazerme más fiesta quisieron que allí se hiziese un llanto como el otro y llebase yo la voz, por el ánima del Baxá. Fui forçado a hazerlo, y con llorar todos como una fuente, yo digo mi culpa, no me pudieron hazer saltar lágrima; digo de veras, que del cántaro harto más que ellos. No veía la hora que se fuesen con Dios; ¡tanto era el miedo que tenía de reírme!

MATA.—¿Qué se hizo de la hazienda? ¿Tenía hijos?

PEDRO.—Quedó la Soltana por testamentaria o albazea, y llebáronle allá todo quanto había, que no fueron pocas cargas de oro y plata. Estad çiertos que eran en dinero más de un millón y en joyas y muebles más de otro; dejó dos hijas y un hijo; y después que yo vine he sabido que el hijo y la una hija son muertos; en fin todo le verná al Gran Turco poco a poco; día de los Reyes fue el primero que sacaron a vender por las calles en alta voz los esclabos, no menos contentos que yo; porque diçe el italiano: *chi cangia patron, cangia ventura: Quien trueca amo, trueca ventura.* Como era tan grande señor y tan poderoso, no se le daba nada por rescatar christianos, antes lo tenía a pundonor, y ansí muchos, aunque tenían consigo el dinero, estaban desesperados de ver que estubiesen en manos de quien no tubiese neçesidad de dineros. Començaron a sacar a todos mis compañeros, y aunque eran caballeros [18] andaban tan baratos,

---

[18] El hecho de llamar *caballeros* «a todos mis compañeros» e interesarse por su rescate, como se lee en líneas más abajo, hizo pensar a Markrich que el anónimo autor del *Viaje* era un caballero de la Orden de Malta, comisionado por ella para hacer un recuento e informe sobre los cautivos cristianos *(Mark,* VIII, conclusiones), así como lo expuse en la Introducción (págs. 65 y ss., notas números 69 y ss.). Sobre este mismo punto he insistido en mis ar-

por no tener oficios, los rescates dubdosos y la pestilençia cada día en casa, que nadie se atrebía a pasar de doçientos ducados por cada uno, entre los quales muchos habían rogado con seisçientos a Zinán Baxá y podían dar mil. Yo quisiera aquel día más tener dineros que en toda mi vida, porque los daban a luego pagar como si fueran nada, y como no tenía andaba estorbando a todos los que veía que tenían gana dellos y se alargaban en la moneda, diziendo como amigo que mirase lo que hazía, que yo le conoçía d'España y que aunque deçía que era caballero lo hazía porque no le hiziesen trabajar tanto como a los otros, mas en lo çierto era un pobre soldado que no tenía sino deudas hartas acá, y por eso se había ido a la guerra. Siendo cosa de intherese, todos tomaban sospecha ser verdad lo que yo les deçía y nadie los quería comprar.

MATA.—¿Pues ellos, qué ganaban en eso? ¿No fuera mejor que los comprara algún hombre de bien que los tratara como caballero?

JUAN.—¿No veis que acaba de deçir que vale más ser de un particular que de un señor?

PEDRO.—Y aún de un pobre que de un rico; porque como el pobre tiene todo su caudal allí empleado, dales bien de comer y regálalos, y es compañero con ellos, porque no se les mueran, y lo mejor de todo es que por poca ganançia que sienta los da por haber y asegurar su dinero; lo qual el rico no haze, porque ni les había ni les da de comer, pudiendo mejor sufrir él que los pobres la pérdida de que se mueran. Al que yo conosçía que era pobre y hombre de bien le deçía: compra a éste y a éste, y no te extiendas a dar más de fasta tanto, que yo los fío que te darán cada uno de ganançia una juba de grana[19] que valga quince escudos; y ansí hize a uno que comprase tres Comendadores de Sant Juan por doçientos ducados, y él tenía un hermano cautibo en Malta, y de ganançia; quando le diesen los doçientos ducados, le habían de dar al hermano; y dentro de tres meses se vinieron a su religión bien varatos; a otros dos hize se comprase otro por ciento veinte ducados los quales sobre mi palabra dexaba andar sin cadenas por la çibdad.

tículos, próximos a publicarse, «El *Viaje de Turquía* y la Orden de Malta», (en *Revista de Estudios Hispánicos,* de la Univ. de Arizona), y «Examen de una tesis sobre la autoría del *Viaje de Turquía*» *(Estudios Extremeños,* Badajoz). (Este último ya publicado en EE. III, 1978.)

[19] *juba* o *jubón,* especie de gabán morisco, 'aljuba' *(DRAE).*

MATA.—¿Tanto fiaban de vos?

PEDRO.—Aunque fueran mill y diez mill no lo hayáis a burla, que uno de los principales y que más amigos tenía allá era yo.

MATA.—¿Cómo aquistastes tantos? [20].

PEDRO.—Con procurar siempre hazer bien y no catar a quién. Todos los ofiçiales y gentiles hombres de casa de Zinán Baxá pusieron mill vezes la vida por mí, tanto es lo que me querían; y el mayor remedio que hallo para tener amigos, es detrás no murmurar de hombre ni robarle la fama, antes loarle y moderadamente ir a la mano a quien dize mal dél; no ser parlero con el señor es gran parte para la amistad en la casa que estáis. ¿Sabéis las parlerías que yo a mi amo dezía? Que no hubo hombre de bien en la casa a quien no hiziese subir el salario que en muchos años no había podido alcançar y le pusiese en privança con el Baxá. Tenía esta orden: Que quando estaba solo con él, siempre daba tras el ofiçio de que más venía al propósito; unas vezes le dezía: Muchas casas, señor, he visto de reyes y prínçipes, mas tan bien ordenada como ésta ninguna, por la grande soliçitud que el mayordomo mayor trae, del qual todo el mundo dize mill bienes; y sobre esto discantaba lo que me paresçía. Otras vezes del thesorero: Señor, yo soy testigo que en tantos días de vuestra enfermedad no se desnudó ni hubo quien mejor velase. Del cocinero otras vezes: Yo me estoy maravillado de la liveralidad y gana de servir dél, y del gusto y destreza; que tengo para mí que en el mundo hay Rey que mejor cozinero mayor tenga; quando de noche voy a la cozina para dar algún caldo a Vuestra Exçelençia, le hallo sobre la mesma olla, la cabeça por almohada, no se fiando de hombre nasçido, bestido y calzado. Hasta los moços de despensa y de coçina procuraba darle a conoçer y que les hiziese merçedes. Luego veía otro día al uno con una ropa de brocado, al otro con una de martas y con más salario, o mudado de ofiçio, venirme a abrazar, porque algunos pajes que se hallaban delante les dezía: Esto y esto ha pasado el christiano con el Baxá de vos. Si entraba en el horno, despensa o cozina, todos me vesaban la ropa; pues aunque yo tubiera cada día çient combinados no les faltara todo lo que en la mesa del Baxá podían tener. Tened por entendido que si dixera mal dellos, ni más ni menos lo supieran, que las paredes han oído [21],

---

[20] En *T*, f. 82r, *¿cómo ganastes tantos?*

[21] *las paredes tienen oído*. En estos dos períodos se confirma lo expuesto respecto de la sintaxis (pág. 48): «tuviera... faltara... dixera... supieran».

y fuera tan malquisto como era de bien, de más del grandíssimo desserviçio que a Dios en ello se haze. Son gente muy encojida, y aunque se mueran de pura hambre no hablaran en toda su vida al amo, ni unos por otros; y por hablar yo ansí tan liberalmente con él me quería tanto. El número de los arraezes no es çierto, que pueden hazer los que el Baxá de la mar quiere; yo podía, como supiese que cabía en él, para muchos la merced y la alcanzaba, y no les quería llebar blanca, aunque me acometían a dar siempre dineros. Veis aquí, hermanos, el modo de aquistar amigos donde quiera, que, en dos palabras, es ser bien criado y liveral y no hazer mal a nadie, porque donde hay avariçia o intherese maldita la cosa hay buena.

MATA.—¿No os aprobechastes de nada en esos tiempos?

PEDRO.—Sí, y mucho; deprendí muy bien la lengua, turquesca y italiana, por las quales supe muchas cosas que antes ignoraba, y vine por ellas a ser el christiano más pribado que después que hay infieles jamás entre ellos hubo.

MATA.—¿No digo yo sino de algunos dineros para rescataros?

PEDRO.—¿Qué más dineros ni riqueza quiero yo que saber? Éstas me rescataron, éstas me hizieron privar tanto que fui intérprete dellas con Cinán Baxá, de todos los negoçios de importançia dellas, y aún con todo se están en pie, y los dineros fueran gastados; quanto más que, si yo más allá estubiera, no faltara, o si mi amo vibiera.

JUAN.—Volviendo a nuestra almoneda, ¿todos se vendieron?

PEDRO.—No quedaron sino obra de çiento para hazer una mezquita en su enterramiento, y acabada también los venderán.

JUAN.—Pues de las limosnas d'España que hay para redemptión de cautibos ¿no podían hazer con qué rescatar en buen preçio hartos?

PEDRO.—¿Qué redemption? ¿qué cautibos? ¿qué limosna? Córtenme la cabeza si nunca en Turquía entró real de limosna,

MATA.—¿Cómo no, que no hay día que no se pide y se hallega harto?

PEDRO.—¿No sabéis que no puede pasar por los puertos oro, ni moro, ni caballo? Pues como no pase los puertos, no puede llegar allá.

MATA.—Mas no sea como lo de los ospita[les]... no digo nada.

PEDRO.—Tú dixiste. Yo lo he procurado de saber por acá y todos me diçen que por estar cerca d'España Berbería van allá, y de allí los traen; bien lo creo que algunos, pero son tan pocos, que no hay perlado que si quisiese no trahería cada año más, quedándole el brazo sano, que en treinta años las limosnas de los señores de salba[22]. No hay para qué dezir, pues no lo han de hazer como los otros: sola la mediçina diçen que ha menester experiençia; no hay Facultad que, juntamente con las letras, no la tenga neçesidad, y más la Theología. Pluguiese a Dios por quien él es, que muchos de los theólogos que andan en los púlpitos y escuelas midiendo a palmos y a jemes la potençia de Dios, si es finita o infinita, si de poder absoluto puede hazer esto, si es *ab eterno;* antes que hiziese los cielos y la tierra dónde estaba, si los ángeles superiores ven a los inferiores y otras cosas ansí, supiesen por experiençia midir los palmos que tiene de largo el remo de la galera turquesca y contar los eslabones que tenía la cadena con que le tenían amarrado, y los azotes que en tal golfo le habían dado, y los días que había que no se hartaba de pan cozido, sin çerner, un año había, lleno de gusanos, y las arrobas de peso que le habían hecho llevar acuestas el día que se quebró, y los puñados de piojos que iba echando a la mar un día que no remaba; ¡pues qué, si viesen las ánimas que cada día reniegan, mugeres y niños y aun hombres de barba! Pasan de treinta mill ánimas, sin mentir, las que en el poco tiempo que yo allí estube entraron dentro en Constantinopla: de la isla de Llípar, 9.000; de la del Gozo, 6.000; de Trípol, 2.000; de la Pantanalea y la Alicata, quando la presa de Bonifacio, 3.000; de Bestia en Apulla, 6.000; en las siete galeras, quando yo fui preso, 3.000[23]. No quiero dezir nada de lo que en Ungría pasa[24], que bien podéis creer que lo que he dicho no es el diezmo dellos; pues pluguiése a Dios que siquiera el diezmo quedase

---

[22] *salva:* véase la explicación en VI, nota 1.

[23] *Lipari,* archipiélago al norte de Sicilia; *Gozo,* isla cercana a Malta; *Pantanalea* (como en V. Rocca), es *Pantellaria,* próxima a las dos citadas de Malta y Gozo; *Licata,* en Sicilia, asaltada por Dragut en 1553, a la vez que *Bonifacio,* en Córcega; *Bestia* puede ser Bastia, en Córcega, que es lo más probable, o *Vieste,* en la Testa del Gargano, Apulia, pero ningún historiador confirma a esta ciudad en el derrotero de Sinán-Dragut de 1551. Igual mención hace Rocca (II, f. 119r).

[24] La mención especial de Hungría entre las naciones vandalizadas por el turco es significativa. Por una parte, Hungría debía de estar

sin renegar. Lo que por mí pasó os diré: embiaron de Malta una comisión que se buscasen para rescatar todas las ánimas que en el Gozo se habían tomado, y como yo lo podía hazer, diéronme a mí el cargo; anduve echando los bofes por Constantinopla y no pude hallar, de seis mill que tenía por minuta, sino obra de çiento y çincuenta viejos y viejas.

MATA.—¿Pues qué se habían hecho?

PEDRO.—Todos turcos, y muertos muchos, y estos que quedaron, por no se lo rogar creo que lo dexaron de hazer. Juzgad ansí de los demás. ¿Qué más queréis que se hablan las lenguas de la Iglesia romana, como italiano, alemán y úngaro, y español, tan común como acá y de tal modo que no saben otra? ¿Parésçeos que, vistas las orejas al lobo, como ensanchan sus conçiençias ensancharían las limosnas y las questiones, si es líçito el sacerdote tomar armas, y serían de paresçer que no quedase clérigo ni fraire que, puestas sus aldas en çinta, no fuese a defender la sancta fe cathólica como lo tiene prometido en el baptismo? A vos, como a theólogo, os pregunto: si una fuerza como la de Bonifaçio, o Trípol, o Rhodas, o Buda, o Velgrado la defendieran clérigos y fraires con sus picas y arcabuzes, ¿fuéranse al infierno?[25].

JUAN.—Para mí tengo que no, si con solo el zelo de servir a Dios lo hazen.

MATA.—Para mí tengo yo otra cosa.

PEDRO.—¿Qué?

MATA.—Que es eso hablar adefeseos[26], que ni se ha de hazer nada deso, ni habéis de ser oídos, porque no hay hombre en toda

sin duda en la mente de todos los enemigos del Islam por haber estado sufriendo más directa y frecuentemente los ataques de los otomanos (Mohàcs, 1526; Budapest, 1526; conquista de Transilvania y el Banato, asalto a Scegedin, 1551). De otra parte, quizá el autor fuera informado por el médico *occidental* —a quien el autor suplanta— aludido en el diario de Dernschwam (nota número 7; cfr. también los *Mons. Hung. Historica* citada en la misma nota). De todos modos, en la ficha que de Juan de Ulloa da Llorente (páginas 67-68) figura Hungría entre los países de sus campañas.

[25] Rodas fue tomada en 1522 a pesar de la heroica resistencia de Villiers de L'Isla Adam y sus caballeros; Belgrado, el año anterior.

[26] *Hablar ad Effessios:* «Ay vn refrán común que dize: esso es hablar ad Ephesios, quando proponemos alguna cosa que no haze al propósito, y lo más cierto quando el que lo oye lo toma y no quiere entenderlo, y assí le pareze disparate» *(Cov., s.v. Efeso).*

esta corte de tomo, letrado, ni no letrado, que no piense que sin haber andado ni visto nada de lo que vos, porque leyó aquel libro que hizo el fraire del camino de Hierusalem y habló con uno de aquellos vellacos que deçíais que fingen haberse escapado de poder de moros, que les atestó las cabezas de mentiras, no les harán entender otra cosa aunque vaxase Sant Pablo a predicársela; yos prometo que si mi compadre Juan de Voto a Dios topara con otro y no con vos, que nunca él torçiera su braço, pues conmigo aún no lo ha querido torçer en tantos años, sino echóme en creer del çielo çebolla.

PEDRO.—No tengo que responder a todos esos más de una copla de las del redondillo[27], que me acuerdo que sabía primero que saliese de España, que dize:

> Los çiegos desean ver,
> oír desea el que es sordo
> y adelgazar el que es gordo
> y el coxo también correr;
> solo el neçio veo ser
> en quien remedio no cabe,
> porque pensando que sabe
> no cura de más saber.

MATA.—Agora os digo que os perdonen quanto habéis dicho y hecho contra los théologos, pues con solo un jubón habéis vestido a la mayor parte de la corte.

PEDRO.—Pocos trançes desos pensaréis que he pasado con muchos señores que ansí me preguntan de allá cosas, y como no les diga lo que ellos saben, luego os salen con un vos más de media vara de largo: Engañaisos, señor, que no sabéis lo que deçís; porque pasa desta y desta manera. Preguntado que cómo lo saben, si han estado allá por dicha, ni aun en su vida vieron soltar una escopeta, y por esto yo estoy deliberado a no contar cosa ninguna jamás si no es a quien ha estado allá y lo sabe.

MATA.—¿Ni del Papa ni nadie nunca fue allá limosna de rescate?

---

[27] *redondillos,* por las dos redondillas que siguen. Coplilla que sin duda tomó de algún coplero popular o que el mismo autor compuso, a juzgar por lo que dice más adelante (f. 63r), al hablar de Homero «que también fue poeta» (¿Laguna? ¿Homero?).

PEDRO.—Ni del que no tiene capa [28].

JUAN.—¿Y del Rey?

PEDRO.—No, que yo sepa; porque si algunas había de haber hecho, había de ser en los soldados de Castilnovo [29], que después que en el mundo hay guerras nunca hubo más balerosa jente ni que con más animo peleasen hasta la muerte, que tres mill y quinientos soldados españoles que allí se perdieron, lo qual, aunque yo no lo vi, sé de los mesmos turcos que me lo contaban, y lo tienen en cabeza de todas las hazañas que en tiempos ha habido, y a esta postponen la de Rhodas [30], con averiguarse que les mataron los Comendadores mas de çient mill turcos.

MATA.—¿Quánto tiempo ha eso de Castilnobo?

PEDRO.—Había quando yo estaba allá 17 años, y conosçí muchos pobres españoles dellos, que aun se estaba allí sin poner blanca de su casa. *Podría el Rey rescatar todos los soldados que allá hay* y es uno de los consejos adefeseos [31], como vos deçíais denantes, que las bestias como yo dan, *sabiendo que el Rey ni lo ha de hazer ni aun ir a su notiçia;* mas, pues no tenemos quien nos dé prisa en el hablar, echemos juiçio a montones [32]. Ya habéis oído cómo por antigüedad, o porque quieren, dan los turcos a algunos christianos cartas de livertad con condiçión que sirvan tres años, quedándose por todos aquellos tres tan esclabo como antes, y no menos contento, aunque no le dan de comer, que si ya estubiese en su tierra. *¿Quánto más merced le sería si el Rey los sacase y les quitase de cada paga un terçio fasta que se quedase satisfecho de la deuda?* Y haría otra cosa; que el esquadrón de mill hombres

---

[28] Por el dicho popular *ni el rey, ni el Papa, ni el que no tiene capa.*

[29] Hoy, *Ercegnovi* (Yugoslavia), capturada de los españoles en 1538 por Barbarroja. Poco después, Andrea Doria era derrotado en aguas de Prevesa, frente a Corfú, no lejos de donde tuvo lugar la batalla de Actium entre Octavio y Marco Antonio.

[30] Véase *supra,* nota 25.

[31] En toda esta censura de Pedro contra el poco celo en el rescate de los cautivos, hay varias frases subrayadas, que escribo en cursiva en el texto de esta edición. Parece ser que Pedro conoce algo del proceder turco con los prisioneros y la reacción de estos en el caso de que fueran rescatados.

[32] *Echar xuizio —o seso— a montón:* «Xuzgar a Dios i a ventura en kosas ke no están distintas ni klaras, a salga bien o mal» (*Correas,* 636b).

desta manera valdría, sin mentir, contra turcos, tanto como un exérçito, como primero se consentirían hazer mill pedaços que tornar a aquella primera vida.

MATA.—¿Habéis dicho? Pues bien podéis hazer quenta que no habéis dicho nada, y aun que metáis ese consejo en una culebrina, no hayáis miedo que llegue a las orejas del Rey, porque si las dignidades solamente de las iglesias de España, con sus perlados, quisiesen, que es también hablar al aire, no habría necesidad del ayuda del Rey para ello; mas ¿no sabéis que dize David: *¿Non est qui faciat bonum, non est usque ad unum?* [33] No se nos vaya, señores, la noche en fallas [34] ¿Qué fue después de la almoneda?

PEDRO.—Ya que vendieron a todos, yo demandé la carta que tenía de livertad, depositada en el mayordomo mayor del Baxá, el qual fue a la Soltana y le hizo relación de la venta de los christianos, y que no quedaba más del médico español; si mandaba Su Alteza que se le diese la carta que estaba en depósito. Ella respondió que no, por quanto Amón Uglí era muerto, el protomédico de su padre, y no había quien mejor lo pudiese ser que yo, ni de quien el Gran Turco mejor pudiese fiarse; por tanto, que me tomasen con dos jeníçaros, que son de la guarda del Rey, y me llebasen allá, que ella le quería hazer aquel presente.

MATA.—¿Dónde estaba el Gran Turco estonces?

PEDRO.—En Amaçia [35], una çibdad camino de Persia, quinçe

---

[33] *Salmos,* 13, 3: «¿No hay quien haga el bien, ni uno solo que lo haga?»

[34] *la noche en fallas:* 'la noche en humo', equivalente a la frase anterior, «hablar ad Ephessios».

[35] Amasia o Amasya, principal ciudad de Capadocia, al pie de la cordillera Póntica, en la parte septentrional de Anatolia y en las márgenes del Yeshil-Irmak, antiguo Iris (no el Halys o Kizil-Irmak). Busbecq nos describe la ciudad en la primera de sus Cartas *(Fors-Dan,* I, págs. 150-159); allí fue recibido el embajador flamenco entre el 7 de abril y el 2 de junio de 1555. (El biógrafo de Busbecq, H. de Vocht o *Henriquus Goclenius* confunde Ankara con Amasya.)

Forster-Daniell nos recuerdan que aunque las cartas latinas de Busbecq están fechadas en 1554, debe entenderse el año siguiente, puesto que Busbecq se hallaba en Londres en aquel año, como testigo de boda de Felipe II y María Tudor (Fors-Dan, I, 173, nota 1).

En este mismo párrafo cita Pedro «otro amigo genovés», lo cual añade más a la confirmación de que el autor tenía más que ver con Génova y los genoveses que con los venecianos y Venecia (tesis de Bataillon).

jornadas de Constantinopla; y, como sabéis no hay mejor cosa que tener donde quiera amigos, un paje desta Soltana, ginovés, que había sido de Çinán Baxá capado, que yo quando no sabía la lengua era mi intérprete, dio a un barbero que entraba a sangrar una mujer allá dentro, dos renglones, por los quales me avisaba de todo lo que pasaba; por tanto viese lo que me cumplía. Yo fui luego al Papa suyo y díxele (que era muy grande señor mío, que le había curado) todo como pasaba; digo el depositar de la carta, y cómo no me la daban y el miedo que había que la Soltana no hubiese mandado que no me la diesen ¿qué remedio tenía si la quisiese sacar por justiçia; si podría, pues la última voluntad del testador era aquella, y tenía muchos testigos, y él mesmo confesaba tenerla? Respondióme que tenía mucha justiçia y me la haría guardar; mas que me hazía saber que había entrellos una ley que si caso fuese que el cautibo que aorrasen fuese eminente en una arte, no fuesen obligados a cumplir con él la palabra que le habían dado, por ser cosa que conviene a la república que aquél tal no se vaya. Si esto, dice, os alegan, no os faltará pleito, mas yo creo que no se les acordará; lo que yo pudiere hazer por vos no lo dexaré.

CAPÍTULO X

La fuga

MATA.—¿Todo eso tenemos a cabo de rato? ¿Pues qué consejo tomastes?

PEDRO.—El que mi tía Celestina[1], buen siglo haya, daba a Pármeno, nunca a mí se me olvidó, desde la primera vez que le oí, que era bien tener siempre una casa de respecto y una vieja, a donde si fuese menester tenga acojida en todas mis prosperidades; con el miedo de caer dellas, siempre, para no menester, tube una casa de un griego, el qual en neçesidad me encubriese a mí o a quien yo quisiese, pagándoselo bien, y dábale de comer a él y un caballo muchos meses, no para más de que siempre me tubiese la puerta abierta.

MATA.—No creo haber habido en el mundo otro Dédalo ni

---

[1] *Celestina,* act. 7: «Pues mira, amigo, que para tales necessidades como ésta, buen acorro es vna vieja conoscida, amiga, madre e más que madre, buen mesón para descansar sano...»

Ulixes, sino vos, pues no pudo la prosperidad çegaros a que no mirásedes adelante.

PEDRO.—¿Ulises ó qué? Podéis creer como créis en Dios, que yo acabaré el quento, que no pasó de diez partes una, porque lo de aquel dízelo Homero, que era çiego y no lo vio, y también era poeta; mas yo vi todo lo que pasé y vosotros lo oiréis de quien lo vio y pasó.

JUAN.—Pues ¿qué griego era aquél? ¿era libre? ¿era christiano? ¿a quién estaba subjeto?

PEDRO.—Presuponed, entre tanto que más particularmente hablamos, que no porque se llame Turquía son todos turcos, porque hay más christianos que viben en su fe que turcos, aunque no están subjetos al Papa ni a nuestra Iglesia latina, sino ellos se hazen su Patriarca, que es Papa dellos.

MATA.—Pues ¿cómo los consiente el Turco?

PEDRO.—¿Qué se le da a él, si le pagan su tributo, que sea nadie judío ni christiano, ni moro? En España, ¿no solía haber moros y judíos?

MATA.—Es verdad.

PEDRO.—Pues de aquellos griegos hay algunos que viben d'espías, de traer christianos escondidos porque les paguen por cada uno diez ducados, y la costa, hasta llegar en salbo, que es un mes, y si aportan en Raguza o en Corfó[2], las çibdades les dan cada otros diez ducados por cada uno.

JUAN.—La ganançia es buena si la pena no es grande.

PEDRO.—No es mayor ni menor de empalar, como he visto hazer a muchos; que al christiano cautibo que se huye quando mucho le dan una doçena de palos, mas al que le sacó empálanle sin ninguna redemptión.

MATA.—¿Pues hay quién lo ose hazer con esa pena?

PEDRO.—Mil quentos: la ganançia, el dinero, la neçesidad y intherese, hazen los hombres atrebidos; sé que el que hurta bien sabe que si es tomado le han de ahorcar, y el que nabega, que si cae en la mar se tiene de aogar; mas, no obstante eso, nabega el uno y el otro roba. Por çierto, la espía que yo traxe había ya hecho diez y nueve caminos con christianos, y con el mío fueron veinte.

---

[2] *Ragusa,* hoy Dubrovnik, en la costa dálmata; *Corfú* o Corcyra (gr. Kerkira) es una de las islas llamadas Jónicas, con Zante, Leucade y Cefalonia. Se hallaban ambas, la ciudad y la isla, en el límite septentrional del dominio marítimo turco, pero no libre del acoso de otomanos y piratas.

JUAN.—¿Cómo se llamaba?

PEDRO.—Estamati[3].

MATA.—¿Y qué hazía? ¿De qué os serbía?

PEDRO.—De mostrarme el camino, y servirme en él.

JUAN.—¿Y traxo a bos sólo?

PEDRO.—Como yo vi la respuesta que el Papa turco me dio, començé de pensar en mí quién me mandaba tomar pleito contra el Rey, valiendo más salto de mata que ruego de buenos hombres; yo determiné de huirme y tomé los libros, que eran muchos y buenos, y dilos embueltos en una manta de la cama a una vezina mía, de quien yo me fiaba, que los guardase, y saqué de una arquilla las camisas y çaragüelles delgados que tenía, labradas de oro, que valdrían algunos dineros, que serían una dozena, que me daban turcas porque las curaba, y fuime en casa de la espía y topé en el camino aquel çirujano viejo mi compañero, y contéle lo que había pasado, y díxele: Yo me voy huyendo; si queréis venir conmigo, yo os llebaré de buena gana, y si no, y os viniere por mí algún mal no me echéis la culpa. Fue contento de hazerme compañía, más quiso ir a casa por lo que tenía, que era cosa de poco preçio. Digo yo: No quiero, sino que se pierda; si habéis de venir ha de ser desde aquí, si no quedaos con Dios. El pobre viejo, que más valiera que se quedara, fuese conmigo a casa del griego, y allí consultamos en qué hábito nos trairía. Dixo que el mejor, pues yo sabía tan bien la lengua, sería de fraire griego, que llaman *caloiero*[4], que es éste con que espantó a Mátalas Callando, pues teníamos las barbas que ellos usan, que cra también mucha parte. Yo di luego dineros para que me traxeren uno para mí y otro para mi compañero.

JUAN.—¿Pues véndense públicamente?

PEDRO.—No, sino que se los tomase a dos fraires y les diese con qué hazer otros nuebos; y tráxolos. Dile luego çinco ducados para que me comprase un par de caballos.

MATA.—Tenedle, que corre mucho.

PEDRO.—¿Qué decís?

MATA.—¿Que si corrían mucho?

JUAN.—No dixo sino una maliçia de las que suele.

---

[3] Estamati, «sería —dice *Gil*— un 'αγογιάτης, un hombre que conduce y alquila caballos.

[4] *caloiero*, del gr. καλογέρος, 'monje ortodoxo'. La grafía que adopta nuestro Pedro es muy semejante a la de Belon du Mans («Entre tous les six mille caloieres....», lib. I, pág. 37).

MATA.—Pues çinco ducados dos caballos ¿quién lo ha de creer? Aunque fueran de corcho.

PEDRO.—Y aun creo que me sisó la quinta parte el comprador. No entendáis caballos para que rúen los caballeros, sino un par de camino, como éstos que alquilan acá, que bastasen a llevarnos treinta y siete jornadas, y éstos no valen más allá de a dos o tres escudos.

MATA.—¡Quemado sea el tal barato!

PEDRO.—Este griego usaba tenerse en casa escondidos los cautibos un mes o dos beborreando[5], hasta desmentir y que no se acordasen; mas yo no quise estar en aquel acuerdo, antes aquella noche, a media noche, quise que nos partiésemos, haziendo esta quenta: como yo ando libre, el primero ni segundo día no me buscarán; pues cuando al terçero me busquen y embíen tras mí, ya yo les tengo ganadas tres jornadas, y no me pueden alcançar.

MATA.—Sepamos con qué tantos dineros os hallastes al salir.

PEDRO.—Obra de çincuenta ducados en oro y una ropa de brocado y otra de terciopelo morado, y las camisas y calçones y otras joyas. El viejo no sé lo que se tenía; creo que lo había empleado todo en piedras, que valen un buen preçio. Salimos a la mano de Dios, y la primera cosa que topé en apartándome de las cercas de Constantinopla, que ya quería amanesçer, fue una paloma blanca que me dio el mayor ánimo del mundo, y dixe á los compañeros: Yo espero en Dios que hemos de ir en salbamento, porque esta paloma nos lo promete.

MATA.—Y si fuera cuerbo ¿volviéraisos?

PEDRO.—No penséis que miro en agüeros; aquello creía para confirmaçión d'esperança; pero no lo otro para mal. Íbanos dando la espía lectión de lo que habíamos de hazer, como nunca habíamos sido fraires, y es que al que saludásemos, si fuese lego, dixésemos, baxando la cabeza: *Metania*[6], el *Deo gratias* de acá (quiere dezir penitençia), que es lo que os dixe quando nos topamos, que interpretaba Juan de Voto a Dios tañer tamboril o no sé qué. A esto responden *O Theos xoresi*[7], que es el

[5] *verborreando,* es decir, hablando una y otra vez a modo de ensayo, para evitar gazapos por los que pudieran ser cogidos en mentira.

[6] *metania,* del gr. μετάνοια.

[7] *O Theos xoresi,* gr. Ὁ Θέος σχωρέσει, que devuelve el fraile a quien se saluda al tiempo que demanda perdón para sus pecados *(Gil,* págs. 148-150). *Eflogite, pateres,* gr. εὐλογειτε, πατέρες, «bendecid, padres».

por siempre de acá (quiere deçir *Dios te perdone*); si son fraires a los que saludáis, habéis de dezir: *Eflogite, pateres: vendeçid, padre*. Eranme a mí tan fáçiles estas cosas, como sabía la lengua griega, que no era menester más de media vez que me lo dixeran[8].

MATA.—¿Y el compañero, sabía griego?

PEDRO.—Treinta y quatro años había que estaba casado con una griega de Rodas, y en su casa no se hablaba otra lengua; y él nunca supo nada, sino entendía un poco; pero en hablando dos palabras se conosçía no ser griego, y nunca el diablo le dexó deprender aquellas palabras. Topamos una vez un turco que entendía griego y llégase a él, por deçirle *metania* y díxole *asthenia*[9].

MATA.—¿Qué quiere deçir?

PEDRO.—Dios te dé una calentura héctica o, si no queréis, el diablo te rebiente. Como el turco lo oyó airóse lo más del mundo y dixo: ¿*Ne suiler su chupec?*[10] *¿qué dixo ese perro?* Yo llegué y digo: ¿Qué había de deçir, señor, sino *metania?* El turco juraba y perjuraba que no había dicho tal; en fin, allá regañando se fue. Yo reprehendíle diçiendo: ¿Pues una sola palabra que nos ha de salvar o condenar, no sois para deprender? Habiendo caminado siete leguas no más, llegaron a nosotros a caballo dos geníçaros[11] que, como diré, son de la guardia del rey y

---

[8] Los conocimientos del romaico por parte de Urdemalas son puestos en duda por *Gil* (pág. 159), si bien «poniendo exquisito cuidado en la transcripción de lo que oía». Además, ¿cuándo y cómo aprendió griego Pedro? ¿Sólo por tratar a sus clientes entre los griegos de Turquía? Pedro no nos lo dice.

[9] *asthenia,* gr. ᾿ασθένεια, 'debilidad', 'enfermedad', confundido con *metania* en razón del consonante *eia* por *oia,* reducidas a *-ia,* en el griego *demotikí* de hoy día.

[10] *ne suiler su chupec* es, en turco de hoy, *ne söyler su köpec.* Pedro transcribe la vocal intermedia *ö* por *u;* indudablemente nuestro protagonista tendría dificultades en su transcripción de sonidos que no se dan en español, y a veces prescinde de la ley de armonía vocálica que rige el vocalismo turco. (Véase G. L. Lewis, *Turkish,* 12.ª edición, Londres, 1975.)

[11] *jeníçaro:* un término que encontramos a cada paso en el *Viaje.* Su significado (del turco *yeni),* es el de *tropas nuevas.* Su origen se remonta a los tiempos de Orkhan (1346), nieto de Osman u Otman, fundador de la dinastía de su nombre. Nuestro autor habla de ellos ampliamente (págs. 419 y ss.). Se reclutaban entre los niños de los pueblos conquistados y eran especialmente adiestrados para servir de tropas de choque en el ejército. En los periodos de tregua o

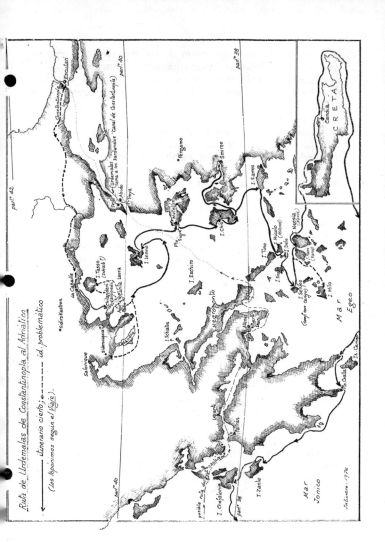

Ruta de Undemalas de Constantinopla al Adriático

→ itinerario cierto ; ---- id. problemático

(Los topónimos según el Viaje).

Salvem. 1976

9

dixeron: *Christianos, no quiero de vosotros otra cosa más de que nos déis a beber si llebáis vino;* porque aunque el turco no lo puede beber conforme a su ley, quando no le ven, muy bien lo bebe hasta emborrachar. *Yo llevaba el recado conforme al ávito.*

JUAN.—¿Cómo?

PEDRO.—¿Habéis nunca visto fraire caminar sin bota y baso, aunque no sea más de una legua? Yo eché mano a mi alfoxa, y mandé al compañero que caminase, que aquello yo me lo haría y le alcanzaría, porque no fuese descubierto por no saver hablar, y comencé de escanciarles una y otra, y iban caminando junto conmigo en el alcançe de los compañeros; preguntáronme de dónde venía; digo: Constantinopla.

JUAN.—¿En qué lengua?

PEDRO.—Quándo griego, quándo turquesco, que todo lo sabían. Dixéronme: ¿Qué nuebas hay en Constantinopla? Digo: Eso a bosotros incumbe, que sois hombres del mundo, que yo que le he dexado no tengo quenta con nueba ni vieja; si de mi monesterio queréis saber, es que el Patriarca nuestro está bueno y esta semana pasada se nos murió un fraire. Preguntóme el uno, llegándose a mí, quántos años había que era fraire. No me supo bien la pregunta y díxele, haziendo de las tripas coraçón, que seis. Preguntóme en dónde. Respondí que parte en la mar Negra y parte en Constantinopla. Asióme el otro del ábito y dixo: Pues ¿cómo puedes, pobreto, con esta estameña resistir al frío que haze?

MATA.—A fe que metería al asir las cabras en el corral[12].

PEDRO.—Yo le dixe que debaxo traíamos sayal o paño. Fue la pregunta adelante, y dixeron: ¿Dónde vas agora? Respondí que a Monte Sancto.

JUAN.—¿Qué es Monte Sancto?

PEDRO.—Un monte que terná de çerco quasi tres jornadas buenas, y es quasi isla, porque por las tres partes le bate la mar, en el qual hay veinte y dos monasterios de fraires desta mi orden, y en cada uno doçientos o tresçientos fraires, y ningún pueblo hay en él, ni vive otra jente ni puede entrar muger, ni hay en todo él hembra ninguna de ningún género de animal; a

---

estando de guarnición o acantonamiento eran propensos a rebeliones, por lo que los sultanes y visires procuraban mantenerlos siempre activos. Busbecq dice en la primera de sus Cartas que «cuando se aproximan, inspiran temor» *(Fors-Dan,* I, 87-88).

[12] *meter las cabras en el corral:* «por poner miedo a uno» *(Correas).*

este monte son sus peregrinajes, como acá Santiago, y por eso no se echa de ver quién va ni viene tanto por aquel camino. Ya que nos juntamos con los compañeros díxeles: ¿Y vosotros a dónde váis? Respondió el uno: En busca de un perro de christiano que se ha huido a la Soltana, el mayor bellaco traidor que jamás hubo, porque le haçían más bien que él meresçía y todo lo ha postpuesto y huídose (paresçe ser que aquella noche le había dado un dolor de ijada, y habíanme buscado, y como supieron que había sacado los libros, luego lo imaginaron). Digo: ¿Y dónde era?; que del viejo no se haçía caso que se fuera o que estubiera. Dice: De allá de las Españas. Tornéle a preguntar: ¿Qué hombre era? Comenzóme á dezir todas las señales mías.

JUAN.—Pues ¿cómo no os conosçió?

PEDRO.—Yo os diré; ¿veis esta barba?, pues tan blanca me la puso una griega como es agora negra, y al viejo la suya blanca, como está esta mía, y toda rebuxada como veis; el diablo nos conosçiera, que ninguna seña de las que traía veía en mí: la caperuça, el sayo, la ropa, todo se había convertido en lo que agora veis. Díxeles: Pues, señores, ¿a dónde le vais a buscar? Respondieron: Nosotros vamos hasta Salonique, que es diez y siete jornadas de aquí, a tomarle todos los pasos, y por mar han despachado también un vergantín para si acaso se huyó por mar. Yo entonces les digo: Pues ese mesmo camino, señores, llebo yo. Ellos dixeron que por çierto holgaban de que fuésemos juntos. La espía y el compañero desmayaron, pensando que ya yo me rindía o estaba desesperado.

MATA.—¿Pues no tenían raçon?; ¿no era mejor o caminar adelante o quedar atrás?

PEDRO.—Ni bos ni ellos no sabéis lo que os deçís; atrás no era seguro, porque ellos dexaban toda la jente por donde pasaban abisada, y sobre sospecha éramos presos en cada pueblo; adelante no bastaban los caballos. ¿Qué más sano consejo que, viendo que no me habían conosçido, hazer del ladrón fiel, y más la seguridad del camino, que es el más peligroso que hay de aquí allá? Si el Rey, por hazerme grande merçed, me quisiera dar una grande y segura compañía, no me diera más que aquellos dos de su guarda; es como si acá llebara un alcalde de Corte y un alguaçil, para que nadie me ofendiese; ¿n'os pareçe que iría a buen recado? Quanto más que de otra manera nunca allá llegara, porque los jeníçaros tienen tanto poder que por el camino que van toman quantas cabalgaduras topan, sin que se les pueda resistir, y quando hazen mucha merçed, por un ducado o dos las rescatan; en solas siete leguas me habían tomado ya a mí mis caballos, porque todos los caminos por donde yo iba estaban llenos de jeníçaros, y por ir en compañía de los otros nadie me osaba hablar.

JUAN.—No fue de vos ese consejo. Por vos se puede deçir: *Beatus es, Simon Barjona, quia caro nec sanguis non revelavit tibi; sed Pater Meus qui in celis est* [13]. Agradeçédselo a quien nunca faltó a nadie.

PEDRO.—Llegáronse a mí los dos mis compañeros rezagándose y començaron a deçirme que para qué había destruido a mí y a ellos. Yo les respondí que poco sabía para haber hecho tantas vezes aquel camino. Respondióme: Si bos solo fuerais, yo bien creo que fuera bien; ¿mas no veis que por este viejo, que ninguna lengua sabe, somos luego descubiertos? ¿Qué haremos? ¿Dónde iremos? Consoléle diçiendo no ser inconveniente, aunque no supiese la lengua; pero que lo que cumplía era que no hablase. Dixo que había neçesidad de que se hiziese mudo por todo el camino; donde no, bien podíamos perdonar; lo que más presto, digo, nos echará a perder es eso, porque es cosa tan común que todos lo hazen en donde quiera quando no saben la lengua, y se está ya en todas estas tierras mucho sobre el aviso, que dirán:: *Fraire y mudo, ¿quién le dio el ávito? Guadramaña hay* [14]. Él es viejo y estarle ha muy bien que se haga sordo, y qualquiera que le hablare se amohinará de replicar a vozes muchas vezes lo que ha de dezirle, y ansí responderemos nosotros por él; desto hay tanta neçesidad, que en hazerlo o no está nuestra salbaçión y con algunas palabrillas que sabe de griego, y no tener a qué hablar mucho, será mejor encubierto que nosotros.

MATA.—Bien dicen que quien quiere ruido compre un cochino [15]. ¿Qué neçesidad teníais vos de salir con nadie sino salvaros a vos?

PEDRO.—Oiréis y veréis, que aun esto no es nada: mill vezes estube movido para echarle en la mar por salvarme a mí.

MATA.—Ya que hizistes el yerro, urdistes la mejor astuçia de vuestra vida; porque hablar con un sordo es un terrible trabajo; al mejor tiempo que os habéis quebrado la cabeza, os sale con

[13] San Mateo, 16, 17: «Bienaventurado tú, Simón Barjona, porque no es la carne ni la sangre lo que te ha revelado, sino mi Padre que está en los cielos.»

[14] *guadramaña,* hoy en desuso, vale por 'mentira', 'fingimiento'.

[15] «Kien kisiere rruido, kompre un kochino» *(Correas).*

un ¿qué? puesta la mano en la oreja; y al cabo, por no paresçer que no oyó, responde un disparate.

PEDRO.—Muy bien le paresçió al espía; más cosa fue para el viejo que en tres meses de peregrinaçión nunca la pudo deprender.

MATA.—Pues ¿qué había que deprender?

PEDRO.—No más de a no hablar; que para un hombre viejo y que había sido barbero es muy oscuro lenguaje y cosa muy cuesta arriba; al mejor tiempo, mill vezes que hablábamos en las posadas en conversaçión, dicho ya que era sordo, como entendía el griego, respondía descuidado, y metía su cucharada[16] que a todos hacía advertir cómo oía siendo sordo. Yendo nuestro camino con los geníçaros, yo les tenía buena conversaçión, y ellos a mí, como sabíamos bien las lenguas; el espía y el viejo se iban hablando por otra parte; llegamos la noche a la posada, y yo, como sabía las mañas de los turcos, que querían que les rogasen con el vino, hize traer harto para todos, pues ellos no podían ir a la taberna, y para mejor disimular pusímonos a comer un poco apartados dellos, `como que cada uno comía por sí, y el griego nunca haçía sino escançiar y darles hasta que se ponían buenos. Mandéle también al griego que los sirviese mejor que a mí y mirase por sus cavallos.

JUAN.—¿Hay por allá mesones como por acá?

PEDRO.—Mesones muchos hay, que llaman *carabanza*[17]; pero como los turcos no son tan regalados ni torrezneros como no-

---

[16] en *M-1, en la conversaçión,* tachado.

[17] *carabanza,* según la versión urdemalesca, es el *caravantserai* de los turcos, hoy llamado *han.* Belon transcribe *carbachara;* Busbecq, *caravasarai,* y asimismo su traductor español López de Reta *(Embaxada,* f. 14v), de donde el castellano *caravasar.* La voz es de origen persa y equivale a 'posada', 'venta' o 'albergue'. La descripción que de ellos hace Busbecq es la siguiente:

> En Nissa me albergué en la posada pública llamada por los turcos *caravan(t)serai,* que es la forma más común de mesón en aquellas tierras. Consiste en una vasta construcción cuya longitud excede un poco a su anchura. En el centro queda un espacio a cielo abierto donde ponen juntos a sus camellos y sus cargas, así como a las mulas y carromatos. Este espacio abierto está rodeado por una especie de estrado o plataforma que está adosado al muro y sin edificar. La pared exterior está toda a una misma altura, unos cuatro pies. En este estrado los turcos duermen y comen y les sirve también para cocinar, porque aquí hay chimeneas hechas sobre la pared exterior. Así pues, duermen,

sotros, no hay aquel recado de camas, ni de comer, antes en todo el camino no vi *carabança* de aquellos que tubiese mesonero ni nadie,

MATA.—¿Pues cómo son?

PEDRO.—Unos hechos a modo de caballeriza, con un solo tejado ençima y dentro por un lado y por otro lleno de chimineas y altos a manera de tableros de sastres, aunque no es de madera, sino de tierra, donde se aposenta la jente.

MATA.—¿Sin más camas ni recado?

PEDRO.—Ni aun pesebres para los caballos, sino entre tantos compañeros toman una chiminea destas con su cadahalso[18], y allí ponen su hato, sobre el qual duermen echando debaxo un poco de heno. Una ropa aforrada hasta en pies lleba cada turco de a,caballo en camino, la qual le sirve de cama.

JUAN.—¡Oh de la bestial jente!

PEDRO.—No es sino buena y beliçosa.

MATA.—¿Pues dónde comen las bestias?

PEDRO.—A los mesmos pies de sus amos, en el cadahalso o tablado, le echan feno harto[19], que en aquella tierra es de tanto nutrimento, que si no trabaja la bestia está gorda sin cebada, y cada una lleba consigo una bolsa que llaman *trasta*[20], que le cuelga de la cabeza como acá suelen hazer los carreteros, y dentro les echan la çebada.

JUAN.—Pues si no hay huéspedes ¿quién les da çebada y todo lo que han menester?

PEDRO.—Mill tiendas que hay çerca del mesón, que de quanto hay les proberán, que por la posada no pagan nada, que es una cosa hecha de limosna para quantos pasaren, pobres y ri-

---

comen y cocinan en este estrado de tres pies de altura por cuatro de anchura; y ésta es la única diferencia entre sus aposentos y los de los camellos, caballos y otras bestias de carga. Además tienen sus caballos enmadrinados al pie de esta plataforma, de manera que sus cuellos y cabezas asoman sobre ella y de este modo cuando sus amos se calientan y toman su cena, las bestias están como lacayos en pie, y a veces reciben una corteza o una manzana de manos de sus amos. (*Fors-Dan,* I, 96-97.)

[18] *cadahalso* es el estrado, plataforma o meseta a que alude la nota anterior.

[19] *feno farto,* 'heno harto', en contraste con *hebrero, hundir* ('fundir').

[20] *trasta,* del gr. τραστή, 'saco pequeño', tomando el neutro plural como femenino singular en la narración.

cos; en entrando a apearse llegan allí muchos con çebada, leña, arroz, heno y lo que más hay neçesidad. A las bestias en aquella tierra tienen bien acostumbradas que nunca comen de día, sino de noche les ponen tanto que les baste.

MATA.—¿Desea manera tampoco se gastará tanto en el camino como por acá?

PEDRO.—El que cada día gasta dos o tres ásperos en comer él y la bestia es mucho, porque la çebada vale varata, y el pan; y vino no lo bebe la jente, con que menos se les da por el comer. Hizimos nuestras camas y echámonos, no con menos frío que agora haze, todos juntos, la alforja frairesca por cabezera y el texado por fraçada, y a primo sueño comiença a tomar el diablo a mi compañero, y hablar entre sueños, no ansí como quiera, sino con tantas bozes y tanto ímpetu y cozes como un endemoniado, y deçir levantándose: *¡Mueran los traidores vellacos que nos roban! ¡ladrones, ladrones!* y con esta justamente dar puñadas a una y a otra parte; no solamente despertamos todos, mas pensamos que era verdad que, nos mataban; la lengua española en que hablaba escandalizó mucho a los jeníçaros que allí dormían y preguntaron qué era aquello y yo le dixe cómo soñaba.

MATA.—La vida os diera hazer del mudo çon tan buena condiçión.

PEDRO.—Aun con todo eso no les podía quitar a los turcos de la imaginaçión el hablar diferentemente de lo que ellos todos, lo qual me dio las más malas noches que en toda mi vida pasé.

JUAN.—¿En qué?

PEDRO.—Porque ya no me osaba fiar, sino tenerle de contino asida la mano, para quando començase despertarle presto.

JUAN.—¿Y soñaba desa manera cada noche?

PEDRO.—Y aun de día, si se dormía, y no menos ferozes los sueños; que aunque he leído muchas vezes de cosas de sueños que los médicos llaman turbulentos [21], y visto algunos que los tienen no tan continuos y tan brabos; contemplad agora y echad seso a montones ¿qué sintiera un hombre que venía huyendo y estaba entre sus enemigos durmiendo y por solo él hablar español había de ser conosçido, y las noches de henero largas, y echado en el suelo, sin ropa, y no poder, aunque tenía grande gana, dormir, por no le osar dexar de la mano?

MATA.—No me dé Diós lo que deseo si no me paresçe que un tal era mérito matarle si se pudiera hazer secretamente; a lo

---

[21] *sueños turbulentos,* 'pesadillas'.

menos echarle en la mar; yo hiziéralo, porque en fin muchas cosas hazen los hombres por salvarse; más valía que muriera el uno que no todos. ¿Y quántos días duró ese subsidio?

PEDRO.—Con los geníçaros treze.

JUAN.—¿Pues, treze días vinistes siempre con vuestros enemigos?

PEDRO.—Y aun que resçibía hartos sobresaltos cada día.

JUAN.—¿Cómo?

PEDRO.—Sentándonos a la mesa hartas vezes daba un suspiro el uno dellos diziendo: *Hei guidi imanzizis, quim cizimbulur nase mostulu colur: ¡ah, cornudo sin fe, quien te topase qué buenas albriçias se habría!*[22] ¿Qué os paresçe que sintiera mi coraçón? No podía ya tener paçiençia con el viejo, viendo que de los pensamientos y torres de viento del día proçedían los sueños, y lleguéme un día a él, apartado de los geníçaros, y preguntéle en qué iba pensando, porque con las manos iba entre sí esgrimiendo. ¿Sabéis, digo, qué querría yo que pensaseis? La miseria del trabajo en que bamos y la longura del camino, y que sois un pobre barbero y no capitán ni hombre de guerra, y de setenta años, y quando llegareis, si Dios quiere, en vuestra casa, o vuestra muger será muerta, o ya que biba, como ha tanto que vos faltáis, no podrá dexar de haveros olvidado, y vuestras hijas por casar y cada dos vezes paridas. Esto id vos contemplando de día, que no creo yo que escapa de ser verdad, y soñaréis de lo mesmo.

MATA.—¡Por Dios que vos le dabais gentil consuelo! ¿Y vos consolábaisos con eso, o pasabais este rosario que traéis a la çinta, muchas vezes?

PEDRO.—Siempre al menos iba urdiendo para quando fuese menester tejer.

JUAN.—¿Malicias?

PEDRO.—No en verdad, sino ardides que cumpliesen a la salvaçión del camino.

JUAN.—Pues ese el mejor era ayuno y oración. ¿Quántas vezes pasabais cada día este rosario?

PEDRO.—¿Queréis que os diga la verdad?

JUAN.—No quiero otra cosa.

PEDRO.—Pues en fe de buen christiano que ninguna me acuerdo en todo el viaje, sino solo le trayo por el bien paresçer al ábito.

---

[22] Las frases de Pedro más próximas al turco de hoy serían *eyväh güdük imansïz, kim senim bulur neçe müstahsen kolur:* «¡ay, castrado infiel!, quien te encuentre, buenas albricias nos traería.»

JUAN.—Pues ¡qué erejía es esa! ¿ansí pagabais a Dios las merçedes que cada hora os hazía?

PEDRO.—Ninguna quenta tenía con los *pater nostres* que rezaba, sino con solo estar atento a lo que deçía. ¿Luego pensáis que para con Dios es menester rezar sobre taja?[23] Con el coraçón abierto y las entrañas, daba una arcabuzazo en el çielo que me paresçía que penetraba hasta donde Dios estaba; que deçía en dos palabras: Tú, Señor, que guiaste los tres reyes de Lebante en Velem y libraste a Santa Susana del falso testimonio, y a Sant Pedro de las prisiones y a los tres muchachos del horno de fuego ardiendo, ten por bien llevarme en este viaje en salvamento *ad laudem et gloriam omnipotentis nominis tui;* y con esto, algún *pater noster;* no fiaría de toda esa jente que trae *pater nostres* en la mano yo mi ánima.

MATA.—Quanto más de los que andan en las plazas con ellos en las manos, meneando los labios, y al otro lado diçiendo mal del que pasa, y más que lo usan agora por gala con una borlaça.

JUAN.—Vosotros sois los verdaderos maldiçientes y murmuradores, que por ventura levantáis lo que en los otros no hay.

MATA.—Buen callar os perdéis, que vos no sois parte en eso.

JUAN.—Mejor os le perdéis vosotros, que quando no tenéis de qué murmurar dais tras una cosa tan santa, buena y aprobada como los rosarios en la mano del christiano.

PEDRO.—Pues como no sea de derecho divino el rosario, aunque sea de los que el general de los fraires vendiçió[24], podemos deçir lo que nos paresçe.

JUAN.—Sí, como no sea contra Dios ni el próximo.

MATA.—Aora, sus, y con esto acabo. A mí me quemen como a mal christiano si nunca hombre se fuere al infierno por rezar ocho ni diez *pater nostres* de más.

JUAN.—¿Pues eso quién lo quita?

MATA.—Pues si no lo quita, ¿qué neçesidad hay para con Dios de rezar, como dijo Pedro de Urdimalas, sobre taja,

[23] *taja* debe entenderse como *tarja* o 'un tajo en la tarja', palo o madera donde se hace una muesca, como medio para contar; de uso hasta tiempos recientes en algunos pueblos españoles.

[24] Las frases de Pedro que expresan bien a las claras su posición frente al valor del rosario a los ojos de Dios, no dejan lugar a dudas sobre su heterodoxia. Parece un seguidor de Valdés en el *Diálogo de la doctrina cristiana* (cfr. *B-EE*, 357-358).

El pretérito *vendiçió* por 'bendijo' es difícil encontrarlo en Laguna o en alguno de los narradores coetáneos.

habiendo dado Dios çinco dedos en cada mano, ya que queríais quenta, por los quales se pueden contar las estrellas y arenas de la mar?

PEDRO.—Por los dedos puédese contar sin que la gente lo bea, debaxo de la capa, como quien no haze nada, y no andan ellos tras eso; mas ¡qué de vezes saltan desde el *qui es in celis* en el *remissionem pecatorum* [25] quando ven pasar al deudor!

MATA.—Yo veo que Juan de Voto a Dios no puede tragar estas píldoras. Vaya adelante el quento. Al cabo de los treze días ¿dónde apostastes con los turcos?

PEDRO.—Llegamos a un pueblo bueno, que se llama la Caballa [26], que ya es en la mar, porque hasta allí siempre había procurado de no pasar por entre los dos castillos de Sexto y Abido.

MATA.—¿Aquéllos que cuenta Boscán? [27]

PEDRO.—Los mesmos.

MATA.—¿Dónde están?

PEDRO.—A la entrada de la canal que llaman de Constantinopla, los quales son toda la fuerza del Gran Señor, porque no puede entrar dentro de Constantinopla ni salir nabe, galera, ni barca, que no se registre allí, so pena que la echarán a fondo, porque han de pasar por contadero.

---

[25] la sátira de Pedro va contra la falsa piedad de los que comienzan el *pater noster qui es in coelis...* y lo terminan rápidamente con el *remissionem pecuniarum* cuando pasa ante ellos el que debe y no paga.

[26] *La Caballa,* hoy *Kavala,* puerto de mar en el golfo de su nombre (en el derrotero de A. de Contreras también con esta grafía, página 197). La carretera actual bordea la frontera greco-turca hasta Alexandropoulis-Komotini-Xanthi. Este es el trayecto que seguirían los supuestos viajeros.

Belon, en el cap. titulado *Du grand chemin de la Caualle a Constantinople* (I, LX) dice: «Prenants le chemin de Bucephala (Caualle) à Constantinople, trouuasmes encor d'autres murailles semblables à celle de dessus le mo(n)t de la Caualle, qui estoye(n)t dessus la sommité de la montagne d'Emus, qui sont à deux lieues de la Caualle.»

(En la transcripción de los topónimos y toponomásticos griegos hemos adoptado los que reproduce en su mapa el Organismo del Turismo griego (Atenas, 1973) y distribuye su Embajada en Madrid.)

[27] Boscán, III, f. 100r *(Las obras de Boscán y Garcilazo de la Vega, Repartidas en Quatro Libros,* Barzelona, 1554): «Sesto, y Abydo fueron dos lugares: / A los quales en frente vno del otro, / Est'en Asia y aquél siendo en Evropa / vn estrecho de mar los diuidía...» También Belon, libro II, cap. III.

JUAN.—¿Qué tanto hay del uno al otro?

PEDRO.—Una culebrina alcança, que será legua y media.

JUAN.—¿Y son fuertes?

PEDRO.—Todo lo possible; al menos están lo mejor artillados que entre muchos que he visto hay y de jente no tienen mucha, porque cada y quando fuere menester dentro de dos días acudirán a ellos cinquenta mill hombres.

JUAN.—Y la Caballa donde llegastes ¿es deste cabo o del otro?[28]

PEDRO.—No, sino déste. De allí a Salonique eran tres jornadas, y a Monte Sancto, veinte leguas por mar; yo determiné de no tentar más a Dios, y que vastaban treçe jornadas con los enemigos. El camino real es el más pasajero del mundo; yo soy muy conosçido entre judíos y christianos y turcos; no sea el diablo que me engañe, y me conozca alguno; más quiero irme por agua a Monte Sancto; y despidíme con harto dolor y lágrimas de los geníçaros, que les contentaba la compañía, diçiendo que yo quería irme en una barca a mis monesterios, y me pesaba de perder tan buena compañía y los serviçios que les había dejado de hazer. Ellos respondieron que por çierto holgaran que el camino y compañía fuera por mucho mayor tiempo, y ansí se fueron. En la posada bien sabían quién yo era, porque conosçían el espía, y había allí un sastreçillo medio remendón, candiote[29], que también solía ser espía, con los quales vebimos largo aquella noche.

JUAN.—¿Cómo podías sin cama sufrir tanto frío y sin ropa?

PEDRO.—Hartándome de ajos crudos, y vino, que es brasero del estómago, aunque no todas vezes hallaba la fruta; mas a fe que quando la podía haber luego iba a la alforxa. Tubimos consejo entre los dos espías y yo con el mesonero griego, quál sería mejor: pasar adelante siempre por tierra o ir a Monte Sancto alquilando una barca. Todos dixeron que ir a Monte Sancto y yo lo acepté, estando muy engañado con pensar qué harían a fuer de acá los fraires en recoxer a los huidos y malhechores, quanto más a mí en tal caso; y donde tantos fraires hay, no es menos sino que les agradaré con mis pocas letras griegas y latinas, y tenerme han fasta que pase por ahí alguna nabe o galera de christianos, que como están en la ribera de la mar muchas vezes pa-

---

[28] Juan pregunta si La Caballa está en la parte de Europa o en la de Asia.

[29] *candiote* por 'candiota', natural de Candía, puerto principal de Creta.

san, con la qual me vernía fasta Çiçilia. El espía y los compañeros no veían la hora de apartarse de mí, por el peligro en que andaba; y con pensar que en el punto que pusiese el pie en el Monte Sancto sería libre, porque ansí me lo dezían los griegos, hize que me alquilasen una barca que me llevase al primer monesterio, y traxéronme una igualada por çinco ducados[30], para haver de partir otro día por la mañana. Hize quenta con el espía con pensar que ya no le habría menester, y alcançóme quarenta ducados veneçianos, sin doze que yo le había dado, los quales le pagué doblados porque tomó mis vestidos de brocado y seda y las camisas de oro y pañizuelos y otras joyas en descuento, al preçio que él quiso, y empresentéle de más desto un caballo de aquellos y el otro vendí por dos escudos.

MATA.—Pues ¿quánto le dabais cada día al espión?

PEDRO.—Quatro ducados veneçianos, que son çinquenta y dos reales, y de comer a él y a un caballo.

JUAN.—Y el viejo, ¿no pagaba su mitad?

PEDRO.—No me ayude Dios si yo le vi en todo el viaje gastar más de çient ásperos, que el mal viejo todo lo llevaba empleado en piedras, y por no nos parar a venderlas y ser descubiertos, yo no hazía sino gastar largo entre tanto que durase. A la mañana despedí la espía y tomé probisión, y metíme en la barca, y aquel sastrecillo griego quiso venir conmigo porque el dueño de la barca le daba parte de la ganancia si le ayudaba a remar. Partimos con un bonico viento y caminamos obra de tres leguas, y allí volbió el viento contrario, y echónos en una isla que se llama Schiatho, dos leguas y media de la Caballa[31], [de] donde habíamos salido. Díxome el sastreçillo: Hágoos saber que habemos, graçias a Dios, aportado en parte que por ventura será mejor que Monte Sancto, porque esta es una muy fértil isla de

---

[30] *igualada:* contratada, apalabrada.

[31] *en una isla que llaman Sciatho, dos leguas y media de La Caballa:* indubable error de Pedro, pues a esta distancia de La Caballa se halla la isla de Thassos, no la de Sciathos, una de las Esporades del Norte. Este error hizo pensar a Bataillon *(B-DL,* páginas 88-89) que la fuente de la errónea información del autor era Belon, porque la descripción que hace el abate francés de estas islas y de la península más occidental de la Calcídica, *Cassandria,* se presta a confusión: «Quand nous fusmes a la sommité du mont Athos nous voyons clairement les isles et les pays à l'entour, comme *Cassandria qu'ils nomment Schiato,* Scyros, Lemnos, Tassos, Samothrace, Imbros: lesquelles isles nous voyons quasi aussi à clair que si elles eussent esté plus près de nous.»

pan y vino, açeite y todas frutas, y en este puerto vienen siempre muchas nabes grandes y pequeñas que van al Chío, y a Candía, y a Veneçia a tomar bastimento. Estarnos hemos aquí hasta que venga alguna; y subímonos al pueblo que estaba en un alto. El marinero pidió dineros de la barca, y yo le daba dos ducados y no quiso menos de todo. Digo: Hermano ¿pues cómo? Yo te alquilé para beinte leguas a Monte Sancto y no me has traído sino tres, y ¿quieres tanto por éstas como por todo el viaje? Díxome: Padre, tornaos con Dios y con el viento, que yo no tengo culpa; el sastre ayudó de mala, como había de haver la mitad y dixo: Dele vuestra reverençia, padre, todo, que aunque no tenga justiçia, no os tiene nadie de sentir por ello. Dile sus çinco ducados y aun en oro pagados, y tomamos en el pueblo una posada donde estaba un mercader que traía sardinas en quantidad, griego, y como nos sentamos a comer, yo eché la vendiçión sin estar advertido el cómo lo había de hazer, sin pensar que fuese menester. Aquel mercader y otros griegos preguntáronme si era sacerdote. Yo dixe que no; luego vieron que yo ni el otro no éramos fraires, y llegóse a mí el mercader y començóme de deçir en italiano[32]: Yo conozco a ese sastre, que es un gran tacaño, y os trae engañados ; agora esta jente barrunta, como creo que es verdad, que no sois fraires y luego os hará prender.

JUAN.—Pues ¿qué jente era la del pueblo?

PEDRO.—Christianos todos, sino sólo el governador que era turco.

JUAN.—Pues ¿qué miedo teníais de los christianos?

PEDRO.—Antes desos se tiene el miedo, que del turco ninguno; porque fáçil cosa es engañar a un turco que no sabe las particularidades de la fe y lengua, y çerimonias, como el griego. Si conosçen aquellos griegos de aquella tierra que el cautibo christiano va huido, luego le prenden y dan con él en Constantinopla.

MATA.—Pues ¿por qué, siendo christianos?

PEDRO.—Por ganar el hallazgo, lo uno; lo otro porque si después hallan al esclabo, luego pesquisan: con éste habló, aquí durmió, aquel otro le mostró el camino, y destrúyenlos, llebándoles las penas, y aun muchas vezes los hazen esclabos. Yo ningún miedo jamás tube de los turcos; pero de los christianos grandíssimo, porque reçio caso es hazernos un italiano o françés a los tres, como estamos, entender que es español aun-

---

[32] en el original, *en español* está tachado.

que hable muy bien nuestra lengua, que en el pronunçiar, que en un bocablo muy presto se descubre no serle natural la lengua, ansí que diçe: El mejor consejo que vos podéis tomar me paresçe que luego os vaxéis abaxo y os metáis en aquel baxel[33] que va a Sidero Capsa, y de allí en un día podréis por tierra iros a Monte Sancto. Yo metidas las cabras en el corral, acepté el consejo, y díxeselo al sastre, el qual dixo que no quería sino quedarse allí, que había mucho que remendar; que si me quería quedar con él, era mejor, y si me quería ir él conçertaría que me llevasen en el vaxel.

MATA.—¿Qué llamáis vaxel?

PEDRO.—Es un nombre general que comprehende nabe grande y pequeña y galera, en fin qualquiera cosa que anda en la mar. Sidero Capsa es una çibdad pequeña, donde se hunde todo el oro y plata que se saca de las minas que hay en aquella isla del Schiatho[34], donde yo estaba, y en la Caballa, las quales son tan caudalosas que dubdo si son más las del Perú.

---

[33] (Véase *infra,* pág. 271, nota 36.)

[34] *donde se hunde todo el oro y la plata...* Se entiende *hundir* por 'fundir', y así lo emplea M. de Urrea, traductor de Vitruvio y el mismo Laguna en el *Dioscórides,* V, cap. 44.
Respecto a *Siderocapsa,* Belon dedica todo un capítulo (I, cap. I), a describir el trabajo del oro y el procedimiento de su purificación. La primera frase del capítulo nos dice que Siderocapsa está situada donde Macedonia se une a Servia; no hay duda en este caso que se trata de la actual *Siderocastron.* Pero si recurrimos al *Atlas Maior* de Blaeus (II, f. y lám. 69) y leemos la descripción explicativa que acompaña a las láminas, descubrimos que esta Siderocastron es distinta de la que Pedro identifica como una *ciudad pequeña.* En efecto, en el mapa se lee una *Sitrocapsia,* dentro de la Calcídica, apuntando al istmo donde comienza la península de *Cassandria,* es decir, *Sciatho* según Belon. Más a la izquierda, en la costa hay una pequeña marca rotulada *Sidero.* En el mismo istmo figura otra ciudad pequeña denominada hoy día *Metalia.* Al sureste de Salónica o Thessaloniki hay otro lugar en el Atlas mencionado de Blaeus que se rotula *Crissos,* y más al norte de Kavala o La Caballa otro punto se denomina *Fornaxe,* es decir, 'horno'. Esta nomenclatura presupone que la región entera, desde Macedonia septentrional hasta la Calcídica, era una región minera y que la mena y ganga de las *fodinae* (veneros) de J. Leunclavius (*Annales Sultanorum Othmanidarum,* I, 221) se transportaba en *caramusales* y *escorchapines* al puerto de Sidero y de allí por tierra a Siderocapsa. De ahí que la moneda de oro y plata *(aspra maiora)* recibiera el nombre de *siderocapsios* (véase nota siguiente).

MATA.—¿Qué tanto hay de las minas a donde se hunde?

PEDRO.—Veintiçinco leguas por mar; sirben çient nabeçillas que llaman *caramuçalides,* y acá *corchapines*[35], de llebar solamente de aquella tierra que produze cierto oro finíssimo de muchos quilates, y plata, y lo que más es en grandíssima quantidad. Pagué porque me llebasen dentro un ducado, y quando me vi allí, los del vaxel[36] imaginaron que, pues tanto les había dado siendo fraire, podrían sacarme más, que debía de tener mucho, y en descargando la tierra de la mina, para bolver por

---

[35] *Caramusalides y escorchapines.* Del *caramuzal (sic)* dice Olesa Muñido que "fue entre turcos y berberiscos el velero corsario por excelencia. Rápido, maniobrero, bien protegido y bien armado, hizo honor, si la etimología que se le atribuye es cierta, a su nombre". En nota de pie de página (783) dice que el término equivale a *viento negro* por su velocidad y muerte que causa *(ob. cit.,* I, página 275). La palabra se encuentra repetidas veces en la prosa de nuestros escritores (Cervantes, *El amante liberal;* A. de Contreras, 154 y ss.; J. de Pasamonte, 14b, 28a, etc.) en la grafía *caramuzal.*

La palabra procede del turco *karamürsel,* nombre propio de una ciudad situada en la ribera de la manga de mar que termina en Izmit (Nicomedia). El nombre pasó a la lengua franca del Mediterráneo (gr. καραμουσάλα), con la *i* del posesivo o gentilicio turco, de donde el plural *caramusalides,* que emplea Urdemalas. No es, pues, desatinada la curiosa etimología que da Leunclavius (XVIII, 877): *Cara Mursel significat nigrum sanctum,* puesto que *Mürsel* en turco es 'apóstol', 'enviado', 'mensajero', y *kara,* 'negro'.

El *escorchapín, corchapín, scorciapino* o *scorciapano* era una nave ligera que, como los filibotes y galeoncetes, se construyó para sustituir a las pesadas galeras. Es posible que la voz se relacione con el it. *scorciare,* del lat. *curtus,* por alusión a la forma de su popa cuadrada y recortada, en oposición a las bastardas, de forma redondeada. Su primera mención se remonta a 1541. Olesa (I, pág. 273), remite a C. Fernández Duro, *La Armada Invencible,* I, Madrid, 1884, doc. 7, pág. 252. (Véase para *caramusalides,* Kahane-Tietze, *ob. cit.,* núm. 467, s.v. *paramuselli;* para *escorchapines,* Aguado-Alcázar, Historia de España, II, pág. 947.) (En el Ms. toledano, *muçalides,* f. 94v.)

[36] *bajel:* «cualquier cosa que anda por la mar», según Pedro. La ignorancia de esta voz por Mátalas, parece indicar que la palabra no era familiar a los españoles. En la compilación de Kahane-Tietze figura solamente como *batjell* en el índice de voces de procedencia albanesa, con la significación de 'nave pequeña'. Corominas la hace proceder del catalán *vaixell,* derivado del diminutivo latino v a s, 'vaso', y documentado desde la primera mitad del siglo XIII *(BDELC,* s.v.).

más, díxome: Yo os querría echar en tierra; mas quiero que sepáis que el poco camino que tenéis de andar hasta Monte Sancto por tierra está lleno de ladrones, que cierto os matarán; dadnos otro ducado y poneros hemos por mar en una *metoxia*[37] de los fraires, que es lo que acá llamamos granja. Conçertéme con él y dísele, porque me paresçió que tenía razón, [y] aun que también estaban con gran sospecha de los sueños del compañero, que yo çierto tengo que estaba spritado[38]. Desembarcamos junto a la granja, que era una torre donde había un fraire mayordomo y otros seis fraires que le servían y cababan las viñas. Ya yo pensé estar en España; y como llegamos con nuestro hato acuestas llamamos y no quisieron abrir para que entrásemos, que no estaba alli el *icónomo*[39], que ansí se nombra en griego. Esperamos, y quando vino a la tarde saludámosle y respondióme como fraire, en fin, de granja.

MATA.—Siempre dan esos cargos de mandar a los más ca[z]urros y desgraciados.

PEDRO.—Luego dixe: Noramala acá venimos, si todos los fraires son como éste: ya con las çejas caídas sobre los ojos, a media cara, con sus cabellazos hasta la çinta y barbaza, dixo: subí si queréis, padre, a hazer colaçión, aunque acá todos somos pobres.

MATA.—¿Luego la primera cosa que todos tienen es esa?

PEDRO.—¿Qué?

MATA.—Predicar pobreza.

PEDRO.—Es verdad; y subimos y començó de preguntarme y repreguntarme de dónde era. Yo le dixe que de la isla del Chío, porque si acaso hablase alguna palabra que no paresçiese griego natural no se marabillasen, por respecto que en aquella isla se habla también italiano, y todos los griegos lo saben. Sentámonos a cenar en el suelo sobre una manta vieja y dieron gracias a Dios y comenzaron de sirvir manjares.

---

[37] *metoxia,* del gr. τό μετόχι *(Gil,* 146), o τό μετόχιον (D. C. Divryi, *English-Greek Dictionary,* Nueva York, 1961), 'propiedad o dependencias de un convento'. Pedro españoliza el nombre. Según Wheler, «casillas o chozas donde los monjes se retiran a orar o para hacer un alto en sus tareas» *(Voyage de Dalmatie, de Grèce et du Levant,* II, La Hague, 1723, pág. 62).

[38] *spritado:* 'espiritado', 'poseso', 'enajenado', como en Cervantes, *La gitanilla:* «… y te estoy escuchando como a una persona espiritada que habla latín sin saberlo.» (En *T,* 'espiritado'.)

[39] *icónomo:* del gr. οἰκόνομος, 'mayordomo', 'fraile que administra los bienes de la comunidad'.

272

MATA.—¡Y aun qué tales debían de ser y qué dellos!

PEDRO.—No hubo fruta[40] de prinçipio ninguna.

MATA.—Ni aun de medio creo yo.

PEDRO.—La prinçipal cosa que sacaron fue habas remojadas de la noche antes en agua fría y con unos granos de sal ençima, sin moler, tan grandes como ellas, y tras esto un plato de azitunas sin açeite ni vinagre, que yo quando las vi pensé çierto que fuesen píldoras de cabras, porque no eran mayores; añadieron por los huéspedes terçero plato, que fue media çebolla.

JUAN.—¿Y ansí comen siempre?

MATA.—Que son mañas de fraires quando hay huéspedes forasteros, por comprobar la pobreza que tienen predicada; mas entre sí y os prometo que lo pasan bien y tienen alguna razón, porque luego les acortarían las limosnas por la fama que los huéspedes les darían.

PEDRO.—De los de acá yo bien creo lo que vos deçís, mas de aquellos no, porque lo sè muy bien que hazen la mayor abstinençia del mundo siguiendo siempre ellos y los clérigos griegos la orden evangélica. Llegamos de allí en el primer monasterio de Monte Sancto yendo por una espesura muy grande, que es de esclabones[41], que allá se llaman búlgaros, y el nombre del monesterio Chilandari; y en llegando estaban unos fraires sentados á la puerta de la portería, y ençima de todas las puertas hay una imagen de Nuestra Señora, a la qual los que van en romería han de hazer primero oratión que hablen a nadie, y en esto tienen grande scrúpulo. Yo, como no sabía aquello, en viendo los fraires los saludé con el grande plazer que tenía, pensando hallar la charidad y acogimiento que en Burgos. Ellos respondieron: *Bre ¿ti camis?*[42] padre ¿qué hazéis señalándome la imagen. Yo luego caí en la quenta, y hize mi oratión como ellos usan.

---

[40] *fruta:* vianda frita o guisada.

[41] *esclabones que allá llaman búlgaros:* probablemente por ser Bulgaria la tierra más próxima. Sobre su etimología, Belon y Blaeus suponen que el nombre procede de *Volga,* de cuyas riberas emigraron en tiempos remotos a los valles de Rumelia y Macedonia, o fueron transportados por orden del emperador Basilio a la Mesia o Misia inferior (Blaeus, II, pág. y lám. 20).

[42] *Bre ¿ti camis?* es βϱέ, τί καμείς cuya traducción de «padre ¿qué hacéis?» no es muy exacta, según *Gil (ob. cit.,* 154 y nota 2).

La caridad y acogimiento que en Burgos sugiere que, si es correcta nuestra hipótesis, el autor Juan de Ulloa Pereira, desterrado de Valladolid, encuentra en Burgos una cálida acogida (Introducción, pág. 72).

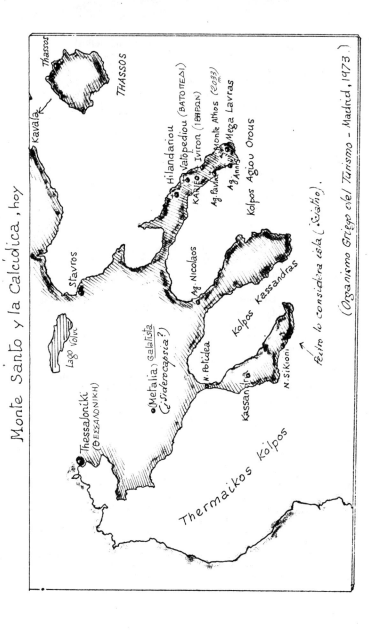

Monte Santo y la Calcídica, hoy

Thassos

THASSOS

Kavala

Hilandariou
Vatopediou (ΒΑΤΟΠΕΔΙ)
Ivíron (ΙΒΗΡΩΝ)
KARIÉS
Monte Athos (2033 m.)
Ag. Pavlos
Ag. Anna
Mega Lavras
Kolpos Agiou Orous

Stavros

Ag. Nicolaos

Lago Volvi

(Metalia) Galatista
(¿Siderocapsa?)

N. Potidea

Kolpos Kassandras

Kassandra

N. Sikioni

Pedro lo considera isla (¿Xiaho).

Thessaloniki
(ΘΕΣΣΑΛΟΝΙΚΗ)

Thermaikos Kolpos

(Organismo Griego del Turismo – Madrid, 1973.)

CAPÍTULO XI

En el monte Athos

JUAN.—¿Qué uso es el suyo?

PEDRO.—En toda la Iglesia griega no se hincan de rodillas, y las orationes particulares, como no sean misa ni horas de la Iglesia, son a la apostólica, muy breves: haçen tres vezes una cruz como quien se persina, tan larga como es el hombre, de manera que como nosotros llegamos al pecho con la cruz ellos a la garganta del pie, y dicen: *Agios o Theos. Agios schiros, Agios athanatos, eleison imas.* Esto, como digo, tres vezes o cuatro, y en la iglesia añaden un *pater noster.*

MATA.—¿Qué quieren deçir aquellas palabras?

PEDRO.—*Sancto Dios, Sancto fuerte, Sancto immortal, ten misericordia de nosotros*[1].

MATA.—En verdad que es linda oratión.

JUAN.—A vos porque es breve os agrada.

PEDRO.—También tienen un *Chirie eleison,* la más común palabra. Quando se maravillan de algo. *Chirie eleison:* quando se ven en fortuna[2] de mar o de tierra, *Chirie eleison.* Estarse a un griego media hora diziendo: *Chirie eleison;* que es: *Señor, miserere.* Entramos ya en el monesterio y fuimos a la iglesia a hazer primero la oratión que llaman *prosquinima*[3], y quando me preguntaban adónde iba, o de dónde venía aquellos fraires, con

---

[1] Plegaria común a todos los cristianos que Pedro transcribe y traduce correctamente contestando a la pregunta de Mátalas.

En todo este capítulo son evidentes las concordancias del *Viaje* con las *Observations* de Belon, en las cuales el naturalista francés describe en quince capítulos las particularidades del Athos y la vida de los caloyeros. No es improbable que nuestro Urdemalas, así como Laguna y Ogier de Busbecq, conociera el libro de Belon, puesto que en 1553 había aparecido la edición de Corrozet, idéntica a la de 1555 que he utilizado.

[2] La palabra *fortuna* significa en esta *koinée* o lengua común de los marineros y mercaderes del Mediterráneo *tempestad* o *temporal en la mar,* repetida varias veces en los capítulos subsiguientes (fs. 74v, 75v, 77v, 79r y 85v).

[3] *prosquinima:* propiamente, 'peregrino' y 'perdón que implora éste', gr. moderno προσκύνημα, 'peregrino'; προσκυνήματα μου, «le presento mis respetos». (Dvryi, dicc. cit., s. v.)

deçirles que era *prosquinitis*, que quiere deçir como peregrino que va a cumplir alguna romería, atajaba muchas preguntas; diéronme luego a beber en la despensa y el prior mostró buena cara.

MATA.—Esas siempre las muestran hasta saber si les dan algo o no.

PEDRO.—Deso estaba bien seguro; y era ya una hora antes que el sol se pusiese, [cuando] vinieron luego todos los fraires que estaban fuera y tocaron a bísperas, y entramos en el coro donde vi, çierto, una iglesia muy buena y bien adornada de imágenes y çera.

MATA.—A todo esto, ¿nunca se hazía caso del compañero, ni hablaba, ni preguntaban cómo no hablaba?

PEDRO.—Cada paso; mas yo luego respondía que era sordo y no entendía lo que dezíamos. ¿Cómo había de hablar? lo qual bían por la experiençia. Los ofiçios eran tan largos como maitines de la Noche Buena y çiertamente, sin mentir, duraron quatro horas; al cabo salimos, que nunca lo pensé, y fuímonos al refitorio a cenar.

JUAN.—¿Qué rezan que tanto tardan?

PEDRO.—El Salterio, del primer psalmo hasta el postrero.

JUAN.—¿Cada día?

PEDRO.—Dos vezes, una a bísperas otra a maitines.

JUAN.—¿Cantado o rezado?

PEDRO.—Cantado reçando.

MATA.—¿Cómo es eso? ¿cantar y rezar junto?

PEDRO.—No, sino que lo cantan tan de corrida, que paresçe que rezan.

MATA.—¡Ah! ¿cómo acá los clérigos en los mortuorios de los pobres?

PEDRO.—Ansí es.

JUAN.—Largo ofiçio es ése. ¿Qué tiempo les queda si han de olgar?

PEDRO.—Lo que pluguiese a Dios sobrase a los fraires todos de acá.

JUAN.—¿Qué es?

PEDRO.—Despúes lo sabréis; dexadme agora. El refictorio tenía las mesas de mármol todas, sin manteles ningunos, más de la viva piedra, y un agujero en medio y algo cóncava, para en acabando de comer labarla y cae el agua por aquel agujero.

MATA.—¿Con qué se limpian?

PEDRO.—¿De qué?

MATA.—De la comida.

PEDRO.—¿Pues aún no nos hemos sentado a la mesa y ya os queréis limpiar? Era día de Sancto Mathía[4], y en cada mesa se sentaban seis y había seis jarrillos de plomo de a quartillo llenos de un vino que no sabe mal, hecho de orujo y miel con çierta hierba que le echan dentro y un poco de agua de azar que le da sabor[5]. Verdaderamente salta y emborracha, y si no os dizen qué es, paresçeros ha buen vino blanco, y un platico de queso molido, que en aquellas partes quajan mucho queso, como manteca de bacas, y métenlo en cueros como la mesma manteca, y sécase allí; después está como sal, y esto se come amasando el bocado de pan primero entre los dedos para que adquiera alguna humidad, y pegue el queso en ello quando untare el pan. Teníamos olla de unas como arbejas que llaman *fasoles*[6], y azitunas como las pasadas y a casco y medio de zebolla. El pan era algo durillo, pero no malo.

MATA.—Duro tenerlo hían para que no se comiese tanto.

PEDRO.—Açertastes; luego a la ospedería a dormir, la qual era, como agora os pintaré, una camaraza antiquíssima con muchos paramentos naturales.

JUAN.—¿Qué son naturales?

MATA.—¡Echadle paja! ¿No sabéis qué son telarañas?

PEDRO.—Las camas sobre un tablado; una manta que llaman esclabina, que de más de la infinita gente que dentro tenía, habría una carga de polvo en ella. Una almohadilla de pluma que si la dexaran se fuer por su pie a la pila.

MATA.—¿Había más?

PEDRO.—No.

MATA.—¿Luego para ir a maitines y madrugar, no había neçesidad de despertadores? Y las camas dellos ¿son ansí?

PEDRO.—Sin faltar punto, salbo la de alguno que se la compra él. Con ser la noche larga, a las dos fuimos a maitines; salimos a las siete. Aún estaba confuso qué había de ser de mí; lleguéme al prior, y díxele que le quería en confesión deçir dos palabras, y túbolo por bien. Digo, pues: Padre santo, yo os hago saver que no somos fraires, ni aun griegos tampoco; somos

---

[4] *San Matías:* 24 de febrero.

[5] Sin duda Pedro se refiere al *tsipuro,* gr. τσίπουρο, elaborado del orujo de la uva, de sabor áspero y de subida gradación alcohólica.

[6] *fasoles,* gr. φασο΄ολος, 'habichuelas', probablemente del lat. *phaseolus,* a través del italiano, de donde el español *fréjoles* o *frijoles* (Hispanoamérica).

españoles y venimos huidos del poder de los turcos y para mejor nos salvar hemos tomado este vuestro sancto ábito. Apóstoles sois de Christo; hazed conforme al ofiçio que tenéis, que por solamente querernos hazer renegar somos huidos, y a ser tomados, por no ser maltratados, quizá haremos algún desatino, el qual, no usando vos de piedad y misericordia, seréis causa y llebaréis sobre vos. Yo traigo graçias a Dios, dineros que gastar estos dos meses, si fuere menester; no quiero más de que me tengáis aquí fasta que benga algún nabío que me llebe de aquí y pagaré cortésmente la costa toda que entre tanto haré.

JUAN.—Justa petiçión era por çierto.

PEDRO.—Tan justa era quan injusta me respondió. Començó de santiguarse y hazer melindres, y espantosos escrúpulos, diziendo: *Chirie eleison,* ¿y esta traiçión teníais encubierta? ¿queréis, por ventura, vos ser el tiçón con que toda nuestra casa se abrase, y aun la horden? Luego sin dilaçión os id con Dios, que a esta mar no biene nabío ninguno de los que vos queréis, sino idos a Santa Laura, que era otro monesterio, que allí hay un portiçuelo donde se hallan algunas vezes esos nabíos: y no os detengáis más aquí, porque como éste es el monesterio más çerca de donde están los turcos, cada día vienen aquí a visitarnos y luego os verán; yo no lo puedo hazer, andá con Dios.

MATA.—Pues ¡maldiga Dios el mal fraire! ¿tan pequeño era el monesterio que, aunque viniesen mill turcos, no os podían esconder quanto más sin venir a buscaros?

PEDRO.—El menor, de veintidós que son, es como Sant Benito de Valladolid[7], y mayor mucho, como están en desierto, que paresçe cada uno un gran castillo; y más que todo es muy espeso monte de castaños y otros árboles, que ya que algo fuera me podía salir al bosque entre tanto que me buscaban.

MATA.—¿Qué buscar? ¿qué bosque ni espesura? Yos prometo que si fueras donçellas, aunque fueran çiento cupieran en casa con todas sus santidades.

PEDRO.—Yo le demandé un fraire que me mostrase el camino hasta otro monesterio, renegando de la paçiencia, que sería ocho leguas de allí por el más áspero camino que pienso haber en el mundo, y diómele de buena gana, más con tal condiçión que le pagase su trabajo, porque eran pobres; yo lo puse en sus

---

[7] *como Sant Benito de Valladolid:* la especificación de Valladolid seguida a la del espacioso templo —que superaba en proporciones a San Pablo y San Gregorio de la ciudad castellana— puede ser un indicio de que el diálogo no tenía lugar en la entonces corte.

manos y mandó medio ducado; admitílo, aunque era mucho, mas con condiçión que por que yo estaba cansado y el viejo no podía, que llebase él las alforjas acuestas, que de camisas y beinte baratijas pesaban bien; no quiso, sino a ratos él y yo; escoxí del mal lo menos, por tener a quien hablar que supiese que no era fraire, para que me avisase de todas las cosas que había de hazer y zerimonias que en la orden había, para mejor saber fingir el ábito, lo qual fue una de las cosas que más me dieron la vida para salvarme, porque yo çierto lo deprendí a saberlo tan bien como quantos había en el Monte. Pasamos por un monesterio que se llamaba Psimeno[8] sin entrar dentro, y fuimos a dormir en otro muy de los prinçipales que se llama Ba-

---

[8] *Psimeno, Batopedi, Padocratora...* Parece ser que nuestro Urdemalas está recorriendo el Monte Athos o Santo de norte a sur por la ribera oriental de la península de este nombre, de entre las tres de la Calcídica. (Como hay discrepancias en la enumeración y grafías de Belon, Serrano y Sanz y el autor del *Viaje,* e incluso no coincide la rotulación de los mapas modernos, doy a continuación un extracto de la descripción que hace el Organismo de Turismo griego [1973] en grafía latina, con una breve indicación de sus características. El texto del Organismo griego cita 20 existentes en la actualidad.)

El primero de los visitados por Urdemalas es *Hiliandariou,* situado en la parte septentrional de la costa oriental, fundado por San Simeón. Contiene valiosos pergaminos y está decorado con artísticos mosaicos; *Esfigmenou,* construido en el siglo X, también con bellos mosaicos; *Vatopedi,* rodeado de murallas, posee una gran riqueza de incensarios, tenebrarios y candelabros de oro y plata, frescos por E. Pansclinos y una biblioteca abundante en códices y libros raros; *Pantokrátoros* (el *Pandocrátora* de Pedro) guarda una valiosa colección de iconos y miniaturas; *Karyes,* capital y centro de la teocrática comunidad, posee una gran biblioteca, y *Koutloumoussios (Koutlomousi,* en SSanz, ob. cit., pág. 50), también contiene una valiosa colección de códices, pergaminos y reliquias. Estos dos últimos no están citados en la relación de Pedro, quizá por hallarse en el interior del monte.

Siguiendo la dirección apuntada norte-sur, se hallan dos construidos en el siglo X: el de *Stavroníkitas,* que se alza como un castillo roquero, y el *Iviron (Hibérico,* para Urdemalas), el más antiguo de todos. Al sur se hallan también otros dos muy antiguos: *Philoteos,* con rica biblioteca y *Karakalos (Caracul,* en Belon), desde el cual se emprende el largo recorrido —más de cuatro horas— hacia el vasto monasterio-fortaleza de *Agia Lavra,* verdadero museo de arte bizantino y postbizantino, con una de las más ricas bibliotecas del mundo.

topedi, adonde ya sabía yo el modo de las çeremonias de fraire, y no fui conosçido por otro, y fuimos huéspedes aquella noche; y dimos con nosotros en otro, que es también prinçipal, que se diçe Padocrátora, en donde almorçamos, y pasamos a otro, que se llama Hibérico, en donde comimos, y queriendo pasar adelante me preguntaron qué era la causa que pues todos los peregrinos en cada monesterio estaban tres días, nosotros íbamos tan deprisa. Yo respondí porque en Santa Laura tenía nueba que estaba un nabío que se partía para Chío, y por llegar antes que se partiese a escribir una carta, y embiar cierta cosa que nuestro patriarca me había dado en Constantinopla, mas que luego había de dar la buelta y hazer mi oratión como era obligado; y con esto los aseguré ya; pasé a otro, que se llama Stabronequita, y de allí a Sancta Laura, donde pensaba había de haber fin mi esperança; y hecha la oratión y çerimonias fuimos a hablar al prior, al qual hize el mesmo raçonamiento que al primero, y él los mesmos milagros y respuestas que el otro, y dixo que allí jamás había nabío semejante, sino de turcos,

---

Desde la Megali Lavra o Gran Laura se continúa el camino hacia la metoxia de Keraxia y de allí se puede iniciar la ascensión hacia el Monte Athos (2.033 m.) para obtener una vista espléndida de toda la Calcídica, Evia (Eubea), el monte Olimpo, Kavala y —según la publicidad— Santa Sofía en días claros.

A la vuelta de Poniente —como diría Alonso de Contreras— se encuentran los de *Agios Simonos Petras,* de arquitectura muy original, recortado sobre el abismo. Este último, como el de *Agios Dionissios* y el de Stavronikita recuerdan mucho a nuestras casas colgadas de Cuenca. Hacia la parte de Poniente se encuentran también otros que Urdemalas no cita: los de *Dohiaríou (Docherio,* para Belon; *Dokareion* —con errata de *n* por *u*— para *SSanz),* decorado con artísticos frescos, y *Konstanmonitou* y *Zographou,* que contienen reliquias y pergaminos.

Finalmente, después de recorrer *Agios Gregorios,* sobre un macizo rocoso recortado a pico sobre el mar, el ya mencionado de Agios Dionissios y el *Agios Pavlos* (con rica colección de iconos y reliquias), se llega al llamado por Pedro *Rúsico* (propiamente *Agios Panteleimon),* de monjes rusos, que guarda códices de los siglos XII al XIV. Se abandona la Calcídica occidental por el de *Kiropótamos,* fundado, según la leyenda, por la emperatriz Pulqueria. (En los mapas del *Världatlas* de Bonniers, Estocolmo, 1949, y en el Atlante Internazionale del Touring Club italiano, Milán, 1951, figura un monasterio *Xeropótamou* entre el Rúsico y el de Pantocrátoros.) Según el relato de Pedro, este último monasterio parece coincidir con el indicado en estos dos mapas.

que me conosçerían y sería la ruina de todos. El mejor remedio era ir al Xilandari, que era el primero de todos, y allí solían acudir aquellos nabíos. Yo digo: Señor, he estado allá y remitiéronme acá; mirad que conmigo no habéis de gastar nada. No aprobechando, procuré de saber si había algún fraire letrado para comunicar con él, y contentándole, que se me afiçionase y rogase por mí, y había uno solo que se llamaba el papa Nicola, y començéle de hablar en griego, latino y cosas de letras, el qual m'entendía tanto, que con una ayuda de agua fría le hizieran echar quanto sabía. En fin como diçe el italiano: *en la terra de li orbi, beato chi ha un ochio: en la tierra de los çiegos, beato el tuerto;* afiçionóseme un poco y habló por mí, y lo que pudo alcançar era que nos quedásemos allí por fraires de veras, y que él nos enviaría adentro en el bosque, donde tenían una granja, y yo cabaría las viñas y mi compañero guardaría un hato de obejas; y si esto no queríamos, desde luego desembarazásemos la casa; yo respondí agradesçiéndoselo que holgara dello, pero no podíamos por respecto que teníamos mugeres y hijos, que de otra manera Dios sabía nuestro muy buen propósito.

JUAN.—Pues ¿el fraire mesmo había de cabar ni guardar ovejas?

PEDRO.—Quiéroos aquí pintar la vida del Monte Sancto, para que no vais[9] tropezando en ello, y después acordadme dónde quedó la plática.

MATA.—Yo tomo el cargo deso.

PEDRO.—Los veintidós monesterios que os he dicho, todos, sino dos, están en la mesma ribera de la mar, y cada uno tiene una torre y puertas de yerro, y puentes levadiças, no más ni menos que una fortaleza, y no se abre hasta que salga el sol. Tiene ansí mismo cada monesterio su artillería, y fraires que son artilleros, [y] una cámara de arcos y espadas.

JUAN.—¿Para qué esas armas?

PEDRO.—Para defenderse de los cosarios, que podrían hazer algún salto. La distançia de un monesterio a otro no será de dos leguas adelante. En el punto que sueltan una pieza de artillería, concurrirán al menos tres mill fraires armados y aun muchos dellos a caballo, y resistirán a un exérçito si fuere menester.

JUAN.—Si esos están debajo el Turco, ¿quién les haze mal?

PEDRO.—Cosarios, que no obedesçen a nadie; son como salteadores o bandoleros en tierra.

MATA.—¿No será mejor a repique de campana?

---

[9] *vais* por 'vayáis', frecuente en todo el texto.

PEDRO.—En todo el imperio del Gran Turco no las hay ni las consiente. Unos diçen que porque es pecado; mas yo creo a los que diçen que, como hay tantos christianos, teme no se le alzen o le hagan alguna traiçion; porque el repique de campana junta mucha jente: ni órgano tampoco no le hay en ninguna iglesia, que con trompetas se dize en Constantinopla algún día solemne la misa.

JUAN.—¿Pues cómo tañen los fraires o los clérigos a misa?

PEDRO.—Campanas tienen de palo y de hierro que tocan como acá [10].

MATA.—Eso no entiendo cómo pueda ser.

PEDRO.—Una tabla delgada, estrecha y larga cuanto seis varas; por enmedio tiene una asa como de broquel y tráenla en el aire en la una mano, que no toque a rropa ni a nada, y en la otra un maçico, con el qual va repicando en su tabla por todo el monesterio y haze todas las differençias de sones que acá nosotros con las nuestras.

JUAN.—¿Como acá los Viernes Sanctos?

PEDRO.—Quasi. Las de yerro son una barra ancha y a manera de herradura o media luna, colgada de modo que no toque a ninguna parte, y allí con dos maçicos de yerro hazen también sus diferençias de repiquetes los días de fiesta.

MATA.—¿Qué, es posible que en tan grande miseria están los pobres christianos? Nunca lo pensara. ¿Y tantos hay desos fraires?

PEDRO.—Ya os he dicho que en cada monesterio doçientos o tresçientos, ansí como los monesterios de acá y las perrochias; todo es una manera de çelebrar allá; dígolo para que los que oyerdes de Monte Sancto se entiende de toda Greçia.

MATA.—¿El comer?

PEDRO.—Ya os he dicho cómo comimos aquellos días de fiesta. Ellos tienen la mayor abstinençia que imaginarse puede. Primeramente no comen carne, ni huebos, ni leche, sino es obra de treinta o quarenta días en todo el año; iten tienen quatro Quaresmas [11].

JUAN.—¿Los fraires, o todos los griegos?

PEDRO.—Todos las tienen; pero más abstinençia tienen los

---

[10] Coincide la descripción de Pedro y la de Belon con la de nuestras *matracas* empleadas en Cuaresma y Semana Santa en lugar de campanas.

[11] Las de Adviento, la Gran Cuaresma, la de los Santos Apóstoles y la de la Virgen (1-15 de agosto) (véase *Gil,* págs. 111-112).

fraires. El Adviento es la una, en el qual comen pescado si le tienen; luego la nuestra Quaresma, que la llaman ellos grande, la qual toman ocho días antes que nosotros y en aquéllos bien pueden comer todos huebos y leche y pescado. El domingo de nuestras[12] Carnestolendas las tienen ellos de pescado y huebos y leche, si no fuere pescado sin sangre, como es ostrias, caracoles, calamares, pulpos, gibias, veneras y otras cosas[13]. Ansí, los fraires añaden más abstinençia, que no comen lunes, miércoles y viernes açeite, diçiendo que es cosa de gran nutrimento, ni beben vino; gisan unas ollas de hinojo y fasoles, con un poco de vinagre; habas remojadas con sal de la noche antes tienen muy en uso y algunas açitunas.

JUAN.—¿Pasáis por tal cosa? ¿Y apueden resistir a guardarlo de esa manera?

PEDRO.—Como testigo dé vista os diré lo que pasa en eso. No digo yo fraire, ni en Quaresma, sino un plebeyo en viernes, que esté malo, que se purgue, no comerá dos tragos de caldo de abe, ni un huebo, si pensase por ello morir o no morir, y aun irse al infierno; en eso no se hable, que entre un millón que curé de griegos jamás lo pude acabar, sino unas pasas o un poco de aquel pan cocto de Italia. El Domingo de Ramos y el día de Nuestra Señora de março comen pescado y se emborrachan todos los seglares, y aun de los otros algunos, y darán las capas por tener para aquel día pescado.

JUAN.—¿Celebran ellos la Pascua como nosotros?

PEDRO.—Como nosotros, y quando nosotros tienen todas las fiestas del año, y la mañana de Pascua es la mejor fiesta del mundo, que se besan quantos se topan por la calle y se conosçen, unos a otros, y el que primero vesa dice: *O Theos aresti.* El otro responde: *Allithos anesti: Christo resusçitó.* Y el otro: *Verdaderamente resuçitó* [14].

MATA.—¿Y a las damas también?

PEDRO.—Ni más ni menos, si las conosçen; aunque yo, para deçir la verdad, aquel día si me paresçía bien, aunque no la conosçiese, le daba las pascuas en la calle y me lo tenía a

---

[12] En *M-l* (f. 71v), *Quaresma* está tachado, y a continuación *Carnestolendas*.

[13] A este respecto dice Belon (I, f. 83v): «Car ceux qui sont vrais Grecs, s'ils voyent quelcun des leurs manger du poisson ayant sang en quaresme, ils s'enscandaliseront grandement.»

[14] Gr. Ὁ θέος ἀνέστη, ἀλεθῶς ἀνέστη *(Gil,* 153; J. Spon y G. Wheler, *Voyage d'Italie...,* La Haya, 1724, págs. 277-278).

mucho por ser español, y aun cobraba amistades de nuebo por ello.

MATA.—¿Hay hermosas griegas allá?

PEDRO.—Mucho, como unas deas.

JUAN.—Dexaos agora deso; ¡mira adónde salta! ¿Quál es la terçera Quaresma?

MATA.—No querría Juan de Voto a Dios oír hablar de damas burlando, mas de veras. Dios os guarde de todos los de tal nombre en achaque de sanctos.

PEDRO.—Desde principio de junio hasta Sant Juan; y ésta no hay abstinencia de pescado, aunque tenga sangre. La última desde primero de agosto hasta Nuestra Señora, y aun hay muchos que tienen otra quinta de 25 días, a San Dimitre; mas ésta no es de preçepto.

JUAN.—Y en el sacrificar ¿en qué difieren de nosotros?

PEDRO.—En el baptiçar diçen que somos herejes, porque es grande soberbia que diga un hombre: *Ego te baptizo,* sino *Dulos Theu se baptizi: el sierbo de Dios te baptiza*[15]. Yo, hablando muchas vezes con el patriarca y algunos obispos, les deçía que por falta de letrados estaban diferentes su Iglesia y la nuestra romana; porque esto del baptismo todo era uno dezir: *Yo te bautizo en el nombre del Padre, etc.* y *El siervo de Dios te baptiza.* No echan el agua de alto, sino tómanle por los pies y zapúzanle todo dentro la pila. En la misa no hay pan senzeño[16], ni curan de hostia como nosotros, sino un pedaçillo de pan algo creçido. Las mugeres que lleban pan a la iglesia para ofresçer hazen una cruz a un lado del panezillo, para que de allí tome el sacristán para sacrificar, y en un platico lo tienen en el altar. La casulla es a manera de manto de fraire hasta en pies, con muchos pliegues; no le verán deçir la misa, porque el altar está detrás de una pared a manera de cançel con dos puertas a los lados[17]. El saçerdote sobre la una diçe la Epístola al pueblo, y muchas orationes que nuestra Iglesia diçe el Viernes Sancto, ellos en todas sus misas las tienen. En la otra puerta

---

[15] Gr. δοῦλος θεοῦ σε βαπτίζει, «un siervo de Dios te bautiza». Fórmula de bautismo en la Iglesia Ortodoxa.

[16] *pan cenceño:* pan ácimo, pan sin levadura.

[17] Se trata de la cancela que separa el *katholikon* o nave central del templo, del iconostasio (gr. ικονοστ ασιος), llamado por Du Cange *por(t)icus* (Ch. Du Fresne, Seigneur Du Cange, *Glossarium ad scriptores mediae et infimae graecitatis...* [Lugduni. 1688; ed. del Collège de France, 1943, s. v.).

diçe el Evangelio. El credo y el pater noster no le diçe el saçerdote, sino un muchacho a boçes en medio de la iglesia.

JUAN.—¿Qué causa dan para que se ha de sacrificar con pan levado?

PEDRO.—Porque el pan sin levadura es como cuerpo sin ánima, y habiéndose de convertir en Christo aquéllo, no puede si no tiene ánima. Son todos una jente quasi tan sin razón como los turcos.

JUAN.—Ansí me paresçe a mí por lo que dellos me contáis. ¿Y cómo alçan el sacramento?

PEDRO.—Tiénele el sacerdote en su plato cubierto con un belo negro y sale por una puerta, y da vuelta por todo el coro a manera de proçessión y torna por la otra; y otro tanto al cáliz, y de como sale hasta que torna ninguno mira haçiallá, sino todos, inclinadas las cabeças hasta las rodillas, y más si más pueden, están haçiendo cruçes, y diçiendo: *Chirie eleison, Chirie eleison.* En fin de la misa el saçerdote da por su mano a todos el pan bendito, que llaman andidero[18], y algunos entonçes ofresçen algo, y no creáis que habrá griego que almuerçe el domingo antes que coma el pan bendito. Las más vezes hay en fin de la misa *psichico*[19], que es limosna que algunos dan de pan y sendas vezes de vino a toda la jente que hay en misa, sentados por su orden. Como no conosçen nuestro Papa, tienen por superior un patriarca, el qual reside en Constantinopla, y éste pone otros dos: uno en Antiochía y otro en Alexandría.

JUAN.—¿Qué renta tiene?

PEDRO.—La que tubiesen muchos perlados de acá; solamente aquello que por su persona allega pidiendo seis meses del año limosna en cada pueblo; es verdad que se lo tienen allegado, pero conviene ir en persona; lo que estando yo allá cada año allegaba eran treze mill ducados, de los quales daba ocho mill al Gran Turco de tributo porque le dexe tener la fe de Christo en peso y hazer justiçia en lo eclesiástico; y de los çinco o seis mill ducados se mantiene a sí y a los otros dos patriarcas.

JUAN.—¿Y ese es fraire o clérigo?

PEDRO.—No puede él ni obispo ni ninguno ser clérigo, porque los clérigos todos son casados a ley y a bendiçión. Ha de ser por fuerça de los de Monte Sancto.

---

[18] *andidero,* gr. ἀντίδωϱον, es el pan bendito.

[19] *psichico,* gr. ψυχίϰο, 'act of charity' (Divryi), 'limosna' (en Du Cange, *eleemosyna, stips collata*).

MATA.—Eso de casados los clérigos, me deçid: ¿Cómo casados? ¿Qué cosa es casados?

PEDRO.—¿No os tengo dicho que se vibe allá a la apostólica, y no están debaxo de nuestra Iglesia Romana? Cada clérigo se llama papa: el papa Juan, el papa Nicola, etc., y su muger, la paparia[20].

MATA.—¡Cómo se holgaría Juan de Voto a Dios que acá se usase eso; digo a ley y a vendiçión, que sin ley y a maldiçión, de las de a pan y cuchillo, no falta, por la graçia de Dios. Tres vezes ha parido la señora después que vos faltáis.

JUAN.—Para éstas que yo sepa de aquí adelante de quién me guardar.

MATA.—No tenéis por qué os picar más vos que los otros, que yo no dixe sino de los clérigos y theólogos de acá en comparaçión de los de allá; sé que vos no sois obligado a responder por todos.

JUAN.—Ello está bien. ¿Los obispos no ternán, a esa quenta, mucha renta?

PEDRO.—La que les basta para servir a Dios: dosçientos o tresçientos ducados el que más; y llámanse *metropollitas*[21]; los obispados, como en renta, son pequeños también en jurisdiçión; quasi cada pueblo, como sea de doçientas casas, tiene él su *metropollita* y no puede salir de su obispado sino es a la elección del patriarca, que es por mano destos y eligen a uno dellos.

JUAN.—¿Y éstos elígelos el mesmo patriarca de los de Monte Sancto?

PEDRO.—Sí.

JUAN.—¿Y los clérigos que renta tienen? ¿Hay canonicatos o dignidades como acá?

PEDRO.—Ni aun benefiçios tampoco; no penséis que es allá la sumptuosidad de las iglesias como acá; son pequeñas, como cosa que está entre enemigos, y herédanse como cosa de patrimonio; es como hay acá çiertas abadías en ermitas o encomiendas de Sant Juan. Tengo agora yo esta iglesia como cura della; tomo quatro o seis papas que me ayudan, y parto con ellos la

---

[20] *paparia:* propiamente, *papadia* (gr. παπαδία), 'mujer del pope' *(uxor presbyteri vel Clerici,* Du Cange). El masculino *papas* (gr. πάπας, distinto de *papás,* gr. παπάς, 'obispo'); de ahí la mala acentuación de Contreras, cuando menciona el *papaz* (págs. 90b y 91a). Los últimos, o patriarcas, como dice Pedro muy bien, no son casados.

[21] gr. Μητροπολίτης, *Metropolitanus Episcopus* (Du Cange).

ganançia toda que los perrochianos me dieren, que es harta miseria, si no tienen otras cosas de que se sustentar ansí el cura como los otros.

JUAN.—¿Confiésanse?

PEDRO.—Como nosotros; no hay más diferençia entre su Iglesia y la nuestra de lo que os he dicho; en lo demás, entended que lo que vos hazéis en latín el otro lo haze en griego.

MATA.—Acabemos si os paresçe a Monte Sancto, que después daremos una mano a lo que desto quedare. En ese monte tan scabroso, donde de ni hay hombre ni muger ni pueblo en diez leguas alrrededor, ¿qué comen? ¿de qué se mantienen? ¿quién les da limosna?

PEDRO.—¿Limosna o qué? ¿Luego a huçia de la limosna se tienen de meter en las religiones teniendo sus miembros sanos? Cada mañana en amanesçiendo que se abre la puerta y vaxan la puente, veréis vuestros fraires todos salir con unos sayos de sayal hasta la espinilla, y unos bicoquis[22] como éste; veinte por aquí con sus azadas a cabar las viñas; otros tantos por acullá con las yubadas[23]; por la otra parte otros tantos con sus hachas al monte a cortar leña o madera; çinquenta otros están haziendo aquel cuarto de casa, enyesando, labrando tablas, y todo en fin que ninguno hay de fuera. Maestros hay de hazer barcas y nabios pequeños; otros van con sus remos a pescar para la casa; otros a guardar ovejas; los de ofiçios mecánicos quedan en casa, como çapateros, sastres y calçeteros, herreros; de tal manera que, si no es el prior y el que ha de diçir la misa, y algún impedido, no queda hasta una hora antes que el sol se ponga hombre en casa. Yo me espantaba quando no lo sabía; y caminando de un monesterio a otro veía aquéllos, que çierto paresçen hombre salvajes, con aquellos cabellazos y barbas.

MATA.—No paresçéis vos menos en verdad.

PEDRO.—Y preguntábanme. *Po paí ¿iagiosini su pater agiotate? Sanctísimo padre ¿dónde va vuestra santidad?*[24] Yo muerto de hambre y con mis alforjaças acuestas respondía primero entre dientes: *¡La puta que os parió con vuestras sanctidades!*

JUAN.—¿Pues por qué os llamaban ansí?

---

[22] *bicoquis:* gorros con dos puntas colgantes que cubren las orejas.

[23] *yubada* por 'yugada', 'yunta', especialmente la de bueyes *(R.A.E.,* tercera acepción).

[24] gr. Ποῦ πάει ἡ ἁγιωσύνη σου, πάτερ ἁγιότατε *(Gil,* pág. 155).

PEDRO.—Úsase entre ellos, aunque sea al cozinero y al herrero, llamar sanctidad.

MATA.—¿Y cómo llaman al patriarca?

PEDRO.—Ni más ni menos. ¿Cómo queréis subir más arriba? Dentro el mesmo Monte hay muy buenos pedaços de viñas y olivares y heredades, a donde me querían enviar a mí a trabajar, que son muchos dellos de particulares, y lo venden.

JUAN.—Eso no entiendo.

PEDRO.—Digo que hay caserías, como digamos, con sus viñas y olivares; y el fraire que tiene dineros compra una de aquellas, y escoje quatro o çinco compañeros que se lo labren y dales su mesa y mantiénense de aquéllo.

JUAN.—¿No comen en refitorio?

PEDRO.—Esos tales no, si no tienen muchos quartos en la casa apartados que corresponden a aquellas caserías y son anejos a ellas, y allí se están y ban a sus horas como los otros; mas no son obligados a trabajar nada para la casa.

JUAN.—Y ésa ¿quién la vende?

PEDRO.—El monesterio; porque quando muere se queda otra vez en el monesterio, aunque en vida bien la puede vender. Ansí hay muchos labradores que son viudos o de otros ofiçios, y hazen dinero lo que tienen y métense fraires allí.

MATA.—¿Y lo que lleban es nuestro, como acá?

PEDRO.—No, si no suyo propio, que nadie se lo puede tomar.

JUAN.—¿Y esos no saben letras?

PEDRO.—De diez partes las nuebe no saben leer ni escrebir, y gramática griega de mill uno, y aquélla bien poca[25].

JUAN.—Pocos saçerdotes habrá a esa quenta.

PEDRO.—Muy pocos. Quando a la noche llegaban del trabajo veníanme algunos a hablar; y yo no sabía de qué me conosçían. Como venían con sus capas de coro, largas, de chamelote o estameña, y las barbas algo más peinadas, preguntábales quiénes eran o de qué me conosçían: Decían: ¿Vuestra amistad no se acuerda que me preguntó por el camino estando yo cabando en tal parte? Yo luego le deçía: ¿Vuestra sanctidad es? ya cayo en la quenta, si mala pascua le dé Dios.

MATA.—¿Cómo es posible haber pan y vino y todo lo neçesario

---

[25] Sobre esta ignorancia de los popes griegos, dice Belon: «Entre tous les six mille Caloières, qui sont par la montagne, en si grande multitude, à peine en pourroit on trouver deux ou trois de chaque monastère, qui ne sçachent lire ne scrire» (I, f. 37r).

para tantas personas y tan grandes monesterios en solo pedaços del Monte?

PEDRO.—¿No dixe primero que tenían sus *metoxias* o granjas fuera? Cada monesterio tiene una o dos o más *metoxias* fuera del Monte junto a Sidero Capsia, y en las islas del arçipiélago algunas, como son en la isla de Lemno y del Schiatho, donde yo estube[26], y Eschiro, que son de distançia de Monte Sancto quinze leguas por mar; y en estas *metoxias* tienen sus mayordomos, con tantos fraires que basten a labrar las viñas y heredades, y con aquellos nabíos pequeños que hazen van y bienen y benden lo que les sobra, y allí tienen ganado y gallinas para los huebos, porque carne no la comen, y otras granjerías de fraires; de la lana del ganado hazen de bestir para la casa a todos.

MATA.—¿Y esos trabajan mucho?

PEDRO.—Como los mayores ganapanes que hay por acá; lo que seis obreros cabarán en un día ellos largamente lo harán quatro. ¿Qué pensáis? Antes que fuesen fraires, no eran más deso tampoco; ellos al paresçer tienen vida con que se pueden bien salvar, y no piden a nadie nada ni son importunos.

MATA.—Si en nuestras fronteras de moros hubiese monesterios desa manera, no se deserbiría Dios ni el Rey, porque a Dios le defenderían su fe y le servirían, y al Rey su reino, y que la jente de guerra que allí está se fuese al exérçito donde anda su persona.

JUAN.—Dezid vos eso y pelaros han los fraires.

PEDRO.—No me ayude Dios si no creo que irían de tan buena voluntad la mayor parte dellos como a ganar los perdones de más indulgençias que la Cruçada conçede, y aunque cortase tanto la espada de algunos como las de los soldados.

MATA.—Estaba pensando qué se me olvidaba de preguntar, y agora me acuerdo: ¿Qué hábito traen los clérigos griegos o papas?

PEDRO.—Unas ropas moradas por la mayor parte, aunque algunos las traen negras, y en la cabeza un barretín morado y una benda azul por la frente que le da tres o quatro bueltas a la cabeza. Yo no tengo memoria en dónde quedó la plática prinçical.

MATA.—Yo sí. Quando en Santa Laura el prior os dixo que

---

[26] Las noticias de Pedro continúan siendo imprecisas. Ahora sí se trata de la isla de Skiatos (*Schiatos,* para Pedro), donde parece que no estuvo.

Agios Dionissios

si queríais ir a trabajar con los hermanos y respondistes que erais casado.

PEDRO.—Gran deseo es el que Mátalas Callando tiene de saver, pues tiene tanta atençión al quento. Yo determiné, harto falto de paçiençia y desesperado de verme traer de Anás a Caiphás, de no me descubrir más a ningún hombre ni por pensamiento; sino, pues sabía ya tan bien todas sus çerimonias y vida frairesca, que aquél que vino conmigo los dos días me había enseñado, estarme en cada monesterio los tres días que los otros peregrinos estaban por huéspedes, y hazerles entender que era tan buen fraire como ellos todos; quanto más que sabía çiertos psalmos en griego, de coro, y otras cosillas, con las quales los espantaba y me llamaban *didascalos*[27], que quiere decir doctor; todo el pan que podía ahorrar escondido lo guardaba para tener que comer en el bosque quando me quisiese ir a estar algún día para detenerme más, por si acaso en aquel tiempo pasase algún nabío que me llebase. Salí de aquel monasterio con otro fraire de guía y fui a otro que se llama Agio Pablo, donde me estube mis tres días y cantaba con ellos en el coro, y no se contentaban poco, y la comida era como las pasadas. Acabados mis tres días fui al monasterio Rúsico, que es de rusios, çiertas jente que confina con los tártaros, y está subjeta a la Iglesia griega, y estube los mesmos, y fui a Sant Gerónimo[28], donde pasé un grandíssimo trago; porque estaban unos turcos que habían aportado allí, y preguntáronme [de] dónde era, y dixe que del Chío; y açertó que el uno era de allá, renegado, y luego me preguntó cúyo hijo y en qué calle; y yo en mi vida había estado allá; pero Dios me dio tal gracia que estube hablando con él más de una hora, dando razón a quanto me preguntaba sin discrepar ni ser tomado en mentira, y aun oían la plática otros dos fraires naturales de allá.

MATA.—Eso no me lo engargantaréis con una cuchar[29]. ¿Qué razón podíais vos dar de lo que nunca vistes?

---

[27] *didáscalos,* gr. διδάσχαλος, 'maestro'.

[28] *Sant Gerónimo:* Pedro confunde el nombre del monasterio. Debe de tratarse del de San Gregorio (gr. Μονή Αγίου Γρεγορίου), el cual por cierto está al sur del Rúsico (véase *supra,* nota 8).

[29] *engargantar:* «meter por la garganta, como para cebar las aves». El escéptico Mátalas obtiene la respuesta a su pregunta mediante la explicación por parte de Pedro de sus tretas y urdimbres, haciendo honor a su nombre, «urdiendo para quando fuese menester texer», «urdimbres que cumplen a la salvación del camino», como

PEDRO.—Andad vos como yo por el mundo y sabréislo. Dábale a todo respuestas comunes; a lo que me preguntó cúyo hijo era, dixe que de Verni, que es nombre que muchos le tienen, y si me preguntaba de quál, deçía que del viejo; ¿y cómo está fulano?: es muerto; el otro no está allí; fulano está malo; el tal armó una barca cargada de limones para Constantinopla; y otras cosas ansí; ¿parésçeos que me podía eximir? y aun os prometo que quedó bien satisfecho.

CAPÍTULO XII

La ruta por el mar Egeo

MATA.—Parésçeme que no les faltaba rrazón a los que deçían que teníais demonio, porque tales cosas aun el diablo no las urdiera.

PEDRO.—Pues hombre que había ya sido dos meses o çerca fraire ¿no queréis que urda cosas que el diablo no baste? El último monasterio adonde fui se llamaba Sero Pótami[1], estando en el qual dos días, en vísperas vi entrar un marinero griego, y preguntéle de dónde venía y díxome que de la isla de Lemno, y tornaba allá. Como no vía[2] la hora de salir de allí, que se me acababa la candela, díxele si desde allí podían ir al Chío que me iría con él; díxome que muy bien. Igualéme en medio escuco, y embarquéme con mi compañero, y de aquel monesterio donde yo salí se embarcaron seis fraires, los quales metieron harto bastimento, prinçipalmente vino. Comenzamos de alzar vela y navegar, y era quasi noche y dieziséis de hebrero. Comenzó a abibar el viento y dixe al patrón del nabío: Mirad, señor, que es imbierno y la noche larga, y el nabío pequeño; mejor será que nos quedemos aquí esta noche, porque el viento refresca y podrá ser que nos veamos en aprieto. Como iban él y los fraires bebiendo y borracheando lo que habían metido, no hizieron caso ninguno de lo que yo dezía, antes se reyeron, y quasi todos beodos; a las onçe de la noche alborotóse la mar, no así como quiera, sino la más braba y hinchada que en mi vida la

---

recordaba Bataillon al identificar a Urdemalas con un Ulises cristiano *(B-EE,* pág. 671).

[1] Sobre la localización de este monasterio, véase XI, nota 8.

[2] *vía* por 'v(e)ía', como en Garcilaso, soneto X: «en tanto bien por vos me *vía...*» Líneas más abajo, *hebrero* por 'febrero', como *hervor* (n. 185) y *hundir* (n. 35).

vi; los marineros, parte por lo poco que sabían, parte por el vino, perdieron el tino de tal manera que no sabían dónde se estaban y no haçían sino bomitar. Quiso Dios que cayeron en la quenta que echásemos en la mar todo quanto llebábamos para alivianar el nabío; esforzando más el viento llebónos el árbol y antena con sus velas; ya era el día y halláronse menos borrachos, pero perdidos; comenzó de divisarse tierra, y no sabían qué era. Unos deçían que Salonique, otros que Lemno, otros que Monte Sancto; yo reconosçí, como había estado otra vez allí, que era el Sçiatho[3], y díxeselo; mas ya desesperados, viendo que íbamos a dar en unas peñas dixeron: *Agora, por Dios verdadero, nos ahogamos todos; señores, ¿qué haremos sin vela ni nada?* Dexó el patrón el timón ya por desesperado, y hincáronse de rodillas y començaron de invocar a Sant Nicolás, y tornaron a preguntarme a mí: *¿Qué haremos?* Respondí con enojo: *Na mas pari o diávolos olus*[4]*: Que nos lleven todos los diablos;* y salto donde estaba un pedazo de vela viejo, y hago de dos pedazos una bela chica, y pongo en cruz dos baras largas que acerté a hallar, y díxeles: Tened aquí, tirá destas cuerdas, y tirando llamad quantos santos quisiéredes; no penséis que los sanctos os ayudarán si vos no os ayudáis también. Començó de caminar nuestro nabío con aquel trinquete, como la fuerça del viento era tan grande, que cada hora serían bien tres leguas; y fuenos la vida que durase la fortuna[5], porque si estonçes çesara y nos quedábamos en calma, todos peresçíamos de hambre, porque estábamos en medio del golfo, y el vizcocho todo había ido a la mar por salvar las vidas, y no podíamos caminar sin viento. Llegamos a distancia de tierra por tres o cuatro leguas y allí abibó de tal modo el viento, que nos llevó el trinquete, que del todo desesperó a todos. Dixo el patrón: Señores, todo el mundo se encomiende a Dios, porque nuestro nabío va a dar en aquellas peñas, adonde todos peresçeremos; y começó de mantener quanto podía el nabío, que ni andubiese atrás ni adelante, y dezía: *Si alguno tiene dineros délos a estos marineros, que saben muy bien nadar, que por ventura se salvará y hará algún bien por el ánima.* Yo les dixe, aunque çiertamente no faltaban

---

[3] *que era el Sciatho*, es decir, la península de Cassandra, según lo afirmado anteriormente.

[4] gr. Νὰ μᾶς πάρει ὁ διάβολος ὅλους: propiamente, «que el diablo nos lleve a todos» *(Gil.,* 155).

[5] *açercamos* por 'acercáramos'; líneas más abajo, *dar al través*, es decir, 'naufragar'.

una doçena y dos de ducados, que no tenía blanca; mas aunque la tubiese, ¿qué se me daba a mí, perdiéndome yo, que también la mar se sorbiera el dinero? En esto quiso Dios que nos açercáramos a tierra mucho más; y con la grandíssima furia que la mar tenía no se pudo dexar de dar al trabés en aquella isla, y fuenos llebando la mar; y como yo me vi quasi en tierra, sin saber nadar, acudiçiéme a saltar, y si no me sacaran dos marineros, yo me quedaba[6] allí; los demás no quisieron saltar por el peligro, y ensoberveçióse la mar más y dio con el nabío más de un quarto de legua fuera del agua, junto a una ermita de Nuestra Señora que allí estaba, y asentad está por cabezera entre todas las merçedes que de Dios he resçibido; que aquella isla del Schiatho donde dimos al trabés, tiene de çerco treinta y çinco leguas y en ninguna parte de todas ellas podíamos dar al trabés que no peresçiéramos todos, porque es por todas partes peña viba, sino adonde dimos, que había un río pequeño que daba en la mar y era arena todo, y allí embocó el nabío, que no sería de ancho çient pasos.

JUAN.—¿Qué llamáis dar al trabés? ¿Por ventura es lo que dize Sant Pablo padesçer naufragio?

PEDRO.—Eso mesmo; y éste fue tal, que a la mañana, que la mar había sosegado, el nabío estaba hasta medio enterrado en el arena. Cayó aquella noche una niebe de media vara en alto, y todos nos acoximos a la hermita, que estaba llena de unos çepos muy grandes de tea, la qual se embarca desde allí para llebar a Sidero Capsia, donde se hazen el oro y la plata.

JUAN.—¿Pues qué, tanto camino teníais aventajado en tanto tiempo que no salíais desa Sidero Capsia?

PEDRO.—¿N'os tengo dicho que me bolvió la fortuna[7] a la isla donde dexé al sastre, que en mes y medio, con quanto había caminado y trabajado, no me hallé haber aventajado una legua? Çiento y çinquenta leguas que a pie, cargado de alforjas, había caminado en mes y medio, torné en una noche y un día hacia atrás, con otras tantas más de rodeo, de tal manera que en çinquenta días no me hallé más de çient leguas de Constantinopla. El frío que aquella noche haçía no se puede aquí escri-

---

[6] *fortuna:* recuerde el lector lo dicho en la nota 2 del cap. XI. El término se halla repetidas veces en las memorias de Alonso de Contreras y en Jerónimo de Pasamonte (BAE, 90). En fray A. de Guevara, en cambio, se usa *burrasca (ob. cit.,* en nota, f. 206v).

[7] *quedaba* por 'quedara', y este en lugar de 'me hubiera quedado'; periodo condicional irreal en imperfecto.

bir, pero tomóme tan falto de ropa que no tenía sino estameña acuestas, porque una ropa morada que la Soltana me había dado, que traía debaxo el ábito, con sus martas, troqué en Monte Sancto con aquel fraire que habló por mí, a una túnica vieja llena de piojos que tenía al rincón.

MATA.—¿A qué propósito el trueco del topo?[8]

PEDRO.—Porque como iba por aquellas espesuras, alguna mata o retama me asía de la estameña y llebábame un girón, y por allí se paresçía luego lo azul y podía ser descubierto, porque no era cosa deçente a fraire.

MATA.—¿Y en aquella ermita no podíais ençender buen fuego con aquellas teas y calentaros? No fuera mucho con esa poca ropa y con el frío que hazía quedaros allí.

PEDRO.—Los marineros y los otros fraires eran tan scrupulosos que no osaban llegar a tomar de la teda[9], diçiendo ser sacrilegio, y como ellos no saltaron en la mar como yo, no estaban mojados, y mediano fuego les bastaba, al qual yo no me osaba llegar por no me arremangar para calentarme, y ser conosçido por las calças que debajo traía, y camisa, que no era de fraire.

MATA.—¿No podíais tomar juntamente con el ábito todos los demás vestidos de fraires al principio?

PEDRO.—Como yo nunca me había huido otra vez, y el espía m'engañó, que dixo bastar aquello, me curé más de echarme el ábito sobre la ropa que yo me tenía; si yo fuera plático como agora, tampoco saliera en ábito que fuesen menester tantas ipocresías ni no comiesen carne[10]; en ábito de turco me podía venir cantando.

JUAN.—O de judío.

PEDRO.—También, pero es peligroso; que en pudiéndole cojer en descampado le roban y le matan por hazerlo. Si no fuera por el peligro que había, siendo tomado, de ser turco, mejor hábito de todos era el turquesco.

MATA.—¿Qué remedio tubistes aquella noche?

PEDRO.—Pesábame de haber escapado tan grande peligro y morir muerte tan rabiosa. Como la compañía toda se durmió

---

[8] *el trueque del topo.* «El trueke del topo: la kola por los oxos» *(Correas),* por la vulgar creencia de que este animalejo zapador carece de visión.

[9] *teda* por 'tea'; líneas más abajo, *tea.* (También en Cervantes, *Licenciado Vidriera, maretas* por 'mareas'.)

[10] *ni (que) no comiese carne.*

junto al fuego, yo tomé una hachuela[11] y hize pedazos un çepo de aquellos, y desnudéme y mudé camisa y hago un fuego tan grande, que quería quemarse la ermita, y con todo no bastaba a tornar en mí. Quando los otros despertaron dixeron: Verdaderamente este es diablo, y no es posible ser christiano, pues tan poco themor ha tenido de Dios en hurtar lo ajeno aunque peresçiera. Dixo otro: ¿N'os acordáis quando oí en la mayor fortuna de la mar dixo que nos llebasen todos los diablos, y otras veinte cosas que le hemos visto hazer? Yo estaba tal que no se me daba nada ser descubierto, por no morir ansí, y no se me dio tampoco de lo que decían. Otro día vinieron allí dos clérigos de la tierra, que para dar graçias a Dios habíamos llamado que dixesen misa, los quales çerraron la iglesia, poniendo por grandíssimo escrúpulo la noche que allí habíamos dormido, y nos hizieron dormir otras dos noches fuera. Los marineros se fueron a dormir al nabío, y a mí y el compañero no nos dexaron entrar por el pecado pasado, y fue necesario dormir debaxo de un árbol aquella noche.

MATA.—¿Con toda la nieve y frialdad?

PEDRO.—Y aun yelo harto.

MATA.—¿Y no os vais adonde sirváis a Dios de tal manera que venialmente no le ofendáis, habiendo resçibido tan particulares merçedes?

PEDRO.—Plegue a él que conforme al deseo que yo de servirle tengo me ayude, para que lo haga. Como estaba el nabío enterrado en la arena, los marineros quisieron sacarle y forçáronme que les ayudase, pues también había yo venido dentro, y no osé hazer otra cosa porque eran muchos y çierto me mataran. Començé con gran fatiga de cabar y hazer lo que me mandaban; entraron todos en una barca para ir a buscar una ánchora que se les había caído en la mar, que ya sabían dónde estaba, y mandaron que entre tanto yo y mi compañero cabásemos. Como yo vi el laberinto tan grande y la poca jente que éramos para ello, pregunté a uno de la tierra que descargaba allí tea quánto había de allí al primer lugar y quál era el camino, y mostrómelo; dixe a mi compañero si sería para siguirme y llebaría yo nuestra alforxa y nos les huyésemos. Era un viejo enjuto que caminaba más que yo, y dixo de sí. Voy donde estaba el hato y húrtoles un pedaçillo de vizcocho y tomé mi alforxa, y metímonos por el bosque, yendo con harto más miedo

---

[11] *hachuela* puede entenderse como 'azuela' o destral (lat. *asciola)* o como 'hacha pequeña'.

dellos que de los turcos; y quiso Dios que llegamos a una aldea, y en la taberna almorzaban unos griegos, y combidáronnos a pan y buen vino, con lo qual Dios sabe el rrefrigerio que hubimos, y contamos nuestra desventura y pedimos consejo de lo que haríamos para ir a Chío. Dixéronnos que diez leguas de allí, aunque por grandes montañas, estaba el puerto de mar, donde muchas vezes había nabíos en que pudiésemos ir, y si queríamos nos darían un moço que por un real no más nos enseñaría todo aquel camino. Respondíles, agradesçiéndoselo mucho, que era muy contento dello aunque lo dexase de comer, y fuimos aquel día tres leguas, y hallamos una *metoxia* de un monasterio de Monte Sancto, en la qual nos reçibieron aquella noche, como dixo Basco Fig[u]eira [12], *muyto* contra su voluntad. Todavía hubo pan y vino y sendos huebos, que fue la mayor comida que había fasta allí habido; y a la mañana dixéronnos que fuésemos presto, porque la niebe estaba elada y si ablandaba no era posible pasar. Caminamos con nuestro moço para hazer seis leguas de sierra despoblada que nos faltaban, y caminamos las tres lo mejor del mundo por sobre la niebe; mas estando en medio el camino en un altíssimo monte vino una niebla que nos enternesçió la niebe y no podíamos ir atrás ni adelante; cayendo y levantando, quiso Dios que anduviésemos una legua más y topamos en un valle una casilla pequeña, donde había dos moradores que labraban çiertas viñas, y diéronnos pan y vino, vinagre y unas nueçes y higos, que yo dubdo si en el mundo, quan grande es, las hay mejores, de lo qual hinchimos bien los estómagos; y el moço determinó de que caminásemos adelante, y yo bien quisiera quedarme allí; en fin, las dos leguas que restaban se caminaron en medio día, con la niebe siempre hasta los muslos, cayendo de quatro en quatro pasos, y acabándose çierto la paçiencia, que era de lo que más me pesaba; tubimos consejo mi compañero y yo que valía más ser esclabos que no padesçer de aquella manera; y Dios lo permitía ansí, quizá que se le hazía mayor serviçio de serlo; por tanto, en llegando a la villa, preguntásemos por el governador turco y le dixésemos cómo éramos dos esclabos de Zinán Baxá y

---

[12] *Vasco Figueira* es, probablemente, el prototipo folklórico portugués, no una persona de carne y hueso. Está tomado de las *Epístolas familiares* de fray Antonio de Guevara, carta 65: «Aquí yaze Basco Figueira, / muyto contra su voluntade» (ed. J. M.ª de Cossío, *Biblioteca selecta de clásicos españoles,* X, Madrid, R. A. E., t. I, 1952, pág. 458).

nos habíamos huido, por tanto nos volviese a nuestro dueño, que todo lo hazía cada çient palos y no padesçer tantas muertes como habíamos pasado; y lo que más me inçitaba para ello era ver que, pues Dios no quería que pasásemos adelante, señal era que se servía más de que volviésemos a Constantinopla, que aún los pecados que en el cautiverio se habían de pasar no debían de ser acabados de purgar; ya llegábamos con esta fatiga al pueblo, y entrando queríamos preguntar por casa del *baivoda*[13], y vi a deshora en una botiquilla el sastreçillo que había llebádome allí desde la Caballa.

MATA.—¿Era ese el pueblo donde el mercader os había dicho que os llebaban engañado y que os fueseis de allí, que estaba en un alto?

PEDRO.—El mesmo.

MATA.—Yo digo que, aunque la paçiençia se os acababa, si estonçes os morías estabais bien con Dios, porque muy grandes requiebros y fabores son esos que os daba.

PEDRO.—Como yo vi mi sastre, arremetí para abraçarle con grande alegría, y estube en su botica un grande rato, y dile quenta de todo lo pasado, y él me dixo que por amor de Dios me fuese de allí, porque él se estaba bien, y buscase una posada y no le hablase como que le conosçía. Yo le rogué que me tubiese allí escondido, pues yo tenía qué gastar, que aun duraban los dineros, graçias a Dios. Dixo que en ninguna manera lo haría; por tanto que luego me saliese de su botica. Viéndome perdido, preguntéle dónde vivía el governador. Díxome que para qué le quería. Yo le descubrí el consejo que habíamos tomado de querer más ser cautivos que morir muertes rabiosas. Dixo que para qué queríamos levantar la liebre ni desesperarnos ansí. Digo: Por ver que en el mundo no hay fe ni verdad: que yo pensaba haber topado la livertad en veros; mas agora que os veo olvidado de el bien que os hize y los dineros que os di, yo determino que tan ingrato hombre no viba en el mundo, y pues no habéis querido encubrirme, iremos juntos a Constantinopla, porque yo diré que vos me sacastes, pues sois espía, y vengarme he de vuestra ingratitud, que en fin a mí menester me han y tengo muchos amigos, que no seré muy maltratado; y quedad con Dios de aquí a que el governador enbíe por vos; y íbame a

---

[13] *baivoda*: 'vaivoda', título que se daba a los gobernadores de Moldavia, Valaquia y Transilvania (como en Busbecq, Juan el *Vaivoda, Fors-Dan*, I, 9. 176).

salir; él muy turbado, viendo ya la muerte al ojo, arremetió conmigo para no me dexar salir y echóseme a los pies puestas las manos, rogándome que por amor de Dios le perdonase, y que él se determinaba de tenerme allí y darme de comer hasta que hubiese nabíos donde fuese a mi plazer, y echaba por rogador a mi compañero. Comenzó a puerta zerrada, que hazía frío, a ençender fuego, que estaba bien probeído de leña, y descalzarme y hazerme regalos. Yo le aseguré y dixe que le ponía por juez de la razón que yo tenía, y si podía darme livertad ¿por qué lo había de dexar? Y sí quería venirse conmigo, le daría más que ganase en toda su vida. Allí estube y no le dexaba gastar ocho días, fasta que entraron las Carnestollendas, y los de la tierra que iban a cortar ropas y nos vían allí, como no salíamos de casa, començaron a murmurar y sospechar lo que era, y avisaron al sastre que se apartase de nuestra compañía si no quería que sus días fuesen pocos. Él les respondió que éramos muy buenos religiosos, y si no salíamos era porque habiendo dado al trabés el día de la gran fortuna [14], estábamos desnudos y mojados; no contentos con esto, vinieron, para más de veras tentar, los clérigos del pueblo, y como que venían a visitar, rogáronme que fuésemos el primer día de Quaresma a la iglesia a yudarles a los ofiçios. Yo respondí que era saçerdote y letrado, y quería hazerles este serviçio al pueblo de confesarlos todos y dezir la misa mayor el día de Quaresma. Como me vieron hablar tan bien y tan osadamente su lengua, creyéronlo, y dixeron, porque era cosa de mucha ganançia lo que aquel día se ofresçe, que la misa no era menester, que allí estaba el cura, mas que el confesar, ellos lo açeptaban. Yo dixe que no quería sino todo, y la ganançia daría yo al cura. No aprobechó, que aún pensaban que le había de sisar, y rogáronme que confesase mucha jente del pueblo onrrada, aunque por tentar, creo que; yo conçedí lo que demandaban, y aquella noche el sastreçillo me dixo: Y'os prometo, si açertáis a confesarlos, la ganançia será bien grande; bien quisiera yo deshazer la rueda, aunque me paresçía que, según son de idiotas, lo supiera hazer. Y avisáronme que para el segundo día de Quaresma yo estubiese a punto para ello, y el primer día era de ayuno fasta la noche, que no se podía comer; y yo determiné que nos baxásemos con un pan a la mar y un pañizuelo de higos y nuezes, diziendo que íbamos a traer ostras para la noche, y teníamos muchos griegos que querían çenar

---

[14] *fortuna, dar al través* (XII, nota 7).

con el padre confesor; y en la mar metíme entre unas peñas, y representándoseme dónde estaba y cómo y los trabajos pasados, no pude estar sin llorar, y de tal manera vino el ímpetu de las lágrimas a los ojos, que no las podía restañar, sino que paresçían dos fuentes: quedé el más consolado del mundo de puro desconsolado, y otro tanto creo hizo mi compañero, que entrambos nos escondimos a espulgarnos, que había razonables días que no lo habíamos hecho.

MATA.—¡Hi de puta, quál estaría la túnica que os'trocó el otro a la ropa!

PEDRO.—Esa yo no la espulgué, porque tenía tanta quantidad que no aprobechara matar un celemín. Los ojos tenía quebrados y deslumbrados de mirar si paresçía algún nabío donde me meter, como no fuese a Constantinopla, para huir de aquellas calumnias que la jente de aquel pueblo me traía. Como fuese tarde y no paresçía nada, fuímonos al pueblo que esperaban para çenar, con la determinaçión de por no ser descubierto confesar y hazer lo que me mandaran.

JUAN.—¡Buena conçiençia era esa! Mejor fuera descubriros que cometer tal error.

PEDRO.—¿No miráis la hipocresía española?

MATA.—Ruin sea yo si no creo que lo hiziera mejor que vos. Yo al menos antes confesara veinte pueblos que bolver a Constantinopla; mas si después fuera sabido, era el peligro.

PEDRO.—¿Qué peligro? Tornaba a ser esclabo.

MATA.—No digo sino por haber hecho aquello.

PEDRO.—Siendo esclabo no estimara quantos griegos ni judíos había en lo que huello[15]; antes si cojiera alguno dellos le moliera a palos y me saliera con ello, no me la fueran a pagar al otro mundo los que me descubrieran.

JUAN.—Como no teníais ya más que perder, yo lo creo.

PEDRO.—Hízolo Dios mejor, que çenamos bien, aunque de quaresma, temprano, y pusiéronme en cabezera de mesa para el bendeçir del comer y beber.

JUAN.—¿No es todo uno?

PEDRO.—No, que primero se vendiçe la mesa; después cada uno que tiene de beber la primera vez dice con la copa en la mano: *Eflogison eflogimene*[16]; *Echad la vendiçión, padre vendito*. Estonçes él comiença, entre tanto que el otro bebe, a deçir

---

[15] *en lo que huello:* 'en lo que ando y piso'.
[16] *eflogison eflogimene,* gr. εὐλόγησον εὐλογημένε, *(Gil,* pág. 150).

aquella su comun oración: *Agios o Theos os,* y otro tanto a quantos vebieren las primeras vezes, aunque haya mill de mesa.

MATA.—Trabajo es. ¿Y si no hay fraire ni clérigo?

PEDRO[17].—Ellos entre sí la jente bulgar, y aun quando el fraire o clérigo bebe, también echan los otros la vendiçión. Y acabada la çena vimos despuntar dos velas por detrás de una montaña y açercáronse, y eran dos nabíos cargados de trigo que venían a tomar allí bastimento para pasar adelante. Como yo los vi, Dios sabe lo que me holgué, y luego los patrones subieron al pueblo a comprar lo que les faltaba; y yo le hize al uno llamar en secreto, y preguntéle adonde iba. Díxome que a la isla de Metellín[18], a buscar nabes de veneçianos que venían a buscar trigo, y si no las hallaban allí, que pasarán al Chío. Pidíles de merçed que nos llebasen allá pagándoles su trabajo.

JUAN.—¿Eran christianos o turcos?

PEDRO.—Christianos. ¡Oxalá fueran turcos! No querían, por más ruegos, hazerlo; porque quantos marineros hay tienen esta superstiçión, que todo el mundo no se lo desencalabazará, acá y allá en toda la mar: que quando lleban fraires o clérigos dentro el nabío, todas las fortunas son por ellos.

JUAN.—Callad, no digáis eso.

PEDRO.—Dios no me remedie si no es tan verdad como os lo digo; y no así como quiera, sino en toda la mar quan espaçiosa es; y aun en Barçelona ha menester más fabor un fraire para embarcarse que çient legos; y si es clérigo o fraire, sin que tenga fabor, así se puede ahorcar que no le llebarán si no los engaña con bestirse en ábito de soldado[19].

JUAN.—La cosa más nueba oyo que jamás oí.

PEDRO.—Preguntádselo a quantos han estado en la mar y saben destas cosas. Fue tanta la importunaçión y ruegos, que lo conçedió el uno, y díxome que me embarcase luego, porque se partirían a media noche. Yo compré de presto una sartaza de

---

17 En el original se suprimió la frase *ni más ni menos.*

18 Se trata de la isla de Mitilene o Lesbos, hoy *Lesvos (Mitilena,* en Nicolai). El derrotero de Pedro de Urdemalas apunta ahora a las islas de la costa de Asia Menor y el Dodecaneso. No deja de ser sorprendente que Pedro arriesgue su libertad y su vida en una nave que se dirige potencialmente a tierras dominadas por los turcos, especialmente la isla de Chíos.

19 Debe entenderse «si es clérigo o fraile, si no tiene favor, así se puede ahorcar, que no le llevarán si no los engaña vistiéndose en hábito de soldado».

aquellos higos buenos, que pesaría media arroba, y obra de un çelemín de nuezes y pan; y en anocheçiendo baxámonos a la mar y embarcámonos, y a media noche començamos de caminar. Habiendo andado como tres leguas llegaron dos galeras de turcos, que iban en seguimiento de los nabíos, y mandaron amainar.

JUAN.—¿Qué es amainar?

PEDRO.—Quitar las velas para que no camine más; y saltan dentro de nuestros nabíos, y prenden los [20] patrones dellos y pónenlos al remo, y llebábannos a todos.

MATA.—¿Pues cómo o por qué? ¿No había amistad con los turcos?

PEDRO.—Sí; pero había premática que nadie sacase trigo para llebar a vender, y para eso estaban aquellas dos galeras. Considerad lo que podía el pobre Pedro de Urdimalas sentir. Yo luego hize de las tripas coraçón, y como me vi cobré ánimo. Y en verdad que el capitán turco y muchos de los suyos me conosçían bien en Constantinopla, pero no en aquel hábito. Yo les dixe: Señores, yo conozco que estos pobres christianos han pecado contra el mandado de nuestro Gran Señor; pero, en fin, la pobreza inçita a los hombres muchas vezes a hazer lo que no deben. Obligados sois en vuestra ley a tener misericordia y no hazer mal a nadie. Bien tengo entendido que tomarnos a todos podéis líçitamente, y hazer lo que fuéredes servidos; pero también sé que, idos en Constantinopla, ningún intherese se os sigue, porque habéis de dar por quenta todo lo que los patrones confesaren que traían en sus nabíos, y la jente; de manera que solamente os habéis vosotros dello el hazer mal y pensar que el Gran Turco resçibe serviçio, y no por eso se le acuerda de vosotros. No sabéis en lo que os habéis de ver. Pidos [21] por merçed que, dandos con qué hagáis un par de ropas de grana, los dexéis ir, y aquello os ganaréis, y tenernos heis a todos como vuestros esclabos. Respondióme sabrosamente que por haberlo tan bien dicho determinaban dexarlos, pero que el dinero que daban era poco. Yo repliqué que no era sino muy mucho para ellos, pues daban lo que tenían todo y eran pobres. Yo lo hize en fin por çinquenta ducados, que no pensaron los otros pobres se hiziera con mill, y soltáronnos y dexáronnos ir. Luego vinieron a mí los patrones entrambos, y me lo agradesçieron como era raçón.

---

[20] en *M-1* tachado *capitanes* (f. 79r).
[21] *pidoos;* más adelante, *dándoos.*

MATA.— ¡Mirad quánto haze hazer bien sin mirar a quién! Tan esclabos eran esos, si vos no os hallabais allí, como vos lo habíais sido.

PEDRO.—Eso bien lo podéis creer.

JUAN.—De allí adelante bien os trataran en sus nabíos.

PEDRO.—Muy bien si durara; mas aína me dieran el pago si Dios no me tubiera de su mano.

MATA.—¿También deshizistes la amistad, como con los turcos y judíos solíais hazer?

PEDRO.—Y aun más de beras, porque no hubiera sido la riña de palabra. Caminamos por nuestra mar adelante con razonable viento, y ya que estábamos junto a Metellín, donde iban, revolvió un viento contrario y dio con nosotros en la isla de Lemno[22], no con menor fortuna que la pasada. Tubieron consejo para ver cómo podrían salvar las vidas, que se veían ir todos a peresçer. Dixeron que si no echaban los fraires en la mar no çesarían jamás, porque no hallaban causa otra por donde se moviese semejante fortuna. Ya todos muy determinados de lo hazer, inspiró Dios en los patrones y dixeron: Por el bien que nos han hecho, mátelos Dios y no nosotros; ya no se excusa que no demos al trabés. Quando si Dios quisiere nos vamos de aquí, los dexaremos y no irán con nosotros; y en esto la mar echó fuera nuestros nabíos, y quiso Dios que no peligraron cosa ninguna, más de quedar en seco. La fortuna duró ocho días, en los quales, con mucho mayor frío, nos hizieron dormir fuera de los nabíos, y aun oxalá hubiera alguna mata a donde nos acojer o pan siquiera que comer. Esta isla es muy abundantíssima de pan y vino, y ganado; pero de árboles no, porque es toda páramo; no tiene en veinte leguas al derredor más de un olmo, que está junto a una fuente[23].

MATA.—¿Pues con qué se calientan?

PEDRO.—Por mar traen la leña de otra parte, y los sarmien-

---

22 La isla de Lemnos, indicada en atlas de la época como *Stalimene* (A. Ortello, *Theatro d'el Orbe de la Tierra,* ed. Amberes, 1612; Diego Homen, *Atlas* inédito, 1561, Min. de Marina, Madrid 1973, que rotula *Staliminy*), está situada en el Egeo entre la península del Hagion Oros y Lesvos.

23 El relato de Pedro coincide con la descripción de la isla de Belon y Contreras en cuanto a su fertilidad y carencia de arbolado, pero mientras Belon asegura un recuento exacto de setenta y cinco pueblos (I, f. 26r), Pedro dice vagamente que «había más de treinta» (f. 79r).

tos que de las viñas tienen y algunas ailagas[24]. El viento que hazía, çierço que acá llamáis, era terrible, ya que no se podía resistir, porque si no es un rimero de piedras que los pastores tenían hecho para ponerse detrás dellas, ninguna pared, árbol ni mata había allí. Hartos de pazer yerba nos metíamos a espulgarnos, y labamos nuestras camisas y zaragüelles[25]; y después de seco, quando fui por ello, vilo tan manchado como si no lo hubiera lavado, y no sabía qué pudiese ser, pues yo bien lo había fregado, y hallé que eran muchos millones de rebaños de piojos[26], que como no se había echado agua caliente, quando estaban las camisas mojadas no se paresçían, pero con el sol habían rebibido.

MATA.—Grande crueldad era la de aquellos perros, que ansí se pueden llamar, y el trabajo de no comer sino yerba, no menor.

PEDRO[27].—Quanto más que como era mes de hebrero había pocas y pequeñas, y como la hambre acusaba, comiendo de prisa y no advirtiendo, topaba con alguna que amargaba, otra que espinaba[28] y otra que abrasaba la boca.

JUAN.—¿Pues no había pueblos en esa isla?

PEDRO.—Sí había más de treinta, a quatro leguas de distançia; pero no osaba apartarme de los nabíos, por saber quándo se iban, que las cosas de mar son inçiertas. Dentro de un instante se alza la mar, y se amansa; y quería probar a ver si usaran de misericordia; ya como la fortuna fue adelante, determinaron los patrones de irse al primer pueblo a borrachear, y nosotros fuímonos tras ellos, por comprar pan que comer. Y era

---

[24] *ailagas* por 'aliagas'; quizá Pedro quiso escribir *aulagas,* más común: son plantas xerófilas utilizadas por los naturales de tierras donde no existen árboles.

[25] *zaragüelles:* probablemente se trata más bien del pantalón amplio o *follado* llevado por los marineros del Mediterráneo y que todavía es prenda común entre los viejos de los Balkanes y en festivales folklóricos de pueblos ribereños de este mar, por ejemplo, en las Baleares.

[26] El autor del *Viaje* parece proclive a la exageración y la hipérbole, como el lector lo habrá verificado en varios pasajes. En esto admitimos que hay una gran coincidencia con Laguna; recuérdese, por ejemplo, el retrato que hace el doctor de su patrona en la carta a Vargas: «... una huéspeda gorda y tamaña como el Coliseo de Roma, de cuya cintura cuelgan más de 500 llaves.» (Véase Apéndice I.)

[27] En *M-1* se suprimió *Avn raizes.*

[28] *espinaba:* 'que punzaba como espina.'

304

tanto el frío que, con caminar medio corriendo y cargado, no sentía miembro de todo el cuerpo, y los ojos estaban que no los podía menear, quasi como paralítico. Llegados al pueblo, en la primera casa dél estaban borracheando muchos griegos en un desposorio, y como yo preguntase si hallaría por los dineros un poco de pan, ellos nos hizieron, movidos a compasión, sentar, y como era quaresma no tenían sino habas remojadas y pasas; y como vieron que no podía tomar el pan con las manos[29] mandaron sacar a la mesa un poco de fuego, y al primer bocado que comí luego el escanciador me dio una copa de agua ardiente, que aunque en mi vida había bebido, me supo tan bien que no fue menester más brasero, y quedé todo confortado.

MATA.—¿Aguardiente a comer? ¿a qué propósito?

PEDRO.—Tan usado es en todas las comidas de conversaçión en Greçia y toda Turquía el beber dos o tres vezes, las primeras de aguaardiente, que lo llaman *raqui*[30], como acá vino blanco.

JUAN.—¿No los abrasa los hígados y boca?

PEDRO.—No, porque lo tienen en costumbre, y tampoco es lo primero que es demasiado de fuerte, sino lo segundo que llaman.

JUAN.—¿Házenlo a falta de vino blanco?

PEDRO.—No por çierto, que no falta malbasía[31] y moscatel de Candía; antes tienen más blanco que tinto; sino porque la mayor honrra que en tales tiempos hay es el que primero se emborracha y se cae a la otra parte dormido; y como medio en ayunas, con los primeros bocados, veben el *raqui,* luego los comienza a derribar; y aun las mugeres turcas y griegas, quando entre sí hazen fiestas, luego anda por alto el *raqui.*

MATA.—¿Tan jente bebedora es la griega?

PEDRO.—Como los alemanes y más. Salbo, que en esto difieren, que los alemanes beberán pocas vezes y un cangilón

---

[29] En *M-1* se suprimió *metióme uno* (f. 79v).

[30] *raqui:* gr. mod. ῥάκη y ῥάκι, aguardiente obtenida por destilación del vino, aderezado y aromatizado con anís, culantro, almástica y otros ingredientes (en Du Cange, *aqua vitae; brandy* en Divryi, Dicc. cit.).

[31] *malvasía:* «Aquel vino de tanta fama y estimación que casi no hay lugar en Europa que no se lleve» *(Covarrubias).* «Se entregaba a sus regaladísimas malvasías» (Salas Barbadillo, *El curioso y sabio Alejandro,* NBAE, XXXIII, p. 3.ª). Originario de Monemvassia (Morea) se extendió primero a Creta, donde ganó gran reputación y de allí a todo el litoral mediterráneo.

cada vez; mas los griegos, aunque beben mucho, comen muy poco y beben tras cada bocado con pequeñita taza. Podéis creer que de como el que escançia toma la copa en la mano, aunque no sean más de tres de mesa, hasta que se bayan, que no cesará la copa ni porná los pies en suelo aunque dure la comida dieçiséis horas, como suele.

MATA.—¿Que dieçiséis horas una sola comida? Pues aunque tubiesen todos los manjares que hay en el mundo bastaban tres.

PEDRO.—Por no tener manjares muchos son largas, que si los tubiesen presto se enhadarían. Con un platico de azitunas y un taraçón [32] de pescado salado, crudo, entre diez, hay buena comida; y antes que se acabe beberán cada seis vezes [33]; luego si hay huebos con cada sendos asados, tardándolos en comer dos horas, beberán otras tantas vezes.

MATA.—¿Pues en qué tardan tanto?

PEDRO.—Como no va nadie tras ellos, y son tan habladores que con el huebo o la taza en la mano contará uno un quento y escucharán quatro.

MATA.—¿Parleros son al comer como vizcaínos? [34]

PEDRO.—Con mucha más criança, que esos parlan siempre a troche moche y ninguno calla, sino todos hablan; mas los griegos, en hablando uno, todos callan, y le están escuchando con tanta atençión que ternían por muy mala criança comer entre tanto; y no os marabilléis de dieçiséis horas, porque si es algo de arte el combite, sera manteniendo tela dos días con sus noches; agora sacan un palmo de longaniza; de aquí a una hora hostrias [35], que es la cosa que más comen; tras éstas, un poco de

---

[32] *taraçón:* «el troço que se corta de lo que está entero, como del pescado que suele dividirse en taraçones» *(Covarrubias).* Más arriba, *enhadarse, enhastiarse,* 'causar hastío.»

[33] *cada seis veces; cada sendos asados:* debe entenderse «cada uno seis veces»; «cada uno un par de huevos asados».

[34] *¿Parleros al comer como vizcaínos,* o *parleros-como-vizcaínos al comer?* La sintaxis un tanto estropeada de Mátalas no nos permite inferir si *hablan* o *comen* como vizcaínos. M. Herrero-García señala como única excepción a la cortedad de carácter y palabras de los vascongados precisamente esta pasaje *(Ideas de los españoles del siglo XVII,* Madrid, 1966, pág. 265). Las líneas que siguen, *que esos parlan siempre a troche moche,* parece indicar que la comida de unos y otros se prolongaba, comiendo unos más y otros menos, pero iguales en el hablar, con la diferencia de *a troche moche,* es decir, absurdamente, según su significación, y atribuible a los vascongados.

[35] *hostrias,* por 'ostras'.

hinojo cozido con garbanços o espinacas; de allí a quatro horas un pedaçillo de queso; luego sendas sardinas; si es día de carne, un poco de zezina cruda, y desta manera alargan el combite quanto quieren.

MATA.—¿Cómo pueden resistir?

PEDRO.—Yos lo diré: uno duerme a este lado, otro a estotro; quando despiertan comen y levántanse; otros que van a mear o hazer de sus personas, y ansí anda la rueda y nunca para el golondrino[36].

MATA.—¿Qué llaman golondrino?

PEDRO.—Unos barriles de estaño que en toda Greçia usan por jarros, hechos al torno, muy galanes, de dos asas, que se dan en dotes, y la que lleba quatro no es de las menos ricas.

MATA.—¿Qué fue del combite de la isla de Lemno?

PEDRO.—El desposado luego me trajo empresentado un grande jarro de vino de una pipa que había començado y pan no faltaba; comí fasta que me harté y contéles el cómo había dado al trabés, y compré en el pueblo una dozena de panes; y dixe a mi compañero que nos volviésemos a estar junto a los nabíos aunque peresçiésemos de frío, porque si se iban sin nosotros no teníamos qué comer y en mill años no hallaríamos quien nos llebase. Partímonos a media noche, consolados con el comer y desconsolados de no haber, con el frío que hazía, donde meter la cabeza que se defendiese del aire, y metímonos junto a un arroyo que baxaba a la mar, algo hondo, de donde atalayábamos los nabíos quando aparejaban de irse. Como no çesaba la fortuna[37], los marineros, desesperados, determinaron de irse de allí, porque había nueba de cosarios, adonde la ventura los llebase, y començaron a sacar las ánchoras. Fuimos presto a que nos tomasen y echáronnos con el diablo. Yo començé de aprovecharme del ábito que traía, que hasta allí no lo había hecho.

JUAN.—¿Cómo aprobechar? ¿No habíais sido dos meses fraire?

---

[36] *golondrino.* Esta voz, que no he hallado en diccionarios al uso ni entre voces de la lengua franca, puede ser una invención de Pedro que tampoco apunta a una versión del gr. χελιδόν, 'golondrina'. El término vuelve a aparecer en el folio 133v., de cuyo contexto se deduce que servía de medida equivalente a un azumbre (unos dos litros). Debía de tratarse de un recipiente de peltre de dos asas y por el ir y venir y cambiar de mano, como las golondrinas de nido, Pedro lo nombró así.

[37] *cosario,* por 'corsario', es frecuente alternativa en el copista.

PEDRO.—Digo a ser importuno, y pidir por amor de Dios.

MATA.—También las mata Pedro algunas vezes callando.

JUAN.—Sí, que Hebro lleba la fama y Duero el agua.

PEDRO.—Ya como no aprobechaba nada y se partían, dixe que no quería ir con ellos; pero por el bien que a los patrones había hecho les rogaba que m'escuchasen dos palabras. Respondieron que no había qué, porque ellos ya no iban al Chío, sino a buscar nabes de christianos de acá a quien vender su trigo, y que si fueran al Chío olgaran de llebarme. Tanto los importuné, que saltaron en un batel[38] a ver qué secreto les quería dezir. Y tómolos detrás de un peñasco y digo: Señores, la causa porque no queréis que vaya con vosotros es por ser fraires; pues sabed que ni lo soy ni aun querría, sino somos dos españoles que venimos desta y desta manera; y para que lo creáis arremangué el hábito y mostréle el jubón y la camisa labrada de oro, que junta con las carnes traía, y unas muy buenas calzas negras que debaxo estos borçeguilazos traía. Y en lo que dezís que vais a buscar naos de christianos, eso mesmo busco yo. Hoy podéis redimir dos cautibos; mirad lo que hazéis. Enternescióseles algo el coraçón y dixeron: ¿Por qué no lo habíais dicho hasta agora? Díxeles que porque sabía que todos los griegos prendían los cautibos que se huían y no los querían encubrir. Tomáronme entonçes de buena gana y metiéronme en sus nabíos, y dixeron que no me descubriese a ningún marinero, y caminamos con tanta fortuna que me holgara de haberme quedado en tierra; porque començó a entrar tanta agua dentro, que no lo podíamos agotar. Llegamos en Metellín, en un puerto que llaman Sigre[39], adonde pensaban hallar naos, y como no hubiese ninguna, pasaron con toda su fortuna al Chío.

MATA.—¿No podían esperar en aquel puerto a que pasase la fortuna?

PEDRO.—Había gran miedo de infinitos cosarios que por allí andan; y también la fortuna, aunque grande, era favorable en llebar hacia allá. A media noche fue Dios servido con gran-

---

[38] *batel,* 'embarcación pequeña'. La palabra parece tener un origen nórdico, quizá del anglosajón *bat* (Kahane-Tietze, *ob. cit.,* núm. 89) y se extiende desde el siglo XII por todo el Mediterráneo, primero a través del it. *batella,* y de ahí pasa a la lengua franca con las grafías *batel, bateau* (fr.), μπατέλο (gr.) y *patalya* (turco).

[39] *a un puerto que llaman Sigre,* hoy *Sigrion,* en el extremo occidental de la isla de Lesbos.

díssimo peligro, que llegamos en el Delfín[40], que es un muy buen puerto de la mesma isla del Chío, seguros de la mar, mas no de los cosarios, que hay más por allí que en todo el mundo, porque no hay pueblo que lo defienda, y de allí a la çibdad son siete leguas. Rogué a los patrones que nos echasen en tierra, y eché mano a la bolsa y diles obra de un ducado que bebiesen aquel día por amor de mí. Y no le queriendo tomar, les dixe que bien podían, porque ido yo a la çibdad sería más rico que ellos. Tomáronlo y abisáronme que, por quanto había tantos cosarios por allí que tenían emboscadas hechas en el bosque por donde yo había de ir, para cojer la jente que pasase, mirase mucho cómo iba. Yo fui por un camino orillas del mar, más escabroso y montañoso que en Monte Santo había visto, y de tanto peligro de los cosarios que había dos meses que de la çibdad nadie osaba ir por él; y aun os digo más que cuando llegamos al pueblo todos nos dixeron que diésemos graçias á Dios por todos los peligros de que nos había sacado, y más por aquél, que era mayor y más çierto que todos, porque en más de un año no pasó nadie que no fuese muerto o preso.

MATA.—¿Y allí estabais en tierra de christianos seguros?

PEDRO.—No mucho, porque aunque es de christianos, y los mejores que hay de aquí allá, cada día hay muchos turcos que contratan con ellos, y si fuesen conosçidos los cautivos que han huido, se los harán luego dar a sus patrones; porque en fin, aunque están por sí, son subjetos al turco y le dan parias cada un año.

JUAN.—¿A dónde cae esa isla?

PEDRO.—çien leguas más acá de Constantinopla y otras tantas de Chipre, y las mesmas del Cairo y Alexandría y Candía; a todas estas está en igual distancia, y çinquenta leguas de Rodas. Es escala de todas las nabes que van y vienen desde Siçilia, Esclabonia, Veneçia y Constantinopla al Cairo y Alexandría.

MATA.—¿Qué llamáis escala?

PEDRO.—Que pasan por allí y son obligadas a pagar un tan-

---

[40] *al puerto del Delfín:* probablemente se trata del llamado hoy *Langada,* en la costa nordeste de la isla (llamada por N. de Nicolai *Chio* o *Scio;* I, págs. 36-37). Aunque no se cita a este puerto por *Delfín,* la referencia de Nicolai respecto a los otros puertos mediterráneos mencionados (hoy, *Kardamila* y *Lithion),* aseguran su identificación.

to, y allí toman quanto bastimento han menester y compran y venden, que la çibdad es de muchos mercaderes.

JUAN.—¿Qué, tan grande es la isla?

PEDRO.—Tiene treinta y seis leguas al derredor[41].

JUAN.—¿Cuya es?

PEDRO.—Como Veneçia, es señoría por sí, y ríjese por siete señores que cada año son elegidos.

JUAN.—¿De qué naçión son?

PEDRO.—Todos ginobeses, gentiles hombres que llaman, de casas las prinçipales de Génova, y hablan griego y italiano. Solía esta isla ser de Génoba en el tiempo que mandaban gran parte del mundo, y aun agora le conosçe esta superioridad, que la çibdad nombra estos siete señores y Génoba los confirma.

JUAN.—¿Hay más de una çibdad?

PEDRO.—No; mas villas y pueblos más de çiento.

JUAN.—¿Qué, tan grande es la çibdad?

PEDRO.—De la mesma manera que Burgos, y más galana; no solamente la çibdad, pero toda la isla es un jardín, que tengo para mi ser un paraíso terrenal. Podrá prober a toda España de naranjas, y limón y çidras[42], y no ansí como quiera, sino que todo lo de la Vera de Plasençia y Balençia puede callar con ello. Entrando un día en un jardín os prometo que vi tantas caídas que de solas ellas podían cargar una nao, y ansí valen en Constantinopla y toda Turquía muy baratas por la grandíssima abundançia. La jente en sí está subjeta a la Iglesia romana; y entrado dentro, en el traje y usos, no diréis sino que estáis dentro de Génova; mas difieren en bondad, porque aunque los ginoveses son raçonable jente, éstos son la mejor y más caritativa que hay de aquí allá. Aunque saben que serían castigados y quiçás destruidos del turco por encubrir cautivos que se huyen, por estar la más cercana tierra de christianos, no los dexarán de acoxer y regalar, y dándoles bastimento neçesario los meten en una de las nabes que pasan para que vengan seguros. Tienen fuera de la çibdad un monasterio, que se llama Sancto

---

[41] Nicolai da un perímetro de 128, 125 ó 124 millas según Ptolomeo, Plinio o Isodoro respectivamente, coincidiendo con la cifra que da Pedro, 36 leguas (una !egua es, aproximadamente, 3,4 millas).

[42] Nicolai (pág. 37) menciona la abundancia de fruta y la calidad de ésta: «Fuor delle muraglie è il bel Borgo pieno di giardini diletteuoli, & de(n)tro ui sono frutti di mirabile soauità & dolcezza, come di Melara(n)ci,...»

Sidero[43], en el qual hay un fraire no más, y allí hazen que estén los que se huyen todos escondidos, y del público herario mantienen un hombre que tenga quenta de llebarles cada día pan y vino, carne, pescado y queso lo neçesario, y el que estando yo allí lo hazía se llamaba mastre Pedro el Bombardero.

JUAN.—¿Qué tributo pagan esos al Gran Turco?

PEDRO.—Catorçe mill ducados le dan cada año, y están por suyos con tal que no pueda en toda la isla bibir ningún turco; sino como veneçianos, están amigos con todos, y resçiben á quantos pasan sin mirar quién sea, y tratan con todos.

JUAN.—Estos dineros ¿cómo se pagan? ¿De algún repartimiento?

PEDRO.—No, sino Dios los paga por ellos, sin que les cueste blanca.

MATA.—¿Cómo es eso?

PEDRO.—Hay un pedazo de terreno que será quatro leguas escasas, donde se haze el almástica, y de allí salen cada año 15 ó 20 mill ducados para pagar sus tributos[44].

MATA.—¿Qué es almástica? ¿Cómo es?

JUAN.—¿Nunca habéis visto uno como ençienso, sino que es más blanco, que hay en las boticas?

PEDRO.—Es una goma que llora el lentisco, como el pino termentina[45].

MATA.—Pues desos acá hay hartos; mas no veo que se haga nada dellos, sino mondar los dientes.

---

[43] Probablemente es el *Nea Moni,* reconstruido después del terremoto de 1881. Urdemalas se refiere a San Isidoro, patrón de la isla, pronunciado *Sidero,* por dialectalismo quiota, según *Gil* (pág. 157). (Hoy día existe un pequeño puerto de pescadores en la costa occidental llamado *Sidirounta.)*

[44] Nicolai da la cifra de «*XM.* ducati per anno el Pre(n)cipe de Turchi, ...senza presenti & donatiui... che ascendono a due mila ducati» (pág. 37).

[45] La *almástica* o *almáciga* es una gomorresina que destila el lentisco, árbol o arbusto de las terebintáceas de hoja perenne. Hay tres variedades: una de ellas, *mastiche in lacrymis,* se emplea principalmente en farmacia y droguería para quitar la fetidez del aliento y para blanquear los dientes. Las otras dos variedades se empleaban en carpintería y fontanería para pegar y embetunar, según el texto de Juanelo, traducido por Gómez de Mora: «Para pegar piedras rompidas con q(ue) no sea cosa muy grande toma *almástique* del más claro y póntele en la boca y vele llevando ansí por la boca...» (B. N. M., Ms. 3.372, f. 274v).

PEDRO.—También hay allá hartos, que no lo traen en lo que mucho se engrandesçe la potençia del Criador, que en solamente aquel pedaço que mira derecho a mediodía se haze, de tal manera que en toda la isla, aunque está llena de aquellos árboles, no hay señal della. Y más os digo, que si este árbol que trae almástica le quitan de aquí y le pasan dos pies más adelante o atrás de donde comiença el término de las quatro leguas, no traerá más señal de almástica; y al contrario, tomando un salvaje, que nunca la tubo, y trasplantándole allí dentro, la trae como los otros.

MATA.—Increíble cosa me contáis.

PEDRO.—Podéisla creer, como créis que Dios está en el çielo; porque lo he visto con estos ojos muy muchas vezes.

MATA.—¿Y cómo lo hazen?

PEDRO.—El pueblo por veredas es obligado a labrarlo y tener el suelo limpio como el ojo, porque quando lloran los árboles y cae no se ensuçie; todos los árboles están sajados y por allí sale, y ningún particular lo puede tomar para vender, so pena de la vida, sino la mesma Señoría lo mete en unas cajas y da con parte dello a Génoba y otra parte a Constantinopla; y tienen otra premática que no se puede vender cada caja, que ellos llaman, menos de çient ducados, sino que antes la derramen en la mar y la pierdan toda[46].

JUAN.—¿Pues no la hay en otra parte?

PEDRO.—Agora no, ni se escribe que la haya habido, sino allí y en Egipto; mas agora no paresçe la otra, antes el Gran Señor ha procurado lo más del mundo en todas las partes de su imperio probar a poner los árboles sacados de allí, y jamás aprobecha.

JUAN.—¡Qué tiene de aprobechar, si en la mesma isla aún no basta fuera de aquel término!

MATA.—¿De qué sirbe?

PEDRO.—De muchas cosas: en mediçina, y a muchos mandan los médicos mascarla para desflemar, y siempre se está junta, y por eso se llama almástica, porque masticar es mascar[47].

---

[46] El texto parece seguir al pie de la letra las palabras de Nicolai, páginas 36-38.

[47] Parece que Pedro, estudiante de humanidades en Alcalá, no está muy enterado de la etimología de 'masticar', 'mascar' (lat. *masticare)*, puesto que refiere el vocablo a *almástica, almástiga* o *almáciga* (lat. *mastiche,* gr. μαστίχη; en Laguna, μασίχη, por errata).

Los turcos, como la tienen fresca, la usan mucho para limpiar los dientes, que los dexa blancos y limpios.

MATA.—Ya la he visto; agora cayo en la quenta; un oidor, nuestro vezino, la mascaba cada día.

JUAN.—Esa mesma es. ¿Y cómo llegastes en la çibdad? ¿Seríais el bien venido?

PEDRO.—Llegar me dexaron a la puerta, mas no entrar dentro.

MATA.—¿Por qué?

PEDRO.—Por la grande diligençia que tienen de que los que vienen de parte donde hay pestilençia no comuniquen con ellos y se la peguen; y como yo no pude negar dónde venía, mandáronme ir a Sancto Sidero, y allí embió la Señoría uno de los siete que me preguntase quién era y qué quería; y como le conté el caso, díxome que m'estubiese quedo en aquel monasterio y allí se me sería dado recado de todo lo necesario; mas de una cosa me advertía de parte de la Señoría: que no saliese adonde fuese visto de algún turco; porque si me conosçían y me demandaban no podían dexar de darme, pues por un hombre no tenía de perderse toda la isla. Llamábase éste Nicolao Grimaldo[48].

JUAN.—¿Qué quiere dezir Grimaldo?

PEDRO.—Es nombre de una casa de ginoveses antiguos. Hay tres casas principales en Chío: Muneses, Grimaldos, Garribaldos. Para aquella noche no faltó de çenar, porque mi compañero tenía allí un çirujano catalán pariente, que se llamaba mase Pedro[49], hombre valeroso ansí en su arte como por su persona, bien amigo de amigos, y, lo que mejor, tenía bien quisto en toda la çibdad. Yo rogué a uno de aquellos señores que me llama-

---

[48] El autor escribió primero *Garribaldo,* que luego sustituyó por *Grimaldo* en las dos menciones (f. 82r), dinastía genovesa emparentada con los príncipes monegascos. Los *Muneses* de Pedro son, no una dinastía, sino los miembros de la Maona, gobierno especial de la isla de Chíos *(Gil,* 117).

Toda esta tirada descriptiva de Urdemalas sobre Chíos es una prueba más de que el autor tiene más que ver con Génova que con Venecia, como sería el caso de Laguna. A propósito de los aciertos y errores de Urdemalas sobre Génova y la isla de Chíos, su gobierno, sus gentes y la administración del comercio de la almástica, debe consultarse M. Damonte, «Osservazioni sul *Viaje de Turquia;* riferimenti a Genova e alla Sicilia» *(Revue de littérature comparée,* 1973), págs. 572-581, y F. Meregalli, art. cit. sobre Italia en el *Viaje,* pág. 357 y nota 18.

[49] *Maese Pedro, cirujano catalán.* Sobre este punto y en general las relaciones de Chíos y Cataluña, véase *EI,* XX, s. v. *Scio,* y *Gil,* pág. 119.

sen allí a uno de los del año pasado que la Señoría había embiado por embaxador a Constantinopla, para que le quería[50] hablar, el qual a la hora vino.

JUAN.—¿Qué tanto es el monesterio de la çibdad?

PEDRO.—Un tiro de vallesta; y conosçióme, aunque no a *prima façie;* porque estando yo en Constantinopla camarero de Çinán Baxá, todos los negoçiantes habían de entrar por mi mano; y como arriba dixe procuraba siempre destar bien con todos, y quando venían negoçios de christianos yo me les afiçionaba, deseando que todos alcançasen lo que deseaban. Cada vez que aquel embaxador quería hablar con mi amo le hazía entrar. Allende desto, como yo era intérprete de todos los negoçios de christianos, llevaba una carta de la Señoría de Chío para Çinán Baxá, y no iba escrita con aquella criança y solemnidad que a tal persona se requería; y çiertamente, si yo la leyera como iba, él no negoçiara nada de lo que quería.

MATA.—¿Pues allá se mira en eso?

PEDRO.—Mejor que acá. En el sobreescrito le llamaban capitán general, que es cosa que ellos estiman en poco, sino almirante de la mar, que en su lengua se diçe *beglerbei*[51]; tratábanle de señoría, y habíanle de llamar exçelencia; y esto de quatro en quatro palabras. Como yo vi la carta, con deseo que alcançasen lo que pidían, leíla a mi proposito, supliendo como yo sabía tan bien sus costumbres, de manera que quedó muy contento y hubo consejo conmigo de lo que había de hazer, y le hize despachar como quería, abisándole que otra vez usasen de más criança con aquellos Baxás; y el quedó con toda la obligaçión posible, ansí por el buen despacho como por la brevedad del negoçiar; y como me vio y nos hablamos, fue a la çibdad y juntada la señoría les dixo quién yo era y lo que había hecho por ellos, y que me podrían llamar liberador de la patria y como a tal me hiziesen el tratamiento. De tal manera lo cumplieron, que en 28 días que allí estube fui el más regalado

---

[50] *para que* en lugar de 'porque', tal vez por descuido del copista. En cuanto al maonés que actuó de embajador cerca de la Sublime Pùerta, no me ha sido posible identificarle en la obra de Philip Argenti, *Chius Vincta or the Occupation of Chios* (Cambridge, 1941), ni en la edición de la *Historia de Chíos* por J. Giustiniani (1585) *(History of Chios,* Cambridge, 1943, editada por el mismo autor), ni tampoco en los *Viajes* de Nicolai.

[51] *beglerbei,* hoy *(deniz) beylerbey,* es decir, 'jefe de los jefes del mar'.

de presentes de todo el mundo, tanto que no consentían que comiese otro pan sino rosquillas. Podía mantener 30 compañeros con lo que allí me sobraba. Mandaron también, para más me hazer fiesta, que los siete señores se repartiesen de manera que cada día uno fuese a estar conmigo en el monesterio a mantenerme conversación. Pues de damas, como era quaresma, que iban a las estaciones, tampoco faltó. Allí hallé un mercader que iba en Constantinopla, el qual llebaba comisión de un caballero de los prinçipales d'España para que me rescatase, y pidíle dineros y no me dio más de çinco escudos y otros tantos en ropa para vestirme a mí y a mi compañero.

MATA.—¿Pues qué bestidos hizistes con çinco escudos dos compañeros?

PEDRO.—Buenos, a la marineresca; que claro es que no habían de hazerse de carmesí.

MATA.—¿Y en hábito de fraires os festejaban las damas?

PEDRO.—Al principio sí; porque un día, el segundo que llegamos, yo estaba al sol tras una pared, y llegaron quatro señoras prinçipales en riqueza y hermosura, y como vieron a mi compañero, fueron a besarle la mano. Él, de vergüenza huyó y no se la dio, sino escondióse. Quedaron las señoras muy escandalizadas, y como yo las sentí, salí y vilas santiguándose. Pregunteles en griego que de qué se maravillaban. Dixo una no sé quasi, que no le alcançaba un huelgo a otro: "Estaba aquí un fraire y quisímosle vesar la mano y huyó; creemos que no debe de ser digno que se le besemos." Digo: No se maravillen vuestras merçedes deso, que no es saçerdote; yo lo soy. En el punto que lo dixe, arremetieron a porfía sobre quál ganaría primero los perdones. Yo a todas se la di liberalmente, y a cada una echaba la vendiçión, con la qual pensaban ir sanctificadas, como lo contaron en la çibdad. Ya andaba el rumor que se habían escapado dos christianos en hábito de fraires y estaban en Sancto Sidero. Halláronse tan corridas, que fueron otro día allá, y quando yo salí a saludarlas y darles la mano, una llebaba un palillo con que me dio un golpe al tiempo que estendí la mano, y armóse grande conversaçión sobre que yo no tenía ojos de fraire; y ningún día faltaron de allí adelante que no fuesen a visitarme con mill presentes y a dançar. Al cabo de un mes partíase una nabe cargada de trigo, y el capitán della era çibdadano, y había también otros doçe christianos que se habían dellos rescatado, dellos huido, y mandóle la señoría que nos traxese allí hasta Siçilia, dándoles a todos bizcocho y queso, pero a mí no nada, sino mandaron al capitán que no solamente me diese su mesa, mas que me hiziese todos los regalos que pudiese, haziendo cuenta que traía a uno de los siete señores del Chío; y ansí me embarqué y fuimos a un pueblo de Troya, allí çerca, que se llama Smirne[52], de donde fue Omero, a acabar de cargar trigo la nabe para partirnos.

JUAN.—¿De Troia, la mesma de quien escriben los poetas?

PEDRO.—De la mesma.

MATA.—¿Pues aún es biba la çibdad de Troya?

PEDRO.—No había çibdad que se llamase Troya, sino todo un reino, como si dixésemos España o Françia; que la çibdad prinçipal se llamaba el Ilío, y había otras muchas, entre las quales fui a ver una que se llama Pérgamo, de donde fue natural el Galeno[53], que está en pie y tiene dos mill vezinos; pedaços de edifiçios antiguos hay muchos; pueblos, muy muchos, pero no como Pérgamo, ni donde parezca rastro de lo pasado. Los turcos, quando ven edifiçios viejos, los llaman *esqui Estambol, la vieja Constantinopla*[54]; y para los edifiçios que el Gran Turco haze en Constantinopla lleban toda quanta piedra hallan en estas antiguallas[55].

JUAN.—¿Era buena tierra aquella?

PEDRO.—Una de las muy buenas que he visto, abundosa de pan, vino, carne y ganado, y lo que demás quisiéredes.

JUAN.—¿Y qué, aquella es la çibdad de Troya?

PEDRO.—Todo lo demás que oyéredes es fábula.

MATA.—¿No deçían que tenía tantas leguas de çerco?

---

[52] Aunque parezca disparatada la idea que Pedro tiene de Troya, su descripción está de acuerdo con la carta de Abraham Orteilus ya citada, lám. 91. En ella y en Asia Menor, frente a la isla de *Scio*, se rotulan una *Troia Nova* y otra *Troia Vechia*, entre la ciudad de *Pergama* (sic) y un río Girmasti (¿Bakir, de hoy?); más al norte hay otra *Troya* (ahora con y), la que Pedro llama *Ilio*, que coincide con la ciudad homérica que exploró Schliemann, y que él toma por capital de un supuesto reino de Troya.

[53] Galeno no podía ser olvidado en el periplo de Urdemalas. El gran médico jonio, efectivamente, nació en Pérgamo en el año 131, muriendo en Roma (?) h. el 201 a. C. De la floreciente ciudad de los Atálidas, Urdemalas nos dice muy poco.

[54] *eski Istanbul,* es decir, 'el viejo Estambul' (en *T*, inexplicablemente, *esqui-stambar,* quizá por ultracorrección).

[55] *antigualla,* del it. *anticaglia,* 'antigüedad', 'restos o ruina de la Antigüedad', es voz usada en este siglo sin que implique el sentido despectivo que hoy tiene. *Covarrubias* lo define como las «cosas muy antiguas y viejas» (126a).

316

PEDRO.—Es verdad que Troya tiene más de çient leguas de çerco; ¿mas en qué seso cabe que había de haber çibdad que tubiese esto? Solamente el Ileo era la más populosa çibdad y cabeza del reino, y cae en la Asia Menor, y Ábido[56] es una çibdad de Troya que la batía la mar, enfrente de Sexto.

MATA.—En fin, eso lleba camino, y hase de dar crédito al que lo ha visto, y no a poetas que se traen el nombre consigo. Y, porque viene a propósito, quiero preguntar de Athenas si la vistes[57].

PEDRO.—Muy bien.

MATA.—¿Y es como dezían o como Troya? ¿O no hay agora nada?

PEDRO.—La çibdad está en pie, no como solía, sino como Pérgamo; de hasta dos mill casas, mas labradas no a la antigua, sino pobremente como a la morisca.

JUAN.—¿Y hay todavía escuelas?

PEDRO.—Ni en Athenas ni en toda Greçia hay escuela ni rastro de haber habido letras entre los griegos, sino la jente más bárbara que pienso haber habido[58] en el mundo. El más prudente de todos es como el menos de tierra de Sayago[59]. La mayor escuela que hay es como acá los sacristanes de las aldeas, que enseñan leer y dos nominatibos; ansí, los clérigos que tienen iglesia, tienen encomendados muchachos que, después que les han enseñado un poco leer[60] y escribir, les muestran quatro palabras de gramática griega y no más, porque tampoco ellos lo saben.

---

[56] Ya mencionada por Pedro.

[57] No se halla en todo el *Viaje* una descripción de Atenas, a pesar de la promesa hecha por Pedro a sus dos camaradas (véase IV, nota 50).

[58] *pienso haber habido:* sobre este tipo de infinitivo concertado, hay varias muestras en todo el Ms. (véase Introducción, pág. 47).

[59] *de tierra de Sayago:* comarca zamorana al SO. de la provincia, entre el Duero y el Tormes. Parece que tenían fama los sayagueses de toscos, zahareños e ineptos para la expresión oral. (Véase en Cervantes, *La ilustre fregona* y *DQ,* II, cap. XXXII, «como una villana de Sayago»; y en la misma obra, II, cap. XIX, dice Sancho: «no hay que obligar al sayagués a que hable como toledano».) Véase también (XI, nota 25) la opinión que tiene Belon de los caloyeros de Monte Santo.

[60] *enseñan leer,* con supresión de la preposición, por analogía con los complementos directos de persona sin ella (Introducción, pág. 47).

MATA.—¿Hay alguna diferençia entre griego y gramática griega?

PEDRO.—Griego es su propia lengua que hablan comúnmente, y gramática es su latín griego, como lo que está en los libros[61].

JUAN.—¿Hay mucha diferençia entre lo uno y lo otro?

PEDRO.—Como entre la lengua italiana y la latina. En el tiempo del floresçer de los romanos la lengua común que en toda Italia se hablaba era latina, y esa es la que Çiçerón sin estudiar supo y el vulgo todo de los romanos la hablaba. Vino después a barbariçarse y corromperse, y quedó ésta, que tiene los mesmos bocablos latinos, mas no es latina, y ansí solían llamarse los italianos latinos[62]. En el tiempo de Demósthenes y Eschines, Homero y Galeno y Platón y los demás, en Greçia se hablaba el buen griego, y después vino a barbariçarse y corrompióse de tal manera que no la saben; y guardan los mesmos bocablos, salbo que no saben la gramática, sino que no adjetivaı[63]. En lo demás, sacados de dos docenas de bocablos bárbaros que ellos usan, todos los demás son griegos. Dirá el buen griego latino: *blepo en aanthropon, veo un hombre;* dirá el bulgar: *blepo en antropo.* Veis aquí los mesmos bocablos sin adjetivar.

JUAN.—De manera que solamente en la congruidad del hablar difieren, que es la gramática[64]. Pregunto: Uno que acá

---

[61] Pedro quiere dar a entender a sus dos oyentes que una cosa es el griego ático o, si se quiere, la κοινή, y otra es el ῥομαικος, por considerarse los bizantinos herederos de Roma (recuérdese que para los turcos y musulmanes en general, *rum-í* es el *griego,* por oposición al *franco* u occidental) (en Belon, II, fs. 83v y 84r, *franks* y *romeos).*

[62] Aunque la comparación es un tanto rudimentaria, Pedro alude indirectamente a la fragmentación de la lengua madre, el latín, en las diferentes lenguas romances, una de las cuales es el italiano, «mas no es latina».

[63] *salvo que... sino que,* dos concesivas que hacen torpe la dicción. *Adjetivar* se entiende por 'flexión nominal', es decir, que en el griego de su tiempo se eliminaban desinencias. Como puede comprobar cualquier mediano estudiante de griego moderno, la afirmación no es correcta. (Véase *Gil,* págs. 137-138.)

[64] El juicio de Juan de que la *Gramática consiste en la congruidad del hablar* recuerda la definición de otro gran pionero de la Lingüística, El Brocense, para quien la Gramática era *ars loquendi, cuius finis est congruens oratio* (F. G. Salinero, «Actualidad lingüística de Francisco S. de las Brozas», en *Estudios Extremeños,* XXIX, 3, Badajoz, 1973, pág. 12).

ha estudiado griego, como vos hizistes antes que os fueseis, ¿entenderse ha con los que hablan allá?

PEDRO.—No es mala la pregunta. Sabed que no, ni él a ellos ni ellos a él; porque primeramente ellos no le entienden, por no saber gramática, y tampoco él sabe hablar, porque acá no se haze caso sino de entender los libros; ni estos entenderán a los otros, porque como no adjetivan y mezclan algunos bocablos bárbaros, parésceles algarabía, y también como no tienen uso del hablar griego, acá no abundan de bocablos. Eso mesmo es en la italiana, que los latinos que desde acá ban, si no lo deprenden no lo entienden, no obstante que algunas palabras les son claras; ni los italianos que no han estudiado entienden sino qualque palabra latina. Bien es berdad que el que sabe el griego vulgar deprende más en un año que uno de nosotros en beinte porque ya se tiene la abundancia de bocablos en la cabeza, y no ha menester más de componerlos como han de destar. También el que sabe la gramática deprenderá más presto vulgar que el que no la sabe, por la costumbre que ya tiene de la pronunçiación. Yo por mí digo que, sin estudiarla más de como fui de acá, por deprender la vulgar me hallé que cada vez que quiero hablar griego latín lo hago también como lo vulgar[65].

MATA.—Debéis de saber tan poco de uno como de otro.

PEDRO.—De todas las cosas sé poco; mas estad satisfecho que hay pocos en Greçia que hablen más elegante y cortesanamente su propia lengua que yo, ni aun mejor pronunçiada.

MATA.—El pronunçiar es lo de menos.

PEDRO.—No puedo dexar de daros a entender por solo eso la grandíssima falta que todos los bárbaros d'España tienen en lo que más haze al caso en todas las lenguas[66].

MATA.—¿Qué, el pronunçiar?

PEDRO.—¡Si vieseis los letrados que acá presumen, idos en

---

[65] Aquí, como en *infra,* Urdemalas no titubea en proclamar su dominio del griego hablado, aprendido no sabemos cuándo ni dónde ni con quién, como hemos dicho más arriba.

[66] No podemos por menos de alabar a Pedro en este concepto tan actual de la enseñanza de las lenguas vivas. ¡Cuántos educandos podrían dar testimonio del poco interés de sus maestros en que adquieran una buena pronunciación! ¡Y cuántos son incapaces de comprender la primera frase que oyen cuando salen de sus predios, después de luengos años de estudio!

Italia, donde es la poliçía del hablar, dar que reír a todos quantos hay pronunçiando siempre *n* donde ha de haber *m,* b por *u* y *u* por b[67], comiéndose siempre las postreras letras! Ninguna cosa hay en que más se manifieste la barbarie y poco saber que en el pronunçiar, de lo qual los padres tienen grandíssima culpa y los maestros más. Veréis el italiano deçir quatro palabras de latín grosero tam bien dichas que aunque el español hable como Çiçerón paresçe todo caçefatones[68]; en respecto dél más valen quatro palabras bien sabidas que quanto supo Salomón mal savido. Una cosa quiero que sepáis de mí, como de quien sabe seis lenguas[69], que ninguna cosa hay para entender las lenguas y ser entendido más neçesaria y que más importe que la pronunçiaçión, porque en todas las lenguas hay bocablos que pronunçiados de una manera tienen una signifícaçión y de otra manera otra, y si queréis dezir çesta, diréis vallesta. Tome uno de vosotros en la cabeza seis bocablos griegos, mal pronunçiados, y pregúnteselos a un griego qué quieren deçir, y verá que no le entiende. La mayor difícultad que para la lengua griega tube fue el olvidar la mala pronunçiaçión que de acá llebé, y sabía hablar elegantemente y no me entendían; después, hablando grosero y bien pronunçiado, era entendido. Hay en ello otra cosa que más importa y es que si pasando por un reino sabiendo aquella lengua queréis pasar como hombre del reino, a dos palabras, aunque sepáis muy bien la lengua, sois tomado con el hurto en las manos. Estos son primores que no se habían

---

[67] Al puntualizar sobre esta confusión de sonidos, Pedro parece admitir que la *b* y la *v*, por ejemplo, no deberían articularse de igual modo. Nos hace pensar en la *Gramática* de Villalón, donde se sostiene ya que «el castellano las confunde». (Véase Introducción, pág. 44, nota 42.)

[68] *caçefatones:* 'gazafatones', vicios de dicción. Dice Correas en su *Arte de la lengua española castellana:* «El kakofatón es mal dicho, kasi lo mesmo ke kakofonía, quando en una palavra o más, por enkuentro se haze torpe sonido, komo dezir koñezo, komo los Gallegos e Italianos venidos aká, i de koxo sakar el aumentativo koxonazo.» (Ed. de F. Alarcos García, *Anejo de RFE,* 1954, pág. 407.)

[69] *como de quien sabe seis lenguas.* Semejante autobombo —que Bataillon toma en serio *(B-DL,* pág. 15)— implicaría una similitud con Laguna, suponiendo que las lenguas que verdaderamente dominaba el segoviano eran español, francés, italiano, alemán, latín, griego e «intentó aprender el turco». De dar crédito a esta afirmación de Pedro, queda por demostrar si Laguna hablaba romaico y si Urdemalas dominaba el francés y el alemán.

de tratar con jente como vosotros, que nunca supo salir detrás los tiçones, mas yo querría que salieseis y veríais[70].

MATA.—Yo me doy por vençido en eso que deçís todo, sin salir, porque a tan clara razón no hay qué replicar.

PEDRO.—Si las primeras palabras que a uno enseñan de latín o griego se las hiziesen pronunçiar bien sin que supiese más hasta que aquellas pronunçiase, todos sabrían lo que saben bien sabido; pero tienen una buena cosa los maestros de España: que no quieren que los disçípulos sean menos asnos que ellos, y los disçípulos también tienen otra: que se contentan con saber tanto como sus maestros y no ser mayores asnos que ellos; y con esto se conçierta muy bien la música barbaresca[71].

JUAN.—Questión es y muy antigua, prinçipalmente en España, que tenéis los médicos contra nosotros los theólogos quereros hazer que sabéis más philosophía y latín y griego que nosotros. Cosas son por çierto que poco nos importan. Porque sabemos lógica; latín y griego demasiadamente ¿para qué?

PEDRO.—En eso yo conçedo que tenéis mucha raçón, porque para entender los libros en que estudiáis poca neçesidad hay de letras humanas.

JUAN.—¿Qué libros? ¿Sancto Thomás, Escoto y esos Gabrieles y todos los más escolásticos? ¿Paresçeos mala theología la désos?

PEDRO.—No por cierto, sino muy sancta y buena; pero mucho me contenta a mí la de Christo, que es el Testamento Nuebo, y en fin, lo positibo, prinçipalmente para predicadores.

JUAN.—¿Y esos no lo saben?

PEDRO.—No sé[72]; al menos no lo muestran en los púlpitos.

JUAN.—¿Cómo lo veis vos?

PEDRO.—Soy contento de deçirlo: todos los sermones que en España se tratan, que aquí está Mátalas Callando que no me dexará mentir, son tan escolásticos que otro en los púlpitos no

---

[70] Con un criterio muy de hoy, Pedro prefiere poder hablar poco y ser entendido a verborrear y ser ininteligible; en otras palabras: fonética y medios audiovisuales con preferencia a vocabulario y traducción.

[71] Al igual que con los médicos, Pedro no se anda por las ramas en sus denuestos contra los profesores de lenguas; quizás fueran los mismos *qui Latine garriunt, corrumpunt ipsam latinitatem,* según el Brocense (art. cit. *supra,* nota 64).

[72] En *M-1* se omitió por *cierto.*

oiréis sino Sancto Thomás dice esto. En la distinctión 143, en la questión 26, en el artículo 62, en la responsión a tal réplica. Escoto tiene por opinión en tal y tal questión que no. Alexandro de Ales, Nicolao de Lira, Juanes Maioris, Gayetano[73], diçen lo otro y lo otro, que son cosas de que el vulgo gusta poco, y creo que menos los que más piensan que entienden.

JUAN.—¿Pues que querríais vos?

PEDRO.—Que no se traxese allí otra doctrina sino el Evangelio, y un Chrisóstomo, Agustino, Ambrosio, Gerónimo, que sobrello escriben; y esotro déxasenlo para los estudiantes quando oyen lectiones.

MATA.—En eso yo soy del vando de Pedro de Urdimalas, que los sermones todos son como él diçe y tiene raçón.

JUAN.—¿Luego por tan bobos tenéis vos a los theólogos de España, que no tienen ya olvidado de puro sabido el Testamento Nuebo y quantos expositores tiene?

MATA.—Olvidado, yo bien lo creo; no sé yo de qué es la causa.

PEDRO.—Las capas de los theólogos que predican y nunca leyeron todos los Evangelistas plugiese a Dios que tubiese yo, que pienso que sería tan rico como el Rey, quanto más los expositores. ¿No acabastes agora de confesar que no era menester para la Theología Philosofía, latín ni griego?

MATA.—Eso yo soy testigo.

PEDRO.—¿Pues cómo entenderéis a Chrisóstomo y Basilio, Gerónimo y Agustino?

---

[73] *Alejandro de Alés* o *Alesius* (1500-1565), teólogo escocés, se adhirió pronto a la Iglesia reformada; es autor de un libelo contra Miguel Servet sobre la divinidad de Jesucristo. *Nicolás de Lira,* franciscano francés, exégeta y autor de las *Postillae perpetuae,* comentarios sobre las instituciones hebreas del Antiguo Testamento, está citado por Colmenares en su biografía de Laguna como uno de los autores que más interesaron al médico segoviano (Ms. en la catedral de Segovia, volumen V, s.f.).

John Mair o *Johannes Maior* (1470-1550) es figura importante en lo que se refiere a la introducción del nominalismo en Alcalá, reeditor con J. Ortiz de la *Medulla dialectices* de su maestro J. Pardo *(B-EE,* página 17). Finalmente, *Tomás de Vio Cayetano,* cardenal, legado pontificio en Alemania contra Lutero, comentador de San Mateo y de las Epístolas de San Pedro, fue una de las figuras más prestigiosas que tuvo el erasmismo. (Véase el amplio capítulo de Bataillon, «El proceso de Vergara» en *B-EE,* págs. 438-470.)

JUAN.—¿Luego Sancto Thomás y Escoto no supieron Philosofía?[74]

PEDRO.—De la sancta mucha.

JUAN.—No digo sino de la natural.

PEDRO.—Desa no por çierto mucha, como por lo que escribieron della consta. Pues latín y griego, por los çerros de Úbeda.

JUAN.—Ya començáis a hablar con pasión. Hablemos en otra cosa.

PEDRO.—¿No está claro que siguieron al comentador Aberroes y otros bárbaros que no alcançaron Philosofía, antes ensuçiaron todo el camino por donde la iban los otros a buscar?[75]

MATA.—¿Qué es la causa porque yo he oído deçir que los médicos son mejores philósofos que los theólogos?

PEDRO.—Porque los theólogos siempre van atados tanto a Aristótiles, que les paresçe como si dixesen: El Evangelio lo dize, y no cale[76] irles contra lo que dixo Aristótiles, sin mirar si lleba camino, como si no hubiese dicho mill quentos de mentiras; mas los médicos siempre se van a viba quien vençe[77] por saver la verdad. Quando Platón diçe mejor, refutan a Aristóteles; y quando Aristóteles, diçen libremente que Platón no supo lo que dixo. Deçid, por amor de mí, a un theólogo que Aristóteles en algún paso no sabe lo que diçe, y luego tomará piedras para

---

[74] La distinción que Pedro hace entre la filosofía que él llama *sancta* y la *natural,* negando a Santo Tomás y a Scoto la posesión de ésta, es bastante audaz. Urdemalas recusa para sus adentros la afirmación medieval de *Philosophia ancilla Theologiae* y se adhiere a un racionalismo bien patente en otros pasajes del *Viaje.*
Parece ser que hacia 1530-35 las tendencias tomistas y escotistas en Alcalá se desviaron hacia el nominalismo de Guillermo de Occam. (Véase *B-EE,* pág. 15 y la monografía de M. P. Aspe Ansa, *Constantino Ponce de la Fuente* [F. U. E., 1975], pág. 44, y nota siguiente.)

[75] Pedro está nada menos que haciendo depender la interpretación escolástica del aristotelismo, de Averroes y de «otros bárbaros que ensuciaron el camino». Si vamos atando cabos y tenemos en cuenta la mención de tantos escritores heterodoxos por Pedro de Urdemalas, no tenemos más remedio que admitir que nuestro autor tenía más que *puntas de luterano,* como dice Mátalascallando (pág. 125).

[76] Véase cap. II, n. 38.

[77] *viva quien vence:* «Biva kien venze. Por los ke sigen al venzedor i de más fortuna, sin tener más lei de irse tras la prosperidad» *(Correas).*

tiraros; y si le preguntáis por qué es verdad ésto, responderá con su gran simpleza y menos saber, que porque lo dixo Aristóteles. ¡Mirad, por amor de mí, qué philosofía pueden saber!

JUAN.—Ya yo hago como diçen orejas de mercader, porque me paresçe que jugáis dos al mohino[78]. Acabemos de saver el viaje.

PEDRO.—Soy dello contento, porque ya me paresçe que os vais corriendo. Acabada de cargar la nabe, fuimos en la isla del Samo[79], adonde nos tomó una tormenta y nos quedamos allí por tres días, que es del Chío veinte leguas, la qual es muy buena tierra, mas no está poblada.

JUAN.—¿Por qué? ¿Qué comíais allí?

PEDRO.—Gallinas y ovejas comíamos, que hallábamos dentro. Desde el tiempo de Barbarroja començaron a padesçer mucho mal todos los que habitaban en muchas islas que hay por allí, que llaman del Arçipiélago[80], y hartos de padesçer tanto mal como aquel perro les hazía, dexaron las islas y fuéronse a poblar otras tierras, y como dexaron gallinas y ganados allí, hase ido multiplicando y está medio salvaje, y los que por allí pasan, saltando en tierra hallan bien qué cazar, y no penséis que son pocas las islas, que más he yo visto de çinquenta.

MATA.—¿Pues cuyas son esas abes y ganados?

PEDRO.—De quien lo toma; ¿n'os digo que son despobladas habrá quinçe años?

JUAN.—¿Y no lo sabe eso el Gran Turco?

PEDRO.—Sí; pero, ¿cómo pensáis que lo puede remediar? Algunas cosas habrá hecho Andrea de Oria que aunque las sepa el Emperador son menester disimular[81]. De allí fuimos a Milo,

---

[78] *jugar dos al mohino:* jugar dos contra uno, 'el mohino'.

[79] *la isla del Samo:* Samos, isla del Egeo próxima a la costa occidental de Asia Menor, cedida a Grecia por el tratado de Lausanne (1923).
Consagrada entre los griegos de la Antigüedad a Hera o Juno, y patria de Pitágoras, quedó despoblada desde que Khaireddin Barbarroja se enseñoreó de todo el Mediterráneo oriental después de la batalla de Prevesa (1538). Los turcos la repoblaron con albaneses.

[80] Véase nota anterior. Pedro engloba en la denominación de *islas del Archipiélago* a todas las del mar Egeo, llamado también Mar Archipiélago, lo mismo a las del Dodecaneso que al grupo de las situadas al este y sudeste del Ática y Morea.

[81] *cosas que son menester disimular.* Esta frase sibilina parece indicar que a Solimán le interesaba en estos momentos —marzo de 1555— interrumpir las hostilidades para tener manos libres en la campaña

otra isla, y de allí pasamos una canal entre Micolo y Tino[82], dos islas pobladas, y con un gran viento contrario no podimos en tres días pasar adelante a tomar tierra, y dimos al cabo con nosotros en la isla de Delo[83], que aunque es pequeña es de todos los escriptores muy çelebrada porque estaba allí el templo de Apolo, adonde concurría cada año toda la Greçia.

JUAN.—¿Esa es la isla de Delo? ¿Y hay agora algún rastro de edificio?

PEDRO.—Más ha habido allí que en toda Greçia, y hoy en día aún hay infinitos mármoles que sacar y los lleba quien quiere, y antiguallas[84] muchas se han hallado y hallan cada día. De allí fuimos a la isla de Sira[85], donde hay un buen pueblo, y

---

contra el Sofí (XVIII, nota 5); al mismo tiempo y por motivos diferentes el Emperador y Fernando de Austria tenían puestos sus intereses en la cuestión sucesoria de Alemania, en la campaña de Italia (guerra de Siena) y en la actitud del nuevo Papa Caraffa, Paulo IV, que ascendió al trono de San Pedro aquel año. El apoyo de Andrea Doria a los avances de Cosme de Médicis era tibio porque veía con malos ojos la expansión toscana (cfr. F. Braudel, *La Mediterranée...*, páginas 755 y ss.).

[82] *una canal entre Micolo y Tinos:* indudable error del narrador o errata del copista. La isla de *Milos* está más a occidente y es difícil llegar primero a Milos y pasar después por el canal entre *Mikonos* —este es su nombre— y *Tinos* (Tenedos, para nosotros). El autor del error quiso decir *Mikonos,* en lugar de *Milo.* Semejante error se repite líneas más abajo, *Cirigo* por *Siros* (cap. Hermópolis) que es la más próxima a Tinos y Mikonos.

Efectivamente, hay un fuerte empuje marítimo, cuyo riesgo aumentaría si, como dice Pedro, tuvieran viento contrario.

[83] *isla de Delo:* hoy, *Dilos,* celebrada en la Antigüedad por el culto de Apolo (y en Platón, *Critón,* «la nave de Delos»). Urdemalas no tiene más frases de elogio para la isla que unas cuantas generalidades sobre sus ruinas.

[84] *antiguallas* (véase *supra,* nota 55).

[85] *isla de Sira,* hoy *Siros.* Siguiendo en el mapa la derrota de Pedro, es comprensible la secuencia Samos-Tinos-Mikonos-Dilos-Siros, pero de nuevo vuelve a embrollar el itinerario llamando *Cerigo* a lo que en realidad es la isla de *Serifos,* para alcanzar desde allí a *Paros y Naxos,* que él llama *Paris y Necsia,* bien distante de lo que Contreras llama «boca del Archipiélago» (pág. 187), donde se halla, como desgajada de la Morea, la isla de *Çerigo,* Citherea o Kithira.

Todo este trastrueque de nombres nos lleva a la consecuencia de que el protagonista-narrador no estaba muy familiarizado con los mares e islas del Levante y era poco riguroso en la comprobación de sus etapas de navegante.

vi las mugeres que no traen más largas las ropas que hasta las espinillas, y quando sienten que hay cosarios todas salen valerosamente con espadas, lanças y escudos, mejor que sus maridos, a defenderse y que no les lleben el ganado que anda paçiendo riberas del mar. Dimos con nosotros luego en Çirigo, y de ahí á Paris y Necsia[86], dos buenas islas, y pasamos a vista de Candía, y echamos ánchoras en Cabo de Santángelo, que llaman Puerto Coalla[87] por la multitud de las codorniçes que los albaneses toman por allí, que se desembarcan para venir a criar acá. Luego nos engolfamos en el golfo de Veneçia, que llaman el Sino Adriático, con muy buen tiempo, y veníamos cazando, con mucho pasatiempo.

MATA.—Tened puncto; ¿qué cazabais en el golfo?

PEDRO.—Codorniçes, tórtolas, destos pájaros verdes y otras diferençias de abes, que se venían por la mar, siendo mes de abril, para criar acá.

MATA.—Bien puede ello ser verdad; mas yo no creo que en medio del golpho puedan cazar otro sino mosquitos, ni aun tampoco creo que tengan tanto sentido las abes que una vez van que tornen a bolver acá.

---

[86] *Paris* y *Necsia:* son las islas de Paros y Naxos (en Contreras, Paris y Niseya, pág. 204). El derrotero de este último es exacto y fácilmente comprobable en el mapa, a pesar de su disparatado nomenclator. De Paros y sus mármoles famosos, nada nos dicen ni Contreras ni Urdemalas.

[87] *Puerto Coalla* hoy es *Porto Kagio,* junto al cabo Matapán, pero no es llamado, como afirma Pedro, *Cabo de Santángelo,* ni así figura en las cartas de Diego Homen, ni en Contreras, o en el atlas de Blaeus. Santángelo es el llamado hoy *Maleo* o *Maliaco,* extremidad la más oriental de las tres meridionales del Peloponeso. Pedro atina en la explicación etimológica de *Coalla,* por la gran cantidad de codornices que llegan allí en su migración de las costas africanas.

El hecho de que los albaneses fueran a cazarlas en aquellos parajes ha producido sorpresa en *Gil* (pág. 125). Yo no he podido comprobar ese extremo, pero no sería difícil admitirlo, porque los albaneses estaban presentes en lejanos confines del mundo turco-griego, según se desprende de las noticias de Belon sobre Siderocapsa, donde habla de albaneses trabajando en los hornos e ingenios; en las noticias de pobladura del Dodecaneso con albaneses, después de 1566, y por su intervención en el comercio mediterráneo, a juzgar por su aportación a la *lingua franca* de marineros y comerciantes (véase *Larousse Enciclopedique,* París, 1964; *Der Grosse Brockhaus,* XVII, Leipzig, 1934, y Kahane-Tietze, *ob. cit.,* págs. 686-688).

PEDRO.—No solamente volver podéis tener por muy aberiguado, mas aun a la mesma tierra y lugar donde había estado, y no es cosa de poetas ni historias, sino que por experiençia se ha visto en golondrinas y en otras muchas aves, que siendo domésticas les hazen una señal y las conosçen el año adelante venir a hazer nidos en las mesmas casas; pues de las codorniçes no queráis más testigo de que tres leguas de Nápoles hay una isla pequeña, que se diçe Crapi[88], y el obispo della no tiene de otra cosa quinientos escudos de renta sino del diezmo de las codorniçes que se toman al ir y venir, y no solamente he yo estado allí, pero las he cazado, y el obispo mesmo es mi amigo.

JUAN.—Muchas vezes lo había oído y no lo creía, mas agora como si lo viese. También diçen que lleban quando pasan la mar alçada el ala por vela, para que, dándoles el viento allí, las llebe como nabíos.

PEDRO.—La mayor parte del mar que ellas pasan es a buelo. Verdad es que quando se cansan se ponen ençima del agua, y siempre van gran multitud en compañía, y si hay fortunoso viento y están cansadas, alzan como dezís sus alas por vela; y de tal manera habéis de saber que es verdad, que la vela del nabío creo yo que fue inventada por eso, porque es de la mesma hechura; las que cazábamos era porque rebolviéndose una fortuna muy grande en medio el golfo, todas se acojían a la nao, queriendo más ser presas que muertas, y aunque no hubiese fortuna se meten dentro los nabíos para pasar descansadas; los marineros lleban unas cañas largas con un laçico al cabo con que las pescan, y van tan domésticas. Ende más si hay fortuna que se dexarán tomar a manos; de golondrinas no se podían valer de noche los marineros, que se les asentaban sobre las orejas y nariçes, y cabeza y espaldas, que harto tenían que ojear como pulgas.

MATA.—No es menos que desmentir a un hombre no creer lo que dice que el mesmo vio, y si hasta aquí no he creído algunas cosas ha sido por lo que nos habéis motejado con razón de nunca haber salido de comer bollos; y al prinçipio paresçen dificultosas las cosas no vistas, mas yo me subjeto a la razón. ¿De aquel golfo adónde fuistes a parar?

PEDRO.—Adonde no queríamos; mal de nuestro grado, dimos al trabés con la fortuna, tan terrible qual nunca en la mar

[88] *Crapi,* por 'Capri', junto a Nápoles. El obispo de esta isla, según Serrano y Sanz, era Alonso Cabrera, que gobernó la sede de 1551 a 1555 (NBAE, II, pág. CXVII).

han visto marineros, un Juebes Sancto, que nunca se me olvidará, en una isla de veneçianos que se llama el Zante, la qual está junto a otra que llaman la Chefalonia[89], las quales divide una canal de mar de tres leguas en ancho.

MATA.—¡Oh pecador de mí! ¿Aún no son acabadas las fortunas?

JUAN.—Quasi en todas esas partes cuenta Sant Lucas que peligró Sant Pablo en su peregrinaçión[90].

PEDRO.—¿Y el mesmo no confiesa haber dado tres vezes al trabés y sido açotado otras tantas? Pues yo he hado quatro y sido açotado sesenta, porque sepáis la obligaçión en que estoy a ser bueno y servir a Dios. Ayudáronnos otras tres nabes a sacar la nuestra, que quiso Dios que encalló en un arenal, y no se hiziese pedazos, y tubimos allí con gran regoçijo la Pasqua, y el segundo día nos partimos para Siçilia, que tardamos otros seis días con razonable tiempo, aunque fortunoso; pero aquello no es nada, que, en fin, en la mar no pueden faltar fortunas a cuantos andan dentro. Llegamos en el Faro de Meçina, donde está Çila y Caribdi[91], que es un mal paso y de tanto peligro que ninguno, por buen marinero que sea, se atrebe a pasar sin tomar un piloto de la mesma tierra, que no viben de otro sino de aquello.

JUAN.—¿Qué cosa es Faro?

PEDRO.—Una canal de mar de tres leguas de ancho que divide a Siçilia de Calabria, llena de remolinos tan diabólicos que se sorben los nabíos, y tiene éste una cosa más que otras canales: que la corriente del agua una va a una parte y otra a otra, que no hay quien le tome el tino, y Çila es un codo que haze junto a la çibdad la tierra, el qual por huir de otro codo que haze a la parte de Calabria, como las corrientes son contrarias, dan al trabés y se pierden los nabíos[92].

---

[89] *Zante* y *Chefalonia*, hoy *Zakinthos* y *Kefalinia*, en el grupo de las llamadas Jónicas.

[90] *Actas*, caps. XXI, XXII y XXVII. El mismo San Pablo dice en la II de Corintios, 11, 25: *ter naufragium feci; noctem ac diem in profundo egi.*

[91] Son las arquetípicas *Scila* y *Caribdis*, desde los tiempos en que Ulises regresaba de Troya, sorteando peligros y a merced de los vientos y tempestades. Con esta última etapa, nuestro protagonista se despide del mundo dominado por los turcos y penetra en el heterogéneo mundo italiano, comenzando por Sicilia.

[92] Pedro va a ser ahora más certero en sus descripciones de los contornos italianos. Su descripción de los peligros del llamado estrecho

JUAN.—¿Y las otras canales no son también ansí?

PEDRO.—No, porque todas las otras, aunque tienen corriente, no es diferente, sino toda a un lado. ¿No os espantaría si vieseis un río que la mitad dél, cortándole a la larga, corra hazia bajo y el otro haçia riba?

MATA.—¿Eso es lo de Çilla y Caribdin?

PEDRO.—Eso mesmo.

JUAN.—Espantosa cosa es y digna que todos fuesen a verla solamente. Diçese de Aristótiles que por sólo verla fue de Athenas allá.

MATA.—¿Qué, tanto hay?

PEDRO.—No es mucho; serán trescientas leguas.

MATA.—A mí me paresçe que iría quinientas por ver la menor cosa de las que vos habéis visto, si tubiese seguridad de las galeras de turcos.

CAPÍTULO XIII

A través de Italia

JUAN.—Llegados ya en salvamento en Siçilia ¿grande contentamento terníais por ver que ya no había más peligros que pasar?

PEDRO.—¿Cómo no? El mayor y más venturoso estáis por oír. En todas las çibdades de Siçilia tienen puestos guardianes, que llaman de la sanidad, y más en Meçina, donde yo llegué; para que todos los que vienen de Levante, adonde nunca falta pestilençia, sean defendidos[1] con sus mercançías entrar en

---

de Mesina y la existencia de dos corrientes marinas, es exacta. El mundo griego del que acaba de despedirse, ha pasado ante los oídos de sus dos camaradas como visto desde la proa de su galera, sin ser demasiado explícito en la descripción de sus tesoros artísticos ni en la evocación de los hechos históricos. ¿Se puede concebir este silencio en un Villalón autor de la *Ingeniosa comparación entre lo antiguo y lo presente?* Pero, a su vez, en un Laguna interesado en el estudio de la flora y mineralogía y en la calidad de las aguas ¿puede imaginarse esta ausencia de pormenores sobre las tierras y los mares que recorre? En uno y otro caso es inconcebible la inhibición de ambos autores, espíritus llenos de curiosidad, según demuestran sus escritos.

[1] *defender,* 'prohibir', probable galicismo, aunque no falta en autores coetáneos (A. de Valdés, Pero Mexía y otros). Esta voz como otras de indudable ascendencia francesa, el uso de *ser* como auxiliar

poblado, para que no se pegue la pestilençia que diçen que traen; y éstos, quando viene alguna nabe, van luego a ella y les ponen grandes penas de parte del Virrey que no se desembarque nadie; si tiene de pasar adelante embía por terçera persona a comprar lo que ha mesnester, y vase. Si quiere descargar allí el trigo, algodón o cueros[2] que comúnmente traen, habida liçençia que descargue, lo tiene de poner todo en el campo, para que se oree y exhale algún mal humor si trae, y todas las personas ni más ni menos.

MATA.—Cosa me paresçe esa muy bien hecha, y en que mucho serviçio hazen los governadores a Dios y al Rey.

PEDRO.—Muchas cosas hay en que se sirviría Dios y la república si fuesen con buen fin ordenadas; mas quando se hazen para malo, poco meresçen en ello. No hay nabe que no le cueste esto que digo quatroçientos ducados, que podrá ser que no gane otros tantos.

JUAN.—Pues ¿en qué?

PEDRO.—En las guardas que tiene sobre sí para que no comuniquen con los de la tierra.

MATA.—¿Y esas no las paga la mesma çibdad?

PEDRO.—No, sino el que es guardado.

MATA.—Pues ¿en qué ley cabe que pague yo dineros porque se guarden de mí? ¿Qué se me da a mí que se mueran ni biban?

PEDRO.—Ahí podréis ver lo que yo os digo. ¿Ha visto ninguno de bosotros buena fruta de sombrío donde nunca alcança el sol?

MATA.—Yo no.

JUAN.—Ni yo tampoco.

PEDRO.—Pues menos veréis justicia, recta ni que tenga sabor de justiçia donde no está el Rey; porque si me tengo de ir a quexar de un agrabio 500 leguas, gastaré doblado que el principal, y ansí es mejor perder lo menos. Ante todas cosas tiene

---

con verbos intransitivos, el empleo de *en* por *a* indicando dirección, etc., hacen pensar en un autor que ha permanecido en contacto con gentes de habla francesa o italiana, como sería el caso de un miembro de la Orden de Málta.

Respecto a la 'pestilencia' de que nos habla Urdemalas y las plagas frecuentes en la región mediterránea, véase F. Braudel, *ob. cit.,* páginas 272-273, de la edición original.

[2] Después de *cueros,* en *M-1, o cualquiera otra cosa* (f. 86r), suprimida.

de pagar cada día ocho reales a ocho moros que rebuelban la mercançía y la descarguen.

MATA.—¿Para qué la han de rebolver?

PEDRO.—Para que se oree mejor y no quede escondida la landre entre medias. Tras esto otros dos guardianes, que les hagan hazerlo, a dos reales cada día, que son cuatro, y un escudo cada día a la guarda mayor, que sirbe de mirar si todos los demás hazen su ofiçio.

JUAN.—¿Y quántos días tiene esa costa hasta que le den liçençia que entre en la çibdad?

PEDRO.—El que menos ochenta, si trae algodón o cueros; si trigo, la mitad.

MATA.—Bien empleado es eso en ellos, porque no gastan quanto tienen en informar al Rey dello.

PEDRO.—También quiero que sepáis que no es mejor guardado el monumento de la Semana Sancta, con más chuzones, broqueles y guazamalletas[3], y aunque alguno quiera desembarcarse sin liçencia, éstos no le dexan. No teniendo yo mercançías, ni qué tomar de mí, no me querían dexar desembarcar, y el capitán de mi nao determinó venir a Nápoles con el trigo y otras tres nabes de compañía, y como yo había de venir a Nápoles díxome que me venía bien haber hallado quien me traxese çient leguas más sin desembarcarme. Yo se lo agradesçí mucho, y comenzaron a sacar la ánchoras para nos partir. Pasó por junto a la nao un bergantín, y no sé que se me antojó preguntarle de dónde venía. Respondió que de Nápoles. Dixele qué nueba había. Respondió que diez y nuebe fustas[4] de turcos andaban por la costa. Como soy razonable marinero, dixe al capitán que dónde quería partirse con aquella nueba tan mala. Díxome que donde había quatro nabes juntas qué había que temer. Conosçiendo yo que los rogoçeses[5], veneçianos y ginoveses valían poco para la batalla, y que necesariamente, si nos topa-

---

[3] *guazamalleta:* especie de loriga, peto o coselete. Se halla ya el término en *La lozana andaluza* (mamotreto XLIV), y en Jerónimo de Pasamonte: «Y me acuerdo que el día que desembarcamos al arenal de La Goleta con buena marea, ... con el frío hacía crujir mis guazamalletas» (BAE, 90, pág. 8b).

[4] *fusta:* especie de galera ligera, empleada como exploradora. Se documenta ya en provenzal en el siglo XIII, y pasa después a la *lingua franca* del Mediterráneo (Kahane-Tietze, núm. 313).

[5] *rogoçeses:* raguseos, habitantes de Ragusa, hoy Dubrovnik (Yugoeslavia).

ba, éramos presos, hize como que se me había andado de
negoçiar, una cosa que mucho importaba en la çibdad, y pídile
de merçed, sobre todas las que me había hecho, que me diese
un batel de la nabe para ir en tierra a encomendar a aquellos
que guardaban que nadie se desembarcase que los negoçiasen
por mí, y que luego en la hora me bolvería sin poner el pie en
tierra.

MATA.—¿Qué cosa es batel[6], que muchas veces he oído
nombrar?

PEDRO.—Como la nabe y la galera son tan grandes, no
pueden estar sino adonde hay mucho hondo, y quando quieren
saltar en tierra, en ninguna manera puede açercarse tanto que
llegue adonde haya tierra firme, y por eso cada nabío grande
trae dos barcas pequeñas dentro, la una mayor que la otra, con
las quales quando están çerca de tierra ban y vienen a lo que
han menester, y éstas se llaman *bateles*. Fue tanta la
importunaçión que yo tube porque me diese el batel, que aunque çierto le venía muy a trasmano, lo hubo de hazer con
condiçión que yo no me detubiese. Sería un tiro de arcabuz de
donde la nao estaba a tierra, y dixe a mi compañero y a otros
dos que habían sido cautibos que se metiesen conmigo dentro el
batel[7], y caminamos; quando yo me vi tres pasos de tierra no
curé de aguardar que nos açercásemos más, sino doy un salto
en la mar y luego los otros tras mí; quando las guardias me
vieron, vienen luego con sus lançones a que no me desembarcase sin liçençia, y quisieron hazerme tornar a embarcar por
fuerça. Yo dixe a los marineros que se fuesen a su nabe y dixesen al capitán que le vesaba las manos, y por çierto impedimen-
to no podía por el presente partirme, que en Nápoles nos
veríamos; como tanto porfiaban las guardas fue menester hazerles fieros[8], y dezir que aunque les pesase habíamos d'estar
allí. Fueron presto a llamar los jurados, que son los que goviernan la çibdad, y vinieron los más enojados del mundo, y quando yo los vi tan soberbios, determiné de hablarles con mucho
ánimo; y en preguntando que quién me había dado liçençia para desembarcarme, respondí que yo me la había tomado, que
siendo tierra del Emperador y yo su vasallo, podía estar en ella
tan bien como todos ellos. Donosa cosa, digo, es que si yo tengo

6 *batel,* como en *supra,* XII, nota 38.
7 *dentro el batel,* sin preposición.
8 *hacerlos fieros,* 'decir o hacer bravatas'.

en esta çibdad algo que negoçiar, que no lo pueda hazer sino ir- me a Nápoles y dexarlo. Dixeron que estaban por hazerme luego ahorcar. Yo les dixe que podían muy bien, mas que sus cabezas guardarían las nuestras; fuéronse gruñendo, y manda- ron que so pena de la vida no saliésemos de tanto espaçio como dos eras de trillar, hasta que fuese por ellos mandada otra cosa, y ansí estube allí junto a los otros que tenían sus mercaderías en el campo, con muy mayor guarda y más mala vida y más hambre que en todo el cautiberio.

MATA. —¿Quántos días?

PEDRO. —Veinte y ocho.

JUAN. —¿Y en qué dormíais?

PEDRO. —Dos cueros de vaca de aquellos que tenían los mer- caderes me sirvieron todo este tiempo de cama y casa, puestos como cueba, de suerte que no podía estar dentro más de hasta la çintura, dexando lo demás fuera al sol y al aire.

MATA. —¿Pues la çibdad, siquiera por lismosna, no os daba de comer?

PEDRO. —Maldita la cosa, sino que padesçí más hambre que en Turquía; y para más encubrir su bellaquería, a quantos traían cartas que dar en Meçina, se las tomaban y las abrían, y quitándoles el hilo con que venían atadas y tendiéndolas en tierra roçiábanlas con vinagre diçiendo que con aquello se les quitaba todo el veneno que traían, y la mayor vellaquería de to- das era que a los que no tenían mercadurías y eran pobres solíanles dar liçençia dentro de ocho días; pero a mí, por respecto que los mercaderes no se quexasen diçiendo que por pobre me dexaban y a ellos por ricos los detenían más tiempo, me hizieron estar como a ellos y cada día me hazían labar en la mar el capote y camisa y a mí mesmo.

JUAN. —Si queríais traer algo del pueblo, ¿no había quien lo hiziese?

PEDRO. —Aquellos guardianes lo hazían mal y por mal cabo, sisando como yo solía.

MATA. —¿Qué os guardaban esos?

PEDRO. —¿No tengo dicho que no se juntase nadie conmigo a hablar? Si me venía algún amigo de la çibdad a ver, no le dexa- ban por espaçio de doce pasos llegar a mí, sino a bozes le salu- daba y él a mí.

JUAN. —¿De modo que no podía haber secreto?

PEDRO. —Y las mesmas guardas tampoco se juntaban a mí, sino tiraba el real como quien tira una piedra y deçíale a boçes: traedme esto y esto. El terçero día que estaba en esta miseria,

333

que voy a la mayor de todas las venturas, vino a mi un hermano del capitán de la nabe en que había yo venido, y dixóme: Habéis habido buena ventura. Dígole: ¿Cómo? Diçe: Porque las fustas de los turcos han tomado la nabe y otras tres que iban con ella, y veis aquí esta carta que acabo de resçibir de mi hermano Rafael Justiniano, el capitán, que le probea luego mill ducados de rescate. Ya podéis ver lo que yo sintiera.

MATA.—Grande plaçer, por una parte, de veros fuera de aquel peligro, y pesar de ver presos a vuestros amigos, sabiendo el tratamiento que les habían de hazer.

JUAN.—¡Oh poderoso Dios, quán altos son tus secretos! Y, como dice Sant Pablo, tienes misericordia de quien quieres y enduresçes a quien quieres[9].

PEDRO.—Sin Sant Pablo, lo dixo primero Christo a Nicodemus, aquel prínçipe de judíos: *Spiritus ubi vult, spirat*[10]. Luego fue en el Chío y en Constantinopla la nueva de cómo yo era preso, que no dio poca fatiga y congoxa a mis amigos, según ellos me contaron quando vinieron.

JUAN.—¿Cómo supieron la nueba?

PEDRO.—Como el capitán era de Chío y la nabe también, y me había metido a mí dentro, viendo tomada la nao, señal era que había yo de ser tomado también. ¿Quién había de imaginar que yo me había de quedar en Siçilia sin tener que hazer y dejar de venir en la nabe que de tan buena gana y tan sin costa me traía?

MATA.—¿Despúes vinistes por mar a Nápoles?

PEDRO.—No, sino por tierra. ¿Por tan asno me tenéis que había por entonçes de tentar más a Dios?

JUAN.—¿Quántas leguas son?

PEDRO.—Çiento, toda Calabria.

MATA.—¿A tal anda don Garçía o en la mula de los fraires?

PEDRO.—No, sino a caballo con el percacho.

MATA.—¿No deçíais agora poco ha que no teníais blanca?

PEDRO.—Fióme una señora, muger de un capitán que había estado preso conmigo, que en llegando a Nápoles pagaría, porque allí tenía amigos.

MATA.—¿Qué es percacho?

PEDRO.—La mejor cosa que se puede imaginar; un correo,

---

[9] *Itaque cuius vult miseretur quem autem vult indurat* (Romanos, IX, 18).

[10] «El viento sopla a donde quiere», San Juan, III, 8.

Ruta de Urdemalas a través de Italia
y lugares que menciona

Susa · Vercelli · Novara · Milan
Casale
Alejandria · Piacenza · Rio Po
Génova · Parma · Reggio
Savona · Modena
Spezia · Bolonia
Mongibelo (volcanes el caso)
Escarpena
Florencia
Siena
Basila
Viterbo
Orbeteto · R. Tiber · Roma
Bonifacio
Nápoles
Salerno
I. Capri

Cosenza
I. Stromboli
I. Lipari
I. Vulcano
Palermo
Trapani · Mesina
M. Etna
Mongibelo
Licata
Siracusa

FRANCIA
ITALIA
Novara
Vercelli
Turin de Frejus
TURIN
Bardonechia · Susa
Dora Riparia
Castale Monferrato
Alejandria
GENOVA
El itinerario erróneo (Genova-Susa)

no que va por la posta[11], sino por sus jornadas, y todos los viernes del mundo llega en Nápoles, y parte los martes y todos los viernes llega en Meçina.

MATA.—¿Çien leguas de ida y otras tantas de buelta haze por jornadas en ocho días?

PEDRO.—No habéis de entender que es una sino cuatro que se cruzan, y cada vez entra con treinta o quarenta caballos, y vezes hay que con çiento, porque aquella tierra es montañosa, toda llena de bosques y andan los salteadores de çiento en çiento, que allá llaman *fuera exidos*[12], como si acá dixésemos encartados o rebeldes al rey; y este percacho da cabalgaduras a todos quantos fueren con él por seis escudos cada una, en estas çient leguas, y van con éste seguros de los *fuera exidos*.

JUAN.—Y si los roban percacho y todo, ¿qué seguridad tienen?

PEDRO.—El pueblo más çercano adonde los roban es obligado a pagar todos los daños aunque sean de gran quantía.

JUAN.—¿Qué culpa tiene?

PEDRO.—Es obligado cada pueblo a tener limpio y muy guardado su término dellos, que muchos son de los mesmos pueblos; y porque saben que sus parientes, mujeres y hijos lo tienen de pagar no se atreven a robar el percacho, y si esto no hiziesen ansí, no sería posible poder hombre ir por aquel camino.

MATA.—¿Qué dan a esos percachos porque tengan ese oficio?

PEDRO.—Antes él da mill ducados cada año porque se le dexen tener, que son derechos de correo mayor de Nápoles, el qual de solos percachos tiene un quento de renta[13].

---

[11] *no por la posta, sino por sus jornadas,* es decir, sin caballos de refresco «para caminar con presteza» *(Covarrubias),* sino día a día.

Percacho, hoy *procaccia* es «persona addetta a portar lettere, roba, comissioni, in luoghi dove non vi sono servigi di ferrovie o diligenza» (N. Zangarelli, *Vocabolario della lingua italiana,* Bolonia, 1950). De la información que nos da Pedro sobre este tipo de servicio postal, dice Meregalli: «Per quante storie della posta abbia esaminato non ho trovato un'informazione così precisa sull'organizzazione postale dell'epoca» *(F-Mer-*2, pág. 358).

[12] *fuera exidos,* de donde *forajidos,* 'bandidos', documentado, con la grafía del *Viaje* en castellano, en 1577, según Corominas *(BDELC).*

De estos *fuorisciti,* el lector puede encontrar una amplia información en F. Braudel, *ob. cit.,* págs. 650 y ss.; especialmente en Calabria constituyeron por largo tiempo una plaga.

[13] *el porte,* o tarifa fija que cobraban estos percachos, cosarios o recaderos, reemplazada en tiempos más recientes por el sello de correos o franquicia postal.

JUAN.—¿Tan grande es la ganançia que se sufre arrendar?

PEDRO.—De sólo el porte de las cartas saca los mill ducados, y es el quento que si no lleba porte la carta no hayáis miedo que os la den, si no dexársela en la posada.

JUAN.—Grande trabajo será andar a dar tantas cartas en una çibdad como Nápoles o Roma.

PEDRO.—El mayor descanso del mundo, porque se haze con gran orden, y todas las cosas bien ordenadas son fáçiles de hazer; en la posada tiene un escribano que toma todos los nombres de los sobreescritos para quien vienen cartas, y póne-los por minuta, y en cada carta pone una suma de guarismo, por su orden, y pónelas todas en un cajón hecho aposta como barajas de naipes, y el que quiere saber si tiene cartas mira en la minuta que está allí colgada y hallará: Fulano, con tanto de porte, a tal número, y va al escribano y díçele: Dadme una carta. Pregúntale: ¿A quántas está? Luego diçe: A tantas; y en el mesmo puncto la halla.

MATA.—En fin, acá todos somos bestias, y en todas las habi-lidades nos exçeden todas las naciones extranjeras; ¡dadme, por amor de mí, en España, toda quan grande es, una cosa tan bien ordenada!

PEDRO.—No hay caballero ni señor ninguno que no se preçie de ir con el percacho, y a todos los que quieren haze la costa, porque no tengan cuidado de cosa ninguna más de cabalgar y apearse, y no les lleba mucho, y dales bien de comer.

JUAN.—¿Y solamente es eso en Calabria?

PEDRO.—En toda Italia, de Nápoles a Roma, de Génoba a Veneçia, de Florençia a Roma, toda la Apulla y quanto más quisiéredes.

JUAN.—¿Deben de ser grandes los tratos de aquella tierra?

PEDRO.—Sí son [14], pero también son grandes los de acá, y no lo hazen; la miseria de la tierra lo lleba, a mi paresçer, que no los tratos.

JUAN.—¿Mísera tierra os paresçe España?

PEDRO.—Mucho en respecto de Italia; ¿paresçeos que podría mantener tantos exérçitos como mantiene Italia? Si seis meses andubiesen çinquenta mill hombres dentro la asolarían, que no quedase en ella hanega de pan ni cántaro de vino, y con esto me paresçe que nos vamos a acostar, que tañen

---

[14] En *M-1*, se suprimió *por cierto*. Líneas más arriba, *Apulla* se escribió *Pulla* en el manuscrito toledano, f. 124r.

los fraires a media noche, y no menos cansado me hallo de haberos contado mi viaje que de haberle andado.

JUAN.—¡O, pecador de mí! ¿Y a medio tiempo os queréis quedar como esgrimidor?[15]

PEDRO.—Pues, señores, ya yo estaba en libertad, en Nápoles. ¿Qué más queréis?

MATA.—Yo entiendo a Juan de Voto a Dios; quiere saber lo que hay de Nápoles aquí para no ser cojido en mentira, pues el propósito a que se ha contado el viaje es para ese efecto, después de la grande consolaçión que hemos tenido con saberlo[16]; gentil cosa sería que dixese haber estado en Turquía y Judea y no supiese por dónde van allá y el camino de enmedio; diríanle todos con razón que había dado salto de un estremo a otro, sin pasar por el medio, por alguna negromançia o diabólica arte, que[17] tienen todos por imposible; a lo menos conviene que de todas esas çibdades prinçipales que hay en el camino hasta acá digáis algunas particularidades comunes, entretanto que se escalienta la cama para que os vais[18] a reposar, y yo quiero el primero sacaros a barrera[19]. ¿Qué cosa es Nápoles? ¿Qué, tan grande es? ¿Quántos castillos tiene? ¿Hay en ella muchas damas? ¿Cómo habéis proseguido el viaje hasta allí? ¡Llebadle al cabo!

PEDRO.—Con que me déis del codo de rato en rato, soy dello contento.

MATA.—¿Tanto pensáis mentir?

PEDRO.—No lo digo sino porque me carga el sueño; hallé muchos amigos y señores en Nápoles, que me hizieron muchas merçedes, y allí descansé, aunque caí malo, siete meses; y no tenía poca neçesidad dello, según venía de fatigado; es una muy gentil çibdad, como Sevilla del tamaño, probeída de todas las

---

[15] *como esgrimidor,* o maestro de esgrima, 'con la espada en el aire', imagen de la interrupción del relato que Pedro sugiere.

[16] Mátalas declara abierta y paladinamente la razón y la de su compañero para escuchar toda la historia.

[17] En *M-1* se suprimió *reputan* (f. 88v). *Negromancia* por 'nigromancia', llamada *diabólica arte* por tenerla como *magia negra* o tratos con el diablo.

[18] *vais* por 'vayáis', como en XI, nota 9.

[19] *sacar a barrera* o *salir a barrera,* exponerse a la censura pública, como en Cervantes, *Galatea,* «sacar a barrera». (Véase C. Fernández Gómez, *Vocabulario de Cervantes,* Madrid, R. A. E., 1962, s. v. *barrera.*)

cosas que quisiéredes, y en buen preçio; tiene muy grande caballería y más prínçipes que hay en toda Italia.

MATA.—¿Quiénes son?

PEDRO.—Los que comúnmente están ahí que tienen casas, son: el prínçipe de Salerno[20], el prínçipe de Vesiñano, el prínçipe d'Estillano, el prínçipe de Salmona, y muchos duques y condes; ¿para qué es menester tanta particularidad? tres castillos prinçipales hay en la çibdad: Castilnobo, uno de los mejores que hay en Italia, y San Telmo, que llaman Sant Martín, en lo alto de la çibdad, y el castillo del Ovo, dentro de la mesma mar, el más lejos de todos.

MATA.—Antes que se nos olvide, no sea el mal de Gerusalem[21], ¿llega allí la mar?

PEDRO.—Toda Nápoles está en la mesma ribera, y tiene gentil puerto, donde hay nabes y galeras[22], y llámase el muelle; los napolitanos son de la más pulida y diestra jente a caballo que hay entre todas las naçiones, y crían los mejores caballos, que lo de menos que les enseñan es hazer la reberençia y vailar; calles comunes, la plazuela del Olmo, la rúa Catalana, la Vicaría, el Chorillo.

MATA.—¿Es de hay lo que llaman soldados chorilleros?[23].

---

[20] El primero de los títulos principescos, Salerno, pasó de los Colonna a los Orsini y de ellos a los Sanseverino: don Ferrante Sanseverino es, precisamente en el año en que Pedro es hecho prisionero, cabeza de una conjuración para apoderarse del reino de Nápoles (Braudel, pág. 746). El principado de Sulmona es concedido por Carlos V a Lannoy después de la batalla de Pavía. Los otros dos, Vesignano (en el Piamonte) y Stigliano (Basilicata) tienen por origen también la gracia imperial.

[21] Mátalas llama con sorna el *mal de Gerusalem* a la mentira en que fue cogido su compinche Juan al afirmar que la nave en que peregrinaba llegaba hasta el mismo templo de Salomón (véase cap. III, pág. 122).

[22] En *M-1, y quanto quisiéredes*. En la frase que sigue, *muelle* es neologismo, documentado erróneamente por Corominas en 1591 *(BDELC)*. El turco *mola* es de 1525 (Kahane, núm. 431, pág. 311).

[23] *chorilleros:* 'churrulleros', desocupados y maleantes. Benedetto Croce explica así el origen del vocablo: «Era in Napoli un 'osteria famosa detta del Cerriglio: un 'osteria nella quale "concorrevano a capitolo" (Della Porta) quanti spendevano il giorno insidiando alle borse e falsando monete, scritture, processi, e la notte dando caccia alle cappe e ai ferrauoli, facendo sentinelle per le strade... Il vocabolo passò col significato più generico di chiaccherone e insieme d'*imbro-*

PEDRO.—Deso mesmo; que es como acá llamáis los bodegones, y hay muchos galanes que no quieren poner la vida al tablero, sino andarse de capitán en capitán a saver quándo[24] pagan su jente para pasar una plaza y partir con ellos, y beber y borrachear por aquellos bodegones; y si los topáis en la calle tan bien vestidos y con tanta criança, os harán picar pensando que son algunos hombres de bien.

MATA.—¿Qué frutas hay las más mejores y comunes?

PEDRO.—Melocotones, melones y moscateles, los mejores que hay de aquí a Hierusalem, y unas mançanas que llaman peraças[25], y esto creed que vale harto barato.

MATA.—¿Qué vinos?

PEDRO.—Vino griego de la montaña de Soma[26], y latino y brusco, lágrima y raspada.

MATA.—¿Qué carnes?

PEDRO.—Volatería hay poca, si no es codorniçes, que esas son en mucha quantidad, y tórtolas y otros pájaros; perdiçes pocas, y aquéllas a escudo; gallinas y capones y pollos harto barato.

MATA.—¿Hay carnero?

JUAN.—¡Oh, bien haya la madre que os parió, que tan bien me sacáis de vergüença en el preguntar, agora digo que os perdono quanto mal me habéis hecho y lo por hazer!

PEDRO.—No es poca merced que os haze en eso.

MATA.—Tampoco es muy grande.

PEDRO.—¿No? ¿perdonar lo que está por hazer?

MATA.—Con quantos con él se confiesan lo suele tener por costumbre hazer quando ve que se le siguirá algún intherese.

PEDRO.—No puede dexar de quando en quando de dar una puntada.

JUAN.—Ya está perdonado; diga lo que quisiere.

PEDRO.—Pues desa manera, yo respondo que no solamente en Nápoles, pero en toda Italia no hay carnero bueno, sino en el

---

glione» (B. Croce, *La Spagna nella vita italiana durante la Rinascenza,* Bari, 1917, pág. 227).

[24] *quando* por 'quanto', error del copista de *M-1.*

[25] después de *Pedro.* — se escribió primero *los más y mejores* (f. 89r).

[26] «Los dos griegos de Candía y Soma», escribió Cervantes en *El Licenciado Vidriera. Somma,* en las faldas del Vesubio, producía los famosos vinos *Lacryma Christi,* que Laguna llama *vinum exivium* —como los autores latinos— o 'vino de mosto'. Menciona también Laguna el *raspante,* que es, sin duda, el que Urdemales llama *raspada.*

sabor como acá carne de cabra; lo que en su lugar allá se come es ternera, que hay muy mucha y en buen preçio y boníssima.

MATA.—¿Pescados?

PEDRO.—Hartos hay, aunque no de los de España, como son congrios, salmones, pescados seçiales[27]; destos no se pueden haber, y son muy estimados si alguno los embía desde acá de presente; sedas valen en buen preçio, porque está çerca de Calabria, donde se haze más que en toda la christiandad, pero paño hay bueno y no muy caro; prinçipalmente raja de damas, es tierra mal probeída.

MATA.—¿Cómo? ¿no hay mugeres?

PEDRO.—Hartas; pero las más feas que hay de aquí allá, y con esto podréis satisfaçer a todas las preguntas.

MATA.—¿Qué iglesias hay prinçipales?

PEDRO.—Monte Oliveto, Santiago de los Españoles, Pie de Gruta, Sant Laurençio, y otras mil. De ahí vine en Roma[28], con

---

[27] pescados *seçiales:* 'ceciales', curados al aire. *Raja de damas:* «Raja. Cierto género de carisea (tela basta de estopa) o paño prensado, tundido y sin pelo» *(Covarrubias).* La raja a que alude Pedro es la llamada *de Florencia,* «muy fina y cara» *(D. R. A. E.,* 18.ª).

[28] Por los años en que tiene lugar esta odisea de Pedro, ocupan el solio pontificio Julio III, Marcelo II (por cinco semanas) y Paulo IV. Cuando Pedro llega a Roma, es este último, un Caraffa antiespañol, el que se sienta en el trono de San Pedro, pero la Roma que se nos describe en el *Viaje* corresponde más bien a la de Julio III, fallecido en marzo de 1555, es decir, cuando Pedro estaba en ruta hacia Zante.

Coronado en 1550, Julio III emprende al año siguiente, y mal de su grado, la guerra de Parma para ayudar a Carlos V. Un año después se suspende el Concilio de Trento, se recrudecen los procedimientos inquisitoriales, especialmente contra los judíos, y la censura es rigurosa contra los libros heréticos. Roma vive unos momentos de *hilaritas publica:* se concurre a la *Vigna* o *Villa di Papa Giulio,* que comparte con su hermano Baldovino («el pariente del Papa» de que habla Pedro), construida con gran magnificencia para solaz y recreo de la corte pontificia. (Véase Ludwig von Pastor, *Storia dei papi,* VI [Roma, 1927], págs. 236-245; o en la traducción española del padre José Montserrat, t. XIII [Barcelona, 1927], pág. 145.) (Hemos tenido a mano la trad. inglesa de Ralph F. Kerr, vol. XIII [Londres, 1951], páginas 338-350.) Si Pedro pensaba realmente en Julio III, o en Paulo IV, cabría preguntarse si Laguna —en el supuesto de que fuera el autor del *Viaje*— osaría escribir comentarios tan acres sobre un Papa que le hizo Mílite de San Pedro, o sobre otro que le permitió seguir disfrutando de beneficios eclesiásticos, según Bataillon (conferencia pronunciada en la Universidad de Madrid sobre *Política y literatura en el Doctor Laguna,* 1970, pág. 28).

propósito de holgarme allí medio año, y vila tan rebuelta que quinçe días me paresçió mucho, en los quales vi tanto como otro en seis años, porque no tenía otra cosa que hazer. Desta poco hay que deçir, porque un libro anda escrito que pone las maravillas de Roma[29]. Un día de la Asçensión[30] vì toda la sede apostólica en una proçessión.

MATA. —¿Vistes al Papa?

PEDRO. —Sí, y a los cardenales.

MATA. —¿Cómo es el Papa?

PEDRO. —Es de hechura de una çebolla[31], y los pies como cántaro. La más neçia pregunta del mundo; ¿cómo tiene de ser si no un hombre como los otros? Que primero fue cardenal y de allí le hizieron Papa. Sola esta particularidad sabed, que nunca sale sobre sus pies a ninguna parte, sino llébanle sobre los hombros, sentado en una silla.

MATA. —¿Qué hábito traen los cardenales?

PEDRO. —En la proçessión unas capas de coro, de grana, y bonetes de lo mesmo. A palacio van en unas mulaças, llenas de chatones[32] de plata; quando pasan por debajo del castillo de Sant Angel les toçan las cherimías, lo que no hazen a otro nin-

---

[29] Se trata del libro que circulaba con el título de *Mirabilia Urbis Romae,* obra anónima que debió de ser compuesta hacia finales del siglo XII, a juzgar por la mención del último papa de la lista, Celestino III (1191-92). El ejemplar más antiguo se halla en la Biblioteca Vaticana (Cod. Vat. núm. 3973), según la versión de Francis M. Nichols *(The Marvels of Roma or A Picture of the Golden City,* Londres y Roma, 1889).

La procesión a que se refiere Pedro puede ser la que describe las *Mirabilia,* en la cual el Papa con toda la sede apostólica recorre las basílicas romanas llevando la Santa Faz; pero esta procesión tiene lugar el día de la Asunción de la Virgen, no de la Ascensión (Nichols, páginas 173-175). (Véase también Bataillon, *Le Docteur...,* pág. 90.) (Respecto a esta contradicción con la cronología del *Viaje,* véase también *FMer-2,* pág. 359, nota 20, «Itinerario-Cronología del Viaggio di Pedro de Urdemalas».)

[30] Véase la nota anterior. En uno u otro caso, Ascensión o Asunción, el año de la estadía de Pedro en Roma es el de 1556, según se infiere de la duración de su viaje, a partir de la muerte de Sinán, 21 de diciembre de 1554.

[31] La respuesta de Pedro ante *la más necia pregunta* de Mátalas, dio pie a Markrich para tomarla como un retrato irreverente del Papa *(Mark,* f. 92 y *B-DL,* pág. 65).

[32] *chatones:* 'tachones', golpe de galón, cinta u otro adorno sobrepuesto a una tela.

gún obispo ni señor; fuera de la proçesión, por la çibdad, muchos traen capas y gorras, con sus espadas.

JUAN.—¿Todos los cardenales?

PEDRO.—No, sino los que pueden servir damas[33], que los que no son para armas tomare estánse en casa; algunos van disfraçados dentro de un carro triumphal, donde van a pasear damas, de las quales hay muchas y muy hermosas, si las hay en Italia.

MATA.—¿De buena fama o de mala fama?

PEDRO.—De buena fama hay muchas matronas en quien está toda la honestidad del mundo, aunque son como serafines[34]; de las enamoradas, que llaman cortesanas, hay ¿qué tantas pensáis?

MATA.—No sé.

PEDRO.—Lo que estando yo allí vi por experiençia quiero deçir, y es que el Papa mandó haçer minuta de las que había, porque tiene de cada una un tanto, y hallóse que había treçe mill, y no me lo creáis a mí, sino preguntadlo a quantos han estado en Roma, y muchas de a diez ducados por noche, las quales tenían muchos negoçiantes echados al rincón de puros alcançados, y haçiendo mohatras, quando no podían simonías[35]; yo vi a muchos arçidianos, deanes y priores, que acá había conosçido con mucho fausto de mulas y moços andar allá con una capa llana y gorra comiendo de prestado, sin moço ni haca[36], medio corriendo por aquellas calles como andan acá los çitadores[37].

MATA.—¿Capa y gorra siendo dignidades?

PEDRO.—Todos los clérigos, negoçiantes, si no es alguno que tenga largo que gastar, traen capa larga y gorra, y plugiese a Dios que no hiziesen otra peor cosa, que bien se les perdonaría.

---

[33] *los que no son para armas tomare:* alusión a los cardenales viejos, ya caducos para galantear y «servir damas».

[34] El apelativo *serafín* como quintaesencia de la belleza, recuerda el iterativo uso que hace del mismo el autor del falso *Quijote,* sin duda un clérigo, como probablemente lo fuera el fingido Urdemalas. (Véase en mi edición del falso *DQ,* Castalia, pág. 325, nota 483.)

[35] *mohatras,* es decir, fraudes y engaños como intermediarios, cuando no *simonías* o especulaciones y ventas de bienes y beneficios eclesiásticos.

[36] *haca,* 'hacanea', y por extensión, 'cabalgadura'.

[37] *çitadores:* 'muñidores' o ministros de las cofradías que iban avisando para que asistieran los cofrades a los entierros.

JUAN.—¿De qué proçede que en habiendo estado uno algunos años en Roma luego biene cargado de calongías[38] y deanazgos y curados?

PEDRO.—Habéis tocado buen puncto; éstos que os digo, que, por gastar más de lo raçonable, andan perdidos y cambiando y recambiando dineros que paguen acá de sus rentas, toman allá de quien los tenga quinientos ducados o mil prestados, por hazerle buena obra, y como no hay ninguno que no tenga, juntamente con la dignidad, alguna calongía o curado anexo, por la buena obra resçibida del otro le da luego el regreso, y nunca más el acredor quiere sus dineros, sino que él se los haze de graçia, y quando los tubiere sobrados se los pagará.

JUAN.—Esa, simonía es en mi tierra, encubierta.

MATA.—¡Oh el diablo! Aunque estotro quiera deçir las cosas con criança y buenas palabras, no le dexaréis.

PEDRO.—¿Pues pensabais que traían los benefiçios de amistad que tubiesen con el papa? Hagos saver que pocos de los que de acá van le hablan ni tienen trabaquentas con él.

JUAN.—¿Pues cómo consiente eso el papa?

PEDRO.—¿Qué tiene de hazer, si es mal informado? ¿Ya no responde: *si sic est fiat?*[39] más de quatro que vos conosçéis, cuyos nombres no os diré, que tenían acá bien de comer, comerían allá si tubiesen, que yo pensaba que la galera era el infierno abreviado; pero mucho más semejante me paresçió Roma.

MATA.—¿Es tan grande como diçen, que tenía quatro leguas de çerco y siete montes dentro?[40]

PEDRO.—De çerco solía tener tanto, y hoy en día lo tiene; pero mucho más sin conparaçión es lo despoblado que lo pobla-

---

[38] *calongia* por 'canongía', como en *infra regreso* (fr. *revenue),* por 'renta' o interés, recuerda lo dicho más arriba sobre los frecuentes galicismos en el *Viaje.*

[39] «si es así, cúmplase.» Líneas más adelante, *tenían* por 'tendrían', como *vais* por 'vayáis', rasgo sintáctico inveterado que se encuentra a cada paso en la narración.

[40] Mátalas se refiere a las clásicas siete colinas: Aventino, Palatino, Capitolio, Viminal, Quirinal, Celio y Esquilino.

Sobre esta Roma de la primera mitad del siglo XVI, véase Domenico Gnoli, *La Roma di Leone X* (Milán, 1938). Tampoco está de más contrastar la visión triunfalista de Roma en *El Licenciado Vidriera,* con esta otra Roma mixta de «papal, arqueológica y putana» que nos ofrece el autor de *La lozana andaluza.* .

do. Los montes es verdad que allí se están, donde hay agora huertas y jardines. Las cosas que, en suma hay, insignes son: primeramente, concurso de todas las naçiones del mundo; obispos de a quinçe en libra[41] sin quento. Yo os prometo que en Roma y el reino de Nápoles que pasan de tres mill obispos de doçientos a ochoçientos ducados de renta.

MATA.—¿Esos tales serán de Sant Nicolás?[42]

PEDRO.—Y aun menos, a mi paresçer; porque si no durase tan poco, tanto es obispo de Sant Nicolás como cardenal al menos. Ruin sea yo si no está tan contento como el papa. Las estaçiones en Roma de las siete iglesias es cosa que nadie las dexa de andar, por los perdones que se ganan.

JUAN.—¿Quáles son?

PEDRO.—Sant Pedro y Sant Pablo, Sant Juan de Letrán y Sant Sebastián, Sancta María Mayor, Sant Lorençio, Sancta Cruz. Bien es menester, quien las tiene de andar en un día, madrugar a almorçar, porque hay de una a otra dos leguas; al menos de Sant Juan de Letrán a Sant Sebastián[43].

JUAN.—Calles, ¿quáles?

PEDRO.—La calle del Pópulo, la plaza In agona, los Bancos, la Puente, el Palaçio Sacro, el castillo de Sant Angelo, al qual desde el Palaçio Sacro se puede ir por un secreto pasadiço[44].

MATA.—¿Es en Sant Pedro el palaçio?

PEDRO.—Sí.

JUAN.—Sumptuosa cosa será.

---

[41] *obispos de quince en libra,* es decir, alcanzados de dinero, por metáfora de la libra castellana que no llega a sus dieciséis onzas.

[42] *San Nicolás.* No sabemos a qué San Nicolás se refiere Mátalas: si al de Valladolid, o a la modesta parroquia de San Nicolás de Bari, junto a la catedral burgalesa.

[43] La distancia (en línea recta) de San Juan de Letrán a San Sebastián (en la *Antica Via Appia,* junto a la tumba de Cecilia Metela) es de un kilómetro y medio, por lo que parece exagerado el cómputo de Pedro.

[44] La descripción de Pedro se concentra en la Roma renacentista limitada al norte por Villa Julia (mencionada líneas más abajo) y el Circo Máximo al sur, donde se ve la mano de los grandes papas mecenas Julio II, León X, Paulo III y Julio III. La llamada por Pedro *plaza In agona* es la *Piazza Navona* de hoy, punto de cita de charlatanes y buscabolsas, como el Compás sevillano y el Zocodover de Toledo. Los *Bianchi* era la calle comercial en su tiempo. Todos estos lugares están registrados en *La lozana andaluza* y en la abundante literatura española de su tiempo.

PEDRO.—Soberbio es por çierto, ansí de edifiçios como de jardines y fuentes y plaças y todo lo neçesario, conforme a la dignidad de la persona que dentro se aposenta.

MATA.—¿Caros valdrán los bastimentos por la mucha jente?

PEDRO.—Más caros que en Nápoles, pero no mucho.

MATA.—¿Tiene mar Roma o no? Esto nunca se ha de olvidar.

PEDRO.—Çinco leguas de Roma está la mar, y pueden ir por el río Tíber abajo, que va a dar en la mar, en barcas y en vergantines, que allá llaman *fragatas*[45], en las quales traen todo lo neçesario a Roma.

JUAN.—Cosa de grande magestad será ver aquellas audiençias. ¿Y la Rota?

PEDRO.—No es más ni aun tanto que la Chançillería y el Consejo Real. Ansí, tienen sus salas donde oyen. De las cosas más insignes que hay en Roma que ver es una casa y güerta que llaman la Viña del papa Julio[46], en donde se ven todas las antiguallas prinçipales del tiempo de los romanos que se pueden ver en toda Roma, y una fuente que es cosa digna de ir de aquí allá a sólo verla; la casa y huerta son tales que yo no las sabré pintar, sino que al cabo de estar bobo mirándola no sé lo que me he visto; digo, no lo sé explicar. Bien tengo para mí que tiene más que ver que las siete marabillas del mundo juntas.

JUAN.—¿Qué tanto costaría?

PEDRO.—Ochoçientos mill ducados, diçen los que mejor lo saben; pero a mí me paresçe que no se pudo hazer con un millón.

JUAN.—¿Y quién la goça?[47]

---

[45] Aquí sí es muy aproximada la distancia que nos da Urdemalas a Ostia. *Fragata,* según *Covarrubias,* «es un batelejo que suele llevar consigo la galera, y la echa al mar quando ay necessidad de llegar con ella a tierra». Desde el siglo XVII, el término se aplica a naves de mayor porte. Urdemalas las identifica con *bergantines,* «veleros rápidos de dos palos» *(Corominas),* voz en evidente contradicción con la definición del *Tesoro* de Covarrubias.

[46] Se trata de la villa que se ha mencionado en nota 28. Hoy es museo de antigüedades, especialmente rico en obras de arte etrusco. Abarcaba una gran extensión desde la plaza del Popolo al SO. hasta la actual Galería Borghese al SE., comprendiendo la Villa de Humberto I, la fuente de Esculapio y la actual Galería Nacional de Arte Moderno.

[47] El beneficiario de las cuotas de entrada a la *Vigna* o *Villa* era, al parecer, Baldovino del Monte, hermano del Papa (nota 28).

PEDRO.—Un pariente del Papa; pero el que mejor la goça es un casero, que no hay día que no gane más de un escudo a sólo mostrarla, sin lo que se le queda de los banquetes que los cardenales, señores y damas cada día hazen allí.

JUAN.—Pues ¿cómo no la dexó al Pontificado una cosa tan admirable y de tanta costa? Más nombrada fuera si siempre tubiera al Papa por patrón.

PEDRO.—No sé; más quiso faboresçer a sus parientes que a los ajenos.

MATA.—¿Si le había pesado de haberla hecho?

PEDRO.—Bien podrá ser que sí.

MATA.—¿Quánto más triumphante entrará el día del Juiçio ese Papa con un carro, en el qual llebará detrás de sí çinquenta mill ánimas que hubiera sacado del cautiberio donde vos salís y otras tantas pobres huérfanas que hubiera casado, que no haber dexado un lugar adonde Dios sea muy ofendido con banquetear y borrachear y rufianar?[48] Por eso me quieren todos mal, porque digo las verdades; estamos en una era que en diçiendo uno una cosa bien dicha o una verdad, luego le diçen que es satírico, que es maldiçiente, que es mal christiano; si diçe que quiere más oír una misa reçada que cantada, por no parlar en la iglesia, todo el mundo a una voz le tiene por ereje, que dexa de ir el domingo, sobre sus finados, a oír la misa mayor y tomar la paz y el pan bendito; y quien le preguntase agora al papa Julio por quánto no quisiera haber malgastado aquel millón, cómo respondería que por mill millones; y si le dexasen bolver acá, ¿cómo no dexaría piedra sobre piedra? ¿Qué más hay que ver, que se me escalienta la boca y no quiero más hablar?

PEDRO.—El Coliseo, la casa de Vergilio y la torre donde estubo colgado[49]; las termas y un hombre labrado[50] de metal

---

[48] La afirmación de Mátalas sobre el supuesto que deduce del relato de su amigo no deja lugar a dudas sobre la condena de la vida cardenalicia romana; los tres verbos *banquetear*, *borrachear* y *rufianar* hablan por sí solos, pero parece que al final de su largo parlamento hay un intento de reivindicar al papa pródigo, nepotista y placentero que fue Julio III, el mismo que hizo Mílite de San Pedro al doctor Laguna. Podría ser un débil indicio de la relación del Papa con el doctor segoviano.

[49] A la leyenda del poeta romano colgado y metido en una cesta cuando pretendía visitar a una dama, ya alude nuestro Arcipreste de Hita (vs. 261-267).

[50] *labrado*, no 'labrador', como en *SSanz,* pág. 94b. El autor del libro de las maravillas de Roma, citado en nota 29, nos refiere la

ençima de un caballo de lo mesmo, muy al bibo y muy antiguo, que diçen que libró la patria y prendió a un Rey que estaba sobre Roma y la tenía en mucho aprieto, y no quiso otro del Senado romano sino que le pusiesen allí aquella estatua por memoria. Casas hay muy buenas.

JUAN.—El çelebrar del culto divino, ¿con mucha más magestad será que acá y más sumptuosas iglesias?.

PEDRO.—Por lo que dixe de los obispos habíais de entender lo demás. No son, con mill partes, tan bien adornadas como acá; antes las hallaréis todas tan pobres que paresçen ospitales robados[51]; los edifiçios, buenos son, pero mejores los hay acá. Sant Pedro de Roma se haze agora con las limosnas de España[52]; pero yo no sé quándo se acabará, según ba el edifiçio.

JUAN.—¿Es allí donde diçen que pueden subir las bestias cargadas a lo alto de la obra?

PEDRO.—Eso mesmo. En Sena hay buena iglesia[53], y en Milán y Florençia, pero pobrísimas; los canónigos dellas como

leyenda relacionada con la estatua de este caballo, «que el pueblo llama Caballo de Constantino, pero no es así...». Los traductores de las *Miriabilia Urbis Romae,* advierten en nota de pie de página que «hay buena razón para pensar que la estatua de bronce de Marco Aurelio, que estaba delante del Palacio Laterano tan pronto como del siglo X, era conocida con el nombre de Caballo de Constantino» *(The Marvels of Rome,* pág. 42, nota 97).

[51] *ospitales robados:* posible referencia al Hospital de la Resurrección de Valladolid, construido sobre una propiedad perteneciente a una casa pública (véanse las referencias de Bataillon sobre este punto, en *B-DL,* pág. 25, nota 41). O puede ser, simplemente, que el autor está comparando mentalmente estos hospitales romanos con los hospitales de Malta, de un lujo proverbial (véase Schemerhorn, 194-196), o con el de Génova del que nos habla al principio del coloquio (pág. 113).

[52] La edificación de San Pedro, desde que el papa della Rovere, luego Julio II, encomendó los planos al Bramante, tuvo que depender de bulas y limosnas, especialmente en el pontificado de su sucesor, León X, hasta que se remató la cúpula por Jacopo della Porta en 1592.

[53] Pedro se refiere, sin duda, a los tres soberbios *duomos* de Siena, Milán y Florencia y a la desproporción entre la munificencia exterior y la penuria de canónigos y beneficiarios. En Roma, por ejemplo, para una población que no pasaba de 70.000 habitantes, había, según el censo de León X, 131 parroquias, y los párrocos y coadjutores de ellas dependían en parte o totalmente de la nómina papal y de la de los cardenales. (Véase R. Lanciani, *The Golden Days of the Renaissance in Rome,* Londres, 1906, págs. 57 y 107; Braudel, pág. 269.)

raçioneros de iglesias comunes,de acá; pobres capellanes, más que acá.

JUAN.—Con sólo eso basto a çerrar las bocas de quantos de Roma me quisieren preguntar.

PEDRO.—Aunque sean cortesanos romanos, podréis hablar con ellos; y no se os olvide, si os preguntaren de la aguja que está a las espaldas de Sant Pedro[54], que es de una piedra sola y muy alta, que será como una casa bien alta, labrada como un pan de açúcar quadrado. Bodegones hay muy gentiles en toda Italia, adonde qualquier Señor de salba[55] puede honestamente ir, y le darán el recado conforme a quien es. Tomé la posta y vine en Viterbo, donde no hay que ver más de que es una muy buena çibdad, y muy llana y grande. Hay una sancta en un monesterio que se llama Sancta Rosa, la qual muestran a todos los pasajeros que la quieren ver, y está toda entera; yo la vi, y las monjas dan unos cordones que han tocado al cuerpo santo, y diçen que aprobecha mucho a las mugeres para empreñarse y a las que están de parto para parir; hanles de dar algo de limosna por el cordón, que de eso biben.

MATA.—¿Y vos no traxiste alguno?

PEDRO.—Un par me dieron, y diles un real, con lo que quedaron contentas; y díxeles: Señoras, yo llevo estos cordones porque no me tengáis por menos christiano que a los otros que los lleban; mas de una cosa estad satisfechas, que yo creo verdaderamente que basta para empreñar una muger más un hombre que quantos sanctos hay en el çielo, quanto más las sanctas. Escandaliçáronse algo, y tubimos un rato de palaçio[56]. Dixéronme que paresçía bien español en la hipocresía[57]. Yo les

_____

[54] *La aguja de San Pedro.* Los traductores de las *Mirabilia* (página 71, nota 9), nos dicen que el obelisco era popularmente conocido con el nombre de *aguglia Sancti Petri,* y añaden: «A careless reading of the dedicatory inscription to Augustus and Tiberius (the Latin letters referred to in the text), DIVO. CAESARI. DIVI. IVLII. F. AVGVST. TI. CAESARI. DIVI. AVGVSTI. F. AVGVSTO SACRUM may have led to its being taken for a memorial of Caesar. The word Agulia, or Guglia, was also suggestive of *Julia,* or *columna Julia*», y citan a Suetonio, *Iulis,* 85: «... *quae Iulia dicta est*».

[55] (Véase VI, nota 1.)

[56] *tuvimos algo de palacio.* Covarrubias dice de esta expresión: «Hazer palacio es manifestar uno lo que lleva debaxo de la capa; y assí le dezimos que haga palacio, de *palam.*»

[57] *Español en la hipocresía.* No es precisamente la hipocresía el vicio o defecto citado entre las cualidades negativas del español;

dixe que en verdad lo de menos que tenía era aquello, y yo no traía los cordones porque lo creyese, sino por hazerlo en creer acá quando viniese, y tener cosas que dar de las que mucho valen y poco cuestan.

JUAN.—Pues para eso acá tenemos una çinta de Sant Juan de Ortega[58].

PEDRO.—¿Y paren las mugeres con ella?

JUAN.—Muchas he visto que han parido.

MATA.—Y yo muy muchas que han ido allá y nunca paren.

JUAN.—Será por la poca deboçión que lleban esas tales.

MATA.—No, sino porque no lleva camino que por ceñirse la çinta de un sancto se empreñen.

JUAN.—Eso es mal dicho y ramo de eregía, que Dios es poderoso de hazer eso y mucho más.

MATA.—Yo confieso que lo puede hazer, mas no creo que lo haze. ¿Es artículo de fe no lo creer? Si yo he visto sesenta mugeres que después de ceñida se quedan tan estériles como antes, ¿por qué lo he de creer?

JUAN.—Porque lo creen los theólogos, que saben más que bos.

MATA.—Eso será los theólogos como bos y los fraires de la mesma casa; pero asnadas que Pedro de Urdimalas, que sabe más dello que todos, que deso y sudar las imágenes poco crea; ¿qué deçís bos?

PEDRO.—Yo digo que la çinta puede muy bien ser causa que la muger se empreñe si se la saben ceñir.

JUAN.—Porfiara Mátalas Callando en su neçedad hasta el día del juicio.

MATA.—¿Cómo se ha de ceñir?

JUAN.—¿Cómo, sino con su estola el padre prior y con aquel debido acatamiento?

Herrero-García no la cita en su obra, *Ideas de los españoles...*, páginas 58-103. Pedro se refiere, probablemente, a la ficción en materia religiosa, en contraste con su propia opinión, ante las monjas de Santa Rosa de Viterbo.

[58] *San Juan de Ortega:* santo riojano de los siglos XI y XII, colaborador de Santo Domingo de la Calzada en la construcción de caminos. Su monasterio se halla en la vía compostelana y a su patrón se atribuyen algunos milagros acontecidos a peregrinos.

Esta cita, junto con las de Burgos, Santo Domingo (de la Calzada) y Santo Domingo de Silos (fs. 12r y 115v), inducen a pensar que el autor conocía localidades del camino de Santiago, o que el diálogo tenía lugar en aquella ciudad castellana, Burgos.

PEDRO.—Desa manera poco aprobechará.

JUAN.—¿Pues cómo?

PEDRO.—El fraire más moço, a solas en su çelda, y ella desnuda, que de otra manera yo soy de la opinión de Mátalas Callando.

JUAN.—Como sea cosa de maliçias y ruindades, bien creo yo que os haréis presto a una[59].

PEDRO.—Mas presto nos aunaremos con vos en la hipocresía. Sabed también que en Biterbo se hazen muchas y muy buenas espuelas, más y mejores, y en mejor preçio que en toda Italia, y no pasa nadie que no traiga su par dellas; tiene también unos baños naturales muy buenos, adonde va mucha jente de Roma, aunque yo por mejores tengo los de Puçol, que es dos leguas de Nápoles, en donde hay grandíssimas antiguallas: allí está la Cueba de la Sibila Cumana y el Monte Miseno, y estufas naturales y la laguna Estigia, adonde si meten un perro le sacan muerto al paresçer[60], y metido en otra agua está bueno, y si un poco se detiene, no quedará sino los huesos mondos; y esto dígolo porque lo vi; sácase allí muy gran quantidad de açufre.

MATA.—¿Y eso se nos había pasado entre renglones siendo la cosa más de notar de todas? Pues agora se me acuerda, porque deçís de azufre, ¿qué cosa es un monte que diçen que echa llamas de fuego?

PEDRO.—Eso es en Siçilia tres o quatro montes; el prinçipal se llama Mongibelo[61], muy alto, y tiene tanto calor que los nabíos que pasan por junto a él sienten el aire tan caliente que paresçe boca de horno, y una vez entre muchas salió dél tanto fuego que abrasó quanto había más de seis leguas al derredor. De allí traen estas piedras como esponjas, que llaman *púmiçes*,

---

[59] *hacerse a una:* ponerse de acuerdo.

[60] Duque de Estrada en sus *Memorias* (BAE, 90, pág. 30 b) atribuye esta propiedad a las aguas del lago Aniano. Sobre Puçol y las *solfataras* de la Campania habló ya Vitrubio (Salinero, *Léxico de alarifes*, s. v. *polvo puteolano)* y se registra ya en el *Universal Vocabulario* de Alonso de Palencia (1490).

[61] *Mongibello* o *Etna,* como dice Münster en su *Cosmografía,* II, página 257; también Duque de Estrada, 330a: «... y a sus cañones Etnas y Mongibelos, que parecían rayos vibrados de la vengativa mano de Júpiter».

Líneas más abajo, Urdemalas identifica a uno de los volcanes de Lípari, el que llama él *Vulcan* con el *Ethna* mencionado antes. A propósito de este error, véase *FMer-2* (pág. 353, nota 7) sobre el comentario de M. Damonte, *ob. cit.,* págs. 572-581.

con que raspan el cuero. Hay otros dos que se llaman Estrómboli y Estrombolillo, y otro Bulcán, que los antiguos llamaban Ethna, donde deçían que estaban los cícoplas y gigantes [62].

JUAN.—¿Pues de los mesmos montes, de la concavidad de dentro, sale el fuego?

PEDRO.—Perpetuamente están echando humo negro y centellas, como si se quemase algún grandíssimo horno de alcalleres [63], y aquello diçen que es la boca del infierno.

MATA.—¿Qué ven dentro subiendo allá?

PEDRO.—¿Quién puede subir nunca? Nadie pudo, porque ya que van al medio camino, comiençan a *hirmar* en tierra quemada como çeniça, y más adelante pueden menos, por el calor grandíssimo, que cierto se abrasarían.

MATA.—¿Qué çibdades nombradas tiene Siçilia?

PEDRO.—Palermo es de las más nombradas y con raçón, porque aunque no es grande, es más probeída de pan y vino y carne y volatería y toda caça que çibdad de Italia; Çaragoza también es buena çibdad, Trapana y Meçina [64].

JUAN.—¿Cae Veneçia haçia esa parte?

PEDRO.—No; pero diremos della que es la más rica de Italia y la mayor y de mejores casas, y muchas damas; aunque la gente es algo apretada [65], en el gastar y comer son muy delicados; todo es çenar ellos y los florentines ensaladitas de flores y todas yerbeçitas, y si se halla varata una perdiz la comen o gallina; de otra manera, no.

MATA.—¿Es la que está armada sobre la mar?

PEDRO.—La mesma.

MATA.—¿Qué, es posible aquello?

PEDRO.—Es tan posible que no hay mayor çibdad ni mejor en Italia.

JUAN.—¿Pues cómo las edifican?

PEDRO.—Habéis de saber que es mar muerta, que nunca se ensoberveze, como ésta de Laredo y Sevilla, y tampoco está tan

---

[62] Pedro se refiere a los volcanes de Lípari, mezclando nombres de islas con los de aquéllos (véase nota anterior). El *Vulcan*(o) es el más meridional, en la isla de su nombre, frente al cabo siciliano de Milazzo.

[63] *Alcaller:* 'alfarero', del ár. *qallal, íd.*

[64] Las extrañas grafías del *Viaje* corresponden a las actuales Siracusa, Trápani y Mesina. (En Cervantes, *Amante liberal,* también *Trapana.)*

[65] *apretado:* «llamamos al muy miserable y avariento que guarda con estrecheza el dinero y la hacienda» *(Covarrubias).*

hondo allí que no le hallen suelo. Fuera de la mar hazen unas cajas grandes a manera de arcas sin covertor, y quando más sosegada está la mar métenles dentro algunas piedras para que la hagan ir a fondo, y métenla derecha a plomo, y en tocando en tierra comiençan a toda furia a hinchirla de tierra o piedras o lo que se hallan, y queda firme para que sobre ella se edifique como çimientos de argamasa, y si me preguntáis cómo lo sé, preguntaldo a los que fueron cautibos de Çinán Baxá y Barbarroja, que nos hizieron trabajar en hinchir más de cada çient cajas para hacer sendos jardines que tienen, donde están enterrados, en la canal de Constantinopla[66], legua y media de la çibdad, y con ser la mar allí poco menos fuerte que la de Poniente, quedó tan perpetuo edifiçio como quantos hay en Veneçia.

JUAN.—¿Y qué tantas cajas ha menester para una casa?

PEDRO.—Quan grande la quisiere tantas y más ha menester.

JUAN.—¿Grande gasto será?

PEDRO.—Una casa de piedra y lodo no se puede acá haçer sin gasto; mas[67] no cuesta más que de cal y canto y se tarda menos.

MATA.—Y las calles ¿son de mar o tienen cajas?

PEDRO.—Una casa de piedra y lodo no se puede acá haçer sin queráis ir os llebarán, por un dinero, en una barquita más limpia y entoldada que una cortina de cama; bien podéis si queréis ir por tierra, por unas cajas anchas que están a los lados de la calle, como si imaginaseis que por cada calle pasa un río, el qual de parte a parte no podéis atravesar sin barca; mas podéis ir río abajo y arriba por la orilla.

MATA.—Admirable cosa es esa; ¿quién por poco dinero se querrá cansar?

JUAN.—Mas ¿quién quisiera dexar de haber oído esto de Beneçia por todo el mundo, y entenderlo tan a la clara de persona que tan bien lo ha dado a entender que me ha quitado de la mayor confusión que puede ser? jamás la podía imaginar cómo fuese cada vez quc oía que estaba dentro en la mar.

MATA.—¿Acuérdaseos de aquel quento que os contó el duque de Medinaçeli, del pintor que tubo su padre?

JUAN.—Sí, muy bien, y tubo mucha raçón de ir.

PEDRO.—¿Qué fue?

JUAN.—Contábame un día el Duque, que es mi hijo de con-

---

[66] Probablemente Pedro se refiere al mismo cementerio de Scutari o Üsküdar, mencionado ya en IX, nota 17.

[67] En *M-1* (f. 92v) se suprimió *que puede ser*.

fessión, que había tenido su padre un pintor, hombre muy perdido.

MATA.—No es cosa nueba ser perdidos los pintores; más nueba sería ser ganados ellos[68], y los esgrimidores y maestros de dançar y de enseñar leer a niños. ¿Habéis visto alguno destos ganado en quanto habéis peregrinado?

PEDRO.—Yo no, dexadle deçir.

JUAN.—Tan pocos soldados habréis visto ganados; y, como digo, fuese, dexando su muger y hijos, con un bordón en la mano a Santa María de Loreto y a Roma, biendo a ida y a venida, como no llebaba prisa, las cosas insignes que cada çibdad tenía, y en toda Italia, no dexó de ver sino a Veneçia; estubo por allá tres o quatro años, y volvióse a su casa; y el Duque dábale de comer como medio limosna, y el partido mesmo que antes tenía, y mandóle, como daba tan buena quenta de todo lo que había andado, que cada día mientras comiese le contase una çibdad de las que había visto, qué sitio tenía, qué veçindad, qué cosas de notar. Él lo haçía, y el Duque gustaba mucho, como no lo había visto. Y deçía: Señor, Roma es una çibdad desta y desta manera; tiene esto y esto. Acabado de comer, el Duque le prevenía diçiendo: Para mañana traed estudiada tal çibdad, y traíala, y aquel día le señalaba para otro. Mi fe, un día díxole: Para mañana traed estudiada a Veneçia. El pintor, sin mostrar flaqueza, respondió que sí haría; y salido de casa viose el más corrido del mundo por habérsela dexado. No sabiendo qué se hazer, toma su bordón, sin már hablar a nadie, y camina para Françia y pásase en Italia otra vez, y vase derecho a Veneçia, y mírala toda muy bien y particularmente, y buélvese a Medinaçeli como quien no haze nada, y llega quando el Duque se asentaba a comer muy descuidado, y diçe: En lo que vuestra señoría diçe de Veneçia, es una çibdad de tal y tal manera, y tiene esto y esto y l'otro; y comiença de no dexar cosa en toda ella que no le diese a entender. El Duque quedóse mudo

---

[68] *Ganados y perdidos.* El sentido es confuso. En principio puede pensarse que Mátalas se refiere a la poca retribución (y consideración) de los que profesaban estos oficios, todavía *serviles* en el siglo XVI; recuérdese que Velázquez, en el siglo siguiente, era primeramente aposentador de palacio, y pintor, por añadidura. Sin embargo el contexto parece indicar maliciosamente que estas tres profesiones tenían mucho que ver con la vida bohemia y *non sancta,* según se deduce de las biografías del Vassari, los lances de capa y espada de algunos artistas célebres y la vida a salto de mata de pintores como Caravaggio.

santiguando, que no supo qué se deçir, como había tanto que faltaba.

PEDRO.—El más delicado quento que a ningún señor jamás acontesçió es ése en verdad; él meresçía que le hiziesen mercedes.

JUAN.—Hízoselas conforme a buen caballero que era, porque le dio largamente de comer a él y a toda su casa por su vida.

MATA.—Pues a fe que en la era de agora pocos halléis que hagan merçedes de por vida; antes os harán diez merçedes de la muerte que una de bida. De Viterbo ¿adónde vinistes?

PEDRO.—A Sena y su tierra, la qual no hay nadie que la vea que no haga los llantos que Hieremías por Hierusalem; pueblos todos quemados y destruidos, de edifiçios admirables de ladrillo y mármol, que es lo que más en todo el Senés hay y no pocos y como quiera, sino de a mill casas y a quatroçientas y en gran número, que no hallarais quien os diera una jarra de agua; los campos, que otro tiempo con su gran soberbia floresçían abundantíssimos de mucho pan, vino y frutas, todos barbechos, sin ser en seis años labrados; los que los habían de labrar, por aquellos caminos pidiendo misericordia, peresçiendo de la viba hambre, hécticos, consumidos.

MATA.—¿Y eso todo de qué era?

PEDRO.—De la guerra de los años de 52, 53, 54, 55 [69], quando por su propia soberbia se perdieron. La çibdad es cosa muy de magestad; las casas y calles todo ladrillo. Una fortíssima fortaleza se haze agora, con la qual estarán subjetos a mal de su grado. Hay que ver en la çibdad, principalmente damas que tienen fama, y es verdad que lo son, de muy hermosas; una iglesia que llaman el Domo [70], que sólo el suelo costó más que toda la iglesia.

JUAN.—¿Es de plata o de qué?

---

[69] Las guerras a que Pedro se refiere son las del 52 al 59, emprendidas por Carlos V, ayudado por Cosme de Médicis y con la bendición de Julio III. El ejército español, a las órdenes de don García de Toledo, que sucedió a Hurtado de Mendoza, devastó el territorio y puso apretado cerco a Siena, que acabó rindiéndose en 1555. La fenecida república quedó enfeudada al Duque de Toscana (véase Braudel, *ob. cit.,* págs. 745 y 755; Muratori, *Annali,* X, págs. 287-88 y 290).

[70] *Domo* o *Duomo,* 'cúpula', y por extensión 'basílica' y 'catedral', era denominación común a todas las grandes iglesias de Italia. La de Siena, terminada en el último decenio del siglo XIII, constituye con la de Milán una de las maravillas del arte gótico en Italia.

PEDRO.—De polidíssimo mármol, con toda la sutileza del mundo asentado, y todo esculpido de mill quentos de istorias, que en él están grabadas, que verdaderamente se os hará muy de mal pisar ençima. En Ytalia toda no hay cosa más de ver de templo.

MATA.—Pues ¡qué necedad era hazer el suelo tan galán!

PEDRO.—Soberbia que reinó siempre mucha en los seneses. Una plaça tiene también toda de ladrillo, que dudbo si hay de aquí allá otra tal[71]; y una fuente, entre muchas, dentro la çibdad, que sale de una peña por tres ojos o quatro, que cada uno basta a dar agua a una rueda de molino.

MATA.—¿Está junto a la mar?

PEDRO.—No, sino doçe leguas hasta puerto Hércules y Orbitelo. Luego fui en Florençia, çibdad, por çierto, en bondad, riqueza y hermosura, no de menos dignidad que las demás, cuyas calles no se pueden comparar a ningunas de Italia. La iglesia es muy buena, de cal y canto toda, junto a la qual está una capilla de Sant Juan[72], donde está la pila del baptismo, toda de obra musaica de las buenas y costosas pieças de Italia, con quatro puertas muy soberbias de metal con figuras de vulto.

MATA.—¿Qué llaman obra musaica?

PEDRO.—Antiguamente, que agora no se haze, usaban hazer çiertas figuras todas de piedreçitas quadradas como dados y del mesmo tamaño, unas doradas, otras de colores, conforme a como era menester.

JUAN.—No lo acabo bien de entender.

PEDRO.—En la pared ponen un betún blanco.

JUAN.—Bien.

PEDRO.—Y sobre él asientan un papel agujerado con la figu-

---

[71] Pedro se refiere a la famosa plaza del Palio. En cuanto a las fuentes artísticas que posee la ciudad de Santa Catalina y San Bernardino, la alusión de nuestro narrador debe de referirse a la *Fonte Gaia,* obra de Jacopo della Quercia, aunque por la indicación de los tres veneros de aguas que la alimentan, podría tratarse también de la *Fonte Branda,* que consta de una gran arca o caja abierta por tres arcos ojivales.

[72] La iglesia de San Juan, terminada a mediados del siglo XII, es la que después se llamó el Baptisterio. Las primeras puertas fueron fundidas por Andrea Pisano según diseños de Giotto y más tarde se añadieron las restantes, comenzadas en 1401 por Ghiberti, y que no se terminaron hasta 1452. (Véase F. A. Hyett, *Florence: her History and Art to the Fall of the Republic,* Londres, 1903, págs. 121, 213 y 252.)

ra que quieren, que llaman padrón, y déxala allí señalada. Ya lo habréis visto esto.

JUAN.—Muchas vezes los brosladores[73] lo usan.

PEDRO.—Ansí, pues, sobre esta figura que está señalada asientan ellos sus piezezicas quadradas, como los vigoleros[74] las taraçeas.

JUAN.—Entiéndolo agora muy bien. ¿Pero será de grandíssima costa?

PEDRO.—En eso yo me entremeto, que bien creo que costará.

MATA.—Muchas vezes había oído deçir obra musaica, y nunca lo había entendido hasta agora; y apostaré que hay más de mill en España que presumen de bachilleres que no lo saben.

PEDRO.—Con quan ricos son los florentinos, veréis una cosa que os espantará, y es que si no es el día de fiesta ninguna casa de prinçipal ni rico veréis abierta, sino todas cerradas con ventanas y todo, que os paresçerá ser inhabitada.

JUAN.—¿Pues dónde están? ¿qué hazen?

PEDRO.—Todos metidos en casa, ganando lo que aquel día han de comer, aunque sean hombres de quatroçientos mill ducados, que hay muchos dellos; quién escarmenando[75] lana con las manos, quién seda; quién haze esto de sus manos, quién aquello, de modo que gane lo que aquel día ha de comer; que tampoco es menester mucho, porque todo es ensaladillas, como dixe de los veneçianos. De pan y vino, çebada y otras cosas es mal probeída, porque es todo de acarreo[76], y por eso vale todo caro. De sedas, paños y rajas es muy bien basteçida y barato, y otras muchas mercançías. Tiene buen castillo y güertas y jardines. El palaçio del Duque es muy bueno, a la puerta del qual está una medalla de metal con una cabeza de Medusa, cosa muy bien hecha y de ver. Una leonera tiene el Duque mejor que ningún rey ni príncipe, en la qual veréis muchos leones, tigres, leopardos, onças, osos, lobos y otras muchas fieras[77]. Ansí en Florençia como en todas las grandes

---

[73] *Broslador* es 'bordador'. Para todo lo relativo a la terminología que emplea Pedro en su descripción, véase F. G. Salinero, *Léxico de alarifes,* en las respectivas entradas.

[74] *vigolero,* 'constructor de vihuelas' o guitarrero.

[75] *escarmenar,* del lat. *carminare,* es desenredar el cabello, la lana o la seda.

[76] *de acarreo,* es decir, de importación.

[77] Duque de Estrada nos dice de la capital de la Toscana: «... gocé de las grandezas de Florencia, conversaciones de damas, Academias

çibdades de Françia y Ytalia, tienen todos los que tienen tiendas, de qualquiera cosa que sea, unas banderetas a la puerta con una insígnea, la que él quiere, para ser conosçido, porque de otra arte sería preguntar por Pedro en la Corte, y ansí cada uno dice: Señor, yo bibo en tal calle, en la insigna del Cisne, en la del León, en la del Caballo, y ansí.

JUAN.—¿Es deso unas figuras que traen todos los libros en los principios, que uno trae la Fortuna, otro no sé qué?

PEDRO.—Lo mesmo; eso significa que donde se vende o se imprimió tienen aquella insigna.

JUAN.—Agora digo que tiene raçón Mátalascallando, que nos podrían echar acá en España a todos sendas albardas, que no sabemos tener orden ni conçierto en nada. ¿Qué cosa hay en el mundo mejor ordenada?

PEDRO.—Pues aun en el relox pusieron los florentines orden, que porque daba 24 y los ofiçiales se detenían en contar, y perdían algo de sus jornales, hizieron que no diese sino por çifra de seis en seis.

JUAN.—Eso me hazed entender, por amor de Dios, porque dicen algunos de los soldados que de allá pasan y blasonan del arnés[78]: fuimos los nuestros a las quinçe horas a çierta correduría, y hiziéronnos la escolta tantos y bolvimos a las veinte. El relox de Italia y acá ¿no es todo uno o es diverso sol el de allá que el de acá?

PEDRO.—Uno mesmo es, como la luna de Salamanca deçía el estudiante; pero Ytalia, de lo que los antiguos astrólogos tenían y de lo que agora tenemos en España, Francia y Alemania difieren en la manera del contar el día natural, que se quenta noche y día, son veinte y quatro horas. Éste, nosotros contamos de medio día a medio día, como los mathemáticos; la mitad hazemos hasta media noche y la otra mitad de allí al día, a medio día. Estas veinte y quatro horas los italianos las quentan de como el sol se pone hasta que otro día se ponga, y ansí como nosotros deçimos a medio día que son las doze, que es la mitad de veinte y quatro, ansí ellos, en el puncto que el sol se pone dizen que son las veinte y quatro; y como nosotros una hora

---

de caballeros, suntuosísimos templos, capilla y mausoleo del Gran Duque y sus antepasados, su galería, maravilla novena por sus mixtos y compuestos de metales naturalmente conjuntos, estatuas y otras cosas exquisitas, raras, excelentes y ricas, que a ésta su leonera, palacio, bosques y casa hice diversos versos...» (pág. 532a y b).

[78] *blasonar del arnés*: 'echar de la gloriosa', fanfarronear.

después de medio día deçimos que es la una, y quando da las quatro quiere dezir que son quatro horas después de medio día, ansí en Italia, si el relox da una significa que es una hora después de puesto el sol, y si las quatro, quatro horas después de puesto el sol[79].

JUAN.—¿Y si da veinte, qué significa?

PEDRO.—Que ha veinte horas que se puso el sol el día pasado.

JUAN.—Mucha retartalilla es esa.

PEDRO.—Más tiene çierto que el nuestro.

JUAN.—Hoy a las dos del día en nuestro relox, ¿quántas serán en el de Italia?

PEDRO.—Las 21.

JUAN.—¿Por qué?

PEDRO.—Porque agora son quinçe de Henero, y el sol, a nuestra quenta, se pone a las çinco; pues de las dos, a quel sol se ponga, ¿quántas horas hay?

JUAN.—Tres.

PEDRO.—[80]Quitad aquellas de veinte y quatro, ¿quántas quedarán?

JUAN.—Veinte y una.

PEDRO.—Pues tantas son.

MATA.—Yo, con quan asno soy, lo tengo entendido, y vos nunca acabáis. Si no, preguntadme a mí.

JUAN.—¿Qué hora es en este punto que estamos?

MATA.—Las siete y media.

JUAN.—¿Cómo?

MATA.—Porque media hora ha que tañeron los fraires a media noche, y de las çinco que el sol se puso acá son siete horas y media.

PEDRO.—Tiene razón.

JUAN.—Ello requiere, como las demás cosas, exerçiçio para ser bien entendido.

---

[79] Sobre este modo de contar las horas que tenían los florentinos hay abundantes testimonios. Lo anota ya Blaeus en su *Atlas* (ed. francesa, t. IX, Amsterdam, 1663, pág. 14); ejemplos hay abundantes en la correspondencia de la *Signoria,* «Documenti per servire alla storia della Milizia Italiana dal XIII secolo al XVI»: «Hieri fu l'ultima mia, et questa mactina circa a hore 15 ho la di V. S. ...» *(Archivio Storico Italiano,* t. XV, a. 1851, pág. 295), y el libro más reciente de F. Cognasso, *L'Italia nel Rinascimento,* tomo II (Turín, 1965), págs. 385-388.

[80] En *M-1* (f. 94r), *pues,* suprimido.

PEDRO.—Aquí no se diçe esto sino para que ansí, en suma, lo sepáis, dando algún rastro de haber estado donde se usa, y para si fuéredes allá tenerlo deprendido.

MATA.—¿Qué os paresçe, si yo estudiara, de la abilidad del rapaz?

PEDRO.—Bien en verdad parésçeme que quando yo me partí començabais a estudiar de Menores en el Colegio de Alcántara[81].

JUAN.—¿No le quitaron un día la capa por el salario y vino en cuerpo como gentil hombre?

MATA.—Nunca más allá volví. Açerté a llebar aquel día, que nebaba, una capilla vieja, y quedóse por las costas. Decorar aquel arte se me hacía a mí gran pereça y dificultoso como el diablo, prinçipalmente en aquel *gurges, merges, verres, sirinx et meninx et inx*[82], que paresçen más palabras de encantamiento que de doctrina. Tan dificultosas se me haçían después que me las declaraban como antes. Parésçenme los versos del Antonio como los Salmos del Salterio, que quanto más oscuros son más claros; mejor entiendo yo, sin saver latín, los versos del Psalterio que en romançe. *Dixo el Señor a mi Señor: Siéntate a mi diestra, hasta que ponga tus enemigos por escaños de tus pies. En la salida de Isrrael de Egito, la casa de Iacob, del pueblo bárbaro*[83]; diçe el Antonio: la hembra y el macho asientan el género sin que ninguno se lo enseñe[84]. Más paresçe que enseñan a hazer corchetes que no latinidad. Machos te serán los quasi machos y hembras las como hembras.

PEDRO.—Malditos seáis si no me habéis hecho echar tantas

<hr/>

[81] Uno de los siete colegios menores dependientes del de San Ildefonso, colegio mayor y núcleo de la Universidad Complutense. Parece que Pedro le nombra por el titular de una de las cátedras, según se desprende por la alusión *infra* «al licenciado Alcántara y al Pintado». (Véase *infra*, nota 85.)

[82] Alusión irónica a los ejemplos que presenta *el Antonio* (Elio Antonio de Nebrija) al tratar de la flexión nominal en su *Gramática*. (Véase el extenso comentario sobre el humanista sevillano, su texto y la inquina contra él por parte de los humanistas erasmianos, en *Gil*, págs. 126-130.) Esta coincidencia de oposición antinebrijista en *El Crótalon* y el *Viaje de Turquía* fue uno de los argumentos de *SSanz* para atribuir ambas obras a un mismo autor, Cristóbal de Villalón. (Véase Introducción, pág. 57, nota 59.)

[83] *Salmos*, 110, 1.

[84] *Mascula sunto tibi quasi mascula, femineumque sit quasi femineum* (Ed. Lugduni, 1526, f. 27v).

lágrimas de risa como esta tarde de pesar con vuestros corchetes.

MATA.—¿N'os paresçe que quien tubiese hilo de yerro y unas tenazuelas que podría hazerlos por estos versos?

JUAN.—¿Qué entendimiento os le daban a esos versos?

MATA.—No son ni más ni menos como yo dixe vueltos en romançe, o el liçençiado Alcántara y Pintado mienten[85].

JUAN.—El pie de la letra eso es; mas ¿qué inteligençia le daban?

MATA.—¿Qué? ¿Por intelligençias tengo yo de estudiar la gramática? ¡Pardiós! La que ellos daban no tenía más que hazer con la significaçión de los versos que agora lluebe.

PEDRO.—Nunca medre yo si no es más literal sentido el que Mátalas Callando le da, y más arrimado a la letra.

MATA.—Pues si por esas inteligençias o fantasmas, o como las llamáis, tengo de entender latín, ¿no es mejor nunca lo saver? Mejor entiendo sin saver latín lo que diçe el profeta: *Et tu, Bethlem, terra Juda, nequaquam minima es;* y el otro: *Egrediet virga de radice Jese*[86], que no esas enigmas del Antonio, y aun el mesmo las debía de entender mejor.

PEDRO.—¿Pues todavía se lee la gramática del Antonio?

JUAN.—¿Pues quál se había de leer? ¿hay otra mejor cosa en el mundo?

PEDRO.—Agora digo que no me marabillo que todos los españoles sean bárbaros, porque el pecado original de la barbarie que a todos nos ha tinido es esa arte.

JUAN.—No os salga otra vez de la boca, si no queréis que quantos letrados y no letrados hay os tengan por hombre extremado y aun neçio.

---

[85] No me ha sido posible identificar a este profesor. Creo que se trata de un fallo del supuesto Urdemalas o un error del copista; es, con toda probabilidad, una alusión a Antonio de Alcaraz, rector de Valladolid durante el curso académico de 1533-34 *(B-EE,* 244, nota 11) y coerasmista con Pedro de Lerma, el Arcediano de la Fuente y otros teólogos de Valladolid *(ibídem,* págs. 262-63).

Más conocido es su paisano Hernán Núñez, el *Pinciano* (por 'Pintia', Valladolid), famoso helenista (sustituyó a Ducas en la cátedra de griego de Alcalá), paremiólogo y colaborador en la *Políglota* con Pablo y Alonso Coronel y Alfonso de Zamora. (Véase *B-EE,* págs. 19 y ss.; y A. de la Torre y del Cerro en *RABM, XX,* págs. 412-423.)

[86] San Mateo, 2, 6: «Y tú, Belén de Juda, no eres en modo alguno la menor»; Isaías, II, 1, reprod. en *Romanos,* 15, 12: «La vara saldrá de la raíz de Jetsé.»

PEDRO.—¿Qué agrabio me hará ninguno desos en tenerme por tal como él es? No me tengan por más ruin, que lo demás yo se lo perdono. Gracias a Dios que Mátalas Callando, sin saber gramática, ha descubierto todo el negocio; paresçe cosa de rebelaçión. Entretanto que está el pobre estudiante tres o quatro años decorando aquella borrachería de versos, ¿no podrá saber tanto latín como Çicerón? ¿No ha menester saber tanto latín como Antonio qualquiera que entender quisiere su arte? Doy os por exemplo los mesmos versos que agora os han traído delante; ¿qué es la causa que para la lengua latina, que bastan dos años[87] se gastan çinco, y no saben nada, sino el arte del Antonio?

JUAN.—Antonio dexó muy buen arte de enseñar, y vosotros dezid lo que quisiéredes, y fue español y hémosle de honrrar.

PEDRO.—Ya sabemos que fue español y docto, y es muy bien que cada uno procure de imitarle en saber como él; mas si yo lo puedo hazer por otro camino mejor que el que él me dexó para ello, ¿por qué no lo haré?

JUAN.—No le hay mejor.

PEDRO.—Esa os niego, y quantas al tono dixéredes; pregunto: italianos, françeses y alemanes, ¿son mejores latinos que nosotros o peores?

JUAN.—Mejores.

PEDRO.—¿Son más hábiles que nosotros?

JUAN.—Creo yo que no.

PEDRO.—Pues ¿cómo saben más latín sin estudiar el arte del Antonio?

JUAN.—¿Cómo sin estudiarle? pues ¿no aprenden por él la gramática?

PEDRO.—No, ni saben quién es; que tienen otras mil artes muy buenas por donde estudian.

JUAN.—¿Que no conosçen al Antonio en todas esas partes ni deprenden por él? Agora yo callo y me doy por subjetado a la razón. ¿Qué artes tienen?

PEDRO.—De Herasmo, de Phelipo Melanthon, del Donato[88].

---

[87] En *M-1* (f. 94v), *son menester.*

[88] *Erasmo, Melanchton, Donato.* Erasmo escribió un tratado sobre las partes de la oración y otro sobre la pronunciación del griego y del latín (*B-E,* pág. 830, nota 88). Melanchton escribió sobre sintaxis, que él considera —como nuestro Brocense— la esencia de la gramática (Hagenau, 1526). Donato, gramático romano, fue autor de un *Ars Grammatica,* divulgado entre los humanistas italianos desde que R. Mancinelli publicó sus comentarios en 1488.

Mirad si supieron más que nuestro Nebrisense; çinco o seis pliegos de papel tiene cada una, sin versos ni burlerías, sino todos los nombres que se acaban en tal y tal letra, son de tal género, sacando tantos que no guardan aquella regla, y en un mes sabe muy bien todo quanto el Antonio escribió en su Arte. La Grámática griega ¿tenéisla por menos dificultosa que la latina?

JUAN.—No.

PEDRO.—Pues en dos meses se puede saber desta manera, con ser mucho más dificultosa. Lo que más haze al caso es el uso del hablar y exerçitar a leer. Luego[89] los cargan acá de media doçena de libros, que de ninguno pueden saver nada.

JUAN.—¿Y allá?

PEDRO.—Uno no más les dan, que es Tulio, porque si aquél saben no han menester más latin, y comiençan también por algunos versos del Virgilio, para differençiar, y poco a poco, en dos años, sabe lo que acá uno de nosotros en treinta; porque su fin no es saver fábulas, como acá, de tantos libros, sino entender la lengua, que después que la saben cada uno puede leer para sí el libro que se le antojare.

MATA.—Plugiera a Dios que yo hubiera estado lo que en Alcalá, en París o en Bolonia, que a fe que de otra manera hubiera sabido aprobecharme.

JUAN.—Yo estaba engañado por pensar que no hubiese en todo el mundo otra Arte sino la nuestra; agora digo que aun del maldeçir he sacado algún fruto, apartando lo malo y en perjuiçio de partes.

PEDRO.—¿Qué malo, qué maldeçir, qué perjuiçio de partes veis aquí? Lo que yo deçía el otro día: maldeçir llamáis deçir las verdades y el bien de la República; si eso es maldezir, yo digo que soy el más maldiçiente hombre del mundo.

MATA.—¿Por quánto quisierais dexar de saber esta particularidad?

JUAN.—Por ningún dinero; eso es la verdad.

PEDRO.—Nunca os pese de saber, aunque más penséis que sabéis, y hazed para ello esta quenta, que sin comparaçión es más lo que no sabéis vos y quantos hay que lo que saben, pues

---

[89] *Luego,* es decir, «enseguida los cargan aquí de media docena de libros». El comentario que sigue debería no ser echado en saco roto por ciertos medios docentes en los que se introduce al alumno al comentario de textos y a la crítica literaria sin haber conseguido el dominio de la lengua.

quando os preguntan una cosa y no la sabéis olgaos de deprenderla, y hazed quenta que es una de las que no sabíais.

MATA.—¿No sabremos por qué se levantó nuestra plática de
disputar?

JUAN.—Por lo del relox de Italia.

MATA.—¡Válame Dios cómo se divierten[90] los hombres! Mirad de dónde adónde hemos saltado, aunque no es mucho, que
en fin no hemos salido de las cosas insignes de Italia. ¿De manera que los florentines hizieron dar al relox por çifra?

PEDRO.—Si; de seis en seis.

JUAN. ¿Cómo?

PEDRO.—Quando ha de dar veinte y quatro que no dé sino seis,
y quando ha de dar siete da una; sé que yo no me puedo engañar
en seis horas, aunque esté borracho, que si me da una a estas
horas no he de entender que es una hora después de puesto el sol.

JUAN.—Es verdad. ¿Y Florençia, cuya es?

PEDRO.—Del Duque, que es un grande señor; tiene de renta
ochoçientos mill ducados, según el común, pero con los tributos
que echa a los vasallos bien llega a un millón.

MATA.—Más tiene él solo que veinte de acá.

PEDRO.—Hay muy grandes *ditados*[91] en Italia: el Ducado de
Ferrara, el de Milán, el de Saboya, el de Plasençia y Parma; todos éstos son grandíssimos.

JUAN.—¿Y el de Veneçia?

PEDRO.—Ese no es más de por tres años, que es señoría por
sí, y eligen a uno dellos, como en Génoba. Todo el toçino, pan
y vino que se vende en Florençia diçen que es del Duque, lo
qual le renta un Perú. De Florençia vine a Bolonia, por un
pueblo que se llama Escarperia[92], donde todos son cuchilleros,

---

[90] *divertir* en sentido etimológico, es decir, 'divagar', 'apartarse del
camino'.

[91] *ditados* por 'ducados', evidente errata del copista.
Líneas más abajo se adjudica a Venecia un gobierno de tres años de
duración. Meregalli llama la atención sobre este error de Pedro «cosa
che conferma il suo particolare rapporto con Genova e la mancanza di
un personale rapporto con Venezia, cioè differenzia l'autore da Laguna»
(FMer-2, pág. 357).

[92] *Scarperia,* a unos 30 km. al norte de Florencia, entre esta ciudad
y Firenzuola, al pie del Apenino, lleva grabado su nombre en piezas de
cuchillería de buena calidad. Urdemalas debió de seguir la actual carretera 503, por el paso del Giogo; en él señala Blaeus (lám. 81) una *osteria
sul Giogo,* a donde acudirían los vendedores de cuchillos a ofrecer su mercancía, como en nuestro Albacete.

y se haçen muy galanos, y muchos adreços de estuches, labrados a las mill maravillas; y lo que más de todo es que por muy poco dinero lo dan, y no pasa caminante que, apeándose, no lleguen en la posada beinte de aquellos a mostrar muchas delicadezas, y fuerçan, dándole tan barato, a que todos compren. Pasé los Alpes de Bolonia, que son unos muy altos montes, donde está una cuesta que llaman *Descarga el Asno*[93].

JUAN.—¿Por qué?

PEDRO.—Porque no pueden baxar las bestias cargadas sin grande fatiga, y ansí todos se apean; y entré en Bolonia, çibdad que no debe nada en grandeza y quanto quisiéredes a todas las de Italia[94].

JUAN.—¿Cúya es?

PEDRO.—Del Papa.

MATA.—¿Está junto al mar?

PEDRO.—No, ni Florençia tampoco. Hay que ver el Colegio de los españoles, cosa muy insigne y de toda la çibdad venerada, aunque más quieran a los españoles.

JUAN.—¿Qué hábito traen?

PEDRO.—Unas ropas negras frunçidas, hechas a la antigua, con unas mangas en punta, que acá llamáis, y unas vecas moradas. El rector dellos suele ser también de la Unibersidad, y estonçes trae la ropa de raso y la veca de brocado, que llaman el *capuço,* el qual le dan con tanta honra y triumpho como en tiempo de los romanos se solía hazer: gastó, porque lo vi, uno

---

[93] *Descarga el Asno* debe ser, sin duda, el punto identificado en Blaeus (XI, 113-114) como *Scarica* (it. *scaricure,* 'descargar'), hoy *Monghidoro,* pequeña localidad de unos 2.500 habitantes, en la carretera de Florencia a Bolonia por Pianoro y Loiano, junto a los límites de Toscana y Emilia.

[94] Pedro llega a la ciudad güelfa y papal —y por ende malquista con españoles—, la de los Bentivoglio y de los juristas, la *Bononia* de las ciento cincuenta torres en torno a la Asinella y la Garisenda, mencionada ésta por Dante en *Paradiso.* De esta Bolonia donde nació la Orden de Predicadores y donde predicó el *Poverello* de Asís, no nos da Pedro muchas explicaciones ni nos permite identificar alguno de los monumentos que menciona. Su testimonio se limita a unas generalidades sobre la vida estudiantil y a su actividad artesanal y abastecimiento de sus mercados, es decir, *Bologna grassa.*

Comienza —parecería lógico+ con la mención del famoso *Colegio de los Españoles,* fundado por Gil de Albornoz en 1365 y que contó entre sus alumnos a Nebrija, Luis Vives, A. Agustín y Andrés Laguna, y que ya es mencionado por nuestro Arcipreste de Hita (véase nota siguiente).

en el capuçio ochoçientos ducados, y los que sacaron las libreas cada uno la hizo a su costa por honrrarle, que de otra manera no lo hiziera con seis mill.

JUAN.—¿Y qué le dan aquel año que es rector?

PEDRO.—Quatroçientos ducados le podrá valer y la honrra.

JUAN.—Y la escuela ¿qué tal es?

PEDRO.—Muy excelente, y donde hay varones doctíssimos en todas Facultades.

JUAN.—¿Qué estudiantes terná?

PEDRO.—Hasta mill y quinientos o dos mill.

JUAN.—¿Y esa deçís que es buena Universidad? Mal lograda de Salamanca, que suele tener ocho mill[95].

PEDRO.—No alabo yo la Universidad porque tenga muchos estudiantes ni pocos, sino por los muchos y grandes letrados que della salen y en ella están; y el exerçiçio de las letras no menos anda que en París, que hay treinta mill; y más, ¿dexa una casa de ser buena porque no viba nadie en ella?

JUAN.—¿Todas Facultades se len allí?

PEDRO.—Y muy bien y curiosamente.

JUAN.—¿Es bien probeída?

PEDRO.—Tanto que la llaman Bolonia la grasa[96]; de quantas cosas pidiéredes por la boca; lo que por acá se trae de allí y se lleba en toda Italia son jabonetes de manos, de la insignia del melón o del león, que son los mejores, aunque muchos los hazen; son tan buenos que paresçen pomas de almizque y ámbar; no se dan manos veinte criados en cada tienda destas a dar recado. Al Rey se le puede acá empresentar una doçena de aquellos.

MATA.—¿Cuestan caros?

PEDRO.—No muy baratos; más de a real cada uno, y dos si

---

[95] La estimación del número de estudiantes de la Universidad parece corta, si hemos de creer a Cejador en su edición del *Libro de Buen Amor* (Clásicos Castellanos, 6.º, 1954, pág. 229, v. 1517) que le adjudica 12.000; ó 7.000 los que calcula Alethea Wiel en su excelente sumario de *Story of Bologna* (Londres, 1923), cap. IV, «The University».

En cuanto a la de Salamanca, el número es sensiblemente igual al que da A. Bonilla y San Martín (Véase Aguado y Alcázar, *Historia de España*, II, pág. 1014a), que calcula 5.856 en el año 1551.

[96] *Bolonia la grasa*: es decir, 'la rica', 'la abundante', según las denominaciones florentinas de *popolani grassi* y *minuto*. Sin embargo, las denominaciones clásicas eran *la dotta* y *la gentile*.

son de los cresçidos. Hay también guantes de damas, labrados a las mill maravillas y no caros, todos cortados de cuchillo, con muchas labores. No hay quien pueda pasar sin traer algo desto.

MATA.—¿Quién cree que el zurronçillo no trae alguna fiesta destas?

PEDRO.—Sí traía; mas todo lo he repartido por ahí, que no me ha quedado quasi nada. Todavía habrá para los amigos. Una cosa entre muchas tiene exçelente: que os podéis ir, por más que llueba, por soportales sin mojaros.

MATA.—¿Como la calle Mayor de Alcalá?

PEDRO.—Mirad la mala comparaçión. No hay casa de todas aquéllas que no sea unos palaçios; tan grande y mayor es que Romá; cada casa tiene su huerta o jardín, empedradas las calles de ladrillo. En aquella plaza son muy de ver las *contadinas* que llaman, que son las aldeanas, que vienen a vender ensaladas, verduras, cosas de leche, frutas cojidas de aquella mañana; hasta los gatillos que le parió la gata viene a la çibdad a bender, quando otra cosa no tenga.

JUAN.—Cosa real es ésa.

PEDRO.—Yo os diré; quanto que como todas están puestas en la plaça por su orden, hazen unas calles que toda la plaça, con quan grande es, hinchen; de 300 abaxo no hayáis miedo de ver; junto a una iglesia está una torre que sale toda ladeada, que si la véis no diréis sino que ya se cae, y es una muy buena antigualla.

JUAN.—¿En qué iglesia?

PEDRO.—En Sancto Domingo creo que es, y allí está el cuerpo sancto suyo[97]. Pasa un río pequeño por la çibdad, en medio, en el qual hay muchas invençiones de papelerías, herrerías, sierras de agua y, lo mejor, torçedores de seda.

JUAN.—¿Cómo puede el agua torçer la seda?

PEDRO.—Una canal de agua trae una rueda, la qual tuerçe a otra grande, que trae puestos más de mill y doçientos husos; y

---

[97] *La iglesia de Santo Domingo.* A Bolonia llegó Santo Domingo de Guzmán en 1218, fundó la Orden que lleva su nombre, sancionada y aprobada por Honorio III, y allí murió cuatro años después, siendo enterrado en la iglesia. En 1267 Nicolás Pisano recibió el encargo de construir un magnífico sarcófago que, trasladado posteriormente a otra capilla más amplia, es hoy admirado como una joya escultórica notable del incipiente renacimiento boloñés.

En cuanto a la torre a que alude Pedro, podría ser la de los Galuzzi, todavía existente, o más bien la desaparecida de los Foscarini, más próxima a Santo Domingo.

pasa una como mano dando bofetones a todos los usos, y antes que se pare ya le ha dado otro y otro, de tal manera que da bien en que entender a quinçe o veinte hombres en dar recado de anudar si algo se quiebra, que es poco, y quitar y poner usadas; una gerigonça es que yo no la sé explicar, mas de que es un sutilíssimo ingenio.

JUAN.—Yo la medio entiendo ansí, y me paresçe tal.

PEDRO.—¿Paresçeos que podréis hablar con esto de Bolonia donde quiera?

JUAN.—Sí[98] puedo; mas de los grados no hemos hablado.

PEDRO.—Allá no hay bachilleres ni liçençiados; el que sabe le dan el grado de doctor, y al que no echan para asno, aunque venga cargado de cursos; el coste no es mucho.

MATA.—Neçio fuistes en no os graduar por allí de doctor, que acá no lo haréis con tanta honrra sin gastar lo que no tenéis, y según me paresçe podeis vibir por vuestras letras tan bien como quantos hay por acá.

PEDRO.—¿Qué sabéis si lo hize? Y aún me hizieron los doctores todos de la Facultad mill merçedes, por interçesión de unos colegiales amigos míos; y como yo les hize una plática de suplicaçionero[99], no les dexé de paresçer tan bien, que perdo-

---

[98] En *M-1* se escribió *por cierto*.

[99] *El doctorado en Bolonia.* Es éste un punto capital para sostener o impugnar la tesis de Bataillon sobre la autoría de Laguna (cfr. *B-DL*, páginas 99-100 y nota 34). Personalmente creo que Urdemalas se burla, con suprema ironía, de estos doctores boloñeses *honoris causa* y de los que le conceden el doctorado tras una *plática de suplicaçionero.* ¿Querrá decir Urdemalas un discurso propio de un *vendedor de suplicaciones?* (véase VIII, nota 57). Markrich señala atinadamente que, por contraste, un rasgo característico del doctor segoviano es la reverencia *(courtesy)* con que habla de sus colegas médicos y farmacéuticos (*Mark,* pág. 104; también J. Kincaid, págs. 66-70). Anteriormente, Schevill había insistido sobre lo mismo, diciendo que «Pedro habla ... no con el respeto del que ha recibido el honor y ha enseñado en aquella institución, como fue el caso de Laguna» (*Erasmus,* pág. 110).

Bataillon sale al paso de esta objeción recordando que, según Busacchi, «era frecuente la concesión del grado de doctor en medicina de manera aparentemente honorífica, *sin examen ni percepción de derechos* a españoles que ni habían estudiado ni profesado en Bolonia» (n. cit.).

En definitiva, en el caso de que Urdemalas no mienta, el camino al doctorado fue distinto para Laguna y para el protagonista o narrador. (En la relación de Busacchi no figura ningún graduado en los años 1554-55; en el 56, sólo Michaelis Martinez della Plaza. *BH,* LVIII, págs. 196-198.)

nándome algunos derechos, me dieron con mucha honrra el doctorado, con el qual estos pocos días que tengo de vibir pienso servir a Dios lo mejor que pudiere; pero avísoos que no me lo llaméis hasta que venga otro tiempo, porque veo la mediçina ir tan cuesta abaxo en España, por nuestros pecados, que antes se pierde honrra que se gane.

MATA.—Sea para bien el grado, y hazerse ha lo que mandáis; mas hagos saver que como la gente es amiga de novedades todos se irán tras vos con deçir que venís de Italia, aunque no sepáis nada, y las obras han de dar testimonio, aunque acordándose de quien solíais ser, todos no os ternán por muy letrado [100], pensando que no os habéis mudado; mas como hagáis un par de buenas curas es todo el ganar de la honrra y fama.

PEDRO.—Subido en una montañica que está fuera de Bolonia, en donde hay un monesterio, se ve el mejor campo de dehesas, prados y heredades, llano como un tablero de ajedrez, a todas partes que miren, que hay en la Europa. Y de Bolonia hasta Susa dura este camino [101].

MATA.—¿Quántas leguas?

PEDRO.—Más de çiento. Primeramente vine a Módena, çibdad razonable; de allí a Rezo, otra pequeña, y a dormir en Parma; y por ser español no me dejaban entrar dentro la çibdad. Al cabo entré y la vi: es muy buena y muy grande çibdad, y por estas tierras es menester traer poca moneda, porque de una jornada a otra no corre. De Parma en un día vine en Plasençia, que son doze leguas, la qual tiene la más hermosa muralla que çibdad de quanto he andado; toda nueva, con un gentil foso, que le pueden echar un río caudaloso, que se llama el Po; tiene buena iglesia y es grande çibdad, pero tiene ruines edifiçios de casas pequeñas y baxas, y posadas para los pasaje-

---

[100] En *M-1* se escribió *porque (SSanz,* 101b), suprimido para dar otro giro a la frase.

[101] *De Bolonia a Susa* (junto a la frontera francesa). Pedro deja la Emilia y se dirige a Lombardía con la dirección que seguía parcialmente la *Via Flaminia* y hoy la autostrada Bologna, Módena, Reggio-nel-Emilia *(Rezo* en el *Viaje),* Parma, Piacenza *(Plasençia* para Pedro) en la orilla derecha del Po.

El monasterio que cita y que sitúa a la salida de Bolonia puede ser —por el montículo referido— la iglesia de La Madonna de San Luca (luego santuario reedificado en 1731), o más probablemente la Cartuja (monasterio desde 1333 a 1797), hoy cementerio.

ros ruines; en Parma y Plasençia, con su tierra se haze el queso muy nombrado plaçentino, que son grandes como panes de çera, y aunque allí vale varato, en todas partes es caro. Para venir a Milán, que es doçe leguas, se pasa el Po en una barca allí çerca, y luego se entra en Lombardía, el mejor pedaço de Italia, que no es más caminar por ella que pasear por un jardín; los caminos muy llanos y anchos, y por cada parte del camino corre un río pequeño que riega todo aquel campo, donde se coje pan y vino y leña, todo junto.

JUAN.—¿Cómo?

PEDRO.—Las viñas en Italia son desta suerte: que las heredades están llenas de olmos y por ellos arriba suben las parras, y es tan fértil tierra que aunque la siembren cada año no dexa de traer mucho pan, y cada çepa de aquéllas trae tres o quatro cargas de uba y algunas diez, y los olmos dan harta leña.

JUAN.—¿Todos en un mesmo pedazo?

PEDRO.—Todo; y ver aquellos ingenios que tienen para los regadíos, que acontesçe quatro ríos en medio del camino hazer una encruçijada y llebar los unos por ençima de los otros, unos corriendo haçia baxo y otros haçia riba [102], y por toda esta tierra podréis llebar los dineros en la mano y caminar solo, que nadie os ofenderá. Vine en Milán, que ya habréis oído su grandeza; ninguna çibdad tan grande en Italia; buena gente, más amiga de españoles que los otros; dos mesones tiene insignes, adonde qualquier príncipe se puede aposentar, que los llaman osterías: la del Falcón y la de los Tres Reyes; no menos darán de comer a cada uno en llegando que si un Señor le hiziese acá banquete, y ansí, aunque vayan príncipes ni perlados, no comen ni pueden más de lo que el huésped les da.

JUAN.—¿Quánto paga cada día un hombre con su caballo?

PEDRO.—El ordinario es quatro reales y medio, y no paga más el Señor que el particular, porque no le dan más, sea quien quiera, ni hay más que le dar. En cada uno hay un escribano, que tiene bien en qué entender en tomar dineros y asentar el día y hora a que vino, y ansí allí como en toda Francia

---

[102] Estas conducciones de aguas que se superponen y se cruzan son, con toda probabilidad, las que llama el traductor de Juanelo (¿Gómez de Mora?) *gallipuentes* o *maripuentes,* en los Mss. existentes en la BNM, específicamente el 3373, f. 87v y ss. (con abundantes diseños). (Véase también FGS, *ob. cit.,* s. v. *gallipuente* y *maripuente;* y mi artículo «Léxico de un ingeniero español del siglo XVI», en *Hispania,* volumen LI, 3, septiembre de 1968.)

bien podéis descuidaros del caballo, que os le darán todo recado y os le limpiarán, y no os harán la menor traïción del mundo; por allá no hay paja, sino heno, ni çebada, sino abena.

MATA.—¿El huésped da de comer al caballo?

PEDRO.—Tiene seis criados de caballeriza, que en ninguna otra cosa entienden sino en darles de comer, y otros tantos de mesa que sirban, y otros tantos cozineros, y otros tantos despenseros.

JUAN.—¿Y a esos que les da?

PEDRO.—¿Qué les ha de dar sino el comer? Por solo esto le sirben, y alzan las manos a Dios de que los quiera tener en casa.

JUAN.—¿Qué intherese se les sigue?

PEDRO.—Grande. La buena *andada*[103], que llaman; y es que por los servicios que hazen a los huéspedes, quién les da un quarto y quién una tarja, y habiendo tanto concurso de huéspedes es mucho. No es más ni menos la entrada de la casa que uno de los palaçios buenos de España. Pregunté al escribano me dixese en su conçiençia quántos escudos tocaba cada día. Díxome, mostrándome la minuta, que çinquenta, uno con otro. otro.

JUAN.—Gran cosa es ésa; ¿y no hay más desos?

PEDRO.—Muchos otros; pero éstos son los nombrados, por estar en lo mejor de la çibdad. El castillo es muy fuerte, y poco menos que una çibdad de las pequeñas de acá. Cosas de armas y joias valen más baratas que en toda Italia y Flandes; espadas muy galanas de atauxía[104], con sus bolsas y tala-

---

[103] *La buena andada* es, simplemente, la propina *(andata* en it.), por la respuesta que da el beneficiario («per augurare il felice viaggio»), como los franceses la llamaban *pro vino* (o *pro pinere).* (Véase F. Cognasso, *ob. cit.,* II, pág. 203.)

[104] No es necesario recordar al lector la importancia de Milán, «oficina de Vulcano, ojeriza del reino de Francia» (Cervantes, en *El Licenciado Vidriera);* baste decir que en los siglos XIV y XV y a pesar de la competencia, Milán dominaba el mercado europeo de las armas y armaduras. (Una de las factorías más importantes era la de los Missaglia; Cognasso, II, pág. 105.)

La *atauxía* es, según *Covarrubias* (pág. 163b) «labor morisca embutida de oro o plata uno en otro, o en hierro, o en otro metal. El nombre es arábigo. No sé su etimología». Se trata de lo que nosotros llamamos *adamasquinado* o *damasquino,* industria de artesanos toledanos; probablemente está relacionado el término con el árabe *tausiya,*

bartes de la mesma guarniçión, y dagas, çinco escudos cuestan, que sola la daga se lo vale acá.

MATA.—¿Qué es atauxía?

PEDRO.—Graban el yerro, y en la mesma grabadura meten el oro, que nunca se quita como lo que se dora; arneses grabados y muy galanes, 25 escudos, que acá valen 200; plumas, bolsas y estas cosillas, por el suelo. La plaça de Milán es tan bien proveída, que a ninguna hora llegaréis que no podáis hallar todas las perdiçes, faisanes y francolines y todo género de caça y fruta que pidiéredes, y en muy buen preçio todo.

MATA.—¡Válame Dios! ¿qué es la causa que en Florençia y por ahí son tantos los ricos?

PEDRO.—Por la multitud de pobres que hay.

MATA.—No lo dexo de creer.

PEDRO.—En ninguna de todas éstas iréis a misa que seáis señor de la poder oír, que cargarán sobre la persona las manadas dellos, que no caben en la iglesia, y si acaso sacáis un dinero que dar alguno, quantos hay en la iglesia vernán sobre vos que os sacarán los ojos. Ningún remedio tenía yo mayor que no dar a nadie. Cosa muy hermosa es de ver la iglesia mayor, de las mejores de Italia, y harto antigua; vi en ella una particularidad que pocos deben aber mirado: el que diçe la misa, primero diçe el pater noster que el credo, y después del prefaçio, quando quiere tomar la ostia para alçar, se laba las manos, y otras cosillas que no me acuerdo.

CAPÍTULO XIV

De Génova a Castilla

JUAN.¿Qué mejor cosa queréis acordaros que désa, que en verdad nunca tal çeremonia oí?

'hermoseamiento', y su primera documentación es precisamente el texto del *Viaje*.

En cuanto a los albergues u hosterías que cita más arriba (pág. 370), el primero, *Albergo del Falcone,* fue el regalo de boda de B. Malaspina a su hija natural Ginevra, y en 1557 estaba a nombre de B. Malaspina, uno de los herederos de aquélla. La hostería *Il Tre Re* era la mejor de Milán en el siglo XVI, y hay un testimonio de los embajadores venecianos que regresaban de la corte de Maximiliano de Austria, quienes la consideraban «la più degna osteria che sia in questa terra, grande ed amplissima» (Cognasso, *ob. cit.,* pág. 199).

PEDRO.—Muchas cosas hay por allá que acá no las usan: todos los clérigos y fraires traen barbas largas, y lo tienen por más honestidad, y allá no se alça en ninguna parte la hostia postrera.

JUAN.—Eso de las barbas me paresçe mal y deshonesta cosa. Dios bendixo la honestidad de los saçerdotes de España con sus barbas raídas cada semana.

PEDRO.—Más deshonestidad me paresçe a mí eso, y aun ramo de hipocresía pensar que perjudique al culto divino la barba.

JUAN.—No digáis eso, que es mal dicho.

PEDRO.—No es sino bien. Veamos; el papa y los cardenales y perlados de Italia ¿no son christianos?

JUAN.—Sí son, por çierto.

PEDRO.—Pues creo que si pensasen ofender a Dios, que no lo harían ni lo consintirían a los otros. Deçid que es uso, y yo conçederé con vos; pero pecado, ¿por qué? De Milán me vine en Génoba, pensando de embarcarme allí para venirme por mar, y no hallé pasaje. Es una gentil çibdad, y muy rica; las calles tiene angostas, pero no creo que hay en Italia çibdad que tenga a una mano tantas y tan buenas casas; la ribera de Génoba es la mejor que nadie ha visto en parte ninguna, porque aunque es toda riscos y montañas y no da pan ni vino, cosa de jardines en las vibas peñas hay muchos, que traen naranjas y toda fruta en quantidad, y hay tantas casas soberbias, que los ginobeses llaman *vilas* [1], que toda la ribera paresçe una çibdad.

JUAN.—¿Qué tan grande es?

PEDRO.—Desde Sahona a la Espeçia, que serán veinte leguas.

JUAN.—¿Y todo eso está lleno de casas?

PEDRO.—Y qué tales, que la más ruin es mejor que las muy buenas d'España.

MATA.—¿Por qué lo hazen eso?

PEDRO.—No tienen en qué gastar los dineros, y a porfía les dio esta fantasía de edificar y hazer aquellas *vilas,* donde se ir a holgar. Hazen esta quenta: Fulano gastó en su casa çinquenta

---

[1] *Vilas.* Urdemalas escribe según la pronunciación del it. *villa,* nombre genérico de los innumerables hotelitos que esmaltan toda la Riviera italiana. La carretera va serpenteando por ambas riberas, *di Poniente* y *di Levante,* dando un total, hoy día, de unos 185 km., bastante más de los que nos da en leguas nuestro narrador entre Savona («Sahona») y La Spezia.

mill ducados; pues yo he de gastar sesenta mill; el otro dice: yo ochenta, y ansí hay deste precio casas muy muchas sin quento.

MATA.—¿Y en el campo?

PEDRO.—Y aun quatro y seis leguas de la çibdad.

MATA.—Gran soberbia es esa; nunca se deben de pensar morir.

PEDRO.—Tierra es bien sana, y adonde hay más viejos que en quantas çibdades he visto; un capitán de la guarda de la çibdad quiso hazer una casa y no se halló con dineros para ser nombrado, y determinó en una güerta, no de las más galanas que había afuera de la çibdad, de hazer una fuente[2], porque tenía allí el agua, que gastó en ella doze mill ducados, la más delicada cosa que imaginarse puede, y que más honrra ganó, porque no hay que ver sino la fuente del capitán en Jénoba.

JUAN.—¿Qué tiene, que costó tanto?

PEDRO.—No sé sino que si la vieseis con tantos mármoles, corales, nácaras, medallas y otras figuras, paresçerá poco lo que costó; unos gigantes hechos todos de unas guijitas como media uña, tan bien formados que espanta verlo, y quando quieren que manen, por quantas coyunturas tienen les hazen sudar agua en quantidad, y unos cuerbos y otras abes de la mesma manera; es imposible saverlo nadie dar a entender.

JUAN.—¿Y en qué parte está esa?

PEDRO.—Junto a las casas del prínçipe Doria. La iglesia mayor, que se llama Sant Laurençio, no es de las mayores de Italia ni de las buenas, pero tiene dos muy buenas joyas: la una es el plato en que Christo çenó con sus disçípulos el día de la Çena,

---

[2] *La fuente del Capitán.* Por su localización próxima a «las casas del príncipe Doria» —espléndido regalo que hizo la ciudad a la gibelina familia de este título, enemiga de los Grimaldi—, se trata de la *Villa De Negro Rosazza, detta dello «Scoglieto»,* situada en la zona de Fassolo, en las proximidades de la ciudad, sobre la carretera de Poniente. (Tomo la información que sigue de «Le Ville Genovesi» *a cura della sezione genovese di Italia Nostra,* Genova, Comune, 1967: «La villa si sviluppa in una straordinaria posizione panoramica sul mare e sulla città. Gia all'inizio del'400 i De Negro vi possedevano una villa, ampliata alla fine del'500 e abellita, dice l'Alizeri, é dentro e fuori coi pennelli dell'Ansaldo e del Tasso» ... «La villa fu completamente rinnovata nel 1787...»)

La catedral o «iglesia mayor de Sant Laurençio» guarda aún las dos joyas-reliquia que Pedro menciona. La esmeralda del *catino* o plato de la Última Cena se conservó hasta tiempos de Napoleón, quien la hizo trasladar a París.

que es una esmeralda de tanta estima, dexada aparte la grande reliquia, que valdría una çibdad; la otra es la çeniça de Sant Juan Baptista.

JUAN.—Reliquias son dignas de ser tenidas en beneraçión.

PEDRO.—De las damas de Milán se me olvidó que son feas como la noche.

MATA.—¿Está junto a la mar?

PEDRO.—No, sino bien lexos. Las damas genobesas son muchas y hermosas; tienen grandíssima quenta con sus cabellos; mas que en toda Italia no dexará ninguna semana del mundo, prinçipalmente el sábado, de labarse y poner los cabellos al rayo del sol, aunque sea verano, por la vida. Yo les dixe hartas veçes que si ansí cumplían los mandamientos como aquello, que bienaventuradas eran. No gastan en tocados nada, porque todas hazen plato de los cabellos: quién los lleba de una manera, quién de otra; menos gastan en bestir, porque ninguna puede traer ropa de seda, con haber allí más seda que en toda Italia; ni anillo, ni arracada, ni otra cosa de oro, sino una cadena que valga de doce ducados abaxo.

JUAN.—Pues ¿qué se visten?

PEDRO.—Muchas maneras de chamelotes[3] y de diversos colores, y otras telillas, y muy buen paño finíssimo y bien guarneçido, aunque tampoco pueden echar toda la guarniçión que quieren.

MATA.—¿Traen por allá chapines?

PEDRO.—Ni mantos, si no es en Siçilia.

JUAN.—¿Con qué van a la iglesia?

PEDRO.—En cuerpo, y darán por llebar aquel día una clabellina, jazmín o rrosa, si es por este tiempo, uno y dos ducados.

JUAN.—Y las viudas, ¿qué traen?

PEDRO.—Ni más ni menos andan que las otras en cabello, salbo que una redeçica muy rala, que las otras traen de oro, ellas negras.

JUAN.—Deshonestidad paresçe ésa.

PEDRO.—Todo es usarse; también andan con vestidos negros, que no traen de color.

MATA.—¿Y qué traen calçado?

---

[3] *Camelote* o *chamelote:* tela fuerte, impermeable, fabricada hoy con lana; en el tiempo de la narración se elaboraba con pelo de camello, según Covarrubias.

PEDRO.—Las piernas no las cubren las ropas más de hasta las espinillas, y, las calças traen de aguja, más estiradas que los hombres, y unas chinelicas.

JUAN.—Mejor hábito es ése que el de acá.

PEDRO.—También quiero que sepáis que las mugeres de acá naturalmente son más chicas de cuerpo que las de por allá. Vanse todos los domingos y fiestas a una ribera de un río, que se llama Bisaño[4], y allí dançan todo el día con quantos quieren.

JUAN.—Y los hombres, ¿son buena jente?

PEDRO.—De todo hay; no son muy largos en el gastar.

MATA.—Algo os han hecho, que no paresçe que estáis muy bien con ellos.

PEDRO.—Y os diré: en el cautiberio estaba uno, que era prinçipal, y porque le embiaban a trabajar con los otros encomendóseme, y a pesar de todos los guardianes le hize que no trabajase más de un año, fingiendo que era quebrado, y para cumplir con ellos mandaba a un barbero que cada día le pusiese en la bolsa una clara de huebo, y al tiempo que se hizo la almoneda de los esclabos de mi amo, yo fui parte para que le diesen por doçientos ducados, que no pensó salir por mill y quinientos. Después un día le topé en su tierra y casa, hombre de quenta en la çibdad, y llebóme a un bodegón y combidóme allí, y nunca más me dio nada ni fue para preguntarme si había menester algo.

MATA.—Eso hiziéralo él de miedo que le dixerais de sí; mas con todo fue gran crueldad.

PEDRO.—Otros quatro o çinco topé también allí en sus casas, que les había yo allá hecho plazer, y hizieron lo mesmo. Pues éstos son ansí, de creer es que a quien menos bien hiziéredes menos os hará.

MATA.—Todavía dice el refrán: «haz bien y no cates a quien; haz mal y guarte».

PEDRO.—El día de hoy veo, por esperiençia, ser mentiroso ese refrán, y muy verdadero al rebés: «haz mal y no cates á quien; haz bien y guarte». Muy muchos males me han venido por hazer bien, y de los mesmos a quien lo hazía. No digo yo que es mejor hazer mal, pero el dicho es más verdadero. Salido

---

[4] El río Bisagno es el antiguo *Feritor* de los romanos; no tiene más de 25 km. de longitud y desemboca en la Riviera di Levante después de atravesar la antigua *Via Aurelia*.

de Génoba, vine a Casar de Monferrar, que es en el Piamonte, y de allí a Alexandría la Palla, y luego a Nohara y de allí a Berse; todas éstas son çiudadelas del Piamonte, y de allí a Turín, que está por Françía, una muy fuerte tierra, y pasa por ella el Pó, y es llabe de todo el Piamonte[5]; di luego conmigo en Susa, y començé de ir al pie de las montañas, que hasta allí todo era llano, y vi que por aquella tierra las mugeres y muchos de los hombres todos son papudos, y preguntando yo si bibían menos los que tenían aquellos papos, dixéronme que no, porque aquella semana había muerto un hombre de nobenta años, y tenía el papo tan grande, que le echaba sobre el hombro porque no le estorbase[6].

MATA.—Válame Dios, ¿pues de qué puede venir eso?

PEDRO.—Creo que lo hazen las aguas; porque también los vi en Castrovilla y Cosençia, dos çibdades de Calabria. Vine luego por aquellas montañas de Saboya, y por muchos valles bien poblados, pero de pueblos pequeños, con quien no se ha de tener quenta, hasta que vine en León, de Francia, que en grandeza y probisión y mercadería ya veis el nombre que acá tiene, que mucho más es el hecho; tiene dos muy caudalosos ríos, por los quales se puede ir a la mar con muchas barcas que

---

[5] Pedro abandona Liguria y se dirige al Piamonte, dejando a la derecha el camino de Milán, hoy autostrada, pero con un error en su itinerario, puesto que tuvo que pasar primero por Alessandria («della Paglia») antes de alcanzar Casale-Monferrato. La etapa siguiente es Novara-Vercelli-Torino («Nohara», «Berse» y «Turín»). Desde aquí sigue el curso del Dora Riparia hasta Susa, por la actual carretera que penetra en Francia por Bardonecchia, junto al túnel del Frejus. (Véase mapa, pág. 335.)

[6] Sobre este padecimiento de paperas entre los habitantes de Susa hay algunas referencias, aunque imprecisas, en la *Enciclopedia medica italiana* (Sansoni, 1950). Parece ser que el bocio (*gozzo,* en italiano), producido quizás por la calidad de las aguas —carentes de yodo, por lo que se produce una secreción excesiva del tiroides— se daba aún en el siglo XVIII en las regiones montañosas como la Valtellina (Lombardía), Valle de Aosta y Apenino (en el calabrés se hallan Cosenza y Castrovillari, que menciona Urdemalas). En lo que se refiere específicamente a Susa, Gianfrancesco Galeani Napione, intendente de la ciudad, deploraba la extensión del bocio en el valle del Dora Riparia en 1783.

En cuanto a los dos caudalosos ríos —que se unen en la populosa ciudad francesa que Pedro llama *León*— son el Ródano y el Saona, antiguo *Arar* de los romanos, del cual habla César en su *Bello Galllico,* I, diciendo que desemboca en el primero *incredibili lenitate.*

van y vienen; casas muy buenas; tratos de mercançías con todo el mundo; libros hay los más y en mejor preçio que en la christiandad, y todos los bastimentos baratos; mesones en Françia todos son como los que os conté de Milán; la ropa y seda me maravillo que con traerla de otras partes vale mucho más barato que en donde se haze; iglesias hay muchas, y muy buenas; arcabuzicos, que llaman pistoletes, darán por escudo y medio uno, con todo su adreço, que valga acá seis. De León vine en Tolosa y a Burdeos, que no hay que deçir dellas más de que son buenas çibdades y grandes, y muy bien basteçidas. Y de Burdeos a Bayona, una villa de hasta seisçientas casas, muy fuerte, adonde hay un río tan caudal, que van las naves por él y sacan mucha pesca, y la mejor es unas truchas muy grandes, salmonadas[7]. Viénese luego a Sant Juan de Lus y a Fuenterrabía, por toda Guipúzcoa y Álaba a Victoria, y de Victoria aquí, y de aquí a la cama si os plaze.

JUAN.—Moços, tomad esta vela y alúmbrenle, vaya a reposar.

PEDRO.—A la mañana no me llamen, porque tengo propósito hasta comer de no me levantar.

MATA.—En buen hora.

JUAN.—Bámonos nosotros a hazer otro tanto.

MATA.—¿Pasáis por tal cosa? Si lo que ha contado es verdad, como creo que lo es, ¡quántas fatigas, quántas tribulaçiones, quántos millones de martirios ha padesçido y quán emendado y otro de lo que solía ser, y gordo y bueno viene!

JUAN.—¿No sabéis que no en sólo pan bibe el hombre, como dixo Christo[8], y que no hay cosa que más engorde el caballo que el ojo de su amo? Mirad quán a la clara se manifiesta que Dios ha puesto los ojos en él afiçionadamente y particularíssima, como los puso en una Madalena y en un ladrón y en tantos quentos de mártires. De quanto ha dicho no me queda cosa scrupulosa, sino que pornía yo mi mano en una barra ardiendo que antes ha pecado de carta de menos que alargase nada. Conózcole yo muy bien, que quando habla de veras ni quando estaba acá no sabía dezir una cosa por otra. Allende desto, tengo para mí que él biene muy docto en su fa-

---

[7] Pedro se refiere, sin duda, al estuario que forma la desembocadura del río Nive y a la riqueza piscícola (en otro tiempo) que especifica.

[8] San Mateo, 4, 4; San Lucas, íd., íd.: *Non pane solo vivit homo, sed quovis verbo Deo.*

cultad, porque no es posible menos un hombre que tenía la abilidad que acá vistes, aunque la empleaba mal, y que entiende tan bien las lenguas latina y griega, sin las demás que sabe, y buen filósopho, y él juicio asentado, y lo que más le haze al caso haver visto tantas diversidades de regiones, reinos, lenguajes, complexiones; conversado con quantos grandes letrados grandes hay de aquí a Hierusalem, que uno le daría este abiso, el otro el otro.

MATA.—Y habrá también visto muchas cosas de mediçinas que por acá no las alcançan, y çertificádose de ellas; y lo que más a mí de todo me contenta es venir escarmentado de haver visto las orejas al lobo, que tiene delante el themor de Dios, que es una bandera que basta para vençer todos los enemigos.

JUAN.—¿N'os paresçe que es obligado a quien tanto debe, que en aquellas disputas preguntaba por él, respondía por él, prestábale lenguas con que diese razón de sí, sacábale del brazo en los golphos del mar?

MATA.—Todos somos obligados a quererle, por quien Él es, sin intherese, quanto más que no hay hora ni momento que no nos haçe mill merçedes. ¿No miráis el orden y conçierto con que lo ha contado todo?

JUAN[9].—Agora me paresçe que le haría en creer, si quisiese, que he andado todo lo que él, quanto más a otro.

MATA.—Quanto más que, sabiendo eso, aunque os pregunten cosas que no hayáis visto, podéis dar respuestas comunes: Pasé de noche; no salí de las galeras; como la çibdad es grande, no bi eso. Esto vi y estotro vi, que era lo que más había que mirar, y con eso os ebadiréis.

JUAN.—Mañana nos contará, si Dios quisiere, qué vida tienen los turcos, y qué jente son, y qué vestidos traen.

MATA.—Dexadme vos a mí el cargo de preguntar, que yo os le sacaré los espíritus[10]. ¿Bien no se los he sacado en estotro?

---

[9] En *M-1* (f. 100r) se suprimió *al mesmo*. Pedro, por medio de las palabras de Juan, vuelve a la presunción que manifiesta en la dedicatoria (pág. 90); pero mientras duerme y tiene lugar el diálogo entre los dos zarlos, Mátalas subraya otra vez las grandes ventajas que pueden extraer del relato de su amigo.

[10] Mátalas entiende aquí *espíritus* etimológicamente, como 'aliento' o 'resuello', dispuesto a preguntar a su camarada hasta los más nimios detalles que puedan servir de información a los dos embaucadores.

JUAN.—Muy bien; pero no le habéis de ir a la mano, que creo que se corre.

MATA.—Al buen pagador no le duelen prendas. Si lo que diçe es verdad, él dará razón dello, como ha hecho siempre; si no, no queremos oír mentiras, que harta nos quentan todos esos soldados que vienen del campo de Su Magestad y los indianos.

MATA.—Yo estoy tan desvelado, que no sé si podré; pero porfiaré a estarme en la cama hasta las diez, como Pedro, que no le dexaremos estar dos días solos.

JUAN.—Toda esta semana le haré estar aquí, aunque le pese: la venida ha sido en su mano; la ida, en la nuestra.

* * *

JUAN.—Contá.

MATA.—Siete.

JUAN.—¿Habéis contado las otras?

MATA.—Callad; ocho, nueve, diez dio por çierto.

JUAN.—Parésçeme que llaman[11]: escuchá.

PEDRO.—¡Ah los de abajo! ¡Es hora!

JUAN.—¡Ya, ya!

PEDRO.—Volveos del otro lado que no es amanesçido.

JUAN.—Levantémonos y vámosle a tener palaçio en la cama[12].

MATA.—Mas no le dexemos levantar, que haze frío, y pues no ha de salir de casa ni ser visto de nadie, mejor se estará allí y podrá también comer, como parida, en la cama.

JUAN.—Hazedle llebar una ropa aforrada, para si se quiere levantar.

MATA.—Anoche se la hize poner junto a la cama y un bonete. Cojerle hemos echado y entretanto que se adreza de comer parlaremos.

JUAN.—¡Buen jorno!

PEDRO.—Me rricomando[13].

JUAN.—¿Qué tal noche habéis llebado? Creo que ruin.

---

[11] En *M-1* (f. 100r) se suprimió *de arriba*. En *SSanz, escucha* (pág. 105b, lín. 3); con toda probabilidad, el escriba quiso escribir *escuchá*.

[12] *tener palacio,* como en XIII, nota 56.

[13] *Me ricomando:* «me encomiendo», fórmula de cortesía entre las de la época, especialmente al terminar una misiva.

PEDRO.—No ha sido sino buena, aunque no he podido dormir mucho. En despertando antes que amanezca, una vez, ya puedo volber al ristre.

JUAN.—¿Debía destar dura la cama?

PEDRO.—Antes por estar tan blanda, porque no lo tengo acostumbrado..

JUAN.—Eso me haze a mí dormir más.

PEDRO.—Todas las cosas consisten en costumbre. Ansí como vos no podéis dormir en duro, yo tampoco en blando. También podría susçeder enfermedad a quien ha dormido en duro y sin cama, al darle una cama regalada, como a mí me acontesçió en Nápoles, que habiendo tres años que no había dormido en cama, sino vestido y en suelo, me dieron una muy buena cama y començáronme a hazer regalos, y yo caí en una enfermedad que estube cuatro meses para morir[14].

JUAN.—La causa natural deso no alcanzo. ¿Por mejorarse uno venirle mal?

PEDRO.—Sáltase de un extremo en otro sin pasar por medio, que es malo; y como esto se haze, no se puede dormir, y la vela causa enfermedad. Ansí mismo, con aquella blandura escaliéntanse los riñones, las espaldas, todos los miembros, y la sangre comienza a herbir y alborotarse, y dan con el hombre en tierra. Últimamente, como tenéis costumbre de no os desnudar, no tenéis frío de noche aunque os descubráis; desnudo en la cama, rebolvéisos, como no estáis acostumbrado a estar cubierto, descubrísos, y entra el sereno y frío y la mala ventura, y penetraos.

JUAN.—Todas son buenas raçones; mas ¿qué remedio?

PEDRO.—El que dixe de pasar por medio: començar a no tener más de un colchón y una manta, y a no quitar más de solo el sayo; luego, de allí a unos días, añadir otro colchón y quitar las calzas, y últimamente, la mejor cama que tubiéredes, quitando jubón y todo. Si durmieseis una noche al sereno sin cama, ¿no pensaríais caer malo?

JUAN.—Y aun morirme.

PEDRO.—Pues ansí yo con buena cama.

---

[14] Parece entenderse que Pedro estuvo *cuatro* meses en Nápoles, meintras que en Roma estuvo sólo de paso, a pesar de lo cual la ciudad de la Campania es descrita con más parquedad de detalles que Roma. Sobre este punto véase *B-DL,* págs. 90 y 91, y *FMer-2,* página 358, nota 20.

JUAN.—Pues quitaremos de aquí adelante, si queréis, de la ropa.

PEDRO.—No, que ya estoy acostumbrado a camas regaladas otra vez; no lo digo por tanto, que el no dormir más lo ha causado el grande contentamiento que mi spíritu y alma tienen de verme en donde estoy y el ánima no permite que tan grande plazer se pase en sueño sin que se comunique a todos los sentidos, pues el tiempo que dormimos no vivimos ni somos nadie.

JUAN.—Ansí dixo el otro philósopho. Preguntado qué cosa era sueño, dixo que retrato de la muerte[15]. La mesma causa, en verdad, he tenido yo para no pegar ojo en toda la noche.

MATA.—Mirad que la olla esté descozida, y asar no pongáis hasta que os lo mandemos, que yo me subo arriba... ¿Úsase en Turquía madrugar tanto? ¡Buenos días! ¿Cómo lo habéis pasado esta noche?

PEDRO.—¿Cómo lo había de pasar sino muy bien? Que me habéis dado una cama con sábanas[16] tan delgadas y olorosas y todo lo demás tan a gusto que me ha hecho perder el regalo con que me vi en el cautiverio que habéis oído, y de momento a momento doy y he dado mil gracias a Dios que de tanto trabajo me libró; y en tanto, con comenzar...

---

[15] La cita puede ser de Virgilio: *dulcis et alta quies, placidaeque simillima morti (AEneidos* VI, 522). Más tarde diría Sancho Panza: «Sola una cosa tiene mala el sueño, según he oído decir, y es que se parece a la muerte, pues de un dormido a un muerto hay muy poca diferencia» *(DQ,* II, 68).

[16] En este *M-1,* f. 100v, pág. 182, después de la palabra *sábanas* (subrayado), se escribe en otro tipo de letra más menudo... *delgadas y olorosas y todo lo demás tan agusto* que me ha hecho per *(der el Regalo,* tachado) *-der el conq*(ue) *me vi en el cautiverio q*(ue)... (El folio está mutilado y se echan de menos dos renglones que suplo con *M-2: ... que habéis oído, y de momento a momento doy y he dado mill gracias a Dios, que de tanto trabajo me libró; y en tanto, con comenzar...)*

Vida y costumbres de los turcos

La religión

JUAN.—Es tanto el gusto que con lo que anoche nos contastes de vuestra peregrinación resçibí, que no veo la hora que volvamos a la plática, y ansí si os paresçe, entretanto que se haze hora de comer, querría nos contásedes algo de lo que anoche nos prometistes de la religión y costumbres de los turcos que no entiendo, que no será menos deleitable y sabroso que lo pasado.

---

[1] En el manuscrito que llamamos *Mo,* al f. 85r, después de las palabras *la venida a sido en su mano y la yda en la nuestra* (cap. XIV, página 380), comienza esta segunda parte con el título que he copiado ya al tratar de los Mss. (Introducción, pág. 21) y del cual debió de tomar Serrano y Sanz el título abreviado de *Viaje de Turquía.*

Como he dicho también en el mismo lugar, faltan en *M-1* las páginas 182 a 217 inclusive, pero la enumeración por folios es correlativa. El f. 101r (pág. 218) comienza con las palabras *me saquéis de una duda en que me tiene puesto mi entendimiento,* continuando la narración con los párrafos que se leen en la edición de *SSanz,* copiados literalmente por todas las posteriores, pero el Ms. toledano intercaló la versión española de la compilación por Lodovico Domenichi del tratado de G. A. Menavino, *I costumi et la vita de Turchi* con la *Prophetia* y la *Miseria* de B. Georgievits, en la que se trata de la ceremonia de la circuncisión y que ahora se inserta por vez primera. La materia se halla en *T,* f. 143r y v, y que termina con las palabras *y no paga más tributo al Rey.* También son de este folio las palabras de Juan: «¿Pero no se dicen algunas palabras ni nada?»

Esta segunda parte, que podría llamarse *noticia o informe sobre Turquía,* tiene parrafadas enteras sensiblemente iguales a las de Menavino, Georgievits y Spandugino, más otras coincidencias notables con fragmentos de la *Historia* de Vicente Rocca y la primera de las *Cartas* de Busbecq, como ya he dicho antes (págs. 38-41, notas 5 y

385

PEDRO.—Eso haré yo de muy buena gana y para que desde el principio sepáis todo lo que cerca de su religión y costumbres tienen començaré por la circuncissión que es el primer acto della. Para atraher Mahoma a su vana secta a los simples que le siguieron ordenó su Alcorán tomando de la ley de Moysén y de la nuestra sancta, de cada una lo que conosçió ser más apacible y agradable a la gente. De los judíos tomó el circuncidar a los niños, pero con esta diferencia: que como ellos los circuncidan a los ocho días recién nacidos, los turcos no hasta que tienen siete o ocho años: y aquel día hazen con sus padres gran fiesta combidando a todos los conocidos y parientes. Y el que es hijo de hombre principal no le llevan a la mezquita a circunciçir, sino en casa de sus padres se haze, y hazen un vanquete de muy delicadas viandas y los más ricos matan un buey, en el qual desollado y abierto meten una oveja y en la oveja una gallina y en la gallina un huevo y todo junto se asa en la calle con gran fuego. A la noche estando en la cena llega el alfaquí que ha de circuncidar al niño, y con unas tenacicas amortéçele el pellejo del prepucio y después por quitarle el miedo dice que otro día

36, Introducción). Puede suponerse, por tanto, que el autor corroboraría sus impresiones de primera mano —si es que las tuvo— con textos de estos autores y, en consecuencia, esta segunda parte habría sido escrita después de 1558 que se menciona en los párrafos finales de la obra. Esta hipótesis queda respaldada por el catálogo de la biblioteca del conde de Gondomar, existente en la de Palacio y en el cual se leen, entre otros títulos, los siguientes:

f. 9v: Antonio Menavino, *Historia y costumbres de los Turcos.*
f. 13v: Andrés Laguna, *Oraciones de Cicerón traducidas al Castellano.*
f. 13v: Andrés Laguna, *Traducción de la obra de Dioscórides al Castellano.*
f. 25a: Vicente Roca (sic), *Historia de los Turcos en Castellano.*
f. 39r: *Viaje de Turquía,* manuscrito.
f. 81r: Francisco Sansovino, 1, *Historia de los Turcos.* Venecia.
f. 176r: Nicolás Nicolay, *Peregrinaciones de Turquía,* en francés. Amberes.
f. 186r: Pedro Vertelio, *Urbes Italiae, et Turcarum Imperatores.*
f. 219a: Theodoro Spandugino, *Origen de los Turcos,* en italiano.

Alguna de estas obras pasaron, sin duda, a la Biblioteca Real, luego Biblioteca Nacional; otras, continúan en la del Palacio Real. En todo caso se infiere que el amanuense de *T* copió su texto de otro que formaba parte de la biblioteca del conde de Gondomar. Tiene, pues, sentido la afirmación de Bataillon *(B-EE* pág. 669, nota 2) de que una investigación a fondo sobre la formación de la biblioteca del conde daría una pista sobre el enigma de la autoría del *Viaje.*

lo acabará y apártase dél y luego dando a entender que se le ha olvidado alguna cosa perteneciente a la circuncissión, llégase a él y de presto córtale el prepucio poniendo encima un poco de sal y membrillo y desde allí adelante se llama mussulmán [2], que quiere decir circuncidado. El día de la circuncissión no les ponen los nombres, sino el día del nacimiento, que son desta suerte y primero, de los Reyes, *Tsuleimán*, que quiere decir Salomón; *Tsultán Tselim*, Príncipe de paz; *Murathbegh*, señor deseado; Mustafá y semejantes son nombres de señores; y *Haderebrain, Sinam, Rustam, Pirin*, de capitanes; y *Yspalabar, tsular, eminler, hebran, momni, mehemet, alli, ahmat, tcielebi, paracit, charsum, bursoref*, de señores de más baja condición; a todos los otros, *Mursaionuz, tschender, perhat, ferro* [3]. A los esclavos y prisioneros y moços por la mayor parte llaman *cheremet*, que quiere decir agudo. Continuando después el convite por tres días, llevan el circuncidado al baño con gra(n)díssima pompa. Quando vuelve a su casa pasa por medio de los convidados, los quales le presentan quál un vestido de seda, quál

---

[2] En *T* (f. 143r), *musslumán*, de acuerdo con el turco de hoy *müslüman*, 'piadoso', 'creyente' o 'sumiso', pero la versión de 'circunciso' del original italiano tiene su razón de ser en la voz *sünnet*, en su doble acepción del *circunciso* y *cumplidor* de la Sunna coránica.

[3] En *T* se escriben con mayúscula los nombres turcos habituales en las primeras jerarquías del poder; con minúscula, las que siguen en importancia.

En cuanto a la transcripción oral que Urdemalas hace de las frases del Corán y las denominaciones de ritos y sacerdotes del Islam que él oye a los otomanos, he seguido las indicaciones del profesor Zadieh, del Departamento de Near East de la Universidad de Washington y he copiado las frases traducidas por él del texto de *M-1*. Para la interpretación de la doctrina y las suras coránicas, he tenido a la vista la reciente compilación de Bernard Levis, *Islam and the Arab World*, citado en la Selección Bibliográfica; la obra de R. Blanchère, *Le Coran* (París, 1966) y el excelente compendio de Anwar G. Chejne, *Muslim Spain: its History and Culture* (U. de Minnesota Press. Minneapolis, 1974). He seguido de cerca también el cap. IX de la mencionada obra de B. Lewis, titulado *Moorish Spain*, debido a la pluma de nuestro egregio arabista E. García Gómez. (Traducción española, *Historia de España musulmana*, Madrid, ed. Cátedra, 1980.)

Para el turco he recurrido a la enciclopedia de Okyanus, *Türkçe Sözlük* (Istambul, 1971) y el diccionario de A. V. Moran, *Türkçe-ingilizçe sözlük* (Istambul, 1945), preferentemente.

Las citas de Giovantonio Menavino están tomadas del texto de la biblioteca de Palacio (sign. *Pas-Am*, 1-236).

una taça de plata, otros dineros y también cavallos. Las mugeres no son circuncidadas. Y quando algún christiano se vuelve moro de su voluntad y quiérese circuncidar, que acontece muy ordinariamente por la gran carga de tributos que sobre sí tienen, a este tal llévanle por todas las calles de la ciudad con grande honra y alegría del pueblo tañendo un atambor y del día que se circuncida no paga más tributo al Rey[4].

JUAN.—Pero ¿no se dicen algunas palabras ni nada? (Pues no) estamos muy ocupados al presente (quiero que) me saquéis de una duda en que me tiene puesto mi entendimiento, y es que quando un turco pide a un christiano se vuelva a su perversa secta[5], de qué modo se lo pide y el orden que tienen, que estarán seguro de él para le tomar[6] y la legalidad y juramento que conforme a su seta le toman.

PEDRO.—Toda su secta consiste en que, alzado el dedo, diga tres vezes estas palabras; aunque no se çircunçidasse queda atado de manera que si se volviese atrás le quemarán: *la Ila he hilda da Mahamed resulula*[7].

JUAN.—¿Qué quiere dezir?

PEDRO.—Que Dios es criador de todas las cosas, y no hay otro sino Él y Mahoma junto a Él, su Profeta, que en su lengua se dice *acurzamam penganber:* último prophetа.

JUAN.—¿Y qué confesión tienen?

PEDRO.—Ir limpios quando van a hazer su oración, que llaman *zala*, y muy lavados; de manera que si han pecado se tienen de lavar todos con unos aguamaniles, arremangados los brazos; y si han orinado o descargado el vientre, conviene que vayan lavadas lo primero las partes baxeras.

JUAN.—¿Y si es imbierno?

PEDRO.—Con agua caliente; no puede nadie ir a la neçesaria si no lleba consigo un jarro de agua con que se limpie, como nosotros con paño. Si con papel se limpiasen es uno de los más grabes pecados que ellos tienen; porque dizen que Dios hizo el papel y es malo hazer poco caso dél; antes si topan acaso un po-

---

[4] Describen también esta ceremonia de iniciación de los niños turcos, Münster (IV, pág. 974), Rocca (III, f. 129v) y Georgievits *(Miseria,* pág. 229).

[5] El amanuense de *M-1* escribe indistintamente *seta* y *secta.*

[6] En *M-1* se suprimió la palabra *fidelidad.*

[7] Propiamente, *Lā ilāha illā-llaḥ Muhammad resū-ullāh,* «no hay más Dios que Dios y Mahoma es el profeta de Dios».
Aḥïr zaman peygamberi es «profeta de los últimos días».

co de papel en suelo, con gran reberençia lo alçan y lo meten en un agujero, besándolo y poniéndolo sobre su cabeza[8].

JUAN.—¿No hay más fundamento deso?

PEDRO.—No cabe demandarles razón de cosa que hagan, porque lo tienen de defender por armas y no disputar. Lo mesmo hazen si topan un bocado de pan, diçiendo que es la cara de Dios. La boca, brazos y narizes y cabeza se han de labar tres vezes y los pies.

JUAN.—¿Qué iglesias tienen?

PEDRO.—Unas mezquitas bien hechas, salvo que ni tienen sanctos ni altar. Aborresçen mucho las figuras, teniéndolas por gran pecado. Están las mezquitas llenas de lámparas. En lugar de torre de campanas tienen una torreçica en cada una mezquita, muy alta y muy delgada, porque no usan campanas, en la qual se suben una manera de saçerdotes inferiores, como acá sacristanes, y tapados los oídos, a las mayores vozes que pueden llaman la gente con este verso: *Exechnoc mach laila he hillala, calezala calezala*[9], etc. No se les da nada, sino son saçerdotes, ir a las mezquitas como acá, sino donde se hallan hazen su oración, y los señores siempre tienen en sus casas saçerdotes que les digan sus horas.

JUAN.—¿Quántas vezes al día lo hazen?

PEDRO.—Çinco, con la mayor devoçión y curiosidad; que si ansí lo hiziésemos nosotros, nos querría mucho Dios. La primera oraçión es quando amanesçe, que se llama *sala namazi;* la segunda a medio día, *uile namazi;* la terzera, dos horas antes que el sol se ponga, *iquindi namazi;* la quarta, al punto que se pone, *acxam namazi;* la postrera, dos horas de noche, *iatsi namazi*[10]. De tal manera entended que oran estas çinco vezes, que no queda ánima viba de turco ni turca, pobre ni rico, desde el emperador hasta los moços de cozina, que no lo haga.

JUAN.—¿Tienen reloxes, o cómo saben esos saçerdotes la hora que es para llamar la gente?

---

[8] De esta veneración por el papel habla Busbecq en la primera de sus Cartas *(Fors-Dan,* I, pág. 111).

[9] *Esheddü an lā ilahā illā-llāḥ hayya ilā-ssalāt, ilā-ssalāt:* «Yo atestiguo que no hay más Dios que Dios, ¡Venid a orar! ¡Venid a orar?»

[10] *Sabah, ögle, ikindi, akşam* y *yatsi namazi,* del ár. *namaz,* 'oración'; en otras zonas del mundo musulmán, *salat,* que nuestros autores llaman *zala.*

PEDRO.—Para sí tienen los de arena, mas para el pueblo no los hay, como no haya campanas.

JUAN.—¿Pues cómo sabe la gente qué hora es?

PEDRO.—Por las oraciones, poco más o menos. Quando a la mañana oyen gritar, ya saben que amanesçe; quando a medio día, también saben qué hora es; y ansí de las otras horas; de manera que si quiero saber qué hora es, conforme, poco más o menos de día, pregunto: ¿Han cantado a medio día? respóndenme: Presto cantarán o rato ha que cantaron. Y no penséis que cantan en una o dos mezquitas, sino en tresçientas y más, que hunden la çibdad a bozes más que campanas. Lo mesmo hago de las otras horas; pregunto si han cantado al *quindi*, que es la oración dos horas antes que el sol se ponga, y conforme aquello sé la hora que es. Congregados todos en la mezquita, viene el que llamaba y comienza el mesmo salmo reçado, y todos se ponen en pie muy mesurados, vueltos hazia mediodía, y las manos una sobre otra en la çintura, mirando al suelo. Este saçerdote que canta en lo alto se llama *meizin* [11]; luego se levanta otro saçerdote de mayor calidad, que se llama *imam* [12], y dize un verso, al qual responde el *meizin*, y acabado el verso todos caen de ozicos en tierra y la vesan, diçiendo: *Saban, Alá, saban Alá, sabán Alá,* que es: Señor, misericordia; y estánse así sobre la tierra hasta que el *imam* torne a cantar, que todos se levantan, y estos hazen tres o quatro veçes. Ultimamente, el *imam* comiença, estando todos de rodillas en tierra, a dezir una larga oratión por la qual ruega a Dios que inspire en los christianos, judíos y los otros, a su manera de hablar, infieles, que tornen a su seta, y oyendo estas palabras todos alzan las manos al zielo diziendo muchas vezes: *amin, amin;* y tócanse todos los ojos y barba con las manos, y acábase la oratión.

JUAN.—¿Y çinco vezes hazen todo eso cada día?

PEDRO.—Tantas. Mirad qué **higa** tan grande para nosotros, que no somos christianos sino en el nombre.

JUAN.—¿Qué fiestas çelebran?

PEDRO.—El viernes cada semana, porque dizen que aquel día nasçió Mahoma. Tienen también dos pascuas; la mayor

---

[11] *Muezzin* o almuédano, el que convoca a los fieles por el *adhan* o llamada a la oración. El *saban Alá (subhan Allah)* de Pedro es «gloria a Alá».

[12] El *imán,* que Pedro transcribe correctamente, *imam,* es propiamente 'conductor' o 'guía' y era el que dirigía la oración; *Amin,* 'amén'.

dellas es en la luna nueba de agosto, que dura tres días, y toda una luna antes tienen su quaresma, que dura un mes, y la llaman *ramazán* [13].

JUAN.—¿Y ayunan esos días?

PEDRO.—Todos a no comer hasta que vean la estrella; pero estonçes pueden comer carne y quanto quisieren toda la noche.

JUAN.—¿Y qué significa ese *ramazán?*

PEDRO.—Los treinta días que Mahameto estubo en ayunos y orationes esperando que Dios le embiase la ley en que habían de vibir los hombres; y la pascua es quando baxó del çielo un libro en el qual está toda su ley que llaman Curaham [14].

JUAN.—¿Con quién diçen que se le embió Dios?

PEDRO.—Con el ángel Gabriel. Tienen este libro en tanta veneraçión, que no pueden tocar a él sino estando muy limpios y lavados o con un paño envuelto a las manos. El que le tiene de leer es menester que tenga resonante voz, y quando lee no le puede tener más abajo de la çintura, y está moviendo todo el cuerpo a una y a otra parte. Dizen que es para más atención. Los que le oyen leer están con toda la posible atención, abiertas las bocas.

JUAN.—¿De manera que ellos creen en Dios?

PEDRO.—Sí, y que no hay más de uno, y sólo aquél tiene de ser adorado, y de aquí viene que aborresçen tanto las imágines, que en la iglesia, ni en casa, ni en parte ninguna no las pueden tener, ni retratos, ni en paramentos.

JUAN.—¿Qué contiene en sí aquel Alcoram?

PEDRO.—Muchas cosas de nuestra fe, para mejor poder engañar. Ocho mandamientos: amar a Dios, al próximo, los padres, las fiestas onrrarlas, casarse, no hurtar ni matar y ayunar el ramazán y hazer limosna. Ansí mismo todos los siete pecados mortales les son a ellos pecados en su Coharam. Y dize también que Dios jamás perdona a los que tienen la maldición de sus padres. Tienen una cosa, que no todos pueden entrar en

---

[13] *Ramazán* es correcto, aunque es frecuente ver escrito *Ramadán* (B. Lewis, *Islam, passim*). Es el mes lunar del ayuno musulmán (en Menavino, I, 19, *remezan)*. La fiesta a que se refiere Pedro es, sin duda, el *Şeker Bayrami,* al finalizar el Ramazán.

En toda esta parte concerniente a los dogmas y ritos musulmanes, las concordancias y paralelismos con la obra de Menavino, a pesar de las diferencias de grafías, evidencia que tuvo a mano su tratado; en cambio, difiere notablemente de las *Observations* de Belon du Mans.

[14] *Curaham:* el autor transcribe fielmente *Qur'ān;* en Menavino y su compilador, *Coraam* y *Curaam*.

la mezquita como son: omiçidas, borrachos y hombres que tienen males contagiosos, logreros, y lo prinçipal las mugeres.

JUAN.—¿Las mugeres no pueden entrar en la iglesia?

PEDRO.—Muy pocas vezes, y éstas no todas[15]. Cantoneras[16] en ninguna manera, ni mugeres que no sean casadas a ley y vendiçión suya; vírgines y viudas, después de çinco meses, pueden entrar, pero han de estar en un lugar apartado y tapadas, donde es imposible que nadie las vea, porque dizen que les quitan la devoçión.

JUAN.—Ponerlas donde nadie las pueda ver en ninguna manera, bien hecho me paresçe; mas vedarles que no entren dentro, no. ¿Y hazen sacrifiçios?

PEDRO.—La pascua grande, que llaman *bairam biuc*[17], son obligados todos a hazer qualque sacrifiçio de vaca o camello, y repartirlo a los pobres, sin que le[s] quede cosa ninguna para ellos, porque de otra manera no aprobecha el sacrificio. Quando están malos mucho, usan, según la facultad de cada uno, sacrificar muchos animales, que llaman ellos *curban*[18], y darlos por amor de Dios. Los prinçípes y señores, quando se ven en neçesidad, degüellan un camello, y dizen que la cosa que más Dios oye es el jemido que da quando le degüellan; y en todo dizen que, ansí como Dios libró a Isach de no ser degollado, quiera librar aquel enfermo.

JUAN.—¿El mesmo Alcorán les manda que den limosna?

PEDRO.—Hallan escrito en él que, si supiesen la obra que es dar limosna, cortarían de su mesma carne para dar por Dios, y si los que la piden supiesen el castigo que por ello les está ordenado, comerían primero sus propias carnes que demandarla; porque diçe la letra: *Ecsa de chatul balla ah*[19].

---

[15] No está atestiguado documentalmente que a cierta clase de mujeres les estuviera vedado entrar en la mezquita, pero sí destinar un lugar de ella donde estuvieran separadas de los hombres. Busbecq no hace mención de ello al tratar de las mujeres turcas *(Fors-Dan,* I, 228, y ss.).

[16] *cantoneras:* rameras o busconas, voz probablemente anterior a *cantonearse,* que Corominas documenta h. 1588 *(BDELC,* s. v. canto II).

[17] *Bayram büyük:* propiamente, «el día santo (es) grande».

[18] *kurban,* 'ofrenda', 'sacrificio'. La fiesta del *Kurban Bayram* tiene lugar setenta y tres días después del Ramazán.

[19] *es-sadaqah lillāh,* «las limosnas son (sólo) para Alá». Sobre la limosna prescribe abundantemente el Corán en las suras 2, 9, 57 y 63. (Para su contenido y su distinción con el *zakat,* véase Blachère, *ob. cit.,* pág. 221, nota 58.)

JUAN.—¿Qué quiere deçir?

PEDRO.—Que la limosna quita al que la da los tormentos y tribulaçiones que le están aparejados, y caen, juntamente con la limosna, sobre el pobre que la resçibe, y por experiençia ven que nunca están sanos los pobres.

JUAN.—¿Y el matar también lo tienen por pecado?

PEDRO.—Y de los más grabes; porque diçe el Coraham que el segundo pecado del mundo fue el de Caim, y por eso el primero que irá al infierno el día del juiçio será él. Y quando Dios le echó la maldiçión, se entendió por él y todos los omiçidas.

JUAN.—¿Confiesan infierno y juiçio?

PEDRO.—Y aun purgatorio.

JUAN.—¿Quién diçen que ha de juzgar?

PEDRO.—Dios. Diçen que está un ángel en el çielo que tiene siempre una trompeta en la mano, y se llama Israphil, aparejado para si Dios quisiese que fuera el fin del mundo, tocaría y luego caerían muertos los hombres todos y los ángeles del çielo.

JUAN.—¿Siendo los ángeles inmortales, han de morir?

PEDRO.—Questión es que ellos disputan entre sí muchas veces, pero concluyen con que dize el Coraham que Dios dixo por su boca que todas las cosas mortales han de haber fin, y no puede pasar la disputa adelante, como ni en las otras cosas. Y hecho esto verná un tan gran terremoto, que desmenuzará las montañas y piedras; y luego Dios tornará a hazer la luz, y della los ángeles, como hizo la primera vez, y verná sobre todo esto un roçío, que se llama *rehemetzu* [20], *llubia de misericordia*, y quedará la tierra tornada a amasar, y mandará Dios, de allí a quarenta días, que torne el ángel a sonar la trompeta, y al sonido resuçitarán todos los muertos, desde Abel hasta aquel día; unos con las caras que resplandezcan como sol, otros como luna, otros muy oscuras y otros con gestos de puercos, y gritarán diçiendo: *Nesi, nesi* [21]: ¡ay de mí, mezquino!

JUAN.—¿Qué significan esas caras?

PEDRO.—Los que las tienen resplandesçientes son los que han hecho bien; los otros, mal; y Dios preguntará por los empe-

---

[20] *rahmatu su*, 'agua misericordiosa' (turco, *su*, 'agua'). En Menavino, *rehemet svi*. En esta descripción de la escatología del Islam que Pedro ofrece a sus amigos hay mucha fantasía, pero sus palabras se atienen a la fuente italiana. (Cfr. Blachère, bajo el título *Eschatologie.)*

[21] *nesi, nesi*, «ciò è ohime meschino». (Menavino, pág. 73.)

radores, reyes, prínçipes y señores que tiranizaban, y no les ca-
lerá negar, porque los miembros todos hablarán la verdad. Allí
vernán Moisén con un estandarte, y todos los judíos con él, y
Christo, hijo de María, virgen, con otro, debaxo del qual estarán los christianos; luego Mahoma con otra bandera, debaxo la
qual estarán todos los que le siguieron. Todos los que de éstos
habrán hecho buenas obras ternán buen refrigerio debaxo la
sombra de sus estandartes, y los que no, será tanto el calor que
habrá aquel día, que se aogarán dél; no se conosçerán los moros de los christianos ni judíos que han hecho bien, porque todos ternán una misma cara de divinidad. Y los que han hecho
mal todos se conosçerán. A las ánimas que entrarán en el
paraíso dará Dios gentiles aposentos y muy espaçiosos, y habrá
muchos rayos del sol sobre los quales cabalgarán para andar
ruando por el çielo sin cansarse, y comerán mucha fruta del
paraíso, y en comiendo un fruto hará Dios dos, y beberán para
matar la sed unas aguas dulzes como azúcar y cristalinas, con
las quales les cresçerá la vista y el entendimiento, y verán de un
polo a otro.

MATA.—¿Y si comen y beben, no cagarán el Paraíso?

PEDRO.—Maravillábame como no salíais ya; toda la su-
perfluidad ha de ir por sudor de mill delicados manjares que
tienen de comer, y han de tener muchas moças vírgenes de
quinçe a veinte años, y nunca se tienen de embegezer, y los
hombres todos tienen de ser de treinta sin mudarse de allí.

JUAN.—¿Han de tener açeso a las vírgines?

PEDRO.—Sí, pero luego se tienen de tornar a ser vírgines.
Moysén y Mahoma serán los mejor librados, que les dará Dios
sendos prinçipados que goviernen en el çielo.

JUAN.—Pues si tienen que los christianos y judíos que han
hecho buenas obras van al çielo, ¿para qué ruegan a nadie que
se haga turco?

PEDRO.—Entienden ellos que todos los judíos que vivieron
bien hasta que vino Christo, y todos los buenos christianos hasta que vino Mahoma son los que van al cielo.

JUAN.—¿Mas no los que hay despúes que vino Mahoma,
aunque hagan buenas obras?

PEDRO.—Esos no. Los que irán condenados llebará cada uno
escrito en la frente su nombre y en las espaldas cargados los pecados. Serán llebados entre dos montañas, donde está la boca
del infierno; y de la una a la otra hay una puente de diez leguas

de largo, toda de yerro muy agudo y llámase *serrat cuplisi*[22], «puente de justiçia». Los que no son del todo malos caerán en el purgatorio, donde no hay tanto mal; los otros todos irán la puente abajo al infierno, donde serán atormentados; en medio de todos los fuegos hay un mançano que siempre está lleno de fruta, y cada una paresçe una cabeza de demonio; llámase *zoacum agach*[23], árbol de amargura, y las ánimas, comiendo la fruta, pensando de refrescarse, sentirán mayor sed y grande amargura que los atormente. Llenos de cadenas de fuego serán arrastrados por todo el infierno. Y los que llamaren a Dios por tiempo, al fin saldrán, aunque tarde; los que le blasfemaren quedarán por siempre jamás. Veis aquí todo lo que çerca desto tienen de fe de su Alcorán.

JUAN.—Una merçed os pido, y es que, pues no os va nada en ello, que no me digáis otra cosa sino la verdad; porque no puedo creer que, siendo tan bárbaros, tengan algunas cosas que parezcan llebar camino.

PEDRO.—¿No sabéis que el diablo les ayudó a hazer esta seta?

JUAN.—Muy bien.

PEDRO.—Pues cada vez que quiere pescar es menester que lo haga a bueltas de algo bueno. Si hizieseis juntar todos los letrados que hay en Turquía, no os dirán un puncto más ni menos desto que yo os digo, y fiaos de mí, que nos diré cosa que no la sepa primero muy bien.

JUAN.—Tal confiança tengo yo. Sepamos del estado sazerdotal. ¿Tienen papa y obispos?

PEDRO.—Ocho maneras hay de sacerdotes[24]. Primeramente

---

[22] *serat köprüs-i*, propiamente «puente del camino», a menos que se entienda también *seriat* o ley coránica (frente a *kanun*, ley del sultán), de donde *puente de justicia*. En Menavino, «stato fabricato per divino volere d'un ferro sotilissimo, et tagliente molto, et chiamato serat cvplissi ciò è ponte di giustitia...» (pág. 76).

[23] *agaç-i sokum*, 'árbol de remordimiento'. (Líneas *infra*, pescar en vez de 'pecar'.)

[24] Estas que llama Urdemalas maneras de sacerdotes están tomadas de Menavino, II, pág. 46, según la ed. cit., *caldelescher, mosti, cadi, modecis, antippi, iman, meizini* y otras más que no cita el *Viaje, sophi* «il quali cantano le laudi nel omeschit». En turco de hoy, *kazasker* (capellán-jefe del ejército), *müftü* (doctor en la ley coránica), *kadi*, (ár. *qadi*, juez que administra ambas leyes, coránica y sultánica, según Inalcik), *müderris* (profesor de teología), *hatip* (predicador) o *katib* (secretario), *imam* (nota 12) y *muezzin* o 'almuédano' (nota 11).

el mayor de todos, como acá el papa, se llama el *cadilesquier;* luego es el *muftí,* que no es inferior ni subjeto a este otro, sino como si hubiese dos papas; el tercero es el *cadí;* quarto los *moderiz,* que son probisores de los ospitales; quinto el *antipi,* que dize el ofiçio los días solenes, puesto sobre una escala y una espada desnuda en la mano, dando a entender lo que arriba dixe, que no se tiene de poner su ley en disputa, sino defenderla con las armas. El sexto es el *imam,* que son los que dizen el ofiçio al pueblo cada día. El postrero, *mezin,* aquellos que suben a gritar en las torres. El *cadileschier* eligen que sea un hombre el más docto que puedan y de mejor vida, al qual dan grandíssima renta, para que no pueda por dinero torzer la justiçia; éste es allá como si dixésemos Presidente del Consejo real, y deste y de lo que en el Consejo se haze se apela para el *muftí*[25], que no entiende sino en lo eclesiástico. También tiene éste gran renta por la mesma causa.

JUAN.—¿Tanta como acá el papa?

PEDRO.—Ni aun la mitad. ¿No le basta a un hombre que se tiene de sentar él mesmo cada día a juzgar, y le puede hablar quien quiera, çient mill ducados?

JUAN.—Y sobra. ¿Pero no tienen su Consejo que haga la audiençia y ellos se estén olgando?

PEDRO.—Eso solo es en los señores d'España, que en lo demás que yo he andado todos los prínçipes y señores del mundo hacen las audiençias como acá los oidores y corregidores. En Nápoles, si queréis pedir una cosa de poca importançia [a] algún contrario vuestro, lo haréis delante el mesmo virrey y en Siçilia lo mesmo y en Turquía lo mesmo.

MATA.—Ese me paresçe buen uso, y no poner corregidores pobres, que en ocho días quieren, a tuerto o a derecho, las casas hasta el techo.

PEDRO.—El *cadí,* que es el inferior a éstos, está como son acá los probisores de los obispos, administrando su justiçia de cosas baxas, porque las de importançia van a los superiores. Ante éstos se hazen las cartas de dotes, castiga los borrachos, da cartas de horros a los esclavos, conosçe también de los blasfemos.

JUAN.—¿Qué meresçe quien blasfema?

PEDRO.—De Dios, çient palos; de Mahoma, muerte.

JUAN.—¿Pues en más tienen a Mahoma que a Dios?

---

25 Véase nota anterior.

PEDRO.—Diçen que Dios es grande y puede perdonar y vengarse; mas Mahoma, un pobre profeta, ha menester amigos que miren por su honrra.

JUAN.—¿Están dotadas las mezquitas como nuestras iglesias?

PEDRO.—Todas, pero las dignidades de *cadileschier, muftí* y *cadí* el rey lo paga; las otras maneras de saçerdotes tienen sus rentas en las mezquitas: quién tres reales, quién quatro y quién uno al día; y si esto no basta, como todos son casados y en el hábito no difieren de los seglares, hazen ofiçios mechánicos; ganan mucho, como allá no hay emprentas, a escribir libros, como el Alcoram, el Musaf[26] y otros muchos de cançiones.

JUAN.—¿Caros valdrán desa manera?

PEDRO.—Un Alchoram, comúnmente, vale ocho ducados; quando murió el médico del Gran Turco, Amón[27], se apreçió su librería en çinco mill ducados, por ser toda de mano, y le había costado, según muchas vezes le oí jurar, 8.000, y çierto los valdría, aunque yo para mí no daría quatro reales.

MATA.—Tampoco daría él dos por la vuestra.

PEDRO.—Quanto más por la que agora tengo.

JUAN.—¿Tienen escuelas allá?

PEDRO.—Infinitas. Los señores, y primeramente el Emperador, las tienen en sus casas para los pajes: tienen maestros salariados que van cada día a leerles su Alcorán, que es en arábigo, y el Musaph; de manera que, como a nosotros el latín, les es a ellos el arábigo. Leénles también philosophía, astrología y poesía[28], verdad es que los que enseñan saben poco desto y los disçípulos no curan mucho dello; pero, en fin, todavía saben más que los griegos christianos y armenos, que son todos bestias[29].

---

[26] *Mushaf:* un ejemplar del Corán.

[27] *Amón* (véase VIII, nota 2; también C. Roth, *ob. cit.,* I, pág. 56).

[28] Entre los filósofos, ya ha citado Pedro las figuras de Averroes y Avicena (notas 248 y 346), a los cuales se pueden sumar los nombres de Avempace y Abenhazam. *Ibn Rushd* o Averroes es autor de obras sobre física, meteorología y matemáticas (Lewis, *ob. cit.,* pág. 40 y ss.), así como el citado Abenhazam *(Ibn Hazm)* y Abenjaldun *(Ibn Khaldun),* figuras destacadas en matemáticas, astronomía, astrología y alquimia (véase también A. G. Chejne, *ob. cit.,* cap. IX, págs. 166-169).

[29] Busbecq habla de la ignorancia de los occidentales en su carta primera (ed. 1620, pág. 81; *Fors-Dan,* I, pág. 129).

De la enseñanza y las escuelas coránicas o medresas elabora ampliamente Inalcik, *ob. cit.,* IV, cap. 16. La primera medresa o madrasa turca se creó en 1331 en Íznik (Nicea) en una antigua iglesia bizantina. Igualmente subraya el interés de los turcos por las bibliotecas.

JUAN.—No me maravillo que sepan algo deso, que árabes hubo muy buenos astrólogos y philósofos.

PEDRO.—En aquellas quatro mezquitas grandes hay también escuelas como acá universidades, muy bien dotadas, y colegiales muchos dentro, y es tan grande la limosna que en cada una se haze, que si tres mill estudiantes quisiesen cada día comer en qualquiera de las mezquitas podrían, y çierto, si fuesen curiosos de saber, habría grandíssimos letrados entrellos; pero en sabiendo hazer quatro versos se contentan[30].

JUAN.—¿Es posible que usan[31] poesía? ¡Por vida de quien nos dixere un par dellos, por ver como son!

PEDRO.—*Birichen, beg, ori çiledum derdumi, iaradandam iste misçem iardumi, terch, eiledumza anumi gurdumi, ne ileim ieniemejun gunglumi.* Ésta es una común canción, que cantan ellos, de amores a la diosa Asich, que es diosa de amor.

JUAN.—¿Qué quieren dezir?

PEDRO.—*Una vez, cinco y diez he estado apasionado, demandando del Criador ayuda; menospreçié el consuelo y plazer de mi tierra. ¿Qué haré, que no puedo vencer la voluntad?*[32]

MATA.—Buena va.

PEDRO.—Sabed que para quien las entiende no hay en ninguna lengua cançiones más dolorosas que las turquescas; más es la gente que allá sabe leer y escribir, mucha, que no acá.

MATA.—Dense prisa, señores; ya saben que ha rato que estoy mudo.

---

[30] Después de la caída de Constantinopla, Mahomet II transformó ocho iglesias bizantinas en medresas y asignó a cada una de ellas un profesor destacado de entre varios que acudieron de todos los rincones de su imperio. Al lado de estas medresas o madrasas *mayores* que dirigía un *ulema*, había otras ocho inferiores que preparaban para el ingreso en aquéllas y recibía como salario 50 ásperos diarios, es decir, un ducado de oro. A los estudiantes se les subvencionaba con dos ásperos y la comida. Los *müderriler* nombraban ayudante al estudiante más destacado, el cual se encargaba de repetir las lecciones y cuidaba de la disciplina de los restantes. Se requería de los alumnos completa dedicación al estudio (Inalcik, pág. 167).

[31] *usan* en lugar del subjuntivo: rasgo invariable en el *Viaje*, como en *supra* (II, nota 9).

[32] La traducción de Pedro es, sin duda, la versión castellana de la latina de Georgievitz (Domenichi, pág. 232):

Ex una quinque decem feci tribulatione(m) mea(m);
a Creatore postulavi auxilium;
neglexi patriae meae visitatione(m).
Quid faciam? Non possum vincere mentem meam.

JUAN.—Callad hasta que yo acabe, que después ternéis tiempo sin que nadie os estorbe.

MATA.—Con esa esperanza estoy más ha de una hora.

JUAN.—Pasemos a las religiones.

PEDRO.—Quatro órdenes hay de religión, tal qual: *calender, derbis, torlach, isach* [33]. Los calenderos andan desnudos y en cabello, los cabellos largos hasta la çintura, llenos de termentina; visten çiliçio hecho de çerdas, y sobre las espaldas traen dos cueros de carnero, la lana afuera; las ijadas desnudas; en las orejas y brazos traen çiertas sortijas de yerro, y para mayor abstinençia traen colgada del miembro una sortija de metal que pese tres libras [34]; andan desta manera por las calles, cantando cançiones bulgares, y danles limosna, porque ninguna destas órdenes tiene como acá monesterios, sino como ermitaños. El inventor destos, en un libro que escribió, fue más christiano que moro. La segunda orden, de los dervises [35], andan como éstos, en el traer los pellejos, mas los zarzillos son unas sortijas de piedra, la más fina que hallan; piden limosna con estas palabras: *Alá iche,* por amor de Dios. En la cabeza traen una caperuza de fieltro blanco a manera de pan de azúcar, y en la mano un bastón lleno de nudos tan grueso como pueden. Éstos tienen en la Anotolia un sepulchro de uno por quien dizen que se conquistó la mayor parte de Turquía, y fue de su orden, que llaman Cidibatal [36], donde habitan una multitud de más de

---

[33] *kalender, dervis, torlaç, isaç* (?). Estos últimos son probablemente los que cita Busbecq en su carta III *(Fors-Dan,* pág. 209): «llevan banderolas *(kayişi)* para expresar que sus antepasados lucharon para extender la religión de Mahoma».

[34] Esto mismo se lee en Rocca, lib. III, 126v, col. b.

[35] *derviches,* en castellano. Una descripción detallada de sus ritos y órdenes puede encontrarse en Inalzik, págs. 32 y 190-202. Es interesante comprobar cómo se conservaron con estricta fidelidad a las consignas fundacionales los ritos y ceremonias de estos religiosos musulmanes. El diario de Gravina, capitán de la fragata *Santa Rosa* en su derrota hacia Estambul en 1788, describe con detalle el baile que tenía lugar «todos los Martes y Viernes poco antes del *kindi* q(ue) es la oración de las tres de la tarde. En medio de su Mezquita hay una balaustrada circular q(ue) encierra el lugar destinado a la función. Allí se presentan con su Gefe y una ridícula Música, al qual hacen un corto sermón...» (Ms. en el Ministerio de Marina, Madrid, s. f.).

[36] La ciudad a que se refiere es *Theke-Tioi,* hoy Takiyeh (Busbecq, I, *Fors-Dan,* I, pág. 148). La sintaxis tiende a confundir al lector: Cidi-Batal no es una ciudad, sino el *wali* o santo musulmán, definidor de la ley, o bien un *murabit.*

quinientos, y cada año van allí a hazer el capítulo general, donde concurren muchas vezes más de ocho mil, y están siete días con grandes fiestas y triumphos. El general destos se llama *azan babá*[37], que significa padre de padres. Entrellos hay algunos manzebos muy doctos, que traen unas bestiduras blancas hasta en pies; y cada uno destos en llegando es obligado a contar una historia, y luego la escriben con el nombre del autor y dánsela al general.

JUAN.—¿De qué es la historia?

PEDRO.—Una cosa de las más de notar que ha visto por donde ha peregrinado, que nunca paran de andar en todo el año. Luego el viernes, que es su fiesta, tienen en un prado un gran banquete, sobre la mesma yerba, y siéntase el general entre todos aquellos mançebos, y sobre comida toman çiertas yerbas en polbos, que llaman *aseral*[38]; yo creo que es cáñamo, que los haze estar, aunque no quieran, los más alegres del mundo, como borrachos. También le mezclan opio, que llaman *afion*[39]; y toma el general el libro de las historias y házele leer públicamente que todos le oyan, y a la tarde hazen grandes hogueras, alderredor de las quales vailan, como todos están borrachos, y cada uno con un cuchillo agudo se da muchas cuchilladas muy largas por los pechos, brazos y piernas, diziendo: Ésta por amor de Ulana, ésta por amor de la tal. Otros labran con la punta de una aguja en las manos coraçones, o lo que quieren; y las heridas se sanan con un poco de algodón viejo quemado. Tras todo esto piden liçençia del general y vanse todos. La terçera orden, de los *torlacos*[40], viste ni más ni menos pellejos de carnero; pero en la cabeza no traen caperuza ni cabello, sino cada semana se raen a nabaja, y por no se refriar untan las cabezas siempre con aceite; y todos, por la mayor parte, por ser apasionados[41] de catarro, se dan unos cauterios de fuego en las sienes con un poco de trapo viejo, porque no carguen los humores a los ojos y los çie-

---

[37] *Azan Babá* (Men., pág. 57), «el mayor de los padres».

[38] *Aseral* (Men., *asseral,* pág. 58), debía de ser, por la explicación que sigue de Pedro, *cannabis Indica* o *grifa,* en castellano de hoy.

[39] *afyon,* 'opio' en turco, que da nombre a una ciudad de Anatolia, *Afyonkarahisar.* El cultivo debió de tener orígenes remotos y estar muy extendido por las regiones central y meridional del Asia Menor, por su conexión con los ritos y prácticas de los derviches.

[40] *torlaç* (Men., *torlachi,* pág. 59; Rocca, III, 127r). Este último autor los llama *ermitaños.*

[41] *apasionados,* en sentido etimológico de 'padecer'.

guen. Son grandíssimos bellacos, chocarreros, y no hay quien sepa entrellos leer ni escribir; ándanse de taberna en taberna cantando y pegándose a donde ven que les han de dar de comer; salen a los caminos en quadrilla, y si topan alguno que puedan quitar la capa, no lo dexan por miedo ni vergüenza; en las aldeas hazen como giptanos en creer que saben adivinar por las manos, y con estó allegan queso, huebos y pan y otras cosas; traen los vellacos de tantos en tantos un viejo de ochenta años que haga del sancto[42], y adóranle como a tal, y muchas vezes habla mirando al çielo cosas que dize ver allá y a grandes vozes dize a sus discípulos: Hijos míos, sacadme presto de este pueblo, porque acabo de ver en el çielo que se apareja un gran mal para él, y ellos fingen quererle tomar acuestas, y el bulgo les ruega con grandes dádivas que por amor de Dios no les lleben aquel sancto de allí, sino que ruegue a Dios alze su ira, pues también está con él, y él comiença luego a ponerse en oración, y aquí veréis que la jente no se da manos a ofresçer, y todos salen cargados como asnos y se van reyendo de las bestias que les creían. Son sobre todo esto grandíssimos bujarrones[43]. Los *isaches,* que es la postrera orden, andan bestidos de lienzo y traen unos tocados turquescos groseros y pequeños, y cada uno una bandera en la mano, andan cantando por las calles pidiendo.

JUAN.—Parésçeme que me dixistes que tenían dos pasquas, y no me declarastes más de la una, de quando les embió Dios la ley.

PEDRO.—La otra es en fin de octubre[44], que llaman de los peregrinos que van a la Mecha, la qual ellos çelebran allá.

JUAN.—¿Qué, usan también como nosotros peregrinaje?

PEDRO.—Y muy solemne. Hallan escrito en sus libros que quien una vez va a la Mecha en vida, Dios no permite que se condene, por lo qual ninguno que puede lo dexa de hazer; y porque es largo el camino se parten seis meses antes para poderse hallar allá a tiempo de celebrar esta su fiesta, y conçiertanse muchos de ir juntos, y los pobres, mezclados con

---

[42] Dice Rocca, III, 127v, col. a: «... traen un vellaco viejo y finge que está llevado y puesto en éxtasis; y después de buelto en sí dize a sus discípulos: Amados míos, sacadme luego de este lugar, porque he alcançado en el cielo que se apareja grande mal sobre él».

[43] *bujarrones* (V, nota 19).

[44] *la otra* (pascua) *es en fin de octubre* (según el calendario de Pedro: puede o no coincidir con el calendario lunar; véase *supra,* notas 13 y 17).

los ricos, dan consigo en el Cairo, y de allí van por un camino muy desierto, llano y arenoso en tanta manera, que el viento haze y deshaze montañas del arena y peligran muchos, porque los toma debaxo, y de aquí se haze la carne momia, según muchos que la traen me contaban, que en Constantinopla todas las vezes que quisiéredes comprar doçientos y tresçientos cuerpos destos hombres los hallaréis como quien compra rábanos. Han menester llebar camellos cargados de agua y probisión, porque a las vezes en tres días no hallan agua; son los desiertos de Arabia, y ningún otro animal se puede llebar por allí sino el camello, porque sufre estar quatro y çinco días sin beber ni comer, lo que no hazen los otros animales.

MATA.—Por mi vida que estoy por asentar ésa; çinco días sin comer ni beber y trabajar.

PEDRO.—Tiempo del año hay en el imbierno que sufren quarenta días, porque os espantéis de beras; y porque he sido señor de çinco camellos que del Gran Turco tenía para mi recámara, y si fuese menester salir en campo, os quiero contar, pues no es fuera de propósito, qué carguerío es el del camello, y también porque pienso haber visto tantos como vosotros ovejas, que mi amo solo tenía para su recámara dos mill, y no le bastaban.

MATA.—Camaleones diréis, de los que se mantienen del viento; porque camellos comerán mucha cebada, siendo tantos.

PEDRO.—No acabaremos ogaño; sea como vos quisiéredes, decídoslo bos todo.

JUAN.—Dexadle haora deçir.

MATA.—Por mí diga lo que quisiesse.

PEDRO.—Ningún carguerío por tierra hay mejor que el del camello, porque tiene estas propiedades: aunque la jornada sea de aquí a Hierusalem, no tenéis de cargarle más de una vez.

MATA.—¿Nunca se descarga?

PEDRO.—Jamás en toda la jornada, sino él se echa a dormir con su carga y se levanta quando se lo mandaren, pero no le habéis de echar más carga de aquella con que se pueda bien levantar; ni tenéis a qué ir al mesón, sino en el campo se echan quando se lo mandéis; andan recuas de diez y doze mill, y en casa de los señores, camellero mayor no es de los menores cargos.

MATA.—Por quanto tengo, que no es nada, no quisiera dexar de saver ese secreto.

PEDRO.—Pues callad y diréos otro mayor al propósito que se levantó; si le habéis de dar dos çelemines de zebada cada día, y le dais de una vez media hanega, la comerá como vos una pera, y por aquellos tres días no tengáis cuidado de darle nada, y a beber lo mesmo, y si queréis probar con una entera, maldito el grano dexe, y si dos le saliesen, que no les huirían el campo; allá tienen çiertas bolsas de donde lo tornan a rumiar como cabras; y no habléis más sobre esto, que es más viejo y común que el repelón entre los que han visto camellos y tratádolos. Llegan por sus jornadas los peregrinos a la Medina, que es una çibdad tres jornadicas de la Mecha, y allí los salen a resçibir y hay muchos persianos y indios que han venido por las otras partes. Otro día que han llegado y la pasqua se azerca, hazen reseña de toda la jente, porque dizen que no se puede zelebrar la pasqua si son menos de sesenta mill, y la bíspera de la pasqua o tres días antes van todos a una montaña çerca de la Mecha y desnúdanse, y aunque vean algun piojo o pulga no le pueden matar, y llámase la montaña Arafet Agi[45]; y métense en un río, el agua hasta la garganta, y están allí entre tanto que les dizen çiertas orationes.

JUAN.—¿A qué propósito?

PEDRO.—Porque Adán, después que pecó, en aquel río hizo otro tanto, y Dios le perdonó; y vestidos van a la Mecha de mañana, y lo primero tocan los que pueden el Alcorán a la sepultura de Mahoma, y dizen sus solenes ofiçios, que tardan tres horas, y luego todos los que han podido tocar el sepulchro van corriendo a la montaña como bueyes quando les pica la mosca.

JUAN.—¿Para qué?

PEDRO.—Porque con aquel sudor caen los pecados, y para dar lugar los que han tocado a los que no.

JUAN.—¿Muéstranles el cuerpo?

PEDRO.—No más del sepulchro, y un çapato dorado suyo, llamado *isaroh*[46], que está colgado y cada uno va a tirar dos piedras en un lugar redondo, que está allí çerca, donde dizen que el diablo aparesçió a Ibrahim quando edificaba aquel templo, por ponerle miedo y que no lo edificase. Y el Abraham

---

[45] Para todo este pasaje relativo a la *hajj* (peregrinación a La Meca), debe consultarse el texto de Blachère (suras 2 y 22), así como la magnífica información gráfica de la National Geographic Magazine de noviembre de 1978. El monte *Arafat Agi*, según las palabras de Pedro, es *Araphatdagh* en Georgievits, y *Arafa Dag-i* en turco; pero Menavino o sus impresores aglutinaron indebidamente las consonantes y la *i* genérica del turco.

[46] *un zapato llamado isaroh:* «Tsaroth quo inauratum solummodo a testudine templi pendet,...» (D 8v, en Georgievits).

le tiró tres piedras y le hizo huir; y ençima el monte hazen grandes sacrifiçios de carneros, y si acaso entrase algun esclabo allí, era libre. Tornan otra vez a la Mecha, y hazen grandes orationes, rogando a Dios que los perdone y ayude como hizo a Ibrahim quando edificaba aquel templo; y con esto se parten y van a Hierusalem, que en su lengua dize Cuzum Obarech[47], y hazen allí otra oratión a su modo donde está el sepulchro de Christo.

JUAN.—¿Pues qué tienen ellos allí que hazer?

PEDRO.—¿No os tengo dicho que le tienen también en mucha veneraçión? No ternían por açepto el peregrinaje si no fuesen allá.

JUAN.—¿Abrahan dizen que edificó aquel templo?

PEDRO.—Hallan escrito en sus libros que Dios le mandó a Abraham que le edificase allí una casa donde viniesen los pecadores a hazer penitençia, y lo hizo; y más que las montañas le traían la piedra y lo que era menester. A una esquina de la Mecha está un mármol que dizen que mandó Dios a Abraham traer y poner allí, medio blanco medio negro, el qual todos adoran y tocan los ojos y algunos librillos a él como reliquias[48].

JUAN.—¿Qué misterio tiene?

PEDRO.—Diçen que es el ángel de la guardia de Adán y Eba, y porque los dexó pecar y no los guardó bien, Dios le convertió en mármol, y estará allí haziendo penitençia hasta el día del Juiçio.

JUAN.—¿Cómo está el sepulchro?

PEDRO.—Sus mesmos disçípulos le hizieron muy hondo, y metido en una caja le pusieron dentro; después hizieron una como tumba de mármol, con una tabla de lo mesmo a la cabezera y otra a los pies, escrito en ellas cómo aquélla es su sepultura, y allí adoran todos. Está cubierta ençima con un chamelote verde. Los armenos habían una vez hecho una mina de más de media legua para hurtarles el cuerpo, y fueron descubiertos y justiçiados, lo qual cuentan por gran milagro que hizo Mahoma.

JUAN.—Mejor quento fuera si le cojieran su profeta.

PEDRO.—Y por esto le hizieron unos yerros que ziñen toda la

---

[47] *Cuzum Obarech,* «che appresso noi uol dire Hierusalem» (Men., página 64).

[48] Sin duda se trata de la *Kaaba,* ennegrecida por los pecados de los hombres. Sin embargo, ni Menavino ni Georgievits son tan pródigos en detalles (cfr. Blachère, suras 2, 5 y 22).

sepultura por baxo y arriba. Dexó dicho quando murió que no
había de estar allí más de mill años y éstos no había de durar la
seta, sino que habría fin, y de allí se había de subir al çielo.
Destos que buelven de la Mecha muchos toman por devoçión
andar con unos cueros muy galanes que hazen aposta, llenos de
agua, que cabrán dos cántaros, acuestas y con una taza de
fuslera[49] muy limpia, dando a beber a todos quantos topan y
convidándolos a que lo quieran hazer por fuerza, porque en
acabando de beber digan graçias a Dios.

MATA.—¿Qué les dan por eso?

PEDRO.—No nada quien no quiere, mas algunos les dan y lo
toman.

JUAN.—¿Hazen quando mueren, en sus testamentos, mandas
grandes como acá, de ospitales, o no saben qué cosa son?

PEDRO.—No menos soberbias mandas hazen que nosotros,
sino más, y en vida son más limosneros. Los quatro emperadores que ha habido, donde están enterrados han dexado aquellas
quatro mezquitas[50], tan magníficas, con sus ospitales, como os
dixe; otros Vaxás, sin éstos, han hecho muchos ospitales; hazen
también mesones por todos los pueblos y desiertos, que llaman
carabanzas[51] por amor de Dios. Adrezan caminos, traen fuentes adonde ven que hay falta de agua, neçesarias para andar del
cuerpo[52]; las han hecho muchos tan bistosas, que pensaréis ser

---

[49] *fuslera*, 'latón', 'azófar' (lat. *fusilaria fusile,*)'que se puede fundir
(*Covarrubias*).

[50] Los cuatro fundadores de mezquitas a los que alude Pedro son
Bayaceto II, Mohamet II, Selim I y Solimán el Magnífico. No se
trata de las *masjid* o mezquitas corrientes, sino de las *jami*, equi-
valentes a las basílicas cristianas. (Lewis, *ob. cit.,*37b.)
Los hospitales de que habla Pedro son las instituciones llamadas
imaret, los cuales menciona Busbecq en su carta primera, y que éste
llama *hostales.* Inalcik dice de ellos: «El imaret era un complejo
de instituciones —mezquita, medresa, hospital, hostal para viajeros,
instalaciones de agua corriente, caminos y puentes— fundadas con
fines caritativos o piadosos, sostenidas con fondos procedentes de los
mercados, caravasares, casas de baños, casas de comidas, tintore-
rías, molinos y mataderos.» (Inalcik, pág. 142.) En la obra citada
y dirigida por B. Lewis, el redactor del capítulo correspondiente
a la vida en el mundo musulmán, R. Ettinghausen, define el *imaret*
como 'cocina para el pobre', como una parte de la *külliye* o complejo de edificios (pág. 40).

[51] *carabanzas,* propiamente *caravanserais* (véase X, nota 17).

[52] De estas obras públicas habla Busbecq en su carta primera
(*Fors-Dan,* 1, 137); los turcos lo consideran como una obra de mi-

algunos palaçios, diçiendo que es limosna si por allí toma la prisa a alguno, hallar donde lo hazer a su plaçer; y no es posible que no diga después: bien haya quien te hizo. No solamente tienen por mucho mérito hazer bien a los próximos, pero aun a los animales salvajes, de donde muchos se paran a echar pan a los pezes en la mar, diçiendo que Dios lo resçibe en serviçio. Toda Constantinopla está llena de perros que no son de nadie[53], sino por detrás de aquellas zercas, junto al palaçio del Gran Turco, hay tantos como hormigas; porque si una perra pare tienen por pecado matarle los hijos, y desta manera multiplican como el diablo. Lo mesmo hay de gatos, y todos, como no son de nadie, ni duermen en casa, están llenos de sarna. La limosna que muchos hazen es comprar una dozena o dos de asaduras o de panes y ponerse a repartírselos. Quando está alguno malo, meten dentro una jaula muchos pájaros, y para aplacar a Dios ábrenla y déxanlos salir a todos[54]. Otras muchas limosnas hazen harto más que nosotros, sino que como cada uno que viene de la feria quenta según que le va en ella, disfámanlos si no lo hizieron bien con ellos, y dizen que son crueles y bárbaros y mill males.

JUAN.—¿Cómo se han en los mortuorios?

PEDRO.—Ya os dixe en el enterramiento de mi amo lo que había. Si es hombre, lábanle hombres; si muger, mugeres, y envuelto en una sábana limpia le meten en un ataút y llébanle cantando; y si es pobre, pónenle en una parte donde pasa jente, y allí piden a quantos pasan limosna para pagar a los que cantan y le entierran en el campo, y como es hecho ansí, le ponen los mármoles en la sepultura. Las mugeres no van con el cuerpo, mas acostumbran ir muchas vezes entre año a visitar las sepulturas, y allí lloran.

MATA.—A propósito vernían tras los mortuorios las bodas, digo si a ellos les paresçe.

JUAN.—Sea ansí.

PEDRO.—A mí no se me da más uno que otro, si todo se tiene

---

sericordia y una limosna *(Hujusmodi Turcas pulcherrimas eleemosynam judicant...).*

[53] «Los perros son vagabundos y se alimentan de los residuos que les arrojan en las carreteras; pero si por azar ven a una perra recién parida, con sus crías, amontonan junto a ella restos de comidas y huesos, porque piensan que es también una obra de caridad» (Busbecq, 3.ª; *Fors-Dan,* I, págs. 224-225).

[54] Lo mismo se lee en Busbecq, I; *(Fors-Dan,* I, pág. 140).

de deçir. Llámase en su lengua el matrimonio *eulemet*[55], y es muy al rebés de lo que acá usamos; porque él tiene de dar el dote a ella, como quien la compra, y los padres della ninguna cosa a él más de lo que heredara, y si tiene algo de suyo que se lleba consigo; y sobre todo esto, no la tiene de haver visto hasta que no se pueda deshazer el matrimonio y haya pagádole todo el dote, el qual resçibe el padre de la nobia antes que salga de casa, y cómprale a la hija vestidos y joyas dello. La madre va de casa en casa combidando mugeres para la voda, quantas su posibilidad basta. Lleban una colaçión muy grande casa de la nobia, con trompetas y atambores, donde hallan que están allegadas ya todas las mugeres, las quales salen a resçibir el presente que el esposo embía, y otro día de mañana tornan y comen en la boda con la esposa; porque el esposo no se halla allí en ninguna fiesta, sino se está en casa.

MATA.—¿De manera que sin él se haze la boda?

PEDRO.—Toda mi fe. Acabado el banquete que tienen entre sí las mugeres, la lleban al baño y lábanla toda muy bien, y con haleña le untan los cabellos como hazen acá las colas y crines de los caballos, y las uñas y manos todas labradas de escaques con la mesma haleña, y las piernas hasta la rodilla; y las mugeres, por librea, en lugar de guantes, se untan con la haleña el dedo pulgar de la mano derecha, y la media mano que lleban de fuera, que paresçen rabaño de ovejas almagradas. Quitada la haleña desde a una hora queda un galán color de oro; quando viene la esposa de la estupha siéntanla en medio y comienzan de cantar mill cançiones y sonetos amorosos y tocar muchos instrumentos de música, como harpas y guitarras y flautas, y entended que no puede haber en esta fiesta hombre ninguno.

MATA.—¿Pues quién tañe?

PEDRO.—Ellas mesmas son muy músicas; dura esta fiesta de bailar y voltear hasta media noche, y en oyendo el gallo cantar, todas alzan un alarido que diçe: *cachialum*[56], huyamos, y vanse a dormir y vuelven a la mañana a esperar el pariente del nobio más çercano, que es el padrino que viene por la esposa para llebarla a casa del marido.

JUAN.—¿Cómo se llama el padrino en turquesco?

PEDRO.—*Sagdich*[57], el qual va con grande acompañamiento

---

[55] *evlemet*, 'el matrimonio', de *ev*, 'la casa' (hoy, *evlenme*).

[56] *caccialvm, caccialvm, ciò è fuggiamo, che i galli cantano...* (Men., I, 28).

[57] *sagdiç*, 'padrino'.

de caballos, y entrellos lleba uno vaçío, el más gentil de todos y mejor enjaezado, en que ella venga, y muchas azémilas en que venga su ajuar, que todavía les dan los padres, y las mugeres que están con ella no le dexan entrar en casa si no haze primero cortesía de una buena colaçión; y toma su nobia, acompañada de gran caballería, ansí de mugeres como de hombres, y muchos instrumentos de músicas. La nobia lleva un belo colorado en el rostro, y llegados a casa del esposo se apean sobre alombras y ricos paños, y déxanla allí y buélvense a la noche. El *segdich* desnuda a él y una muger a ella, y métenlos en la cama; lleba ella unos calzones con muchos nudos, los quales no se dexa desatar si primero no le promete las harras; a la mañana los lleban al baño a labarse.

JUAN.—¿No hay más bendiçiones desas ni cosas eclesiásticas?

PEDRO.—No más de que el *cadí* haze una carta de dote, en que da fe que Ulano se casó con Ulana tal día, y le da tanto de *chibin*[58], que es el dote, y por esto les rapa un ducado. Los parientes, como se usa acá en algunas partes, les empresentan algunos dineros o ropas a los rezién casados.

JUAN.—Parésçeme que el esposo haze pocas fiestas.

PEDRO.—Hasta un día después de la voda es verdad, pero después pone muchos premios y joyas para los que mejor corrieren a pie y a caballo. El padrino haze poner un árbol como acá mayo, el más alto que halla, a la puerta del nobio, y ençima un jarro de plata, y que todos los que quisieren le tiren con los arcos, y el que le açertare primero con la saeta es suyo[59].

JUAN.—¿Permiten divorçio?

PEDRO.—Habiendo causa manifiesta sí; pero es obligado el marido a darle todo el dote y harras que le mandó y quanto ella trajo consigo, y vase con esto casa de sus padres; y no puede ser tornada a demandar otra vez dél si no fuere haziendo nuebo dote, y con todo esto, si la quiere, ha de tener un turco primero que hazer con ella delante dél.

MATA.—Pocos las querrán desa manera segunda vez.

PEDRO.—Entre los mesmos christianos que están allá se permite una manera de matrimonio al quitar, como çenso, la qual

---

[58] *chibin* ('chebin', en Men., I, pág. 25), 'la dote' (hoy, *hibe*, 'regalo', 'presente').

[59] La destreza en el manejo del arco era estimada como una de las cualidades mejores del varón (Busbecq, 3.ª; *Fors-Dan,* 1, 252-254).

hallaron por las grandes penas que les llebaban los turcos si los topaban amançebados; y es desta manera: que si yo me quiero casar, tomo la muger christiana que me paresçe; digo si ella quiere también, y vamos los dos casa del cadí, y dígole: Señor, yo tomo ésta por muger y le mando de *quibin* çinquenta escudos, o lo que quiero, según quien es; y el cadí pregunta a ella si es contenta, y diçe que sí; házeles luego su carta de dote y danle un ducado y llébala a casa. Están juntos como marido y muger hasta que se quieran apartar o se arrepientan, por mejor dezir. Si él la quiere dexar, hale de dar aquel dote que le mandó, y váyase con Dios; si ella le quiere dexar a él, pierde aquello y vase sin nada, comido por servido, y desta manera están casados quantos mercaderes veneçianos y florentines hay allá, y cristianos muchos que han sido cautivos y son ya libres, viendo que hay mejor manera de ganar de comer allá que acá, luego toman sus mugeres y hazen casa y hogar; hazen esta quenta, que aunque vengan acá como están pobres, no los conosçerá nadie. El embajador de Françia se casó estando yo allí desta manera.

MATA.—¿Y vos, padre, por qué no os casastes?

PEDRO.—Porque me vine al mejor tiempo, que de otra manera creed que lo hiziera por gozar del barato, que hartas me pidían.

MATA.—¡Hi de puta, si acá viniese una bula que dispensase eso, cómo suspendería a la Cruzada!

PEDRO.—Más querría ser predicador estonçes que arçobispo de Toledo.

JUAN.—Pocos son los que las dexarían de tomar, y aun dobladas para si la una se perdiese. ¿Esos christianos no se casan por el patriarca suyo?

PEDRO.—Los que se casan a ley a vendiçión sí, porque lo hazen como acá nosotros; pero los forasteros que están ahí, más lo hazen por las penas que les lleban si los topan que por otra cosa.

CAPÍTULO XVI

La justicia. El sultán

JUAN.—Vámonos poco a poco a la justiçia, si no hay más que dezir del matrimonio.

PEDRO.—Ni aun tanto. La justiçia del turco conoçe igualmente de todos, ansí christianos como judíos y turcos. Cada juez de aquellos prinçipales tiene en una mesa una cruz, en la qual toma juramento a los christianos, y una Biblia para los judíos. El *cadileschier,* dexado aparte el Consejo real, es la suprema justiçia, medio eclesiástica. Si es cosa clara, examina sus testigos y oye sus partes, y guarda justiçia recta; si es caso criminal, remítele al *subaxi*[1], que es governador, y ansí matan al omiçida, ahorcan al ladrón, empalan al traidor, y si uno echa mano a la espada para otro, aunque no le hiera, le prenden y, desnudo, le pasan quatro o çinco cuchillos por las carnes, como quien cose, y le traen a la vergüenza; y deste miedo he visto muchas vezes darse de bofetones y tener las espadas en las çintas y no osar echar mano a ellas, y en çerca de quatro años que estube en Turquía no vi matar y herir más de a un hombre, que era christiano y muy prinçipal, llamado Jorje Chelevi[2]. Y este *subaxi* tiene poder sobre todas las mugeres que no son onestas.

JUAN.—¿Y si los testigos son falsos, sácanles los dientes?

PEDRO.—Los dientes no, pero úntanle la cara toda con tinta, y pónenle sobre un asno al rebés, y danle por freno la cola, que llebe en la mano, y con esto le traen a la vergüenza, y el asno lleba en la frente un rótulo del delito y vanle tirando naranjas y berengenas, y buelto a la cárcel le yerran en tres partes, y no vale más por testigo; en cosas de pena pecuniaria luego os meten en la cárcel; el que debe, de cabeza en un zepo hasta que pague, y otras vezes le hazen un çerco con un carbón que no salga de allí sin pagar, so grandes penas. La más común de todas las justiçias en casos criminales, como no los hayan de matar ni abergonzar por la tierra, es darles de palos allí luego, frescos, casa del mesmo juez: porque riñó, porque se emborrachó, porque blasphemó livianamente, porque de otra manera le queman bibo.

JUAN.—¿En dónde le dan los palos?

PEDRO.—En las plantas de los pies[3]. Toman una palanca

---

[1] *subaxi:* hoy, *subaçi,* 'secretario u oficial de los tribunales de justicia'.

[2] *Jorge Çelevi. Çelevi* es 'caballero' o 'gentilhombre' en una de las dos acepciones de esta voz. No hay referencias concretas a este personaje (en Cervantes, *Amante liberal,* «... que era *Chilibi* que quiere decir caballero; ...»).

[3] El apaleamiento fue, con el empalamiento, el castigo que hizo tristemente famoso el tratamiento otomano de los cautivos (véase IV, nota 5). De las varas rotas en su aplicación habla también Busbecq en su carta 3.ª, *(Fors-Dan,* I, pág. 294).

y en medio tiene un agujero, del qual está colgado un lazo, y por aquél mete los pies; y échanle en tierra, y dos hombres tienen la palanca de manera que los pies tiene altos y el cuerpo en tierra; cada juez y señor tiene una multitud de porteros, que traen, como acá varas, unos bastones en la mano; y éstos le dan uno de un lado y otro de otro los palos que la sentençia manda; por cada palo que les dan han de pagar un áspero a los que les dan, y ansí se le dexan después de haver pagado.

JUAN.—Válame Dios, ¿y no le mancan?

PEDRO.—Allá va coxeando y le lleban acuestas; por tiempo se sana, pero muchos veréis que siempre andan derrengados, tal vez hay que se quiebren de aquellos bastones, en uno diez y veinte, como dan medio en vago. Quando Çinán Baxá, mi amo, era Virrey, no lo tengáis a burla, que por Dios verdadero ansí venían cada semana cargas de bastones a casa como de leña, y más se gastaba ordinariamente. Hay cada día muchos apaleados en casa de cada juez. Un día que Çinán Baxá me hizo juez, yo executé la mesma justiçia.

MATA.—¿No había otro más hombre de bien que hazer juez o por qué lo hizo?

PEDRO.—Era caso de mediçina: demandaba una vieja griega christiana a un médico, el de mejores letras, judío, que allí había, que le pagase a su marido que se le había muerto; lo qual probaba porque un otro médico judío catalán enemigo suyo, dezía que él defendería ser ansí. El bellaco del catalán era el más mal quisto que había en la çibdad, y conmigo mesmo había reñido un día sobre la cura de un caballero. Por ser muy rico salía con quanto quería, y todos le tenían miedo. Mi amo remitióme a mí aquella causa, que mirase quál tenía razón, y sentéme muy de pontifical, y llamadas las partes, el catalán alegaba que no sé qué letuario que le había dado era contrario. El otro daba buena cuenta de sí. Como yo vi que iba sobre maliçia, mandé llamar a los porteros y un alguazil, que se llama *chauz*[4], y mandéle dar çient palos, y que por cada

---

[4] *chauz*: hoy, çavuş. Los çavuşlar eran los enviados de Palacio a las provincias para ejecutar las órdenes del sultán o sus bajás. En Busbecq, «su principal cometido era la custodia de los embajadores» *(Fors-Dan,* I, pág. 201). Parece que hay una ligera confusión por parte de Pedro al definirlos como *alguaciles,* a los que más adelante llama *cazaces* (pág. 276), «como acá *porquerones».* *Covarrubias* define a los porquerones como «ministros de justicia que prenden a los delincuentes y los llevan agarrados a la cárcel» (página 593b).

uno pagase un real a los que se los diesen, lo qual fue muy presto executado con la cobdiçia del dinero. Como el Baxá oyó las vozes que el pobre judío daba, preguntó qué fuese aquello. Dixéronle: Señor, una justiçia que el christiano ha mandado hazer. Hízome llamar presto, y díxome algo enoxado: ¡Perro! ¿Quién te ha mandado a ti dar sentençias? Yo respondí: Vuestra Exçelençia. Díxome: Yo no te mandé sino que vieses lo que pasaba para informarme. Yo le dixe: Señor, Vuestra Exçelençia, así como así, lo había de hazer, ¿qué se pierde que esté hecho? Con esto se reyó, y quedóse con sus palos. Holgáronse tanto los judíos de ver que no había aquel bellaco jamás hallado quien le castigase, que por la calle donde yo iba me vesaban los judíos la ropa. En el tiempo que Çinán Baxá governaba tenía los mejores descuidos de justiçia[5] del mundo todo.

JUAN.—¿En qué?

PEDRO.—Muchas vezes se iba disfrazado a los bodegones a comer por ver lo que pasaba; cada noche rondaba toda la çibdad para que no pegase nadie fuego; como las casas son de madera, pequeñas, sería malo de matar; y si después que tocan unos atambores a que nadie salga topaba alguno fuera de casa, luego le colgaba en la mesma parte. Hazía barrer las puertas a todos los vezinos; y si pasando por la calle veía alguna puerta suçia, luego hazía baxar allí la señora de la casa y las moças y a todas les daba, en medio de la calle, de palos; yendo yo con él un día le vi hazer una cosa de príncipe, y es que vio un judío con unas haldas largas y todo lleno de rabos, como que los tenía del otro año secos, y los zapatos y calzas ni más ni menos, y llamóle y preguntóle si era veçino del pueblo; dixo que sí; y si era casado; dixo que sí; y si tenía casa; a todo respondió que sí. Dize: Pues and'allá, muéstrame tu casa que la quiero saber. El judío se fue con él y se la mostró, y mandó llamar a su muger y preguntóle si era aquel su marido; dixo ella: sí, señor; dize: ¿date de comer y lo que has menester todo? respondió: por çierto, señor, muy cumplidamente. Bolvióse después a los porteros, que iban tras él, y díxoles: dalde, en medio esta calle, çient palos a la vellaca, pues dándole todo lo que ha menester su marido, no es para limpiarle las cazcarrias[6]. No lo hubo acabado de dezir quando fue puesto por obra.

---

[5] *descuidos de justicia:* Pedro alude a las veces en que Sinán delegaba en sus subordinados la ejecución de la sentencia.

[6] Todo este episodio se narra en el diario de Dernschwam (Introducción, nota 33), con la diferencia de que el castigo se aplica a un matri-

MATA.—Ruin sea yo si de chançillería se quente puncto de más recta justiçia ni más graçioso. Y a propósito, ¿esa jente llamáis bárbara? Nosotros lo somos más en tenerlos por tales.

PEDRO.—Su viçio era andarse todo el día solo por las calles, disfraçado, mirando lo que pasaba para cojerlos en el hurto, visitando muy a menudo los pesos y medidas.

JUAN.—¿Y al que lo tiene falso qué le hazen?

PEDRO.—Toman una tabla como mesa, y alderredor colgados muchos zenzerros y campanillas, y házenle por medio un agujero, quanto pueda sacar la cabeza, para que la llebe enzima de los hombros, y tráenle ansí por las calles, entiznada la cara y con una cola de raposo en la caperuza.

JUAN.—Todas son buenas maneras de justiçia ésas, y agora los tengo por rectos.

PEDRO.—Mas deçildes que no la guarden, veréis cómo les irá; maldito el pecado venial hay que sea perdonado en ningún juez; a fe que allí no aprobechan cartas de fabor, y la mejor cosa que tienen es la brevedad en el despachar; no hayáis miedo que dilaten como acá para que, por no gastar, el que tiene la justiçia venga a hazer conçierto de puro desesperado; en Consejo real y en las otras abdiençias hay esta costumbre, que ningún juez se puede levantar de la silla si primero no se dize tres vezes: ¿quim maz lahatum bar?[7] ¿quién quiere algo?

MATA.—¿Aunque sea hora de comer?

PEDRO.—Aunque le amanezca allí otro día.

JUAN.—¿Juzgan por sus letrados y escribanos?

PEDRO.—Sus libros tienen los juezes, y letrados hay como acá, pero no tanta barbarería y confusión babilónica; quien no tiene justiçia, ninguno hallará que abogue por él a traer sofísticas razones; pocos libros tienen, lo más es arbitrario.

MATA.—¿No habrá allá pleitos de treinta años y quarenta como acá?

PEDRO.—No, porque niegan haber más de un infierno; y si eso tubiesen, eran obligados a confesar dos[8]. Quando el pleito durare un mes, sera lo más largo que pueda ser, y es por el

_____

monio turco, recibiendo la paliza ambos cónyuges. Markrich subraya el carácter antifeminista del autor del *Viaje* al librar de culpa al varón (Mark, pág. 56; también *B-DL*, pág. 123).

[7] La frase es probablemente *kim maz laḥatim bar?*

[8] Nótese la ironía de Pedro: un infierno es el ultraterreno y otro el pleitear en la tierra.

buen orden que en todas las cosas tienen. Si yo quiero pedir una cosa la qual tengo de probar con testigos, es menester que quando pido la primera vez tenga los testigos allí trabados de la halda porque en demandando preguntan: ¿tienes testigos? en el mesmo instante se ha de responder: Sí, señor; helos aquí; y examínanlos de manera que quando me voy a comer ya llebo la sentençia en fabor o contra mí.

JUAN.—¿Cómo llebáis los testigos si primero el juez no los manda llamar?

PEDRO.—Cada uno de aquellos *cadis* o *subaxis* tiene porteros muchos, como os tengo dicho, y llamadores y çitadores, y otros que llaman *cazazes* [9], como acá porquerones, y todos éstos tienen poder, como se lo paguéis, de llebar de los cabezones a quantos le mandareis, si no quieren ir de grado.

MATA.—¡Oh, vendito sea Dios, que sean los infieles en su seta sanctos y justiçieros y nosotros no, sino que nos contentemos con sólo el nombre!

JUAN.—¿Cómo se haze el Consejo Real?

PEDRO.—En Turquía todos son esclabos [10], sino sólo el Gran Turco, y destos, tres más privados haze Vaxás, que, como dicho tengo, es dignidad de por vida, los quales tres Vaxás son los mayores señores que allá hay; tienen de renta para su plato, cada çinquenta mill ducados, sin muchas çibdades y provinçias que tienen a cargo, y los presentes que les dan, que valen más de dosçientos mill. Dentro el *zerraje* del Gran Turco hay una sala donde se tiene el Consejo [11], dentro la qual hay un trono, todo hecho de gelosías, que cae adentro a los aposentos del emperador, y de allí habla lo que han de hazer, y quando piensan que está allí no está, y quando piensan que no está, está. Por manera que ninguno osa hazer otra cosa que la que es de justiçia. Los tres Baxás son los que goviernan el imperio, como si dixésemos acá del Consejo de Cámara, y con éstos se sientan los dos *cadileschieres,* y a la mano izquierda se sientan

---

[9] *cazaces (supra* n. 4). El nombre procede de la palabra *kaza,* 'jurisdicción', 'justicia'.

[10] Recuérdese la frase *aquí somos todos esclavos* (VII, nota 9).

[11] La sala donde se reunía el Diván. Estaba alojado en el Kubbealtï, es decir, 'debajo de la cúpula', por su proximidad a Santa Sofía. El acceso a la sala se hacía por Bab-i-Ali o Puerta Elevada, de donde la denominación un tanto caprichosa de *Sublime Puerta* dada por los occidentales al gobierno otomano.

los *tephterdes*[12], que es como Contadores mayores, y ansí
hazen su abdiençia, que llaman *diván,* con toda la brevedad y
rectitud que pueden; y si por caso ellos o los otros juezes hazen
alguna sin justiçia, aguardan a que el Gran Turco vaya el
viernes a la mezquita, y ponen una petición sobre una caña
por donde ha de pasar, y él la toma y pónesela en la toca que
lleba, y en casa la lee y remedia lo que puede, para mal de
alguno, y acabado el Consejo se da orden de comer allí donde
están, y si acaso hay mala informaçión de algún capitán, mándale empresentar el rey una ropa de terçiopelo negro, la qual
le significa el luto, de manera que sin alboroto en el Consejo
secreto le llaman, y el Gran Turco le haze una reprehensión,
y para que se emiende en lo de por venir, luego del pie a la
mano[13] le haze cortar la cabeza y embíale a casa. Estos Baxás
no tienen para qué ir a la guerra sino yendo la mesma persona
del Gran Señor.

MATA.—Soberbia cosa será de ver el palaçio del Emperador.

PEDRO.—No le hay en christianos semejante. En medio tiene
un jardín muy grande, y conforme a tan gran señor; está a
la orilla del mar, de suerte que le vate por dos partes y allí
tiene un corredorçico todo de jaspe y pórfido, donde se embarca
para irse a holgar. Dentro el jardín hay una montaña pequeña,
y en ella va un corredor con más de doçientas cámaras, a donde
solían posar los capellanes de Sancta Sofía. Todo esto cercado
como una çibdad, y tiene seis torres fuertes llenas de artillería,
y aun de thesoro, que no hay tanto en todo el mundo como él
sólo tiene; y todo al derredor bien artillado; los aposentos y
edifiçios que hay dentro no hay para qué gastar papel en
deçirlos.

MATA.—Quien tan grande cosa tiene ¿no podrá dexar de
tener gran corte?

PEDRO.—Esa os contaré brevemente; pero sabed primero

---

12 *tephterdes: defterdar,* principales autoridades fiscales, contadores
mayores. En cuanto a la original manera de *pescar* las peticiones
de justicia, Pedro copia de Spandugino, II, pág. 142: «... una supplica,
ch'esi chiamano Roca, et quella il cattiuello che si lamenta mette
su la cima d'una canna...»

13 *del pie a la mano:* en un instante. Pedro continúa empleando
el mismo tono sarcástico que hemos hecho notar en V, nota 6 («se
morían muchos, entre los quales yo fui uno»); aquí el sarcasmo
llega a lo truculento: «para que se enmiende en lo porvenir, le
hace cortar la cabeza y embíale a casa».

que todos los señores, ansí el Rey como Baxás, tienen dentro de sus casas toda su corte por gran orden puesta, que el cozinero duerme en la cozina, y el panadero en el horno, y el caballerizo en el establo; y todos los ofiçios mechánicos de sastre, çapateros, herreros, y plateros todo se cierra dentro de casa, juntamente con los gentiles hombres, camareros y thesoreros y mayordomos.

JUAN.—No deben de ser gente muy regalada, si todos caben dentro una casa quantos habéis nombrado.

PEDRO.—Hazed quenta que es un monesterio de los fraires de San Françisco, y aun ojalá tubiesen cada uno su çelda, que serían muy contentos. Tres pajes son en la cámara del Gran Turco los más privados de todos. El primero, que le da la capa y siempre cuando sale fuera le lleva un fieltro para si llubiere. El segundo, lleba detras dél un baso con agua para que se labe donde quiera que se halle para hazer oración. El otro lleba el arco y la espada. Házenle de noche quando duerme la guarda con dos blandones ençendidos. Hay, sin éstos, quinçe pajes de cámara, que también se mudan para hazer la guarda y quarenta guardarropas; hay también tres o quatro thesoreros y otros muchos pajes, que sirven en la contaduría; los más preminentes ofiçios, tras éstos, son: portero mayor, que se llama *capichi baxá,* y su teniente déste; y sin éstos, otros tresçientos porteros; cozinero y despensero mayor son tras esto, en casa del Rey y los demás prínçipes, preminentes ofiçios, y tienen en algo razón, pues por su mano ha de pasar lo que comen todo. El cozinero mayor tiene debaxo de sí más de çiento y çinquenta cozineros, entre grandes y chicos, y el despensero otros tantos; y llaman al cozinero *aschi baxí,* y al despensero *quillergí baxí.* El panadero y caballerizo también son dest'arte. El sastre, que llaman *terezí baxá,* tiene otros tantos[14].

MATA.—¿Cómo tienen tantos?

PEDRO.—Yo os diré: como por nuestros pecados, cada día lleban tantos prisioneros por mar y por tierra, del quinto que

---

[14] *capici, aschi, quillergi, terezi... baxá.* El *kapici başi* era el portero mayor o jefe de los porteros de Palacio, cargo de excepcional rango e importancia. El *aşci başá* era el jefe de cozina, de quien dependían los *aşçilar* o cocineros y los *çasnigirler* o 'gustadores', encargados de hacer la salva antes de servirla a la mesa (véase *Spand.,* II, pág. 109). El *kilerci* (comp. al. *keller,* esp. *cillero)* era el despensero, de quien dependían también los *sakka-lar* o aguadores, cuyo nombre omite Pedro. Finalmente, los *terzi-lar* eran los sastres.

dan al emperador, y de otros muchos que le empresentan, los muchachos luego los reparte para que deprendan ofiçios a la cozina tantos y a la botillería tantos, y ansí; y la pestilençia también lleba su parte cada año, que no se contenta con el quinto ni aun con el terçio vezes hay. El principal cargo en la corte, después de los baxás, es *bostangi baxí*[15], jardinero mayor, por la privança que tiene con el Gran Turco de hablar con él muchas vezes; y quando va por la mar, éste lleba el timón del bergantín; tiene debaxo de sí éste doçientos muchachos, que llaman jardineros, a los quales no les enseñan leer ni escribir sino esto sólo, y el que déstos topa el primer fruto para empresentar al Turco tiene sus albriçias.

MATA.—¿Qué ha de hazer de tanto jardinero?

PEDRO.—Estos doçientos entended que son del jardín de palaçio, que de los otros jardines más son de quatro mill.

MATA.—¿Jardineros?

PEDRO.—Sí; bien nos contentaríamos todos tres si tubiésemos la renta que el Gran Turco de solos los jardines. La primera cosa que cada señor haze es un jardin, el mayor y mejor que puede, con muchos çipreses dentro, que es cosa que mucho usan; y como ha cortado la cabeza a tantos baxás y señores, tómales todas las haziendas y cáenle jardines hartos; y de aquellos *agás* grandes que tiene por guarda de las mugeres y pajes haze grandes señores, y como son capados y no pueden tener hijos, en muriendo queda el Turco por heredero universal[16]. Berças y puerros y toda la fruta se vende como si fuese de un hombre pobre, y se hazen cada año más de quatro mill ducados de tres que yo le conozco, que el uno tiene una legua de çerco.

MATA.—¿De qué naçión son esos moços?

PEDRO.—Todos son hijos de christianos, y los privados que tiene en la cámara y en casa también.

JUAN.—Espántame deçir que todos sean allá esclabos, si no el Rey.

---

[15] *bostanci başi* 'jefe de jardineros' *(Spand., ibídem,* pág. 110).

[16] Respecto a los ingresos que obtenía Solimán de sus jardines y que debía en parte a la codicia de su Gran Visir Rustán, dice Busbecq en la primera de sus cartas: «In ea procuratione nullo lucro, quamvis minimo, neglecto, dum etiam ex herbis, rosis et violis, quae in hortis principalibus erant, pecuniam corradit» (ed. Graz, 1968, página 42; trad. *Fors-Dan,* I, 113).

PEDRO.—Todos lo son y muchas vezes veréis uno que es esclabo del esclabo del esclabo; azemileros, camelleros y jente de la guarda del Gran Turco y otros ofiçiales neçesarios, entended que hay como acá tienen nuestros Reyes, sin que yo los quente médicos, y barberos, y aguadores, y estuphas.

JUAN.—¿Quántos serán aquellos eunuchos prinçipales que hay dentro el çerraje?

PEDRO.—Más de çiento, de los quales hay diez que tienen cada día de paga quatro ducados, y otros tantos de a dos, y los demás a ducado, y vestidos de seda y brocado.

MATA.—¿Y ésos pueden salir a pasear por la çibdad?

PEDRO.—Ninguno, ni de quantos pajes he contado, que son más de doçientos, puede salir ni asomarse a ventana más que las mugeres; porque son çelosos, y como creo que os dixe otra vez ayer, todos, desde el mayor al menor, quantos turcos hay son buxarrones, y quando yo estaba en la cámara de Çinán Baxá los vía los muchachos entre sí que lo deprendían con tiempo, y los mayores festejaban a los menores.

JUAN.—Y quando esos pajes son grandes, ¿qué les hazen? ¿múdanlos?

PEDRO.—Luego los hazen *espais* [17], que son como gentiles hombres de caballo, y les dan medio escudo al día, y caballo y armas, y mándanle[s] salir del zerraje, metiendo en su lugar otros tantos muchachos. Allí les van cada día los maestros a dar liçión de leer y escribir y contar.

CAPÍTULO XVII

El ejército

JUAN.—He oído que en las cosas de la guerra el Gran Turco no gasta dinero como nuestros reyes.

PEDRO.—¿Ya queréis que entremos en la guerra? Pues sea ansí. Digamos primero de los señores y capitanes. Tras los tres

---

[17] *espais: sipahi,* en turco de hoy. Constituían una especie de guardia noble a caballo, empleada después para diversos fines, entre ellos el de poner coto a los excesos de los jenízaros (X, nota 11). Según las tablas de Inalčïk (pág. 83), en 1568 la *Sipah* estaba integrada por 11.044 hombres, contra 12.789 jenízaros.

baxás, la mayor dignidad es *beguelerbai*[1], que es como quien diçe señor de señores. Capitán general destos hay uno en Greçia, el qual tiene debaxo de sí quarenta *sanjaques*.

MATA.—¿Que es *sanjaque?*

PEDRO.—Como acá maestros de campo o coroneles: *sangac,* en su lengua, quiere dezir bandera; y çicnto y çinquenta *subagis,* que son governadores. El *beglerbai* tiene treinta mill ducados de paga, sin sus probechos, que son mucho más. Los *sanjaques baís* tienen de quatro a seis mill ducados; los *subaxis,* de mill a dos mill; el segundo *beglerbai* es de la Anotolia, y tiene treinta *santjaques* y çient *subaxis* quasi de la mesma paga. Tiene también ocho mill *espais* y el de la Greçia otros tantos y más. El terçero es el *beglerbei* de la Caramania; no es tan grande como estos otros. Tiene diez *sanjaques* y entre *subagis* y *espais* obra de diez mill. El quarto es el *beglerbai* de Amaçia. Tiene como éste la paga y jente. El quinto es el de Arbecha, en Mesopotamia. Danle más partido que a los otros porque está en la frontera del Sophí. Tiene beinte *sanjaques* con quinçe mill caballos; tiene sobre todo esto un Virrey en las tierras que tomó al Adulí y otro en el Cairo, que le embían cada año grandes thesoros. En el campo es preferido el *beglerbei* de la Greçia, y no puede nadie tener las tiendas colocadas ni junto a la del gran señor sino los tres baxás, y éstos, y si hay algún hijo del Gran Turco es obligado a estar debaxo de lo que éstos ordenaren, en paz y en guerra. Paga muy bien toda esta jente. Cada luna veis aquí un exérçito. Tras éstos es un señor que es mayor que todos si quiere, que es el *geníçaro agá,* el general de los genízaros, el qual tiene debaxo de sí comúnmente doze mill genízaros, que hazen temblar a toda Turquía y en quien está toda la esperança del campo y las victorias más que en todo junto, como nuestro rey en los españoles.

---

[1] *beguelerbai,* hoy *bey-ler-bey-i,* 'jefe de jefes' (inus.) Estos capitanes generales del ejército otomano eran los gobernadores de las provincias administrativo-militares del Imperio *(beylerbeyliks),* que Pedro menciona a continuación. Bajo éstos estaban los *sancaks (santjaques,* en las ediciones comerciales), *sanjacos* en el Ms. toledano (f. 160r, así como *sanga,* 'bandera', *ídem,* 162r), unidades administrativas inferiores o distritos, gobernados por un *sancak-bey.* De ellos dice Busbecq en su primera carta: «Este es el título que los turcos dan a un oficial con mando; y el nombre viene de *sanjak* o estandarte, que es llevado al frente del escuadrón de caballería. Consiste en una lanza en cuya punta hay una esfera de latón recubierta de oro.» *(Fors-Dan,* I, 84.)

JUAN.—¿Qué cosas son esos genízaros?

PEDRO.—Todos son hijos de christianos tributarios del Gran Turco, como griegos, búlgaros y esclabones en los quales son obligados los padres a dar de çinco uno, no en todas partes, porque en muchas son previllegiados; y demás de todo esto, aunque os paresce que gasta mucho el Turco con tener el exérçito en paz y guerra tan grande, hágoos saver que es poco; porque de cada cabeza que hay en la casa de qualquier christiano o judío, de catorze años arriba, son obligados a pagar un ducado cada año. Mirad quántos millones salen, y los hijos que le diezman tómanlos pequeños y pónenlos a ofiçios y a deprender leer y a trabajar, para que se hagan fuertes, y destos eligen los genízaros. Llámanse, antes que los hagan genízaros, *axamoglanes*[2]. Traen por insigna los genízaros unas escofias de fieltro blanco a manera de mitras con una cola que buelve atrás y hasta en medio labrada de hilo de oro, y un cuerno delante de plata tan grande como la escofia, lleno de piedras los que las tienen. Éstos son jente de a pie, y si no es los capitanes dellos, que son diez prinçipales de a mill, y çiento menores de a cada çiento, no puede en la guerra nadie ir a caballo.

JUAN.—¿Qué es la paga désos?

PEDRO.—De real y medio hasta tres cada día, y una ropa larga azul cada año. Los axamoglanes tienen de medio real hasta tres quartillos y otra ropa; su insignia es una escofia de fieltro amarillo, de la mesma hechura que un pan de azúcar; también les dan una ropa de paño más grosero y del mesmo color cada un año, y destos y de los geníçaros embían siempre en todos los nabíos del gran Señor cada y quando que salen fuera para el mar Mayor y al Cairo y Alexandría.

MATA.—¿Dónde tienen esos geníçaros su asiento?

PEDRO.—Las fortalezas prinçipales todas están guarneçidas destos, porque aunque sean malhechores no los matan, sino embíanlos fuera de Constantinopla en un lugar apartado de Constantinopla, quasi en medio della, que se llama *Iaibaxá*[3].

---

[2] *axamoglanes:* propiamente *acemi-oglan-lar,* de *acemi,* 'novicio' y *oglan,* 'niño'. La palabra tiene dos acepciones: *a)* jóvenes educados en las escuelas de palacio, y *b)* niños arrebatados en levas forzosas y educados en el arte militar para convertirlos posteriormente en jenízaros.

[3] Es difícil localizar este punto según las palabras de Pedro, ni sabemos si en la expresión *apartado de Constantinopla,* se re-

Están más de mill cámaras, donde ellos viben diez por cada cámara, y el más antiguo de aquellos diez se llama *oddobaxí,* al qual están los otros subjetos, y cuando van en campo es obligado de buscar un caballo en que lleben sus ajuares. Danle a cada cámara un *axamoglán* para que los sirba de guisarles de comer.

MATA.—¿Qué, tan grande es la cámara?

PEDRO.—Quanto puedan caber todos a la larga echados.

MATA.—¿Y los que son casados?

PEDRO.—No puede geníçaro ninguno ser casado.

JUAN.—¿Cómo duermen?

PEDRO.—En el suelo, como esclabos; no hay hombre dellos que en paz ni en guerra tenga más cama de una alombra y una manta en que se rebolver, y sin jamás se desnudar aunque esté enfermo.

JUAN.—¿Ninguno puede ser casado?

PEDRO.—Siendo geníçaro no; pero suelen asçender a capitán o a espai o algún otro cargo, y salen de aquel monesterio. La más fuerte jente son que en ningún exérçito hay de espada, arco y escopeta y partesana, y no creo que les haze cosa ninguna ser fuertes sino el estar subjetos y no regalados.

MATA.—Deçid, por amor de mí, a un soldado de los nuestros que no duerma en cama, y si es a costa ajena, podiéndolo hurtar o tomar por fuerza del pobre huésped, que dexe de comer gallinas y aun los viernes, y que no ande cargado de una puta.

JUAN.—Hartas veces duermen también en el campo sin cama.

PEDRO.—Será por no la tener.

MATA.—¿Lleban putas?

PEDRO.—En todo el exérçito de ochenta mill hombres que yo vi no había ninguna. Es la verdad que, como son buxarrones y lleban pajes hartos, no hazen caso de mugeres.

JUAN.—¿Ordenan bien su exérçito como nosotros?

PEDRO.—¿Por qué no? Y mejor. No son jente bisoña los que gobiernan, sino soldados viejos, y no tienen neçesidad de hazer jente ninguna como acá, sino embía a llamar tal *beglerbei* que venga luego a tal parte; luego éste llama sus *santjaques*

---

fiere afuera del Serrallo o fuera de la muralla occidental. La actual *Yeniçiler Caddesi* o calle de los jenízaros, próxima al antiguo camino imperial bizantino o Mese, se halla en el centro del actual Istambul.

baís, y los *santjaques* sus capitanes; y en paz están tan aperçi-
bidos como en guerra, de manera que dentro de terçero día
que el *beglerbei* resçibe la carta del emperador tiene allegados
veinte mill hombres pagados, que no tiene que hazer otro sino
partirse, y el que dentro de terçero día no paresçiese le sería
cortada sin remisión ninguna la cabeza, diçiendo que ha tantos
años que el señor le paga y el día que le ha menester se esconde. Ochenta mill hombres vi que se juntaron dentro de
quince días de como el Gran Turco determinó la ida de Persia[4].

MATA.—¿No tocan atambores?

PEDRO.—Para hazer jente no; mas en el campo traen sus
atambores y bien grandes, que no puede llebar un camello más
de uno, y tócanle dos hombres, y çierto paresçe que tiembla
la tierra. También hay trompetas y pífanos.

JUAN.—¿Qué ordenança lleban quando el Gran Turco sale
en campo?

PEDRO.—De los geníçaros escojen para lacayos tresçientos,
que este emperador tiene los más gentiles hombres de todos, y
muy bien adrezados, que se llaman *solaques*[5]; lo quales traen
en la cabeza una mitra blanca a modo de pan de azúcar, y
enzima un muy rico penacho y grande de garçotas blanco. Muy
soberbia cosa çierto es ver quando sale en campo, que los
geníçaros van todos hechos una rueda dentro de la qual va, y
los solaques la mitad atrás y la otra delante, y todos los baxás y
beglerbeis junto a él, delante de los quales todos los sanjaques
ban con sus banderas cada uno, y no las dan a los moços,
como acá, sino ellos mesmos se la lleban. En quantos os he
dicho [no] hay hombre, sino es los geníçaros, que vaya bestido
menos de seda o brocado hasta en pies. No curéis de más sino
que más soberbio prínçipe en ese caso no le hay en el mundo
ni más rico, porque con quanta costa tiene en lo que os he
dicho gana y no pierde en las jornadas, agora sea por mar,
agora por tierra; por que en queriendo salir, luego echa un
repartimiento ansí a turcos como judíos y christianos, para

---

4 La campaña a que alude Pedro es aquélla a que se ha hecho referencia en IX, nota 2. Sobre la intervención del Shah o Sofí
Tahmasp en el conflicto suscitado entre los dos hermanos, Selim
y Bayaceto, hijos de Solimán, habla Busbecq en la tercera de sus
cartas *(Fors-Dan,* I, 298 y ss.; véase amplia nota sobre la rivalidad
turco-persa en dicha edición, pág. 299).

5 *solaques: solak-lar,* guardaespaldas o escolta especial del Sultán.
En Georgievits (E), «sunt milites praecipui et electissimi...» (f. C 2v).

ayuda de defender sus tierras contra christianos, y saca más de lo que gasta por más jente que llebe.

JUAN.—Bien sé que no se puede contar ni saber la renta que tiene de çierto; pero, a lo que comúnmente se diçe, ¿qué tanta será?

PEDRO.—Dexadme acabar el escuadrón de la guerra, que todo se andará para que no dexemos rastro. Estos espais, que son como acá caballos ligeros de la guarda del rey, le hazen siempre, quando está en el campo, de quinientos en quinientos, la çentinela al derredor del pabellón, y los que duermen también tienen destar allí; detrás de todos éstos van los *silitaros* en esquadrón, que son dos mill, los quales lleban los caballos del Gran Señor para quando quisiere trocar caballo, que es como acá pajes de caballeriza; luego van los *ulofagos,* que son mill quasi, como espais, y hazen la çentinela al rey de día y noche; luego va el esquadrón de los *cazadores,* que son tantos[6] como el exérçito de algún rey a caballo y a pie.

JUAN.—De manera que sirben de soldados y cazadores.

PEDRO.—No cale a nadie dezir no soy obligado a pelear, que moços de çozina y todos van quando el rey sale. Bien son los cazadores mill de caballo, y más de otros tantos a pie, y tiénelos bien menester, porque tiene gran multitud de alcones, azores y girifaltes que le traen de tributos y presentes; perros de todas suertes un buen rebaño hay como de ovejas, de más de dos mill. Los lebreles y alanos tienen paga de geníçaro cada día; los podencos, galgos y perdigueros, paga de axamoglán, y aun mantas cada un año, ansí para echarse como para traer, porque los usan allá traer enmantados como caballos. Mil

---

[6] *silitaros, ulofagos, cazadores.* Los primeros, *sulihtar-lar (GeorG,* E, 3v) o *silahdar* (Inalcïk, pág. 82), eran los que estaban al cuidado de las armas del sultán. Los segundos *(ulufagi,* en Busbecq; *ouloufedgis* en sus traductores, pág. 153) eran jinetes a sueldo; Inalcïk, los excluye de la lista que llama *Servicio Exterior* del Serrallo. En *GeorgE,* «vlvfagi sunt mil'e equites»; en Menavino, *svluphtar,* «con mille, et cinque cento huomini schiavi del Re, ...» (IV, pág. 111).

Finalmente, entre los que Pedro llama *cazadores* deben incluirse los halconeros y el resto del servicio de cetrería del sultán *(şikar halki,* en Inalcïk, pág. 82).

Como puede colegirse de las diferentes denominaciones y de la ausencia de otros cuerpos militares que cita Menavino, como los *Müteferrik-a-lar* o escolta de elite, o los *Garipigi* o *Ghoureba* de la carta I de Busbecq, no puede llegarse a conclusiones definitivas sobre las funciones de estos cuerpos de escolta especiales.

jeníçaros y axamoglanes tienen cargo de solos los perros, y no les falta en qué entender.

MATA.—¿Y jente de a pie no hay?

PEDRO.—Demás de los geníçaros y solaques, que van a pie, hay otro esquadrón que llaman *cariplar,* como quien dize el de los pobres, que por la mayor parte es de tres o quatro mill. El postrero es de *azape*[7], como quien diçe libres, los quales son hijos de turcos y naturales, y éstos se allegan como acá los soldados, y cuando se acaba la guerra los despiden.

JUAN.—Con todo eso no me pareçe que llega el exérçito a ochoçientos mill y a quatroçientos mill, como acá nos quentan que trae el gran señor en campo.

PEDRO.—Una muy gran cantera o mina habéis descubierto que no os la sabrá nadie soltar sino es muy visto en aquellas partes; y si nuestro invictíssimo Çésar tubiese tiempo de poder ir contra este exérçito, con sólo el diezmo de gente que llebase quebraría los dientes al lobo, sino que, parte él estar empedido en estas guerras de acá, que no le dexan executar su deseo, parte también nuestra cobardía y poco ánimo, por las ruines informaçiones que los de allá nos dan sin saber lo que se diçen, les da a ellos ánimo y victorias; de manera que el miedo que nosotros tenemos los haze a ellos balientes, que de otra manera más gente somos de guerra sesenta mill de nosotros que seisçientos mill dellos, y más son diez mill caballos nuestros que çien mill[8] de los suyos.

MATA.—¿Cómo pueden ser más setenta que ochocientos?

PEDRO.—Deçíroslo he, si estáis muy atentos a oír la cosa, que hallaréis poco o ninguno que os sepa dezir çiertamente. Suele haver en el campo del Gran Turco ordinariamente quinientos mill hombres, y no más tampoco, porque siempre se dize más de lo que es, de los quales oxalá sean el diezmo para armas tomar; çient mill caballos cada vez los lleba sin dubda ninguna; mas tened por averiguado que no son treinta mill, ni aun veinte. ¿Pensáis que por caballo se ha d'entender un caballo de los hombres de armas de acá? Pues engañado estáis,

_____

[7] *cariplar, azapes.* Los primeros, *garip-lar* (turc. mod. 'mendigos') son los soldados de a pie, destinados al cuerpo de tropa personal del sultán. Los *azap-lar* (turc. mod. azap, 'soltero') son los *asappi* de Georgievits: «pedites sunt in emittendis sagittis peritissimi, missi a civitatibus Turcicis,... pro stipendio accipiunt» (C 4r), coincidiendo en esto con la definición de Pedro.

[8] El amanuense de *M-1* escribió primero *diez mil* (f. 113r).

que de aquellos pocos hay. ¿Acuérdaseos que os dixe ayer quando me quise huir que compré dos caballos en çinco ducados, razonables?

MATA.—Muy bien.

PEDRO.—Pues hazed quenta que de seis partes de los que hay en el campo del Gran Turco los çinco son de aquéllos.

MATA.—¿Y de qué sirven?

PEDRO.—Yo os lo diré; de dos mill espais que hay que tienen a medio ducado de paga al día, cada uno es obligado a tener tres caballos consigo y tres hombres en ellos; y otros que tienen un ducado de paga son obligados a mantener seis caballos, y cada uno conforme a la paga que tiene; allende desto, como no son gente regalada ni duermen jamás en poblado, cada uno lleba un caballo cargado con la tienda y una cama en que duerme, y otro con arroz y vizcocho y calderas en que guisar de comer, y otro para los vestidos y ajuar; demás de todo esto, en casa no dexan más de las mugeres; no hay quien no tenga media doçena de esclabos, pajes y otros quatro para los caballos, y todo esto que digo mantiene cada día con medio real de pan y otro tanto de arroz; vino no lo beben; pues los caballos los más días comen heno. Finalmente, que cada espai lleba al menos ocho caballos, y entrellos uno que vale algo, y diez esclabos, y con dos reales de costa al día el que más gasta. Ansí mesmo cada ulofegi otro tanto, y todos quantos tiran[9] de paga un ducado lleban doze criados y otros tantos caballos; y si tiene de paga dos ducados lleba doblados caballos y esclabos.

JUAN.—Espántame poder sustentar con tan poco dinero tanta gente.

PEDRO.—¿De qué os espantáis? ¿No miráis que son sus esclabos y no les dan salario ninguno ni a beber vino, ni vestido, sino de mill en mill años? También hinchen mucho los que tienen cargo de apaçentar los caballos del Gran Turco y llebarlos de diestro, que son christianos.

MATA.—¿Y ban con él a la guerra?

PEDRO.—Y son los que más probecho le hazen, de Caramania y Blachia[10], que son tierras de jente medio salvaje, y de

---

9 *tirar* por 'sacar', probable galicismo.
10 *Caramania* o *Carabogdan* es la Anatolia meridional. *Blachia* es la actual Valaquia, región rumana fronteriza con Bulgaria, al norte del Danubio, que separa a ambas. La denominación de *salvajes* la infiere Pedro del carácter de montañeses que tenían unos y otros, por

Bulgaria. También se dan muchos tributos al Gran Turco entre los quales cada año tienen estas provinçias de embiar dos mil hombres para dar el verde a los caballos del Gran Señor y llebarlos de diestro quando va en campo.

JUAN.—¿Y qué paga les dan a esos?

PEDRO.—Ninguna; mas de que cada uno, quando se buelven, que ha servido un par de años, lleba consigo una póliça de cómo sirvió y es exento de no pagar al rey tributo ninguno de un ducado que cada año había de pagar, y quando viene'n la primavera traen su capitán y vanse a presentar delante del Gran Turco con una hoz y un haz de heno cada uno por insignia, y luego les reparten los caballos.

MATA.—¿Pues tantos caballos tiene el Gran Turco que son menester dos mill hombres?

PEDRO.—Y aun más de tres mill también. Es muy rico y tiene grangerías de yeguas y caballos, y os seguro que pasan de çinco mill los caballos regalados y más de çinquenta mill camellos, por no deçir de çient mill. ¿Con qué pensáis que podría dar a todos los de su corte, que son más de beinte mill, los caballos y camellos, sino desta manera? Que si yo tengo por gentil hombre suyo un escudo de paga, digo de los que sirben en su corte, les da también tantos caballos y tantos camellos quando fuere en campo; por manera que, muy bien contado todo, de quatroçientos mill hombres habrá çient mill que peleen, y aun ojalá ochenta, y esto querría yo que procurasen saber de raíz nuestros príncipes christianos, y no creer a cada chirrichote que se viene a encalabaçarles beinte mentiras, que después no hay quien los saque dellas. Pues en las cosas de la mar, me deçid; que no hazen sino parlar que puede armar doçientas galeras, quinientas galeras; yo le conçedo que cada vez que quiera puede echar tresçientas en la mar, pero armarlas le es tan imposible como a mí, porque si tiene guerra en Persia, si arma setenta hará todo su poder y más de lo que puede; y si no tiene guerra, çiento y veinte serán las más que pueda.

MATA.—¿Cómo no puede con tanto dinero armar las que quisiere?

su proximidad a las cadenas montañosas del Tauro y de los Alpes transilvanos, respectivamente.

Del trato y doma de los caballos habla extensamente Busbecq en su carta III *(Fors-Dan,* I, 215-218), pero no incurre en las notas que Pedro adjudica a los jinetes turcos (véase cap. siguiente, pág. 433).

PEDRO.—Porque no aprobecha el dinero y la galera sin gente que la govierne. No hay marineros en todo su estado para más de çiento; y aunque haya marineros no hay quien reme, que tiene menester para cada una çiento y sesenta hombres, y no se pueden haver de tres o quatro mill adelante, de aquellos morlacos y chacales que vienen a Constantinopla para alquilarse a remar.

JUAN.—¿Qué será la renta del Gran Turco?

PEDRO.—Lo más conforme a la verdad que pude descubrir es que de sólo el tributo de los christianos tiene cada año millón y medio, sin los presentes, que son más de otro medio[11]; las alcabalas, un millón escaso; las salinas, medio millón; bien hay otro medio millón al menos de las cosas que vacan antes que él las probea y las haçiendas de todos los que mueren sin hijos, y aunque los tengan, si tienen ofiçios Reales entra por hijo el Gran Turco a la partiçión. El estado que fue del Carabogdán paga cada año millón y medio y harto más; los veneçianos pagan por Chipre y el Zante treze mill ducados, sin lo de las parias que no sé lo que monta. El Chío le da 14 mill; Raguça, medio millón diçen; esto no sé si es tanto. El baxá que está por governador del Cairo y Suria[12] y todo el estado que tenía el soltán, da un millón, y quinçe mill hombres pagados. Sobre todo esto tiene aquellas minas que ayer os dixe de la Cabala y la isla del Schiato, que pasan de dos millones. Pues sumadme vos lo que valdría la déçima de todos los fructos del imperio, que yo no me atrebo.

JUAN.—¿Los diezmos lleba el Gran Turco?

PEDRO.—¿Qué pensabais? todos, ansí de christianos como judíos y turcos, y no penséis que le valen menos los judíos del tributo que le dan que los christianos, que antes es más; por-

---

[11] Sobre la renta que el Gran Turco obtenía de sus vasallos, Pedro parece haberse inspirado en Spandugino (II, págs. 141-142), pero las cifras no coinciden. Por ejemplo, para el *Carabogdan-i (Spand.)* este último dice que «paga di tributo cinque cento mila ducati l'an(n)o».

Líneas más arriba se escribe *mortales* en lugar de *morlacos,* marineros como los *chacales.* Su nombre procede del Canal de la Morlaca (Dalmacia).

[12] *Suria* es el nombre corriente entre varios escritores de la época para designar a la actual Siria (v. gr. Pero Mexía, lib. III); otros, como Rocca, emplea *Soria.* Sobre La Caballa y Siderocapsa, véanse cap. X, notas 26 y 34.

que aunque creo que son más los christianos, los tributos de los judíos son mayores mucho. Quando tiene de ir en campo, todos los baxás y beglerbeis y sangiaques y los demás ofiçiales principales a porfía le hazen cada uno un presente, el mejor que puede. Yo vi uno que Çinán Baxá le hizo que valía çient mill ducados de plata y oro y sedas.

JUAN.—Un mal orden veo en el pagar del tributo de los christianos que deçís.

PEDRO.—¿Qué es?

JUAN.—Que paga uno de catorze años arriba un ducado, ¡qué barbarería es tratar a los pobres y a los ricos de una mesma forma!

PEDRO.—No tocáis mal puncto, y por eso os tengo dicho que preguntándome me haréis acordar muchas cosas. El pobre y el rico, en tocando los años catorze, es empadronado en el libro que llaman del *aracho* [13], y si es pobre paga un escudo y el rico tres.

JUAN.—Eso bien.

PEDRO.—Y aun hay algunos, particularmente previllegiados, que no pagan nada, mas son obligados de hazer un presente que valga treinta ásperos.

MATA.—¿De artillería es bien probeído?

PEDRO.—No lo solía ser, ni tenía maestros que los enseñasen, principalmente el encabalgar las piezas en carretones, hasta que echaron los judíos de España, los quales se lo han mostrado, y el tirar d'escopetas, y hazer de fuertes y trincheras y todos quantos ardides y cautelas hay en la guerra, que no eran antes más que unas bestias. Hanse en el campo desta manera, que si se quema la tienda de alguno, so pena de la vida no puede gritar ni hazer alvoroto, sino matarlo si puede buenamente, por no de asosegar el campo, y aunque vengan a matar algunos a otro, no puede aquél tal gritar, sino defenderse y callar, so la mesma pena, y aunque se le suelte el caballo no puede ir tras él gritando, sino bonicamente si le puede coger, y si no que se pierda.

JUAN.—¿Qué mazeros lleba el Gran Señor? porque otros reyes lleban los que hagan lugar para pasar.

PEDRO.—Llámase el *chauz baxí* [14], un capitán que sirve

---

13 En *M-1*, «el más pobre»; *aracho*, de *araç*, es 'censo' y 'empadronantiento'.

14 *chauz* (XVI, nota 4): 'macero' (*chiausi-ler*, en Menavino, IV, página 115).

como de sargento, de poner la gente en orden, y tiene debaxo de sí, que tengan el mesmo ofiçio, treçientos *chauzes,* que van haziendo lugar por donde ha de pasar.

MATA.—¿Hay allá postas como acá?

PEDRO.—Donde quiera que va el Gran Señor le siguen los correos de a caballo; pero no hay caballos deputados, para eso, porque son tan çelosos que les podrían dar avisos a los christianos por donde urdiesen alguna traiçión.

MATA.—¿Pues corren sin caballos?

PEDRO.—Cada uno es menester que llebe una çédula del Gran Turco para que le den caballos por donde fuere, con la qual hazen dos mill vellaquerías, tomando quantos topan por el camino sin que se les pueda deçir de no, y algunos rescatan por dineros. Verdad sea que no corren allá de noche; los mejores correos son de a pie, que van siempre donde quiera que va el Gran Señor junto a él çient persianos, que llaman *peics* [15], los quales dizen por muy averiguado que no tienen vazo. Yo no lo creo, pero ellos mesmos me diçían que era verdad, y no querían dezir el secreto cómo se le sacaban. Éstos van cantando y saltando siempre delante el caballo del señor, sin calzas, vestidos de unas ropas de seda verdes y cortas hasta las espinillas; en la cabeza una mitra como pan de azúcar de terçiopelo colorado, llena de muchas plumas y muy galanas, y colgadas de la çinta unas campanillas como de buhonero, de plata, que quando caminan van sonando; en la una mano un pedazo de azúcar cande y en la otra una redomica de agua rosada, con que van roçiando la gente, y en el puncto que algo quiere el señor, despachan uno de aquellos.

JUAN.—¿Qué tanto caminan cada día?

PEDRO.—Veintiçinco leguas y treinta si fuere menester. Çinán Vaxá tenía uno que de Constantinopla a Andrinópoli iba en un día y venía en otro, que son treinta leguas.

MATA.—Mucho es; no camina más la posta. ¿Es verdad que quando el Gran Señor sale fuera siempre lleba diez mill caballos que le acompañan?

PEDRO.—Más lleba de ochenta mill quando va a la guerra.

MATA.—No digo yo sino a pasear por la çibdad o a su oración.

PEDRO.—Eso es una gran mentira; porque si tiene de ir a pasear, por la mayor parte va en un bergatín por mar; si tiene

---

[15] *peics,* del turco *peyk,* 'mensajero', 'cosario'.

de ir a la oración, sabed que lo que esos dizen en su vida vieron
doçientos caballos juntos, porque de otra manera no dirían tan
grande neçedad; desde el palaçio a Sancta Sophía, donde se
le diçe el ofiçio, habrá quatroçientos o quinientos pasos. Pues
metedme en quinientos pasos diez mill caballos. Aina me
haréis dezir que diez mill mosquitos no cabrán por el aire,
quanto más caballos. La realidad de la verdad es que quando
sale, ansí sale como nuestro emperador, con obra de tresçientos de a caballo y otros tantos de a pie, y no creáis otra cosa
aunque os lo juren; lo que podrán afirmar es que son gente
muy luçida todos aquellos, porque traen ropas de brocado y
sedas de mill colores, hasta en pies, y muy luzidos caballos, y
aquellos solaques con sus penachos campean mucho y abultan
yendo como van ellos y los geníçaros en grande ordenança.

CAPÍTULO XVIII

Santa Sofía. El ejército en campaña

JUAN.—¿Sancta Sophía tienen los turcos como nosotros?

PEDRO.—Justiniano Magno, duodéçimo emperador de Constantinopla, edificó el templo de Sancta Sofía, el más magnífico, sumptuoso y soberbio edifiçio que pienso haber en Asia,
África, ni Europa; y quando soltán Mahameto tomó a Constantinopla, hízole hazer, quitanto todas las imágenes y figuras,
mezquita suya, adonde el Gran Señor va todos los viernes a su
oraçión, y quedóle el nombre de Santa Sofía[1]. Toda la han

---

[1] Sobre la descripción de Santa Sofía es difícil precisar las fuentes
en que se inspira Urdemalas. El autor del *Viaje,* como Vicente Rocca
—y en el supuesto de que el primero no llegara a conocer la historia del segundo— puede haber tenido a la vista los *Viajes* de Nicolai, la *Cosmografía* de Münster y los *Comentarios* de Spandugino.
E incluso pudo haber tenido noticias de la primera de las cartas de
Busbecq en donde éste nos dice que «sólo con un favor especial pudo
entrar en la gran mezquita» *(Fors-Dan,* I, pág. 123). Lo que no cabe
duda es que el supuesto Urdemalas tiene a mano una *razonable*
terminología para describir a sus amigos las maravillas del gran
templo y que, como ya he indicado, está enterado de procedimientos
de construcción y decoración (véase V, nota 17).
La mención de Santo Domingo de Silos y el conocimiento de la
existencia de yacimientos o canteras de jaspe, nos pone otra vez en
la suposición de que el autor es un burgalés o es familiar con lu-

derribado, que no ha quedado más de la capilla prinçipal y dos claustras, para edificar allí casas.

JUAN.—¿Qué más había de tener de dos claustras?

PEDRO.—Más de quatro villas hay en España menores que solía ser la iglesia; tenía tresçientas puertas de metal y una legua pequeña de çerco.

JUAN.—¿Qué obra tiene? ¿de qué está hecha?

PEDRO.—Yo quería pintárosla quando hablase de Constantinopla; pero, pues viene a propósito, dicho se estará; no puedo dezir con verdad cómo estaba primero, porque yo no la vi, sino de oídas; mas viendo los cimientos por donde iba y lo que hagora hay, se puede sacar lo que estonces era. Las dos claustras son todas de mármol blanco, suelo y paredes, y la techumbre de obra musaica; tienen diez y ocho puertas de metal. El mármol no está asentado como acá, sino muy pulido, a manera de tablero de axedrez.

MATA.—Eso me dad a entender que las paredes se hagan de aquella hechura.

PEDRO.—Los mármoles sierran allá como acá los maderos, y hazen tan lindas y tan delgadas tablas dél como de box, lo qual es uno de los más grandes trabajos que a los christianos les dan.

MATA.—La sierra debe de ser de requesón, porque otra cosa no bastar a hender ni cortar los mármoles, como nos queréis hazer en creer.

PEDRO.—La sierra, porque hagáis milagros, corta sin dientes ni aguzarla, y porque me habéis detenido mucho en esto os lo quiero presto dar a entender. Con aquellas sierras, en la señal que hazen, echando arena y agua se corta con la mesma arena, y es menester que uno esté de contino echando arena.

JUAN.—Donde sacan el jaspe, en Sancto Domingo de Silos, me han dicho que se haze eso.

PEDRO.—Créolo; de manera que primero hazen de obra gruesa la pared; después asientan ençima aquellas losas, no más ni menos que lo escaques en un tablero de axedrez, o como acá ladrillos. La capilla principal no tiene en toda ella mármol ninguno, sino todo es jaspe y pórfido.

MATA.—¿El suelo también?

PEDRO.—Todo.

gares de la zona burgalesa próxima a la Rioja. Sin embargo, más adelante, la mención de conventos de franciscanos y clarisas (páginas 440 y 486-487), nos coloca en la alternativa de Burgos-Valladolid.

MATA.—¿No será muy grande desa manera?

PEDRO.—Cabrán dentro diez y siete mill ánimas, las quales cada día de viernes se ven salir, porque sólo aquel día se dize el ofiçio con solemnidad, de que el rey o quien está en su lugar se tiene de hallar presente.

MATA.—¡Ay ojo! ¡ay que me ha caído no sé qué! ¿en una capilla de jaspe y pórfido diez y siete mill ánimas? Vos que estáis más çerca tiradle del ávito, y paso, porque se le romperéis todo.

PEDRO.—El contar a bobos como vos cosas tales es causa del admirar. ¿Habéis nunca estado en Salamanca?

MATA.—¡Pues no! ¿Por qué lo preguntáis?

PEDRO.—Qué boquiabierto debíais destar quando vistes el relox, porque para tales entendimientos como el vuestro y otros tales aquella es una sutil invençión y grande artifiçio. Pues más os hago saver, que con ser quán grande es, que bien terná un tiro de arcabuz de parte a parte, en medio no tiene pilar ninguno, sino el cruzero de obra musaica, que paresçe que llega al cielo; alderredor todo es corredores de columnas de pórfido y jaspe, sobre que se substenta la capilla, uno sobre otro. Estoy por dezir que en solas las ventanas pueden estar más de doze mill ánimas, y es ansí.

JUAN.—¿Cómo están esos corredores? ¿Todos alderredor de la capilla?

PEDRO.—Sí, y unos sobre otros hasta que llega a lo más alto.

JUAN.—Admirable cosa es ésa. ¿Y dexan entrar a quantos quieren dentro a verlo?

PEDRO.—Si no son turcos no puede otro ninguno entrar, so pena que le harán turco, salvo si no es privado, como yo era. Siempre tiene su guarda de geníçaros a las puertas, los quales por dos reales que les den dexaran entrar a los que quisieren, sin pena; pero si entran sin licençia castíganlos como dicho tengo. La capilla tiene nuebe puertas de metal que salen a la claustra, todas por orden en un paño de pared, quatro de una parte y otras tantas de la otra; tienen la mayor en medio y todas son menester, según la gente carga, y son bien grandes; tienen unas antepuertas de fieltro colorado; la cubierta de arriba, en lugar de tejas, es toda plomo, como dixe de la casa de Ibrahim Baxá.

MATA.—Yo callo. Dios lo puede hazer todo.

PEDRO.—Bien podéis, que ello es como yo digo, que no me va a mí nada en que sea grande ni pequeña; mas digo aquello que muchas vezes he visto y palpado.

JUAN.—Los galanes, ¿como por acá van a mula y a caballo a ese templo?

PEDRO.—Todos los que las tienen. Verdad es que más se usa cabalgar a caballo que a mula, aunque muchos señores van a mula y los judíos médicos también; tienen por gran deshonestidad cortarles la cola, y por eso no lo hazen sino trençánsela y atánsela a la correa del estribo que la llebe de lado.

JUAN.—¿Traen gualdrapas?

PEDRO.—Todos; pero pequeñas, de brocado o de carmesí; las sillas son pequeñitas y muy pulidas, pintadas o de plata, y sobrellas no les echan gualdrapa ni otra cubierta, porque son ansí más galanas labradas. El moço d'espuelas o paje lleba un caparaçón de paño muy repicado y en apeándose el amo luego le echa aquél ençima a la silla porque no se ensuçie.

MATA.—¿Cabalgan bien? ¿Son buena gente de caballo?

PEDRO.—Los turcos no, sino muy ruin; los estribos son anchos como los de la gineta, y cabalgan largo a la estradiota[2]. Si corren, harto piensan que hazen en tenerse que no los derribe el caballo, sin otra poliçía, dando mill culadas. Los caballos todos son capados y mejor curados que ninguna naçión, sino es aquellos que quieren para casta, y de aquí viene que están en una caballeriza muchos muy juntos sin rifar. Por la mayor parte traen todos los galanes el freno de plata y las riendas también. Lleban todos colgada del arçón una maça de yerro y una caja de latón que cabrá dentro un azumbre de vino.

MATA.—¿De qué les sirbe aquella?

PEDRO.—Quando pasean por la çibdad lleban en ella una esponja con que se limpian los bestidos en apeándose, como nosotros con escobetas, y quando van en campo les sirbe como a nosotros una barretera o barjuleta de llevar un poco de carne o higos o pan.

---

[2] *a la estradiota:* «Vn género de cauallería, de que vsan en la guerra los hombres de armas, los quales lleuan los estribos largos, tendidas las piernas, las sillas con borrenas do encaxan los muslos, y los frenos de los caballos con las camas largas. Todo lo qual es al revés de la gineta...» *(Cov.,* 386b).

Para el origen del vocablo, consúltese el interesante artículo de Kahane-Pietrangeli, «Cultural Criteria for Western Borrowings from Byzantine Greek», en *Homenaje a Antonio Tovar* (Madrid, Gredos, 1972), pág. 212.

MATA.—¿No hay allá escobetas?

PEDRO.—Sí, hartas; pero mucho mejor limpia el paño la esponja, y el cuero para las guarniçiones del caballo; que en apeándose, entre tanto que negoçia, se las tienen de limpiar los moços; tanto son de pulidos y limpios. Para los pies del caballo lleba el moço d'espuelas otra en la çinta.

MATA.—No hemos dicho de las armas con que pelean.

PEDRO.—Ellos no usan arneses como nosotros; camisas de malla los que las pueden alcançar las traen, y unos morriones guarnesçidos de plata muy bien hechos, y éstos son pocos los que se los ponen, porque el tocado que ellos traen cada día en lugar de caperuza, es tan fuerte como un almete y no le pasará un arcabuz; la jente de caballo también lleba cada uno una lanza medio gineta con una beleta de tafetán, y como cada caballo tenga una déstas en la mano paresçe lo mejor del mundo, y de muy lexos campea.

MATA.—No podrá dexar de ser cosa muy de ver çient mill caballos que cada uno tenga su lanza con bandereta; pues ¿no usan lanza en cuxa[3], como éstas de nuestros hombre d'armas?

PEDRO.—¿Para qué las quieren, no usando arneses? La jente de a pie son buenos escopeteros, y traen unas gentiles escopetas que acá son muy presçiadas, y con razón, partesanas y sus zimitarras.

JUAN.—Muchas vezes he oído que quando tiene de llebar la artillería, que la haze desbaratar toda, y a cada uno da tantas libras que llebe y adonde se tiene de asentar la haze undir[4].

PEDRO.—Asiéntese con las otras fábulas que por acá quentan, y no nos detengamos en eso, que él trae la mejor artillería que príncipe del mundo, y mejor encabalgada en sus carretones y con todo el artifiçio neçesario. Teniendo tantos renegados, por nuestros pecados, que son muchos más que los turcos naturales, ¿queríais que ignorase todos los ardides de la guerra? Aína me haréis dezir que es más y mejor la artillería que tiene sobrada en Constantinopla, sin servirse della que la que por acá tenemos aunque sea mucha. El Sophí es el que no trae artillería ni escopetería, que si la tubiese, más belicosa jente son que los turcos.

---

[3] *lanza en cuxa. Cuja* es la bolsa de cuero o anillo de hierro para meter o sujetar el cuento de la lanza. (Véase también en *Cov., lanza en cuxa,* s.v. *coxin.*)

[4] *hundir* es 'fundir': véase págs. 38 y 270, notas 33 y 34, respectivamente).

JUAN.—El Sophí ¿es turco o qué es?

PEDRO.—Rey de Persia, donde fue el fin de Mahoma; todos son moros.

JUAN.—¿Pues a que fin es la guerra entre él y el Gran Turco?

PEDRO.—Pretende el Sophí que él es el legítimo emperador de Constantinopla, Cairo y Trapisonda y a él compete la conquista y defensión de Mahoma, como a más antiguos moros, y que el Gran Turco es medio christiano, y desçiende dellos, que el Gran Turco es medio christiano, y desçiende dellos, y todos sus renegados son hijos de christianos y malos turcos, como el emperador solía traer contra los alemanes luteranos la guerra[5].

PEDRO.—Sesenta mill caballos, todos de pelea, y tan acostumbrados al mal pasar que se estarán dos años si es menester sin meter la cabeza debajo de poblado.

JUAN.—¿Y a pie?

PEDRO.—Ninguno, ni un tan solo hombre, y por eso es más fuerte que el turco, y las más vezes le venze, porque hoy está aquí, mañana amanesçe acullá, y toma de sobresalto al Gran Señor muchas vezes. Por donde quiera que va todo lo asuela; en lo poblado no dexa casa ni çimiento; los panes por donde pasa todos los quema; la gente toda la pasa a cuchillo; porque quando va el Gran Turco por allí no hallen qué comer ni dónde se acoger para hazerse fuerte[6].

MATA.—¿Llebando el Gran Turco mucha más gente que él no le vençe? ¿y más con tanta artillería como dezís que tiene y el otro no nada, y la jente de pie que es más?

PEDRO.—Si el Sophí quisiese esperar batalla campal, no hay dubda, sino que le vençería cada vez, porque la gente de a pie mucha cosa es para desjarretarles los caballos.

---

5 Pedro explica un poco groseramente la rivalidad entre persas y turcos que tiene sus raíces en la diferencia entre las dos grandes sectas de *siitas* (persas) y *sunnitas* (turcos). Para éstos sus enemigos eran herejes. Solimán llevó a cabo tres expediciones contra los persas durante los cuarenta y seis años de su reinado (en 1534, 1548 y 1553). Al final de las tres campañas, cansados ambos contendientes y convencido Solimán de la imposibilidad de superar la táctica de ataque-y-escape del Shah Tahmasp, se avino a firmar la paz en 1555. El resultado fue una considerable ganancia de territorio para los otomanos (Bagdad, bocas del Tigris-Éufrates) que retuvieron hasta la primera guerra mundial.

6 De esta táctica de *razzias*, dice Busbecq: «Tum mos est ei genti, ubi hostis ingruit, omnia flamma et ferro corrumpere, et ita hostem fame summovere» (Carta III, ed. Graz cit., pág. 158).

JUAN.—Más es la artillería.

PEDRO.—N'os engañéis en eso, que en batalla campal las manos y arcabuzería hazen la guerra y en la mar también, que la artillería poco estrago puede hazer. Contra una çibdad es buena, porque derriba un lienço de una zerca o una torre, o un fuerte de donde les hazen mal, y haze lugar por donde pueda entrar el exérçito; pero en lo demás todo es llebar una hila de gente, que en un exérçito no es nada y da muchos çincos[7], unos de corto, otros de largo y otros de calles. Líbreos Dios de las pelotillas pequeñas quando juega la arcabuzería, que paresçe enxambre de abejas, y si una no os açierta, viene otra y otra que no puede errar. Los persianos cabalgan exçelentíssimamente, y sesenta mill caballos que el Sophí trae sin dubda valen más que un millón de el Gran Turco.

JUAN.—¿Pues cómo no le quiere esperar la batalla?

PEDRO.—De miedo de la artillería y gente de a pie, que hazen luego fuertes y trincheas donde se mete la gente de a pie, y los de caballo no pueden entrar allí ni ofenderles.

JUAN.—Desa manera, ¿cómo deçís que por la mayor parte es victorioso el Sophí?

PEDRO.—Yo lo diré. El Gran Turco le va siempre rogando que le espere la batalla campal, y el Sophí va huyendo y no quiere. Al cabo conçédesela y señalan el lugar donde tiene de ser, y allí cada uno asienta su real, y el Gran Turco planta su artillería y ordena su campo, y el otro pone sus tiendas y comiençan luego de escaramuzar, en las quales escaramuças siempre el Sophí gana, porque son lexos de la artillería, y tiénenles ventaja en la caballería. Vienen luego a la batalla, y al mejor tiempo, como se ven ir de vençida, buelve las espaldas y alza su real y húyese. El Gran Turco va siguiendo la victoria, y acóxésele a qualque montaña, y al mejor tiempo rebuelve de noche sobre la rectaguarda del turco, que resta a guardar la artillería, y tomándola sobre alto desbarátala y destrúyela.

JUAN.—Por manera que quando quiere, vençer, huye.

PEDRO.—No puede, si eso no haze, ganar, sino perder; la mejor cosa que él trae es venir ansí a la ligera. Si tubiese este Sophí aracabuzería, sin dubda ninguna podría conquistarle quanta tierra tiene, y si nuestros príncipes christianos fuesen

---

[7] *dar cincos:* «Dar cinco de corto se dize del q(ue) ha hecho falta, y cinco de largo el q(ue) ha sido demasiado, en el juego del argolla...» *(Covarrubias, 283b).*

contra el turco, había de ser quando tubiese guerra con éste, que entonçes no tiene fortaleza ninguna.

MATA.—Mejor sería hazer del ojo al Sophí, como quien dize: dad vos por allá y yo por acá; tomarle hemos en medio; mas poco veo que ganamos con todas sus discordias, como ellos han hecho con las nuestras.

PEDRO.—Ganaremos si Dios fuere servido, y si no se tiene de servir no lo queremos.

CAPÍTULO XIX

Las bodas. Las mujeres. Indumentaria

MATA.—Las bodas turquescas hizimos sin acordársenos del nobio, y toda la plática de ayer y hoy hemos hecho sin acordársenos dellas. ¿Hay mugeres en Turquía?

PEDRO.—No, que los hombres se nasçen en el campo como hongos.

MATA.—Dígolo porque no hemos sabido la vida que tienen ni la manera del vestir y afeitarse.

JUAN.—Media hora ha que vi a Mátalas Callando que estaba rebentando por esta pregunta.

MATA.—¿Son las mugeres turcas muy negras?

PEDRO.—Ni aun las griegas ni judías, sino todas muy blancas y muy hermosas.

JUAN.—¿Cayendo tan allá el Oriente son blancas? Yo pensaba que fuesen como indias.

PEDRO.—¿Qué haze al caso caer al Oriente la tierra para ser caliente, si partiçipa del Setemptrión? Constantinopla tiene 55 grados de longitud y 43 de latitud, y no menos frío hay en ella que en Burgos y Valladolid[1].

MATA.—¿Aféitanse como acá?

PEDRO.—Eso, por la graçia de Dios, de Oriente a Poniente y de Mediodía a Setemptrión se usa tanto, que no creo haber ninguna que no lo haga. ¿Quién de vosotros vio jamás vieja

---

[1] Las coordenadas de Estambul por el meridiano de Greenwich son exactamente 28°, 59′ de longitud E. y 41° de latitud N. Es posible que Pedro haya olvidado mencionar la primera cifra de la longitud, pero sus datos son bastante aproximados si el punto 0 del meridiano fuera Sevilla o Lisboa.

de ochenta años que no diga que entra en cuarenta y ocho y no le pese si le dezís que no es hermosa? En sola una cosa biben los turcos en razón y es ésta: que no estiman las mugeres ni hazen más caso dellas que de los asadores, cuchares y cazos que tienen colgados de la espetera; en ninguna cosa tienen voto, ni admiten consejo suyo. Destos ruidos, cuchilladas y muertes que por ellas hay acá cada día están bien seguros. ¡Pues cartas de fabor me decid! Más querría el fabor del moço de cozina que el de quantas turcas hay, sacada la soltana que yo curé, que ésta tiene echizado al Gran Turco y haze lo que le manda[2]; pero las otras, aunque sean mugeres del Gran Turco, no tienen para qué rogar, pues no se tiene de hazer.

MATA.—Ruin sea yo si no tienen la razón mayor que en otra cosa ninguna; y si acá usásemos eso, si no bibiésemos en paz perpetua y fuésemos en poco tiempo señores de todo el mundo[3] de más de que seríamos buenos christianos y serviríamos a Dios, y le terníamos ganado para que nos ayudase en quanto emprendiésemos de hazer.

JUAN.—¿Qué nos estorban ellas para eso? A la fe nosotros somos ruines y por nosotros queda.

MATA.—¿No os paresçe que andaría recta toda la justiçia de la christiandad si no se hiziese caso del fabor de las mugeres? Que en siendo uno ladrón, y salteador de caminos, procura una carta de la señora abadesa y otra de la hermana del conde, para que no le hagan mal ninguno, diziendo que el que la presente lleba es hijo de un criado suyo; de tal manera que, siendo ladrón y traidor, con una carta de fabor de una muger dexa de serlo. La otra escribe que en el pleito que sobre çierta haçienda se trata, entre Fulano y un su criado, le ruega mucho que mire que aquél es su criado y resçibirá dello serviçio. El juez, como no hay quien no pretenda que le suban a mayor cargo, haze una de dos cosas: o quita la justiçia al otro pobre que la tenía, o dilátale la sentençia hasta tomarle por hambre

---

[2] De estos hechizos y encantamientos de que se valía Roxelana para sojuzgar la voluntad del sultán, habla Busbecq, I: «quippe quas philtris et magicis artibus animum mariti retinere, recepta in vulgus —ut dixi— est opinionem» (el *quas* se refiere a dos hienas que Busbecq había querido comprar y le fueron negadas por estar reservadas a la sultana; véase *Fors-Dan,* I, 141-142).

[3] En M-l, *allende*, tachado (f. 118r).

a que venga a partir con el otro de lo que de derecho era suyo propio, sin que nadie tubiese parte.

JUAN.—Ésos serán quál y quál que alcançan aquel fabor; pero no todos tienen entrada en casa de las damas y señoras para cobrar cartas de fabor.

PEDRO.—Engañáisos, aunque me perdonéis, en eso, y no habláis como cortesano. ¿Quién no quiere cartas de fabor, desde la reina a la más baxa de todas las mugeres que no la alcança? Como el hijo de la que vende las berças y rábanos quiera el fabor, no ha menester más de buscar a la comadre o partera con quien pare aquella señora de quien quiere el fabor, y encomiéndase a ella, y alcançarle ha una alforxa de cartas.

JUAN.—Y si es monja, ¿qué cuenta tiene con la partera?

PEDRO.—El padre vicario os hará dar firmado quanto vos pudierdes notar, aunque no conozcan aquél a quien escriben. Una muger de un corregidor vi un día, no muy lexos de Madrid, que porque estaba preñada y no se le alborotase la criatura rogó a su marido que no aorcasen un hombre que ya estaba sobre la escalera, y en el mesmo puncto le hizo quitar y soltáronle como si no hubiera hecho pecado venial en su vida.

MATA.—¿Andan tan galanas como acá y con tanta pompa?

PEDRO.—Y con más mucha; pero no se pueden conosçer fuera de casa ninguna quién sea.

MATA.—¿Por qué?

PEDRO.—Porque no puede ir ninguna descubierta sino tan tapadas que es imposible que el marido ni el padre ni hermano la conozca fuera de su casa.

JUAN.—¿Tan poca quenta tiene con ella en casa que no la conoçe fuera?

PEDRO.—Aunque tenga toda la que quisiéredes, porque no son amigas de trajes nuebos, sino todas visten de una mesma manera, como hábitos de monjas. ¿Conosçeríais en un combento a vuestra hermana ni muger si todas se os pusiesen delante con sus belos?

MATA.—¿Quién las ha de conosçer?

PEDRO.—Menos os hago saver que podréis estotras; porque todas van de una manera rebozadas, y los vestidos de una hechura, aunque unas vayan deste color, otras de aquel, unas de brocado, otras de seda y otras de paño. Notad quanto quisiéredes el bestido y reboço que vuestra muger e hija se pone para salir de casa, que como salgáis al umbral de vuestra puerta toparéis çient mugeres entre las quales las medias llevan el vestido mesmo y reboço que vuestra muger.

MATA.—¿Son çelosos los turcos?

PEDRO.—La más çelosa jente son de quanta hay y con gran razón, porque como por la mayor parte todos son buxarrones, ellas buscan su remedio.

JUAN.—¿Y sábenlo ellas que lo son?

PEDRO.—Tan grandes bellacos hay entrellos que tienen los muchachos entrellas, y por hazerles alguna vez despecho en una mesma cama hazen que se acueste la muger y el muchacho y estáse con él toda la noche sin tocar a ella.

MATA.—Sóbrales desa manera la raçón a ellas.

PEDRO.—Tampoco fiarán que el ermano ni el pariente entre dentro do están las mugeres, como uno que nunca vieron. Quando yo curaba la hija del Gran Turco, me preguntaba Çinán Baxá, y no se hartaba, cómo era, y cómo estaba, y cómo era posible que yo le tomase el pulso; y siendo muger de su propio hermano, y estando dentro de una çibdad, me deçía que diera un millón de buena gana por verla, y no en mala parte, sino por servirla como a cuñada y a persona que lo meresçía. Pero no aprobecha, que se tiene de ir con la costumbre.

MATA.—Desa manera ¿para qué las dexan salir fuera de sus casas?

PEDRO.—Los que las dexan no pueden menos, porque, como dixe atrás, su confesión dellos es labarse todos, y los juebes, por ser bíspera de la fiesta, van todas al vaño aunque sea imbierno, y allí se vañan, y de camino haze cada una lo que quiere, pues no es conosçida, buscando su abentura; en esto exçeden los señores y muy ricos a los otros, que tienen dentro de casa sus vaños y no tienen, a qué salir en todo el año de casa ni en toda su bida de como allí entran, más que monjas de las más encerradas que hay en Sancta Clara.

MATA.—¿Cómo pueden estar solas en tanto ençerramiento?

PEDRO.—Antes están más acompañadas de lo que querrían. Mi amo Çinán Baxá tenía sesenta y tres mugeres. Mirad si hay monasterio de más monjas.

JUAN.—¿Qué quería hazer de tantas mugeres? ¿No le bastaba una, siendo buxarrones como deçís?

PEDRO.—Habiéndose de ir de una manera y de otra al infierno, con el diablo que los llebe, procuran de gozar este mundo lo mejor que pueden. Habéis de saver que los señores ni reyes no se casan, porque hay con quien, como no tengan linajes ni mayorazgos que se pierdan, sino compran alguna esclaba que les parezca hermosa y duermen con ella, o si no alguna que les empresentan, y si tiene hijos, aquella queda por su muger, y haze juntamente, quando edifica casa para sí, una otra apartada, si tiene posibilidad para ello, y si no un quarto en la suya sin ventana ninguna a la calle, con muchas cámaras como celdas de monjas donde las mete quantas tenga, y aun si puede hazer una legua de su zerraje[4] el de las mugeres es cosa de más magestad. Puede tener, según su ley, quatro legítimas, y esclabas compradas y empresentadas quantas quisiere. Y lo que os digo de Çinán Baxá mi amo entenderéis de todos los otros señores de Turquía; y no estiméis en poco que yo os diga esto, que no hay nasçido hombre turco ni christiano que haya pasado acá que pueda con verdad deçir que lo vio, sino hablar de oídas. En aquella casa tenía 63 mugeres; en quatro dellas tenía hijos. La mayor era la madre del hijo mayor, y todas estaban debaxo désta, como de abadesa. Este çerraje tenía tres puertas fuertes, y en cada una dos negros eunucos que las guardaban y llaman los agás. El mayoral destos tenía la puerta de más adentro, y allí su aposento.

JUAN.—¿Y capados eran los porteros?

PEDRO.—No entendáis, a fuer de acá[5] quitadas las turmas, sino a raíz de la tripa cortado el miembro y quanto tienen, que si de este otro modo fuese, no se fiarían; y destos no todos son negros, que algunos hay blancos. Quando tienen algún muchacho que quieren mucho, luego le cortan desta manera, porque no le nazca barba, y quando ya es viejo, sirbe de guardar las mugeres o los pajes, que no menos están enzerrados. El mayor presente que se puede dar a los príncipes en aquella tierra es destos eunucos, y por eso los que toman por acá christianos, luego toman algunos muchachos y los hazen cortar, y muchos mueren dello. Habiendo yo de entrar en el çerraje de las mugeres a visitar, llamaba en la primera puerta de yerro como los encantamientos de Amadís, y salíame a responder el eunuco, y visto que yo era, mandábame esperar allí, y él iba a dar la nueva en la segunda puerta, que el médico estaba allí. El se-

---

4 *zerraje,* 'el serrallo' (V, nota 3).

5 Todas estas líneas relativas a la castración parecen copiadas casi literalmente de Spandugino, iib. II, pág. 108. El agá a que se refiere es el *saray ağasi* o camarero mayor. Los eunucos blancos son los *Ak-hadin-lar,* educados en Palacio a partir de su categoría de axamoglanes. De ellos se habla en el diario de Gravina antes citado (XV, nota 35): «El primer eunuco blanco llamado Ak-agá es el maestro de Palacio, a éste se dirigen todos los memoriales que se quieren llegar a manos del Gran Señor.»

gundo portero iba al tercero, que era el mayoral; éste tomaba luego un bastón en las manos y a todas las mugeres hazía retirar a sus aposentos y que se escondiesen, y no quedase más de la enferma; y si alguna, por males de sus pecados, quisiera no se esconder por verme, con aquel bastón le daba en aquella cabeza, que la derribaba, aunque fuera la principal.

JUAN.—¿Superior a todas es ese negro?

PEDRO.—Más que el mesmo señor. En manos déste, si quiere, está hazer matar a qualquier turco que él dixere que miró por entre la puerta o que quiso entrar allá; tiene de ser creído. Dexadas todas enzerradas, venía por mí y llebábame a la cámara donde había de mirar la enferma; y no calía ir mirando las musarañas, sino los ojos vajos como fraire, y quando veía el pulso tenía las manos rebueltas con unos tafetanes para que no se las viese, y la manga de la camisa justa mucho, de manera que no veía otra cosa sino dos dedos de muñeca. Todo el rostro tapado, hasta que me quexé al Baxá y le dixe: Señor, de mí bien sabe vuestra exçelençia que se puede fiar; este mal negro usa conmigo esto y esto, y por no le ver el rostro pierdo lo más de la cura. El Baxá luego mandó que para mí no se cubriesen ni dexasen d'estar allí las otras, que yo las viese. De allí adelante, por despecho del negro, le tomaba el pulso ençima el codo y les hazía descubrir entrambos brazos, para ver en quál paresçería mejor la vena, si fuese menester sangrar, y quedamos muy amigos el eunuco y yo, y la mejor amistad en casa de aquellos señores es de aquél, porque es el de más crédito de todos, y no hay quien más mercedes alcanze con el señor que él. Yo os prometo que el que guarda a la soltana, que se llama Mahamut Agá, que es mayor señor y más rico que duque de quantos hay en España, y quando sale a pasearse por la çibdad lleba çient criados vestidos de seda y brocado.

MATA.—¿No tienen grandes envidias entre sí sobre con quál duerme el señor y se mesan?

PEDRO.—Tenía un aposento para sí en aquel zerraje, y quando se le antojaba ir a dormir con alguna, luego llamaba el negro eunuco y le dezía: tráeme aquí a la tal; y traíasela, y dormía con ella aquella noche, y tornábase á su palacio sin ver otra ninguna de quantas estaban allí, y aun por ventura se pasaba el mes que no bolvía más allá.

JUAN.—¡Oh, vida bestial y digna de quienes ellos son! ¿Y con sesenta y tres tenía quenta?

PEDRO.—No se entiende que todas eran sus mugeres, que no dormía sino con siete dellas; las otras tenía como acá quien

442

tiene esclabas: las que le caían de su parte, las que le empresentaban, luego las metían allí como quien las cuelga de la espetera, en donde la señora prinçipal le hazía deprender un oficio de sus manos como ganase de comer, como es asentar oro, labrar y coser; otras sirben de labar la ropa y otras de barrer, y quando el señor quiere hazer merçed a algún su esclabo, dale una de aquéllas por muger, y házele primero la cata él mesmo como a melón, y ansí como ser esclabo de un señor es peor que de un particular y pobre, es también en las esclabas; que el día que de allí las sacan, aunque sea para venderlas, se tienen por libres.

MATA.—Parésçeme que esos señores estarán muy seguros de ser cornudos.

PEDRO.—No hay señor allá que lo sea, ni particular que no lo sea, por la grande libertad que las mugeres tienen de irse arrebozadas al vaño y a bodas y otras fiestas.

JUAN.—Por manera que esas que están muy enzerradas no sirben a sus maridos.

PEDRO.—¿Quál servir? Yos prometo que en siete meses que Çinán Baxá estubo malo no le vio muger, ni él a ella más que le veis agora vosotros, y más que estaban en un quarto de la casa del jardín donde estaba malo; sino cada día venía el negro mayoral a mí, que deçían las señoras que cómo estaba, y llebaba la ropa que había suçia para hazerla lavar, y era también y mejor servido de los pajes y camareros como si estubieran allí las mugeres[6].

MATA.—Los particulares, como no puedan mantener tantas casas, ¿estarse han juntos con ellas como acá?

PEDRO.—Es ansí: en una casa; pero de aquélla terná una cámara donde se recoxen las mugeres, que por más pobre que sea no tiene una sola. ¿Queréis ver quán estimadas son las mugeres? Que cada día que queráis comprar alguna hallaréis una casa donde, en un gran portal della, se benden dos mill de todas naçiones y la más hermosa y más d'estopha que entre todas haya costará çinquenta escudos, y si llegase a setenta era menester que fuese otra Helena.

MATA.—Un asno con xáquima y albarda se vale tanto.

PEDRO.—Y aun ansí no hay quien compre ninguna, que cada día sobran dos mill dellas. Un paje valdrá doçientos escudos.

---

6 Se suprimió *y mejor* en el Ms. (f. 120r).

JUAN.—En casa de los particulares ¿comen juntos marido y muger?

PEDRO.—Todos, y guisan ellas de comer como es entre nosotros, y mandan, algunas hay aunque pocas, más que los maridos, quando ven que está pobre y que aunque se quiera apartar no tiene con qué le pagar el dote que tiene de llebar consigo. Todas las calles están llenas de mugeres por donde quiera que vais, muy galanas; y señora hay que lleba tras sí una doçena d'esclabas bien adreçadas, como es mugeres de arraezes y capitanes y otros cortesanos.

MATA.—Diçen por acá que son muy amigas de los christianos.

PEDRO.—Como sean los maridos de la manera que os he contado, eran ellas amigas de los negros, quanto más de los christianos. Quando van por la calle, si les deçís amores, os responden, y a dos por tres os preguntarán si tenéis casa, y si dezís que no, os dirán mill palabras injuriosas; si dezís que sí, dirán os que se la mostréis disimuladamente, y métense allí, y vezes hay que serán mugeres de arraezes; otras tomaréis lo que viniere, y si os paresçe tomaréis de allí amistad para adelante, y si no, no querrá deziros quién es.

MATA.—Desa manera no hay que preguntar si hay putas.

PEDRO.—No penséis que tiene de haber pueblo en el mundo sin putas y alcauetas, y en los mayores pueblos más. Burdeles públicos hay muchos de zíngaras, que son las que acá llaman gitanas, cantoneras muchas, christianas, judías y turcas, y muchas que ni están en el burdel ni son cantoneras y son desas mesmas.

JUAN.—¿No van algunas señoras a caballo?

PEDRO.—Las más van en unos carros zerrados, a manera de litera; otras van a caballo, no en mulas, sino en buenos caballos, ni sentadas tampoco, sino caballeras, como hombres, y por moços d'espuelas lleban una manada d'esclabas; y sabed que allá no se usa que las mugeres vayan sentadas en las bestias, sino todas orcajadas como hombres.

MATA.—No me paresçe buena postura y honesta para mugeres.

PEDRO.—En toda Levante, digo, en quanto manda el turco, no hay muger de condiçión ni estado ninguno que no traiga zaragüelles y se acueste con ellos, y no se les da nada que las veáis en camisa.

JUAN.—Ése es buen uso. ¿Traen chapines?

PEDRO.—No saben qué cosa es.

MATA.—¿Qué hábito traen? ¿cómo bisten?

PEDRO.—Yo os tengo dicho que si no es en el tocado, todo lo demás es una mesma cosa el vestido de los hombres y de las mugeres, y esto se acostumbra desde el prinçipio que vinieron al mundo hasta hoy, sin andar mudando como nosotros hazemos. En todas las cosas que pueden hazer al rebés de nosotros piensan que ganan mérito de hazerlo, diçiendo que quanto más huyere uno de ser christiano y de sus cosas, más grados de gloria terná y mejor cumplirá la seta de Mahoma, y por eso traen las camisas redondas sin collar ninguno, y las calzas quantas más arrugas hazen son más galanas, y las mangas del sayo también y las ropas largas y estrechas, y si pudiesen caminar hazia-trás lo harían, por no nos paresçer en nada, lo qual acostumbran algunos de aquellos sus ermitaños que tienen por sanctos; quando van por la calle el pedazo que pueden le caminan hacia-trás. La camisa, como digo, es sin cabezón, bien delgada, de algodón porque no usan otras telas, y sobre la camisa traen un jubón largo hasta las rodillas, estofado, y las mangas hasta el codo.

JUAN.—¿Por qué tan cortas?

PEDRO.—Porque se tienen de labar cada paso para la oraçión, y es menester arremangar los braços.

MATA.—Mal se podrán atacar siendo tan largo el jubón, que más me paresçe a mí sayo.

PEDRO.—No traen esta burlería de calzas con agujetas que paresçen tamboriles, como nosotros, sino zaragüelles muy delicados como la camisa.

JUAN.—¿No han frío con ellos?

PEDRO.—En inbierno buen zaragüelle traen de paño fino ençima del otro delgado, por más limpieza; quasi es a manera de calzas enteras nuestras, sino que arriba se ata como zaragüelles; las medias calzas de los tobillos avajo son de un sutil cordobán amarillo o colorado.

MATA.—¿A qué proposito?

PEDRO.—Porque tienen neçesidad de traer contino los pies más limpios que las manos, y en el verano todos traen unos borçeguís muy delgados, cortos hasta la rodilla, morados, colorados o amarillos, y dan al cuero este color allá tan fino como acá a los paños; en lugar de sayo traen una sotana hasta en pies, que llaman *dolamán*[7], y por capa una ropa que llaman

---

[7] *dolamán, ferxa, caftán.* Para *dolman* (hoy, *dolama,* VI, nota 3). El *kaftán* se describe en el diario de Gravina como «un traje talar,

ferxa o *caftán* larga como digo; de qué sean estas ropas, ya veis que cada uno procurará de traerlas de lo mejor que pudiere. Házense por aquellas partes unos brocados vaxos que son más vistosos y galanes que los de quatro altos; unos de raso pardo, todos llenos de alcachofas de oro o de granadas; otros terçiopelo carmesí con flores y hojas de parra de oro; otros de damasco, y que todos aquellos coraçones sean de oro. También los señores las tienen de quatro altos y muy costosas, pero por no ser más galanas no las traen.

JUAN.—¿Qué tanto cuesta una ropa désas?

PEDRO.—Dexando aparte los muchos altos destas otras, de veintiçinco ducados a quarenta.

MATA.—¿No más? Antes me vistiría deso que de paño ni otra seda.

PEDRO.—Quasi es tan barato, y son tan primos los sastres de allá, que perspuntan de arriba abaxo toda una ropa, como paresçe mejor, y dura doblado.

MATA.—¡Ansí costará caro!

PEDRO.—Un ducado cuesta el perspuntar no más[8]; porque no penséis tampoco que es como perspunte de jubón, tan menudo, sino tienen unas agujas damasquinas largas un geme[9] y delgadas como un cabello y con ellas en dos días lo haze un ofiçial, y aunque sea de bocazí de color, si está perspuntada desta manera, paresçe bien; las mangas del dolamán son hasta el codo, como las del jubón; pero las de la ropa de ençima son largas y estrechas quan larga es la ropa, y por estar el jubón y sayo sin mangas traen unas postizas y muy largas

---

propio de los criados, q(ue) es una túnica abierta por delante cuyos faldones se recogen a la faja». *Ferxa* es voz relacionada con el nombre de acción *fers*, 'envolver', o con el moderno *ferace*, 'vestido de calle para las mujeres', según Moran *(Sözlük)*.

[8] En Busbecq, «Manupretium est ducatus» *(Fors-Dan,* I, 155). Como el lector viene comprobando, las concordancias del *Viaje* con las cartas del embajador flamenco, de la primera a la cuarta, son más que suficientes para despertar la sospecha de que el autor se sirvió de ellas en mayor medida que de Belon, Menavino, Münster o Spandugino; sospecha que nos lleva a la consecuencia de que la segunda parte del libro pudiera haberse escrito en fecha muy posterior a la de 1557 que se escribió —y después se tachó— en la dedicatoria.

[9] *Geme* o *jeme* es la medida de la distancia entre el pulgar y el índice, teniendo la mano extendida. La palabra procede del latín *semis,* 'medio'.

para que hagan muchas arrugas, como lenterna desta, que se cojen y sueltan sin prender con botón ni agujeta, y quando se quieren labar tiran de arriba y sale al ruedo pelo y después de labado de solo un tirón la viste.

JUAN.—Deben de ser muy amigos de andarse a su plazer sin andar engarrotados como estos nuestros cortesanos.

PEDRO.—El borçeguí y la calza es tan ancho por abaxo como por arriba; agujeta no la busquéis en el turco, que no hallaréis ninguna en Turquía. Las ropas todas traen botones con alamares y andan holgadas; los çapatos son tan puntiagudos como las albarcas que usan los de la sierra, pero pulidos por todo extremo, y se calzan como pantuflos y se descalzan, porque el talón está tieso como si fuese de palo, y todo el çapato ansí mesmo, y bruñido, no está menos duro y tieso ni aun pulido que si fuese de vidro y desta manera se laba en la fuente como vidro sin mojarse; ansí los de los señores como particulares están debaxo herrados el calcañar con una herradura pulida, y arriba, debaxo de los dedos donde haze fuerza el pie, tiene[10] dos o tres dozenas de clabillos.

JUAN.—¿De yerro?

PEDRO.—Pensé que de palo.

JUAN.—¿Y esa llamáis policía?

PEDRO.—Eslo y más por donde están los yerros puestos con tanto primor.

MATA.—¿No van sonando por las calles desa manera?

PEDRO.—Si van, pero ¿qué se les da a ellos? Si acá se usase que todos sonasen por las calles como se usa el no sonar, nadie se maravillaría. Éste es el ávito dellos y dellas; de tal manera que si el marido se levanta primero se puede vestir los vestidos de su muger, y si ella los dél, y quando le dan al sastre que haga una ropa no penséis que le están examinando hazelda hasta aquí, ganduxalda desta manera, guarneçelda destotra; allá no hay guarnizión ninguna, salbo que todas las ropas son aforradas en telas delgadas como muy finos bocazís, y no toma el sastre más medida de sacarla por otra ropa, que no ve la persona para quien es, sino tomad esa ropa y hazed a medida della otra de aquí.

JUAN.—Seglares y eclesiásticos, ofiçiales y soldados, ¿todos visten ropa hasta en pies?

---

[10] El amanuense escribió primero *siete,* que luego tachó (f. 121v). La palabra poliçía equivale a *esmero* o *polideza,* ésta muy empleada en los siglos XVI y XVII.

PEDRO.—Todos, que no queda ninguno, y griegos y judíos, úngaros y veneçianos, y en fin, todo Levante.

MATA.—¿Y no les estorba algo para la guerra?

PEDRO.—¿Qué les tiene d'estorbar la cosa que desde que nasçen acostumbran y quando es menester ponen haldas en çinta? La más común merçed que los señores hazen es dar una ropa de brocado quando le viene una buena nueba o quando quieren gratificar una buena obra. Y para esto tienen una multitud en sus casas de sastres esclabos suyos, que están siempre haziendo ropas, y el señor se pone cada día una y luego la da. Quando yo era camarero tenía Çinán Baxá una rima de más de quinientas[11] de brocado, y quando quería hazer alguna merçed mandaba que le vistiesen aquel tal una ropa de aquéllas, y dábasela yo a uno de los pajes que se la vistiese, porque era obligado a darle alguna cosa después que con ella le había besado la mano al señor. Si el Gran Señor embía un capitán probeído en algún cargo, también les da su ropa, con la qual le van a vesar la mano por la merçed, y de aquí viene una gran mentira que antes que fuese esclabo oía dezir por acá, que ninguno podía vesar la mano al Gran Señor ni hablarle si no fuese vestido de grana.

MATA.—Y agora se dize y se tiene por ansí.

PEDRO.—Pues es mentira, que cada uno que tiene que negoçiar con él le habla con los vestidos que lleba, si no es como dicho tengo, que las más vezes él haze merçedes destas ropas, y después le van a vesar las manos con ellas vestidos. Quando Zinán Baxá estaba por Virrey en Constantinopla y el Gran Turco en Persia, le embiaba desde allá con un correo de mes a mes o de dos en dos la espada que trae aquel día zeñida y el paneçillo que le tienen puesto delante para comer, y éste es el mayor fabor que le podía dar; la espada dándole a entender que guardase justiçia, y el pan, por familiaridad que con él tenía, significando quán en graçia suya estaba. El día que lo resçibía estaba tan contento que era día de pidirle merçedes.

JUAN.—Aforros de martas y zorras y estas cosas ¿no lo ternán tan en uso como nosotros?

PEDRO.—Más comunes son allá las zebellinas y martas que

---

[11] En *M-l* se tachó la palabra *ropas.* Respecto a los colores y su significación, véase Busbecq, I *(Fors-Dan,* I, pág. 148). El embajador flamenco niega que fuera necesario vestir de una especial etiqueta para ser recibido por el sultán.

acá las corderunas[12]. Por maravilla hay en toda Turquía hombre, judío, ni christiano, ni turco, que no traiga quando haze frío ropa aforrada lo mejor que su posibilidad sufre. A comprar hallaréis quantos géneros hay en el mundo de aforros, y en buen preçio: martas muy finas cuestan veinte escudos y treinta; zebellinas, çiento, y aun a zinquenta hallaréis las que quisiéredes; turones, a siete escudos que paresçen martas; conejos, ratas, que son como felpa parda, a quatro ducados; raposos, a tres; corderunas, a dos; zacales, que son como raposos, a ducado, y por ser tan bueno el preçio, pocos hay ninguno que no los traya; para de camino tiene cada turco una ropa aforrada de varrigas de lobos que le sirbe de cama, y es muy preçiada; cuesta diez escudos y no es menos vistosa que marta; hay una cosa en ello, que para aforrar una ropa de las nuestras es menester tanto y medio aforro, porque son más anchas.

JUAN.—¿No traen gorras ni caperuzas?

PEDRO.—En eso el tocado, como dixe denantes, difieren los hombres y mugeres del hábito. Caballeros y gente de guerra y seglares, todos se raen la barba dos vezes cada mes, dexando los vigotes; los eclesiásticos traen barba; cada semana se rapan las cabezas a navaxa y dexan en la corona los cabellos cresçidos quanto un ducado de a diez d'espaçio.

JUAN.—¿Para qué?

PEDRO.—Porque si los mataren en la guerra y el enemigo le cortare la cabeza no le meta el dedo en la boca, que es vergüenza, sino tenga donde la asir.

JUAN.—¿Y todos están en esa neçedad?

PEDRO.—Y en otras muy mayores. En la cabeza lo primero traen un vonetico delgado y colchado, de los que se hazen en galera, y sobre aquél uno de seda grueso dos dedos, y lleno de algodón y colchado, para que esté duro y tieso, en el qual

---

[12] *zebellinas, turones, zacales.* Las primeras son las martas cebellinas, más pequeñas pero de piel más estimada. Los segundos son mamíferos carniceros, de la misma familia que el hurón y la mofeta americana, despidiendo, como éste, un hedor fétido. Los chacales de que habla Busbecq *(ciacales* en la traducción de López de Reta, f. 59r) en su carta primera, derivan su nombre del turco *cakal* y es posible que se deba a las cartas del flamenco el conocimiento de su existencia. Es errónea, por tanto, la documentación de 1765 que da Corominas *(BDELC,* s.v. *íd.).*

rebuelven la toca que llaman turbante, y en su lengua *chalma*[13], y éste unos le traen grande, otros menor. El común de los gentiles hombres lleba quarenta baras de toca de algodón delgada; los que andan en la mar le traen de 25; el Vaxá, quando va en Consejo, llébale de otra manera que quando va por la çibdad; todavía terná sus ochenta varas; ansí mesmo le traen el muftí, el cadileschier y los otros cadís. No es poca sçiencia saverle hazer, y hay hombres que no viben de otro. Blanco y limpio le traen como la niebe, y si sola una mota hay sobre él, luego le deshazen y le laban.

JUAN.—¿Cómo pueden traer acuestas esa albardería?

PEDRO.—El uso haze maestros; enseña hablar las picazas; caba las piedras con el uso la gotera, súfrelo la tierra por ser muy húmeda, y sírbeles en la guerra de guardarles las cabezas, que no es más cortar allí que en una saca de lana. Quien nunca vio turcos, si los ve de aparte, pensará que son mugeres, con las ropas largas y los tocados blancos.

MATA.—El tocado de las mugeres ¿de qué manera es?

PEDRO.—Los cabellos por detrás son largos y derramados por las espaldas; por delante los zerzenan un poco a manera de los clérigos de acá. La primera cosa que sobre ellos se ponen es un barretín a manera de copa de sombrero, quadrado, de brocado, y la que más galano puede, más; tieso también es menester, y sobre él, de la media cabeza atrás, un paño delicado, que viene a dar un nudo debaxo de la barba, y luego otro enzima más delicado, labrado de oro, y una venda de tafetán por la frente a manera de corona, que le da dos o tres bueltas y no se tarda nada en tocar.

MATA.—No me dexa de contentar el tocado.

PEDRO.—Parésçeles muy bien.

JUAN.—No lo sepan eso las de acá, si no luego dexarán los tocados que tienen y tomarán esos.

PEDRO.—Ahorrarán los alfileres, que no han menester ninguno. Collares de oro, llenos de pedrería, ajorca y arracadas, por pobre que sea, lo tiene, porque las piedras valen baratas. El día que van al baño he visto muchas señoras mugeres de

---

[13] *chalma,* relacionado con *şalma,* hoy *chal* ('turbante' en turco moderno es *sarik).* (Cfr. Belon, lib. III, fs. 181-182.) Para información gráfica y descripción debe consultarse el libro de Cesare Vecelli, *Habiti antichi, et moderni di tutto il Mondo,* s.l., 1589 (B. N. M., signs. BA-462; R-33572 y 3-60053).

prinçipales, y quando van a bodas, que llevan dos mill ducados acuestas de solo oro y pedrería.

MATA.—¿Debíais de ser ya vos allá un Pedro entrellas?

PEDRO.—Maldita la cosa de mí se guardaba ninguna, sino que me iba a las bodas donde todas estaban destapadas y no se cubrían de mí, y también quando visitaba alguna señora venían muchas damas a verla, y hazían un corrido y metíanme en medio; unas me hablaban turquesco, otras griego, otras italiano, y aun algunas fino español, de las moriscas que de Aragón y Valençia se huyen cada día con sus maridos y haziendas de miedo de la Inquisición. ¡Pues judíos me dezid que se huyen pocos! No había más que yo no supiese nuebas de toda la christiandad de muchos que se iban desta manera a ser judíos o moros, entre los quales fue un día una señora portoguesa que se llamaba doña Beatriz Méndez[14], muy rica, y entró en Constantinopla con quarenta caballos y quatro carros triumphales llenos de damas y criadas españolas. No menor casa llebaba que un duque d'España, y podíalo hazer, que es muy rica, y se hazía hazer la salba; destaxó con el Gran Turco desde Veneçia, que no quería que le diese otra cosa en sus tierras sino que todos sus criados no traxesen tocados como los otros judíos, sino gorras y vestidos a la veneçiana. Él se lo otorgó, y más si más quisiera, por tener tal tributaria.

JUAN.—¿Qué ganaba ella en eso?

PEDRO.—Mucho; porque son los judíos allá muy abatidos, y

---

[14] Beatriz Mendes, por otro nombre Gracia de Luna, llegó a Constantinopla en la primavera de 1553. Descendía de una familia de judíos españoles que marcharon a Lisboa en 1492. Cuando se hizo obligatorio el bautismo en Portugal en 1496, doña Gracia y su marido Francisco Mendes se establecieron en Amberes. Muerto éste, la viuda se erige en administradora de un rico emporio comercial y dedica gran parte de su vida y hacienda a socorrer a sus desamparados hermanos de raza y creencias.

Doña Gracia murió en 1569, sin ver realizados sus sueños de establecer un hogar judío en Jerusalén, verdadero anticipo histórico de lo que había de lograr el sionismo de T. Herl y de Weizmann cuatro siglos más tarde (véase C. Roth, *The House of Nasi*, I [Doña Gracia] y II *[The Duke of Naxos]*, Filadelfia, *The Jewish Publication Society of America*, 1948). Roth da por segura la tesis de Bataillon en la atribución del *Viaje* a Laguna (I, pág. 84).

Dernschwan alude también a Doña Gracia en su *Tagebuch* (Introducción, nota 71), sin mencionar su nombre (diario cit.). (Véase también *infra*, nota 15.)

los christianos no; y no les harían mal con el ávito de christianos, pensando que lo fuesen[15].

JUAN.—¿No tienen allá todos los judíos gorras?

PEDRO.—No, sino tocados como los turcos, aunque no tan grandes, azafranados, para que sean conosçidos, y los griegos christianos los traen azules. Quando menos me caté vierais a la señora doña Beatriz mudar el nombre y llamarse doña Graçia de Luna *et tota Hierosolima cum illa.* Desde a un año vino un sobrino suyo en Constantinopla, que era año de 1554, que en corte traía gran fausto ansí del Emperador como del Rey de Francia, y meresçíalo todo porque era gentil hombre y diestro en armas y bien leído y amigo de amigos; y hay pocos hombres de quenta en España, Italia y Flandes que no le conosçiesen, al qual el Emperador había hecho caballero, y llamábase don Juan Micas[16]; y porque aquella señora no tenía más de una hija, a la qual daba tresçientos mill ducados en dote, engañóle el diablo y circumçidóse y desposóse con ella; llámase agora Iozef Nasi. Los gentiles hombres suyos uno se ponía don Samuel, otro don Abraham y otro Salomón. Los primeros días que el Juan Micas estubo allí christiano, yo le iba cada día a predicar que no hiziese tal cosa por el intherese de quatro reales, que se los llebaría un día el diablo, y hallábale tan firme que çierto yo volvía consolado, y dezía que no iba

---

[15] De los judíos habla extensamente Belon en su libro III y Dernschwan en su diario (págs. 82-84). Respecto al trato dado a los judíos parece que los tiempos no hicieron cambiar a los turcos su menosprecio por los hijos de Moisés. El diario de Gravina contiene las siguientes palabras: «Los Judíos, considerados por los turcos como los últimos de los hombres, son insultados impunemente hasta del más ínfimo y motejados con el nombre de Domush *(serdo,* sic), se goviernan por un Gran Ravino que eligen los demás...»

[16] Pedro llama Juan Micas —como los historiadores modernos— a Joao Míguez (probablemente Mínguez, de 'Mengo', con olvido de la tilde), luego *Joseph Nasi* (Roth, nota 14). Don José de Nasi *(Nasi* equivalía a *líder* en las comunidades de marranos de Salónica y Constantinopla) fue hecho Duque de Naxos por Selim II, dignidad concedida por primera vez a un judío en la historia del Imperio Otomano. Residía junto al Bósforo en su palacio del Belvedere, donde murió diez años más tarde que su tía y suegra. Sobre Joseph Micas habla también extensamente F. Braudel *(ob. cit.,* páginas 892, 899, 922-23, entre otras), y M. Bataillon en su artículo «A. Núñez de Reinoso y los marranos portugueses en Italia» *(Varia lección de clásicos españoles,* Madrid, Gredos, 1966), págs. 55-80.

más de a ver su tía y se quería luego bolver. Quando menos me caté supe que ya era hecho miembro del diablo. Preguntado que por qué había hecho aquello, respondió que no por más de no estar subjeto a las Inquisiçiones d'España; a lo qual yo le dixe: Pues hagos saver que mucho mayor la ternéis aquí si bibís, lo qual no penséis que será mucho tiempo, y aquel malo y arrepentido; y no pasaron dos meses que le vi llorar su pecado, pero consolábale el diablo con el dinero.

Capítulo XX

Fiestas

JUAN.—¿Qué fiestas y regozijos usan los turcos? ¿Juegan cañas? ¿justan? ¿tornean? ¿corren sortija?

PEDRO.—Ninguna de todas ésas: no justan, ni tornean, porque no usan arneses; no corren cañas, porque no saben cabalgar a la gineta; ni sortija, porque no usan lanza en cuja.

JUAN.—¿En qué se exercitan? ¿Qué fiestas tienen solenes demás de las Pascuas?

PEDRO.—Ninguna.

MATA.—El día de Sant Juan dizen que hazen grandes fiestas.

PEDRO.—Los que dizen esa mentira solamente la fundan por el cantar que dize:

> La mañana de Sant Juan,
> al tiempo que alboreaba[1];

pero la verdad es que ninguna fiesta hazen a ninguno de quantos sanctos tenemos, porque lo ternían por pecado festejarlos,

---

[1] Se trata del comienzo de un romance morisco. Lope de Vega lo pone en boca de Alí el hortelano, en su comedia *San Diego de Alcalá*, act. I:

> El maniana de San Joan,
> al tempo que el manecía,
> gran festa hacelde los moros
> al senior San Joan Baptista.

(Ed. R. A. E., V —1895—, pág. 43b; o L. Santullano, *Romancero Español*, Madrid, 1930, pág. 1067.)

aunque los tienen por sanctos; como son Sant Pedro, Sant
Pablo, Sant Juan y otros muchos, çierto los tienen por sanctos,
y buenos; mas de ninguno guardan el día, sino de solo Sant
Jorge[2], al qual festejan, sin comparaçión ninguna, más que
su propia Pascua, y le guardan el mesmo día que nosotros,
que pienso que cae a 23 de abril.

JUAN.—¿Por qué a San Jorge?

PEDRO.—Porque fue caballero turco y es sancto turco, y
nosotros dizen que se le usurpamos a ellos.

JUAN.—¿Y en su lengua mesma le llaman Sant Jorge?

PEDRO.—No, sino Hedrelez, y mucho más le venera la gente
de guerra que la plebeya. Si el Gran Señor tiene de ir con su
campo a Ungría o contra el Sophí, por dos meses de más a
menos no dexará d'esperar a partirse aquel día señaladamente,
teniendo por averiguado que por sólo aquello tiene de haber
la victoria. Los otros turcos y turcas le da cada una una escudilla de su sangre, no sabiendo qué otra cosa le dar, y ansí
pocos hay que no se sangren aquella mañana, como usan al-

---

[2] Pedro le llama más adelante *Hedrelez;* Busbecq, *Chederle (Fors-
Dan,* I, págs. 148-149), del cual dice lo siguiente:

De aquí (fuimos) a Coron, después a Teke Thioi. Aquí oímos muchas
cosas acerca de los monjes turcos que llaman *Dervis,* los cuales tienen
en este lugar un santuario famoso consagrado a cierto héroe llamado
Chederle, de gran fortaleza de cuerpo y espíritu, a quien igualan
con nuestro San Jorge y al que atribuyen lo mismo que nosotros al
nuestro, a saber, que milagrosamente había librado de la muerte a una
doncella que iba a ser devorada por un dragón. A esto añaden otras
muchas cosas que, por supuesto, son caprichosas, como por ejemplo que
Chederle había discurrido errante durante largas jornadas y que al cabo
llegó a un río cuyas aguas hacen inmortal al que las bebe. No dicen
en qué lugar se halla dicho río que quizás deberíamos situarle en
la Utopía. Solo dicen que el tal río está siempre cubierto por densas
y oscuras tinieblas y que ningún mortal le había visto; pero Chederle,
liberado de las leyes de la muerte junto con su caballo por haber bebido de este río, cabalga sin cesar. Ama el fragor de las batallas y
ayuda en el combate a quienes le invocan, cualquiera que sea su fe.
Estas fábulas parecen absurdas, pero aún te diré una más ridícula.
Declaran que Chederle era uno de los camaradas y amigos de Alejandro Magno. Los turcos no tienen idea de la cronología ni de las
épocas y mezclan de un modo asombroso los acontecimientos históricos. Como les venga a la mente, no tienen empacho en afirmar
que Job fue magistrado en la corte de Salomón y que el jefe de su
ejército fue Alejandro Magno; y aun otras fábulas más absurdas.

gunos idiotas acá la mañana de Sant Juan hazer otro tanto. De camisas y pañizuelos era muy bien probeído yo aquel día para todo el año, que me daban las mugeres del zerraje de Zinán Baxá porque tubiese cargo de sangrarlas. Tomaba aquella mañana un par de barberos y metíalos dentro, y venían todas tapadas dos a dos, y sin escudilla ni zerimonia, en aquel suelo, o en una medio artesa, caía la sangre a discreçión; yo las ataba a todas y les fregaba los brazos, y los barberos no tenían más que hazer de herir, y cada una me ofreçía camisa, zaragüelles o pañizuelos, según lo que podía.

MATA.—Pues ¡válame Dios! si no hazen fiestas, ¿en qué se les pasa el tiempo? ¿Todo ha de ser jugar?

PEDRO.—La cosa que menos en el mundo hazen es eso[3]. Ningún género de juego saben qué sea; con quatro baraxas de naipes hay harto para quantos hay debaxo la bandera de Mahoma, si no es algún bellaco renegado que era taur quando christiano, que éste tal busca a los judíos o veneçianos con quien lo hazer; pero una golondrina no haze verano. Algunos hombres de la mar juegan agedrez, no como nosotros, sino otro juego más claro, y esto por pasatiempo, sin dineros. En un lienzo traen pintados los escaques, y en mill días uno que está más sosegada la mar juegan por su pasatiempo como los niños acá con piedras.

JUAN.—¿Qué causa dan para no jugar?

PEDRO.—La que yo os dezía el otro día: ser gran vileza y deserviçio de Dios, y tiempo malgastado y daño del próximo, y omiçidio de sí mesmo.

MATA.—Luego ¡par Dios! a esa quenta todo el tiempo se les va en comer, que es tan bellaco viçio como jugar y peor y más dañoso.

PEDRO.—En todas las naçiones que hoy viben no hay gente que menos tarde en comer, ni que menos guste dello, ni que menos se le dé por el comer. Prínçipe, ni rey ni señor hay en Turquía que en dos o tres vezes que come gaste hora entera en todas tres.

MATA.—Si eso es ansí, repartidme vos el tiempo en qué le gastan, que por fuerza ha de ser todo dormir.

PEDRO.—Eso es lo que menos hazen, que a nadie le toma el sol en la cama; pero soy contento de repartirósles el tiempo

---

[3] *Los turcos no juegan* (también Busbecq, III; *Fors-Dan,* I, página 288).

en qué lo gastan, como quien se le ayudó quatro años a gastar. Los oficiales mechánicos todos tienen que hazer en sus ofiçios toda la vida.

MATA.—¿Y las fiestas?

PEDRO.—Oye el ofiçio solene en Sancta Sofía, o en otras mezquitas; visita sus amigos; siéntase con ellos; parlan, hazen colación; vanse a pasear, negoçian lo que el día de labor los puede estorbar. Los eclesiásticos son como acá los fraires, que no juegan; lo que les sobra de tiempo de sus ofiçios escriben libros, porque allá no hay emprentas[4]; leen, estudian. Los que administran la justiçia, si cada día fuese un año, ternían negoçios que despachar, y no les vaga comer. La gente toda de guerra se está exerçitando en las armas; vase a la escuela donde se tira el arco y allí procura de saver dar en el fiel si puede, teniendo en poco dar en el blanco; procura también saver algún ofiçio con qué ganar de comer el rato que no está en la guerra. Los caballeros todos pasean a caballo por las calles, y van a tener palaçio a los vaxás y santjaques, pretendiendo que les augmenten las pagas y les hagan merçedes. Pues el rey y los baxás, en tan grande imperio bien ternán que despachar sin que les sobre tiempo para jugar.

JUAN.—Gran virtud de gente es ésa y muy grande confusión nuestra.

PEDRO.—No os quebréis la cabeza sobre eso ni creáis a esos farsantes que vienen de allá, y porque los trataban mal en galera dizen que son unos tales por quales, como los ruines soldados comúnmente dizen mal de sus capitanes, y les echan la culpa de todo, que pocos esclabos destos pueden informar de lo que por allá pasa, pues no los dexan entrar en casa, sino en la

---

[4] «En Turquía no hay imprentas.» Es interesante la observación del embajador flamenco a este respecto: «... porque ninguna nación en el mundo ha mostrado mayor interés que los turcos en aceptar los inventos útiles de los extranjeros, como está probado por el uso que hacen de cañones y morteros *(testes maiores minoresque bombardas;* Graz, págs. 198-199) y otras muchas cosas ideadas por cristianos. Pero no se les puede convencer para que usen imprentas o relojes públicos, porque piensan que ya no serían *escrituras* (sagradas) si fueran *impresas.* En cuanto a los relojes, si los usaran, disminuiría la autoridad de los muezzines y sus ritos seculares se verían en entredicho» (Busbecq, III, *íd.).*

En realidad, Bayaceto II dio permiso a los judíos para imprimir libros, pero no en árabe o en turco.

prisión se están. En lo que yo he andado, que es bien la terçera parte del mundo, no he visto gente más virtuosa y pienso que tampoco la hay en Indias, ni en lo que no he andado, dexado aparte el creer en Mahoma, que ya sé que se ban todos al infierno, pero hablo de la ley de natura. Donosa cosa es que porque no jueguen no haya en qué pasar el tiempo.

JUAN.—¿A qué hora se acuestan?

PEDRO.—Invierno y verano tienen por costumbre acostarse dos horas después de anochezido; hazen la oración postrera que llaman *iat namazi* y todos se van a dormir, y levántanse al rayar del alba a la otra oratión; ni penséis que unos madrugan y otros no, sino hombres y mugeres, grandes y chicos, todos se levantan aquella hora.

MATA.—¿Qué tales camas tienen, porque he oído dezir que duermen en suelo?

PEDRO.—Razón tienen los que eso dizen, pero más vale la cama suya que la nuestra. No tienen camas de campo, sino sobre unas alombras tienden unos colchones sin colchar ni bastear, que se llaman duquexes, de damasco, y éstos están llenos de una pluma sutil que tienen los gansos, como flueco, y sobre éste ponen una colcha gruesa doblada, porque todas las camas usan estrechas como para uno no más, y hablo de la cama de un hombre de bien y rico; luego viene una sábana delgada y la sábana de arriba está cosida con la colcha de encima y sirve de aforro de la mesma colcha, y quando se ensucia quitan aquella y cosen otra. Si haze mucho frío tienen unas mantas con un pelo largo, que llaman esclabinas, azules y coloradas; a muy poca costa es la colcha de brocado, porque como la sábana toma la mayor parte, que buelbe[5] afuera por todos quatro lados, lo que se paresçe que tiene menester de ser brocado o seda es muy poco.

MATA.—¿Usan tapizerías por las paredes?

PEDRO.—Si no es rey o hijo suyo, no[6]; y éstos las tienen de brocado desto mesmo de que hazen las ropas; mas la otra gente, como siempre procuran de hazer todas las cosas al rebés de nosotros, la tapizería en suelo y las paredes blancas.

JUAN.—¿De qué son los tapizes?

---

5 EN *M-1* (f. 124v) se suprimió *a la parte de* (véase *Spand.*, II, página 168).

6 En *M-1* (f. 124-v), *no la usa tener,* tachado (véase también *Spand.*, *íd.*).

PEDRO.—Finísimas alombras. Ansí como nosotros tenemos por magestad tener muchos aposentos colgados, tienen ellos de tenerlos de muy buenas alombras; y ésta es la causa porque agora poco ha os dixe que traían muy limpios los pies, porque a ningún aposento podéis entrar sino descalzos, no porque sea çerimonia, sino porque no se ensuçien las alhombras; y como se tienen de calçar y descalzar a cada paso, es menester que los çapatos entren como pantuflos.

MATA.—¿Dónde se descalzan?

PEDRO.—A la entrada de cada aposento, y dexan los çapatos a la puerta; y para que mejor lo entendáis, sabed otro secreto, y es que no se sientan como nosotros en sillas, sino en estrados, de la mesma manera que acá las señoras, con alombras y cogines.

MATA.—¿Dónde se sientan?

PEDRO.—Sobre las almohadas.

MATA.—¿Ansí baxos?

PEDRO.—En el mesmo suelo.

MATA.—¿De qué manera?

PEDRO.—Puestas las piernas como sastres cuando están en los tableros, y por mucha criança, si están delante un superior y los manda sentar, se hincan de rodillas y cargan las nalgas sobre los calcañares, que los que no lo tienen mucho en uso querrían más estar en pie.

MATA.—¿Y desotra manera no se cansan de estar sentados?

PEDRO.—Yo, por la poca costumbre que dello tengo, estaré sin cansarme un día, ¿qué harán ellos que lo mamaron con la leche?

JUAN.—¿Luego no tienen sillas los señores?

PEDRO.—Sí tienen, para quando los va a visitar algún señor christiano, como son los embaxadores de Françia, Ungría, Venetia, Florentia. A éstos, porque saben su costumbre, luego les ponen una silla muy galana de caderas a nuestra usanza, muy bien guarnesçida, y algunas vezes ellos mesmos se sientan en ella, que no es pecado sentarse, sino solamente costumbre.

CAPÍTULO XXI

Embajadores y corsarios

JUAN.—¿Tantos embaxadores hay en Constantinopla?

PEDRO.—Del rey de Francia, por la amistad que con el

turco tiene[1], hay siempre uno, que se llamaba Mos de Ramundo, y el de agora Mos de Codoñat[2]; del rey de Ungría hay otro, que se llamaba Juan María, y deziros he, porque viene apropósito déste[3], lo que vi en Constantinopla, por lo qual podréis juzgar quán cautelosos son los turcos en el consejo de guerra y qué avisados. Este Juan María había estado muchos años por embaxador, y rompióse la guerra el año de 52 con el turco, el qual mandó prender y poner en una torre al Juan María. Andubo un año la guerra, y al cabo vinieron a tratar de conçiertos y el Gran Señor embió al Juan María que fuese a tratar la paz, porque tenía neçesidad de ir contra el Sophí. Como el Juan María fue en Ungría, trató los capítulos todos que cumplían a la paz y suplicó al rey que, atento que él le había sirvido muchos años en aquel cargo y estaba enfermo de la horina, que aun yo mesmo le había curado en la prisión, le diese de comer en otro cargo, porque aquél no le aceptaba. El rey lo tubo por bien y embió con los capítulos al obispo de Viena, y como llegó y hizo su embaxada al Gran Turco, luego preguntó por Juan María. El obispo le respondió que estaba enfermo y empedido y por eso venía él. Dixo el Gran Turco: Pues yo no firmaré capítulo de todos ésos, y ansí se lo escrebid a vuestro rey, si no viene el Juan María por embaxador. El obispo lo escribió ansí al rey, el qual tornó a responder que no había lugar, pero que él embiaba un embaxador muy prinçipal en el obispo y a quien su magestad olgaría conosçer y tratar. Tornó a dezir que por ninguna manera aceptaría nada si él no venía; por eso, que bien se podía bolver. Los baxás le reprehendieron diziendo: ¿Cómo, señor, por una cosa que tan poco importa como que venga aquél o no venga, quiere vuestra magestad dexar de hazer la paz que por el presente tanto

---

[1] (Véase cap. V, nota 2.)

[2] Este *Ramundo* es Gabriel de Luitz, señor de Aramon, el mismo que tomó a su cargo a Nicolás de Nicolai en 1551 en su embajada a Constantinopla para que dibujara trajes y paisajes (véase *Nicolai* en Selección bibliográfica). A su sucesor, *Codignac,* alude Busbecq en su carta IV, siendo ya embajador francés M. Lavigne *(Fors-Dan,* I, pág. 370).
Markrich añade (pág. 72) que «vino a Constantinopla en 1543 y volvió en 1546, esta vez acompañado por Belon y Gilles d'Alby».

[3] En *M-1,* tachado *Juan María.* De Malvezzi habla extensamente su sucesor Busbecq en los primeros párrafos de su carta I. (Véase también *B-DL,* págs. 75-77).

le importa, prinçipalmente viniendo un tan cabal hombre como éste, que pocos de tal suerte debe de tener el rey de Ungría en su corte? A lo qual medio airado, respondió el Gran Turco: Pésame que tenga yo en mi Consejo gente tan neçia como vosotros y que ignore una cosa semejante y que tanto me va. ¿Parésçeos, dezid, que es bien que en el Consejo de mi enemigo haya un hombre tan plático en nuestros negoçios que ha estado tanto tiempo entre nosotros y sabe mejor todos los negoçios de acá que nosotros mesmos, y de allá guiará hágase la cosa desta manera y desta, por tal y tal inconviniente, porque los turcos son desta suerte y tienen esta costumbre? No me habléis más, que no firmaré capítulo ninguno si no viene Juan María muerto o vivo. Lo que con él se pudo acabar fue que firmase con esta condiçión, que dentro de un çierto tiempo viniese en Constantinopla por embaxador, donde no, quedaban las pazes por ningunas.

MATA.—Y aun con eso ganan cada día y jamás pierden. El más alto consejo me paresçe que fue el del Gran Turco en eso, que de cabeza de ningún príncipe podía salir. Sin más oír del Gran Turco, yo para mí tengo que es hombre de buen juiçio y de tal consejo se debe de servir; cosa es ésa que no se mira acá ni se haze caso, sino que por fabor hay muchos que alcançan a ser capitanes y consejeros en la guerra no habiendo en toda su vida oído atambor ni pífano, sino tamboril, guitarra y salterio. ¡Mirad qué consejo puede aquél dar en la guerra!

JUAN.—Quando los çiegos guían ¡guai de los que van detrás! de mi voto ternía yo de experiençia y no se me daría nada de toda su sçientia.

PEDRO.—¿No sabéis qué respondió el príncipe Aníbal quando en Athenas le llebaron andando a ver las escuelas, a oír un philósofo el de mayor fama que allí tenían y más docto? [4]

JUAN.—No me acuerdo.

PEDRO.—Estando leyendo aquel philósofo entró el príncipe Aníbal a oír un hombre de tanta fama, y como le avisaron quién era el que le entraba a oír, dexó la plática que tenía entre manos y començó de hablar de cosas de la guerra; cómo se habían de haber los reyes, los generales; el modo de ordenar

---

[4] La anécdota del «príncipe Aníbal» pudo tomarla el autor —según Markrich— del Libro áureo del gran emperador Marco Aurelio, de fray Antonio de Guevara (ed. Madrid, 1658), págs. 2-3.

los esquadrones, el arremeter y el retirar; en fin, leyó una lectión tan bien leída que todos quedaron muy contentos y satisfechos. Salidos de allí preguntaron al príncipe qué le pareçía de un tan eminente varón. Respondió: Habéisme engañado, que me dixistes que tenía de oír un gran philósofo, lo qual no es éste, sino grande nesçio y idiota, que aquella lectión el príncipe Aníbal la tenía de leer, que ha vençido tantas batallas, y no un viejo que en toda su vida vio hombre armado, quanto más exérçitos ni esquadrones. A todos paresçió bien la respuesta, como le vieron algo airado y la razón que tenía.

MATA.—Y a mí también me satisfaçe, que bien hay entre christianos algunos que hablan mucho de la guerra y en su vida vieron armados sino el juebes de la çena o en alguna justa.

PEDRO.—Y aun muchos que justan, y puestos en el esquadrón se les olvida con quál mano han de tomar la lança.

JUAN.—Remédielo Dios, que puede. ¿También los venetianos y florentines tienen su embaxador?

PEDRO.—Todos los reyes, prínçipes y señorías que tienen paz con el turco los tienen allá[5]. Los de Venetia y Florentia se llaman bailos; éstos son como priores de los mercaderes que están en Gálata y allí viben.

MATA.—¿Hay muchos mercaderes desos?

PEDRO.—Bien creo que de florentines y venetianos habrá más de mill casas.

MATA.—¿Hazen algún bien a los cautibos?

PEDRO.—Más mal les hazen que bien, y aun a nuestro rey también: en viendo el hombre con cadena, huyen dél y no le hablarán palabra, y si de acá les invían dineros para que los rescaten, tómanlos y tratan con ellos sin darles las cartas ni cosa ninguna, y desde a dos o tres años torna a embiar los dineros diçiendo que es muerto o que no le quieren dar por tan poco. No penséis que hablo en esto de oídas, que más de quatro negoçios destos averigüé yo, y si más allá estubiera yo los hiziera andar derechos. De tres en tres años estas señorías envían nuebo vaile, y siendo yo intérprete con Çinán Baxá y teniendo la familiaridad tan grande con él, vi dos cosas, las quales os quiero contar: la una es el orden que la señoría de

5 En *M-1,* tachado *sus embajadores.* Busbecq suministra amplia información sobre la actividad de estos *bailíos* o *bailes* venecianos en la última de sus cartas.

Venetia tiene en prover un cargo. El baile de nuebo que fue llebaba en pergamino la probisión que deçía desta manera[6]:

«Marcus Antonius Triuisano, Dei gratia venetiarum dux, etc. Magnifico Illmo ac potenti domino Zinan baxa potentissimi otomanorum imperatoris beglerbai maris nec non eiusdem locum tenenti Constantinopoli, salutem ac sincere felicitatis affectum. Mandamo bailo lo serenissimo gran signore el dilecto nobil nostro Antonio Herizo in luogo de Dominico Triuissano, il qual fara residentia de lui, si como conviene a la bona amicitia que con la sua imperial magestate habiamo, a le parole dil quale pregamo la magnifiçencia et excellentia vostra sia contenta prestar fede non altrimenti que la faria noaitri medesimi. Et li sui ani siano molti et felichi. Datis in hoc ducali palatio anno a Christo nato 1554 mensis aprilis die 16 indictione 12.»

Veis aquí quán brevemente negoçia la señoría de Venetia.

MATA.—Yo no veo nada ni entiendo esa gerigonza si no habláis más claro.

PEDRO.—Deçid a Juan de Voto a Dios que os lo declare.

MATA.—No pasó por Venetia quando fue a Hierusalem, como el pintor del duque de Medinaçeli.

PEDRO.—Diçe ansí: «Marco Antonio Tribisano, por la gratia de Dios, duque de Venetia, etc. Al magnífico, Ilustríssimo y poderoso señor Zinán Baxá, Almirante de la mar del potentíssimo emperador de turcos, y su lugarteniente en Constantinopla, salud y deseada felicidad. Imbiamos baile al sereníssimo gran serñor nuestro querido Antonio Herizo, en lugar de Domingo Trivissano[7], y residirá en su lugar, ansí como con-

---

[6] En *M-1* (f. 126r) se suprimió *el sobre escrito*.

El acceso de Pedro a documentos diplomáticos, especialmente cuando nos consta que los turcos veían con recelo sus relaciones con los occidentales, hacen pensar que Urdemalas no era uno de tantos cautivos de consideración. Por todo ello tiene sentido la afirmación de Markrich de que *the future investigation into the VT ought to center around an examination of the official correspondence and other documents pertaining to the Maltese Order* (f. 75), palabras que vienen a confirmar más o menos Luis y Juan Gil en las últimas palabras de su artículo (pág. 160).

[7] En el Ms. citado, se suprimieron las palabras *el qual y tomarle ha la residencia*.

Sobre A. Erizzo y D. Trevisano, véase E. Alberi, Relazioni degli Ambasciatori Veneti, serie III, t. I (Florencia, 1840), págs. 186-187.

viene a la buena amistad que tenemos con su imperial magestad, a las palabras del qual suplicamos a vuestra magnifiçentia y exçelentia dé credito, no de otra manera que haría a nosotros mesmos; y sus años sean muchos y feliçes. Dada en este ducal palaçio a diez y seis de abril, año del nascimiento de Christo de 1554 y en la indictión duodéçima.»

MATA.—Harto es breve y compendiosa. No había más que dezir.

PEDRO.—Más pensé que había de llebar, como nosotros usamos, un proçeso este baile, y estadme atentos que no lo saben ni lo alcanzan acá: es obligado cada mes de embiar mensajeros que van por mar y por tierra a Venetia, como acá correos, y en fin del mes, en resçibiendo cartas de Venetia ba el baxá que está en lugar del Gran Señor quando no está ahí, y estando a él mesmo, y lleba un papel en el qual diçe: El rey d'España está en tal parte, con tanta gente; quiere hazer esto y esto. El de Françia está con tanta en tal parte; han havido tal refriega; vençió fulano. El papa haze esto y trata estotro, y tal príncipe se ha rebelado de tal manera, que ninguna cosa pasa en todos los consejos de acá, secretos y públicos de que no tenga el Gran Señor aviso, y si me preguntáis cómo lo sé pensaréis que de oídas. Yo mesmo, quando el Gran Turco estaba en Persia, se los leía en italiano y lo convertía en turquesco para ir en Persia.

JUAN.—Grande maldad y poca christiandad y menos themor de Dios usan si ansí lo hazen.

MATA.—También deben nuestros reyes tener otros tantos avisos del turco por los mesmos venetianos.

PEDRO.—Eso no; más recatados son que tanto los turcos; no hayáis miedo que pueda saber el venetiano lo que se determina en consejo real; tanto se guardan de los mesmos turcos como de los christianos, y otra no menor delicadeza suya os quiero dezir que las pasadas, todo de vista. El mesmo capitán general de la armada y almirante de toda la mar, habiendo de salir con galera fuera, no sabe quántas tiene de sacar hasta el día que sale, ni adónde tiene de ir hasta que ya está allá.

MATA.—¿Cómo se parte sin saber adónde?

PEDRO.—Eso es el saber. Vístele el Gran Turco una ropa de brocado y dízele quando está de partida: Toma esta armada y vete a tal parte, y allí abrirás esta carta sellada de mi mano, con tu consejo, y harás lo que en ella se contiene; y con esto se parte. El exemplo os doy de Zinán Baxá quando tomó a Trípol, que le mandó venir hasta Siçilia, y que sobre una çibdade-

ta que se llama Rigoles hiziese alto, y hasta allí a ninguno
hiziese mal; y allí abriese la comisión, la qual deçía ansí: «Em-
biarás un embaxador a Juan de Vega, virrey de Siçilia, y dile
que te den la çibdad de África que me han tomado mal tomada y contra la tregua que teníamos; donde no, haz el mal que
pudieres.» El Juan de Vega respondió que aquella çibdad no
era suya, sino de Dargute[8], al qual se la habían tomado, y muy
bien, y en lo demás él no podía hazer nada; que él escribiría
al Emperador y haría en ello lo que le mandase. Llebaba ansí
mesmo comisión de si topase a Dargute, que era un cosario el
qual no estaba subjeto a nadie, que le prendiese y hiziese dél
lo que le paresçiese. Tardósele la respuesta al Zinán Baxá
y determinó de hazer quanto mal pudiese, y lo primero tomó
lo que pudo de Rigoles y Calabria, y entre tanto llegó el Dargute, y juntóse con él, y resçibióle bien porque traía doçe galeras y fustas, y aun creo que diez y seis; y como el bellaco es
tan buen piloto, le dixo que se fuese con él y le pornía donde
ganase honrra y probecho, y llebóle sobre la isla del Gozo,
junto a Malta, y tomáronla, de donde llebó seis mill ánimas, y
de allí fueron a Trípol de Berbería; y el governador era francés,
el qual hizo traiçión y se dio a pacto con que dexasen salir
todos los caballeros de Sant Juan[9]. Guardóselos, aunque no
todos. Llamábase Chambarín el governador[10]. De allí perdonó

---

[8] *Dargute* es el famoso pirata Dragut de que hablan nuestros
romances del siglo XVI. Griego de origen, Dragut logró su pericia
naval navegando en las galeras de H. Barbarroja, quien le rescató
de los genoveses en 1544, donde remaba entre la chusma desde
cuatro años antes. Entre sus hazañas se cuentan la toma de la ciudad
de África o Mehedía, en el Sahel tunecino, en 1550; la de Bonifacio en 1553, siguiendo poco después las de Bastia y Trípoli.
Murió en el sitio de Malta, en 1565. Sobre su biografía, véase
Ali Rĭza Selfi, *Dorghut Re'is* (Istambul, 1910); Salvá, *ob. cit.,* página 177; Merriman, págs. 222 y 283, y J. Monchicourt, «Dragut,
amiral turc», en *Revue tunisienne,* 1917. Fernand Braudel habla de
él especialmente en *ob. cit.,* ed. francesa, págs. 728-730.

[9] Las flotas combinadas de Sinán y Dragut fueron rechazadas
en Malta, pero se apoderaron de Gozo y Trípoli (véase II, nota 1).
Las cifras de prisioneros están corroboradas por testimonios de la
época (G. Bosio, *Della storia della sacra religione e illma, militia
di S. Giovanni,* Nápoles, 1681, III, pág. 305; en el artículo de Monchicourt citado en nota anterior, y en Muratori, *Annali,* X, II, página 250).

[10] El gobernador no era Chambery, sino Gaspar Vallier, llamado
y conocido por *Le Maréchal.* Fra Gaspar de Vallier tenía a la sazón

al Dargute y le dixo que se fuese con él a Constantinopla y le pornía en gratia del Gran Turco. Vino en ello el Dargute y fuéronse con mucho triumpho, y fue bien resçibido el Dargute del Gran Señor, y diole çiento y çinquenta mill ásperos de renta, que serán tres mill escudos y grande crédito de allí adelante. Este bellaco luego se le alzó a mayores a Zinán Baxá, y dixo al Gran Turco que haría él más con sesenta galeras que Zinán Baxá con doçientas, y tubo razón, porque el año de 53 lo probó a hazer y con sesenta galeras y las de Françia de compañía tomó a Bonifaçio y en Siçilia la Alicata y la Pantanalea, y el año de 54, con otras tantas que salió, tomó la çibdad de Bestia, en Apulla. El año de 55 salió con otro nuebo general que susçedió a Zinán Baxá y no tomó nada y quedóse en Trípol; antes perdió, y por eso mandó el Gran Turco que saliese a ser governador de Trípol y tener allí siete galeras.

JUAN.—¿Conoçistes vos a Guterráez?

PEDRO.—Este mesmo es, y fuimos muy amigos y comí muchas vezes con él. Nunca se hartaba de contar de las cosas de christianos.

JUAN.—¿Qué sabía él? ¿Había sido christiano?

PEDRO.—No era sino turco natural, y había sido esclabo de Andrea Doria, el qual le rescató por tres mill ducados.

JUAN.—¿Un hombre tan nombrado y que tantos males había hecho en este mundo y hazía rescataban? ¿Tanto le hazían a un prínçipe tan grande como Andrea Doria tres mill ducados que dexaba ir un tan grande vellaco por ellos?

PEDRO.—Y deso se reía muchas vezes conmigo el mesmo Dargute, diçiendo cómo se había bien esquitado, porque por cada millar de ducados había tomado un millón después que le soltó y aún más.

JUAN.—Igual fuera haberle luego cortado la cabeza.

PEDRO.—O tenérsele en prisión toda la vida, tratándole razonablemente, como haze el Gran Señor, que jamás dará capitán ni hombre ninguno de quenta, aunque le den por él unas Indias[11]; porque haze esta quenta: yo soy muy poderoso y no

en Trípoli una fuerza de 30 caballeros y 630 mercenarios (Braudel, páginas 740-742). La salida libre de los caballeros de Malta está documentada en E. Rossi, *Annales tripolitaines,* págs. 40-41; en Salomone Marino, *Archivio Storico Siciliano,* XXXVII, y en N. de Nicolai, *ob. cit.,* (ed. 1576) pág. 44.

[11] Parece ser que Urdemalas está pensando en el caso de don Álvaro de Sande, defensor de la isla de los Gelves o Djerba y luego

me haze al caso mill ni diez mill ducados que éste me dé, el qual en su tierra debe ser hombre de consejo y valeroso, pues tenía cargo; y rescatado, luego tiene de procurar de esquitarse, y por çien ducados que me da me tomará cient mill; y mándale en la torre con los otros christianos, y darle cada día dos ásperos de que se mantenga y que no le lleben a trabaxar. Allí fenesce míseramente sus días, que es mejor que sean pocos.

MATA.—Tan buen ardid de guerra es ése como esos otros: hombre de guerra cudicioso me paresçe que nunca valdrá un quarto.

PEDRO.—Vos estáis en lo çierto, y el día de hoy no veréis en todo el exérçito de los christianos sino cudicia y poca victoria.

JUAN.—¿Cómo queréis que se compadezcan dos contrarios en un subjeto? Yo creo que son muy pocos los que van a la guerra si no es por ganar, y siempre ganan más los que pelean menos.

PEDRO.—¿Sabéis qué otra cosa haze el turco con los capitanes que tiene prisioneros?

MATA.—¿Qué?

PEDRO.—Si ve que bive mucho, házele dar un bocadillo, con que nadie se atreve a importunarle de allí adelante, y por justiçia no los quiere matar, porque no hagan acá otro tanto de los que tienen presos de los turcos.

---

hecho prisionero. Busbecq dice en la última de sus cartas turcas que las gestiones, tanto suya como las del francés Salviati, no dieron resultado *(Fors-Dan,* I, 326-328).

A propósito del encierro de don Álvaro en la *torre,* es interesante saber que esta fortaleza era distinta de los otros calabozos de los prisioneros, situados en Gálata, junto al arsenal. La prisión del caballero español era *el karadenis* o *torres* del mar Negro. De *ellas* se dice en el Atlas de Blaeo: «En uno de dichos castillos, que queda en la parte de Europa, y vulgarmente llaman las torres del mar Negro, suele el Gran Señor poner en custodia o guardar prisioneros a los Cavalleros de Malta y a los más captivos christianos de consideración y monta» (Amsterdam, 1614, pág. 25a y b).

CAPÍTULO XXII

Las comidas

MATA.—¡Quán poco nos hemos acordado del comer de los turcos, habiendo pasado por tantas cosas que acostumbran!

PEDRO.—No penséis que hay menos que dezir deso que de lo que está dicho.

JUAN.—¿Sírvense con aquella magestad en el comer que nuestros cortesanos, al menos el Gran Turco?

PEDRO.—Deziros he cómo comía Zinán Baxá, y ansí entenderéis qué usan todos los prínçipes; y con otro exemplo particular sabréis de la gente común; y sabido acá cómo come un prínçipe, podréis pensar que ansí haze el rey, añadiendo más fausto. Ansí como es su usanza sentarse en baxo, acostumbran también comer en suelo, y ponen por manteles, para que las alhombras no se ensuçien, un cuero colorado y grueso, como de guadamezí de caballo, y por pañizuelos de mesa una toalla larga alderredor de todos, como hazen en nuestras iglesias quando comulgan. El cuero del caballo se llama *zofra*[1]; fruta, ni cuchillo, ni sal, ni plato pequeño no se pone en la mesa de ningún señor en aquella tierra.

MATA.—¿No comen fruta?

PEDRO.—Si comen harta, pero no a las comidas ni de prinçipio ni postre.

JUAN.—¿Con qué cortan?

PEDRO.—El pan son unas tortas que llaman *pitas*[2]. A cada una dan tres cuchilladas en la botillería antes que la lleben a la mesa, y éstas sirben de platos pequeños, porque cada uno toma su pedazo de carne y le pone encima; la sal es imperti-

---

[1] *zofra (sofra,* 'mesa'). Compárese con lo que dice Spandugino: «Le lor mense sono di cuoio, sulle qualli mettono i piatti con le uiuande et il pan tagliato, ... I Turchi adunque seggono in terra su tapeti con qualche cuscino o di seta coperto, o di altra maniera, si come per loro si può il meglio; et sedendo intralciano i piedi a guisa di sarti» (lib. II, págs. 167-168).

[2] En turco de hoy, *pide* es un pan delgado y plano, a modo de torta, horneado con muy poca levadura; parece que en un principio fue el pan consumido en el Ramadán.

nente, porque tienen tan buenos cozineros que a todo lo que guisan dan tan buen temple que ni tiene más ni menos sal de la que tiene menester. Tenía Zinán Baxá quarenta gentiles hombres que llaman *chesineres,* y el prinçipal destos se llama *chesiner baxá* [3]; sirbe de mastre sala, y éstos tienen de paga real y medio cada día, los quales de ninguna otra cosa sirbían sino de llebar el plato a la comida del Baxá. Vestíanse de pontifical todos para sólo llevar el plato, con ropas de sedas y brocados, las quales el Baxá les daba cada año una de seda y otra de grana fina, y en la cabeza se ponen unas escofias de fieltro, como aquellas de los genízaros, con sus cuernos, salvo que son coloradas.

MATA.—¿Qué tanto valdrá cada una desas?

PEDRO.—Çinquenta escudos, sino lleba alguna pedrería en el cuerno de plata.

MATA.—¿Y para sólo llebar la comida se le ponen?

PEDRO.—Y para ir algunas vezes con el Baxá quando va fuera; lleban demás de todo esto unas zintas que llaman *cuxacas* [4], de plata, anchas de un palmo, y todas de costillas o columnicas de plata a manera de corazas; la que menos déstas pesa son çinquenta ducados.

JUAN.—¿Paresçen bien desa manera?

PEDRO.—Aunque sea una albarda, si es de oro o de plata paresçe mucho bien; estos todos iban con su capitán a la cozina y tomaban la comida en unas fuentes.

MATA.—¿De plata?

PEDRO.—Antes quiero que sepáis que ningún turco, por su ley, puede comer ni beber en plata ni tener salero, ni cuchar dello, ni el Gran Turco, ni prínçipe, ni grande, ni chico en toda su seta quan grande es [5].

---

[3] *çesnicer başi,* 'jefe de probadores de comida y despensero' *(çasnigirler,* en Inalcĭk; en su trad., «Tasters and butlers»).

[4] *cuxacas,* de *kuşak,* 'cinturón', 'faja' o 'banda'.

[5] Como en *Spand.,* II, p. cit. Markrich subraya las palabras de Menavino «que el sultán comía en vajillas de oro y plata». Es posible —dice Markrich (f. 136, nota 54)— teniendo en cuenta que el italiano narra sucesos de hacia 1504, pero Solimán específicamente no lo hacía. Busbecq indica en su carta III, que el haber usado vajilla suntuosa fue uno de los motivos del remordimiento y tristeza en que cayó en los últimos años de su reinado (desde 1562; *Fors-Dan,* I, página 331).

MATA.—¿Qué dezís? ¿Estáis en vuestro seso? ¿El Gran Turco no tiene baxilla de plata?

PEDRO.—Sí tiene, y muy rica y caudalosa, y candeleros bien grandes, no que la haya hecho él, sino que se la empresentan de Venetia, Françia y Ungría, y aun de Esclabonia; pero tiénela en la cámara del thesoro, sin aprobecharse della. Otro tanto tenía Zinán Baxá de muchos presentes que le habían hecho, mas tampoco se sirvía della ni podía aunque quisiese.

MATA.—¿Quién se lo estorbaba?

PEDRO.—Su ley, que otro no.

MATA.—¿En qué se funda para eso?

PEDRO.—No en más de que si en este mundo comiese en plata, en el otro no comería en ella, y no cale pidirles la razón más adelante desto.

MATA.—Pues ¿en qué comen? ¿De qué son aquellas fuentes?

PEDRO.—En cobre, que como ellos lo labran es más lindo que el peltre de Inglaterra; ansí como nosotros el box o cualquier otro palo labramos al torno, haziendo dello quanto queremos, labran los turcos el cobre, y después lo estañan y queda como plata y las piezas todas hechas de la mesma manera que quieren, y en las mesas del Gran Turco y los príncipes quanto se sirve es en estas fiestas de cobre estañado con sus cobertores, y en embegeçiéndose un poco tórnanlo a poca costa a estañar y paresçe cada vez nuebo.

MATA.—¿Cómo lo estañan? ¿Como acá los cazos y sartenes?

PEDRO.—Es una porquería eso; no, sino con muy fino estaño y con sal armoníaco, en quatro horas estañará un ofiçial toda la vaxilla del gran señor. Como van a la cozina, cada uno de aquellos gentiles hombres tomaba su fuente con su cobertor y con la mayor orden que podían iban todos, unos a una parte y otros a otra, de manera que hazían dos ileras; cada uno iba por su antigüedad, y llegados los primeros todos se paraban quedando la mesma ordenanza, y el chesiner baxí ponía su fuente en la mesa y tomaba la del que estaba junto a él, para ponerla, y aquél tomaba la del otro y el otro la del otro; de modo que sin menearse nadie de su lugar pasaban las fuentes todas de mano en mano hasta la mesa del Baxá; y dada la comida se bolvían, entretanto que era hora de quitar la mesa[6].

_____

[6] Busbecq nos da una excelente descripción de este banquete y espeçialmente de la manera en que se servía:

MATA.—¿Qué llebaban en aquellos platos? ¿Qué es lo que más acostumbran comer?

PEDRO.—Asado, por la mayor parte comen muy poco o nada; todo es cozido y hecho miniestras, que dicen en Italia, y ellos las llaman *sorbas;* es como acá diríamos potajes, de tal manera que se pueden comer con cuchar.

MATA.—¿De qué era tanto plato?

PEDRO.—Los manjares que usaban llebarle cada día era arroz hecho con caldo de carnero y manteca de vacas, no nada húmido, sino seco, que llaman ellos *pilao*[7], o mezcladas con ello pasas negras de Alexandría, que son muy pequeñas y no tienen simiente ninguna dentro; para con esto, en lugar del polvoraduque o miel haçían otro potaje de pedazos de carnero gordo, y pasas y çiruelas pasas, con algunas almendras; otro modo de arroz guisaban que llebaba al quoçir gran quantidad de miel y estaba tieso y amarillo, que se llama *zerde.* Terzero plato de arroz es de *tauc sorba,* gallina hecha pedazos y guisado el arroz con ella, con pimienta y su manteca. De una cosa os quiero advertir: que ningún guisado hay que hagan sin manteca de vacas; ni asar, ni cozer, ni adobado, ni lentejas y garbanços, ni otra cosa de quantas comen, hasta en el pan. El mejor de todos los platos que a la mesa del Baxá se ponía era de carnero hecho pedaços de a libra, y guisado con hinojo, garbanços y zebollas; y otro plato había bueno d'espinacas,

---

La mesa estaba protegida por un toldo. Cien pajes vestidos todos de igual manera servían de camareros. El procedimiento de traer los platos a la mesa era como sigue: primero avanzaban hacia la mesa donde estaban sentados los invitados, a igual distancia uno de otro. Sus manos vacías, puesto que de otro modo no podrían hacer la reverencia, cosa que se cumplía con las manos en los muslos y la cabeza hacia el suelo. Hecha la inclinación de ritual, el camarero más próximo a la cocina pasaba cada plato a los siguientes, hasta que llegaban al camarero mayor o provisor, quien los iba colocando en la mesa. De este modo fueron discurriendo (si es que así podemos llamar a este fluir de platos) cerca de ciento sin la más ligera confusión. Cuando todo estuvo servido, los pajes volvieron a hacer la reverencia y se retiraron por turno inverso al que habían tenido al venir... circunstancia que muestra cómo los turcos dan importancia al orden en materias triviales, mientras que nosotros lo olvidamos en cosas de extrema importancia *(Fors-Dan,* I, págs. 157-158).

[7] *pilao, zerde.* Pilav, arroz hervido preparado hoy día con mantequilla; *zerde,* arroz hervido preparado con azafrán, endulzado y servido frío. *Tavuk çorba,* arroz con pollo, preparado con pimienta y manteca.

470

cosa muy usada entrellos; otro es de trigo quitados los ollejos, con su carnero y manteca, y otro de lentejas con zumo de limón y guisadas con el caldo de carne, a las quales les meten dentro unos que llaman acá fideos, que son hechos de masa. Al tiempo de las hojas de parras, usan otro potage de picar muy menudo el carnero, y meterlo dentro la hoja de la parra y hazerlo a modo de albóndiga, y quando hay berenjenas o calabazas sácanles lo de dentro y rellénanlas de aquel carnero picado y házenlas como morcillas; quando no hay hojas, ni calabazas, hazen de masa una torta delgada como papel, y en ella enbuelben el mesmo bocadillo del carnero muy picado, y hazen un potaje a modo de cuescos de duraznos. Salsas no se las pidáis, que no las usan, antes por el comer son tan poco viçiosos que más creo que comen para sólo vivir que por deleite que dello tengan; como se les paresçe en el comer que cada uno toma su cuchar y come con tanta prisa que paresçe que el diablo va tras él y tienen muy buena criança en el comer, que sin hablar palabra, como esté uno satisfecho, se levanta y entra alguno otro en su lugar. Quando mucho, diçe: Graçias a Dios; y son comunes entrellos los bienes, al menos del comer, porque, aunque no conozca a nadie, si ven comer les es líçito descalzarse y tomando su cuchar ayudarles; no son habladores quando comen; acabado de comer, el Baxá daba gracias a Dios y mandaba quitar la mesa.

MATA.—¿También dan ellos gratias como nosotros?

PEDRO.—Bien que como nosotros. ¿Quándo las damos nosotros ni nos acordamos de Dios una vez en el año?

JUAN.—¿Qué dezían en las gratias?

PEDRO.—*Helamdurila choc jucur iarabi, Alat, Ala padixa bir guiun bin eilesen*[8]. Vendito sea Dios; mejor lo haze conmigo de lo que merezco. Dios prospere nuestro rey de manera que por cada día le haga mill.

JUAN.—Muy buena oratión en verdad, y que todos nosotros la teníamos de usar, y nos habían de forçar a ello por justiçia o por excomunión.

PEDRO.—Creed que no hay turco que no haga a cada vez que coma esta mesa, aunque sean quatro vezes.

MATA.—¿Puede cada uno llebar un plato a cuestas o llébanle de çinco en çinco?

---

[8] *Şelam-dur-i-la şok yukar* (?) *Ya Rabbi Allah, Allah padişah bir gün bin eilesen.*

PEDRO.—Nos entiendo. ¿Çinco tienen de llebar un plato?

MATA.—Dígolo porque dixistes al prinçipio que los gentiles hombres eran quarenta, y no habéis contado más de siete o nuebe platos.

PEDRO.—Quanto habláis siempre tiene de ir fundado sobre maliçia. Mirad, por amor de Dios, que estaba aguardando. No se tiene d'entender que todos quarenta se hallen presentes a cada comida, aunque lleven el salario basta la mayor parte; pero del pilao no se pone una fuente sola, sino dos o tres, y del zerde ansí mesmo, y del carnero otro tanto. Comen a la flamenca, en dexar primero poner toda la comida en la mesa que ellos se sienten.

MATA.—¿Qué gente comía con Çinán Baxá?

PEDRO.—Todos quantos querían, sino fuesen esclabos suyos, aunque tenía muchos onrrados Gobernadores de provincias, pero por ser esclabos suyos no lo permiten; si son de fuera de casa, aunque sean los moços de cozina, se sientan con él.

JUAN.—¿Y nadie de su casa lo haze, siquiera el contador o thesorero o la gente más de lustre?

PEDRO.—El mayordomo mayor y el cozinero mayor tienen esta preminençia de comer quando el señor de lo mesmo que él; mas no a su mesa, sino aparte. Tenía veinte y quatro criados turcos naturales, que no eran sus esclabos, con cada dos reales de paga al día para que remasen en un vergatín quando él iba por la mar, los de mayores fuerças que hallaba, y llamábanlos *caiclar* [9], y sólos éstos comían de sus criados con él.

MATA.—¿Para remar no fueran mejor esclabos?

PEDRO.—No se osa nadie fiar d'esclabos en aquellos vergantines, porque quando le tienen dentro pueden hazer dél lo que quisieren, y ha miedo que le traerán a tierra de christianos. Alzada la mesa los mesmos gentiles hombres toman los platos por la mesma orden que los pusieron, y quasi tan llenos como se estaban, y llébanlos a la mesa del thesorero, camarero, que era yo, y pajes de cámara y eunucos que los guardaban, que en todos seríamos çinquenta, y allí comíamos y dabamos las fuentes, que aun no eran a mediadas, fuera a los gentiles hombres, y comían ellos; y levantados de la mesa, sentábanse los

---

[9] *caiclar: kahya-lar* (pl.): «mayordomos». Había de ambos sexos. Sus jefes respectivos eran el *kahya-bey,* especie de agente del Gran Visir en asuntos militares y políticos, y la *kahya-kadin,* especie de superintendente de los novicios *(oddomani)* de palacio.

ofiçiales de casa, como sastres, çapateros, herreros, armeros, plateros y otros ansí, los quales ya no hallaban de lo mejor nada, como aves ni buen carnero, habiendo pasado por tantas manos. El plato del mayordomo mayor andaba también, después de él comido, por otra parte las estaçiones, y el del cozinero mayor.

MATA.—¿Qué tanto cabría cada fuente desas?

PEDRO.—Un çelemín de arroz. ¿Dezíslo porque sobraba tanto en todas las mesas?

MATA.—No lo digo por otro.

PEDRO.—Sabed, pues, que de cada comida, andado lo que se guisa de comer por toda la casa a no dexar hombre, es menester que sobre algo que derramar para los perros y gatos y aves del çielo, lo qual ternían por gran pecado y agüero si no sobrase.

MATA.—¿Son grandes las ollas en que adresçan de comer?

PEDRO.—Tan grandes como baste a cumplir con la casa. Son a manera de caldero sin asas, un poco más estrecha la boca, y llámanse *tenger,* de cobre gruesa y labrada al torno, como las fuentes que llaman *tepzi* [10].

JUAN.—¿No beben vino?

PEDRO.—Ni agua quando comen, sino como los bueyes se van después de comer a la fuente o donde tienen el agua. En lugar del vino tenía Zinán Baxá muchas sorbetas [11], que ellos

---

10 hoy, *tencere,* 'cacerola', 'puchero'; *tepsi,* 'bandeja', 'fuente'.

11 Estas *sorbetas* son las mismas de que habla Busbecq en su carta I:

> Si he de darte cuenta completa, no debo pasar por alto una clase de bebida (que tienen). Cogen uvas pasas y las muelen; cuando están molidas y prensadas las ponen en un recipiente de madera y echan en él cierta cantidad de agua caliente y las empapan bien. Entonces cubren la cuba herméticamente y dejan que la mezcla fermente por un par de días; si no está completa la fermentación, añaden heces de vino. Si lo pruebas cuando comienza a fermentar te parece insípido y de sabor desagradable; después toma un gusto un poco ácido; en este estado es palatable si lo mezclas con un licor dulce. Durante los tres o cuatro días siguientes se forma una bebida muy agradable, especialmente cuando se enfría con nieve, de la que nunca falta en Constantinopla. Llaman a esta bebida *sorbet (Arab sorbet vocant),* esto es, bebida de los árabes. Pero después de tres o cuatro días más, se estropea y se vuelve agria. En este estado se sube a la cabeza y te hace tambalear como el vino *(tentat caput, pedesque non minus quam vinum):* por eso está prohibida en la religión de los turcos. Pero debo confesar que las sorbetas es una bebida muy agradable (Carta I, pág. 147).

llaman, que son aguas confeçionadas de cozimientos de guindas y albaricoques pasados como çiruelas pasas, y ziruelas pasas, agua con azúcar o con miel, y éstas cada día las hazían, porque no se corrompiesen. Quando hay algún banquete no dexan ir la gente sin beber agua con azúcar o miel.

MATA.—¿Acostumbran hazer banquetes?

PEDRO.—Dos hizo Zinán Baxá a Dargute que no se hizieran mejor entre nosotros, donde hubo toda la volatería que se pudo haber y frutas de sartén, cabritos, conejos y corderos.

MATA.—¿Saben hazer manjar blanco? [12]

PEDRO.—Y aun una fruta de sartén a manera de buñuelos llenos dello, salbo que no lo hazen tan duro como nosotros, sino quede tan líquido que se come con cuchar, y por comer ellos todas las cosas ansí liquidas no tienen tanta sed como los señores d'España, que por solamente beber más, comen asado, y los potajes llenos d'espeçia que asa las entrañas, y por esto, si miráis en ello, beben poco.

JUAN.—En ninguna comida ni banquete os he oído nombrar perdizes; no las debe de haber.

PEDRO.—Muchas hay, sino que están lexos y no hay quien las caze, porque en Constantinopla sólo el Gran Señor lo puede hazer. Fuera en aquellas islas del arçipiélago hay más que acá gorriones; donde yo estube en el Schiatho venían como manadas de gallinas a comer las migajas de vizcocho que se nos caían de la mesa; en la isla del Chío [13] las tienen tan domésticas como las palomas mansas que se van todo el día al campo y a la noche se recojen a casa. Los griegos en estas islas no las matan, porque para sí más quieren un poco de cabiari [14], y si las quieren vender no hay a quién.

---

[12] *manjar blanco:* «... por ser de leche, açúcar y pechugas de gallinas, plato de españoles; antiguamente se guisava en las casas de los príncipes o señores, agora se vende públicamente con la tablilla a la puerta que dize: aquí se venden tortas y manjar blanco» (*Covarrubias*, s. v. *blanca,* 219b).

[13] *las perdices de Chíos:* también Busbecq nos dice en su carta III que estas gallináceas amaestradas salen por la mañana a los campos y vuelven a toque de silbato por la tarde, pero —advierte— que no debe olvidarse por más de un día esta señal porque estos animales revierten fácilmente a su medio natural y abandonan a sus amos (*Fors-Dan,* I, 212-13).

[14] *Cabiari* es el caviar, cuya composición no es exactamente la que Pedro describe. Busbecq lo menciona en su carta I: «*neque item de*

MATA.—¿Qué llamáis cabiari?

PEDRO.—Una mixtura que hazen en la Mar Negra de los sesos de los pescados grandes y de la grosura, y gástase en todo Levante para comer, tanto como acá azeite y más. Es de manera de un xabón si habéis visto ralo.

JUAN.—Harto hay por acá deso.

MATA.—¿Y cómenlo aquéllos?

PEDRO.—Con un áspero comerá toda una casa dello. Los griegos son los que lo comen; sabe con ello muy bien el beber, a manera de sardina arencada fiambre y puesta entre pan. En el mar el mejor mantenimiento que pueden llebar es éste, porque se puede comer todos los días sin fuego, aunque sea Quaresma ni Carnal. Díxele un día a Çinán Baxá que hiziese traer para sí algunas perdizes; y como era general de la mar, todas estas islas donde las hay eran suyas, y avisó a sus governadores que se las embiasen; y os prometo que comenzaron cada día de venir tantas, que las teníamos más comunes que pollos; llámanse en turquesco *checlic* y el capón *iblic*[15], y más de çien turcos no os lo sabrán dezir.

MATA.—¿No mudan comida, sino todos los días eso mesmo que habéis dicho?

PEDRO.—Muchas vezes comen asado y otras adobados, pero lo más continuo es lo que os tengo dicho.

JUAN.—¿Ningún día dexan de comer carne, habiendo tan buenos pescados frescos, aunque su ley lo permita?

PEDRO.—Muy enemigos son del pescado. No lo vi comer dos vezes en casa del Baxá.

MATA.—¿Por qué?

PEDRO.—Como no pueden beber vino, dizen que rebibiría en el cuerpo con el agua, y tiénenlo por tan aberiguado que todos lo creen. Tampoco son amigos de huebos.

MATA.—¿Por qué comen tanto arroz?

PEDRO.—Diçen que los haze fuertes, ansí como ello y el trigo lo es. Tabernas públicas muchas hay de turcos donde venden todas aquellas sorbetas para beber los que quieren gastar y bien varato; por un maravedí os hartarán.

---

salsamentis, quae Constantinopolim a Maeotide advehuntur, quae Itali moronellas, botargas et caviarum vocant» (ni te contaré tampoco de los condimentos que llegan desde el mar de Azoff a Constantinopla, que los italianos llaman moronellas, botargas y caviar).

[15] *keklik* es la perdiz; *iblik,* el capón.

JUAN.—¿En qué bebía Çinán Baxá, que se nos había olvidado?

PEDRO.—Lo que más usan los señores es porçelanas, por la seguridad que les hazen entender de no poder sufrir el veneno, y vale diez escudos cada una. También hazen de cobre estañado unas como escudillas sin orejas, con su pie de taza, y cabrán medio azumbre, y destas usan todos los que no pueden alcanzar las porçelanas y aun los que pueden.

JUAN.—¿Y vidros no?

PEDRO.—Haylos muy finos de los veneçianos; mas no nos paresçer en nada si pudiesen, no los quieren para beber en ellos, y también, quien no tiene de beber vino ¿para que quiere vidro? No los dexan de tener para conserbas y otras delicadezas.

MATA.—¿Es verdad eso de las porçelanas, que por acá por tal se tiene?

PEDRO.—A esa huçia no querría que me diesen ninguna cosa que me pudiese hazer mal en ellas a beber; los que las venden que digan eso no me maravillo, por sacar dinero; mas ¿quién no terná por grandes bestias a los que dan crédito a cosas que tan poco camino lleban? Eso me paresçe como las sortijas de uña para mal de corazón, y piedras preçiosas y oro molido que nos hazen los ruines phísicos en creer ser cosa de mucho probecho.

JUAN.—¿Las sortijas de uña de la gran bestia me deçís? La más probada cosa que en la gota coral se haze son, como sean verdaderas; por mi verdad os juro que tenía un corregidor una, que yo mesmo la vi más de çinquenta vezes hazer la experiencia.

PEDRO.—¿De qué manera?

JUAN.—Estando caído un pobre dándose de cabezadas, llegó el corregidor y metiósela en el dedo y tan presto se levantó.

PEDRO.—Otro tanto se hiziera si le tocara con sus propias uñas el corregidor.

JUAN.—¿Cómo había de leuantarse por eso? ¿Qué virtud tenían para eso sus uñas?

PEDRO.—¿No acabáis de dezir que tiene de ser la uña de la gran bestia?

JUAN.—Sí.

PEDRO.—Pues ¿qué mayor bestia que vos y el corregidor, y quantos lo creyeren? No creo yo que esa gran bestia que deçís sea tan grande como ellos. ¿Qué hombre hay de tan poco juiçio en el mundo que crea haber cosa tan eficaz y de tanta virtud que por tocarla a los artejos de los dedos haga su efecto? Vemos que el fuego, con quan fuerte es, no podrá quemar un leño seco, ni un copo d'estopa, si no le dan tiempo y se lo ponen zerca, y queréis que una uña de asno haga, puesta por de fuera, lo que no vastan todas las mediçinas del mundo.

JUAN.—¡También es reçio caso que me queráis contradezir lo que yo mesmo me he visto!

PEDRO.—Puédolo hazer dándoos la causa de ello.

MATA.—Desa manera sí.

PEDRO.—Habréis de saber que aquel paroxismo le viene de quando en quando, como a otros una tertiana, y es burla que venga del coraçón ni de aquella gota sobre él, que dizen las viejas, sino es un humor que ocupa el celebro y priva de todos los sentidos, sino es del movimiento, hasta que le expele fuera, que es aquella espuma que al cabo le veis echar por la boca, y no hay más diferentia entre el esternudar y eso que llamáis gota coral, de que para el esternudo hay poca materia de aquel humor y para esto otro hay mucho, lo qual veréis si miráis en ello claramente en algunos que con dificultad esternudan, que hazen aquellos mesmos gestos que a los que le toma la gota coral, que es mal de luna.

MATA.—Es tan clara philosofía esa, que la tengo entendida yo muy bien.

PEDRO.—Como aquel açidente dura, según su curso, un quarto de hora y media a lo más largo, azierta a pasar el corregidor ya que comiença a echar la espuma por la boca, y en poniéndole la sortija, señor, luego se levantó de allí a media hora. El probar della era que el mesmo paçiente la traxese de contino y vernía el mal ansí como así. ¿Vosotros, señores, pensáis que yo no he visto uñas y la mesma bestia de qué son? Un caballero de Sant Juan, bailío de Santa Femia, conozco, que trae unas manoplas desas sortijas y otras monedas que dizen que aprobechan, y piedras muy exquisitas, que le han costado mucho dinero[16]; mas al pobre señor ninguna cosa le alivian su mal más que si no lo traxese; y si os queréis informar desto, saved que se llama don Fabriçio Piñatelo[17], hermano del conde de Monte León, en Calabria.

---

[16] Respecto al oro molido y al uso de las piedras preciosas, Markrich advierte que Laguna y Urdemalas difieren en cuanto a su valor y aplicación. Laguna admite la bebida de oro potable («... e introduce tanta fuerza y vigor, que es bastante para resucitar los muertos», *Diosc.,* V, cap. 44). Lo mismo dice al tratar de las piedras preciosas (véase cap. 114, *Saphir; Mark.* f. 87).

[17] Fabrizio Pignatelli, caballero de la Orden de Malta, libró a la Calabria de las correrías de los turcos y combatió en Trípoli. Era hermano de Ettore, conde (y luego duque) de Monteleón. Murió en 1577 (Istituto della Enciclopedia Italiana, Roma, 1977, pág. 11).

JUAN.—¿No es çierto que están las virtudes en piedras y en yerbas y palabras?

PEDRO.—No mucho, que ese refrán es de viejas y de los más mentirosos; porque a los que dizen que están en palabras y salen de las cosas comunes del Evangelio, y de lo que nuestra Iglesia tiene aprobado, ya podéis ver quáles los para la Inquisiçión, la qual no castiga lo que es bueno, sino lo que no lo es; y pues pone pena a los que curan por palabras, señal es que no es bueno *latet amus in esca,* aunque las veis buenas palabras; *sepe angelus Sathane transfigurat se in angelum luçis,* dize la Escriptura[18]. A los que creen en piedras, mirad cómo los castigan los lapidarios y alchimistas en las bolsas, haziéndoles dar por un diamante o esmeralda ocho mill escudos, y treinta mill, y a las vezes es falso; y que sea verdadero, maldita la virtud tiene, más de que costó tanto y no hay otro tal en esta tierra. Dadme uno que por piedras haya sido inmortal, o que estando malo haya por ellas escapado de un dolor de costado, o que por llebar piedras consigo entrando en la batalla no le hayan herido, o que por tener piedras no coma, o que las piedras le excusen de llegarse al fuego el invierno y buscar niebe y salitre el verano para beber frío, o que se excuse de ir al infierno, adonde estaba condenado, por tener piedras. A la fe hazed en piedras vivas, si queréis andar camino derecho, y si los otros quieren ser neçios, no lo seáis vos[19].

JUAN.—Dezid quanto quisiéredes, que yo la he visto echar en mediçinas y usarlas a médicos tan buenos como vos debéis de ser y mejores, y las loan mucho.

PEDRO.—Hartos médicos debe de haber mejores que yo; pero en verdad que de los que usan esas cosas ninguno lo es, ni mereçen nombre de tales; esos se llaman charlatanes en Italia, porque si leen çient vezes los autores todos que hay de mediçina, no hallarán reçepta donde entren esas piedras, y si diçen que sí, serán algunos cartapaçios y trapaçetas, pero no autores. Corales y guijas son los más usados, y éstos son buenos, y algún poco de aljófar para cuando hay neçesidad de desecar algunas humidades; por paresçer que hazen algo, siendo un señor, le ordenan esas borracherías, pensando que si no son preçiosas cosas las que tiene de tomar no podrá haber efecto la mediçina, como si el señor y el al-

---

[18] *latet namus in esca:* «en el cebo se esconde el anzuelo», y «muchas veces el ángel Satán se transfigura en ángel de la luz» (Corintios, II, 11 y 14).

[19] (Véase *supra,* nota 16.)

bardero no fuesen dos animales compuestos de todos quatro elementos. Los metales y elementos ningún nutrimento dan al cuerpo, y si coméis una onça de oro, otra echaréis por vaxo quando hagáis cámara, que el cuerpo no toma nada para sí.

JUAN.—¿El oro no alegra el coraçón? Dezid también que no.

PEDRO.—Digo que no, sino la posesión dél. Yo, si paso por donde están contando dinero, más me entristezco que alegrarme por verme que no tenga yo otros tantos; y comido o bebido el oro, ¿cómo queréis que lo vea? ¿el coraçón tiene ojos, por dicha? Quando les echan en el caldo destilado, los médicos bárbaros, doblones, ¿para qué pensáis que lo hazen? Pensando que el señor tiene de dezir: dad esos doblones al señor doctor; que si los pesan, tan de peso salen como los echaron, no dexando otra cosa en el caldo sino la mugre que tenían. Si tenéis piedras preçiosas, credme y trocaldas a piedras de molino, que son más finas y de más provecho, y dexaos de burlas.

MATA.—Tal sea mi vida como tiene raçón en eso.

PEDRO.—Quanto más que un hombre para lo del mundo, más luze con un buen vestido de seda o fino paño que con un anillo en el dedo que valga diez mill ducados. Todas estas cosas que estos médicos bárbaros hazen ¿dónde pensáis que las sacan? ¿de los autores? No, sino de las viejas, que se lo dizen, como aquello de que el oro alegra el coraçón, y que esté la virtud en piedras y yervas y palabras. Muy ruinmente estaría la virtud aposentada si no tubiese otra mejor casa que las piedras, yerbas y palabras.

MATA.—¿Sabéis qué digo yo, Juan de Voto a Dios?

JUAN.—¿Y es?

MATA.—Que no nos demos a philosofar con Pedro de Urdimalas, que ninguna honra con él ganaremos, por más que hagamos, porque viene ábil como el diablo. Bolvamos a rebuscar si hay algo que preguntar que ya no sé qué. ¿Deléitanse de truhanes y músicos los turcos?

PEDRO.—Algunas guitarras tienen sin trastes, en que tañen a su modo cançiones turquescas, y los leventes traen unas como cucharones de palo con tres cuerdas, y tienen por gala andarse por las calles de día tañendo.

JUAN.—¿Qué llaman leventes?

PEDRO.—Gente de la mar, los que nosotros deçimos corsarios; truhanes también tienen, que los llaman mazcara[20], aunque lo

---

[20] Los *maskara* son bufones o juglares, como los define Pedro. Los *leventes* —que Pedro identifica como corsarios— eran marineros o sol-

que dixo soltán Mahameto, el que ganó a Constantinopla, bisabuelo deste que agora es, es lo mejor destos para haber plazer.

JUAN.—¿Qué deçía?

PEDRO.—Dixéronle un día que por qué no usaba truhanes como otros señores, y él preguntó que de qué sirvían. Dixéronle que para alegrarle y darle plazer. Dize: pues para eso traedme un moro o christiano que comienze a hablar la lengua nuestra, que aquel es más para reír que todos los truhanes de la tierra; y tubo grande raçón, porque çiertamente, como la lengua es algo oscura y tiene palabras que se paresçen unas a otras, no hay vizcaíno en Castilla más graçioso que uno que allá quiere hablar la lengua, lo qual juzgo por mí, que tenían más quentos entre sí que conmigo habían pasado, que nunca los acababan de reír; entre los quales os quiero contar dos: Curaba un día una señora muy hermosa y rica, y estaban con ella muchas otras que la habían ido a visitar, y estaba ya mejor, sin calentura. Preguntóme qué çenaría. Yo, de puro agudo, pensando saver la lengua, no quise esperar a que el interprete hablase por mí, y digo: Ya, señora, vuestra merçed está buena, y comerá esta noche unas lechugas cozidas y echarles ha ençima un poco de azeite y vinagre, y sobre todo esto pirpara *zequier* [21].

MATA.—¿Qué es zequier?

PEDRO.—El azúcar se llama *gequier*, y el açeso que el hombre tiene a la muger, *zequier;* como no difieren en más de una letra, yo le quería dezir que echase ençima azúcar a la ensalada, y díxele que se echase un hombre a cuestas. Como el intérprete vio la desonestidad que había dicho, començóme a dar el codo y yo tanto más hablaba quanto más me daba. Las damas, muertas de risa, nunca hazían sino preguntarme: ¿ne? que quiere dezir ¿qué? Yo replicar: Señora, *zequier:* hasta que el intérprete les dixo: Señoras, vuestras merçedes perdonen, que él quiere dezir azúcar, y no sabe lo que se diçe. En buena fe, dixeron ellas, mejor habla que no vos. Y quando de allí en adelante iba, luego se reían y me preguntaban si quería *zequier.*

---

dados turcos de la Armada. Se les cita varias veces en obras de Cervantes. (Véase el *Vocabulario* de C. Fernández Gómez, s. v. *ídem,* página 601.)

[21] *pir pira şeker:* 'recubierto de azúcar'. No sabemos si Pedro quiso decir, en su confusión, *seker,* 'órgano sexual masculino', o la forma verbal *sik-er,* del infinitivo *sikmek,* 'tener ayuntamiento carnal'.

MATA.—El mejor alcagüete que hay para con damas es no saver su lengua; porque es lízito dezir quanto quisiéredes, y tiene de ser perdonado.

PEDRO.—Iba otro día con aquel zirujano viejo mi compañero y entro a curar un turco de una llaga que tenía en la pierna; y teniéndole descubierta la llaga, díxome, porque no sabía la lengua, que le dixese que había neçesidad de una aguja para coser una venda. Yo le dixe: *Inchir yerec* [22] (el higo se llama *inchir* y la aguja *icne*). Yo quise dezir *icne,* y dixe *inchir;* el pobre del turco levantóse y fue con su llaga descubierta medio arrastrando por la calle abajo a buscar sus higos que pensó que serían menester para su mal, y quando menos me cato hele a donde viene desde a media hora con una haldada de higos, y diómelos. Yo comencé de comer, y como vio la prisa que me daba, dixo: ¿Pues para eso te los trayo? El zirujano nunca hazía sino por señas pidir la aguja, y yo comer de mis higos sin caer en la maliçia; al cabo, ya que lo entendió, quedó el más confuso que podía ser, no sabiendo si se enojar o reír de la burla, hasta que pasó un judío y le hizo que me preguntase a qué propósito le había hecho ir por los higos estando coxo, que si algo quería podía pedirle dineros. Yo negué que nunca tal había dicho, hasta que me preguntaron cómo se llama la aguja en su lengua, y dixe que *hinchir* (higos); y estonçes se reyeron mucho y me tubieron por borrico, y con gran razón. Otros muchos quentos pasaba cada día al tono, y yo mesmo se los ayudaba a reír, y me holgaba que se reyesen de mí, porque siempre me daban para vino.

JUAN.—¿Alúmbranse de noche con hachas?

PEDRO.—Muy poco salen fuera, y lo que salen no saven qué cosa es hacha, sino unas lenternas de yerro de seis columnas, y vestida una funda enzima, de muy delgada tela de algodón, como lo que traen en las tocas: da más resplandor que dos hachas, y llámanla *fener* [23].

JUAN.—Deçíais denantes la oratión que todos hazen después de comer, mas no la que hazen al prinçipio; ¿o no la hazen?

PEDRO.—No sólo al prinçipio de la comida, sino quando quieren hazer qualquier cosa dizen estas palabras: *Bismillair*

---

[22] *inchir yerec: inçir yermek,* 'colocar' o 'asentar'. Lo que Pedro dice, equivocadamente, es *yemek,* 'comer', 'comer higos'. En cambio, *igne getirmek* es 'traer una aguja'.

[23] *fener,* 'farol', 'linterna', del gr. bizantino φαναρὶ, de uso frecuente, en sus múltiples variantes en la *lingua franca* (Kahane-Tietze, *ob. cit.,* núm. 868).

rehemanir rehim [24]: en nombre de Aquél que crió el çielo y la tierra y todas las cosas. Y a propósito desto os quiero contar otra cosa que tienen en la mar: no me çertifico si también lo hazen en tierra. Todas las vezes que tienen propósito de ir algún cabo echan el libro, que diçen, a modo del libro de las suertes de acá, y si les dize que vayan, por vía ninguna dexarán de ir, aunque vean que tienen la mitad menos galeras y gente que los enemigos, y si les dize que no vayan, no irán si pensasen ganar la christiandad de aquel viaje.

JUAN.—¿Qué es la causa por que no beben vino?

PEDRO.—Pocos hallaréis que os la sepan dezir como yo, que la procuré saver de muchos letrados, y es que pasando Mahoma por un jardín un día, vio muchos mançebos que estaban dentro regoçijándose y saltando, estúboselos mirando un rato, holgándose de verlos, y fuese a la mezquita, y quando volvió tornó por allí a la tarde y viólos que estaban todos borrachos y dándose muy cruelmente unos con otros tantas heridas, que quasi todos estaban de modo que no podrían escapar, sin haber preçedido entrellos enemistad ninguna antes que se emborrachasen. Estonçes Mahoma lo primero les echó su maldiçión, y tras esto hizo ley que ninguno bebiese vino pues bastaba hazer los hombres bestias. Solamente lo pueden beber de tres días sacado de las ubas, mas no de quatro, porque lo primero es zumo de ubas y lo otro comiença de ser vino [25].

MATA.—¿Dexanles labrar viñas a los turcos?

PEDRO.—Alguna labran para pasas y para comer en uba; mas el viñedo para hazer el vino, los christianos mesmos se lo labran [26].

---

[24] *Bismillāh-ir-rah-manir-rahim* (zünün kisaltilmisi), según Okyanus, *Türkçe Sözlük,* vol. I.

[25] La explicación de Pedro referente a la prohibición del vino por Mahoma es casi idéntica a la de Busbecq, III *(Fors-Dan,* I, página 292-293).

[26] Solimán prohibió la importación y consumo de vino en Constantinopla incluso para cristianos y judíos. Pronto llegaron quejas al Diván de que la ausencia de vino en las mesas de los occidentales que vivían en la ciudad podrían alterar sus dietas y acarrear enfermedades y, en consecuencia, se levantó la prohibición bajo ciertas condiciones.

Busbecq nos relata una anécdota relacionada con el decreto del Gran Señor. Un día en que éste pasaba con su séquito junto a unos viñedos, vio que los griegos que los cultivaban estaban arrancando

MATA.—¿Y el pan?

PEDRO.—Eso ellos labran gran parte en la Notolia, y tienen mucho ganado.

MATA.—¿Son amigos de leche?

PEDRO.—Dulçe comen muy poca, pero agra comen tanta que no se hartan.

MATA.—¿Qué llamáis agra?

PEDRO.—Esta que acá tenéis por vinagrada estiman ellos en más que nuestras más dulzes natas, y llámanla *yagurt*[27]; hay gran provisión della todo el año; cuájase con la mesma como con cuajo, y la primera es cuajada con leche de higos o con lebadura.

MATA.—¿Qué, tan agra es?

PEDRO.—Poco menos que zumo de limones, y cómense las manos tras ella en toda Levante.

MATA.—Pues mal hayan las bestias; ¿no es mejor dulze?

PEDRO.—Aquello es mejor que sabe mejor: a él le sabe bien lo agro, y a vos lo dulce. Toman en una taleguilla la cuajada, y cuélganla hasta que destila todo el suero y queda tieso como queso y duro, y quando quieren comer dello o beber, desatan un poco como azúcar en media escudilla de agua y de aquello beben.

MATA.—Ello es una gran porquería.

PEDRO.—No les faltan las natas nuestras dulzes, que llaman *caimac*[28]; mas no las estiman como esto, y çierto os digo que quando haze calor que es una buena comida, y aun desto hazen salsas. Algo paresçe que están los señores atajadillos, y que sabe más un sabio responder que dos neçios preguntar; a la oreja os me estáis hablando.

MATA.—Yo digo mi pecado, que no sé más qué preguntar, si no pasamos a cómo es Constantinopla.

PEDRO.—¿Qué, también se tiene de dezir eso?

---

las cepas. Preguntado uno de ellos por qué hacían eso, le contestó que las viñas ya no eran de provecho porque no se podía vender vino. El sultán les motejó de necios y les reprochó el no haber entendido su propósito, pues la viña —dijo— da al hombre uno de sus frutos más sabrosos, las uvas. «¿Es que váis a arrancar también los perales y manzanos porque no dan vino?» Los griegos comprendieron los deseos del sultán y siguieron cultivando sus viñas *(Fors-Dan,* I, pág. 333).

[27] Del *yogurt,* que Busbecq llama *jughurta* (y *yugurta* su traductor español López de Reta, f. 46v), y Galeno *Oxygala,* no habla el doctor Laguna; si se considera que el segoviano tenía a mano continuamente las obras del médico griego, esta omisión vale por todo un comentario.

[28] *kaimak,* en turco 'la nata'.

MATA.—Y aún había de ser dicho lo primero.

JUAN.—Primero quiero yo saver si se hazen por allá los chamelotes[29] y si los visten los turcos.

PEDRO.—No muy lexos de Constantinopla se hazen, en una çibdad que se llama Angora.

JUAN.—¿De qué son? ¿Lleban seda?

PEDRO.—Chamelotes hay de seda, que se hazen en Venetia.

JUAN.—No digo sino destos comunes.

PEDRO.—No lleban hebra dello, mas antes son de lana grosera, que acá llamáis, como de cabra, la qual se cría en aquella tierra, y no en toda, sino como la almástica, que en este término paçiendo trae lana buena para chamelote y en el otro no.

JUAN.—¿Cómo está con aquel lustre que paresçe seda?

PEDRO.—Si tomáis un pellejo de aquellas ovejas, diréis, aunque es grosera lana, que no es posible sino que son madexas de seda cruda; y los tienen los turcos en sus camas.

JUAN.—¿Valen allá baratos?

PEDRO.—Vale una pieza doble de color doçientos ásperos, que son quatro escudos, y negra tres.

JUAN.—¿Doble?

PEDRO.—Sí.

JUAN.—Quemado sea el tal barato; no la hallaréis acá por doze.

PEDRO.—Hay también uno que llaman *moçayari*[30] que es como chamelotes sin aguas, y es vistoso y muy varato.

---

[29] para *chamelote*, véase cap. XIV, nota 3. Busbecq llama *Ancyra* a la actual *Ankara*, nombre derivado del *Ankira* preferido por los *kanuns* o disposiciones religiosas del sultán. El nombre de *Angora* que ha sido utilizado por los occidentales se debe al primitivo nombre de *Angur*, como explica el mismo viajero *(quam Turcae Angur vocant)*.
Las cabras desarrollan un vellón o pelo largo y sedoso, debido al pasto ralo que hay en esta región. Los cabreros no las esquilan, sino que las peinan, lavándolas constantemente. Es tan especial el alimento de estos cápridos que —como dice Busbecq— si se las traslada de este lugar, pierden al punto la característica de su pelo (Carta I, pág. 137).

[30] a este *mohair* o *mocayari*, según Pedro, llama Busbecq *pannus cymatilis sive undulatus*. Líneas más adelante, el embajador (I, *Fors-Dan*, I, pág. 142) explica brevemente el proceso de su lavado, y afirma que los turcos de alto rango prefieren esta clase de material para sus mejores trajes. Solimán tiene también predilección por el mohair, usándolo preferentemente de color verde, por ser el color del Profeta. (A continuación se extiende en el significado de los colores, que apenas apunta Pedro al hablar del precio diferente que tienen el de color y el negro.)

JUAN.—Por tan vençido me doy ya yo como Mátalas Callando; por eso bien podéis comenzar a dezir de Constantinopla.

PEDRO.—Muy en breve os daré toda la traza della y cosas memorables, si no me estorváis.

JUAN.—Estad deso seguro.

CAPÍTULO XXIII

Descripción de Constantinopla [1]

PEDRO.—En la ribera del Hellesponto (que es una canal de mar la qual corre desde el mar Grande, que es el Euxino, hasta el mar Egeo) está la çibdad de Constantinopla, y podríase aislar, porque la mesma canal haze un seno, que es el puerto de la çibdad, y dura de largo dos grandes leguas. Podéis estar seguros que en todo el mar Mediterráneo no hay tal puerto, que podrán caber dentro todas las naos y galeras y barcas que hoy hay en el mundo, y se puede cargar y descargar en la escala qualquier nabe sin barca ni nada, sino allegándose a tierra. La exçellentia mayor que este puerto tiene es que a la una parte tiene a Constantinopla y a la otra a Gálata. De ancho terná un tiro de arcabuz grande [2]. No se puede ir por tierra de la una çibdad a la otra si no es rodeando quatro leguas; mas hay gran

---

[1] Al pie del título *Description de Constantinopla* (f. 133r) se lee, en un latín poco magistral, la frase *huic descriptioni lege Sebastianu(m)*. La caligrafía parece de la misma mano, pero escrita en fecha posterior a juzgar por la calidad de la tinta (decimos *de la misma mano* porque el amanuense de este Ms., *M-1*, tiene un rasgueo peculiar en el trazado de las letras *h, r y p:* ♄, ♔ y ♈.

Suponemos, como ya indiqué al hablar de los manuscritos (Introducción, págs. 20 y ss.) que la indicación se refiere a Sebastián Münster, en cuyo libro IV de su Cosmografía se describe y se presenta en una lámina a dos planas la ciudad de Constantinopla (ed. Basilea, 1550, págs. 137-143; B. N. de Madrid, R-33638).

[2] De todas las fuentes mencionadas hasta aquí, ninguna deja de describir la ciudad del Cuerno de Oro; pero si se exceptúan las *Observations* de Belon, y las realistas descripciones del *Tagebuch* de H. Dernschwam y alguno que otro dato más o menos científico de N. de Nicolai o Münster, todas las noticias parecen librescas y rutinarias, cuando no fabulosas como la de Rocca (lib. I, cap. XXVII), si se comparan con la de Busbecq:

multitud de barquillas para pasar por una blanca o maravedí cada y quando que tubierdes a qué. Quasi toda la gente de mar, como son los arraezes y marineros, biben en Gálata, por respecto del tarazanal[3], que está allí, y ya tengo dicho ser el lugar donde se hazen las galeras, y por el mesmo caso todos los cautibos están allá; los del Gran Turco en la torre grande una parte, y otra en Sant Pablo que agora es mezquita; los del capitán de la mar, en otra torre; cada arráez tiene los suyos en sus casas. El tarazanal tiene hechos unos arcos donde puede en cada uno estar una galera sin mojarse. Muchas vezes los conté y no llegan a çiento, mas son pocos menos. También me acuerdo haber dicho que será una çibdad de quatro mill casas, en la qual viven todos los mercaderes venetianos y florentines, que serán mill casas; hay tres monesterios de fraires de la Iglesia nuestra latina, Sant Françisco, Sant Pedro y Sant Benito[4]; en éste no hay más de un fraire viejo, pero es la iglesia mejor que del tamaño hay en todo Levante, toda de obra musaica y las figuras muy perfectas. San Pedro es de fraires dominicos, y terná doce fraires. Sant Francisco bien terná 24. Hallaréis en estos

---

Con respecto al emplazamiento de la ciudad, parece que por su misma naturaleza ha sido elegida para señora del mundo. Se levanta en Europa, con Asia cercana al frente y Egipto con África a su derecha; y aunque estas últimas no son, por su distancia, próximas a Constantinopla, el mar las enlaza con la ciudad. Viven en torno a sus costas muchas naciones y en los mares que la rodean desaguan muchos ríos, de modo que por la longitud y anchura de estos países que bordean el mar Negro nada hay que sea para uso de los hombres que no se pueda traer con facilidad a Constantinopla por el mar. Por un lado la ciudad está bañada por el mar de Mármara *(Propóntide);* por el otro, la hendidura del continente forma una rada que, por su forma, fue llamada por Estrabón Cuerno de Oro... Así, desde el centro de Constantinopla se tiene la vista más extraordinaria sobre el mar y el monte Olimpo, en Asia, con nieves perpetuas.

(Busbecq, I; *Fors-Dan,* pág. 123.)

[3] *tarazanal:* 'dársena' (nota 239) y 'astillero'. Laguna emplea en la carta a Vargas, *arsenal* (véase Apéndice I, pág. 505).

[4] Los turcos convirtieron las principales iglesias y conventos en mezquitas, medresas y hospitales (XV, nota 50), pero dejaron algunos templos. Los que cita Pedro se identifican en Münster, excepto el de San Benito; parece como si Pedro estuviera pensando en Valladolid donde, al parecer, existían templos de la devoción de los tres santos que cita. En cambio, no menciona el de San Lucas Evangelista, mencionado en Münster.

dos monesterios misa cada día, a qualquier hora que llegardes. como en uno de los mejores monesterios de España, rezadas y cantadas; órgano ni campana ya sabéis que no le hay, pero con trompetas la dizen solemne los días de grande fiesta, y para que no se atreba ningún turco a hazer algún desacato en la iglesia, a la puerta de cada monesterio destos hay dos genízaros con sendas porras, que el Gran Señor tiene puestos que guarden, los quales quando algún turco, curioso de saver, quiere entrar le dan liçencia y dízenle: Entra y mira y calla, si no con estas porras te machacaremos esa cabeza. Ningún judío tiene casa en Gálata, sino tienen sus tiendas y estánse allí todo el día, y a la noche cierran sus tiendas y vanse a dormir a Constantinopla. Griegos y armenos hay muchos, y los forasteros marineros todos posan allí[5]. Hay de los griegos muchos panaderos, y el pan que allá se haze tiene ventaja cierto a todo lo del mundo, porque el pan común es como lo regalado que comen por acá los señores; pues lo floreado, como ellos lo hazen echándole ençima una simiente de alegría, o negrilla romana[6], que los griegos llaman melanthio, no hay a qué lo comparar.

MATA.—Tabernas pocas habrá, pues los turcos no beben vino.

PEDRO.—¿Qué haze al caso si los christianos y judíos lo beben? Mucho hay en muy buen precio, y muy bueno. Un examen os hará quando vais por vino en la taberna. Si queréis blanco o tinto. Si deçís blanco preguntan si malvasía, o moscatel de Candía o blanco de Gallípol. Qualquiera datos que pidáis es terçera pregunta: ¿De quántos años?

MATA.—No hay tanta cosa en la corte.

PEDRO.—¿Queréis comparar las probisiones y mantenimientos d'España con Grecia ni Italia?

JUAN.—¿Y es al cabo caro el vino?

PEDRO.—El moscatel y malvasía mejor de todo es a quatro

---

[5] De la alegría (lat. *sesamum)* y del aceite de lenatio habla Laguna en *Diosc.,* II, pág. 189, y I, pág. 37, respectivamente. Hoy día se consume esta clase de pan en varios países, especialmente en las comunidades de judíos y musulmanes.

[6] Respecto al número de habitantes de cada una de las comunidades muslímica, judía, copta, griega, armenia y cristiano-occidental, las estadísticas no son seguras. Inalčik da las de 1477 (pág. 141), que no incluyen a los individuos y familias dependientes del Serrallo, ni a los traficantes, soldados y demás población flotante.

ásperos el golondrino[7], que será un azumbre; hazed quenta que a real si es de quatro años; si de uno o dos a tres ásperos, y tenedlo por tan bueno como de Sant Martín y mejor.

MATA.—¿El tinto?

PEDRO.—El mejor del tinto es el tópico, que dicen los griegos; quiere dezir el de la mesma tierra. Es muy bibo, que salta y raspa, y medio clarete. Viene otro más çerrado como acá de Toro, de Metellín, junto al Chío. Lo primero vale a dos ásperos el golondrino, y lo segundo a uno y medio. De Trapisonda[8] carga mucho clarete y de la isla de Mármara. Todos éstos, con lo de Negroponto, haced quenta que valen a siete maravedís, de lo qual los cautivos cargan por junto, yéndose por él a las barcas que lo traen. La principal calle de Gálata es la de Sant Pedro, que llaman la Lonja, donde los mercaderes tienen sus tratos y ayuntamientos. El tarazanal está a la puerta que mira a Oçidente, y otra puerta, que está haçia donde sale el sol, que va la canal de mar arriba, se llama El Topana[9], que quiere dezir donde se hunde la artillería. *Top*, en turquesco, se dize el tiro. En medio de aquel campo están tantas piezas sobradas, sin carretones ni nada, que algún rey las tomará por prinçipal artillería para todo su exérçito: culebrinas muy grandes, y buenas de las que tomaron en Rhodas y de las de Buda y Belgrado, y cañones muy gruesos, que se meterá por ellos un hombre, hay muchos.

JUAN.—¿Qué haze allí aquello?

PEDRO.—Está sobrado, para no menester, que no sabe qué hazer dello. Quando falta un buen cañón en alguna parte, luego le van a buscar allí.

MATA.—¿Es de yerro todo aquello?

PEDRO.—No, sino de muy fino metal de campanas.

---

[7] (Véase XII, nota 36.)

[8] *Trapisonda,* hoy *Trabzon,* en la costa oriental del mar Negro, nudo importante de comunicaciones marítimas y terrestres. De esta ciudad partían los navíos que enlazaban con Sinop, en la Anatolia septentrional, y con Caffa (Feodosia), en Crimea. Por tierra, un camino llegaba hasta Erzerum (Armenia turca), por donde pasaba la ruta de Trabis y Samarkanda.

[9] El *Topana,* descrito en el diario de Gravina, del turco *top,* 'cañón', está mencionado en la Cosmografía de Münster (IV, 941): «Tormenta aenea quae vides signata iuxta mare in littore Perae prope literam F, sunt ea quae Turca a Belgrado, Rhodo et Buda nostro aevo Christianis abstulit.»

MATA.—¿Qué tantos terná desos gruesos allí sobrados?

PEDRO.—Más de quatroçientos, aunque yo no los he contado.

MATA.—Mucho es quatroçientos tiros de artillería.

PEDRO.—Más es el estar sobrados, que es señal que tiene muchos y no ha menester aquellos. Mezquitas y estufas, que llaman vaños, no hay pocas por toda la çibdad, y Constantinopla también, y iglesias de griegos, que son más de dos mill; y la realeza de aquellos vaños de la una y de la otra parte es muy de notar; paresçen por de fuera palaçios muy prinçipales y tienen unas capillas redondas a manera de media naranja, cubiertas de plomo. Por dentro todos son mármol, jaspe y pórfido. La ganançia lo sufre, que no hay ninguno de todos que no rinda cada día çinquenta escudos.

MATA.—¿Quánto paga cada uno?

PEDRO.—Lo que quiere y como es; unos medio real, y otros uno, y otros dos; los pobres un áspero.

JUAN.—¿Quántos se pueden vañar juntos de una vez?

MATA.—Eso quería yo preguntar.

PEDRO.—En seis capillas que tiene el que menos cabrán juntos vañándose ochenta hombres.

MATA.—¿Cómo se vañan? ¿Métense dentro algunas pilas?

PEDRO.—Danle a cada uno una toalla azul, que se pone por la çintura y llega a la rodilla; y metido dentro la estufa hallará dos o tres pilicas en cada una, en las quales caen dos canillas de agua, una muy caliente y otra fría. Está en vuestra mano templar como quiséredes, y allí están muchas tazas d'estaño con las quales cojéis el agua y os la echáis a questas, sin tener a qué entrar en pila. El suelo, como es todo de mármol, está tan limpio como una taza de plata, que no habría pila tan limpia. Los mesmos que sirben el baño os labarán muy a vuestro plazer, y esto no solamente los turcos lo usan, sino judíos y christianos, y quantos hay en Levante. Yo mesmo lo hazía cada quinze días, y hallábame muy bien de salud y limpieza, que acá hay gran falta. Una de las cosas que más nos motejan los turcos, y con raçón, es de suçios, que no hay hombre ni muger en España que se labe dos vezes de como nasçe hasta que muere.

JUAN.—Es cosa dañosa y a muchos se ha visto hazerles mal.

PEDRO.—Eso es por no tener costumbre; mas decidles que lo usen, y veréis que no les ofenderá. Ningún hombre prinçipal ni muger se va a bañar, que lo hazen todos los juebes por la mayor parte, que no dexe un escudo en el vaño por sus criados y por sí.

JUAN.—¿No se vañan juntos los hombres y las mugeres?

PEDRO.—¿Eso habían de consentir los turcos siendo tan onestos? Cada vaño es por sí, el de los hombres y de las mugeres.

MATA.—Mucha agua se gastará en esos vaños.

PEDRO.—Cada uno tiene dentro su fuente, que deso es bien probeída Constantinopla y Gálata, si hay çibdades en el mundo que lo sean, y aun muchos turcos tienen por limosna hazer arcas de fuentes por las calles donde ven que esté lexos el agua, y cada día las hinchen a su costa, poniéndoles una canilla por fuera destas de tornillo, y el que se la dexare destapada para que se vaya el agua peca mortalmente. Digo que las arcas son artificiales, que no traen allí las fuentes; y esto de Gálata baste. Constantinopla, que antes se llamaba Bizancio, tiene el mejor sitio de çibdad que el sol esçalienta desde Oriente o Poniente, porque no puede padesçer neçesidad de bastimentos por vía ninguna, si en alguna parte del mundo los hay.

JUAN.—Eso me declarad, porque aunque tenga mar no haze al caso, que muchas otras çibdades están junto al mar y padesçen muchas neçesidades.

PEDRO.—Si tubiesen dos mares, como ésta, no podrían padesçer. La canal de mar tiene de largo, desde el mar Eugino hasta Sexto y Abido, çinquenta y aun sesenta leguas. En la mesma canal está Constantinopla, cinco leguas más acá de la mar Negra, que es el mar Euxino. De manera que a la mano izquierda tiene el mar Euxino, que tiene dozientas leguas de largo y más de quatroçientas de zerco; a la mano derecha está el mar Mediterráneo. Por no haber estado en la mar no creo que gustaréis nada desto. ¿Pensáis que es todo carretas de vino y recuas de garbanzos? Mas no se me da nada.

JUAN.—Demasiado lo entenderemos de bien, si no os escuresçéis de aquí adelante.

PEDRO.—Antes iré más claro. O haze viento para que vayan los nabíos con bastimento o no; si no haze ningún viento, caminan las galeras y barcas y vergantines con los remos a su plazer; si hubiere vientos o son de las partes de Mediodía y Poniente, o de Setentrión y Oriente, porque no hay más vientos en el mundo, andando los primeros, caminan las naos y todos los nabíos del Cairo y Alexandría, Suria, Chipre y Candía, y en fin todo el mar Mediterráneo desde el estrecho de Gibraltar allá; si los vientos que corren son de la otra parte, son prósperos para venir de la mar Negra y ansí veréis venir la manada de nabíos de

Trapisonda y toda aquella ribera hasta Capha y el río Tanais[10], que paresçe una armada. Tres años estube dentro que en todos ellos vi subir una blanca el pan, ni vino, ni carne, ni fruta, ni bastimento ninguno.

MATA.—¿Valen caras todas esas cosas?

PEDRO.—Dos panes, que llaman de bazar, como quien dize de mercado, que ternán dos quartales[11], valen un áspero; por manera que saldrá a tres y medio el quartal, y de lo otro muy blanco como niebe y regalado será hazed quenta a siete maravedís el quartal, que creo llamáis dos libras y media. Carnero es tan bueno como el mejor de Castilla, y dan doçientas dragmas al áspero, que son a quatro maravedís la libra de doçe onças y media; ternera al mesmo preçio; vaca a dos maravedís la libra destas. Más varato sale comprando el carnero todo vivo, que si llegáis en un rebaño y escogiendo el mejor no cuesta sino medio escudo, y quando más medio ducado, que son treinta ásperos, y tienen çinco quartos, porque la cola es tan grande que vale por uno.

MATA.—¿Qué tanto pesará?

PEDRO.—Cola hay que pesará seis y siete libras[12].

JUAN.—¿De carnero?

PEDRO.—De carnero, y los más tienen quatro cuernos.

MATA.—Nunca tal oí.

PEDRO.—Eso es cosa muy común, que todos los que han estado en África y Cerdeña os lo dirán. Cabeza y menudo todo lo echan a mal, que no hazen caso dello.

MATA.—¿De fruta bien probeídos serán?

PEDRO.—Quanto es posible, prinçipalmente de seca.

JUAN.—¿Qué llamáis fruta seca?

PEDRO.—Higo y pasa, almendra, nuez, abellana, castaña y piñón. Ubas en grande abundançia hay y muchas diversidades dellas, sino es moscatel.

JUAN.—¿Esa fruta es de la mesma tierra o de acarreo?

PEDRO.—Gran parte es de la misma tierra, porque en sí es fertilísima, prinçipalmente las ubas; pero lo más viene de fuera.

---

[10] *Tanais* es el río Don, a donde llegaban venecianos y genoveses en su tráfico con *rusios* y *cimerios* (Cimeria, luego Crimea).

[11] *quartal:* la cuarta parte de una hogaza, equivalente a medio kilo.

[12] «Las colas de estos carneros pesan desde tres o cuatro libras hasta ocho y diez, y hay que proveerlos de un carrito para que puedan llevarlas», nos dice Busbecq, I *(Fors-Dan,* I, pág. 138).

Zereça hay en quantidad; guindas pocas y aquéllas no las comen, sino pásanlas como ubas y entre año beben del cozimiento dellas, que no es de mal sabor[13]; y en Italia hay tanbién muy pocas guindas, si no es en Bolonia, y las llaman *marascas,* y en otra parte de Italia *bignas.* Salido de Castilla no hallaréis camuesa ni çiruela regañada, en parte de las que hay hasta Hierusalem; pero hay unas mançanas pequeñas en Constantinopla, que llaman moscateles, que son tan buenas como las camuesas; pera, mançana y melón grande es la quantidad que hay allá, y todo ello sin comparación más varato que acá. Estando Çinán Baxá por virrey teníamos muchos presentes de frutas, entre los quales traxeron un día ocho melones de los que al Gran Señor suelen traer de veinte jornadas grandes de Constantinopla por tierra, y aunque os quiera dezir el sabor que tenían no sabré; eran como la maná que Dios envió, que sabían lo que querían que supiese. Lo podrido y cortezas que echaban a mal tenía mejor sabor que los mejores de la Fuente del Saúco[14]. La simiente era como almendras peladas, y como vi tan celestial cosa pregunté al que los traía dónde y cómo se hazían, y díxome que junto a Babilonia[15], en la ribera de un río no sé cómo se le llama. No hazían sino escarbar en la arena y luego salía agua y se hinchía aquel hoyo, y metían allí dos o tres tres pepitas y tornábanlo a cubrir y de allí se hazían.

JUAN.—Cosa de maravilla es esa. ¿En la mesma agua echaban la simiente?

PEDRO.—Sí.

---

[13] Las guindas en conserva, origen del *kirsch,* tomadas por los turcos, así como el licor en cuestión, como bebida refrescante (XXII, nota 11).

[14] *Fuente del Saúco,* hoy Fuentesaúco, Zamora, en la carretera de Toro a Salamanca, y por Tordesillas a Valladolid. Markrich cita esta villa como un argumento más en favor de la localización del diálogo en la ciudad del Pisuerga *(Mark,* f. 31). No cabe duda que la mención de esta localidad, así como las de Toro, Medina y Salamanca y la manera de citarlas, unido a la alusión a «mi madre que está a diez leguas de aquí...», etc. (véase lo dicho en la Introducción, pág. 57), estrecha la zona geográfica con la cual era familiar el protagonista, descartando definitivamente la atribución al médico segoviano.

[15] Pedro vuelve a confundir Capadocia con Babilonia (V, nota 4), como habrá comprobado el enterado lector. La ciudad era Amasia o alguna de sus cercanías, junto al río Yeshil-Irmak, antiguo Iris. Amasia o Amasya era la capital de Capadocia y patria de Estrabón.

MATA.—¿Qué vezindad terná Constantinopla? ¿Es mayor que Valladolid?

PEDRO.—Nunca yo los conté para saverlo uno más o menos; mas lo que pude alcanzar por las matrículas que a Zinán Baxá mostraban y de las personas que tenían quenta con ello, de solos christianos habrá quarenta mill casas, y de judíos diez mill; de turcos bien serán más de sesenta mill; de manera que, para no poner sino quitar de nuestra casa, hazedla de çient mill, y creed que no hay quien mejor lo sepa ni lo haya procurado saber; y aun otra cosa más os digo: que no quento los arrabales, que están dentro de dos leguas de la çibdad, que son más de otros diez mill. Fuera de la çerca en la orilla del puerto, sobre la mesma mar, hay más de diez mill casas de griegos y ruines edifiçios; todo es casillas de pescadores, de madera.

JUAN.—¿Estando dentro de la mar hazen ruines edifiçios?

PEDRO.—Como es puerto aquello, es mar muerta, y están tan dentro que en habiendo fortuna [16] se mete por las ventanas. En cada casa tienen una pesquera de red, y porque se la dexen tener son obligados a pagar cada un año un ducado, pero en sola una noche toman pescado que lo vale.

JUAN.—¿Quánto tiene de zerco Constantinopla?

PEDRO.—Terná çinco leguas.

MATA.—¿Todo poblado?

PEDRO.—Todo lo está; mas en unas partes no tanto como en otras. De largo tiene desde el zerraje del Gran Turco hasta la puerta de Andrinópoli, donde están los palaçios del emperador Constantino, dos leguas y media.

MATA.—Bien se cansará quien tiene que negoçiar.

PEDRO.—No haze, porque le llevarán por mar por quatro ásperos, y le traerán con toda la carga que quisiere llebar o traer. Está la çibdad hecha un triángulo: lo más ancho es a la parte de la canal, donde está el Gran Turco, y lo que está a la puerta de Andrinópoli es una punta muy estrecha.

JUAN.—¿Qué cosas tiene memorables?

PEDRO.—Pocas, porque los turcos, con no ser amigos dellas, las han gastado y derribado todas; muy pocas casas ni edifiçios hay buenos [17], sino todo muy común, sacando las quatro mez-

---

[16] *fortuna* (XI, nota 2; XII, notas 6 y 14).

[17] Sobre las casas turcas, véase VI, nota 39. La que Pedro llama «puerta de Andrinopolis» es hoy Edirne Kapí, y en tiempos de Constantino, Porta Carisii; por ella pasaba la vía imperial que conducía a los foros de Teodosio y Constantino y terminaba en Santa Sofía.

quitas prinçipales y los palaçios y algunas casas de los baxás. El mejor edifiçio y la casa que más hay que ver en toda la çibdad es el Baziztán[18], que es una claustra hecha debaxo de tierra, toda de cal y canto, por miedo del fuego; muy espaçiosa, en la qual están todos los joyeros que hay en la çibdad y se hazen todas las mercançías de cosas delicadas, como sedas, brocados, oro, plata, pedrerías.

MATA.—¿Todos los que venden eso tienen allí dentro sus casas?

PEDRO.—Menester sería para eso hazer dentro una çibdad. Ninguno tiene otro que la tienda, y este Baziztán tiene quatro puertas, a las quales van a dar quatro calles muy largas y anchas, en las quales consiste todo el trato, no digo de Constantinopla, sino de todo el imperio; a qualquier hora que quisiéredes pasar os será tan dificultoso romper como un exérçito; quanto por allí caminaredes tiene de ser de lado; no tengáis miedo aunque niebe de haber frío.

MATA.—¡Qué buen cortar de bolsas será ahí!

PEDRO.—Hartas se cortan, pero a los turcos no hay que cortar sino meterles la mano en la fratiquera, que todos la traen, y sacar lo que hay. Las joyas y riquezas que allí dentro hay ¿quién lo podrá dezir? Tiendas muchas de pedrería fina veréis, que a fe de buen christiano las podréis medir a zelemines y aun a hanegas. Hilo de oro y cosas dello labradas, vale muy varato. Aquella joyería que véis en la plaza de Medina del Campo verlo heis todo en una sola tienda. Platería mejor y más caudalosa que la de nuestra corte, aunque no comen en plata. En fin no sé qué os dezir, sino que es todo oro y plata y seda y más seda, y no querrá nadie imaginar cosa de comprar que no la halle dentro. Cosa de paños y telas y armería, y espeçiería, se vende en las otras quatro calles. A cada puerta deste Baziztán hay dos geníçaros de guarda, que tienen quenta con los que entran y salen.

JUAN.—¿Es grande?

PEDRO.—Terná de zerco media legua.

JUAN.—Harto es.

_____

[18] _El Bazistan, Bedesten_ o _Gran Bazar_ es el Kapali Çarsi o mercado cubierto de Istambul. Una revista muy leída calcula en cuatro mil el número de tiendas y tenderetes, donde uno puede encontrar la mercancía que se le antoje _(Nat. Geographic Magazine,_ 1973). Pereira le adjudica una extensión de dos millones de pies cuadrados. (Véase M. Pereira, _Istambul: aspects of a city,_ Londres, 1968, págs. 219 y ss.)

PEDRO.—La mayor grandeza de Constantinopla es que después de vista toda hay otro tanto que ver debaxo.

JUAN.—¿En qué?

PEDRO.—Las bóbedas, que quasi toda se puede andar quan grande es, con columnas de mármol y piedra y ladrillo dentro, y no ternéis neçesidad de abaxaros para andar debaxo, que bien tiene de alto cada una treinta y quarenta pies, y hay muchas destas bóbedas que tienen una legua de largo y ancho y las columnas hazen dentro calles estrechas[19].

JUAN.—Çierto que no sé qué haría si pensase que lo deçíais de veras.

PEDRO.—No curéis de más, sino hazed quenta que lo véis todo como os digo.

JUAN.—¿A qué propósito se hizo eso?

PEDRO.—Allí se tuerçe la seda y hilo que es menester para el serviçio de la çibdad, y tienen sus lumbreras que de trecho en trecho salen a la calle[20].

MATA.—En mi vida tal cosa oí.

PEDRO.—Oídlo agora. Dos puertas prinçipales sé yo por donde muchas vezes entré a verlo, como si fuesen unos palaçios.

JUAN.—¿Qué calles tiene las más prinçipales?

PEDRO.—No hay turco allá que lo sepa. Todos van poco más o menos como en las horas del relox. Lo que más quentan es por las quatro mezquitas prinçipales. ¿A dónde vive fulano Vaxá? Responderos han: En soltán Mahameto, por lo qual se entiende media legua de más a menos; o en soltán Bayazete, que es otra mezquita. Si queréis para comprar o vender saver calles, toda las cosas tienen su orden donde las hay: Taucbazar, donde se venden las gallinas; Balucbazar, la pescadería; Coinbazar, donde se venden los carneros[21], y otras cosas desta manera.

MATA.—¿Valen caras las aves?

PEDRO.—Una gallina pelada y adreçada vale un real, y un capón, el mejor que hallen, real y medio. En las plazas de

---

[19] Cierto es que el recinto abovedado en una dirección es muy largo, pero no tanto como una antigua legua castellana. La redacción, un tanto atropellada, de Pedro no presupone que las bóvedas tengan las dimensiones que las atribuye.

La joyería a que se refiere Urdemalas está en el Iç Bedesten o mercado interior, dentro del Gran Bazar. Hoy día hay más bisutería que joyería.

[20] *M-1, no sé si se hizo para esto,* tachado.

[21] *tayuk,* 'gallina'; *balik,* 'pez, pescado'; *koyun,* 'carnero'.

aquellas mezquitas hay muchos charlatanes que están con las culebras y lagartos a uso de Italia, herbolarios muchos, y gente que vende carne momia [22] en tanta quantidad que podrán cargar nabes de solo ello, y muchas tiendas de viejas que no tienen otra cosa en ellas sino una doçena de habas y ganan largo de comer.

JUAN.—¿A qué?

PEDRO.—A echar suertes con ellas, como las gitanas que diçen la buena ventura. Son tan supersticiosos los griegos y turcos, que creen quanto aquellas dizen. En Atmaidán [23], que es la plaza que está enfrente de las casas de Ibraim Baxá y Çinán Baxá, hay una aguja como la de Roma; pero es más alta y está mejor asentada, la qual puso el emperador Theodosio, según diçen unos versos que en ella están, griegos y latinos [24]. Junto a ésta está una sierpe de metal con tres cabezas, puesta derecha, tan alta como un hombre a caballo la toque con la mano. Hay a par destas otra aguja más alta, pero no de una pieza, como la otra, sino de muchas piedras bien puestas. Lo primero que yen-

---

[22] Sobre la carne momia, Bataillon llama la atención sobre el paralelismo o coincidencia del *Dioscórides* y el *Viaje (B-DL,* pág. 13, nota 6; véase también pág. 402, cap. XV.

[23] *Atmaitan,* antiguo hipódromo. Busbecq nos refiere la manera original que tuvo un arquitecto para izar el obelisco o *aguja* llamada de Teodosio:

> Dicen los griegos que el obelisco fue desplazado de su pedestal y olvidada su colocación por muchos años. En el tiempo de los últimos emperadores (romanos) se presentó un arquitecto que se comprometió a colocarle en su lugar. Firmado el contrato, hizo emplazar un enorme tinglado de poleas y maromas. Por medio de las poleas consiguió colocar la enorme masa pétrea a un dedo de distancia de su base. Luego, echando mano de los recursos que brinda la naturaleza, mandó que le trajeran gran cantidad de agua para mojar las maromas; cuando éstas se estiraron al humedecerse, el obelisco cayó a plomo sobre su peana y quedó así asentado en medio de la admiración y ovaciones de la multitud.
>
> *(Fors-Dan,* I, pág. 127.)

[24] Ni Busbecq ni N. de Nicolai dan cuenta de esta inscripción. Las dos columnas de que Pedro habla a continuación están descritas en uno y otro autor, así como en Münster *(ob. cit.,* IV, págs. 938 y ss.).

Una de ellas es la de las Sierpes, por las tres enroscadas y que se hallaba en el templo de Delfos, como conmemoración de la victoria de Platea. La otra es la que erigió Constantino Porfirogénito, que reinó de 912 a 959.

do de acá topamos de Constantinopla se llama Iedícula[25], las Siete Torres, donde están juntas siete torres fuertes y bien hechas. Diçen que solían estar llenas de dinero. Yo entré en dos dellas, y no vi sino heno. En aquella parte se mata la mayor parte de la carne que se gasta en la çibdad, y de allí se distribuye a las carneçerías, que me haréis dezir que son tantas como casas tiene Burgos[26]. Grande realeza es ver la niebe que se gasta todo el tiempo que no haze frío, y quán barata vale, de lo qual no hay menos tiendas que carneçerías. Aquellos que tienen las tabernas de las sorbetas que beben los turcos, cada uno tiene un peñón dello en el tablero, y si queréis beber, por un maravedí os dará la sorbeta que pidiéredes, agra o dulçe o agridulze, y con un cuchillo le echará la niebe que fuere menester para enfriarla; la quantidad de un gran pan de jabón de niebe darán por dos maravedís. Toda la que en una casa de señor se puede gastar darán por medio real. Esto dura hasta el mes de septiembre[27]; de allí adelante traen unos tablones de yelo, como lápidas, que venden al precio de la niebe.

JUAN.—¿Cómo la conservan?

PEDRO.—En Turquía hay grandes montañas, y allí tiene el Gran Señor unas cuevas todas cubiertas[28] muy grandes; y cada año las inchen, y como lo traen por mar, y con poca[29] prisa se deshaze, danlo varato, y no se puede vender otro sino lo del Gran Turco, hasta que no haya más que vender dello[30]. Bien le vale, con quan barato es, cada año treinta mill ducados. Particulares lo cojen también en Gálata y Constantinopla y ganan bien con ello; pero aunque es tierra fría, no nieba todos los

---

[25] *Iedicula,* hoy *Yedikule,* del turco *yedi,* 'siete', junto a la puerta de su nombre. Daba paso a la *Via Imperial* meridional; era la *Porta Aurea* de Constantino y de los bizantinos. Las diversas fuentes citadas hasta aquí coinciden en que las torres estaban defendidas por una poderosa artillería y guarnición de jenízaros, porque en ellas se guardaba el tesoro del sultán. En realidad no había tal cosa, como afirma Urdemalas.

[26] Burgos se presenta aquí como término de comparación menor que Valladolid, al igualar el número de carnicerías de Constantinopla con el de hogares de la ciudad castellana (véase I, nota 39).

[27] sobre estas sorbetas, ya se ha hablado en pág. 363, nota 11.

[28] En el Ms. 6396, *agosto* en vez de *septiembre.* Casi toda la nieve se traía del monte Olimpo, hoy Ulu Dagh, al oeste de Anatolia.

[29] En *M-2, fosas muy grandes* (f. 121v).

[30] En *íd.,* f. *íd., y si no se dan prisa.*

años. Los turcos son muy amigos de flores[31], como las damas de Génoba, y darán por traer en los tocados una flor quanto tienen, y a este respecto hay tiendas muchas de solas flores en el verano, que valdrán quinientos ducados. Mirad la magnifiçençia de Constantinopla: una columna está muy alta y gruesa[32], toda historia al romano, en una parte de la zibdad que se llama Abratbazar, donde las mugeres tienen cada semana un mercado, que yo creo que costó çient mill ducados. Puede por dentro subirse por un caracol. En resoluçión, mirando todas las qualidades que una buena çibdad tiene de tener, digo que, hecha comparaçión a Roma, Veneçia, Milán y Nápoles, París y León, no solamente es mala comparaçión compararla a éstas, pero parésçeme, vistas por mí todas las que nombradas tengo, que juntas en valor y grandeza, sitio y hermosura, tratos y probisión, no son tanto juntas, hechas una pella, como sola Constantinopla; y no hablo con pasión ni informado de sola una parte, sino oídas todas dos, digo lo que dicho tengo, y si las más particularidades os hubiese de dezir, había neçesidad de la vida de un hombre que sólo en eso se gastase. Si algunas otras cosillas rezagadas se os quedan de preguntad, mirad, señores, que es largo el año, y a todas os responderé. Habed misericordia entre tanto de mí. Contentaos de lo hablado, que ya no me cabe la lengua en la boca, y los oídos me zurrean de llena la cabeza de viento.

MATA.—Si más hay que preguntar no lo dexo sino por no saber qué, y desde aquí me aparto dando en rehenes que se me ha agotado la çiençia del preguntar, no me maravillando que estéis cansado de responder, pues yo lo estoy de preguntar[33].

---

[31] *Los turcos son amigos de las flores.* Dice Busbecq: «Per haec loca transeuntibus ingens ubique florum copia offerebatur, Narcissorum, Hyacinthorum, et eorum quos Turcae *Tulipan* vocant: non sine magna admiratione nostra, propter anni tempus, media plane hieme, floribus minime amicum. (...) Turcae flores valde excolunt...» (A los que pasan por estos lugares se ofrece por doquier gran abundancia de flores, de narcisos, de jacintos y de las que los turcos llaman *tulipán,* no sin gran sorpresa por nuestra parte, porque en aquella época del año, en pleno invierno, el clima no es en absoluto amigo de las flores) (Ed. Graz, pág. 36).

[32] Es la llamada columna de Arcadio, que la erigió en 402 para conmemorar las victorias de su padre. En su interior hay una escalera de caracol que llega hasta la cima *(Fors-Dan,* I, págs. 126-127).

[33] A partir de este punto (f. 137r, *SSanz,* pág. 148a), los dos folios restantes fueron añadidos probablemente por el mismo amanuense,

JUAN.—En todo y por todo me remito a todo lo que Mátalas dize, que çierto yo me doy por satisfecho, sin ofresçerse otra cosa a que me poder responder.

PEDRO.—Agora que os tengo a entrambos rindidos, quiero de ofiçio, como hazen en Turquía, deziros[34] algunas cosas de las que vuestros entendimientos no han alcançado a preguntar, pasándoseles por alto y no para que haya en ellas demandas y respuestas, sino con suma brevedad, y lo primero sea de una manera de ermandad que usan, por la qual se llaman *hermanos de sangre*, y es que quando entre dos hay grande amistad, para perpetuarla con mucha solenidad se yeren cada uno un dedo de su mano quanto salga alguna sangre, y chupa el uno la sangre de el otro, y desde aquel punto ya son hermanos y tales se llaman, y no menos obras se hazen; y esto no sólo turco con turco, sino turco con christiano y judío.

MATA.—¿Quién cree que no queda Pedro bien emparentado en Turquía, quanto más si al tiempo del nuebo parentesco había banquetes?

JUAN.—Mas si sufría también ser hermano de las damas, quántas debe de dexar, y aun plegue a Dios que no las haya engañado, que tan buen alcauete me paresçe el chupar de la sangre como el no saber las lenguas.

PEDRO.—También quiero deçiros del luto de los çerqueses[35], que es una gente christiana tal qual dentro la mar Negra, no lexos del río Thanais, que se venden unos a otros a preçio de cosas viles, como los negros, y aun padres hay que venden las hijas donçellas. Destos hay muchos en Constantinopla que façilíssimamente se hazen turcos, y allí vi el luto; que quando muere el padre se cortan una oreja, y quando la madre o el hermano la otra, y ansí no es afrenta grande el estar desorejado.

MATA.—Bien queda estaba la liebre si no la levantara nadie; mas agora se ofresçe la postrera pregunta: ¿Si es hazia esa par-

---

pero en fecha posterior a 1557, puesto que se cita más adelante el año siguiente. Es probable también que se redactaran al mismo tiempo que la rectificación de las líneas finales de aquél. (Véase en la Introducción, pág. 19, «Manuscritos»; cfr. también *B-DL*, pág. 48.)

34 En *M-2*, después de *Turquía… los jueces, contaros.*

35 *Cerqueses*. Son los actuales circasianos, los cuales ocupaban el territorio comprendido entre el Tanais (Don) y el Cáucaso. Confinaban con los georgianos o *mingrelios*; sobre estos últimos elabora ampliamente Busbecq en su carta III. El turco *çerkez*, 'circasiano', da nombre a la ciudad rusa de Cherkessk.

te el preste Juan de las Indias[36], de quien tantas cosas nos dizen por acá los peregrinos de Hierusalem, y más de su electión milagrosa con el dedo de Sancto Tomás?

PEDRO.—Ansí le ven todos esos como Juan nuestro compadre a Hierusalem, ni tiene qué hazer con el camino. Sabed en dos palabras que es burla llamarle preste Juan, porque no es sacerdote ni trae ábitos dello, sino un rey que se llama el preto Juan, y los que le ponen, describiendo la Asia, en las tablas della, no saben lo que se hazen; por una parte confina con el reino de Egipto y por otra del reyno de Melinde; por la parte oçidental confina con los etíopes interiores; por la de oriente con la mar Vermeja, y desto da testimonio el rey Manuel de Portugal en la epístola al papa León déçimo. Difiere de la iglesia romana en algunas çerimonias, como la griega. El año de 1534 embiaron a Portugal doctores que aprendiesen la lengua española, los quales declararon, quando la supieron, el uso de sus sacramentos. Diçen lo primero que Sant Philippo les predicó el Evangelio, y que constituyeron los apóstoles que se pudiesen casar los sacerdotes, y si tomaren algún clérigo o obispo con hijo bastardo, pierde por el mesmo caso todos sus benefiçios[37]. Bautíçanse cad'año el día de la Epiphanía, no porque lo tengan por neçesario, sino por memoria y comemoración del baptismo de

---

[36] La mención del Presta Juan de las Indias revela precisamente la fecha de redacción de estos dos folios finales, y su nombre se halla al final de la tabla o índice (letra P) que figura al principio de *M-1*. El redactor o amanuense buscó su inspiración, probablemente, en la obra de Damião de Gois, *Fides, religio moresque Aethiopum* (Lovaina, 1540), en la *Cosmographia* de Münster, o en la relación de Francisco Álvarez, *Viaggio della Etiopia*, incluida en la obra de Ramusio (véase nota siguiente; véase también *B-EE*, pág. 685, nota 55).

[37] No sabemos qué motivos llevaron al autor del *Viaje* a redactar estas líneas sobre el rito copto de los cristianos de Abisinia. Se ha sugerido que el autor pudo haber consultado la compilación de Gian Battista Ramusio, *Navigationi et Viaggi* (Venezia, 1550), especialmente el *Primo volume delle navigationi et viaggi nel qual si contiene la descrittione dell'Africa et del paese del Prete Janni* (ref. de A. Corsi Prosperi en «Sulle fonti del *Viaje de Turquía*», *Critica Storica*, 1977, página 88). Confieso por mi parte que, aparte las coincidencias de nombres geográficos, no he hallado concordancias precisas entre las noticias de Urdemalas y la obra de Ramusio. Bataillon afirma que las particularidades del cristianismo etiópico eran conocidas gracias a los portugueses; de ahí que remita al lector a la obra de D. de Goîs (nota anterior) que no he tenido ocasión de consultar.

Jesucristo: *Et quotidie accipiunt corpus Christi*[38]. Tienen su confesión y penitentia, aunque no extremaunçión ni confirmaçión. En el punto que pecan van a los pies del confesor; no comulgan los enfermos, porque a nadie se puede dar el sacramento fuera de la yglesia. Los sacerdotes viben de sus manos y sudor, porque no hay rentas, sino cosa de mortuorios. Dizen una sola misa; santifican el sábado como los judíos; eligen un patriarca de la orden de Santo Antonio Eremita, cuyo ofiçio es ordenar; no tienen moneda propia, sino peregrina de otros reyes, sino oro y plata por peso.

JUAN.—Ya, ya comenzaba a hazer de mi oficio como vos del vuestro y zerrar toda nuestra plática, quando a propósito de el preste Juan, el preto Juan, como dezía, me vino a la memoria el arca de Noé. Deseo saber si cae a esa parte y qué cosa es, porque todos los que vienen nos la pintan cada qual de su manera.

PEDRO.—La mesma pintura y retrato os pueden dar que los pintores de Dios padre y de Sant Miguel, a quien nunca vieron. En Armenia la alta, junto a una ziudad que se llama Agorre, hay unas altísimas montañas, dond'está; pero es imposible berse ni nadie la vio, tanta es la niebla que sobrella está perpetuamente, y nieve tiene sobre sí beinte picas en alto. Ella, en fin, no se puede ver ni sabemos si es arca ni armario ni nabe; antes mi paresçer es que devía de ser barca, y de allí vino la invençión del nabegar a los hombres, y es cosa que lleba camino serlo, pues había de andar sobre las aguas, y Beroso, escriptor antiguo, la llama ansí; y çierto yo tengo para mí que fue el primero Noé que enseñó navegar. Esta tierra cae debajo el señorío del Sophí, que es rey de Persia. Tiene este reyno muy buenas çibdades, prinçipalmente Hechmeazín, donde reside su patriarca, como acá Roma; Taurez[39], donde tiene su corte

---

[38] *Y reciben a diario la Eucaristía,* inspirada en *Colonenses,* 2, 6. Parece que el autor de esta adición, quienquiera que fuese, sigue teniendo presentes las Epístolas de San Pablo, guía y mentor del cristianismo erasmista, y con ellas remata su coloquio (f. 138r).

[39] Difícil es identificar todas estas localidades que menciona Urdemalas si nos atenemos a sus grafías. *Agorre,* por otro nombre Agri, es el actual Karaköse, junto al monte Ararat, no lejos de Erzerum. *Taurez* es, sin duda, la actual Tabriz, en el Irán septentrional y no lejos del lago Urmia, hoy Reza'iyeh, devastada por Solimán en su primera campaña contra el Shah (1534). *Echmiadzin,* capital religiosa de los cristianos de Armenia, se halla próxima a Yerevan (Erivan), en la nación rusa del mismo nombre.

el Sophí, que se llama Alaziaquín[40]. Año de 1558 mató su hijo por reinar: Cara, Hemet, Bidliz tienen cada diez mill casas; Hazu, çinco mill; Urpha, çinco mill casas, y otras mill çibdades. No difiere la Iglesia de los armenios de la romana tanto como la griega, y ansí nuestro papa les da liçencia que puedan dezir por acá misas quando vienen a Santiago, porque sacrifican con hostia y no con pan levado, como los griegos. Zerca deste está el Gurgistán, que llaman el Gorgi, un rey muy poderoso, christiano, subjeto a la Iglesia griega, y tiene debaxo de sí nuebe reinos. En este reyno ni en el de el Sophí no consienten vivir judíos. Tampoco me olvido yo de las cosas como Mátalas. Deseo saver qué es lo que apuntastes de vuestro ofiçio, que yo ya tengo más deseo de escuchar que de hablar.

JUAN.—Por tema del sermón tomo el refrán del vulgo: que del predicador se ha de tomar lo que dize, y no lo que haze; y en recompensa de la buena obra que al prinçipio me hizistes de apartarme de mi mala vida pasada, quiero, representando la venidera, que hagáis tal fin quales prinçipios abéis llebabado, y todo se hará fáçilmente menospreçiando los regalos de acá que son muy benenosos y inficionan más el alma toda la pasada vida la obligaçión en que estáis de servir a Dios y que ningún pecado venial hay que no sea en bos mortal, pues para conosçerlos sólo vos bastáis por juez. Simónides[41], poeta, oyendo un día a Pausanias, rey de Laçedemonia, loarse quán prósperamente le habían susçedido todas las cosas, y como burlándose preguntó alguna cosa dicha sabiamente, aconsejóle

---

Las cinco restantes se hallan: *Cara* (¿Kars?) y *Bidlis* (Bitlis) en la Armenia turca; *Urfa,* junto a la frontera siria, es la antigua Edessa de los cruzados. Las dos restantes, *Hemet* y *Hazu,* son probablemente Hamat (Siria) y Zahku (Irán).

[40] La información de Pedro parece libresca y sin fundamento. En el año 1558, las relaciones de viajes asequibles a Pedro, no dan nombres coincidentes con los que él apunta, al menos en Ramusio, II, como hemos dicho más arriba. Todavía está pendiente su identificación.

[41] Las tres anécdotas que cierran la narración a modo de moralidad, proceden de los apotegmas coleccionados por Erasmo, como ya he apuntado en nota 19 de la Dedicatoria. Para Markrich (f. 144) proceden: la de Terámenes, del libro VI, pág. 38; la de Filipo, de *íd.,* página 2, y la de Simónides, del VI, pág. 101, de *Apothegmatum ex optimis utriusque Linguae scriptoribus per Des. Erasmum Rot. collectorum Libri octo* (París, G. Thibout, 1555).

que no se olvidase de que era hombre. Esta respuesta doy yo sin demandármela. Philippo, rey de Maçedonia, teniendo nueba de tres cosas que prósperamente le havían susçedido en un día[42], puestas las manos y mirando al çielo dixo: ¡Oh fortuna, págame tantas feliçidades con alguna pequeña desventura! no ignorando la grande invidia que la fortuna tiene de los buenos sucesos. Therámenes, uno de los treinta tiranos, habiendo sólo escapado cuando se le hundió la casa con mucha gente, y teniéndole todos por beato, con gran clamor: ¡Oh fortuna! dize, ¿para quándo me guardas? No pasó mucho tiempo que no le matasen los otros tiranos. Grande ingratitud usaríais para con Dios si cada día no tubieseis delante todas esas merçedes para darle graçias por ellas, y aun me paresçe que no hay más neçesidad para quererle y amarle mucho de representarlas en la memoria, y será buena oración y meditaçión, haziendo deste mundo el caso que él meresçe, habiendo visto en tan pocos años por experiençia los galardones que a los que más le siguen y sirben da, y cómo a los que le aborresçen es de azero que no se acaba, y a los que no de vidro, que falta al mejor tiempo. Comparaba muy bien Platón la vida del hombre al dado, que siempre tiene destar deseando buena suerte, y con todo eso se ha de contentar con la que cayere. Eurípides jugó del vocablo de la vida como meresçia. La vida, diçe, tiene el nombre; mas el hecho es trabaxo[43]. ¿Habéis aprendido, como Sant Pablo, contentaros con lo que tenéis, como diçe en la carta a los philipenses?[44] sé ser humillde y mandar, haber hambre y hartarme, tener necesidad y abundar de todas las cosas; todas las cosas puedo en virtud de Christo, que me da fuerças; ¿qué guerra ni paz, hambre o pestilencia bastará a privaros de una quieta y sosegada vida, y que no estiméis en poco todas las cosas de Dios abaxo? Mas como hablando Sant Pablo con los romanos: ¿por ventura la angustia, la afliçtión, la persecuçión, la hambre, el estar desnudo, el peligro? Persuadido estoy ya, dize, que ni la muerte, ni la vi-

---

42 En *M-1* (f. 138v) se tachó la frase *que había sido vencedor en los juegos olímpicos*.
43 Sobre las citas de Platón y de Eurípides, véase el amplio comentario de *Gil*, págs. 134-135. El autor de estos últimos párrafos del *Viaje*, utilizó como fuente directa las *Moralia* de Plutarco, pero atribuyendo a Eurípides una frase que nunca escribió el gran trágico griego.
44 *Filipenses*, 41, 11-13.

da, ni los ángeles, ni los principados y potestades, ni lo presente ni por venir, ni lo alto ni lo baxo, ni criatura ninguna nos podrá apartar del amor y afiçión que tengo a Dios[45].

---

[45] *Romanos*, 8, 35 y 38-39: «... *neque sublimitatem, neque profunditatem, neque ullam rem aliquam creatam posse nos separare a charitate Dei, qua est in Christo Jesu Domino nostro*».
El manuscrito termina con la palabra *Dios;* si se recuerda que comienza con el *Initium sapientiae timor Domini,* es claro que el autor trató de imitar a Luis Vives en sus diálogos.

Apéndice I

Carta autógrafa de Andrés Laguna a don Francisco de Vargas (Archivo General de Simancas, *Estado,* leg. 2687 moderno [2], f. 87).

Al muy ilustre Señor el Señor Don Francisco de Vargas, del consejo de Su (Majestad) su Embaxador en Venetia.

Muy Illustre señor,
Después que partí de Padua no se me ha offrecido cosa que digna de escrivir sea, sino que me detuve V días en Trento, discurriendo como cabra por todas aquellas montañas, en las quales hallé raros simples, y no poco importantes a la vida y salud humana. Ayer, que fueron seis del presente, llegué a esta cibdad de Augusta, y el primero con quien me encontré fue el cavallero del quadro, harto mohino y amohinado; el qual cierto yo pensava que estuviesse ya en Flandres: ansí que toda vía proseguiremos juntos este viaje, si nos podemos compadescer.
Lo que entiendo por estas partes, primeramente es que aquesta cibdad tiene malíssima voluntad a las cosas de Su Magestad: la qual no pueden dissimular ni encubrir en sus pláticas y razonamientos: porque hablan de Carolo V sin ninguna reverentia y respecto, inclinándose quasi todos a la parte Francesa. Por donde un amigo mío, el qual se dize Hugo Angelo, y ha sido comissario imperial largos tiempos, se va de aquí con toda su casa, por no poder sufrir las cosas que se tratan y se platican: de manera que sería menester otra vez ganarlos. La cibdad de Norimberga, juntamente con la liga de los Obispos, ha totalmente roto y desbaratado al Marqués Alberto de Brandemburque, perturbador de la paz y quietud Germánica: y le han tomado todas sus tierras, que le tenían assediadas: de suerte que no le han dexado al pobre gentilhombre ni aun una tabla a la qual se pueda asir en este naufragio. Tengo entendido que la semana passada vino aquí junto a Telingue a cierto castillo a donde se vio con el cardenal Augustano: el qual proveerá de reduzirle y reconciliarle con el Rey de Romanos, y por su medio con el Emperador. El Lansgravio de Hassia, que se tenía por muerto en Italia, está bivo y sano en su tierra, empero como atónito y as-

505

sombrado, ni más ni menos que las arañas, después de les haver roto la tela, se recogen a su agujero, y piensan cómo tramarán otra.

El Rey de Francia, según dizen, tiene un potentíssimo exército, con el qual piensa no solamente defender todo su estado, empero también opprimir la Flandres: y ansi dizque tomó agora una fuerça muy importante junto a Cambray: A todo lo qual doy crédito, viéndo quán a ciegas sean guiadas las cosas de su Magestad y quán fuera de prudentia. También se tiene por cierto que el Rey ha embarcado en Tolón 6.000 tudescos para embiarlos a la buelta de Siena. Entre tanto nuestro amo se está designando quadros y concertando relojes, y su hijo visitando a Aranjuez.

En Flandres se juntan hasta 20.000 Alemanes, no tanto para invadir como para defender las fronteras, tan baxo anda el partido imperial. Dizen me que la villa de Luxamburg quasi se quemó toda, y esto por tratado y traycón: porque ansí abandonada pensó el Rey cogerla, como la cogiera sin falta, si Martin Van Rossen, dexando quemar las casas, no pusiera todo su intento en forti(fi)car et defender los muros.

Quanto a las cosas de España, me dixo aquel amigo Hugo Angelo que tenía entendido cómo havían preso dos personas del Consejo y muy señaladas: empero no me supo dezir el por qué, ni los nombres.

Otra cosa no tengo que le escrivir, sino que me endereçó Dios a una huéspeda gorda, y tamaña como el Coliseo de Roma, de cuya cintura cuelgan más de 500 llaves, algunas dellas como las de S. Pedro, y una bolsa poco menor que el arsenal de Venetia. La qual es mujer tan honrada que me aze comer frío y bever caliente. Verdad es que aqueste agravio se dissimula con la delicadeza de los potages: en uno de los quales hallé oy una grande agujeta de armar. *Sed haec forsam meminisse juvabit* (sic). Bívame mi Galeno, el qual en aquel *de Sanitate tuenda* dize que no haze más caso de los Tudescos que de ossos o puercos monteses, ni de sus hijos que de lechones.

Una nueva corriendo sangre se me offresce agora que escrivir a Vuestra Señoría, y es que en este punto viene a gran furia el moço de stala a llamarme para que baxe luego si quiero ver bivo un rocín de los míos, por quanto le ha tomado cierto desmayo, y ha perdido la habla. Y porque será bien ir a verle, para entender si lo haze de vellaco y taymado, o para ver si me dexa algo en su testamento. Vuestra Señoría tendrá por bien que yo concluya aquí la presente, supplicando a Nuestro Señor la saque presto de aquessos estanques, y la coloque en lugar más insigne para mayor quietud y contentamiento suyo, y accrecentamiento de sus criados y servidores.

De Augusta, y de julio VII 1554.

Besa pies y manos de Vuestra Señoría. El Doctor Laguna.

Apéndice II

(A la gentileza de don José Navarro, catedrático de Historia y cronista de la ciudad de Toro, debo la siguiente anotación al margen del protocolo de don Francisco González Valderas, sign. 3049, folios 81-82, referente al testamento de don Juan de Ulloa Pereira, otorgado en 14 de marzo de 1536.)

Testamento de don Juan de Ulloa Pereira

— Se manda enterrar en la capilla mayor de la Trinidad.
— Manda que le digan misas en la Trinidad / Ntra. Sra. del Templo / Ntra. Sra. del Tejar / Ntra. Sra. del Portal / Ntra. Sra. de la Vega / San Ildefonso.
— Incluye en el mayorazgo unas casas que tiene en Salamanca en la colación de San Blas.
— Alude al mayorazgo fundado por él y por su esposa, doña María de Ulloa.
— Testamentarios: su mujer y su hijo Diego de Ulloa.
— Herederos: sus hijos, Diego de Ulloa Pereira, sucesor en el mayorazgo / Gonzalo íd. íd. / Juan íd. íd. / Felipe íd. íd. / Antonio íd. íd. / Mencía íd. íd. / Juana íd. íd. / Catalina íd. íd. / Magdalena íd. íd.

Trinidad-16. Sobre el patronato de la Capilla Mayor.

— *Legajo 10.* Es una copia del recurso presentado por el Sr. Marqués de Sta. Cruz de Aguirre haciendo renuncia y dimisión del patronazgo y señorío de la Capilla Mayor de la Iglesia Parroquial de la Stma. Trinidad con las diligencias subsiguientes.
— En el aludido recurso se dice que don Juan y doña María de Ulloa, en virtud de Real Facultad del Emperador Carlos V fundaron el mayorazgo, en 1534, sobre los bienes y heredades que ambos poseían en Toro y su demarcación. Muertos éstos, lo poseyó su hijo mayor D. Diego de Ulloa, quien sin facultad real para gravar tal

507

mayorazgo, sin licencia de su heredero don Juan de Ulloa y sin información de utilidad y demás requisitos legales, gravó tal mayorazgo con la carga anual de 20 fanegas de trigo por la capilla mayor para enterramientos, dando tal D. Diego de Ulloa 17.000 mrs. para la conclusión de tal capilla mayor, construyendo además a su costa, el arco toral de tal capilla mayor, obligando a sus herederos a mantener en pie «lo alto de dicha capilla bien reparado de madera, clavazón y teja». Se arguye que sin la licencia real tal contrato de patronato fue nulo; además que no se menciona el mayorazgo por lo que es de...

Índice de topónimos

* Se incluyen solamente los nombres que figuran en el texto, adaptando las grafías a la actual castellana. Los números remiten a las páginas.

Índice

513

SEGUNDA PARTE

Colección Letras Hispánicas

DE INMINENTE APARICIÓN